南方民族考古

第 八 辑

四 川 大 学 博 物 馆
四川大学考古学系 编
成都文物考古研究所

科 学 出 版 社
北 京

内 容 简 介

本辑收录发掘报告3篇，研究论文10篇，书评1篇。2010年11月，四川成都天府广场出土两通罕见的汉碑，内容丰富，保存较好，是近年来我国汉代考古的重要发现。本刊编辑部约请了六位学者撰写论文，从不同的方面和角度对两通碑刻的年代、性质、碑主以及碑刻所反映的职官制度、在成都乃至我国教育发展史上的重要价值等问题进行了深入探讨。其余4篇论文则对广州南越王墓出土玉器的年代、文化属性及所反映的楚、汉、越文化交流，云南石寨山文化的华夏化进程与社会转变，成都地区南朝佛教造像的源流及其与印度佛教造像的关系，西南系统岩画的年代、含义、功能、族属，悬棺、岩洞葬与岩画的关系等进行了讨论。

本书可供考古学、艺术史、宗教学、民族学等领域的研究者阅读、参考。

图书在版编目（CIP）数据

南方民族考古．第8辑／四川大学博物馆，四川大学考古学系，成都文物考古研究所编．—北京：科学出版社，2012

ISBN 978-7-03-035484-6

Ⅰ．①南… Ⅱ．①四 …②四…③成… Ⅲ．①民族考古学－中国－文集②民族考古学－东南亚－文集 Ⅳ．①K874.04-53②K883.304.4-53

中国版本图书馆CIP数据核字（2012）第207682号

责任编辑：王光明／责任校对：林青梅
责任印制：张 伟／封面设计：美光设计

科学出版社出版
北京东黄城根北街16号
邮政编码：100717
http://www.sciencep.com

北京厚诚则铭印刷科技有限公司 印刷
科学出版社发行 各地新华书店经销
*
2012年5月第 一 版 开本：787×1092 1/16
2018年7月第二次印刷 印张：29 3/4 插页：12
字数：705 000

定价：158.00元

（如有印装质量问题，我社负责调换）

Southern Ethnology and Archaeology

Volume Ⅷ

Edited by
Sichuan University Museum
Department of Archaeology, Sichuan University
Chengdu Institute of Archaeology

Science Press
Beijing

《南方民族考古》编辑委员会

邹后曦　重庆市文物考古所
哈比布　西藏自治区文物保护研究所
高大伦　四川省文物考古研究院
谢日万　广西文物考古研究所
霍　巍　四川大学博物馆

Southern Ethnology and Archaeology Editorial Committee

目　　录

CONTENTS

成都天府广场东御街汉代石碑发掘简报

成都文物考古研究所

摘要：2010年11月成都东御街发现两通汉代石碑，深埋于地下5米的砂石层内，由碑座、碑身、碑首三部分组成。两碑均为记东汉时期蜀郡太守李君和裴君生平事迹的功德碑，前者正反两面有800余字，后者正反两面有1400余字。汉代蜀郡史料十分缺乏，两通汉碑的出土，可说在一定程度上填补了历史空白。碑文反映的地方官制、文化教育、社会生活、经济面貌、文学水平、书法艺术等方面内容，都具有很高的价值。

关键词：成都市东御街　东汉　石碑

2010年11月8日，成都人和新天地公共设施有限公司在成都东御街地下人防工程施工过程中发现文物，我所即派考古专业人员赴现场工作，确认为两通汉代石碑。11月17日发掘工作完成，现简报如下：

一、发 掘 经 过

发掘地点位于成都市中心天府广场南侧东御街的街面下，此处为地下人防工程的施工现场，在地表下4—5米挖东西向的地下施工通道，通道内宽约2、高约3米，南壁和顶部随挖随浇铸水泥层，因此通道内只能通过北壁来了解地层结构。2010年11月9日凌晨首先发现了一个碑首，位于通道正中，在碑首的西南侧发现了碑身，呈东西向侧立于通道的南侧，与通道壁基本平齐，部分陷于壁内。碑身呈梯形，小头向东，碑身一侧被南部楼房地基的护墙水泥柱贯穿。再向西的通道内随后发现碑座，后确定这是大碑“裴君碑”的三个部分。在距“裴君碑”碑座西约1.5米处，发现了第二个碑首，距碑首西约2米，发现了碑身，这两件器物位于通道中间，碑身与“裴君碑”碑身一样呈东西向侧立于地层中，碑身也为梯形，小头向东。后确定这是小碑“李君碑”的两个部分，再向西紧贴碑身为以前基建时铸成的水泥墙，故碑座可能早被破坏。

发现石碑的地点正处于市中心最繁忙的街道下，通道的顶部被铸成了厚约1米的水泥顶，通道上方北侧是主路，南侧为人行通道，因此无法在发现地点布发掘探方。出土石碑的地点距最近的出土口约有40米，由于通道内宽只有2米左右，通过人力无法将重达3吨的碑身移动，只能在通道的南侧人行道是开挖提取孔洞将碑件通过机械提取。16、17日通过两天不间断的挖掘后，碑件全部安全取出。

二、地层堆积

由于无法按探方发掘，只能通过提取孔洞和通道壁了解地层。通过提取孔洞获取了地表下约1—2米的地层情况，通过通道的北壁获取了地表下2—5米的地层情况。

地层堆积共4层。

第1层：近现代堆积，厚150—220厘米。为现代道路及近现代堆积层。

第2层：明清堆积，厚80—120厘米。灰黑堆积，结构疏松，包含较多明清时期陶片、瓷片、碎砖等器物残片。

第3层：唐、宋堆积，厚30—50厘米。灰黄色堆积，结构较致密，包含较多唐、宋时期陶片、瓷片、碎砖等器物残片。

第4层：汉代堆积，厚25—50厘米。浅黄色堆积，结构致密，出土较多的汉代陶片、汉瓦等。

汉代堆积下为沙夹石层，为冲积堆积。

三、出土石碑

出土石碑构件共5件，分别为碑首、碑身和碑座，均为青石质。碑身露头于第4层汉代堆积中，大部分埋于沙夹石层内。碑首与碑座均埋于沙夹石层内。经后期整理、组合，5件构件分别组成两套石碑。最东部的碑首和其西侧碑身、碑座为一套，即“裴君碑”，“裴君碑”西侧的碑首和碑身为一套，即“李君碑”，缺碑座。

1. “裴君碑”

由碑座、碑身、碑首三部分组成（图一）。

碑首为“迭落式四阿顶”，中间正脊已残，四角为垂脊，垂脊分两段，脊端略上翘，由三个圆瓦当组成。檐头雕圆形瓦当，檐下雕放射形圆椽。面阔242、进深135、高58厘米。碑身呈上小下大、上薄下厚的梯形，上宽98、下宽128厘米，上厚33、下厚46厘米。正背两面中间錾刻文字处呈内凹约1.5厘米的梯形，梯形凹面上宽67、下宽86、高188厘米，錾刻阴文隶书，正面碑文共17行，满行42字，背面碑文共14行，满行41字，共计1400余字。碑座呈方形，边长101、厚28厘米。碑通高341厘米，三部分用榫卯连接，碑身两端为方形榫头，碑首与碑座为方形卯口。

碑阳（图版一）：

巍巍大漢佮皇承度昌光耀軫享伊餘賞尊明炎上微而複著內任公輔外宣藩守寔生裴君為國寶助累錫/苻銀四世遵綂爰命典蜀蕩心垂治膺真當古瞳曚蒙祚觀□采詩甘棠追譽臣有褒君奚斯作廟僉論元功/銘紀績號其辭曰/漢隆迄滋明辟□將殊縱異風萹藉所記表善陳□章賢示誡□惟裴君仁德冠備紀初本行介無纖漏史官/譔序君宜錄載祖自河東先人造創銀艾相承選由孝廉至君握惠體含清

图一　裴君碑

妙位曆台署愽遊遼俊百工師師/靡不則印超統定襄外蠻侵暴朱衣建鉳順天平亂奮威討黠鬼方震悼師出旬時猾夷降從到載干戈返文/行慶利涉大川□元砥定基月有成美聲勃洞運苻四郡所在沵化蜀承汶水緝熙極敬列備五都眾致珎怪/德盛文彌尊卑有度舊設儲值瑱盈殿館金銀文錦駭目動欲君億其然豫設科防蕩滌枯飭發徹延帳除損/法服罷員省禦拔藺漉池罔罟縣錯不貴難成斷絕玩好約己惠下性同宣孟留心蕭曹理罪聽恕雖得其情/哀矜原宥隕涕陷辜輕疑必赦民免有恥囹圄虛曠禁以禮導儉以固撟世定常移風返素帥人以正孰敢/不放苞鉏靡塞眷過辟用取士鄉人違絕上來奸軌息集百穀豐熾咨陬髦彥斥遠佞富委抴貞直外身成義/耽道守株後生顏憲莫不彈冠咸蒙寵譽□泱珠臧選先章布首貢張𧙗股桓聖朝連拔俊傑終始不橈弘德/小善翕受榮賞綱紐誅張孔修畔學恢興七宗老恤幼存心音律廣宣教誨文武不隧禮樂條暘救複衰漸/舉道崇行嗛虛慍厲剛塞簡貶幨苞九德卓爾難副以不沈□俄糜見姹澤施未窮虛受征問若玉光潤泥而/不滓觀過知仁致仕間巷三九吉期吏民𩥇望儒宗詠述永垂億萬（下缺）/君興教化徑之營之功平治洽刻石定基尠立八載元嘉有二仲春□□□□□□卒以僵分辭讚摩滅恐後/莫聞掾司馬翕時史常茵帥由舊章刘掇行真君名不揜臣節□□□□□□□ □□震

碑阴（图版二）：

□□□□□□□□□□□□□□□□□□□□□□師宋譒守掾孟暘守師王騰守師任唐守師龍圃守師橋續守史華萇/诗□□□□□□□□□□□□□□□□□□長守師楊信守掾田㩗守師向德守師何唐守史文恭守師奇忠守師程奐/诗□□□□□□□□□□□□□□□□辯守師李鄗守掾求武守師趙通守師郭敞守史鄭芝守師畢方守師樊偉/诗师□□□□□□□□□□□□□□□□□棠守師彭埶守掾□賞守師吳雄守師羅逴守史趙慮守師張辰守師張仁/詩師□□□□□□□□□□□□□□□□□愷守師雒興守掾封敘守師張政守師何慎守史龍就守師任熾守師文業/詩師□□□□□□□□□□□□□□□□□□□□師呂選守掾蘇粱守師趙淖守師審頎守師呂鍮守師橋高守史文粱/詩師杜□□□□□□□□□□□□□□□□□□師張怛掾公孫勉守師李恩守師張震守師胡昂右江原守史申光/詩師杜□□□□□□□□□□□□□□□□茵守師趙高守史路衡守師王参守師應允守師王悳守掾李□守史胡延/詩師任□□□□□□□□□□□□□□张元守師王綬守師馮放右廣都守師路海守史范造守掾梁晧守師趙高/春秋文盛□□□□□□□□□□□□□焦稱右成都守師向遺守掾楊定守師宋封守掾舒湯守掾韓勤守師王高/春秋楊泉守掾□□□□□□□□□□楊權守掾鄭同守師輔安守掾陳□守師呂涣守掾張翕守掾邵石守師程蘇/春秋王延守掾□□□□□□□□□師駱當守掾王殖守師郅憲守史何璣守師王邑守掾李虞守掾王祕守師趙脩/春秋王方守掾□□□□□□□□守師李□守掾董便守師櫟玄守師審既守師李由守史文閩守掾焦俊守師畾陽/月令韓閣守掾林□守師□蓺守師謝尚守掾鄭磬守師王躬守師羅密守師張溫守史張迎守史王原右臨邛

2. “李君碑”

由碑身、碑首两部分组成，应有碑座，已遗失（图二）。

碑首为“迭落式四阿顶”，中间为正脊，四角有垂脊，垂脊分两段，脊端略上翘，由三个圆瓦当组成。檐头雕圆形瓦当，檐下雕放射形方椽。面阔154、进深97、高60厘米。碑身呈上小下大、上薄下厚的梯形，上宽84、下宽97厘米，上厚27、下厚33厘米。正背两面中间錾刻文字处为呈凹约1.5厘米的梯形，梯形凹面上宽61、下宽69、高206厘米，錾刻阴文隶书，正面碑文共10行，满行42字，背面碑文共10行，满行13字，共计800余字。碑通高302厘米，两部分用榫卯连接，碑身两端为方形榫头，碑首为方形卯口。

碑阳（图版三）：

惟漢陽嘉德配辰極上天顧命受堯餘則協元定紀掃除奸慝二九承期仁佐並繁開階褎聖招致九德汶山/會昌皇以建福元首貞良九成詩作讃命俊臣移苻於蜀同心齊魯誘進儒墨遠近緝熙㐬學複殖改行沾濡/莫不歎息因謠勒銘延蔓無億其辭曰作鄂之歲龍虎交旋機印卯杓與酉並吳國李君化懿以清太伯風列蹈度順/經兆自李官其先典刑晉之大夫恭穆以章十世崇仁克慎公平心聰知敏疰□耶廎匿謀反奸以照下情郡在位曹國是循井落之地上為炎/辰君改其俗五教在寛候人譏急屍鳩養賢滑蜀陰險守善不信徑阨路遠敝于高山前有相如嚴平子雲後雖庶幾名滅不傳君乃發儨/撰其妁文王史張□知礬眇然緱揚羅失經雖篤醇儀意川水折節衡門並□九九希世寡羣魂而有靈百年複朐惠加既徂垂意生存微宎/得顯飛軌易輪商容見表寒灰複蕉內省于政田□惟幹公綽不欲以正厥身庶職叢惎一以貫思教品式非下所聞兼聽夙書沈思於神撢虛效刑/履霜習寒夜惟吉夢戒豫其先演述三傳各數萬言抽擢腴要采掇異文以成一家為後立真珎儒重能爵秩其貧拔擢英材試之以貞/倚席旋意鑽卯孔明濳者得達萌耳振鱗猶春生芳莫不說放驂名前列逸驅良韓公儀割布曷之采觀知配昭輔隱德未揖風□/炳從俗所傳

旁题：

本初元年六月下旬此石遭水頓赴太守河東裴府建福學校追敍修斯勑官樹繕永傳罔窮時五官掾成都陳奉左戶曹史賻喬主/事史張之五屬主事廣都□□典

碑阴（图版四）：

陽嘉二年十二月丁卯朔廿五日辛卯/文學主事掾鄭廉史杜遂及五棠/守掾李位羊寵範前月令掾彭祉師/王伯張泛李成趙弘周強趙竺鄭茂李穆古/焉王藍蔣況上官寶楊員賻賞王玄敁平姚猶/楊定姚撫蘇梁宋鈞程據陳廉尚集殷聲朱奇/田靈楊堪玄強溫奮杜陽郭章苟穆郭深/公孫相王副居遷張鬱等發意貪慕嘉/化而立石表紀序賢君良佐列畫殿堂/行祭酒趙鎮守師何閏僑演主事主任茂石師王仲造書佐杞頗

图二 李君碑

通过现场发掘及碑文的初步释读，有以下几点认识：

（1）五个部件出土的位置基本位于一个水平面上，呈由西向东倒塌状。通过出土时情况分析，两碑未倒塌时呈东西向排列，“裴君碑”立于“李君碑”东侧，两碑的阳面向北，阴面向南。

（2）石碑出土的地层堆积是冲积堆积，两碑被洪水冲毁可能性很大。从倒塌方向分析，洪水从西向东来。这与碑文所记载的此处曾遭洪水内容也能相互印证。

（3）碑首的形制在汉代建筑上较为多见，但一般出现于汉阙等建筑上，用于碑首则不多见。

（4）由碑文内容得知，东汉阳嘉二年（133 年）冬季，立蜀郡太守李君的碑，13 年后的本初元年（146 年）夏季，洪水将碑冲毁。后由蜀郡太守裴君修复，由当时的学校负责文字处理，重新立碑。两通碑文内容均与学校有重要的联系，立碑处应是当时学校的校址。

李君本为吴地人士，不知其名，阳嘉年间（132—135 年）任蜀郡守。李君对春秋三传颇有研究，并各有数万言的著述。在蜀期间，他恢复了学校（荒学复殖），引进儒、墨方面的人才（同心齐鲁，诱进儒墨）。曾组织人力搜集、整理、传抄蜀本土著名文人司马相如、扬雄、严君平等人的文章著述，并亲自撰文推广。裴君则是“祖自河东”，也不知其名。建康元年（144 年）至元嘉二年（152 年）任蜀郡守，出生于官宦世家（“银艾相承”），早年“选由孝廉”，出仕后“内任公辅，外宣藩守”，曾在朝中任职。他在任期间战功卓越（奋威讨黠，鬼方震悼），在蜀地经济、法治、民风民俗等各方面均有重要业绩。

两通汉碑的出土，一定程度上填补了汉代蜀郡历史的空白，对研究地方官制、文化教育、经济面貌、书法艺术等有重要价值。

执　笔：谢　涛
绘　图：卢引科
拓　片：代福尧　严　彬

A Brief Report of Han Dynasty Stone Tablets Excavated from Dongyu Street，Tianfu Square，Chengdu

Chengdu Institute of Archaeology

Abstract：Two stone tablets of Han Dynasty were found in Dongyu Street of Chengdu in November 2010. They are in the layer of sand and stone below the ground 5 meters. They were composed of stone pedestal，body，and head. Two of them were ‘benevolent rule’ tablets，which recorded the experiences and achievements of Mr. Li and Mr. Pei，two governors of Shu Commandery in Eastern Han Dynasty. There are eight hundred Chinese characters inscribed on the two sides of the former tablet, and one thousand and four hundred Chinese characters on the two sides of the latter one. The historical data of Shu Commandery in Han Dynasty was very limited, so the finds of two Han Dynasty stone tablets, to some extent, could fill the gaps in ancient Sichuan history. The many aspects the tablets reflected, including the local bureaucratic establishment, culture and education, society life, economic conditions, literature, and calligraphy, are of high value.

Keywords: Dongyu Street of Chengdu　Eastern Han Dynasty　stone tablet

天府广场出土汉碑略考

冯广宏

（四川省文史研究馆）

摘要：在研究2010年成都出土东汉李君及裴君碑释文的基础上，补证当时郡学（石室）即在天府广场东南侧；从碑文可直观了解蜀郡官员分布情况与学校教育概况；当时选拔官员采取推举制，固然起到树立道德风尚的作用，但亦存在一定弊端。

关键词：汉代碑刻　古代官制　学校教育

2010年11月，天府广场东御街老百货大楼基建工程中，发现东汉《李君碑》和《裴君碑》。前者正反两面有800余字，后者正反两面有1400余字。

汉代蜀郡史料十分缺乏，两通汉碑的出土，可说在一定程度上填补了历史空白。碑文反映的地方官制、文化教育、社会生活、经济面貌、文学水平、书法艺术等方面，都具有深入研究的价值。

根据成都文物考古研究所、四川大学等专家初步释读的文字，笔者按照拓本加以校对，修改了个别文字，得知两碑全文。

一、《李君碑》

1. 正面

惟漢陽嘉，德配辰極。上天顧命，受堯餘則。協元定紀，掃除奸慝。二九承期，仁佐并繁。開階褒聖，招致九德。汶山會昌，皇以建福。

元首貞良，九成詩作。讚命俊臣，移符於蜀。同心齊魯，誘進儒墨。遠近緝熙，荒學復殖。改行霑濡，莫不嘆息。因謠勒銘，延蔓無億。

其辭曰：

作噩之歲，龍虎交頸；璇璣仰卯，杓與酉并。吳國李君，化懿以清。太伯風列，蹈度順經。肇自理官，其先典刑，晉之大夫，赫穆以章。十世崇仁，克慎公平；心聰智敏，疾惡揶倾；匿誅反奸，以照下情。

郡在坤位，曹國是循，井络之地，上為参辰。君改其俗，五教在寬。《候人》譏急，《尸鳩》養賢。愍蜀陰險，守善不伸。徑狹路遠，蔽于高山。

前有相如，嚴平子雲，後雖庶幾，名滅不傳；君乃發覆，撰其聲文。王史張韓，智筴妙然；縯揚羅先，經雅篤醇。儀意川水，折節衡門；并数九九，希世寡羣，魂而有靈，百年復歆。

惠加既徂，每意生存，微泯得顯，飛軌易輪。商容見表，寒灰復燃。內省於政，田畯惟乾。公綽不欲，以正厥身。庶職叢惡，可貫恩教（当为教恩），品功非下，兩聞兼聽。夙書沉思，於神殚靈。效升履霜，審寒灰惟吉夢，戒豫其先。

演述三傳，各敷萬言，抽擢腴要，采掇異文，以成一家，為後立真。珍儒重能，爵秩其貧；拔擢英材，試之以貞。倚席旋意，鑽卯孔明；潛者得達，萌牙振鱗；猶春生芳，莫不悦颁。騖名前列，逸驅良韓；公儀割布，曷之采觀。智配昭輔，隱德未伸。遺風徽炳，世俗所傳。

本初元年六月下旬，此石遭水頓仆。太守河東裴府［君］建復，學校追敍修斯，勑官樹繕，永傳罔窮。時五官掾成都陳奉、左戶曹史賻高、主事史張之、五屬主事廣都□□典□□。

2. 背面

陽嘉二年十二月丁卯朔廿五日辛卯。

文學主事掾鄭廉；史杜遂；及五屬守掾李位、羊寵、范前；月令掾彭祉；師王伯、張氾、李成、趙弘、周彊、趙竺、鄭茂、李穆、古爲、王藍、蔣況、上官寶、楊員、賻賞、王玄、殸平、姚猶、楊定、姚撫、蘇梁、宋鈞、程據、陳廉、尚集、殷聲、朱奇、田靈、楊堪、玄彊、溫奮、杜陽、郭章、苟穆、郭深、公孫相、王副、居遷、張郁等；發意貪慕嘉化，共立石表紀，序賢君良佐，列翼殿堂。

行祭酒趙鎮；守師何閏、僑演。主事王任茂石；師王仲造。書佐杞頗。

二、《裴君碑》

1. 正面

巍巍大漢，佁皇承度。昌光耀軫，享伊餘賞。尊明炎上，微而復著。內任公輔，外宣藩守。

实生裴君，為國寶助。累錫符銀，四世遵統。爰命典蜀，蕩心垂治。膺真當祐，瞳矇蒙祚。觀俗采詩，甘棠追道。臣有褒君，奚斯作廟。僉論元功，銘紀績號。

其辭曰：

漢隆迄兹，明辟而將。殊縱異風，篇籍所記。表善陳德，彰賢示戒。令惟裴君，仁德冠備。紀初本行，介無纖漏。史官撰序，君宜錄載。

祖自河東，先人造創。銀艾相承，選由孝廉。至君握惠，體含清妙。位歷臺署，博遊僚俊。百工帥師，靡不則仰。

超統定襄，外蠻侵暴。朱衣建旆，順天平亂。奮威討黠，鬼方震悼。師出旬時，猾夷降從。封載干戈，返文行慶。利涉大川，黎元砥定。期月有成，美聲勃洞。運符四郡，所在流化。

蜀承汶水，緝熙極敬。列備五都，眾致珍怪。德盛文彌，尊卑有度。舊設儲置，瑱盈殿館。金銀文錦，駭目動欲。君臆其然，预設科防。蕩滌枯飭，發徹延帳。除損法服，罷員省御。拔还滮池，网罟悬錯。不貴難成，斷絕玩好。約己惠下，性同宣孟。留心两曹，理罪聽恕。雖得其情，哀矜原宥。隕涕陷辜，輕疑必赦。民免有恥，圄圄虛曠。禁刑以禮，導儉以固。矫世定常，移風返素。帥人以正，孰敢不倣。

苞苴蕴塞，眷過辟用。取士鄉人，違絕上徠。奸宄息集，百穀豊熾。咨陬髦彥，斥遠佞富。逶迤貞直，外身成義。耽道守株，後生顏憲，莫不彈冠，咸蒙寵譽。掊決珠藏，選先韋布。首貢張報，盘桓聖朝。連拔俊傑，終始不挠。弘德永善，悉受榮賞。綱紀詵張，孔修泮學。恢興七藝，宗老恤幼。

存心音律，廣宣教誨。文武不坠，禮樂條暢。救復衰漸，舉道崇行。谦虛慍厲，剛塞簡貶。資苞九德，卓爾難副；以不沉俗，娥眉見嫉。澤施未窮，虛受徵問；若玉光潤，泥而不滓。觀過知仁，致仕閭巷。

三九吉期，吏民期望。儒宗詠述，永垂億萬。

君興教化，经之營之。功平治洽，刻石定基。

迹立八載，元嘉有二。仲春□□，□□□□，卒以僵分。

辭贊摩滅，恐後莫聞；掾司馬翕、時史常茵，帥由舊章，刺掇行真。

君名不掩，臣節□□，□□□□，□□□震。

2. 背面

□□□□，诗师□□，诗师□□，詩師□□，诗师□□，诗师□□，詩師杜□，詩師杜□，詩師任□，春秋文盛，春秋楊泉，春秋王延、春秋王方，月令韓閣，□□□□，□□□□，□□□□，□□□□，□□□□，□□□□，□□□□，□□□□，□□□□，□□□□，守掾□□，守掾□□，守掾□□，守掾林□，□□□□，□□□□，□□□□，□□□□，□□□□，□□□□，□□□□，□□□□，□□□□，□□□□，□□□□，□□□□，□□□□，守師□蓺，□□□□，□□□長，□□□辯，□□□棠，□□□愷，□師呂選，□□□□，□□□茵，□□张元，□□焦稱，□□楊權，□師駱當，守師李盼，守師謝尚，□師宋譒，守師楊信，守師李鄗，守師彭執，守師雒興，□師呂選，□師張怚，守師趙高，守師王綬。　右成都。

守掾鄭同，守掾王殖，守掾董便，守掾鄭磬，守掾孟暘，守掾田據，守掾求武，守掾賻賞，守掾封敘，守掾蘇梁，掾公孫勉，守史路衡，守師馮放，守師向遺，守師輔安，守師郅憲，守師櫟玄，守師王躬，守師王騰，守師向德，守師趙通，守師吳雄，守師張政，守師趙淖，守師李恩，守師王參。　右廣都。

守掾楊定，守掾陳洩，守史何璣，守師審既，守師羅密，守師任唐，守師何唐，守師郭敞，守師羅逴，守師何慎，守師審頎，守師張震，守師應允，守師路海，守師宋封，守師呂涣，守師王邑，守師李由，守師張溫，守師龍圃，守史文恭，守史鄭芝，守史趙慮，守史龍就，守師呂鑰，守師胡昂，守師王悳，守史范造，守掾舒湯，守掾張翕，守掾李虞，守史文閩，守史張迎，守師橋續，守師奇忠，守師畢方，守師張辰，守師任熾，守師橋高。　右江原。

守掾李瑍，守掾梁晧，守掾韓勤，守掾邵石，守掾王祕，守掾焦俊，守史王原，守史華萇，守師程奐，守師樊偉，守師張仁，守師文業，守史文梁，守史申光，守史胡延，守師趙高，守師王高，守師程蘇，守師趙脩，守師畾陽。　右臨邛。

三、有关历史信息的考察

1. 郡学地点定位

由《李君碑》得知，东汉阳嘉二年（133 年）冬季，初次建立这一纪念太守李君的碑文，13 年后的本初元年（146 年）夏季，洪水大至，将碑冲倒。这时的蜀郡太守已是裴君，于是指示五官掾及时修复，由当时学校负责文字处理，重新立碑。现在发现的碑刻，就是裴君所复建；故出土石碑处必距河流不远，或即在河流边岸；又因初立时由文学掾领衔，修复时由学校经办，则此碑必与教育部门有关，可能立在当时学校附近。今两碑出土于天府广场东南侧，所以东汉时这里应有“成都二江”之一在此经过，而且岸边不远有一学校。

据《华阳国志》、《益州记》、《括地志》所载，战国时李冰所开二江，偏北者为郫江，偏南者为流江，在成都城区南部平行流过[1]。汉碑出土处应是古郫江北岸。成都平原地势西北高，东南低，区间洪水多聚集于郫江，若遇暴雨，洪水就会漫溢上岸，冲毁临岸建筑；故两碑出土处应在郫江岸边。唐代晚期扩建罗城，郫江始改道迁北，其故道遂逐渐淤积，今已消失。

成都最早的郡办学校，由西汉蜀郡太守文翁创建。《华阳国志·蜀志》云：“文翁立文学精舍讲堂，作石室，一曰玉室，在城南。永初（107—113 年）后，堂遇火。太守陈留高眹更修立，又增造二石室。州夺郡文学为州学，郡更于夷里桥南岸道东边起文学，有女墙。其道西城，故锦官也。”[2]

由此可知，西汉景帝时（前 156—前 141 年）始建的蜀郡官学，称为“郡文学”，即文翁石室，是在当时成都郡城南。据《元和郡县图志》卷三十一所引李膺《益州记》，灵帝中平年间（184—189 年）曾经发生严重火灾[3]。又据《隶释》卷一《益州太守高眹修周公礼殿记》，建武十年（34 年）蜀郡太守文君曾经增造“吏寺二百余间”，那次火灾“官民寺室，同日一炬，合为灰炭。独留文翁石室、庙门之两观。”兴平元年（194 年）高眹修复增建石室和馆舍，“循旧筑周公礼殿。”故知文翁石室仍在原址[4]。至于东汉晚期被益州所占用，成为“州学”，仍在兴平元年（194 年）益州牧刘焉迁治成都时，蜀郡只好在锦官城的东边另修郡学，成为新的石室，位于当时成都县的城南[5]。《华阳国志》提到那时成都县令冯颢“立文学，学徒八百人”。[6]据此推测新的石室应是冯颢主持修建，学员达到 800 人，因其规模不亚于文翁石室，故决非短时间能够建成。由此可知，东汉末年桓帝时成都已有州、郡两级官学。

新的石室，《华阳国志》说在“夷里桥南岸道东边”，西与锦官城为邻[7]。因夷里桥一名笮桥，是竹索构建的绳桥，这种桥必须在岸边设立木桩。据四川省文史研究馆

《成都城坊古迹考·水道》所记，1983年在宝云庵东侧的锦江两岸，均发现大楠木桩遗迹，考古人士以为此处即笮桥遗址[8]。《初学记》引李膺《益州记》："锦城在益州南笮桥东、流江南岸。"[9]与《华阳国志》所述位置相同，则锦官城应在笮桥东南侧，即今百花潭公园之东。1990年在锦里西路发现唐代罗城城门遗址，考古工作者认为即古代笮桥门[10]。因此冯颢所立郡学，可能承文翁石室形制，面积略为扩大，其位置大体近于今文庙街石室中学。

不过，无论是李君或裴君在职的时代，成都仅有一座郡学，并没有两所学校，而文翁所建的古老石室，那时也没有遇火。那么，两通汉碑如果确实位于学校之处，显然没有第二所郡学可举，那里应该就是文翁石室故址。这一意见，四川大学张勋燎君等皆曾表述过[11]。

承袁庭栋君见告，1987年由成都科学研究会编写的《名城成都的保护与发展》中，有温少峰、孙卫瑄《成都秦城、隋城城址的复原标定与论证》一文，认为文翁石室原在明代蜀王府范围内，因修王府，才拆迁至今文庙街石室中学处[12]。其主要论据为明正德《四川志·成都府·山川》"菊井，在蜀府萧墙内，即旧府学之前"；所谓"旧府学"，即古老石室的故址。当时"蜀王府迁今学于西南一里许"，就到了今石室中学附近[13]。现在汉碑出土，足证温君等考证之确。

笔者再按《汉书·循吏传·文翁》，称文翁"修起学官于成都市中"，所谓"市中"，就是贸易市场的范围内[14]。王文才《成都城坊考·坊巷》引崔鸿《蜀录》所载西晋童谣"江桥门，阙下市"，认为此市在江桥北头，立阙为门[15]。《水经注》言"大城南门曰江桥"[16]，故此桥实在郡城南门之外。《成都城坊古迹考》以为江桥应在今文庙街与南大街交口处[17]，此处为秦代大城南门。由此推测，市阙已接近今天府广场。文翁建立的属于郡学，自应靠近大城之市。再者，《华阳国志》又有"府市，市桥门"之语[18]，李膺《益州记》称"汉旧州市在桥南"[19]，旧州市位置在少城西南郫江上的市桥附近。明代天启《成都府志》认为市桥就是金花桥，今在同仁路西[20]。《成都城坊古迹考》以为那里是少城的南市，位于今西较场一带，或可延至青羊宫[21]。文翁不太可能于此建学。

宋李石《秦城》诗注：秦城"至皇宋绍兴壬午（1162年），一千四百七十八年，虽颓圮所存，如崖壁峭立，亦学舍一奇观也。"其诗云："泮林堂后面峥嵘，不道诗书恨未平。瓜蔓深坑余鬼哭，此间学校倚秦城。"[22]可见南宋时石室仍靠近秦时修建的城墙。北宋郭若虚《图画见闻志·叙自古规鉴》："汉文翁学堂，在益州大城内；昔经颓废，后汉蜀郡太守高眹复缮立，乃图画古人圣贤之像及礼器、瑞物于壁。"[23]亦可证文翁石室是在大城（郡城）以内，但靠近南城墙。

根据上述文献线索，基本可以推定，文翁石室故址当靠近今天府广场，与汉碑出土之处相近；同时，东汉时的郫江、江桥、郡城南门亦皆集中于此。而现在石室中学内的石室遗址，应该是东汉晚期冯颢新建的郡学，乃是第二座石室。

2. 东汉职官略考

《李君碑》正面涉及的职官，有太守、五官掾、左户曹史、主事史、五属主事；背面涉及的有文学主事掾、史、五属守掾、月令掾、师、祭酒、守师、主事、书佐；《裴君碑》正面涉及的有掾、史；背面涉及的有诗师、春秋（师）、月令（师）、守掾、守师、守史等职名。

据《续汉书·百官志·州郡》、《文献通考》等知，汉代政区是州以下设若干郡，各郡有太守一人，官秩二千石，负责郡内治民、进贤、劝功、决讼等要务[24]。《通考》云："后汉亦重其任，或以尚书令、仆射出为郡守，或自郡守入为三公。"[25]《裴君碑》谓裴君"位歷台署，博遊僚俊"；"朱衣建旃，順天平亂"；说明他在朝已任高官，然后派往蜀郡当太守。郡上面的州有刺史一人，原秩六百石；西汉成帝觉得刺史级别低于太守，还要去监督太守，轻重不能相配，于是将刺史改成州牧，官秩达到二千石。东汉仍称刺史，但级别升与太守相当，代表朝廷每年听取各郡汇报政经情况，称为"外台"[26]。

《续汉书·百官志·州郡》言州刺史手下的官属，皆由刺史聘任，有别驾、治中、主簿、功曹书佐、簿曹、兵曹等，官秩从一百石至六百石，他们的职名多称"从事史"。如别驾从事史，实际上代行刺史的职务，到各郡视察，只是"别乘传车"而已。治中从事史负责处理众曹文书；主簿相当于秘书；功曹书佐负责选拔教育和管理人才；簿曹从事史主管钱粮；兵曹从事史负责军事[27]。《文献通考》云："汉魏之际，复增祭酒、文学从事员。"[28]实际上顺帝阳嘉二年（133年）《李君碑》上已有祭酒和文学主事了。州里的祭酒从事史"分掌诸曹兵、贼、仓、户、水、铠之事"，权力不小；文学从事则主管教育。

郡太守手下的官属，与州刺史基本相同，而诸"曹"的分设更要完备一些，相当于现在省内的各个厅局。各曹"从事"多称掾、史；从两碑职名排列上看，"掾"总是排在"史"的前面，可能级别高些；而领头的掾则是"五官掾"。

《续汉书·百官志·州郡》说，五官掾"署功曹及诸曹事"，主要职务是掌春秋祭祀，若功曹史或其他各曹缺人，他就署理或代行其事，实际上成为太守的左右手，担任"不管部长"[29]。各曹都设有书佐，相当于秘书。碑上出现的"户曹史"，主管户籍和田宅。所谓"五属主事"，"属"是掾的副职；"五属"应指五个曹的副官，包括功曹、簿曹、兵曹、户曹、仓曹；"主事"一名未见于《百官志》，应相当于州里的从事史。

关于教授经学，《续汉书·百官志四》谓经师由州中功曹书佐负责选拔，有孝经师和月令师等职，月令师"主时节祠祀"[30]，相当于《李君碑》中的月令掾。学校必须配备经师一人；经师本人可能是学校培养出的优秀人才。从《汉书》中文翁事迹得知，郡里掾史等官吏，优先从石室学堂毕业生中选拔，直到东汉仍有这种余风[31]。碑文言李君"珍儒重能，爵秩其貧；拔擢英材，試之以貞"；"微氓得顯，飛軌易輪。商容見表，寒灰復燃"；裴君则"取士鄉人，違絕上徠"；"後生顏憲，莫不彈冠，咸蒙寵礜"；"連拔俊傑，終始不挠"；就是十分切实的描述。

《裴君碑》中有诗师、春秋（师）多人，均列于成都区域，应是石室学堂里教授《诗经》和《春秋》三传的教师，这两门课一属文学，一属史学。月令（师）则偏于天文历法数学方面，属古代巫史范畴，实是早期科学，也可能在学堂中授课；但遇到各种庆典，皆归他们主办。

碑中还有不少“师”和“守师”的职称，应皆与教学有关，或属教育部门成员。四川大学诸君多以为加“守”字者，为暂时任职，有试用期之意，类似“候补道”[32]；唐杜佑《通典》卷十九注：“试者，未为正命。”[33]就是这个意思；但《通典》又有“阶高而官卑称‘行’，阶卑而官高称‘守’”之说[34]，则以级别、身份划线，笔者觉得两碑中带“守”的人员众多，不会全是试用，应该担任实职，只不过评级还没有跟上而已。如《李君碑》的赵镇是“行祭酒”，表明他的级别实际上比祭酒还高；而大量的“守掾”、“守史”、“守师”都没有达到既定的级别，称“守”也算一种谦语。东汉政局较乱，郡里经费不足，公务员上任拿不到应有级薪，所以守掾、守史甚多，并非全部都属试用。宋高承《事物纪原》卷四“汉有守令、守郡尉，以秩未当得而越授之，故曰守，犹今‘权’也。”[35]

《李君碑》背面列有师39人，守师2人，说明建碑是由文化教育部门主办。掾有2人，守掾3人，另有祭酒、史、主事、书佐各1人，办理建设事务。

《裴君碑》背面列有四县师和掾史的大型名单，笔者发现其均按职称排列，应是一排一排自右而左横读，然后从上到下，因按此读法，合并官衔，重新排列如下：

诗师□□、□□、□□、□□、□□、□□、杜□、杜□、任□（计9人）；

春秋师文盛、楊泉、王延、王方（计4人）

月令师韓閣（以下有阙文，人数不详，估计可能为4人，下面应为守掾）

守掾□□、□□、□□、□□、□□、□□、□□、□□、□□、□□、林□、□□、□□、□□、□□、□□、□□、□□、□□、□□、□□、□□、□□、□□（估计有24人，仅一人知姓）

守師□蓺、□□、□長、□辯、□棠、□愷、呂選、□□、□茵、张元、焦稱、楊權、駱當、李眕、謝尚、宋譒、楊信、李鄗、彭埶、雒興、呂選、張怛、趙高、王綬（计24人）

右成都（成都列名共计65人）

守掾鄭同、王殖、董便、鄭磬、孟暘、田據、求武、賻賞、封敘、蘇粱、公孫勉（计11人）

守史路衡（计1人）

守師馮放、向遺、輔安、郅憲、榇玄、王躬、王騰、向德、趙通、吳雄、張政、趙淖、李恩、王參（计14人）

右廣都（广都列名计26人）

守掾楊定、陳泱

守史何璣

守師審既、羅密、任唐、何唐、郭敞、羅逴、何慎、審頎、張震、應允、路海、宋封、呂涣、王邑、李由、張溫、龍圃（计17人）

守史文恭、鄭芝、趙慮、龍就

守师吕錀、胡昂、王悳（计 3 人）

守史范造

守掾舒湯、張龠、李虞

守史文閨、張迎

守師橋續、奇忠、畢方、張辰、任熾、橋高（计 6 人）

右江原（江原列名掾 5 人，史 8 人，师 26 人，计 39 人）

守掾李琖、梁晧、韓勤、邵石、王祕、焦俊（计 6）

守史王原、華萇

守師程奐、樊偉、張仁、文業（计 4 人）

守史文梁、申光、胡延

守師趙高、王高、程蘇、趙脩、畾陽（计 5 人）

右臨邛（临邛列名掾 6 人，史 5 人，师 9 人，计 20 人）

四县职官列名合计 150 人，应是与建碑有关的人士，恐非全体。其中成都 65 人，大概包括郡府人员在内，所以人数特多；广都 26 人；江原 39 人；临邛 20 人；从中亦可窥见当时政府编制的规模。

从事教育工作而称“师”者，有诗师 9 人，春秋师 4 人，月令师估计 4 人，这些人都是郡管干部，基本上要在学校教书。从诗师人数多出一倍可知，汉代比较重视《诗经》的研习，在两碑文字中亦有所表现，如《李君碑》引用《诗经 · 曹风》两篇：《候人》和《尸鸠》；又引《诗经 · 陈风》的《衡门》；《裴君碑》则引用《诗经 · 国风》的《甘棠》；又引《诗经 · 鲁颂 · 閟宫》中“新庙奕奕”、“奚斯所作”之句。《春秋》三传的教学，也是一个重点。李君本人就曾“演述三傳，各敷萬言，抽擢腴要，采掇異文，以成一家，為後立真”。至于月令方面的教学，从《李君碑》“作噩之歲，龍虎交頸；璇璣仰卯，杓與酉并”；“郡在坤位，曹國是循，井络之地，上為参辰”这些话，即可知一斑。

各县均列出守师名单：计有成都 24 人，广都 14 人，江原 26 人，临邛 9 人，人数多达 73 人，连同郡里的专科教授 17 人，总计教育干部已在 90 人之谱，由此可见蜀郡对文化教育之重视程度。江原县守师最多，教育应比较发达，而临邛因稍边远，教师略少。其中成都“吕选”的名字出现两次，是否二人同名，或偶然写衍，不得而知。成都有守师趙高，临邛也有个趙高，是否一人在两地挂职？

各县的掾史人数：守掾在成都为 24 人，广都为 11 人，江原为 26 人，临邛为 6 人，看来江原掾的人数也是冠军；但同是“守掾”在碑上的排列次序却有先后，可能也有级别的高低存在，或分属不同部曹。守史在成都未列，广都仅 1 人；江原为 8 人，分 4 处列名；临邛为 5 人。其余干部未参与建碑或教育工作，故不再列出。

3. 官员选拔任用

两碑性质都属古代的“功德碑”，虽未免有些言过其实，而歌颂重点均落在太守的文化建树方面，应是当时实际情况的写照。尤其是李君，特别重视文化教育，“同心齊鲁，誘進儒墨。遠近緝熙，荒學復殖”；“儀意川水，折節衡門”，使得“潛者得達，萌牙振鱗；猶春生芳，莫不悦颁”。裴君则“耽道守株，後生顏憲，莫不彈冠，咸蒙寵譽”；“連拔俊傑，終始不挠。弘德永善，悉受榮賞”；因此“吏民期望，儒宗詠述”。

汉时没有科举制度，选拔官员全靠基层官吏推荐，其标准主要是“贤良、方正”和“孝、廉”，“文学”。所谓文学，就是通过教育，至少熟悉一经，包括《诗经》、《春秋》等。从《文献通考·选举志》所列材料得知，这种制度的正式建立自汉武帝开始：

元光元年（前134年）冬，初令郡国举“孝、廉”各一人。

元光五年（前130年），征吏民有“明当世之务，习先圣之术”者，县次续食，令与计偕。

元朔五年（前124年），制：诏补“博士弟子”。郡国县官，有“好文学、敬长上、肃政教、顺乡里、出入不悖”，所闻，令相长丞、属所二千石、二千石谨察可者，令与计偕诣太常，得受业为弟子。

后来昭帝继续完善这些制度：

始元五年（前82年），诏举郡国“文学、高第”各一人。

地节三年（前66年），诏令郡国举“孝悌有行、义闻于乡里”者各一人。

元康元年（前65年），诏博举吏民“厥身修正，通文学，明于先王之道、宣究其意”者，各二人。

元康四年（前62年），诏遣大中大夫循行天下，举“茂材、异伦”之士。

建昭四年（前35年），临遣谏大夫博士循行天下，举“茂材、特立”之士。

东汉延续这种推举办法：

建武六年（30年），诏举“贤良、方正”各一人。

永初五年（111年），举“至孝、与众卓异”者。

元初元年（114年），诏三公、特进、列侯、中二千石、二千石郡守，举“淳良、质直”各一人。

由此可知，汉代的文人当官，全靠品德出众，学业超群，让地方官员知道那些事迹，正式推荐上去。比如裴君便是“銀艾相承，選由孝廉”，被举为孝廉之后，才逐渐升官。《文献通考》引范晔论云：“汉初，诏举贤良、方正，州郡察孝廉、秀才，斯亦贡士之方也。中兴（指东汉）以后，复增淳朴有道、贤直能言、独行高节、质直清白淳厚之属。荣路既广，缺望难裁。自是窃名伪服，浸以流竞。权门贵仕，请谒繁兴。”[36]既然有一条升官的捷径，便有人伪装道学，甚至踏破地方官的门槛，钻营谋荐。

《文献通考》引阳嘉二年（133年）张衡言：“自初举孝廉，迄今二百岁矣。皆先孝行，行有余力，始学文法。”[37]能通《春秋》、《诗经》，又达到一定道德标准，便更有晋升的条件，难怪两个太守都致力于办学，原来由此以完成推举人才的任务。《华阳国志》记有益州治中从事柳宗（字伯骞），“务在进贤”，他推荐出来的求次方等4人，后来都当了牧守高官，所以那时民间有句谚语：“得黄金一笥，不如为伯骞所识。”[38]

李君认为西汉出过司马相如、严君平、扬雄这些大师，东汉以来也有许多知名学者，可是“後雖庶幾，名滅不傳”；所以他就当仁不让，“撰其聲文”，为他们树碑立传。碑中列出8个姓氏：“王、史、張、韓，智筴妙然；緱、揚、羅、先，經雅篤醇。”《华阳国志》卷末附有《先汉以来士女目录》，其中后汉蜀郡40人内，属于“文学”者，有杨终（成都人）、张霸（成都人）二人，还有“智士”罗衍（成都人）和“公府辟士”罗衡（郫县人）；另有章帝时太守王阜；只记录了其中四姓，其余四姓未见。书中新都县大姓里有史姓；江阳县大姓里有先姓；牛鞞县大姓里有韩姓；缑姓则没有找到依据，更不知所传何人[39]。可惜李君所编史料今已不存，无从考理。

4. 当时社会信息

两碑陈述的文化信息比较丰富，但带来的社会信息却不多。从《李君碑》“徑狹路遠，蔽于高山”得知，当时蜀郡陆路交通不大方便，号称“陰險”，比较闭塞。从《裴君碑》知，蜀郡农业比较发达，所谓“百穀豊熾”；物产相当丰富，“金銀文錦”，“瑱盈殿館”。因此“列備五都，眾致珍怪。”

蜀郡社会风气良好。“蜀承汶水，緝熙極敬”；“德盛文彌，尊卑有度”。裴君“存心音律”，导致“禮樂條暢”。平民生活看来还比较舒适。

由于古代有为尊者避讳的习惯，碑文仅称太守为“君”，即府君的省称，而没有记下二守的名字。现存史志中，汉代太守留名者仅有表现突出的十余人，难以确定李裴究竟名谁。《后汉书·酷吏传·黄昌》中记载黄昌是浙江余姚人，曾在当地任书佐，后来担任蜀郡太守。他到职时，因“先太守李根年老悖政，百姓侵冤。及昌到，吏人讼者七百余人，悉为断理，莫不得所。”[40]李根是会稽郡人，与《李君碑》中所称“吴国”相合；碑文没有提到李君听讼之事，只说“五教在宽”，似乎带有“年老悖政”的味道。碑中的李君是不是李根？有两个事实不合。一是李君的继任者为裴君，而并非黄昌。二是黄昌永和五年（140年）升任将作大匠，在此之前曾任颍川太守、河内太守、陈相，再前面才是蜀郡太守；而碑中李君是阳嘉二年（133年）担任蜀郡太守，仅在黄昌担任京官之前7年，除非黄昌在颍川、河内、陈三地只任职一年，而且李君任蜀郡职也只一年左右方合；这在事实上皆不可能。

裴君的名字毫无线索可寻，只好付之阙疑。他的廉政行为，碑中已充分表述，至今仍有现实教育意义。他不开后门，不受贿赂，所谓“以不沉俗，娥眉見嫉”；“若玉光潤，泥而不滓”。终于“觀過知仁，致仕閭巷”，离开太守职务，因此值得歌颂。二君在教育方面的建树，更是值得称道。

东汉晚期政治混乱，社会动荡，好官不多，良政更少，碑中陈述的事实，普天下亦为鲜见，应该传之后世，缅怀先贤。

注　释

[1] 如《华阳国志·蜀志》“冰乃壅江作堋，穿郫江、检江（即流江），别支流双过郡下”（刘琳：《华阳国志校注》，成都：巴蜀书社，1984年，第202页）；清代孙星衍辑《括地志》卷七《益州》：大江（即流江）“西南自温江县界流来”；郫江“西北自新繁县界流来”（北京：

中华书局，1991 年丛书集成影印本，下册，第 201 页）。

[2] 刘琳：《华阳国志校注》卷三，蜀志，第 235 页。

[3] 李吉甫：《元和郡县图志》卷三十一，剑南道，北京：中华书局，1983 年，第 768 页。

[4] 洪适：《隶释》卷五，北京：中华书局，1986 年影印洪氏晦木斋刻本，第 17 页。

[5] 刘琳：《华阳国志校注》卷三，蜀志，第 235 页。

[6] 刘琳：《华阳国志校注》卷三，蜀志，第 238 页。

[7] 刘琳：《华阳国志校注》卷三，蜀志，第 235 页。

[8] 四川省文史研究馆：《成都城坊古迹考》，成都：成都时代出版社，2006 年，第 104 页。

[9] 徐坚：《初学记》卷二十七，宝器部，锦，叙事，影印《文渊阁四库全书》，台北：商务印书馆，1986 年，第 890 册，第 434 页。

[10] 笔者当时曾至现场查看，并承成都文物考古研究所王毅君等见告。

[11] 承四川大学考古学系老师见告。

[12] 笔者从孙卫瑄君处得见《名城成都的保护与发展》（成都市城市研究会内部印刷，1987 年），内有温、孙二君此文。

[13] 见温少峰、孙卫瑄：《成都秦城、隋城城址的复原标定与论证》（油印本）。

[14] 《汉书》卷八十九，列传第五十九，北京：中华书局，1962 年，第 11 册，第 3626 册。

[15] 王文才：《成都城坊考》，成都：巴蜀书社，1986 年，第 78 页。

[16] 王国维校：《水经注校》卷三十三，江水，上海：上海人民出版社，1984 年，第 1041 页。

[17] 四川省文史研究馆：《成都城坊古迹考》，第 103—108 页。

[18] 刘琳：《华阳国志校注》卷三，蜀志，第 202 页。

[19] 转引自王文才：《成都城坊考》，第 49、79 页。

[20] 四川省图书馆原有明代天启《成都府志》抄本，其中《舆地》篇中有此语。

[21] 四川省文史研究馆：《成都城坊古迹考》，第 280 页。

[22] 李石：《府学十咏·秦城二绝》，《全蜀艺文志》卷十，诗，学校，影印《文渊阁四库全书》，第 1381 册，第 106—107 页。

[23] 郭若虚：《图画见闻志》卷一，影印《文渊阁四库全书》，第 812 册，第 511 页。

[24] 《续汉书》志第二十八，北京：中华书局，1965 年，第 12 册，第 3619—3621 页；马端临：《文献通考》卷六十三，职官考，郡太守，北京：中华书局，1986 年，上册，第 568 页。

[25] 《文献通考》卷六十三，职官考，郡太守，上册，第 568 页。

[26] 《文献通考》卷六十三，职官考，州牧刺史，上册，第 553 页。

[27] 《续汉书》志第二十八，第 12 册，第 3617—3622 页。

[28] 《文献通考》卷六十二，职官考，振抚使，上册，第 565 页。

[29] 《续汉书》志第二十八，第 12 册，第 3621 页。

[30] 《续汉书》志第二十七，第 12 册，第 3614 页。

[31] 《汉书》卷八十九，列传第五十九，酷吏传，文翁，第 11 册，第 3625—3627 页。

[32] 承四川大学考古学系老师见告。

[33] 《通典》卷十九，职官，历代官制总序：“……大置试官以处之”处小注：“试者，未为正命。凡正官，皆称行、守，其阶高而官卑者称行，阶卑而官高者称守，阶官同者，并无行、守字。”此亦参用古典。北京：中华书局，1988 年校点本，第 1 册，第 471 页。

[34] 《通典》卷十九，职官，历代官制总序，第 1 册，第 471 页。

[35] 高承：《事物纪原》卷四，官爵封建部，守官，影印《文渊阁四库全书》，第 920 册，第

106 页。
[36] 《文献通考》卷二十八，选举考，举士，上册，第 265 页。
[37] 《文献通考》卷三十四，选举考，孝廉，上册，第 320 页；《通典》卷十三，选举，历代制上，引侍中张衡上疏：“自初举孝廉，到今二百年，必先孝行，行有余力，乃学文法耳……”第 1 册，第 317 页。
[38] 刘琳：《华阳国志校注》卷十上，先贤士女总赞，第 721 页。
[39] 刘琳：《华阳国志校注》卷十二，益梁宁三州先汉以来士女目录，第 913—959 页。
[40] 《后汉书》卷七十七，列传第六十七，第 9 册，第 2497 页。

A Brief Study on the Tablets of Han Dynasty Unearthed from Tianfu Square

Feng Guanghong
(Sichuan Provincial Institute of Literature and History)

Abstract: On the basis of the research on two stone tablets of Han Dynasty unearthed from Tianfu Square, Chengdu in 2010, the author thinks that the *Junxue* (Commandery School) was located at the southeast of Tianfu Square. Many different titles of officials and local school education condition in Shu Commandery at that time could be directly found from the inscriptions. The way of selecting officials in the Han Dynasty was nomination by the main officials from the central or local government, which was helpful for the officials to cultivate a good moral character, however, it still had its shortcoming.

Keywords: Tablet of Han Dynasty　ancient official system　school education

《李君碑》、《裴君碑》初探

罗开玉

（成都武侯祠博物馆）

摘要： 通过对新出《李君碑》、《裴君碑》的初步研讨，作者认为这是汉代典型的颂德碑，是碑主在任郡守之时，由其“辟署”的部分低级属吏捐刻并立生祠。两碑所见郡县属吏多达168名，皆系汉“辟署制”规定郡守能自辟的僚属，不见朝廷命官。本文对碑文中的一些用语、碑主、碑刻所见郡县属吏与汉“辟署制”的关系、两碑出土地点原建筑属性等提出了自己的看法。

关键词： 颂德碑　生祠　郡县属吏　官学　辟署制

2010年11月中旬在成都天府广场出土了两通东汉石碑，即《李君碑》与《裴君碑》。二碑上刻文字两千有余，是我国文字较多的汉碑之一；在四川，则是现已发现的文字最多且保存较为完好的汉碑。《李君碑》始刻于阳嘉二年（133年），《裴君碑》始刻于建康元年（144年），除阳面大量铭文记碑主生平事迹外，阴面还有大量捐款刻碑属吏的职务和姓名。二碑为典型的颂德碑，碑主皆为蜀郡守。皆是其在任时，由其“辟署”的部分低级属吏捐刻立祠。两碑所见168名属吏，皆系汉“辟署制”规定郡守能自辟的僚属，不见朝廷命官。两碑碑文多为歌功颂德、吹捧性文字，字里行间不免有不实之词，但二碑对研究巴蜀地区东汉历史、文化、书法、职官制度中的“辟署制”等，皆提供了新的极重要的资料。

一、《李君碑》与李君其人

惟汉阳嘉，德配辰极。上天顾命，受尧余则。协元定纪，扫除奸慝。二九承期，仁佐并繁。开阶裒（褒）圣，招致九德。汶山会邑，皇以建福。元首贞良，九成诗作，讃（赞）命俊臣。移苻（符）于蜀，同心齐鲁，诱进儒墨。远近缉熙，巟（荒）学复殖。改行沾濡，莫不叹息。因谣勒铭，延蔓无亿。其辞曰：

作鄂（噩）之岁，龙虎交颈。旋机印卯，杓与酉并。吴国李君，化懿以清。太伯风列，蹈度顺经。兆自李（理）官，其先典刑。晋之大夫，恭穆以章。十世崇仁，克慎公平。心聪知敏，疰恶耶（邪）庼。匿谋反奸，以照下情。郡在（坤）位，曹国是循。井落之地，上为炎辰。君改其俗，五教在宼（宽）。候人讥急，尸（鸤）鸠养贤。慜蜀阴险，守善不信。径阦（陕）路远，敝于高山。前有相如、严平、子云。后虽庶几，名灭不传。君乃发傧，撰其妁文。王史张韩（?），知（智）鍪眇然。缑扬罗失，经虽笃醇。仪意川水，折节衡门。并数（?）九九，希世寡羣。魂而有灵，百年复朐。惠加既徂，垂意生存。微宋得显，飞轨易轮。商容见表，寒灰复蕉（燃）。内省于政，田□惟干。公绰不欲，以正厥身。庶职丛恙（恶），一以贯思。教品式（此处疑有脱文），非下所闻。兼听夙书，沈（沉）思于神。撣虗（虚）效刑，履霜刁寒。夜惟吉梦，戒豫其先。演述三传，各数万言。抽擢腴要，采掇异文。以成一家，为后立真。玠（珍）儒重能，爵秩其贫。拔擢英材，试之以贞。倚席旋意，鑚卯孔明。潜者得达，萌耳振鳞。犹春生芳，莫不说敚。骖名前列，逸驱良韩。公仪割布，曷之采观。知配昭辅，隐德未信。揖风□炳，从俗所传。

【碑阴】

阳嘉二年，十二月丁卯朔，廿五日辛卯。文学主事掾郑廉、史杜遂及五棠、守掾李位、羊宠、范前，月令掾彭祉、师王伯、张泛、李成、赵弘、周强、赵竺、郑茂、李穆、古焉、王蓝、蒋况、上官宝、杨员、赙赏、王玄、殷平、姚犹、杨定、姚抚、苏梁、宋钧、程据、陈廉、尚集、般声、朱奇、田灵、杨堪、玄强、温畚、杜阳、郭章、苟穆、郭深、公孙相、王副、居迁、张郁等发意，贪慕嘉化而立石表纪，序贤君良佐，列画殿堂。

行祭酒赵镇、守师何闰、侪演主事，主任茂、石师王仲造、书佐杞颇。

【旁题】

本初元年六月下旬，此石遭水顿赴。太守河东裴府建福学校，追叙修斯，勅官树缮，永传罔穷。时五官掾成都陈奉、左户曹史赙乔主事，史张之、五属主事广都典。

“惟汉阳嘉，德配辰极。”大汉阳嘉（132—135年），德政如同北极[1]。开篇此句，捧李君得“天时”。仁佐并繁，指其助手仁德而各有其能。借吹捧主子之际来点自我表扬。

“开阶褒圣”，过去古籍中不见这种提法。开阶，一般指开创基业。明孙瑴《古微书》卷八：“《灵符纪》：诸神扶助，使开阶立遂，是以王者常置，图箓坐旁以自正。”[2]此“开阶”或指李君恢复学校之举。西汉平帝封孔子后裔孔均为褒成侯，奉其祀；追谥孔子为“褒成宣尼公”[3]。但“褒成”与“褒圣”有别。孔子第三十三代孙孔德伦，于唐高祖武德九年（626年）被封为褒圣侯。此后或有以孔子为褒圣之说。唐以前的古籍中，不见“褒圣”的提法。褒圣，可解为遵循、发扬圣人之道。

九德，旧时的九种美德。《左传·昭公二十八年》“九德不愆，作事无悔。”[4]具体哪九德，说法不一，如《书·皋陶谟》皋陶曰：都，亦行有九德，亦言其人有德，乃言曰载采采。禹曰：何？皋陶曰：宽而栗、柔而立、愿而恭、乱而敬、扰而毅、直而温、简而廉、刚而塞、强而义、彰厥有常，吉哉![5]另一种如《逸周书·常训》“九德：忠、信、敬、刚、柔、和、固、贞、顺。”[6]

“汶山会昌，皇以建福。”会昌，汇聚昌盛。汉晋巴蜀，这是一种时髦说法；三国蜀汉，它甚至是刘氏集团割据一方的理论依据之一。《华阳国志》卷三《蜀志》说：“《河图括地象》曰：岷山之精，上为井络，帝以会昌，神以建福。”[7]三国学者秦宓曾指出："蜀有汶阜之山，江出其腹，帝以会昌，神以建福，故能沃野千里。"[8]皇，天皇、天帝。过去，或认为这类说法三国时期才出现，此碑证明它至迟在东汉中晚期之际已甚流行，蜀汉时期是借助了前人说法，并将它装上新内容。

"作鄂（噩）之岁，龙虎交颈"。《史记》"作鄂岁"，《索隐》：《尔雅》在酉为作鄂[9]。又《史记》"昭阳作鄂四年"，司马贞《索隐》："作鄂，酉也。"张守节《正义》："四年，辛酉岁也。"[10]《淮南子·天文训》："太阴在酉，岁名曰作（昨）鄂。"[11]汉代人视甲子中带酉的年为作鄂之年。阳嘉二年（133年）为癸酉年，属作鄂年。龙虎交，《说郛》卷三十二下《闻见录》："王清叔云，莫要于龙虎交，其说以巳午两时绝思虑，假寐，则龙虎自交，不假修为。"[12]《御定全唐诗》卷八百六十七《柳藏经二绝句》："三秋稽颡叩真灵，龙虎交时金液成。"[13]

"旋机卬卯，杓与酉并。"与上文的"酉为作鄂"相呼应。

"郡在坤位"，常璩说蜀郡"其卦值坤，故多斑采文章。"[14]先天八卦坤在南，后天八卦坤在西南。此为后天八卦。《大易粹言》说"先儒以謂乾位西北，坤位西南。"[15]西南为坤位，五行属土。以洛阳为中心，以卦象方位度地，蜀郡在洛阳的西南，正在坤位。"井落之地，上为炎辰"，常璩说："岷山之地，上为井络。"[16]炎辰，炎热的日子。唐韦应物《夏冰歌》："出自玄泉杳杳之深井，汲在朱明赫赫之炎辰。"[17]此碑的出土，证明常璩类似说法多采用前人旧说。

李君其人，不见于史籍，不知其名，应该说在东汉的历任蜀郡郡守中，并无特别突出政绩。从碑文得知，李君本为吴地人士，对《春秋》"三传"，即《公羊传》、《谷梁传》、《左传》颇有研究，并各有数万言的著述（演述三传，各数万言，抽擢腴要，采掇异文，以成一家，为后立真）。阳嘉年间（132—135年）任蜀郡守。在蜀期间，他较注重文教，特别是恢复了学校（荒学复殖），在教员中注意引进儒、墨方面专门的人才（同心齐鲁，诱进儒墨）。行政方面，李君强调宽仁（君改其俗，五教在宽）。

"前有相如，严平、子云。后虽庶几，名灭不传。君乃发傧，撰其焍文。"庶几，本指贤人。唐韩愈《潮州请置乡校牒》："今此州户万有余，岂无庶几者邪?"[18]此指巴蜀地区除相如等几位大家以外的一般学者。发傧，聘请宾客。即李君任蜀郡守期间，曾聘请人力搜集、整理蜀土一般学者的散佚之文，为其流传作了贡献。

二、《裴君碑》与裴君其人

巍巍大汉，佁皇承度。昌光耀袗，享伊余赏。尊明炏（炎）上，微而复著。内任公辅，外宣藩守。寔（实）生裴君，为国宝助。累锡苻（符）银，四世遵統（统）。爰命典蜀，荡心垂治。膺真当古，瞳矇蒙祚。观俗采诗，甘棠追譱（述）。臣有衺（褒）君，奚斯作庙。佥论元功，铭纪绩号。其辞曰：

汉隆迨滋（兹），眀（明）辟虎将。殊纵异风，萹（篇）藉（籍）所记。表善陈恶，章贤示诫。今惟裴君，仁德冠备。纪初本行，介无纖漏。史官謀序，君宜录载。祖自河东，先人造创。银艾相承，选由孝廉。至君握惠，軆（体）含清妙。位历台署，愽（博）游辽俊。百工师师，靡不则卬（仰）。

超統（统）定襄，外蛮侵暴。朱衣建鈽（旆），顺天平乱。奋威讨黠，鬼方震悼。师出旬时，猾夷降从。到（倒）载干戈，返文行庆。利涉大川，黎元砥定。基（期）月有成，美声勃洞。运苻（符）四郡，所在汼（流）化。

蜀承汶水，缉熙极敞。列备五都，众致珎（珍）怪。德盛文弥，尊卑有度。旧设储值，填盁（盈）殿馆。金银文锦，骇目动欲。君亿其然，豫设科防。

荡涤枯饬，发彻延帐。除损法服，罢员省御。拔薗（园）滮池，罔罟县（悬）错。不贵难成，断绝玩好。

约己惠下，性同宣孟。留心萧曹，理罪听恕。虽得其情，哀矜原宥。陨涕陷辜，轻疑必赦。民免有耻，囹圄虗（虚）旷。禁刑以礼，导俭以固。

挢（矫）世定常，移风返素。帅人以正，孰敢不放。苞鉏（苴）靡塞，眷过辟用。取士乡人，违绝上来。奸轨（宄）息集，百谷豊炽。咨陬髦彦，斥远佞富。

委扜（迤）贞直，外身成义。耽道守株，后生颜宪。莫不弹冠，咸蒙宠誉。掊决珠臧，选先韦布。首贡张𧙗（服），股桓圣朝。

连拔俊杰，终始不桡（挠）。弘德小善，翕（悉）受荣赏。纲纽诜张，孔修畔学。

恢兴七艺，宗老恤幼。存心音律，广宣教诲。文武不隧（坠），礼乐条畼（畅）。

救复衰渐，举道崇行。嗛（谦）虗（虚）愠厉，刚塞简贬。𢠸（憒）苞九德，卓尔难副。以不沇（沉）俗，俄（娥）糜（媚）见姹（嫉）。泽施未穷，虗（虚）受征问。若玉光润，泥（泥）而不滓。观过知仁，致仕闾巷（巷）。三九吉期，吏民骙（冀）望。儒宗咏述，永垂亿万。（下缺）君兴教化，径（经）之营之。功平治洽，刻石定基。赿（迹）立八载，元嘉有二。仲（下缺），卒以僵分。辞讃（赞）摩（磨）灭，恐后莫闻。掾司马翕，时史常茵。帅由旧章，刾（刺）掇行真。君名不揜（掩），臣节（下缺）震。

【碑阴】

（上缺）师宋播、守掾孟畼（畅）、守师王腾、守师任唐、守师龙圃、守师桥续、守史华苌（上缺）长、守师杨信、守掾甲据、守师向德、守师何肤、守史文恭、守师奇忠、守师程奂、诗（下缺）辩、守师李鄗、守掾求武、守师赵适、守师郭敞、守史郑芝（芷）、守师毕方、守师樊伟、诗（下缺）□、守师彭埶、守掾赙赏、守师吴雒、守师罗□、守史赵灵、守师张辰、守师张仁、诗师（下缺）□、守师雒兴、守掾封叙、守师张政、守师何慎、守史龙就、守师任炽、守师文叶、诗师（下缺）、师吕选、守掾苏梁、守师赵淖、守师审颀、守师吕鑰、守师桥高、守史文梁、诗师杜（下缺）、师张愠、掾公孙勉、守师李恩、守师张震、守师胡昂，右江原。

守史申光、诗师杜（下缺）茵、守师赵高、守史路衡、守师王条、守师应允、守师王悳、守掾李瑗、守史胡延、诗师□（下缺）元、守师王绶、守师冯放，右广都。

守师路海、守史范造、守掾梁皓、守师赵高、春秋文盛、（下缺）焦福，右成都。

守师向遗、守掾杨定、守师宋封、守掾舒汤、守掾韩勤、守师王乔、春秋杨□、守掾（下缺）、杨瓘、守掾郑局、守师辅安、守掾陈滮、守师吕衡、守掾张翕、守掾路

□、守师程苏、春秋王延、守掾（下缺）、师骆当、守掾王殖、守师郅宪、守史何玑、守师王□、守掾李虞、守掾丁秘、守师□修、春秋王方、守掾（下缺）、师李盼、守掾董使、守师楳玄、守师审敃、守师李由、守史文阁、守掾焦㥄、守师畾（雷）阳、月令韩阁、守掾林（下缺）、守师谢尚、守掾郑磬、守师王躬、守师罗密、守师张温、守史张迎、守史王原，右临邛。

需要指出的是，李君之后，并非立刻由裴君接任蜀郡守，中间至少还有一个叫刘宣的人，曾任蜀郡守。《华阳国志》卷三《蜀志》顺帝末年（142 年前后），冯颢任成都县令，向朝廷揭发上司蜀郡守刘宣罪，致刘宣罢免[19]。即至少有刘宣在李、裴之间曾任过蜀郡守。

裴君亦不见于史籍，不知其名，在汉代蜀郡守中，也谈不上有突出政绩或突出之事。从碑文看，裴君“祖自河东”，出生于官宦世家（“银艾相承”）[20]，早年“选由孝廉”，出仕后“内任公辅，外宣藩守”，曾在朝中任职，以后又到地方。“运符四郡”，任蜀郡守前曾三任郡守，后来才为蜀郡守。裴君任蜀郡守的具体时间，从碑文看应在建康元年（144 年）至元嘉二年（152 年）间，至少有八年时间。他在任期间，较注意发展以成都为中心的蜀地经济。成都“列备五都”，“众致珎（珍）怪”，旧设储值，瑱盈（盈）殿馆。金银文锦，骇目动欲，汇聚了各地的奇珍异宝，装满了大小官仓殿馆；其中特别是用金丝、银丝文绣的蜀锦，最令人“骇目动欲”。同时，“德盛文弥”，像碑文这样的官场文章泛滥成风。

裴君作为郡守，在蜀郡的法治治理方面，也有一些建树。“荡涤枯饬，发彻延帐。除损法服，罢员省御。”“约己惠下，性同宣孟。留心萧曹，理罪听恕。虽得其情，哀矜原宥。陨涕陷辜，轻疑必赦。民免有耻，囹圄虗（虚）旷。禁（刑）以礼，导俭以固。”从碑文看来，他的主要特色注重教育，刑惩从宽，牢房中犯人较少。

从碑文看，裴君还注意民风民俗方面的引导。“君兴教化，径（经）之营之。”“矫世定常，移风返素。帅人以正，孰敢不放。”提倡朴实的民风。“奸轨（宄）息集，百谷豊炽。”“存心音律，广宣教诲。文武不隧（坠），礼乐条畼（畅）。”所谓衣食足而礼仪兴。“咨陬髦彦，斥远佞富。”“恢兴七艺，宗老恤幼。”尊老，是东汉社会的重要特色。

三、两碑所见郡、县属吏与汉“辟署制”

综观两碑碑文，笔者认为，两碑所见 168 名属吏职务、名字，生动地再现了东汉中晚期蜀郡地方政府的“辟署制”，为研究汉代职官制度提供了极宝贵的第一手资料。

两碑虽为同一时代（前后仅相差十年）的作品，且都是以郡守为歌颂对象，但两碑所见属吏却有所区别。《李君碑》上的属吏，全是郡府属吏（表一）。《裴君碑》所见属吏，则为蜀郡所辖江原、广都、成都、临邛四县衙及县学属吏等（表二）。

表一 《李君碑》所见属吏

衙门	属吏
蜀郡郡府	文学主事掾郑廉
	月令掾彭祉
	五官掾成都陈奉
	左户曹史赙乔
	史杜遂及五棠、史张之
	守掾李位、羊宠、范前
	行祭酒赵镇、五属主事广都典
	书佐杞颇
	师王伯、张泛、李成、赵弘、周强、赵竺、郑茂、李穆、古焉、王蓝、蒋况、上官宝、杨员、赙赏、王玄、殸平、姚犹、杨定、姚抚、苏梁、宋钧、程据、陈廉、尚集、殷声、朱奇、田灵、杨堪、玄强、温奋、杜阳、郭章、苟穆、郭深、公孙相、王副、居迁、张郁
	守师何闰

表二 《裴君碑》所见属吏

衙门	碑文所见属吏职称与姓名
"右江原"	掾公孙勉
	守掾孟暘（畅）、守掾甲据、守掾求武、守掾赙赏、守掾封叙、守掾苏梁
	守史华苌、守史文恭、守史郑芝、守史赵灵、守史龙就
	师宋播、师吕选、师张愊
	守师王腾、守师任唐、守师龙圃、守师桥续、守师杨信、守师向德、守师何肤、守师奇忠、守师程奂、守师李鄗、守师赵适、守师郭敞、守师毕方、守师樊伟、守师彭執、守师吴雒、守师罗□、守师张辰、守师张仁、守师雒兴、守师张政、守师何慎、守师任炽、守师文叶、守师赵淖、守师审颀、守师吕龠、守师桥高、守史文粱、守师李恩、守师张震、守师胡昂
	诗师（下缺）□、诗师（下缺）、诗师杜（下缺）
"右广都"	守掾李瑗
	诗师杜（下缺）、诗师□（下缺）
	守史申光、守史路衡、守史胡延
	守师王绥、守师赵高、守师王条、守师应允、守师王憙、守师冯放
"右成都"	守掾梁皓
	守史范造
	守师路海、守师赵高
	春秋文盛
"右临邛"	守史何玑、守史文闾、守史张迎、守史王原
	月令韩阁
	守掾杨定、守掾舒汤、守掾韩勤、守掾（下缺）杨瓘、守掾郑局、守掾陈滤、守掾张翕、守掾路□、守掾（下缺）、守掾王殖、守掾李虞、守掾丁秘、守掾林（下缺）、守掾郑磬、守掾（下缺）、守掾董便、守掾焦棱
	春秋杨□、春秋王延、春秋王方
	师骆当、师李昣
	守师向遗、守师宋封、守师王乔、守师辅安、守师吕衡、守师程苏、守师郅宪、守师王□、守师□修、守师檪玄、守师审攺、守师李由、守师畾（雷）阳、守师谢尚、守师王躬、守师罗密、守师张温

欲搞清《裴君碑》所见属吏的性质，先应明白碑文中“右江原”、“右广都”、“右成都”、“右临邛”的含义。笔者以为，“右江原”、“右广都”、“右成都”、“右临邛”，译成现代汉语便是：“以上属江原县”、“以上属广都县”、“以上属成都县”、“以上属临邛县”之意。换句话说，这些全是蜀郡所辖江原、广都、成都、临邛四县衙门的吏员和县学教师。这里还想指出，“右江原”、“右广都”、“右成都”、“右临邛”，不能理解为籍贯，如不能理解为“以上这些人皆属江原县人”。

文学主事掾：此职不见于《汉书》、《后汉书》，过去仅见于《巴郡太守张纳碑》[21]。《李君碑》可与《巴郡太守张纳碑》互为印证。此外，《巴郡太守张纳碑》还有文学主事史。文学，与后世“文学”有别，当指郡府中负责文字起草等工作的秘书；文学主事掾，是秘书组的负责人，文学主事史是其秘书。

月令掾：此职称文献失载。《裴君碑》有“月令韩阁”。其职能主要与“月令”有关，即负责有关天文历法气象、甚至风水等方面的工作。县为月令，仅一人；郡为月令掾，应该是有一个班子，掾为其负责人。

行祭酒：王莽时，设置六经祭酒，秩上卿，每经各一人。《续汉书·百官志》：“博士祭酒一人，六百石，本仆射，中兴转为祭酒。”[22]这是朝廷之中。郡府属吏中仍有祭酒。《后汉书》卷二十五《卓茂传》有郡祭酒[23]。行祭酒即代理祭酒之职。

五官掾：《汉书》卷七十六《王尊传》有“五官掾张辅”[24]。《续汉书·百官志》：“有五官掾，署功曹及诸曹事。”[25]《后汉书》卷二十一《任光传》：“五官掾郭唐等”注：“《续汉志》曰：五官掾掌署诸曹事。”[26]

掾、守掾：两汉时期，县衙门中某些文秘一类的吏员又称掾。《史记》卷一百二十四《郭解传》：杨季主子为县掾[27]。《后汉书》卷四十五《张酺传》：元和二年（85年），东巡狩，幸东郡，引酺及门生并郡县掾史并会庭中[28]。《三国志》卷十二《魏志·司马芝传》：因令督邮以军兴诡责县，县掾史穷困，乞代同行[29]。东汉刘珍撰《东观汉记》卷八《贾复》：“此将相之器，复为县掾。”[30]皆可证东汉时县衙中一些属吏又称掾。守掾，即正在一年试用期内的掾吏。

守师：守，汉代制度，官职、公职有一年试用期，俗称守；师，笔者以为即是郡府、县府官办学校的教师。如史载李寻曾治《尚书》，曾与郑宽中等守师法教授[31]。《续汉书·祭祀上》见有“郡守师尹”[32]。《李君碑》上“守师”者1人，而《裴君碑》“守师”多达58人以上，其中仅江原县守师便多达32人，这反映出当时这几个县的县学可能是新办，同时也反映出县学规模较大。

诗师、春秋：即县学中专门教授《诗经》、《春秋》的教师。

《李君碑》、《裴君碑》所见属吏，反映了汉代“辟署制”的特征。我们知道，汉代官制由“命官制”和“辟署制”组成。“命官制”即朝廷任命中央和地方各级长官，“辟署制”即由朝廷任命的中央、地方各级长官自行配置僚属。

汉代各级地方政府中的官吏，大体可粗分两大类。郡府中，郡守及一些重要的佐贰官、郡属机构的长官（如分管盐、铁、都水的长官）、县衙中县令、县长、县尉等，统一由朝廷任命，这一类叫朝廷命官。另一类，为郡、县各级机构中的一般办事人员，当时称为“掾属”，如东曹、西曹、奏曹、户曹、决曹、法曹、尉曹、贼曹、兵曹、仓曹、五官掾、诸曹书佐、议曹、文学掾等，由郡县长官自行配置征辟任用，后世称这类吏属为“辟署制”。

值得注意的是，《李君碑》、《裴君碑》上签名的168名属吏，皆为郡守能自辟的僚属，不见一名朝廷命官！郡守对这些僚属，拥有用与不用、升迁与罢免等大权。从某种程度上说，这便是一种变相的君臣、主仆关系。正如《裴君碑》所说：“臣有褒（褒）君，奚斯作庙。”这里，属吏已公然称臣，长官已公然为“君”。这便是当时流行为长官撰铭刻碑、歌功颂德、甚至立生祠的社会背景，也是《李君碑》、《裴君碑》得以产生的根源。此两碑再现出“辟署制”下，东汉中晚期蜀中官场之一斑。

县吏、县属官学教师由谁辟署聘用？过去，这方面缺少直接史料。如果只是由县令、县长说了算，江原、广都、成都、临邛的县属官吏、教师为何越级为郡守立碑？笔者认为，《裴君碑》的发现，为研究这一课题提供了重要资料。它反映出当时除朝廷命官外，县吏、县属官学教师的辟署聘用大权，实际上已收归郡府，主要由郡守、而非县令说了算。我们知道，东汉蜀郡辖有成都、郫、江原、繁、广都、临邛、湔氐道、汶江道、蚕陵、广柔、绵虒十一县道[33]。这里为什么只涉及江原、广都、成都、临邛四县？笔者认为，这很可能与这四县的属官、教师正好这年到期续聘，才由郡守裴君主考主聘。其他七县属吏等任期期限未到，不是裴君主考主聘，故未参与刻碑。1983年2月，在凉山彝族自治州昭觉县四开乡好谷发现石表1座。石表正面有文字9行，侧面有文字3行，皆隶书。石表文字记载了光和四年（181年），越嶲大守任命苏示县有秩冯佑为邛都县安斯乡有秩，并“复除”上诸、安斯二乡赋役，当地乡民十四里丁众立石表以记事[34]。该碑也印证了即使是乡吏，也统一由郡守（郡府）任命。

“民为立祠”、“民为立庙”，这些话常见于我国古籍中。成都新出土的这两通汉碑，注释了“民为立祠”、“民为立庙”，主要是由其下属为其立碑建祠。东汉时期，巴蜀地区，甚至全国都流行为长官立生祠。所谓生祠，即为活人修建的祠堂。如广汉人王堂任巴郡太守时，“民为立祠”[35]，也是其下属为其立庙。王堂任巴郡太守时在安帝时期（107—125年在位），略早于此裴君。不仅郡守一级，甚至县令一级的官员，也有其下属为其立生祠的。如郫县人罗衡，曾任万年县令和广汉县长，“二县皆为立祠”。[36]这也是其下属吹捧之杰作。可见此二碑所反映的蜀地吏员为在任上司蜀郡太守裴君、李君建庙立碑，在当时并非标新立异，乃是常见之举。

2006年3月，都江堰渠首出土的《建安四年正月中旬故监北江堋太守守史郭择、赵汜碑》，也是当地堰吏为歌颂监北江堋太守守史郭择、赵汜而立的颂德碑。太守守史，仅是太守的处于试用期的文书一类的随员小吏，也就是在《裴君碑》、《李君碑》中争先恐后为郡守立碑的这些小吏。为什么行政级别相当于县长的北江堋官员李安、付阳会亲自出面，为如此小吏立碑？笔者曾苦思不解，过去的有关研究也没找到真正原因[37]。这一次天府广场两汉碑的出土，才启发了笔者。真正原因通常不会见于正式碑文：太守守史郭择、赵汜在郡府任用北江堋堰官员时通过对郡守的建议、甚至代为送礼行贿等方面起了关键作用；北江堋堰吏事先许愿，如任命下来便刻碑报答。由此可见，当时上行下效，官场刻碑成风。被立碑入祠者，除郡守、县令一类拥有用人大权的官员外，也可能还有他们身边的某些随员小吏。

四、关于汉碑出土地点原建筑属性的认识

两碑同地出土，内容多有关联，表明出土地即古立碑之地，或其附近。细读碑文，不难发现，碑文中有两处直接谈到立碑之地的性质。

从时间顺序看，这里先立的是《李君碑》。阳嘉二年（133 年）十二月廿五日，文学主事掾郑廉等约四十位官员“等发意，贪慕嘉化，而立石表纪，序贤君良佐，列画殿堂”。可见立石之地，此时是“殿堂”。虽然李君曾“荒学复殖”，即曾恢复学校，但校址并没说就在这里。郑廉等将吹捧上司的颂德碑在上司还在任之时，公开地立于殿堂之中，已有将“殿堂”转化为生祠之实。

《裴君碑》：“臣有袌（褒）君，奚斯作庙。佥论元功，铭纪绩号。”这说明立碑之地这时已经演变为“庙”。兴建此庙的目的是为了袌（褒）君，即表彰、吹捧裴君。刻立此碑的目的是为了“佥论元功，铭纪绩号”，即颂德碑。换句话说，这里是蜀郡太守裴君的下属为歌颂裴君，为其专门修建的生祠（当时叫“庙”），并在祠中立此颂德碑。值得注意的是，这新建的生祠，与为前任立碑的“殿堂”、实际上也是生祠，竟在同一地点。换一句话说，前任一调离，其生祠即变成了下任的生祠。唯下任的生祠中，保留了前任的碑刻。

此二汉碑所在地建筑的性质，后来确有变化。同地出土的《李君碑》说：“本初元年（146 年）六月下旬，此石遭水顿赴。太守河东裴府建福学校，追叙修斯，勑官树缮，永传罔穷。时五官掾成都陈奉、左户曹史赙乔主事，史张之、五属主事广都典。”裴府，即郡守裴某，东汉时期又俗称郡守为府君。裴某应是感到下属为自己建生祠有所不妥，特别是所立颂德碑被大水冲倒一事更从某个角度给出了警告。于是，由他自己出面，“建福学校，追叙修斯，勑官树缮，永传罔穷”。可见这里有两次转变，第一次是将原来“殿堂”改建为生祠（庙），第二次是将生祠改为官属学校。

此官属学校是什么学校呢？也需讨论。或以为是文翁石室原址，我以为值得商榷。东汉时期，同样位于成都的官学绝非只有一所，有郡学和州学之分。由文翁创办的官学，即石室原址学校，西汉时为郡学，但在东汉时，却已升格为州学，蜀郡府另择地新办郡学。《华阳国志》卷三《蜀志》说：文翁时建立的学校在城南，永初（107—113 年）后，曾遭火灾。陈留高某任蜀郡守时，曾将其重新修复，并增造了二石室[38]。文翁石室的所在地，历代文献多有记载，非常清楚，并无争论，就在今石室中学原址。

《华阳国志》卷三《蜀志》又说，在陈留高某修复石室官学后，“州夺郡文学为州学，郡更于夷里桥南岸道东边起文学，有女墙。其道西城，故锦官也。”任乃强先生认为，“郡更于夷里桥南岸道东边起文学”，具体地点在“当在今盐道街附近。其时，锦江（检江）循今金河东流也。”[39]

由此可见，东汉时的州学，即文翁石室原址即今石室中学所在地；郡文学在今盐

道街一线。那么，这次发现汉碑之地应是什么学校呢？我认为，从其由蜀郡守下令修复并改为官学的背景看，就是当时郡属官学的一个分校。再从其由个人生祠改为官学的历程看，一较仓促，二有形势所迫之意，它可能只是短期的权宜之计。以后是否为地方政府继承为长期办官学之地，目前还缺少资料。

五、余　　论

从《李君碑》、《裴君碑》看东汉蜀碑一一罗列属吏姓名之俗。两汉时期，蜀中甚为流行刻石记事之俗。如目前已发现的治路碑，最早可达西汉中期武帝时期。当时，蜀俗重路，官府或征调民力大规模治路，或私人捐款修路建桥，多勒碑石记其事，一时蔚为风气。歌颂上司的碑，则皆为东汉作品。

在现在已知的巴蜀汉碑中，在行文风格上，与《李君碑》、《裴君碑》较为接近的有《巴郡太守张纳碑》（含《张纳碑阴》）（中平五年即188年立）[40]、《繁长张禅等题名碑》[41]和《黄龙甘露碑》[42]等，都罗列了一大串属吏的职务和姓名。《繁长张禅等题名碑》上没谈到碑刻年代，过去仅一般性推论其为东汉中晚期作品[43]。《李君碑》、《裴君碑》的出土，佐证了这类罗列一大串属吏姓名的碑风，在蜀中从东汉中期开始流行，延续至蜀汉。建安二十四年（219年）刻的《黄龙甘露碑》，也可视为这类碑。有趣的是，1980年6月，在成都猛追村工地上曾发现两块汉阙刻石，其一说：永元六年，九月下旬，王文康石禄，师友门人，闵其行正，来飨厥功，传曰："嗛者章之，门生等五十二人，共□□□维王文康□□……兴闺心绝望不□□……良□不□当□……翼济德渊□□帝□□……自远来□谁分畴纪厥行表□墓门。"[44]永元六年（94年），成都著名教师王文康逝世，其师友门生等52人前往祭祀，刻石记事于墓阙石上。但这里只是说"门生等五十二人"，而并不一一罗列每人姓名，可见这种一一罗列每人姓名的碑风，在永元年间还没出现。

碑上文字说明《李君碑》曾在本初元年（146年）六月下旬被洪水冲毁，这次洪水竟能冲毁学校内或庙内的大石碑，可见是一次特大洪水。但关于这次洪水，古籍缺载，碑文对史料是一个重要的补充。

注　　释

[1]　《史记》卷二十七，天官书第五，《索隐》："辰极，横后妃四星端。"（北京：中华书局，1985年，第4册，第1289—1290页）《晋书》卷十一，"天文上"曰："故辰极常居其所，而北斗不与众星西没也。"（北京：中华书局，1987年，第2册，第279页）《大易象数钩深图》卷上："北望惟见斗枢辰极也，故斗谓之北斗，辰谓之北辰。"（影印《文渊阁四库全书》，台北：商务印书馆，1986年，第25册，第16页）

[2]　孙瑴：《古微书》卷八，春秋演孔图，帝王，影印《文渊阁四库全书》，第194册，第865页。

[3]　《汉书》卷十二，平帝纪，北京：中华书局，1975年，第1册，第351页。

[4]　《十三经注疏》，北京：中华书局，1982年，下册，第2119页。

[5] 《十三经注疏》，上册，第 138 页。
[6] 《逸周书》卷一，常训解第三，影印《文渊阁四库全书》，第 370 册，第 8 页。
[7] 任乃强：《华阳国志校补图注》，上海：上海古籍出版社，1987 年，第 113 页。
[8] 《三国志》卷三十八，蜀志，秦宓传，北京：中华书局，1987 年，第 4 册，第 975 页。
[9] 《史记》卷二十七，天官书第五，第 4 册，第 1315 页。
[10] 《史记》卷二十六，历书第四，第 4 册，第 1267 页。
[11] 高诱：《淮南洪烈解》卷三，天文训，影印《文渊阁四库全书》，第 848 册，第 539 页。
[12] 陶宗仪编：《说郛》卷三十二下，闻见录，影印《文渊阁四库全书》，第 877 册，第 720 页。
[13] 《御定全唐诗》卷八百六十七，影印《文渊阁四库全书》，第 1431 册，第 475 页。
[14] 任乃强：《华阳国志校补图注》，第 113 页。
[15] 方闻一编：《大易粹言》卷七十一，说卦，影印《文渊阁四库全书》，第 15 册，第 727 页。
[16] 任乃强：《华阳国志校补图注》，第 113 页。
[17] 《御定全唐诗》卷一百九十五，韦应物《夏冰歌》，影印《文渊阁四库全书》，第 1424 册，第 711 页。
[18] 《东雅堂昌黎外集注》卷四，潮州请置乡校牒，影印《文渊阁四库全书》，第 1075 册，第 509 页。
[19] 任乃强：《华阳国志校补图注》，第 156 页。
[20] 《后汉书》卷六十五，张奂传：“吾前后仕进，十要银艾。”注：“银印绿绶也，以艾草染之，故曰艾也。”（北京：中华书局，1965 年，第 8 册，第 2143—2144 页）
[21] 洪适：《隶释》卷五，北京：中华书局，1986 年影印洪氏晦木斋刻本，第 63 页。
[22] 《续汉书》志第二十五，北京：中华书局，1965 年，第 12 册，第 3572 页。
[23] 《后汉书》，第 4 册，第 871 页。
[24] 《汉书》，第 10 册，第 3228 页。
[25] 《续汉书》志第二十八，第 12 册，第 3621 页。
[26] 《后汉书》，第 3 册，第 751 页。
[27] 《史记》，第 10 册，第 3188 页。
[28] 《后汉书》，第 6 册，第 1530 页。
[29] 《三国志》卷十二，魏志，司马芝传，第 2 册，第 387 页。
[30] 吴树平校注：《东观汉记校注》，郑州：中州古籍出版社，1987 年，第 324 页。
[31] 《汉书》卷七十五，第 10 册，第 3179 页。
[32] 《续汉书》志第七，祭祀上，第 11 册，第 3166 页。
[33] 《续汉书》志第二十三，第 12 册，第 3509 页。
[34] 吉布布初、关荣华：《四川昭觉县发现东汉石表和石阙残石》，《考古》1987 年第 5 期。
[35] 任乃强：《华阳国志校补图注》，第 562 页。
[36] 任乃强：《华阳国志校补图注》，第 537 页；罗开玉：《四川通史》，成都：四川人民出版社，2010 年，第二册，第 442 页。
[37] 笔者过去对此碑的研究，见拙文：《关于建安四年北江堋碑的几点认识》，《四川文物》2011 年第 3 期；又见罗开玉：《四川通史》，第二册，第 124、392、400、401 等页。
[38] 任乃强：《华阳国志校补图注》，第 152 页。
[39] 任乃强：《华阳国志校补图注》，第 153 页。
[40] 洪适云《张纳碑阴》：主簿白文已下不称字者，示其卑于从事季元也；史晨后碑五官掾孔畅

六人不称字者，亦示其卑于长史李谦也。……右《张纳碑阴》题名七十有四人，从事及丞则书其字，主簿以下掾史并书名，盖一郡之吏也。主记掾、录事掾、上计掾，各一人；文学主事掾、史，各一人；从掾位四人，文学掾二人，史一人，议曹掾五人，法曹、集曹、比曹史，各一人；金曹、漕曹掾各一人，左右史亦如之；尉曹掾一人、待事掾七人、功曹、献曹、决曹、左仓曹、右仓曹、史各一人；奏曹、辞曹、史各二人；戸曹史三人，户令史一人，贼曹史四人，左贼曹史一人，中部、南部督邮各一人，监市掾一人，领校安汉长一人、中部案狱一人、府后督盗贼一人、守属八人，其分职置吏如是其众，且详也。汉世郡县吏开敏有材者，上之人可以察举，達而为公卿无所碍，故人知自爱、重犯法，今日唯以鞭笞用事，宜乎廉耻汨丧也（洪适：《隶释》卷五，第61—64页。）外地也有类似汉碑，如《韩勅碑阴》（洪适：《隶释》卷一，第20—21页）。

[41] 洪适：《隶续》卷十六，第429—431页。

[42] 洪适：《隶续》卷十六，第425—426页。

[43] 罗开玉：《四川通史》，第二册，第434页。

[44] 刻石现存成都市博物馆。参见高文等编：《四川历代碑刻》，成都：四川大学出版社，1990年，第11页。

A Preliminary Study on the Stone Tablets of Mr. Li and Mr. Pei

Luo Kaiyu

(Museum of *Zhuge Liang* Temple, Chengdu)

Abstract: Through preliminary study on the stone tablets of Mr. Li and Mr. Pei, the author believes that they are rather typical eulogium tablets in Han Dynasty. The two tablets, whose character should be the ruins of memorial temple for the living, were donated and built by some inferior officials appointed by Mr. Li and Mr. Pei when they were the governors of Shu Commandery at that time. 168 inferior officials, appointed by the governors themselves according to the rules of 'local governors appointment' in Han Dynasty, could be founded in the inscription. No one, however, was appointed by central government. The author also discusses some problems about the tablets, including some special terms, the masters of the tablets, their relationship between the inferior officials belonging to the county government and the rules of 'local governors appointment', and the attribute of the original building where the two tablets were found.

Keywords: Eulogium tablets   memorial temple for the living   the officials belonging to the county government   official school   rules of 'local governors appointment'

“裴君”当为东汉度辽将军裴晔

——成都市区新近出土汉碑碑主考证

方北辰

（四川大学历史文化学院）

摘要：2010年11月，成都市区中心天府广场工地出土东汉巨型大碑，碑文颂扬东汉蜀郡太守裴君的家世、经历和业绩，但是没有明确点明碑主裴君的名讳。本文根据祖籍、家族、生卒年、入蜀时间等九项指标，并考察勘比传世文献典籍，对记载中的东汉裴姓人士逐一衡量、筛选，最后得出裴君当是东汉度辽将军裴晔的判定。

关键词：汉碑　裴君　裴晔　度辽将军

2010年11月，在成都市区中心天府广场工地，出土两通东汉石碑，形制一大一小，时间一前一后。其中的巨型大碑，正面碑文17行，每行42字，颂扬了东汉蜀郡太守裴君的家世、业绩。裴君碑的出土位置异常独特，时代又是成都跻身全国“五都”之一的汉朝，而且碑主裴君，还恰巧与为成都市武侯祠内著名唐碑撰文的名臣裴度，同出汉唐名门大族河东裴氏。武侯祠唐碑，素有“三绝碑”的美誉。而此一汉碑，在位置、时代和碑主三方面，与武侯祠唐碑两相呼应，珠联璧合，不仅见证了汉唐双峰王朝时期成都的辉煌历史，而且构成“河东一个千年望族，成都两通三绝丰碑”的奇妙图景。

但是，此碑的碑主，碑文只是尊称他为“裴君”，却没有提到他的名讳。究竟这位“裴君”是谁，其具体身份如何，成为学界和社会关注的热点。本人是出自成都本土的历史文化学者，而且专业领域又上承东汉，故而试作考论，供学界参考。

一、判断碑主裴君身份的指标

根据媒体上发布的此碑大幅清晰照片，以及相关的碑文文字，经过辨识判读，可以确定出判断碑主裴君身份的三个方面基本指标，即家族先世、生存时间和主要事迹。其中，前两项是硬性指标，后一项是弹性指标。这三项基本指标，又可细分为九个分支指标。下面逐一论述之。

所谓硬性指标，是指碑主必须符合的指标。作为硬性基本指标的第一项，家族先世又有如下两个分支指标。

第一个分支指标是祖籍所在。碑文中明确点明碑主是“祖自河东”，而且同时发现的另外一通时代稍早的小碑之中，又称之为“河东裴府”，那么被判断为碑主的裴姓人士，其家族的祖籍，必须完全符合“河东”这一地域条件，否则就应淘汰。东汉是世家大族势力急剧扩张的时代，因而形成非常重视家族籍贯出身的社会风气。当时的典籍文献当中，有一个流行的习语，叫做“郡望”，本意是某一郡当中的望族，后来的含义则转化为著名家族祖籍所在的郡。例如，东汉最著名的“弘农杨氏”和“汝南袁氏”，并称“东京名族”，其郡望就分别是弘农郡和汝南郡[1]。由此可见，碑文所说的“河东”，并非地理上黄河以东之地的泛称，而是专指东汉的河东郡。据司马彪《续汉书·郡国志一》记载，东汉的河东郡，下辖安邑、杨县、平阳、临汾、汾阴、蒲坂、大阳、解县、皮氏、闻喜、绛县、永安、河北、猗氏、垣县、襄陵、北屈、蒲子、濩泽、端氏，共计20县[2]。因此，被判断为碑主的裴姓人士，其家族祖籍必须出自以上河东郡所辖20县的某一县中。

第二个分支指标是家族特征。碑文叙述河东裴氏家族，是“累锡苻银，四世遵统”，又说是“祖自河东，先人造创，银艾相承”。所谓“累锡”，是多次受到朝廷赐予之意。“苻银”，即“符银”的异体，是指汉代朝廷给予郡太守的铜虎符、竹使符和银质印章。《汉书》卷四《文帝纪》记载：“（二年）九月，初与郡守为铜虎符、竹使符。”东汉应劭对此的注释说：“铜虎符第一至第五，国家当发兵，遣使者至郡，合符；符合，乃听受之。竹使符皆以竹箭五枚，长五寸，镌刻篆书，第一至第五。”颜师古则补充说：“与郡守为符者，谓各分其半，右留京师，左以与之。”[3]由此可见，铜虎符，用于朝廷向各郡征调壮丁进入军队；竹使符，则用于其他方面的征调，主要是向各郡征调物资。即《后汉书》卷三十一《杜诗传》所谓的“旧制发兵，皆以虎符；其余征调，竹使而已”[4]。另外，东汉的郡太守，其品秩属于二千石这一级；而这一级的官员，都给予银质官印和青绿色的系印丝绳，习称“银印青绶”[5]。银印青绶，简称“银青”。东汉蔡邕担任中央尚书台的尚书时，曾被提升为巴郡太守，他在向朝廷表示感谢的表章《巴郡太守谢表》中曾说：“不意录符银青，授任千里。”[6]蔡邕所谓的“录符银青”，简而言之就是汉碑碑文的“符银”。另外，当时系在银质官印上的青绶，系用艾草汁染成，故而“银青”又有“银艾”的别称，张奂即有“吾前后仕进，十腰银艾”之语[7]。碑文前后的“符银”和“银艾”，其含义实际上基本相同，均指出任郡太守。河东郡的裴氏家族，自从先祖开始创造本家族的仕宦历史，直到裴君本人，一连四代遵循传统，相互承接，全都做过郡太守的较高级官职。四代当太守，先祖到裴君：这就是裴氏家族的突出特征。由于碑文已经记载裴君后来出任蜀郡太守，因此，被判断为碑主的裴姓人士，还应当提供其曾祖、祖父、父亲这三代人曾经出任过郡太守的证据，起码也要提供出第四代先祖即曾祖出任过郡太守的证据，而且其曾祖还应当是本家族仕宦历史的开创者。

与家族祖籍的情况相同，第二项基本指标，即碑主的生存时间，也是硬性指标。细致区分之后，其生存时间又有三个分支指标。

第一，碑文末尾，出现了“元嘉有二”的残句，这应当是碑石刻立之年。东汉桓帝元嘉二年，即公元152年。由于此碑是裴君的下属在他去世之后刻立的纪念碑，因而被判断为碑主的裴姓人士，其准确的卒年虽然不能据此断定，但是他的卒年，也就是他生存时间的下限，定然不能晚于此年。

第二，古语有“人生七十古来稀”之说。即便假定该裴君是在八十高龄时去世，那么他出生的时间，由公元152年上溯，乃是公元72年，即东汉明帝永平十五年。这是他生存时间的上限。而他长大成人进入仕途建立功业的时间点，只可能比此更晚，而不可能比此更早。

第三，另据同时发现的小碑碑文所记，该裴君在蜀郡太守任上时，曾为在他之前出任蜀郡太守的“李君”，重新树立已经倾倒的功德碑。此事发生的时间，小碑明确记载是东汉质帝本初元年，即公元146年。因此，该裴君入蜀之前在其他地方建功立业的时间，又必须早于此年。

再说第三项软性的基本指标。所谓软性指标，是指达标的范围，不一定是全部满足，而可以是部分满足。裴君碑的性质，是其下属为其刻立的功德纪念碑。这种碑文，通常要回顾碑主经历和业绩当中的重要者，所以是比较连续而完整的。但是，在其他传世的典籍文献当中，如果对该裴君的经历和业绩又有所记载的话，很有可能就没有如此连续而完整，而只是其经历和业绩的某一部分片断。对于这样的文献记载，只要能够与碑文所记裴君经历和业绩中具有特征性的某些部分相互吻合，就可以作为判断裴君身份的有力佐证，而不必强求其是否连续和完整。根据碑文所载，该裴君在入蜀担任太守之前，具有特征性的经历和业绩，共有四点，兹依照碑文记述的先后次序，排列如下：

第一，“位历台署。”

东汉王朝中央政权机构之中，有三台、七署的称呼，合并而言即是“台署”。所谓三台，是指中央的尚书台、御史台和谒者台。三者又有中台、宪台、外台的别名，并称“三台”[8]。另外，中央九卿之一的光禄勋，总领皇宫内廷的宫廷禁卫军，下辖的七支分队，分属五官中郎将署、左中郎将署、右中郎将署、虎贲中郎将署、羽林中郎将署、羽林右监署、羽林左监署统领，合称“七署”[9]。碑文的“位历台署”，系指裴君在以上名称有“台”字或“署”字的中央机构中，曾经担任过官职。这是他第一个特征性的经历。

第二，“超统定襄，外蛮侵暴；朱衣建钺，顺天平乱。”

定襄，乃是东汉并州之下的一个郡，下辖善无、桐过、武成、骆县、中陵5县，东汉时期其治所在善无县，即今山西省右玉县南[10]。所谓“超统”，是提拔而担任之意。东汉百官的品级，按照司马彪《续汉书·百官志五》的记载，上自第一等的大将军、三公，下至最低级的佐史，共有16等（笔者按：应为17等，史文脱落“比千石”这一品级）[11]。地方行政长官郡太守的品级，是其中的“二千石”，即第三等。而上文提到的三台、七署，其长官的品级，均低于郡太守。比如，五官中郎将署的五官中郎将，左中郎将署的左中郎将，右中郎将署的右中郎将，虎贲中郎将署的虎贲中郎将，羽林中郎将署的羽林中郎将，品级均为“比二千石”，即第四等；尚书台的尚书令，御史台的御史中丞，品级均为“千石”，即第五等；谒者台的长官谒者仆射，品级为“比千石”，即第六等；羽林右监署的羽林右监，羽林左监署的羽林左监，品级均为“六百石”，即第八等。由此可见，在三台、七署当中，即使碑主裴君已经做到其中任何一个机构的长官，当他外放出任一郡的太守之时，都是属于官职品级上的提升，就可以称之为“超统”。

至于碑文所说的“外蛮”，乃是泛指当时北方边塞之外的草原民族。汉代的“蛮”字，通常有两种含义：一种是专指南方的少数民族，即所谓的东夷、北狄、西戎、南蛮，《后汉书》因此有《东夷列传》、《南蛮列传》[12]。另一种是泛指边塞之外的少数民族，而不限于某一具体方位。例如《汉书》卷七十《郑吉传》记载，汉宣帝时，郑吉奉命镇守西域，先后攻破车师，迎降匈奴日逐王，威震西域。宣帝对其褒扬的诏书中，就有“拊循外蛮，宣明威信”之语，所以颜师古对此的注释说：“《礼》云‘东夷、北狄、西戎、南蛮’。然夷蛮戎狄，亦四方之总称耳，故史传又云‘百蛮’也。”[13]另外，《汉书》同卷《陈汤传》记载，汉元帝时，陈汤出使西域，斩杀反抗汉朝的匈奴族郅支单于[14]。当时朝臣的上疏中，对此也有“至今奉使外蛮者，未尝不陈郅支之诛以扬汉国之胜”之语[15]。上述两处“外蛮”，均指位于中央王朝西边的西域诸少数民族，而不限于专指南方。至于汉碑此处所言的“外蛮”，也是后一种情形。整个东汉时期的北方边塞，先后有匈奴、鲜卑、乌桓等草原民族的强大武装力量，频繁南下进行活动。而碑主裴君所在的时期，北方边塞的主要威胁来自匈奴和鲜卑，特别是匈奴族当中的北匈奴。他所担任太守的定襄郡，正是北方边境中恰好面对匈奴、鲜卑兵锋的地区之一。碑文所言的“外蛮侵暴”，就是此种情况的反映。东汉王朝将裴君提升品级，委以定襄边郡的重任，是看到他有驾驭军政的定边安边之才。

“朱衣”，即深红色的外衣。汉代的朱衣，通常在两种情况下使用。第一种是官方举行祭祀时，参祭官员所穿的祭祀礼服。《后汉书》卷六十下《蔡邕列传》载蔡邕向朝廷上封事，其中即有“臣自在宰府，及备朱衣”之语。李贤对此的注释说：“朱衣，谓祭官也。”[16]第二种是军队将领的正规军服，又名“绛衣”。《后汉书》卷一上《光武帝纪上》记载，东汉光武帝刘秀当初起兵创业之时，曾经身着“绛衣大冠”。李贤对此的注释引录《东观记》云：“上时绛衣大冠，将军服也。”[17]另外，《三国志》卷五十四《吕蒙传》亦载，东汉献帝建安年间，吕蒙为自己指挥的军队，配备全新的“绛衣行縢”，以备孙权的检阅[18]。“绛衣”是正规军服，“行縢”即后世士兵的绑腿。碑文此处所说的“朱衣”即“绛衣”，乃是属于后者，即军队将领的正规军服。“建钺”，即竖起斧钺。钺是大斧状的兵器，向来作为将帅统兵出征之时显示朝廷赐予诛杀威权的标志。

裴君受到擢升而出任定襄郡太守，在边境遭受匈奴或鲜卑族侵害之时，他身着朱红色军服手持斧钺，统领本郡的军队出征，顺应天意前往平定叛乱。这是他第二个特征性的业绩。

第三，“奋威讨黠，鬼方震悼，师出向时，猾夷降从。”

裴君统领本郡的军队出征，顺应天意前往平定叛乱，其作战的胜负战果如何？此处四句作出回答。碑文所谓的“鬼方”，其准确含义和具体对象，我们应当采用当时文献典籍的说法或解释，才能与之紧密扣合。据《后汉书》卷三《孝章帝纪》，东汉章帝即位之初，有关官员曾经上奏颂扬刚去世的东汉明帝刘庄，即章帝的父亲，奏章中就用到"鬼方"一词，说："孝明皇帝圣德纯茂，劬劳日昃……泽臻四表，远人慕化……克伐鬼方，开通西域，威灵广被，无思不服。"[19]此处所谓"克伐鬼方，开通西域"一事，在同书卷八十八《西域传序》中有更为具体的记述："武帝时，西域内属，有三十六国。……王莽篡位，贬易侯王，由是西域怨叛，与中国遂绝，并复役属匈奴。……（明帝）永平中，北虏乃胁诸国共寇河西郡县，城门昼闭。十六年，明帝乃命将帅，北征匈奴，取伊吾卢地，置宜禾都尉以屯田，遂通西域，于阗诸国皆遣子入侍。西域自绝六十五载，乃复通焉。"[20]对照两处史文即可明白，上面朝臣奏章所使用的"鬼方"一词，在东汉当时，乃是明确针对长期危害北方边境的匈奴族。换言之，当时的"鬼方"，其实就是匈奴的代称。

稍后的《晋书》卷九十七《北狄匈奴列传》云："匈奴之类，总谓之北狄。匈奴地，南接燕、赵，北暨沙漠，东连九夷，西距六戎，世世自相君臣，不禀中国正朔。夏曰'熏鬻'，殷曰'鬼方'，周曰'猃狁'，汉曰'匈奴'。其强弱盛衰，风俗好尚，区域所在，皆列于前史。"[21]《晋书》的史文，明确将"鬼方"作为"匈奴"的异名，与上文《后汉书》史文的说法，是完全一致的。

东汉光武帝建武二十四年（48 年），匈奴分裂为南北两部。南匈奴声称归服东汉王朝，但是其内部的分裂叛乱势力，依然不时出现。另外，一贯侵扰北部边境的北匈奴势力，虽然在汉朝的不断打击之下，呈现衰落之势，然而其残存力量，却采取分散活动伺机偷袭的战术，给汉朝边境造成不小的威胁[22]。出土汉碑碑文此处的记述，说的正是当时这种边塞形势。也就是说，根据碑文中出现的"鬼方"一词，我们可以进一步明确，当时"侵暴"定襄郡边境的"外蛮"，就是匈奴族，而不包括鲜卑族。

奋发威风统领兵马讨伐狡黠的敌军，使作乱的匈奴族势力受到震慑，出兵不到一个季节，狡猾的少数民族敌军就投降服从，取得胜利。这是裴君第三个特征性的业绩。

第四，"运符四郡，所在流化。"此处的"符"，就是前面已经提到的铜虎符和竹使符，即向地方郡太守征调军队和物资的信物。虽然碑文中没有明确点明裴君此时的具体职务，但是他既然已经拥有运用铜虎符、竹使符向四个郡征调军队和物资的权力和职责，那么他此时的官职，就必定发生了变化，不会再是原来担任的定襄郡太守，而应当是具备相应权力和职责的军事将领。因为一个郡的太守，绝对没有向其他同等平级郡太守征调军队和物资的特权。至于"流化"者，即传播教化之意也。

裴君改任军队将领，不仅运用铜虎符、竹使符，向四个郡征调军队和物资，指挥军队奋发威风以讨伐狡黠的匈奴叛乱武装，而且还在他影响所在的各郡之地，努力传播教化。这是他第四个特征性的业绩。

以上，我们根据碑文，确定出裴君家族先世、生存时间和主要事迹三个方面的全部九点分支指标。下面，我们即能以此作为基准标尺，对具有可能性的碑主，进行具体的衡量、筛选和判定。

二、筛选和判定具有可能性的碑主

在对传世的典籍文献进行竭泽而渔式的搜索之后，得到如下东汉时期裴姓人士的九人名单：裴遵、裴晔、裴茂、裴潜、裴徽、裴辑、裴儁、裴瑜、裴岑。现在对此九人逐一进行初步的介绍，然后再做进一步的衡量、筛选和判定。

裴遵，东汉光武帝时出任敦煌太守。光武帝建武十七年（41 年），他曾在敦煌任上向朝廷上奏，对处理西域诸国的关系提出建议，事见《后汉书》卷八十八《西域莎车国传》[23]。裴遵其人，活动于东汉初期，早于生存时间的硬性指标，不具备碑主的可能性。但是，他对与我们深入了解裴氏家族，从而判断其他具有可能性的碑主，却是一位关键性的人物。《新唐书》卷七十一上《宰相世系表一上》之“裴氏”条云：

> 裴氏出自风姓。颛顼裔孙……大骆生非子，……非子之支孙封裴乡，因以为氏，今闻喜裴城是也。六世孙陵，当周僖王之时封为解邑君。……陵裔孙盖，汉水衡都尉、侍中。九世孙敦煌太守遵，自云中从光武平陇、蜀，徙居河东安邑。安、顺之际徙闻喜。[24]

汉唐之间，最为重视门第阀阅，名门大族各自撰写的家记、家牒、家谱、家传，大量出现。欧阳修撰写《新唐书》之时，可资利用的这一类资料，极为丰富。单以河东裴氏家族而论，在《新唐书》卷五十八《艺文志二》当中，就有史学名家裴松之撰写的《裴氏家记》三卷、裴守真撰写的《裴氏家牒》二十卷[25]。有此时代风气和有利条件，故而欧阳修《新唐书》的《宰相世系表》，对汉唐之间的名门大族，特别是北方的名门大族，其世系的记载极为详细。再加上撰史者的学养深厚，态度谨严，而且河东裴氏，又名列《宰相世系表》所载诸家族之首，其用心之精密更不待言。因此，上述记载的可信程度极高。分析上述记载，可以得到如下三点重要信息：

首先，东汉初年的裴遵，其人曾经担任过敦煌郡的太守，正好符合出土汉碑碑文中享有“符银”或“银艾”的官职身份。

其次，东汉光武帝刘秀起兵创业之时，裴遵还住在云中郡（当时治所在今内蒙古呼和浩特西南）。他追随刘秀平定陇、蜀之后，将家族向南迁徙到内地的河东郡安邑县（治所在今山西夏县西北）居住。后来在东汉安帝、顺帝之时，其家族又转移到河东郡的闻喜县（今山西闻喜县），从此定居。裴氏子孙之所以转移并定居闻喜，是因为其远祖非子的子孙，曾经被封在闻喜县的裴乡居住过。所以迁居闻喜，是重新回归远祖所居之地。

再次，就裴遵这一支系而言，他本人乃是从云中郡迁移而定居河东郡的第一代祖先。碑文所言的“祖自河东，先人造创”、“累锡符银，四世遵统”，都应当从裴遵这里算起。也就是说，他是计算河东郡裴氏家族门阀世系的起始原点。

裴晔，是裴遵的曾孙，曾任东汉并州刺史、度辽将军，亦见《新唐书》卷七十一上《宰相世系表一上》之“裴氏”条[26]。关于裴晔，我们将留在后面专门进行讨论。

裴茂，字巨光，乃裴晔之子。东汉灵帝时，裴茂历任郡守和尚书的官职，并封侯，亦见《新唐书》卷七十一上《宰相世系表一上》之“裴氏”条[27]。另外，《三国志》卷二十三《裴潜传》裴松之注引《魏略》，也提到裴茂，说：“潜，世为著姓。父茂，仕灵帝时，历县令、郡守、尚书。建安初，以奉使率导关中诸将，讨李傕，有功，封列侯。”[28]据《后汉书》卷九《孝献帝纪》、卷七十二《董卓传》记载，曹操所控制的东汉朝廷，曾经命令当时担任谒者仆射的裴茂，统兵攻灭董卓余党李傕，时在东汉献帝建安三年（198 年）四月[29]。裴茂的上述仕宦生涯，是从东汉灵帝时起，直到献帝在位之时。而据《后汉书》卷八《孝灵帝纪》，东汉灵帝登基继位于建宁元年，即公元 168 年[30]。而这一年，上距出土汉碑刻立的桓帝元嘉二年，即公元 152 年，已有 16 年了。显而易见，裴茂的生存时间，早已超过汉碑碑主生存时间的下限，出生太晚的他，也不符合生存时间的硬性分支指标，因而也不可能是碑主。

裴潜、裴徽、裴辑，三人乃是兄弟，均为上述裴茂之子，亦见《新唐书》卷七十一上《宰相世系表一上》之“裴氏”条[31]，以及上面所引的《三国志》卷二十三《裴潜传》裴松之注引《魏略》、同传裴松之自注[32]。既然上面已经得出结论，即裴茂本人因出生太晚，不可能是碑主，那么他三个儿子的出生时间就更晚，就更没有成为碑主的可能性，因而都可以断然排除。

裴儁，字奉先，也是上面所述裴潜的弟弟。他曾经担任过蜀汉政权九卿之一的光禄勋，事见《三国志》卷四十二《孟光传》[33]。同传裴松之注引傅畅《裴氏家记》云：“儁字奉先，魏尚书令潜弟也。儁姊夫为蜀中长史，儁送之，时年十余岁，遂遭汉末大乱，不复得还。既长，知名，为蜀所推重也。”[34]《新唐书》卷七十一上《宰相世系表一上》之“裴氏”条，没有将裴儁记录入册，其原因已难以得知。不过，上述裴潜三兄弟既然已经被排除，那么作为裴潜的另一弟弟，裴儁肯定也在排除之列。

裴瑜，其事迹见于《后汉书》卷六十四《史弼传》。东汉后期，史弼为河东郡太守，由于为人耿介，得罪专权的宦官侯览，被侯览诬告，朝廷以囚车将其押送进京惩处。下属没有人敢于陪伴他，唯有本郡的前孝廉裴瑜，将其护送到距离京城洛阳不远处，在官道上向民众高声赞美史弼的刚正不阿之后，含泪作别。裴瑜后来官职做到尚书[35]。考此传文，史弼出任河东郡太守，是在“诏书下举钩党”，即“党锢之祸”发生之后的事。而东汉的“党锢之祸”，其发生共有两次：第一次发生在桓帝延熹九年（166 年）[36]，第二次发生在灵帝建宁二年（169 年）[37]。即使是时间最早的第一次“党锢之祸”，也是在碑主裴君生存时间的下限，即东汉桓帝元嘉二年（152 年）之后又过 14 年才发生的。因此，在“党锢之祸”发生之后护送史弼进京的裴瑜，也因出生太晚，不符合生存时间的硬性分支指标，应当将其排除。

裴岑其人，事迹不见于传世史籍，而见于考古资料《敦煌太守裴岑碑》，简称《裴岑碑》。此碑原立于新疆巴里坤县石人子乡石人子村。清雍正时，岳钟琪受命屯兵驻守巴里坤，见到此碑，将其移入自己的将军府，后又转移到巴里坤城内关帝庙，加以保护。乾隆时，此碑拓片开始被人带回北京，从此碑文得以流传。原碑今存新疆维吾尔自治区博物馆。碑文如下：

维汉永和二年八月，敦煌太守云中裴岑，将郡卒五千人，诛呼衍王寿，斩馘部众，克敌全师，除西域之灾，蠲四郡之害，边境乂安，振威到此。立德祠，以表万世。[38]

东汉顺帝永和二年，为公元137年。上文已指出：出土汉碑碑主裴君入蜀之前，在其他地方建功立业的时间，必须早于东汉质帝本初元年，即公元146年。从《裴岑碑》记载的时间来看，裴岑符合上述第二项硬性指标即碑主生存时间中的第三个分支指标。其次，裴岑所攻灭的呼衍王部众，正是远奔西域的北匈奴武装。所谓“呼衍”，乃是匈奴族四大贵族姓氏之一，常与匈奴族领袖即单于通婚，事见《后汉书》卷八十九《南匈奴列传》[39]。统领属下部众的呼衍氏首领，即呼衍王。《后汉书》卷八十八《西域列传》中，就曾多次提到流徙西域的北匈奴呼衍王[40]。这一点，又与第三项软性基本指标中的第三个特征性业绩相符合。另外，《裴岑碑》碑文出现了“四郡”一词。此处所言的“四郡”，结合裴岑任职的敦煌郡来考虑，显然是指东汉凉州的河西四郡，即敦煌、张掖、武威、酒泉。裴岑攻灭了叛乱的呼衍王部众，使河西四郡免遭蹂躏之害。但是，此时他的职务，只是敦煌太守，其所指挥的军队，据碑文所言，也只是敦煌郡的“郡卒五千人”，即本郡属下的五千人马。他也依然没有向其他三郡运用铜虎符、竹使符征调兵员和物资的军事特权。可见《裴岑碑》的“四郡”，与出土汉碑中“运符四郡”的“四郡”，仅仅是字面上的巧合性相同而已；而在真正的内涵上，他并不符合第三项软性基本指标中的第四个特征性业绩。

不过，在裴岑的可能性衡量中，最大的问题还是他的祖籍。他自称“云中裴岑”，足见其祖籍是隶属并州刺史部的云中郡（东汉时治所在今呼和浩特市西南），而非隶属司隶校尉部的河东郡，这就明显与上述第一项家族先世硬性基本指标中的第一个分支指标，完全不相符合。当然，如果参照上引《新唐书》卷七十一上《宰相世系表一上》之“裴氏”条中，裴遵在东汉初开始从云中郡迁居河东郡的记载[41]，可以勉强说裴岑自称“云中裴岑”，是因为他的先祖或许是裴遵，而裴遵曾在云中居住过。但是，裴遵是否是裴岑的先祖，两人是否有血缘关系，并无确凿的史料证据。而且即便假设裴遵是其先祖，在先祖裴遵早已定居河东上百年之后，而且裴氏家族已经繁衍为河东郡名门大族的情况下，为何他偏偏要将祖籍写成是云中？解释为“返祖”还是“念旧”，都没有充分的说服力。因此，在这一硬性的分支指标上，他的吻合性完全是不合格的。四川大学林向教授对于有人主张碑主是裴岑的说法，在媒体的专访中就明确表示不能认同，这是很有见地的评判[42]。因此，裴岑作为碑主的可能性，也可以排除。

现在回过头来衡量最后一位候选人裴晔。上引《新唐书》卷七十一上《宰相世系表一上》之“裴氏”条中，对他只有如下简短记载：“九世孙敦煌太守遵，自云中从光武平陇、蜀，徙居河东安邑。安、顺之际徙闻喜。曾孙晔，并州刺史、度辽将军。”[43]但是，在这简短的记载中，却蕴含了以下相当丰富的关联性信息。

其一，他是河东裴氏家族始祖裴遵定居河东之后的正宗后代，所以完全符合碑文中“祖自河东”的硬性分支指标。

其二，他又是裴遵的曾孙，从裴遵本人算起，到裴晔正好是四辈。上文已分析指出，碑文所谓的“累锡苻银，四世遵统”，系指碑主裴君的裴氏家族，是从曾祖起开创本家族的仕宦历史，直到裴君本人，一连四代遵循传统，都做过郡太守这样的较高级官职，这是裴氏家族的突出特征。由于出土碑文已经记载裴君曾出任定襄郡和蜀郡太守，因此，被判断为碑主的裴姓人士，必须提供曾祖出任过郡太守的证据，而且其曾祖还应当是本家族仕宦历史的开创者。对于裴晔而言，其曾祖裴遵，不仅当过东汉的敦煌郡太守，而且也正是本家族仕宦历史的开创者，所以“累锡苻银，四世遵统”家族突出特征这一硬性的分支指标，他也完全吻合无间。

其三，既然裴晔是裴遵的第四代孙，那么他的生存时间也基本上能够算出，而且大致不差。如上所述，裴遵曾在东汉光武帝刘秀起兵创业之际，从云中郡开始追随刘秀；刘秀打下天下之后的光武帝建武十七年（41 年），他又在敦煌太守任上向朝廷上书。因此，在东汉王朝建立的光武帝建武元年（25 年），裴遵的年龄，应当有 20 多岁左右。如果以 25 岁计算，从那时起，平均每 25 岁繁衍一代，那么裴遵之下第三代的曾孙裴晔，应当出生在公元 100 年前后。到裴晔长大成人进入仕途，又需要 20 年左右；再做到与郡太守同为二千石品级的度辽将军，最少又需要 10 年左右。因此，他担任度辽将军，应当是公元 130 年前后的事。出生在公元 100 年前后，这与上述碑主生存时间的第二个硬性分支指标相符合。公元 130 年前后担任并州刺史、度辽将军，这又与碑主生存时间的第三个硬性分支指标相符合。出土的裴君碑，刻立于东汉桓帝元嘉二年，即公元 152 年，裴晔在此之前去世，即享年大约 50 岁左右，这也完全符合当时人们平均寿命的状况。比如，均按古人的通例以虚岁计算，与裴晔大体同时或稍晚的李固，卒年 53；李膺，卒年 60；郭太，卒年 43；许劭，卒年 46，分见《后汉书》诸人传记[44]。因此，他也基本上符合生存时间的第一个硬性分支指标。

其四，裴晔曾经担任的并州刺史和度辽将军两种官职，也与上述第三项软性基本指标中的各个分支指标的内容，有着极其密切的关联关系。

先说他的前一个官职并州刺史。在东汉的大部分时期，州的性质，依然沿袭西汉旧制，是中央王朝特派使者驻节的监察区。特派使者就是刺史，当时尊称为“使君”，负责监察举报州内各郡官员、豪强、大族的种种不法行为。这种情况直到东汉末年才发生改变，此时刺史权力增大，变成郡县之上的行政长官，地方行政体制也从郡、县两级制，变成州、郡、县三级制。裴晔所在时期，刺史依然是职司监察的中央特派使者，而并州刺史所监察的区域，正好包括了上述各个软性指标所涉及的郡、县。据司马彪《续汉书·郡国志五》，东汉并州刺史部，负责监察上党、太原、上郡、西河、五原、云中、定襄、雁门、朔方 9 郡。其中，分布在北方边塞沿线，由东到西，是雁门、定襄、云中、五原、朔方 5 郡[45]。而这 5 郡，正是直接面对匈奴族草原铁骑力量强劲冲击的弧形边塞地带。关于定襄郡，上述第二个软性分支指标已论及。匈奴族武装势力，又是第二、第三个软性分支指标共同涉及的对象。另外，在并州这样边患特别严重的州，刺史除了负责监察之外，东汉朝廷还另外特别赋予参与平定边患的军事任务。例如，顺帝永和四年（139 年），朝廷任命来机为并州刺史，刘秉为凉州刺史。二人赴任之前，王朝的最高军事统帅即大将军梁商，特别嘱咐二人，如何妥善防备辖区之内少数民族叛乱的基本方针，事见《后汉书》卷八十七《西羌传》[46]。又如，桓帝延熹年间，并州沿边的南匈奴、乌桓、鲜卑反叛，朝廷大臣一致举荐具有军事才干的赵岐，出任并州刺史，参与平叛。赵岐一到任，就开始筹划并准备上奏守边之策，事见《后汉书》卷六十四《赵岐传》[47]。这两者都是裴晔任职前后的情形。既然并州刺史还有参与平定边患的职责，因此又再度涉及第三个软性分支指标所论述的内容。

再说他的第二个官职度辽将军。司马彪《续汉书·百官志一》记载："将军，不常置。"又载："明帝初置度辽将军，以卫南单于众。新降有二心者，后数有不安，遂为常守。"同条下李贤注引东汉应劭《汉官仪》说："度辽将军，孝武皇帝初用范明友。明帝永平八年，行度辽将军事；安帝元初元年，置真。银印青绶，秩二千石。长史、司马，六百石。"[48]史文说得非常清楚，东汉的将军，一般并不常置，但是，度辽将军则属于特例。明帝永平八年（65 年），依照西汉武帝的旧制，设置代行度辽将军的职务；安帝元初元年（114 年），取消"代行"二字，正式设置度辽将军，成为常设的固定职务。而度辽将军的职责，最初是卫护入塞归顺的匈奴族南单于部众。后来南单于部众中，多次发生不安定的叛乱，度辽将军不仅成为常设职务，而且主要负责平定此类叛乱事件。也就是说，东汉度辽将军最主要的作战对象，就是侵扰汉朝边境的匈奴族武装力量。至于度辽将军的屯驻地点，明帝设置代行度辽将军职务时就有明确规定，《后汉书》卷二《明帝纪》永平八年（65 年）三月记载："初置度辽将军，屯五原曼柏。"[49]所谓曼柏，乃东汉并州五原郡的属县，其治所在今内蒙古达拉特旗东南。上文说道，并州属下沿边的雁门、定襄、云中、五原、朔方 5 郡，正是直接面对匈奴草原铁骑力量强劲冲击的弧形边塞地带。而曼柏县的位置，恰好在这一弧形地带的中央靠后，左翼是朔方、五原和云中的西部，右翼是雁门、定襄和云中的东部。居中靠后指挥，左右两翼策应，东汉王朝将全面负责并州军事防务的中枢设置在此，确实出自深思熟虑[50]。而自从明帝在此设置军事防务中枢之后，度辽将军统帅军队与塞外匈奴族武装侵扰力量进行征战的记载，就不断出现在东汉时期的史籍之中。例如，和帝永元六年（94 年），"南单于安国从弟子逢侯，率叛胡亡出塞。九月癸丑，以光禄勋邓鸿行车骑将军事，与越骑校尉冯柱、行度辽将军朱徽、使匈奴中郎将杜崇，讨之。"永元八年（96 年），"南匈奴右温禺犊王，叛为寇。秋七月，行度辽将军庞奋、越骑校尉冯柱，追讨之，斩右温禺犊王。"事均见《后汉书》卷四《和帝纪》[51]。有时，度辽将军甚至率军追击匈奴远到辽东，如安帝永初四年（110 年）正月，"度辽将军梁慬、辽东太守耿夔，讨破南单于于（辽东）属国故城。"事见卷五《安帝纪》[52]。裴晔所任度辽将军的这种职责，与上述软性分支指标中的第三点，可谓非常之吻合无间。

更加值得注意的是，在上述并州沿边五郡构成的弧形防卫地带之中，如果除开度辽将军府署自身所驻扎的五原郡不算，其余正好为四个郡。在军情紧急之时，将军府署所在地的五原郡兵力不敷使用，度辽将军自然会使用朝廷给予的铜虎符、竹使符，向较远的左右两翼四郡，紧急征调兵马和物资。因此，裴晔这一职务，与上述"运符四郡"的第四点软性分支指标，也可谓完全扣合而无偏差。

至此，以上的九人名单，已经完全排除八人，只余下具有可能性的裴晔一人。现列表对裴晔在三项共九个分支指标方面的吻合度，逐一评分。吻合者得一分，不吻合或情况不明者不得分。最后根据量化数据作出结论（表一）。

表一　裴晔与成都东汉裴君碑碑主身份吻合情况

指标名称与性质	吻合度和得分
①祖籍所在　硬性	吻合，得1分
②家族特征　硬性	吻合，得1分
③生存下限　硬性	吻合，得1分
④生存上限　硬性	吻合，得1分
⑤入蜀时限　硬性	吻合，得1分
⑥位历台署　软性	情况不明，不得分
⑦超统定襄　软性	情况不明，不得分
⑧讨伐鬼方　软性	吻合，得1分
⑨运符四郡　软性	吻合，得1分
总得分	7

以上全部九个分支指标当中，裴晔的总得分为7分，占全部得分9分的77.77%。这一百分比，实际上就是碑主身份的吻合度。考虑到这一吻合度已经比较高，而且又再没有其他吻合程度较高的竞争者，更为重要的是，在5个硬性分支指标中，他能够完全吻合，因此，成都新近出土汉碑的碑主“裴君”，以裴晔的可能性为最大，这就是我们经过逐一衡量、筛选而得出来的基本判断。

三、相关问题的讨论

如果汉碑的碑主可以判定为裴晔，还有一些相关的问题值得讨论。

问题之一，裴晔任职的前后顺序。考虑到汉碑碑文对裴君的历官，是从“位历台署”开始，而从“位历台署”到“超统定襄”，文气的衔接又相当紧密，因此，他的任职，应当是从中央的台署开始，其次是外放并州定襄郡为太守。再次，是就近调职，从定襄郡太守出任并州刺史。之后再就近调职，从并州刺史升任度辽将军。最后，考虑到他在处理少数民族问题方面的丰富经验，又被派遣到周边同样有多个少数民族频繁活动的益州蜀郡，担任太守，后来去世，享年大约50岁左右。

问题之二，裴晔为何没有在东汉正史当中列入专传。最有可能的原因，是当时撰写史书者认为，裴晔的事迹，要是放在东汉一朝数量众多的历史人物当中来衡量，就还不够突出和典型。裴晔所任的官职当中，品级最高的郡太守和度辽将军，都只是二千石品级，属于十七等官阶制度当中的第三等，并非最高的品级。而东汉一朝，单以属于二千石品级的郡太守而论，其数量就不是一个小数。据司马彪《续汉书·郡国志》的末尾总结，东汉全国的郡和相当于郡的诸侯封国，即通常合称的郡国，按照该书采纳的顺帝时期的数据，就有105个[53]。如果以平均每4年更换一次郡国行政长官来计算，东汉一朝200年间，出任郡国行政长官的人次，就有2600余人之多。而流传至今记载东汉史事的正史，乃是范晔的《后汉书》。根据此书书前的《目录》进行统计，该书全部列入专传的人物总数，也不过500人左右[54]。按照该书的编撰体例，以地方行政长官的身份，做出突出政绩，从而被选中被撰写专传者，照例会归类到卷七十六《循吏列传》当中[55]。然而细读《循吏列传》，以郡国行政长官的身份，做出突出政绩而有专传者，只有卫飒、任延、王景、秦彭、许荆、孟尝、第五访、刘宠8人[56]。仅仅占2600人次的千分之三。从这样的数字对比即可明白，裴晔未能在正史列入专传，其主要原因究竟何在了。

注　释

[1]　《后汉书》卷五十四，杨震列传，北京：中华书局，1973年，第7册，第1790页；《后汉书》卷四十五，袁安列传，第6册，1517页。

[2]　《续汉书》志第十九，郡国一，北京：中华书局，1973年，第12册，第3397—3398页。

[3]　《汉书》卷四，文帝纪，北京：中华书局，1975年，第1册，第118页。

[4]　《后汉书》卷三十一，杜诗列传，第4册，第1097页。

[5]　《续汉书》志第二十八，百官五，第12册，第3621页；《续汉书》志第三十，“舆服下”李贤注引《东观书》，第12册，第3675—3676页。

[6]　蔡邕：《巴郡太守谢表》，严可均：《全上古三代秦汉三国六朝文》卷七十一，北京：中华书局，1985年，第1册，第863页。

[7]　《后汉书》卷六十五，张奂列传，第8册，第2143—2144页。

[8]　陈琳：《为袁绍檄豫州文》，李善注引东汉应劭《汉官仪》，萧统：《文选》卷四十四，北京：中华书局，1977年，中册，第617页。

[9]　《续汉书》志第二十五，百官二，第12册，第3574—3578页。

[10]　《续汉书》志第二十三，郡国五，第12册，第3525页。

[11]　《续汉书》志第二十八，百官五，第12册，第3632页。

[12]　《后汉书》卷八十五，东夷列传，第10册，第2807页；《后汉书》卷八十六，南列蛮传，第10册，第2829页。

[13]　《汉书》卷七十，郑吉传，第9册，第3006页。

[14]　《汉书》卷七十，陈汤传，第9册，第3007—3021页。

[15]　《汉书》卷七十，陈汤传，第9册，第3027页。

[16]　《后汉书》卷六十下，蔡邕列传，第7册，第1992—1993页。

[17]　《后汉书》卷一上，光武帝纪上，第1册，第3页。

[18]　《三国志》卷五十四，吕蒙传，北京：中华书局，1982年，第5册，第1273页。

[19]　《后汉书》卷三，孝章帝纪，第1册，第130—131页。

[20]　《后汉书》卷八十八，西域传序，第10册，第2909页。

[21]　《晋书》卷九十七，北狄匈奴列传，北京：中华书局，1982年，第8册，第2548页。

[22]　《后汉书》卷八十九，南匈奴列传，第10册，第2939—2965页。

[23]　《后汉书》卷八十八，西域莎车国传，第10册，第2923—2924页。

[24] 《新唐书》卷七十一上，“宰相世系表一上”之“裴氏”条，北京：中华书局，1986年，第7册，第2179—2180页。
[25] 《新唐书》卷五十八，艺文志二，第5册，第1483、1500页。
[26] 《新唐书》卷七十一上，“宰相世系表一上”之“裴氏”条，第7册，第2180页。
[27] 《新唐书》卷七十一上，“宰相世系表一上”之“裴氏”条，第7册，第2180页。
[28] 《三国志》卷二十三，裴潜传，第3册，第672页。
[29] 《后汉书》卷九，孝献帝纪，第2册，第380页；《后汉书》卷七十二，董卓列传，第8册，第2342页。
[30] 《后汉书》卷八，孝灵帝纪，第2册，第328页。
[31] 《新唐书》卷七十一上，“宰相世系表一上”之“裴氏”条，第7册，第2180页。
[32] 《三国志》卷二十三，裴潜传，第3册，第672页，第674页。
[33] 《三国志》卷四十二，孟光传，第4册，第1024页。
[34] 《三国志》卷四十二，孟光传，第4册，第1024页。
[35] 《后汉书》卷六十四，史弼列传，第8册，第2111—2112页。
[36] 《后汉书》卷七，孝桓帝纪，第2册，第318页；《后汉书》卷六十七，党锢列传序，第8册，第2187页。
[37] 《后汉书》卷八，孝灵帝纪，第2册，第330页；《后汉书》卷六十七，党锢列传序，第8册，第2188页。
[38] 严可均：《全上古三代秦汉三国六朝文》卷九十八，第1册，第1000页。
[39] 《后汉书》卷八十九，南匈奴列传，第10册，第2944—2945页。
[40] 《后汉书》卷八十八，西域列传，第10册，第2909—2932页。
[41] 《新唐书》卷七十一上，“宰相世系表一上”之“裴氏”条，第7册，第2180页。
[42] 张杰、杨帆：《汉碑“裴君”露真容文武完美太守并非名将裴岑》，《华西都市报》2011年11月21日第3版。
[43] 《新唐书》卷七十一上，“宰相世系表一上”之“裴氏”条，第7册，第2180页。
[44] 《后汉书》卷六十三，李固列传，第8册，第2073页；《后汉书》卷六十七，李膺列传，第8册，第2191页；《后汉书》卷六十八，郭太列传，第8册，第2225页；《后汉书》卷六十八，许劭列传，第8册，第2234页。
[45] 《续汉书》志第二十三，郡国五，第12册，第3522—3526页。
[46] 《后汉书》卷八十七，西羌传，第10册，第2895页。
[47] 《后汉书》卷六十四，赵岐传，第8册，第2123页。
[48] 《续汉书》志第二十四，百官一，第12册，第3563、3565页。
[49] 《后汉书》卷二，孝明帝纪，第1册，第110页。
[50] 谭其骧主编：《中国历史地图集》，上海：地图出版社，1982年，第2册，第59—60页。
[51] 《后汉书》卷四，孝和帝纪，第1册，第179、181页。
[52] 《后汉书》卷五，孝安帝纪，第1册，第214页。
[53] 《续汉书》志第二十三，郡国五，第12册，第3533页。
[54] 《后汉书》之“目录”，第1册，第1—48页。
[55] 《后汉书》卷七十六，循吏列传，第9册，第2457—2483页。
[56] 《后汉书》卷七十六，循吏列传，第9册，第2457—2483页。

'Mr. Pei' is Pei Ye, *Du liao jiangjun* in the Eastern Han Dynasty: A Textual Research on the Master of the Tablet of the Eastern Han Dynasty Unearthed from Chengdu

Fang Beichen
(School of History and Culture, Sichuan University)

Abstract: In November 2010, two big stone tablets of the Eastern Han Dynasty were unearthed from Tianfu Square, Chengdu, which are the rather important finds in archaeology of Han Dynasty. One of them is the tablet of a person called Mr. Pei, the governor of Shu Commandery in Eastern Han Dynasty. His family background, experiences, and achievements were mentioned in the inscription. Unfortunately his identity still remains obscure. According to nine different indicators including the place of birth, his family, date of birth, date of death, date of being as an official in Shu Commandery, the author believes that Mr. Pei should be Pei Ye, *Du liao jiangjun* (General Crossing Liao River) of the Eastern Han Dynasty after carefully checking the related literature, and sifting all the historical figures whose family names were called Pei in Han Dynasty one by one.

Keywords: Tablet of Han Dynasty Mr. Pei Pei Ye General Crossing Liao River

成都天府广场出土汉碑的初步研究

宋治民

（四川大学考古学系）

摘要：天府广场出土的两通汉碑，内容为纪念东汉晚期蜀郡两任太守的德政，属于功德碑之类。本文通过对碑文的初步释读，提出该两通汉碑是地下出土的重要文献，是汉代考古的重要发现，其中一些内容可与传世文献相互印证，是非常宝贵的。既为功德碑，溢美之言在所难免，我们在使用汉碑材料研究历史时，应认真、仔细地分析。同时，在研究中要把碑文所记内容放在东汉晚期这个大的历史背景进行考虑。

关键词：成都　天府广场　汉碑

2010 年 11 月，四川省成都市天府广场在施工中出土汉代石碑二通。承蒙成都博物院赠送拓本照片和释文，今就两通汉碑谈谈笔者的初步看法，以就教于方家。

一、汉碑的性质

根据碑文内容，两通汉碑可分别称“裴君碑”、“李君碑”。两通汉碑均为功德碑或纪功碑，是纪念东汉晚期二位蜀郡太守的德政。既为功德碑，碑文中有溢美之言也就在所难免。当我们用它们来研究汉代历史时，要仔细分析。不过有一点应该指出，那就是碑文虽有歌功颂德的成分，但所述基本事实应该是有的，一些内容和文献记载较为一致。出土文献和传世文献相互印证，这是很宝贵的材料。

两通汉碑是立在祠堂内的，“裴君碑”之“臣有褒君，奚斯作庙”，以及“李君碑”碑阴之“……张郁等发意，贪慕嘉化而立石表记，序贤君良佐，列画殿堂”等文字可证（详见后文考论）。

汉碑出土时有碑身、碑顶，缺趺座。顶为重檐四阿式，从碑身和碑文保存情况看，碑倾倒之后，在原地被埋在地下，至少应距立碑之地不远。为吏民认为是好官的人建祠堂、立碑，应该在蜀郡成都县的中心地区，这对研究成都城市的发展演变有一定意义。

根据碑文，“裴君碑”是在原碑倒后受到损坏，于东汉桓帝元嘉二年（152 年）重新刻石树立的。而“李君碑”则是原碑被水冲倒之后，于东汉质帝本初元年（146 年），由时任蜀郡裴姓太守命令重新树立的。

二、“裴君碑”释读

碑文可分为三大段，第一段相当今日之序言，即碑文末称的“赞”。第二段为正文，即辞。第三段为重新刻石立碑的缘由。

1. “巍巍大汉，佮皇承度。昌光耀轸，享伊余赏。尊明炎上，微而复著。”

碑文一开始是对汉王朝的歌颂。巍巍，高大也。《论语·泰伯》：“子曰：‘巍巍乎，舜禹之有天下也，而不与焉。’子曰：‘大哉尧之为君也，巍巍乎，唯天为大，唯尧则之。’”注：“巍巍高大之称。”[1]

佮，音阁，取也。皇，大也，美也。《书·汤诰》：“惟皇上帝，降衷于下民。”毛传：“皇天上帝，天也，衷善也。”[2]《诗·大雅·皇矣》：“皇矣上帝，临下有赫，监视四方，求民之莫。”毛传：“皇大，莫定也。”[3]《诗·大雅·假乐》：“穆穆皇皇。”笺：“天子穆穆，诸侯皇皇。”[4]度，《说文》：“法制也。”[5]《礼记·仲尼燕居》：“子曰：‘制度在礼。’”疏：“制度在礼者，言国家尊卑上下制度存在于礼。”[6]轸，为车后横木。又为星宿名，《史记·律书》：“清明风居东南维，主风吹万物而西之。〔至于〕轸。轸者，言万物益大而轸轸然。”[7]炎上，《书·洪范》：“火曰炎上。”[8]谓汉为火德，《汉书·高帝纪》：“高祖乃立为沛公，……帜皆赤，由所杀蛇白帝子，〔所〕杀者赤帝子故也。”[9]《汉书·高帝纪》：“赞曰：‘……汉承尧运，德祚已盛，断蛇著符，旗帜上赤，协于火德，自然之应，得天统矣。’”[10]《汉书·郊祀志》：“赞曰：‘……自神农、黄帝下历唐虞三代而汉得火焉。’”[11]《后汉书·荀爽传》：“延熹九年（166年），太常赵典举爽至孝，拜郎中。对策陈便宜曰：臣问之于师曰：‘汉为火德，火生于木，木盛于火，故为其德为孝，其象在周易之离。’”[12]微而复著者指王莽篡汉和刘秀中兴光复汉朝。是说汉朝受命于天，虽经王莽之变，光武终于重建汉朝。

2. “内任公辅，外宣藩守。寔生裴君，为国宝助。累锡符银，四世遵统。”

是说裴君家世高官。公辅在汉代是指三公、四辅。三公为丞相、御史大夫、太尉，东汉为司徒、司空、太尉；四辅是指太傅、太师、太保、少傅，东汉时只设太傅，并且是在皇帝即位时设太傅，薨后不再设置。三公在汉代是最高级别的官员，《三国志·魏书·袁绍传》说：绍“高祖父安，为汉司徒。自安以下四世居三公位，由是势倾天下。”[13]《后汉书·胡广传》：“凡一履司空，再作司徒，三登太尉，又为太傅。”[14]但汉代朝廷决策大权自武帝以后，掌握在大将军手中，所谓大将军录尚书事。四辅是选德高望重的老臣担任，地位最尊，无实际职掌，是皇帝师友的身份。三公四辅除御史大夫外均为金印紫绶，御史大夫为银印青绶。藩守，藩指王国，《汉书·诸侯王表》：“天子自有三河、东郡……凡十五郡，公主、列侯颇邑其中。而藩国大者跨州兼郡，连城数十。”[15]守指郡守。藩守即两汉书中常提到的郡国。这里是说，裴氏在朝廷内辅佐皇帝执政，在外对王国、郡颁宣政令。对这两句我们只能理解为裴姓人家是个高官世家，但并非做过三公四辅这样最高的官职，不过是赞扬之词。因为紧接着就说："累锡符银，四世遵统"。符是一种凭信，是汉代中央政府给郡国的凭证。《汉书·文帝纪》："九月，初与郡守为铜虎符、竹使符。"注："师古曰：'与郡守为符者，谓各分其半，右留京师，左以予之。使音所吏反。'"[16]《汉书·严助传》："建元三年（前138年），闽越举兵围东瓯，东瓯告急于汉……上曰：'太尉不足与计。吾新即位，不欲出虎符发兵郡国。'乃遣助以节发兵会稽。会稽守欲拒法，不为发。"注："师古曰：'以法拒之，为无符验也。'"[17]符指郡，也可指太守。银，为银印，《汉书·百官公卿表》："凡吏秩比二千石以上，皆银印青绶，光禄大夫无。"[18]太守为二千石一级的高官，所以银印指太守。符银是指二千石一级的官员，说裴姓这一家曾几代有人担任二千石一级的高官。这大概是他们实际上担任过的官职，所以说累锡符银，而不说累锡金紫。锡即赐，《左传·庄公元年至十年》："王使荣叔来锡桓公命。"注："锡，赐也。"[19]这里的累锡符银和后文的银艾相承也是一致的。

3. "爰命典蜀，荡心垂治。膺真当古，瞳朦蒙祚。观俗采诗，甘棠追述。臣有褒君，奚斯作庙。佥论元功，铭纪绩号。"

这一段叙述裴君受命为蜀郡太守，为政宽厚。荡，《汉书·扬雄传》："〔雄〕为人简易佚荡"，注："晋灼曰：'佚荡，缓也。'"[20]瞳朦蒙祚，瞳，眼珠也。《史记·项羽本纪》："又闻项羽亦重瞳子"[21]。朦者，不明也，瞳朦谓眼失明者。祚者，福也。这两句是说裴君担任蜀郡太守后，连残疾之人也蒙受福祉。观俗采诗是说了解民俗民声，《后汉书·羊续传》：灵帝中平三年（186年），"拜续为南阳太守，……观历县邑，采问风谣，然后乃进。"[22]甘棠追述，甘棠出自《诗经》，《诗·召南·甘棠》："蔽芾甘棠，勿翦勿伐，召伯所茇。"毛传："蔽芾小貌，甘棠杜也。翦去伐击也。笺云茇草舍也，召伯听男女之讼，不重烦劳。百姓止舍小棠之下而听断焉。国人被其德，说其化，思其人，敬其树。"[23]此篇系西周初年，召公奭行政于南土，断讼于小棠之下，为百姓爱戴，故因敬人而及树。以此来比喻裴君作为蜀郡太守体察民情，断狱公平，而受到百姓的尊敬。徐中舒先生认为此召伯是召伯虎而不是周初的召公[24]。臣有褒君，奚斯作庙，是说为其立祠堂的原因，汉代太守的属吏称太守为君，自称为臣，《后汉书·戴就传》：就"仕郡仓曹掾，扬州刺史欧阳参奏太守成公浮臧罪，遣部从事薛安案仓库簿领，收就于钱唐县狱。"[25]戴就指责薛安曰："……令臣谤其君，子证其父！"[26]另汉代有自谦称臣的习俗，《汉书·王陵传》，陈平谓王陵曰："于面折廷争，臣不如君；全社稷，安刘氏后，君亦不如臣。"[27]《汉书·主父偃传》："或说偃曰：'大横！'偃曰：'臣结发游学四十余年……'"[28]裴君的属吏为褒扬太守而立祠堂。汉代有为百姓认为是好官的人立祠堂的习俗，文献资料多有记载。又可分为生前立祠和死后立祠两类。生前立祠者如《汉书·于定国传》："其父于公为县狱史，郡决曹，决狱平，罗文法者于公所决皆不恨。郡中为之生立祠，号曰于公祠。"[29]《后汉书·任延传》：延为九真太守，"九真吏人生为立祠"[30]。死后立祠者如《汉书·文翁传》，翁为蜀郡太守，"文翁终于蜀，吏民为立祠堂，岁时祭祀不绝。"[31]同书《召信臣传》："吏民亲爱信臣，号之曰召父。”“信臣年老以官卒。元始四年（4 年），诏书祀百辟卿士有益于民者，蜀郡以文翁，九江以召父应诏书。……而南阳亦为立祠。”[32]《后汉书·王涣传》：“〔和帝〕永元十五年（103 年），从驾南巡，还为洛阳令。……元兴元年（105 年），病卒。……民思其德，为立祠安阳亭西。”[33]裴君应是生为立祠，说详后文。佥论元功，铭记绩号。佥者，皆也，众也。元者，大也，首也。《汉书·哀帝纪》：建平二年（前 5 年）诏曰：“……夫基事之元命，必与天下自新，其大赦天下。”注：“师古曰：‘基，始也。元大也。始为大事之命，谓改制度也。’又曰更受天之大命。”[34]《汉书·叙传》述卫青霍去病传第二十五云：“长平桓桓，上将之元”，注：“师古曰：‘桓桓，武貌也。元，首也。’”[35]号，《周礼·春官·大祝》：“辨六号”，注：“号谓尊其名更为美称焉。”[36]叙述裴君之属吏皆论其大功而刻石立碑。

4. “汉隆迄滋，明辟虎将。殊纵异风，篇籍所记。表善陈恶，章贤示诫。”

这几句为对汉朝的歌颂。汉隆迄滋是说汉王朝的兴隆直到今日，滋通兹，《论语·子罕》：“曰：‘文王既没，文不在兹乎。’”注：“兹，此也。”[37]辟，汉代常见，《后汉书·杨震传》：“年五十，乃始仕州郡。大将军邓骘闻其贤而辟之……”[38]同书《桓荣传》：“建武十九年（43 年），年六十余，始辟大司徒府。”[39]此处的辟有召请的意思。另外辟还有君的意思。《诗·大雅·荡》：“荡荡上帝，下民之辟。”毛传：“上帝以讬君王也，辟君也。”[40]《汉书·五行志》：“京房易传曰：‘辟退有德，厥咎狂，厥妖水鸟集于国中。’”注：“师古曰：‘辟，君也。’”[41]还可以释作官，《汉书·召信臣传》：“元始四年（4 年），诏书祀百辟卿士有益于民者，蜀郡以文翁，九江以召父应诏书。”注：“师古曰：‘百辟，百官。’”[42]据碑文，此处之辟释为君较合适，即指皇帝。将指郡太守，《汉书·严延年传》：延年为涿郡太守，郡政乱废，“延年至，遣掾蠡吾赵绣按高氏得其死罪。绣见延年新将，心内惧……”注：“师古曰：‘新为郡将也，谓郡守为郡将者，以其兼领武事也。’”[43]《后汉书·皇甫规传》：规“见贤不恤军事，审其必败，乃上书言状。寻而贤果为羌所没。郡将知规有兵略，乃命为功曹……”[44]“臣穷居孤危之中，坐观郡将，已数十年矣。”注：“郡将，郡守也。”[45]虎将者，谓贤明太守也。荀悦《申鉴》卷一：“圣汉统天，惟宗时亮，其功格宇宙，粤有虎臣乱政。”注：“虎臣，汉兴辅弼之臣，乱治也。”[46]汉代太守乃封疆大吏，掌管一郡的军政大权，《汉书·循吏传》序：“及至孝宣，……常称曰：‘庶民所以安其田里而亡叹息愁恨之心者，政平讼理也。与我共此者，其唯良二千石乎！’以为太守，吏民之本也。”注：“师古曰：谓郡守、诸侯相。”[47]所以明辟虎将可以理解为君明臣贤。殊，异也；纵通踪，《史记·萧相国世家》作发踪[48]，《汉书·萧何传》作发纵[49]。《康熙字典》引“《隶释》袁良碑……杨箸碑……鲁俊碑……皆以纵为踪。”[50]《诗·周南·关雎》：“风之始也，所以风天下而正夫妇也，故用之乡人焉，用之邦国焉。”毛传：“风是诸侯政教也。”[51]用现在的话说，就是政治清明，才有典籍齐备，表彰善美、暴露丑恶。

5. “今惟裴君，仁德冠备。纪初本行，介无纤漏。史官撰序，君宜录载。”

这几句乃是对裴君的赞美。冠有第一的意思，《史记·卫将军骠骑列传》：“是岁也，大将军姊子霍去病年十八，为天子侍中。善骑射……为剽姚校尉，与轻骑八百直弃大军数百里赴利，斩捕首虏过当。于是天子曰：‘剽姚校尉去病斩首虏二千二十八级……再冠军，以千六百户封去病为冠军侯。’”[52]纪即记，《史记·五帝本纪》索引：“纪者，记也。本其事而记之，故曰本纪。”[53]介、纤，小也，细也。《后汉书·第五伦传》：伦为司空上疏章帝：“伏闻马防今当西征，臣以太后恩仁，陛下至孝，恐卒有纤介，难为意爱。”注：“恐卒然有小过，爱而不罚，则废法也。”[54]史官，《后汉书·和熹邓皇后纪》：元初五年（118 年），平望侯刘毅上书安帝“伏惟皇太后膺大圣之姿……宜令史官著长乐宫注、圣德颂，以敷宣景耀……”[55]巽同撰，序通叙。是说裴君仁德俱备，记录无所遗漏，史官在著述时，裴君的事迹应被载录。

6. “祖自河东，先人造创。银艾相承，选由孝廉。至君握惠，体含清妙。位历台署，博游辽俊。百工师师，靡不则印。”

这一段叙述裴君的籍贯、家世二千石、裴君的人品及进入仕途。河东指汉代的河东郡，地望大致在今山西省西南汾河下游一带。银艾，指二千石一级的高官，《后汉书·张奂传》奂临终遗命曰：“吾前后仕进，十要银艾”，注：“银印绿绶也，以艾草染之，故曰艾也。”[56]按：绿恐为青字之误，据《汉书·百官公卿表上》：“凡吏秩比二千石以上，皆银印青绶，光禄大夫无。”[57]又说“相国丞相皆秦官，金印紫绶。……十一年更名相国绿绶”[58]，“御史大夫银印青绶”[59]。张奂东汉桓帝时人，举贤良入仕，历任安定属国都尉，使匈奴中郎将、武威太守、度辽将军、大司农、护匈奴中郎将、太常。皆为二千石一级，言十要银义者取其整数概言之，故应为银印青绶。并且是由孝廉入仕，汉代一般认为举孝廉为入仕正途，为人们所看重。《后汉书·郅恽传》：恽东汉初人，曾有军功，而“恽耻以军功取位，遂辞归乡里。”“恽遂客居江夏教授，郡举孝廉，为上东城门侯。”[60]到裴君的时候，他才德兼备。位历台署，台指尚书台、御史台等汉朝中央官署，署指光禄勋属下中郎将统率的郎，如左中郎将主左署郎，右中郎将主右署郎等。尚书职掌出纳王命，侍御史掌察举不法，中郎将统率的郎则主更直执戟，宿卫诸殿门，出充车骑。一般情况举孝廉为郎很是普遍。这些郎官职禄不高，但是皇帝身边的人。裴君还交游俊彦之士。百工师师，出自《尚书》，《尚书·皋陶谟》：“百僚师师，百工惟时。”注：“僚工皆官也，师师相师法，百官皆是，言政无失。”[61]靡，可释为无，《诗·邶风·泉水》：“毖彼泉水，亦流于淇，有怀于卫，靡日不思。”笺：“怀至靡无也。”[62]则，效法也。印，《说文》：“印，望也。”注：“印与仰义别，仰训举，印训望，今则仰行而印废，且多改印为仰矣。”[63]又《说文》：“仰，举也。”注：“与印音同义近，古印仰多互用。”[64]是说没有不效法裴君者。

7. “超统定襄，外蛮侵暴。朱衣建旆，顺天平乱。奋威讨黠，鬼方震悼。师出旬时，猾夷降从。倒载干戈，返文行庆。利涉大川，黎元砥定。基月有成，美声勃洞。”

本段叙述裴君在定襄太守任上抵御外敌入侵的功绩。定襄，汉代郡名，为汉代北方边郡之一，东汉定襄郡的地望在今山西省和内蒙古自治区交界的地方，郡境在今山西省西北部，包括内蒙古自治区相邻的一部分地区。虽然碑文没有直接说明裴君任定襄太守，但是从其领兵出战的情况看，他应为太守。旆，为一种旗。汉代刘熙《释名》卷七，释兵：“杂帛为物（毕沅曰：……今本作杂帛为旆。《初学记》亦云：一作旆。则异本之误也。《御览》两引《仪式部》引作旆。）以杂色缀其边为翅尾，将帅所建，象物杂色也。”[65]音沛。是说裴君建立军事指挥部。汉制，郡兵平时由都尉统率，遇有战事由太守统兵，这在两汉史里事例颇多，这里不一一列举。黠，狡猾，即狡黠。谓裴君奋勇和狡猾的敌人作战。鬼方，指北方的游猎民族。商代鬼方在黄河河套以北的地方活动，是商王朝较强大的劲敌。这里是以古代的国名或族名指代北方的民族，汉代北方主要是匈奴、乌桓、鲜卑；西方主要是羌。他们对汉朝时降时叛，到东汉后期北匈奴向西远徙，南匈奴和乌桓降汉，这时北方势力最大的是鲜卑。悼，可释惧，《康熙字典》引“《扬子方言》：陈楚谓惧曰悼。”[66]由于裴君的出兵，入侵之敌震怖，出兵十余日敌人降服，乃停止军事活动而不是穷兵黩武。涉过大河，百姓安定。元者，汉代多为元元，即指百姓。洞，通也，《后汉书·梁冀传》：“冀乃大起第舍……连房洞户。”注：“洞，通也，谓相当也。”[67]《释名》：“通，洞也，无所不贯洞也。”[68]是说裴君前后一月平定叛乱，从而声誉四处传扬。

8. “运符四郡，所在流化。蜀承汶水，缉熙极敬。列备五都，众致珍隆。德盛文弥，尊卑有度。旧设储偫，瑱盈殿馆。金银文锦，骇目动欲。”

符，即与郡剖符的符，谓裴郡连任四郡太守，所在之郡均兴教化、有政绩。汶水，即岷江，说岷江孕育了蜀郡。缉熙极敬，缉熙，光明也，《诗·大雅·文王》：“穆穆文王，于缉熙敬止。”毛传：“穆穆美也，缉熙光明也。”[69]极，高也，甚也，《说文》：“极，栋也。”注：“引申之义凡至高至远皆谓之极。”[70]五都，指五个商业都会。蒙文通先生指出：《史记·货殖列传》、《汉书·地理志》都提出八大都会，都为六国和吴越都城，“这说明史、汉所说‘都会’都是以政治为主而经济为从，这些地方的商业显为满足贵族官僚的奢侈生活服务……”[71]蒙先生的这一论断，是很有见地的，这八大都会均无成都。到了西汉末年，王莽执政，进行一系列改制，《汉书·食货志下》：“遂于长安及五都立五均官，更名长安东西市令及洛阳、邯郸、临淄、宛、成都市长皆为五均司市〔称〕师。东市称京，西市称畿，洛阳称中，余四都各用东西南北为称……”[72]是将这五都作为商业中心，成都平原物产丰富，作为商业中心之一，聚集了丰厚的物资，并有很好的文化传统，即碑文所说的德盛文弥，弥，益也，《论语·子罕》：“仰之弥高，钻之弥坚。”[73]尊卑有度，是说一切有秩序，社会安定。储偫，即储峙。《后汉书·和熹邓皇后纪》：“离宫别馆储峙米糒薪炭，悉令省之。”注：“储峙犹蓄积也，糒，干饭。”[74]说蜀郡旧有积蓄。《说文》：“偫，待也，注谓储物以待用也。偫，经典或作峙。”[75]瑱，玉也，殿，指高大的建筑物，《后汉书·蔡茂传》：“再迁广汉太守”，“茂初在广汉，梦坐大殿”，注：“屋之大者，通呼为殿也。”[76]喻美玉堆满了大的建筑物。又《后汉书·班固传》：“雕玉瑱以居楹，裁金璧以饰当”，注：“广雅曰：‘磌，礩也。’音田。‘瑱’与‘磌’通。楹，柱也。雕玉为礩以承柱也。”[77]这里瑱释美玉较恰当。金银，指金银扣的漆器，《汉书·贡禹传》：“蜀广汉主金银器，岁各用五百万。”[78]《后汉书·和熹邓皇后纪》：“其蜀、汉扣器九带佩刀，并不复调。”注：“蜀，蜀郡也。汉，广汉郡也。二郡主作贡进之器，元帝时贡禹上书‘蜀、广汉主金银器，各用五百万’是也。扣音口，以金银缘器也。”[79]锦为高级的丝织品，文锦为有花纹的锦。说明蜀郡物产丰富，生产高档次的物品，这些容易引起人们欲望。碑文的这一段记述和传世的文献资料可为互证。《后汉书·张堪传》：光武时“使送委输缣帛，并领骑七千匹，诣大司马吴汉伐公孙述，在道追拜蜀郡太守……成都既拔，堪先入据其城，检阅库藏，收其珍宝，悉条列上言，秋毫无私。”[80]《后汉书·第五伦传》：明帝时“迁蜀郡太守。蜀地肥饶，人吏富实，掾史家赀多至千万，皆鲜车怒马，以财货自达。”[81]又同书《廉范传》：“建初中，迁蜀郡太守……成都民物丰盛，邑宇逼侧，旧制禁民夜作，以防火灾。”[82]说明蜀郡富庶。

9.“君億其然，豫设防科。荡涤枯饬，发彻延帐。除损法服，罢员省御。拔园漉池，罔罟悬错。”

这几句叙述裴君料到蜀郡物产丰富，工商业发达，生产高档产品，这些容易引发人们的欲望，所以建立了一些防范措施。并且废除了一些奢侈的行为，历行约节，甚至惠及鸟兽。億，度也，料也。《论语·先进》：“子曰：‘回也其庶乎，屡空。赐不受命，而货殖焉，亿则屡中。’”注：“盖美回所以励赐也。”疏：“赐不受命惟货财是殖，若亿度是非则数中言。”[83]枯饬，枯者，腐朽也；饬，修治也。《易·杂卦》：“随无故也，蛊则饬也。”注：“蛊所以整治其事也。”[84]或作饰。这里指清除过分的装饰。帐，维帐。延，通也。《文选》载张衡《西京赋》：“重闺幽闼，转相逾延。”注：“移贱切，宫中之门，小者曰闼，言互相周通。”[85]是说拆除了原四通八达的维帐。法服，《孝经·卿大夫章》：“非先王之法服不敢服”，注：“服者身之表也，先王制五服各有等差，言卿大夫遵守礼法不敢僭上偪下。”[86]是说减损了原有的一些规定、制度，也就是简政。御，《礼记·王制》：“天子百里之内以共官，千里之内以为御。”注：“谓此地田税所给也，官谓其文书财用也，御为衣食。”[87]省御也就是节约。拔园，为公仪休的事情，《史记·循吏列传·公仪休》：“公仪休者，鲁博士也。以高弟为鲁相。奉法循理，无所变更，百官自正。使食禄者不得与下民争利，受大者不得取小。……食茹而美，拔其园葵而弃之。见其家织布好，而疾出其家妇，燔其机，云‘欲令农士工女安所雠其货乎？’”[88]漉池，漉竭也。《礼记·月令》：“〔仲春〕毋漉陂池”[89]，谓放干水池不养殖也。比喻裴君为官的理念，即食禄者不从事生产活动，不与民争利。这大约是封建官吏高尚的道德风范。罔罟，《说文》：“罟，网也。”[90]罔罟悬错，是说渔猎用的罔都挂起来不用，赞美裴君为政泽及鸟兽，比喻他仁爱之心。据碑文描述其治与前蜀郡太守第五伦有相似之处，《后汉书·第五伦传》说蜀郡掾史家货多至千万，以财货自达“伦悉简其丰赡者遣还之，更选孤贫志行之人以处曹任，于是争赇抑绝，文职修理。”[91]

10. “不贵难成，断绝玩好。约已惠下，性同宣孟。”

难成，指制作费工费时之物，漆器、织锦等物皆为难成。《汉书·哀帝纪》：（绥和二年六月）诏曰“……齐三服官、诸官织绮绣，难成，害女红之物，皆止，勿作输。”[92]玩好，谓人们喜爱之物。《后汉书·循吏传》序，“初，光武长于民间……解王莽之繁密，还汉世之轻法。身衣大练，色无重彩，耳不听郑卫之音，手不持珠玉之玩……”[93]《后汉书·顺帝纪》顺帝崩，“遗诏无起寝庙，敛以故服，珠玉玩好皆不得下。”[94]玩好大约指珠玉之属。说裴君生活简朴。其对己严对下属宽。宣指孔子，《汉书·平帝纪》：元始元年（1年）“封周公后公孙相如为褒鲁侯，孔子后孔均为褒成侯，奉其祀。追谥孔子曰褒成宣尼公。”[95]孟为孟子，说裴君为人同于孔子、孟子。

11. “留心萧曹，理罪听恕。虽得其情，哀矜原宥。陨涕陷辜，轻疑必赦。民免有耻。囹圄空旷。”

萧曹，指西汉初年的萧何、曹参。《汉书·循吏传》序：“汉兴之初，反秦之敝，与民休息，凡事简易，禁罔疏阔，而相国萧、曹以宽厚清静为天下帅，民作‘画一’之歌。”[96]说裴君听颂宽厚，公正。宥，宽也，对有罪之人则对其流涕，为其没有治理好也。对于定罪有疑点的则进行赦免。民免有耻，出自《论语·为政》[97]，《汉书·酷吏传》引之曰：“孔子曰：‘导之以政，齐之以刑，民免而无耻；导之以德，齐之以礼，有耻且格。’”注：“师古曰：‘论语载孔子之言也。格，至也。谓御以政刑，则人思苟免，不耻于恶；化以德礼，则下知愧辱，而至于治也。’”[98]囹圄，狱也。《礼记·月令》：仲春之月“命有司，省囹圄”，注：“囹圄所以禁守系者，若今别狱矣。”[99]《汉书·汲黯传》：黯责张汤更定律令，曰“公为正卿，上不能褒先帝之功业，下不能化天下之邪心，安国富民，使囹圄空虚……”[100]谓民都守法，无犯罪的，牢狱都空了。

12. “禁刑以礼，导俭以固，矫世定常，移风返素。帅人以正，孰敢不放。苞苴雍塞。耆滞辟用。”

礼者节其序，谓禁刑皆按规矩。导俭以固，出自《论语·述而》，“子曰：‘奢则不孙，俭则固。’”注：“孔曰具失之，奢不如俭，奢则僭上，俭不及礼，固陋也。”[101]并改变世态，移风易俗。帅，率也。以正人君子为民表率。放，仿也。《史记·秦始皇本纪》：二十六年（前221年）“秦每破诸侯，写放其宫室，作之咸阳北阪上……”[102]《汉书·郊祀志上》：“天子既闻公孙卿及方士之言，黄帝以上封禅皆致怪物与神通，欲放黄帝以接神人蓬莱，高世比德与九皇，而颇采儒术以文之。”注：“师古曰：‘放，依也，音甫往反。’”[103]谓太守既作表率，故无人敢不仿也。苞苴，馈赠也。《后汉书·第五伦传》伦曾孙种迁兖州刺史，“数年，徐州从事藏旻上书讼之曰：‘……伏见故兖州刺史第五种，傑然自建，在乡曲无苞苴之嫌……’”注：“苞苴，馈遗也。”[104]《后汉书·钟离意传》：“永平三年（60年）夏旱，而大起北宫，意诣阙免冠上书曰：‘……昔成汤遭旱，以六事自责曰“政不节邪？使人疾邪？宫室荣邪？女谒盛邪？苞苴行邪？谗夫昌邪？”……’”[105]用现在的话说苞苴就是行贿受贿。雍塞，不通也。耆，老也，长也。滞，留滞不进。既然贿赂不行，则滞留的长者被礼请为太守府诸曹的吏。

13. “取士乡人，违绝上来。奸轨息集，百谷丰炽。咨陬髦彦，斥远佞富。”

乡，向也。《释名》：“乡，向也，众所向也。”[106]谓众所向之人。违，《说文》：“离也。”[107]绝，断也。《礼记·月令》：季春之月“赐贫穷，振乏绝”，疏：“不续曰绝。”[108]是说召请属吏或选举众望所归的人。奸轨，《周礼·秋官·司刑》：“五刑之法。”注：“奸轨盗攘伤人者其刑劓。”疏：“强聚为寇，杀人为贼，由内为奸，起外为轨……乱在外为奸，在内为轨。”[109]集，安也。《汉书·曹参传》：孝惠元年以参为齐丞相，“参尽召长老诸先生，问所以安集百姓。”[110]咨，《说文》：“谋事曰咨。”[111]陬，《说文》：“阪隅也。”[112]《史记·绛侯世家》：子亚夫，“孝景三年，吴楚反。亚夫以中尉为太尉，东击吴楚。”“后吴奔壁东南陬，太尉使备西北。”[113]集解：“如淳曰：‘陬，隅也。’”[114]即角落。髦，《诗·小雅·甫田》：“烝我髦士”，毛传：“烝进，髦俊也。”[115]彦，美士也。《书·太甲上》：“旁求俊彦”，传：“旁非一方，美士曰彦。”[116]《诗·大雅·棫朴》：“济济辟王，左右奉璋。奉璋峨峨，髦士攸宜。”毛传：“峨峨盛壮也，髦俊也。”[117]斥，退也。佞，小人也。言裴君遍访俊美之士，疏远富有的小人。

14. “委迤贞直，外身成义，耽道守株。后生颜宪，莫不弹冠，咸蒙宠誉。掊决珠藏，选先韦布。首贡张服，股桓圣朝。连拔俊杰，始终不挠。弘德永善。翕受荣赏。”

委迤，自得也。贞，正也，《尚书·太甲下》：“一人元良，万邦以贞。”传：“贞，正也。”“一人天子，天子有大善，则天下得其正。”[118]外，《汉书·霍光传》：“禹曰：‘我何病？县官非我家将军不得至是，今将军坟墓未干，尽外我家，反任许、史，夺我印绶，令人不省死。’”注：“师古曰：‘外谓疏斥之。’”[119]又可引申为置之度外。耽，注视，如虎视眈眈。道，《汉书·董仲舒传》：“道者，所繇適于治之路也，仁义礼乐皆其具也。”[120]又曰“道之大原出于天，天不变，道亦不变。”[121]守株，《释名》：“驻，株也，如株木不动也。”[122]谓裴君正直，不顾自身而成义，坚守为政之路。宪，《诗·大雅·崧高》：“不显申伯，王之元舅，文武是宪。”毛传：“不显申伯，显矣申伯也。文武是宪，言有文有武也。笺云宪表也，言为文武之表式。”[123]弹冠，出自《汉书》，《汉书·王吉传》：王吉字子阳，“吉与贡禹为友，世称‘王阳在位，贡公弹冠。’”注：

“师古曰：‘弹冠者，言入仕也。’”[124]引申为弹冠相庆。誉，赞美也。谓年轻的优秀人才纷纷准备接受召请举荐，都受到很好的赞扬。掊，《汉书·郊祀志上》：“其夏六月，汾阴巫锦，为民祠魏脽后土营旁，见地如钩状，掊视得鼎。”注：“师古曰：‘掊谓手杷土也，音蒲沟反。’”[125]又聚敛也，《诗·大雅·荡》：“曾是掊克。”毛传：“掊，蒲侯反聚敛也。”[126]珠，珠宝。这里指人才。韦，《汉书·礼乐志》：“依韦飨昭”，注：“师古曰：‘依韦，谐和不相乖离也。’”[127]布，布告，谓裴君发掘、推荐人才，先行广泛征求意见、商议。股，股肱也。股指大腿，肱指胳膊，股肱指栋梁之才也。《汉书·序传下》述高帝纪第一云“股肱萧、曹，社稷是经”[128]，指萧何、曹参为栋梁大臣。《汉书·季布传》文帝曰“河东吾股肱郡，故特召君耳”[129]。西汉时，三辅、三河、弘农为京畿之地，三河指河南、河内、河东。桓，《书·牧誓》：“勗哉夫子，尚桓桓。”传：“桓桓，武貌。”[130]《说文》：桓，注：“桓桓威也。”[131]喻裴君第一个推举的张服成了朝廷的栋梁之臣。裴君作为蜀郡太守接连选拔优秀人才，始终如一。弘，大也。德，惠也。谓惠民之事受到赞赏。

15.“纲纪诜张，孔修畔学。恢兴七艺，宗老恤幼，存心音律，广宣教诲。文武不坠，礼乐倏畅。救復衰渐，举道崇行。谦虚愠厉，刚塞简贬。”

纲纪，《诗·大雅·棫朴》：“勉勉我王，纲纪四方。”笺：“我王谓文王也，以罔罟喻为政，张之为纲，理之为纪。”[132]《汉书·张敞传》：张敞为山阳太守，上书曰：“伏闻胶东、勃海左右郡岁数不登，盗贼并起……吏失纲纪，奸轨不禁。”[133]诜，《诗·周南·螽斯》：“螽斯羽，诜诜兮”，毛传：“诜诜众多也。”[134]畔，本为田之界限，这里或通泮。泮，《说文》：“诸侯乡射之宫，西南为水，东北为墙。”[135]这里指蜀郡大治，因而大修学校。艺，才也。礼、乐、射、御、书、数是为六艺，七艺大概是指刘歆的七略，《汉书·艺文志》成帝时使刘向等人校经传诸子诗赋等书，向死哀帝复使向子歆完成刘向的事业，“歆于是总群书而奏其七略，故有辑略，有六艺略，有诸子略，有诗赋略，有兵书略，有术数略，有方技略。”[136]是说裴君复兴七艺，重视教育。宗，有尊的意思，谓敬老爱幼。音律，者乐也，古代礼的一种，所谓礼乐。教诲，教化也。且文事武事并举，礼乐兴。复，免除也。谓救助衰老之人，免除他们的赋税劳役，关心民间疾苦。道，指有道，谓有道之士，为汉代选举的一种，《后汉书·孝安帝纪》：建光元年（121年）四月，“己巳，令公、卿……郡国守相，举有道之士各一人。”[137]《后汉书·郭太传》：“司徒黄琼辟，太常赵典举有道。”[138]不应，人称郭有道。死后，“同志者乃共刻石立碑，蔡邕为文，既而谓涿郡卢植曰：‘吾为碑铭多矣，皆有惭德，唯郭有道无愧色耳。’”[139]行者为有行之士，亦为选举之一科。《汉书·元帝纪》：“永光元年（前43年）……二月，诏丞相、御史举质朴敦厚逊让有行者。”[140]《汉书·成帝纪》：河平四年（前25年）“举惇厚有行能直言之士。”[141]《后汉书·桓帝纪》：建和元年（147年），“又诏大将军、公、卿、郡、国举至孝笃行之士各一人。”[142]愠，含怒意。厉，严也。刚塞简贬，属九德，见下文。说裴君为人谦虚而又严厉，谦和而又刚简。这一段叙述的是为政之道和为人的品格。

16. “帻苞九德，卓尔难副。以不沉俗，俄媚见疾。泽施未穷。虚受征问。若玉光润，泥而不滓。观过知仁，致仕闾巷。三九吉期，吏民驩望。儒宗永述，永垂亿万。”

帻，本指头巾，这里应是指人。九德，《书·皋陶谟》：“翕受敷施，九德咸事，俊乂在官。”传：“翕和也，能合受三六之德而用之，以布施政教，使九德之人皆用事。谓天子如此，则俊德治能之士竝在官。”[143]关于九德的具体内容，《书·皋陶谟》：“宽而栗，柔而立，愿而恭，乱而敬，扰而毅，直而温，简而廉，刚而塞，彊而义。”[144]前文提到的“刚塞简贬”即此九德中之二德。疏：“正义曰，塞训实也，刚而能断，失于空疎，必性刚正而内充实，乃为德也。”[145]贬，简也，损也。所以简则廉。卓，高也。《论语·子罕》：“颜渊喟然叹曰：‘仰之弥高，钻之弥坚。瞻之在前，忽焉在后。夫子循循善诱人。博我以文，约我以礼。欲罢不能，既竭吾才，如有所立。卓尔，虽欲从之，末由也已。’”[146]副，相称也。是说一人身上具备九德，是很高的要求，也是很难做到的。沉，陷落也。媚，《说文》：“媚，说也。”注：“说，今悦字。”[147]疾，怨也，患也，又同嫉。《史记·孙子吴起列传》：“孙武既死，后百余岁有孙膑……庞涓恐其贤于己，疾之，则以法刑断其两足而黥之，欲隐勿见。”[148]因为裴君不合同流俗，遭到怨恨而受到诬陷。泽，恩泽，德泽也。穷，尽也。谓泽施未尽。虚，不实也。征，为朝廷征召。在汉代征有两种情况，一种是征入朝廷为官，如《汉书·魏相传》：“〔相〕复为河南太守。数年，宣帝即位，征相入为大司农，迁御史大夫。”[149]另一种为有罪被征，如《后汉书·第五伦传》：伦为会稽太守，“永平五年，坐法征。”[150]问，问责也。是说裴君因受陷害以不实之词被征问，是属于后者。若玉光润，谓像玉一样光洁无瑕。“泥而不滓”出自《史记》，《史记·屈原列传》说屈原“濯淖于泥之中蝉蜕于蜀秽，以浮游尘埃之外，不获世之滋垢，皭然泥而不滓者也。推此志也，虽与日月争光可也。”[151]正义：“言屈平之仕浊世，去其污垢，在尘埃之外。推此志意，虽与日月争其光明，斯亦可矣。”[152]碑文将裴君比作屈原，评价相当高。“观过知仁”出自《论语》，《论语·里仁》：“子曰：‘人之过也，各于其党。观过，斯知仁矣。’”注：“孔曰：‘党，党类，小人不能为君子之行，非小人之过，当恕而勿责之。观过使贤愚各当其所则仁矣。’”[153]致仕，即退休。在汉代官员在位因年老而罢官归家为致仕。《汉书·韦贤传》韦贤为丞相，“地节三年（前67年）以老病乞骸骨，赐黄金百斤，罢归，加赐第一区。丞相致仕自贤始。”[154]闾巷，即居家，《书·武成》：武王灭商后，“封比干墓，式商容闾。”传：“商容贤人，纣所贬退，式其闾巷以礼贤。”疏：“说文云闾族居里门也。”[155]《史记·陈涉世家》：“二世元年七月，发闾左適戍渔阳。”索隐：“闾左谓居闾里之左也……凡居以富强为右，贫弱为左。”[156]吉期，选择离开的好日子。驩，仰慕也。《礼记·文王世子》：“王乃命公侯伯子男及群吏，曰，反养老幼于东序，终之以仁也。”传：“孝经说所谓诸侯归各帅于国，大夫勤于朝，州里驩于邑是也。驩音冀。”

疏："云大夫勤于朝者，大夫勤力行之于朝；云州里馹于邑者，州长里宰之官希馹慕仰行之于邑是也。"[157]望，送别也。《后汉书·孙程传》："及卒……乘舆幸北部尉传，瞻望车骑。"[158]谓裴君临走之时，吏民因仰慕他而前往送行。儒，指有学识的人。宗，尊也。永通咏，歌也。亿万，永久也。谓有识的人们都在歌颂，记述他的事迹，将永垂万年也。

17. "君兴教化，经之营之。功平治洽，刻石定基。迹立八载，元嘉有二。仲（下缺）。卒以僵分。辞赞磨灭，恐后莫闻。掾司马翕时，史常茵，帅由旧章，刺掇行真。君名不掩，臣节（下缺）。"

这最后一段是叙述裴君碑重新刻石、树立的原因和经过。"经之营之"出自《诗经》，《诗·大雅·灵台》："经始灵台，经之营之。"毛传："经度之也……营表其位。"[159]洽，和也。《汉书·贾谊传》："谊以为汉兴二十余年，天下和洽。"[160]谓裴君为政和洽，因而刻石立碑，八年以后于桓帝元嘉二年（152 年）仲，一季之中的第二个月。如春季正月为孟春，二月为仲春，三月为季春。这个仲字后面因破损而缺文，不知是仲春、仲夏或者仲秋。僵，倒也。《说文》："僵，偃也。"注："按僵谓仰倒。"[161]碑倒塌破碎，碑文磨灭不清，恐怕不为后人所知。"帅由旧章"出自《诗经》，《诗·大雅·假乐》："穆穆皇皇，宜君宜王。不愆不忘，率由旧章。"笺："率循也……循用旧典之文章。"[162]刺为刺的俗字，《汉书·郊祀志上》："刺六经中作王制"，注："师古曰：'刺，采取之也，音千赐反。'"[163]掇，《说文》："拾取也。"[164]《诗·周南·芣苢》："采采芣苢，薄言掇之。"笺："掇拾也，掇都夺反。"[165]芣音浮，苢音以，一种草也。郡掾姓司马名翕时，郡史姓常名茵。根据原来的碑文重新刻石而立之。

碑阴所刻为立碑的人名。其职务有掾、史、师。掾、史为太守、县令、长的属吏。师有闾师、经师、宗师。《汉书·平帝纪》：元始元年（1 年）"二月，置羲和官，秩二千石；外史、闾师，秩六百石。"注："应劭曰：'周礼闾师掌四郊之民时，其征赋也。'"[166]元始三年（3 年）"立官稷及学官。郡国曰学，县、道、邑、侯国曰校。校、学置经师一人。"[167]元始五年（5 年）"其为宗室自太上皇以来族亲，各以世氏，郡国置宗师以纠之，致教训焉。二千石选有德义者以为宗师。考察不从教令有冤失职者，宗师得因邮亭书言宗伯，请以闻。"[168]守，汉制初除官试守一岁，方能为真，就是后代试用的意思。右江原、右广都、右成都、右临邛者，是蜀郡所辖的县，因为古代文字竖写，排行从右到左，右者谓以上也。右江原即以上是江原县的掾、史、师。其余类推。如《汉书·诸侯王表》有"右高祖十一人"[169]，"右孝文三人"[170]是其例，即以上是高祖封的十一人，以上是文帝封的三人。

综观裴君碑的碑文，除了歌颂、赞美之词外，重点记述三个方面的事迹。第一，在定襄任上保卫边疆的战功；第二，在蜀郡任上优异的政绩；第三，裴君高尚的人品。

三、“李君碑”试释

“李君碑”和“裴君碑”出于同一地点。“李君碑”的碑文涉及天文、地理的知识，且文字艰涩，较之“裴君碑”更难读懂，限于个人才疏学浅，这里只能指明大意。有些词句尚不能正确解读。现试释如下：

“李君碑”也可分为三大段，第一段为序文，第二段为碑之正文，第三段为叙述重树的经过。碑阴为立碑人和立碑的原因。

1. “惟汉阳嘉，德配辰极。上天顾命，受尧余则。协元定纪，扫除奸慝。”

阳嘉为汉顺帝年号。辰，《说文》：“震也。”[171]《释名》：“辰，伸也，物皆伸舒而出也。”[172]《书·尧典》：“乃命羲和，钦若昊天，历象日月星辰，敬授人时。”传：“昊天言元气广大，星四方中星辰日月所会历象。”[173]《书·皋陶谟》：“百僚师师，百工惟时。抚于五辰，庶绩其凝。”传：“凝成也，言百官皆抚顺五行之时，众功皆成。”[174]极，《说文》：“栋也。”注：“引申之义凡至高至远皆谓之极。”[175]是歌颂汉顺帝德可比日月星辰。尧，谓帝尧。则，法也。《史记·高祖本纪》：“妪曰：‘吾子，白帝子也，化为蛇，当道，今为赤帝子斩之，故哭之。’”集解：“赤帝尧后，谓汉也。”[176]《汉书·高帝纪下》赞：“汉承尧运，德祚已盛。”[177]是说汉承尧运得天下，是上天授命。元，《尔雅·释诂上》：“元，始也。”[178]《汉书·哀帝纪》：“夫基事之元命，必与天下自新，其大赦天下。”注：“师古曰：‘基，始也。元，大也。’”[179]慝，音忒，恶也。《书·毕命》：“王曰：‘呜呼，父师，今予祗命公以周公之事，往哉。旌别淑慝，表厥宅里，彰善瘅恶，树之风声。’”疏：“正义曰：‘淑善也，慝恶也……’”[180]扫除奸慝，大约是指顺帝为太子时因受陷害，被废为济阴王，安帝死后，又立北乡侯，及北乡薨，受孙程等拥立，即帝位。平定外戚闫显等之乱的事情。

2. “三九承期，仁佐竝繁。开阶褒圣，招致九德。汶山会昌，皇以建福。元首贞良，九成诗作。”

三、九在古代都有代表多的意思。期同朞。《说文》：“期，会也。”[181]佐，辅佐也。竝即并字。繁，茂也，盛也。褒者，表扬也、进也。九德，见“裴君碑”释读。大意是说汉顺帝平定闫显之乱后，用人得当。如《后汉书·顺帝纪》“赞曰：孝顺初立，时髦允集”，注：“尔雅曰：‘髦，俊也。’郭璞注曰：‘士中之俊，犹毛中之髦。’时张皓、王龚、庞参、张衡、李郃、李固、黄琼之俦也。”[182]汶山，即岷山。“汶山会昌，皇以建福”出自纬书《河图括地象》[183]。《三国志·蜀书·秦宓传》：“蜀有汶阜之山，江出其腹，帝以会昌，神以建福，故能沃野千里。”注：“《河图括地象》曰：岷山之地，上为井络，帝以会昌，神以建福，上为天井。”[184]《文选·蜀都赋》：“远则岷山之精，上为井络，天帝运期而会昌，景福肸蚃而兴作。”注：“《河图括地象》曰：岷山之地，上为井络，帝以会昌，神以建福，上为天井。言岷山之地，上为东井维络，岷山之精，上为天之井星也。昌，庆也，言天帝于此会庆建福也。”[185]诗，《毛诗正义序》：“夫诗者论功颂德之歌，止僻防邪之训”[186]，《诗谱序》：“虞书曰诗言志，歌永言”[187]。元首，指天子。“元首贞良”出自《书·太甲下》[188]，见“裴君碑”释读。这几句是对汉顺帝的溢美之言。实际上顺帝任用宦官，宠幸阿母，已是处于汉王朝衰亡的前夜。正如《后汉书》在顺帝、冲帝、质帝的赞语中叙述的，“匪砥匪革，终沦嬖习。保阿傅土，后家及世。冲夭未识，质弑以聪。陵折在运，天绪三终。”[189]

3. “赞命俊臣，移符于蜀。同心齐鲁，诱进儒墨。远近缉熙，荒学复殖。改行霑濡，莫不叹息。因谣勒铭，延蔓无亿。”

俊臣应指李君，符为与郡剖符的符，谓李君为蜀郡太守。“同心齐鲁”源于《汉书》，《汉书·文翁传》：“繇是大化，蜀地学于京师者比齐鲁焉。”[190]诱，进也。《诗·陈风·衡门》：“衡门，诱僖公也。”笺：“诱进也。”[191]儒墨不一定是指儒家、墨家，观前后文，应是泛指经术而言。汉代重视经术之士，《汉书·隽不疑传》：“始元五年（前82年），有一男子……诣北阙，自谓卫太子。公车以闻，诏使公卿将军中二千石杂识视。……丞相御史中二千石至者〔并〕莫敢发言。京兆尹不疑后到，叱从吏收缚。或曰：‘是非未可知，且安之。’不疑曰：‘诸君何患于卫太子！昔蒯聩违命出奔，辄距而不纳，春秋是之。卫太子得罪先帝，亡不即死，今来自诣，此罪人也。’遂送诏狱。天子与大将军霍光闻而嘉之，曰：‘公卿大臣当用经术明于大谊。’”[192]这一句可理解为李君到任以后，提倡经术。缉熙，光明也，见前文“裴君碑”释读。荒，废也。殖，生也。由于李君大力提倡经术，已荒废的蜀郡学官得以复兴。按《汉书·文翁传》：“至武帝时，乃令天下郡国皆立学校官，自文翁为之始云。”[193]又《汉书·平帝纪》：元始三年（3年）夏“立官稷及学官。郡国曰学，县、道、邑、侯国曰校。校、学置经师一人。”[194]学殖见《左传·昭公十七年至十九年》，昭公十八年（前524年）“夫学，殖也，不学将落。”注：“殖生长也，言学之进德如农之殖苗，日新日益。”[195]霑，湿也，《诗·小雅·信南山》：“上天同云，雨雪雰雰。益之以霡霂，既优既渥，既霑既足，生我百穀。”[196]濡，渍也。《诗·邶风·匏有苦叶》：“济盈不濡轨。”毛传：“濡，渍也。”[197]这几句大概比喻李君有雨露之润，吏民感叹，因民间歌谣而刻石立碑，无穷地流传下去。

4. “作噩之岁，龙虎交颈。旋机印卯，杓与酉并。”

《尔雅·释天》：“太岁在甲曰阏逢……在酉曰作噩……”[198]《史记·天官书》：“东宫苍龙，房、心。心为明堂，大星天王，前后星子属。”索隐：“案：文耀钩云‘东宫苍帝，其精为龙’也。”[199]“西宫威池，曰天五潢。”索隐：“文耀钩云：‘西宫白帝，其精白虎。’”[200]《汉书·天文志》：“中宫天极星……北斗七星，所谓‘旋、玑、玉衡以齐七政’……杓，自华以西南。”注：“孟康曰：‘杓，斗柄也。’”[201]这两句大约是以星之运行以记时也。

5. “吴国李君，化懿以清。太伯风列，蹈曆顺经。兆自李官，其先典刑。晋之大夫，恭穆以章。十世崇仁，克慎公平。心聪知敏，痓恶邪庼。匿谋反奸，以照下情。”

这几句为歌颂李君之辞。吴国，指李君的籍贯，《续汉书·郡国志》：吴郡，注：“顺帝分会稽置”；“吴本国”[202]。这里吴国系指吴郡的吴县，其地望约当今江苏省苏州市一带。懿，美也。太伯，指吴太伯。《史记·吴太伯世家》：“吴太伯，太伯弟仲雍，皆周太王之子，而王季历之兄也。季历贤，而有圣子昌，太王欲立季历以及昌，于是太伯、仲雍二人乃奔荆蛮……太伯之奔荆蛮，自号句吴。荆蛮义之，从而归之千余家，立为吴太伯。”[203]谓李君乃吴郡人，有吴太伯的风范。其祖先为晋国的大夫，掌理官。《史记·循吏列传》：“李离者，晋文公之理也。过听杀人，自拘当死。文公曰：‘官有贵贱，罚有轻重。下吏有过，非子之罪也。’李离曰：‘臣居官为长，不与吏让位；受禄为多，不与下分利。今过听杀人，传其罪下吏，非所闻也。’……李离曰：‘理有法，失刑则刑，失死则死。公以臣能听微决疑，故使为理。今过听杀人，罪当死。’遂不受令，伏剑而死。”[204]是说李君乃是李离的后人。恭，敬也。《书·洪范》：“二、五事，一曰貌……貌曰恭……恭作肃……”疏：“貌能恭则心肃敬也。”[205]又《礼记·曲礼上》：“是以君子恭敬撙节退让，以明礼。”注：“撙犹趋也。”[206]穆，美也。《诗·大雅·文王》：“穆穆文王，于缉熙敬止。”毛传：“穆穆美也，缉熙光明也。”[207]《尔雅·释诂下》：“暀暀、皇皇、藐藐、穆穆、休、嘉、珍、祎、懿、铄、美也。”注：“自穆穆以上皆美盛之貌。”[208]章，彩也。《书·皋陶谟》：“天命有德，五服五章哉。”传：“五服天子诸侯卿大夫士之服也，尊卑彩章各异，所以命有德。”《校刊记》：“按采彩古今字。”[209]仁，《论语·里仁》：疏：“正义曰，此篇明仁，仁者善行之大名也，君子体仁必能行礼乐，故以次前也。”[210]《礼记·礼运》：“仁者，义之本也，顺之体也，得之者尊。”[211]慎，谨也，诚也。谓李君家几代崇尚仁，处事谨慎公平。痓，《康熙字典》引“《博雅》：痓，病也。”“《集韵》：朱戍切，丛音住。”[212]“庼”，释文作庼，按：庼音倾，屋侧也，小堂也，此字不可解，待考。大意是说李君聪明有智慧，疾恶如仇。匿，《尔雅·释诂下》：疏：“匿者，舍人曰藏之微也。”[213]《史记·曹相国世家》：参为相国“见人之有细过，专掩匿覆盖之，府中无事。”[214]《汉书·张安世传》：“为光禄勋，郎有醉小便殿上，主事白行法，安世曰：‘何以知其不反水浆邪？如何以小过成罪！’……其隐人过失，皆此类也。”[215]曹参、张安世皆为西汉名臣，大约隐人小过是一种美德。谓李君虽疾恶如仇，然能掩人之小过，体察下情。

6. “郡在坤位，曹国是循。井落之地，上为参辰。君改其俗，五教在宽。候人讥急，鸤鸠养贤。”

坤，《周易·坤》：“坤，元亨，利牝马之贞。君子有攸往，先迷，后得主利，西南得朋，东北丧朋，安贞吉。”疏：“西南坤位是阴也……正义曰坤位居西南。”[216]东汉以洛阳为京师，则蜀郡在洛阳之西南也。曹国是循，颇费解。按《诗·曹风》曹谱，毛传："周武王既定天下，封弟叔振铎于曹，今曰济阴定陶是也。""正义曰……案地理志雷夏泽在济阴成阳县西北，菏泽在济阴定陶县东，二泽同属济阴。济阴曹都所在，是曹之封域在二泽。昔尧尝游成阳死而葬焉，舜渔于雷泽，民俗始化，其遗风重厚，多君子，务稼穑薄衣食以致畜积也。"[217]可能是说蜀郡虽在西南，但有尧舜之遗风，民勤劳以致富。井落，《汉书·地理志下》："秦地，于天官东井、舆鬼之分野也。其界自弘农故关以西……南有巴、蜀……"[218]参辰为二星名。大约这些也是借以明蜀郡的方位。李君为蜀郡太守改变其原有的风俗，为政宽容。候，访也。讯，问也。鸤鸠出自《诗经》,《诗·曹风·鸤鸠》："鸤鸠，刺不壹也。""鸤鸠在桑，其子七兮。淑人君子，其仪一兮。其仪一兮，心如结兮。"疏："正义曰：'言有鸤鸠之鸟，在于桑木之上为巢，而其子有七兮。鸤鸠养之能平均用心如壹。以兴人君之德，养其国人，亦当平均如一。'"笺："淑善，仪义也。"[219]

7. "愍蜀阴险，守善不信。径路陕远，敝于高山。"

愍，《说文》："痛也。"[220]又悲怜也。《汉书·盖宽饶传》：宽饶宣帝时为司隶校尉，"刺举无所回避，小大辄举，所劾奏众多……"[221]后被诬陷获罪，"谏大夫郑昌愍伤宽饶忠直忧国，以言事不当意而为文吏所诋挫。"注："师古曰：'诋，毁也。挫，折也。'"[222]阴，前引《周易》疏："西南坤位是阴也"[223]。信通伸，《诗·邶风·击鼓》："于嗟阔兮，不我活兮。于嗟洵兮，不我信兮。"毛传："……信毛音申，案信即古伸字也。"[224]陕音峡，《说文》："隘也。"[225]《汉书·郊祀志下》："成帝初即位，丞相衡、御史大夫谭奏言：'……又至云阳，行谿谷中，阸陕且百里……皆非圣主所宜数乘……'"[226]是说李君伤蜀郡远在西南，道路险阻，四面高山，交通不便。

8. "前有相如，严平子云。后虽庶幾，名灭不传。君乃发愤，撰其韵文。"

相如即司马相如，严平即严遵字君平，扬雄少从游学，子云即扬雄。三人皆蜀郡成都人，为西汉著名学者。司马相如《史记》、《汉书》皆有传[227]，扬雄《汉书》有传[228]，严君平的事迹在《汉书·王吉贡禹传》的序言中有记载[229]。庶幾，在汉代文献中常见，意为希望、努力等意思。如《汉书·郊祀志上》："天子既已封泰山，无风雨，而方士更言蓬莱诸神若将可得，于是上欣然庶几遇之，复东至海上望焉。"[230]同书：宣帝时"京兆尹张敞上疏谏曰：'愿明主时忘车马之好，斥远方士之虚语，游心帝王之术，太平庶几可兴也。'"[231]在这里庶幾都有希望、有幸的意思。《后汉书·第五伦传附曾孙第五种》："迁兖州刺史……种欲收举（按：指济阴太守单匡），未知所使。会闻从事卫羽素抗厉，乃召羽直告之。谓曰：'闻公不畏彊御，今欲相委以重事，若何？'对曰：'愿庶幾于一割。'"注："以铅刀论。"[232]这里庶幾又有努力的意思。司马相如、严君平、扬雄既然在《史记》、《汉书》中有传，并且《汉书·司马迁传》："迁既死后，其书稍出。宣帝时，迁外孙平通侯杨恽祖述其书，遂宣布焉。"[233]《后汉书·

班固传》："固自永平中始受诏，潜精积思二十余年，至建初中乃成。当世甚重其书，学者莫不讽颂焉。"[234]所以以上三人不可能名灭不传。观下文乃是说李君收集他们没有被著录的文章，散音黯，弃也，指弃文。

9. "王史张韩，智罃眇然。缑扬罗失，经虽笃醇。仪意川水，折节衡门。并数九九，希世寡群。"

智罃，晋大夫智氏为晋六卿之一。《史记·晋世家》，晋悼公元年（前573年），厉公死，"智罃迎公子周来，至绛，刑鸡与大夫盟而立之，是为悼公。"[235]《国语·晋语七》："既弑厉公，栾武子使智武子、彘恭子如周迎悼公。"注："武子，栾书也。智武子，荀罃也。彘恭子，士鲂也……"[236]眇，小也。《汉书·昭帝纪》：始元五年（前82年）"诏曰朕以眇身获保宗庙"，注："师古曰：'眇，微也。'"[237]缑，谓剑柄也，《史记·孟尝君列传》："冯驩闻孟尝君好客……孟尝君问传舍长曰：'客何所为?'答曰：'冯先生甚贫，犹有一剑耳，又蒯缑……'"集解："缑音侯，字亦作'候'，谓把剑之处。"索隐："蒯，草名，音'蒯聩'之'蒯'。缑音侯，字亦作'候'，谓把剑之物。言其剑无物可装，但以蒯绳缠之，故云'蒯缑'也。"[238]这里缑指剑。扬，钺也。《诗·大雅·公刘》："弓矢斯张，干戈戚扬。"毛传："戚斧也，扬钺也。"[239]罗，网也。《尔雅·释器》："鸟罟谓之罗。"注："谓罗络之。"[240]《周礼·夏官·罗氏》："罗氏掌罗乌。"[241]又可释为罗列。失，原释作"失"，拓本此字不是很清晰，或可释为矢。若释为矢，则和剑钺并列，或指武事。笃，厚也，纯也。《诗·大雅·公刘》："笃公刘"，毛传："笃厚也"。[242]醇，纯也。《汉书·贾山传》："贾山，颍川人也。祖父〔祛〕……山受学〔祛〕，所言涉猎书记，不能为醇儒。"注："师古曰：'……醇者，不杂也。'"[243]仪，《诗·邶风·柏舟》："威仪棣棣，不可选也。"毛传："君子望之俨然可畏，礼容俯仰各有威仪。"[244]意，可通抑，抑损也，退也。《后汉书·蔡邕传》：光和元年七月，诏问灾变之事，邕对曰："……臣愿陛下忍而绝之，思惟万机，以答天望……人自抑损，以塞咎戒……"[245]衡门，浅陋也。《诗·陈风·衡门》："衡门之下，可以栖迟。"毛传："衡门，横木为门也，言浅陋也。栖迟游息也。"笺："贤者不以衡门之浅陋则不游息于其下，以喻人君不可以国小则不兴治致政化。"[246]九九即算术也，指微薄的才能，《韩诗外传》卷三："夫九九，薄能耳，而君犹礼之，况贤于九九者乎?"[247]这一节碑文大意是，李君不但有文武才略，还能放下架子，折节下士，对待只有薄技的人和少有的才能出众的人一样看待。

10. "魂而有灵，百年复新。惠加既徂，垂意生存。微宲得显，飞轨易轮。商容见表，寒灰复燃。内省于政，田□惟乾。公绰不欲，以正厥身。庶职丛恶，一以贯思。教品式（缺文），非下所闻。兼听夙书，沈思于神。撢虚效刑，履霜习寒。夜惟吉梦，戒豫其先。"

这一段碑文颇难读，加之有的字不识如"新"，有的地方还有缺文，只能试释其大意，容有不妥和错误之处。总的看来，此段及以下的碑文似是李君死后，对其评价。

徂，《尔雅·释诂上》："往也。"[248]《书·大禹谟》："帝曰，咨禹，惟时有苗弗率，汝徂征。"传："率循，徂往也……"[249]又《尔雅·释诂下》："徂，存也。"传："以徂为存，犹以乱为治，以曩为曏，以故为今，此皆诂训义有反复旁通。美恶不嫌同名。"[250]此处释存较为合适。宊，音亡，《说文》："宊，楝也。"[251]《尔雅·释宫》："宊廇谓之梁。"注："屋大梁也。"[252]微，无也，《论语·宪问》："子曰：管仲相桓公，霸诸侯，一匡天下，民到于今受其赐，微管仲，吾其被髮左衽矣。"注："马曰微无也。"[253]轨，一般指车辙，也可指軎头，即车轴头。《礼记·少仪》："酌尸之仆，如君之仆，其在车，则左执辔，右受爵，祭左右轨范，乃饮。"注："周礼：大御祭两轵祭轨，乃饮。轨与轵于车同谓轊头也。"[254]轊同軎。《诗·邶风·匏有苦叶》："济盈不濡轨"，毛传："輈以上为轨"[255]。在这里轨大概是指车。易，换也。轮，车轮也。这两句谓无有栋梁的大房子得显，在飞速行进的车上更换车轮，好像是比喻不可能办到的事情。也可能是碰到了很棘手难办的事情。商容，殷贤者。《史记·殷本纪》："商容贤者，百姓爱之，纣废之。"[256]"周武王遂斩纣头，悬之〔大〕白旗。杀妲己，释箕子之囚，封比干之墓，表商容之闾。"[257]《史记·周本纪》：武王灭殷后，"命毕公释百姓之囚，表商容之闾。"[258]比喻李君行惠政而使百姓重生。省，《尔雅·释诂下》："察也"[259]，《说文》："视也"[260]。是说为政清明。公绰，为鲁大夫孟公绰，《论语·宪问》："子曰：'孟公绰为赵魏老则优，不可以为滕薛大夫。'"注："赵魏皆晋卿，家臣称老。公绰性寡欲，赵魏贪，贤家老无职故优。滕薛小国，大夫职烦，故不可为。""子路问成人，子曰：'若臧武仲之知，公绰之不欲……'"注："马曰孟公绰。"[261]谓像孟公绰之不欲一样以正其身。职，主也。叢，《说文》："聚也。"[262]恶，音垩，不善也。又音乌，疾也，忌也。这里释疾或忌较为合适。"一以贯思"出自《论语》，《论语·里仁》："子曰：'参乎，吾道一以贯之。'"疏："孔子语曾子，言我所行之道，唯用一理以统天下万事之理也。"[263]又《论语·卫灵公》："子曰：'赐也，女以予为多学而识之者舆。'对曰：'然，非舆。'曰：'非也，予一以贯之。'"疏："孔子答言已之善道非多学而识之也，我但用一理以通贯之，以其善有元，事有会，知其元则众善举矣。"[264]此句谓李君尽职尽责，容易遭人疾怨，而李君用一理以通贯之。夙，早也，平素也。撢，同探，取也，试也。《周礼·夏官·撢人》："撢人掌诵王之志，道国之政事，以巡天下之邦国而语之。"疏："释曰诵王志者，在心为志，欲得使天下顺从，若撢取王之此志……"[265]效，《说文》："象也。"[266]《汉书·韩信传》："广武君曰：'……故曰'狂夫之言，圣人择焉'。〔顾〕恐臣计未足用，愿效愚忠。'"[267]此处谓效力也。《汉书·尹赏传》：赏守长安令，"赏所置皆其魁宿，或故吏善家子失计随轻黠愿自改者，财数十百人，皆贳其罪，诡令立功以自赎。尽力有效者，因亲用之为爪牙……"[268]此处之效为有成也。同书，后尹赏为执金吾，"数年卒官。疾病且死，戒其诸子曰：'丈夫为吏，正坐残贼免，追思其功效，则复进用矣。'"[269]此处效为功也。刑，《尔雅·释诂》："常也"，传："谓常法耳"[270]。《诗·大雅·荡》："文王曰咨，咨女殷商。匪上帝不时，殷不用旧。虽无老成人，尚有典刑。"笺："老成人谓若伊尹伊涉臣扈之属。虽无此臣，犹有常事故法可案用也。"[271]大意谓为李君兼听，思考旧典，寻取有成效的故法而履霜习寒。夜惟吉梦，大约是援引蔡茂的故事。《后汉书·蔡茂传》：茂河内怀人，哀平间征为博士，迁待中。王莽居摄以病自免，不仕莽朝。光武帝建武初“复拜议郎，再迁广汉太守，有政绩称。”“茂初在广汉，梦坐大殿，极上有三穗禾，茂跳取之，得其中穗，辄复失之。以问主簿郭贺，贺离席庆曰：‘大殿者，宫府之形象也。极而有禾，人臣之上禄也。取中穗，是中台之位也。于字禾失为秩，虽曰失之，乃所以得禄秩也。衮职有缺，君其补之。’旬月而茂征焉，乃辟贺为椽。”[272]蔡茂代戴涉为司徒，位三公。当然这是个故事。戒，谕也。《书·大禹谟》：“戒之用休，董之用威，劝之以九歌，俾勿坏。”传：“休美，董督也。言善政之道，美以戒之，威以督之，歌以劝之，使政勿坏在此三者而已。”[273]又告也。《仪礼·士冠礼》：“主人戒宾，宾礼辞许。”传：“戒警也，告也。”[274]豫，又作预。《礼记·学记》：“禁于未发之谓豫。”[275]大意是说，吉梦告之先兆。有可能是指蔡茂的主簿郭贺所说的“衮职有缺，君其补之”一类的话。

11. “演述三传，各数万言。抽擢腴要，采掇异文。以成一家，为后立真。”

三传，应为春秋左传、春秋公羊传、春秋谷梁传。腴，肥也，美也。掇，《说文》：“拾取也。”[276]真，不假也。《汉书·宣帝纪》：黄龙元年诏“……御史察计簿，疑非实者，按之，使真伪毋相乱。”[277]是说李君对三传的注释、论述，选取重要的部分，采取不同的文本，著成一家之言，为后代留下精纯的著述。

12. “珍儒重能，爵秩其贫。拔擢英才，试之以贞。倚席旋意，赞卯孔明。潜者得达，萌耳振鳞。犹春生芳，莫不说攽。”

儒，指学者。能，谓有才之士。贞，《释名》：“贞，定也，精定不动惑也。”[278]《书·太甲下》：“一人元良，万邦以贞。”注：“贞正也……一人天子，天子有大善，则天下得之正。”[279]席，《诗·邶风·柏舟》：“我心匪石，不可转也。我心匪席，不可卷也。”毛传：“石虽坚尚可转，席虽平尚可卷。笺云，言已心志坚平过于石席。”[280]旋，一般作还。《礼记·玉藻》：“古之君子必佩玉……周还中规，折还中矩。”注：“反行也宜圜，还音旋，本亦作旋。”[281]卯字拓本照片不很清晰，其写法和碑文中之“旋机印卯”之卯有差别，和印字亦有不同。若此字释卯，《说文》：“卯，冒也，二月万物冒地而出。”[282]似不可解。若释为卬，鑽卬似出自《论语》，《论语·子罕》：“颜渊喟然叹曰：‘仰之弥高，钻之弥坚……’”注：“言不可穷尽。”疏：“仰而求之则益高，钻研求之则益坚。”[283]卬、仰本为二字。《说文》：“仰，举也。”[284]“卬，望也。”段注：“卬与仰义别，仰训举，卬训望，今则仰行而卬废，且多改卬为仰矣。”[285]孔明，《诗·小雅·楚茨》，“祝祭于祊，祀事孔明。”毛传：“祊门内也，笺云孔甚也，明犹备也。”[286]谓李君心平而鑽仰具备。萌，始也。说即悦，《论语·学而》：“子曰：‘学而时习之，不亦说乎……’”注：“诵习以时，学无废业，所以为说怿。”[287]攽，与颁同。《说文》：“攽，分也。”[288]《书·洛诰》：“乃惟孺子，颁朕不暇。”

注："我为政常若不暇，汝为小子当分取我之不暇。"[289]这一段碑文赞美李君尊重人才，善于选拔人才。喻有识之士得以显达犹如龙之摇首振鳞欲飞，又如春天花木之芳香，人人都喜悦。

13. "骖名前列，逸驱良韩。公仪割布，曷之采观。知配昭辅，隐德未信。揖风□炳，从俗所传。"

骖，驾三马也。又驾辕之马居中为服，服马之外为之骖。逸，纵也。《左传·成公元年至四年》：成公二年，晋齐交战。"张侯曰：'……擐甲执兵，固即死也，病未及死，吾子勉之。左并辔，右援枹而鼓，马逸不能止。'师从之，齐师败绩。"[290]韩，战国时韩国良犬，名韩盧，又名韩子盧。《战国策·秦策三》：范雎曰："大王之国，北有甘泉、谷口，南带泾、渭，右陇、蜀，左关、阪；战车千乘，奋击万里。以秦卒之勇，车骑之多，以当诸侯，譬若驰韩卢而逐蹇兔也，霸王之业可致……"[291]又《战国策·齐策三》："齐欲伐魏。淳于髡谓齐王曰：'韩子卢者，天下之疾犬也。东郭逡者，海内之狡兔也。韩子卢逐东郭逡，环山者三，腾山者五，兔极于前，犬废于后，犬兔俱罢，各死其处……'"[292]这里以名马良犬作比喻，驭马、纵犬都是人在指挥。《史记·萧相国世家》："高祖以萧何功最盛，封为酇侯，所食邑多。功臣皆曰：'臣等身被坚执锐，多者百余战，少者数十合，攻城略地，大小各有差。今萧何未尝有汗马之劳，徒持文墨议论，不战，顾反居臣等上，何也?'高帝曰：'诸君知猎乎?'曰：'知之。''知猎狗乎?'曰：'知之。'高帝曰：'夫猎，追杀兽兔者狗也，而发踪指示兽处者人也。今诸君徒能得走兽耳，功狗也。至如萧何，发踪指示，功人也。……'"[293]碑文借此赞讼李君治蜀之功，公仪割布见"裴君碑"。曷，《说文》："何也。"[294]采为采风，观为观俗，见前文"裴君碑"释读。知即智。昭，明也。辅，助也，导也。《书·说命上》："爰立作相，王置诸其左右，命之曰，朝夕纳诲，以辅台德。"[295]信，伸也，《诗·邶风·击鼓》："于嗟洵兮，不我信兮。"毛传："信毛音申，案信即古伸字。"[296]揖，《汉书·郊祀志》："揖五瑞。"注："师古曰：'揖与辑同。揖，合也。"[297]炳，《说文》："明也。"[298]

以上从魂而有灵至从俗所传，为对李君的评价。提到他的为政，本人为经术之士，并有著述，重视人才和注意选拔人才。这种写法颇与司马迁的《史记·屈原列传》的写法相似[299]，即寓评论于叙事之中。

碑文最后一行，字稍小。释文冠以"旁题"，是记述李君碑倾倒之后，重新树立的经过。

14. "本初元年六月下旬，此石遭水顷赴。太守河东裴府建福学校，追叙修斯，敕官树缮，永传罔穷。时五官掾成都陈奉、左户曹史鯆乔主。"

本初为质帝年号，仅一年。裴府后面缺一君字，汉代郡称府，县称廷，故谓太守为府君，又尊称为明府。《后汉书·朱晖传》："后为郡吏，太守阮况尝欲市晖［婢］，晖不从。及况卒，晖乃厚赠送其家。人或讥焉，晖曰：‘前阮府君有求于我，所以不敢闻命，诚恐以财货污君。今而相送，明吾非有所爱也。’”[300]称太守为明府见《汉书·韩延寿传》、《汉书·孙宝传》、《后汉书·郅恽传》等[301]。主持重树碑者为五官掾陈奉、左户曹史赙乔。

碑阴为立碑的郡吏。阴嘉为顺帝年号，应为立碑之年，从文学主事掾郑廉到张郁，为立碑人。这些人因仰慕李君而“立石表纪”、“序贤君良佐，列画殿堂。”这里君指太守李君，佐者辅佐，序贤君良佐为句。殿者大屋也，见前文“裴君碑”释读。最后一行“行祭酒赵镇，守师何闰，侨演，主事王任茂、石师王仲造，书佐杞颇。”乃具体抄的人的名字和职务。

碑文中有“魂而有灵”，李君碑应是在他死后所立。

四、余　论

天府广场出土的石碑，是很宝贵的文物，是两篇地下出土的汉代文献。碑文记述两任蜀郡太守的事迹及蜀郡和成都的有关情况，前文曾提到碑文中虽有溢美之词，但基本事实应当是有的。这就对研究汉代的历史、汉代成都的历史，是很好的材料。但我们利用石碑碑文中的材料研究历史时，应把它放在当时大的历史背景下考虑。

东汉一代，自和帝以后就日渐走下坡路，朝政腐败，自然灾害不断，统治阶级内部斗争激烈，外戚、宦官相继专权，最终宦官得势，导致党锢之祸。在这种局面下，百姓是深受其害，不断暴发农民起义，最终在灵帝中平元年（184 年）暴发了黄巾大起义，这就是当时的历史背景。

“李君碑”立于顺帝阳嘉二年，质帝元年重立。“裴君碑”于桓帝元嘉二年损毁，重新刻石立碑，这时已立碑八年。元嘉二年为152 年，再往前推8 年为冲帝永嘉元年即145 年。而质帝本初元年即146 年，裴君以太守的身份将倾倒的李君碑重新树立，则这时他仍在蜀郡太守任上。这里有矛盾之处，本初元年（146 年）六月裴君尚为蜀君太守，如碑立时为永嘉元年（145 年），碑文中提到“致仕闾巷”，说明这时裴君已经退休。必有一误，要之“迹立八载”可能有误。这一时期下距灵帝中平元年（184 年）已经不远了。

“裴君碑”和“李君碑”都只有姓氏而无名字。愚意以为在没有确凿的材料情况下，似不必刻意去探求他们是哪个人。既无确凿材料，则猜测的成分居多，这样对研究历史并无帮助。汉代做过太守的人，人数众多，文献中有记载者是少数，与其去猜测，不如暂时空缺，日后或许会有新的线索。

附记：关于韩卢的出处，承蒙四川大学文学与新闻学院江玉祥先生见赐，四川大学考古学系2010 级硕士研究生李文会同学代为一一核对注释，并此致谢！

注　释

[1]　《论语注疏》卷八，《十三经注疏》，北京：中华书局，1980 年影印本，下册，第 2487 页。
[2]　《尚书正义》卷八，《十三经注疏》，上册，第 162 页。
[3]　《毛诗正义》卷十六，《十三经注疏》，上册，第 519 页。
[4]　《毛诗正义》卷十七，《十三经注疏》，上册，第 540 页。
[5]　许慎撰、段玉裁注：《说文解字注》，三篇下，上海：上海古籍出版社，1981 年影印本，第 116 页。
[6]　《礼记正义》卷五十，《十三经注疏》，下册，第 1614—1615 页。
[7]　《史记》卷二十五，北京：中华书局，1959 年，第 4 册，第 1246 页。
[8]　《尚书正义》卷十二，《十三经注疏》，上册，第 188 页。
[9]　《汉书》卷一上，北京：中华书局，1962 年，第 1 册，第 10 页。
[10]　《汉书》卷一下，第 1 册，第 82 页。
[11]　《汉书》卷二十五下，第 4 册，第 1271 页。
[12]　《后汉书》卷六十二，北京：中华书局，1965 年，第 7 册，第 2051 页。
[13]　《三国志》卷六，北京：中华书局，1959 年，第 1 册，第 188 页。
[14]　《后汉书》卷四十四，第 6 册，第 1510 页。
[15]　《汉书》卷十四，第 2 册，第 394 页。
[16]　《汉书》卷四，第 1 册，第 118 页。
[17]　《汉书》卷六十四上，第 9 册，第 2776 页。
[18]　《汉书》卷十九上，第 3 册，第 743 页。
[19]　《春秋左传正义》卷八，《十三经注疏》，下册，第 1762 页。
[20]　《汉书》卷八十七上，第 11 册，第 3514 页。
[21]　《史记》卷七，第 1 册，第 338 页。
[22]　《后汉书》卷三十一，第 4 册，第 1110 页。
[23]　《毛诗正义》卷一，《十三经注疏》，上册，第 287 页。
[24]　徐中舒：《西周史论述（下）》，《川大史学 · 徐中舒卷》，成都：四川大学出版社，2006 年，第 266 页。
[25]　《后汉书》卷八十一，第 9 册，第 2691 页。
[26]　《后汉书》卷八十一，第 9 册，第 2691 页。
[27]　《汉书》卷四十，第 7 册，第 2047 页。
[28]　《汉书》卷六十四上，第 9 册，第 2803 页。
[29]　《汉书》卷七十一，第 10 册，第 3041 页。
[30]　《后汉书》卷七十六，第 9 册，第 2462 页。
[31]　《汉书》卷八十九，第 11 册，第 3627 页。
[32]　《汉书》卷八十九，第 11 册，第 3642—3643 页。
[33]　《后汉书》卷七十六，第 9 册，第 2468—2469 页。
[34]　《汉书》卷十一，第 1 册，第 340 页。
[35]　《汉书》卷一百下，第 12 册，第 4254 页。
[36]　《周礼注疏》卷二十五，《十三经注疏》，上册，第 809 页。

［37］ 《论语注疏》卷九，《十三经注疏》，下册，第2490页。
［38］ 《后汉书》卷五十四，第7册，第1760页。
［39］ 《后汉书》卷三十七，第5册，第1249页。
［40］ 《毛诗正义》卷十八，《十三经注疏》，上册，第552页。
［41］ 《汉书》卷二十七中之下，第5册，第1416页。
［42］ 《汉书》卷八十九，第11册，第3643页。
［43］ 《汉书》卷九十，第11册，第3668页。
［44］ 《后汉书》卷六十五，第8册，第2129页。
［45］ 《后汉书》卷六十五，第8册，第2132—2133页。
［46］ 《申鉴》卷一，政体，《诸子集成》，上海：上海书店，1986年，第7册，第1页。
［47］ 《汉书》卷八十九，第11册，第3624、3625页。
［48］ 《史记》卷五十三，第6册，第2015页。
［49］ 《汉书》卷三十九，第7册，第2008页。
［50］ 《新修康熙字典》，上海：上海书店出版，1988年，下册，第1402页。
［51］ 《毛诗正义》卷一，《十三经注疏》，上册，第269页。
［52］ 《史记》卷一百十，第9册，第2928页。
［53］ 《史记》卷一，第1册，第1页。
［54］ 《后汉书》卷四十一，第5册，第1399页。
［55］ 《后汉书》卷十上，第2册，第426页。
［56］ 《后汉书》卷六十五，第8册，第2143—2144页。
［57］ 《汉书》卷十九上，第3册，第743页。
［58］ 《汉书》卷十九上，第3册，第724页。
［59］ 《汉书》卷十九上，第3册，第725页。
［60］ 《后汉书》卷二十九，第4册，第1027、1031页。
［61］ 《尚书正义》卷四，《十三经注疏》，上册，第139页。
［62］ 《毛诗正义》卷二，《十三经注疏》，上册，第309页。
［63］ 许慎撰、段玉裁注：《说文解字注》，第八篇上，第385页。
［64］ 许慎撰、段玉裁注：《说文解字注》，第八篇上，第373页。
［65］ 王先谦撰集：《释名疏证补》卷五，释兵，上海：上海古籍出版社，1984年，第253页。
［66］ 《新修康熙字典》，上册，第520页。
［67］ 《后汉书》卷三十四，第5册，第1181—1182页。
［68］ 王先谦撰集：《释名疏证补》卷四，释言语，第172页。
［69］ 《毛诗正义》卷十六，《十三经注疏》，上册，第504页。
［70］ 许慎撰、段玉裁注：《说文解字注》，第六篇上，第253页。
［71］ 蒙文通：《治学杂谈》，蒙默编：《蒙文通学记》，北京：三联书店，1993年，第27—28页。
［72］ 《汉书》卷二十四下，第4册，第1180页。
［73］ 《论语注疏》卷九，《十三经注疏》，下册，第2490页。
［74］ 《后汉书》卷十上，第2册，第422—423页。
［75］ 许慎撰、段玉裁注：《说文解字注》，第八篇上，第371页。
［76］ 《后汉书》卷二十六，第4册，第907—908页。

[77] 《后汉书》卷四十上，第5册，第1340、1343页。
[78] 《汉书》卷七十二，第10册，第3070页。
[79] 《后汉书》卷十上，第2册，第422—423页。
[80] 《后汉书》卷三十一，第4册，第1100页。
[81] 《后汉书》卷四十一，第5册，第1398页。
[82] 《后汉书》卷三十一，第4册，第1103页。
[83] 《论语注疏》卷十一，《十三经注疏》，下册，第2499页。
[84] 《周易正义》卷九，《十三经注疏》，上册，第96页。
[85] 《文选》卷二，北京：中华书局，1977年影印本，上册，第41页。
[86] 《孝经注疏》卷二，《十三经注疏》，下册，第2547页。
[87] 《礼记正义》卷十一，第97页，《十三经注疏》，上册，第1325页。
[88] 《史记》卷一百十九，第10册，第3101—3102页。
[89] 《礼记正义》卷十五，《十三经注疏》，上册，第1362页。
[90] 许慎撰、段玉裁注：《说文解字注》，第七篇下，第355页。
[91] 《后汉书》卷四十一，第5册，第1398页。
[92] 《汉书》卷十一，第1册，第336页。
[93] 《后汉书》卷七十五，第9册，第2457页。
[94] 《后汉书》卷六，第2册，第274页。
[95] 《汉书》卷十二，第1册，第351页。
[96] 《汉书》卷八十九，第11册，第3623页。
[97] 《论语注疏》卷二，《十三经注疏》，下册，第2461页。
[98] 《汉书》卷九十，第11册，第3645页。
[99] 《礼记正义》卷十五，《十三经注疏》，上册，第1361页。
[100] 《汉书》卷五十，第8册，第2318页。
[101] 《论语注疏》卷七，《十三经注疏》，下册，第2484页。
[102] 《史记》卷六，第1册，第239页。
[103] 《汉书》卷二十五上，第4册，第1233—1234页。
[104] 《后汉书》卷四十一，第5册，第1404—1406页。
[105] 《后汉书》卷四十一，第5册，第1408页。
[106] 王先谦撰集：《释名疏证补》卷二，释州国，第101页。
[107] 许慎撰、段玉裁注：《说文解字注》，第二篇下，第73页。
[108] 《礼记正义》卷十五，《十三经注疏》，上册，第1363页。
[109] 《周礼注疏》卷三十六，《十三经注疏》，上册，第880页。
[110] 《汉书》卷三十九，第7册，第2018页。
[111] 许慎撰、段玉裁注：《说文解字注》，第二篇上，第57页。
[112] 许慎撰、段玉裁注：《说文解字注》，第十四篇下，第731页。
[113] 《史记》卷五十七，第6册，第2076页。
[114] 《史记》卷五十七，第6册，第2077页。
[115] 《毛诗正义》卷十四，《十三经注疏》，上册，第473页。
[116] 《尚书正义》卷八，《十三经注疏》，上册，第164页。

[117] 《毛诗正义》卷十六，《十三经注疏》，上册，第514页。
[118] 《尚书正义》卷八，《十三经注疏》，上册，第165页。
[119] 《汉书》卷六十八，第9册，第2953页。
[120] 《汉书》卷五十六，第8册，第2499页。
[121] 《汉书》卷五十六，第8册，第2519页。
[122] 王先谦撰集：《释名疏证补》卷三，释姿容，第130页。
[123] 《毛诗正义》卷十八，《十三经注疏》，上册，第567页。
[124] 《汉书》卷七十二，第10册，第3066页。
[125] 《汉书》卷二十五上，第4册，第1225—1226页。
[126] 《毛诗正义》卷十八，《十三经注疏》，上册，第553页。
[127] 《汉书》卷二十二，第4册，第1063—1064页。
[128] 《汉书》卷一百下，第12册，第4236页。
[129] 《汉书》卷三十七，第7册，第1977页。
[130] 《尚书正义》卷十一，《十三经注疏》，上册，第183页。
[131] 许慎撰、段玉裁注：《说文解字注》，第六篇上，第257页。
[132] 《毛诗正义》卷十六，《十三经注疏》，上册，第515页。
[133] 《汉书》卷七十六，第10册，第3219页。
[134] 《毛诗正义》卷一，《十三经注疏》，上册，第279页。
[135] 许慎撰、段玉裁注：《说文解字注》，第十一篇上二，第566页。
[136] 《汉书》卷三十，第6册，第1701页。
[137] 《后汉书》卷五，第1册，第233页。
[138] 《后汉书》卷六十八，第8册，第2225页。
[139] 《后汉书》卷六十八，第8册，第2227页。
[140] 《汉书》卷九，第1册，第278页。
[141] 《汉书》卷十，第1册，第311页。
[142] 《后汉书》卷七，第2册，第289页。
[143] 《尚书正义》卷四，《十三经注疏》，上册，第139页。
[144] 《尚书正义》卷四，《十三经注疏》，上册，第138页。
[145] 《尚书正义》卷四，《十三经注疏》，上册，第138页。
[146] 《论语注疏》卷九，《十三经注疏》，下册，第2490页。
[147] 许慎撰、段玉裁注：《说文解字注》，第十二篇下，第617页。
[148] 《史记》卷六十五，第7册，第2162页。
[149] 《汉书》卷七十四，第10册，第3134页。
[150] 《后汉书》卷四十一，第5册，第1397页。
[151] 《史记》卷八十四，第8册，第2482页。
[152] 《史记》卷八十四，第8册，第2483页。
[153] 《论语注疏》卷三，《十三经注疏》，下册，第2471页。
[154] 《汉书》卷七十三，第10册，第3107页。
[155] 《尚书正义》卷十一，《十三经注疏》，上册，第185页。
[156] 《史记》卷四十八，第6册，第1950页。

［157］《礼记正义》卷二十，《十三经注疏》，下册，第 1410—1411 页。
［158］《后汉书》卷七十八，第 9 册，第 2517 页。
［159］《毛诗正义》卷十六，《十三经注疏》，上册，第 524 页。
［160］《汉书》卷四十八，第 8 册，第 2222 页。
［161］许慎撰、段玉裁注：《说文解字注》，第八篇上，第 380 页。
［162］《毛诗正义》卷十七，《十三经注疏》，上册，第 540 页。
［163］《汉书》卷二十五上，第 4 册，第 1214 页。
［164］许慎撰、段玉裁注：《说文解字注》，第十二篇上，第 605 页。
［165］《毛诗正义》卷一，《十三经注疏》，上册，第 281 页。
［166］《汉书》卷十二，第 1 册，第 351 页。
［167］《汉书》卷十二，第 1 册，第 355 页。
［168］《汉书》卷十二，第 1 册，第 358 页。
［169］《汉书》卷十四，第 2 册，第 406 页。
［170］《汉书》卷十四，第 2 册，第 409 页。
［171］许慎撰、段玉裁注：《说文解字注》，第十四篇下，第 745 页。
［172］王先谦撰集：《释名疏证补》卷一，释天，第 34 页。
［173］《尚书正义》卷二，《十三经注疏》，上册，第 119 页。
［174］《尚书正义》卷四，《十三经注疏》，上册，第 139 页。
［175］许慎撰、段玉裁注：《说文解字注》，第六篇上，第 253 页。
［176］《史记》卷八，第 2 册，第 347—348 页。
［177］《汉书》卷一下，第 1 册，第 82 页。
［178］《尔雅注疏》卷一，《十三经注疏》，下册，第 2568 页。
［179］《汉书》卷十一，第 1 册，第 340 页。
［180］《尚书正义》卷十九，《十三经注疏》，上册，第 245 页。
［181］许慎撰、段玉裁注：《说文解字注》，第七篇上，第 314 页。
［182］《后汉书》卷六，第 2 册，第 282 页。
［183］《河图括地象》，安居香山、中村璋八辑：《纬书集成》，石家庄：河北人民出版社，1994 年，下册，第 1100 页。
［184］《三国志》卷三十八，第 4 册，第 975 页。
［185］《文选》卷四，上册，第 81 页。
［186］《毛诗正义》序，《十三经注疏》，上册，第 261 页。
［187］《毛诗正义》序，《十三经注疏》，上册，第 262 页。
［188］《尚书正义》卷八，《十三经注疏》，上册，第 165 页。
［189］《后汉书》卷六，第 2 册，第 282 页。
［190］《汉书》卷八十九，第 11 册，第 3626 页。
［191］《毛诗正义》卷七，《十三经注疏》，上册，第 377 页。
［192］《汉书》卷七十一，第 10 册，第 3037—3038 页。
［193］《汉书》卷八十九，第 11 册，第 3626 页。
［194］《汉书》卷十二，第 1 册，第 355 页。
［195］《春秋左传正义》卷四十八，《十三经注疏》，下册，第 2086 页。

[196] 《毛诗正义》卷十三，《十三经注疏》，上册，第470—471页。
[197] 《毛诗正义》卷二，《十三经注疏》，上册，第303页。
[198] 《尔雅注疏》卷六，《十三经注疏》，下册，第2608页。
[199] 《史记》卷二十七，第4册，第1295—1296页。
[200] 《史记》卷二十七，第4册，第1304页。
[201] 《汉书》卷二十六，第5册，第1274页。
[202] 《续汉书》卷二十二，第12册，第3489页。
[203] 《史记》卷三十一，第5册，第1445页。
[204] 《史记》卷一百十九，第10册，第3102—3103页。
[205] 《尚书正义》卷十二，《十三经注疏》，上册，第188页。
[206] 《礼记正义》卷一，《十三经注疏》，上册，第1231页。
[207] 《毛诗正义》卷十六，《十三经注疏》，上册，第504页。
[208] 《尔雅注疏》卷二，《十三经注疏》，下册，第2573页。
[209] 《尚书正义》卷四，《十三经注疏》，上册，第139—140页。
[210] 《论语注疏》卷四，《十三经注疏》，下册，第2471页。
[211] 《礼记正义》卷二十二，《十三经注疏》，下册，第1426页。
[212] 《新修康熙字典》，上册，第1135页。
[213] 《尔雅注疏》卷二，《十三经注疏》，下册，第2575页。
[214] 《史记》卷五十四，第6册，第2030页。
[215] 《汉书》卷五十九，第9册，第2650页。
[216] 《周易正义》卷一，《十三经注疏》，上册，第17页。
[217] 《毛诗正义》卷七，《十三经注疏》，上册，第384页。
[218] 《汉书》卷二十八下，第6册，第1641页。
[219] 《毛诗正义》卷七，《十三经注疏》，上册，第385页。
[220] 许慎撰、段玉裁注：《说文解字注》，第十篇下，第512页。
[221] 《汉书》卷七十七，第10册，第3244页。
[222] 《汉书》卷七十七，第10册，第3247—3248页。
[223] 《周易正义》卷一，《十三经注疏》，上册，第17页。
[224] 《毛诗正义》卷二，《十三经注疏》，上册，第300页。
[225] 许慎撰、段玉裁注：《说文解字注》，第十四篇下，第732页。
[226] 《汉书》卷二十五下，第4册，第1254页。
[227] 《史记》卷一百十七，第9册，第2999页；《汉书》卷五十七，第8册，第2529页。
[228] 《汉书》卷八十七，第11册，第3513页。
[229] 《汉书》卷七十二，第10册，第3056—3057页。
[230] 《汉书》卷二十五上，第4册，第1236页。
[231] 《汉书》卷二十五下，第4册，第1250页。
[232] 《后汉书》卷四十一，第5册，第1404页。
[233] 《汉书》卷六十二，第9册，第2737页。
[234] 《后汉书》卷四十上，第5册，第1334页。
[235] 《史记》卷三十九，第5册，第1681页。

[236] 《国语集解》卷十三，北京：中华书局，2002 年，第 402 页。
[237] 《汉书》卷七，第 1 册，第 223 页。
[238] 《史记》卷七十五，第 7 册，第 2359 页。
[239] 《毛诗正义》卷十七，《十三经注疏》，上册，第 541 页。
[240] 《尔雅注疏》卷五，《十三经注疏》，下册，第 2599 页。
[241] 《周礼注疏》卷三十，《十三经注疏》，上册，第 846 页。
[242] 《毛诗正义》卷十七，《十三经注疏》，上册，第 541 页。
[243] 《汉书》卷五十，第 8 册，第 2327 页。
[244] 《毛诗正义》卷二，《十三经注疏》，上册，第 297 页。
[245] 《后汉书》卷六十下，第 7 册，第 1998—1999 页。
[246] 《毛诗正义》卷七，《十三经注疏》，上册，第 377 页。
[247] 《韩诗外传》卷三，第 18 章，北京：中华书局，1980 年，第 101 页。
[248] 《尔雅注疏》卷一，《十三经注疏》，下册，第 2568 页。
[249] 《尚书正义》卷四，《十三经注疏》，上册，第 137 页。
[250] 《尔雅注疏》卷二，《十三经注疏》，下册，第 2577 页。
[251] 许慎撰、段玉裁注：《说文解字注》，第六篇上，第 256 页。
[252] 《尔雅注疏》卷五，《十三经注疏》，下册，第 2597 页。
[253] 《论语注疏》卷十四，《十三经注疏》，下册，第 2512 页。
[254] 《礼记正义》卷三十五，《十三经注疏》，下册，第 1515 页。
[255] 《毛诗正义》卷二，《十三经注疏》，上册，第 303 页。
[256] 《史记》卷三，第 1 册，第 107 页。
[257] 《史记》卷三，第 1 册，第 108 页。
[258] 《史记》卷四，第 1 册，第 126 页。
[259] 《尔雅注疏》卷二，《十三经注疏》，下册，第 2577 页。
[260] 许慎撰、段玉裁注：《说文解字注》，第四篇上，第 136 页。
[261] 《论语注疏》卷十四，《十三经注疏》，下册，第 2511 页。
[262] 许慎撰、段玉裁注：《说文解字注》，第三篇上，第 103 页。
[263] 《论语注疏》卷四，《十三经注疏》，下册，第 2471 页。
[264] 《论语注疏》卷十五，《十三经注疏》，下册，第 2516 页。
[265] 《周礼注疏》卷三十三，《十三经注疏》，上册，第 865 页。
[266] 许慎撰、段玉裁注：《说文解字注》，第三篇下，第 123 页。
[267] 《汉书》卷三十四，第 7 册，第 1870 页。
[268] 《汉书》卷九十，第 11 册，第 3674 页。
[269] 《汉书》卷九十，第 11 册，第 3675 页。
[270] 《尔雅注疏》卷一，《十三经注疏》，下册，第 2569 页。
[271] 《毛诗正义》卷十八，《十三经注疏》，上册，第 553—554 页。
[272] 《后汉书》卷二十六，第 4 册，第 907—908 页。
[273] 《尚书正义》卷四，《十三经注疏》，上册，第 135 页。
[274] 《仪礼注疏》卷一，《十三经注疏》，上册，第 947 页。
[275] 《礼记正义》卷三十六，《十三经注疏》，下册，第 1523 页。

[276] 许慎撰、段玉裁注:《说文解字注》,第十二篇上,第605页。
[277] 《汉书》卷八,第1册,第273页。
[278] 王先谦撰集:《释名疏证补》卷四,释言语,第196页。
[279] 《尚书正义》卷八,《十三经注疏》,上册,第165页。
[280] 《毛诗正义》卷二,《十三经注疏》,上册,第296—297页。
[281] 《礼记正义》卷三十,《十三经注疏》,下册,第1482页。
[282] 许慎撰、段玉裁注:《说文解字注》,第十四篇下,第745页。
[283] 《论语注疏》卷九,《十三经注疏》,下册,第2490页。
[284] 许慎撰、段玉裁注:《说文解字注》,第八篇上,第373页。
[285] 许慎撰、段玉裁注:《说文解字注》,第八篇上,第385页。
[286] 《毛诗正义》卷十三,《十三经注疏》,上册,第468页。
[287] 《论语注疏》卷一,《十三经注疏》,下册,第2457页。
[288] 许慎撰、段玉裁注:《说文解字注》,第三篇下,第123页。
[289] 《尚书正义》卷十五,《十三经注疏》,上册,第215页。
[290] 《春秋左传正义》卷二十五,《十三经注疏》,下册,第1894页。
[291] 《战国策》卷五,秦三,上海:上海古籍出版社,1988年,第189页。
[292] 《战国策》卷十,齐三,第390页。
[293] 《史记》卷五十三,第6册,第2015页。
[294] 许慎撰、段玉裁注:《说文解字注》,第五篇上,第202页。
[295] 《尚书正义》卷十,《十三经注疏》,上册,第174页。
[296] 《毛诗正义》卷二,《十三经注疏》,上册,第300页。
[297] 《汉书》卷二十五上,第4册,第1191—1192页。
[298] 许慎撰、段玉裁注:《说文解字注》,第十篇上,第485页。
[299] 《史记》卷八十四,第8册,第2481页。
[300] 《后汉书》卷四十三,第6册,第1457—1458页。
[301] 《汉书》卷七十六,第10册,第3212页;《汉书》卷七十七,第10册,第3260页;《后汉书》卷二十九,第4册,第1024、1028页。

A Preliminary Study on Two Stone Tablets of Han Dynasty Unearthed from Tianfu Square, Chengdu

Song Zhimin
(Department of Archaeology, Sichuan University)

Abstract: Two stone tablets of Han Dynasty unearthed from Tianfu Square were in honor of the benevolent rule of two governors of Shu Commandery in late Eastern Han Dynasty. Based on the interpretation and study of the inscriptions on the two tablets, the author argues that they are of great historical value, and its discovery is important to Chinese Archaeology of Han Dynasty. Besides, the tablet inscriptions and the related literature could be mutually confirmed or complemented. Since they are inscribed for eulogizing merits and virtues, the praising words are unavoidable. It is necessary to analyze them carefully and seriously when we use them for historical research. In the meantime, the historical background of the late Eastern Han Dynasty the contents of two tablets reflected should not be ignored.

Keywords: Chengdu Tianfu Square tablets of Han Dynasty

成都天府广场出土二汉碑考释

何　崝

（四川大学历史文化学院）

摘要：本文通过对天府广场出土两块东汉碑文的考释，认为系记载裴君和李君两位地方官员的德政碑。作者联系文献记载对其中的疑难词句一一进行考释，认为裴君并非《裴岑纪功碑》中的裴岑，其“平乱”对象可能是鲜卑；长期以来学术界大多认为墨学在战国末或汉初便已消亡，但李君碑中的“诱进儒墨”之语表明，墨学在东汉末期还存在，其学术地位还不低，并未被边缘化。

关键词：东汉　裴君碑　李君碑　德政碑

2010年11月，成都天府广场出土两块东汉碑，一大一小，皆有碑盖而无碑额，亦无碑穿。两碑的碑阳碑阴皆刻文字，碑阳文字内容是记载两位地方官员的德政，碑阴文字主要记立碑人姓名。大碑碑阳文字记裴君德政，小碑碑阳文字记李君德政，故可分别命名为裴君德政碑和李君德政碑。有人将这二碑命名为裴君碑和李君碑，但考虑到汉碑有德政碑和祠墓碑的不同形式，故笔者认为将这两块碑命名为德政碑较合适。清叶昌炽指出：“碑之有穿，所以丽牲，亦所以引緈。”又云：“碑本以穿为用，汉末祠墓之碑，无不有穿……至于长吏功德之碑则无之。”[1]而这两块汉碑都无碑穿，且内容是纪长吏的德政，故应命名为德政碑，但行文时为了方便，简称为“裴君碑”和“李君碑”亦无不可。

关于两碑立碑的时间，裴君碑碑阳文字中载：“功平治洽，刻石定基。迹立八载，元嘉有二，仲（泐七字）卒以僵分。”说明此碑曾因故被推倒砸碎，后又重立（在考释中将有说明）。

李君碑的碑阴有立石时间的明确记载，是在汉顺帝阳嘉二年（133年）。碑阳末行由裴君属吏补刻了两行小字，其中说：“本初元年（146年）六月下旬，此石遭水顿赴（仆），太守河东裴府建福学校，追叙修斯，敕官树缮，永传罔穷。”由这几句知道李君碑于本初元年因洪水倒仆，由裴太守下令重新树立缮修；裴君是蜀郡太守。同时，由李君碑文“赞命俊臣，移符于蜀”知道李君也是蜀郡太守，其任职时间在裴君之前。

以下考释，只就二碑正文中较难理解的语句进行解释，其意义显豁者，则不加解释，以免冗赘。碑阴的属吏题名，也有较高的史料价值，拟另文讨论。笔者所作的释文，有几个字是在与其他学者讨论时得到启发后释出的，在这里表示感谢。

一、裴君德政碑考释

1. 碑文

（一行）巍巍大漢，佮皇承度。昌光耀軫，享伊餘賞。尊明炎上，微而復著。內任公輔，外宣藩守。寔生裴君，爲國賓助。累錫/（二行）苻銀，四世遵統。爰命典蜀，蕩心垂治。膺真當古，瞳矇蒙祚。觀俗采詩，甘棠追譽。臣有褒君，奚斯作廟。僉論元功，/（三行）銘紀績號。其辭曰：

/（四行）漢隆迄茲，明辟虎將。殊縱异風，篇籍所記。表善陳惡，章賢示誡。今惟裴君，仁德冠備。紀初本行，介無纖漏。史官/（五行）譔序，君宜錄載。祖自河東，先人造創。銀艾相承，選由孝廉。至君握惠，體含清妙。位歷台署，博游遼俊。百工師師，/（六行）靡不則卬。超統定襄，外蠻侵暴。朱衣建鉥，順天平亂。奮威討黠，鬼方震悼。師出旬時，猾夷降從。到載干戈，返文/（七行）行慶。利涉大川，黎元砥定。基月有成，美聲勃洞。運苻四郡，所在流化。蜀承汏水，緝熙極敬。列備五都，衆致珍怪。/（八行）德盛文彌，尊卑有度。舊設儲偫，瑱盈殿館。金銀文錦，駭目動慾，君億其然，預設科防。蕩滌枯飭，發徹延帳。除損/（九行）法服，罷員損御，拔菌漉池，綱罟縣錯，不貴難成，斷絕玩好。約己惠下，性同宣孟。留心蕭曹，理罪聽恕。雖得其情，/（十行）哀矜原宥。隕涕陷辜，輕疑必赦。民免有耻，囹圄虛曠。禁刑以禮，導儉以固。撟世定常，移風反素。帥人以正，孰敢/（十一行）不放。苞钼靡塞，耆遭辟用。取士鄉人，違絕上來。姦軌息集，百谷豐饒。咨陬髦彥，斥遠佞富。委他貞直，外身成義。/（十二行）躭道守株，後生顏憲，莫不彈冠，咸蒙寵譽。擿決珠臧，選先韋布，首貢張被，般桓聖朝，連拔俊杰，終始不橈。弘德/（十三行）小善，翕受榮賞。綱紐既張，孔修畔學，恢興七蓺，宗老恤幼。存心音律，廣宣教誨，文武不隧，禮樂條暢。救復衰漸，/（十四行）舉道崇行。嘆虛慍厲，剛塞簡貶，慎苞九德，卓爾難副，以不沈俗，俄麇見姹，澤施未窮，虛受征問。若玉光潤，泥而/（十五行）不滓。觀過知仁，致仕閭巷。三九吉期，吏民矄望。儒宗咏述，永垂億萬。☒/（十六行）君興教化，徑之營之。功平治洽，刻石定基。迹立八載，元嘉有二，仲（泐七字）卒以僵分。辭贊摩滅，恐後/（十七行）莫聞。掾司馬翕、時史、常茵，帥由舊章，剌掇行真。君名不揜，臣節以（泐九字）震。

2. 释文

（1）一行

“佮皇承度”，佮，《说文》：“佮，合也。”[2]《玉篇·人部》：“佮，合取也。”[3]王筠《说文释例》：“是合佮义同音异……通力合作，合药及俗语合伙，皆佮之音义也。”[4]“皇”有辉煌之义，《诗·小雅·采芑》：“服其命服，朱芾斯皇。”毛传：“皇，犹煌煌也。”[5]故“佮皇”是因众力而成就辉煌之义。“度”谓制度，《说文》：“度，法制也。”[6]“承度”指大汉承续了上古圣王传下的制度，这是显明大汉国祚的合法性。

“昌光耀轸”，“轸”为南方七宿之一。《汉书·天文志》：“翼、轸，荆州。”[7]这是说翼、轸二宿是荆州的分野，举轸宿可代表荆州。《后汉书·光武纪》记汉光武帝为“南阳蔡阳人”[8]，《续汉书·郡国四》载南阳属荆州[9]。“昌光耀轸”意为轸宿辉耀着昌盛的光芒，这是歌颂光武帝之意。

“享伊馀赏”，《说文》：“赏，赐有功也。”[10]汉高祖承受天命，建立汉祚，王莽篡汉，使汉祚中绝，而光武帝恢复汉祚，立下不世之功，重受天命，就是受上天的赏赐。其天命是承续汉高祖而来，故光武帝所受上天的赏赐，是汉高祖以来没有享尽的赏赐。这句话的实际意思是光武帝承受了汉高祖以来的汉祚，因而是合天命，亦即合法的。“伊”是语中助词，无实义。如《书·文侯之命》：“其伊恤朕躬”[11]。《后汉书·杜乔传》：“苟遂斯道，岂伊伤政……”[12]，其中的“伊”都是语中助词，无实义。

“尊明炎上，微而复著”，这是说光武帝如光明升腾而上，使汉祚从微弱重新光显于世，即中兴之意。

（2）二行

“累锡苻（符）银，四世遵统”，王国维云：“秦虎符右在皇帝，左在阳陵，盖用古制。汉则文帝二年，‘初与郡国守相为铜虎符、竹使符’……今传世汉以后诸符，如汉魏郡太守虎符（嘉定瞿氏藏），东莱太守虎符（潍县陈氏藏），玄菟太守虎符（海丰吴氏藏），渔阳太守虎符（吴县吴氏藏），长沙太守虎符（同上）……”[13]又《汉书·百官公卿表》载：“郡守……秩二千石。……凡吏秩比二千石以上，皆银印青绶，光禄大夫无。”[14]故“符银”是指皇帝赐给郡守的虎符和银印。“统”谓家世传统，《孟子·梁惠王下》：“君子创业垂统，为可继也。”[15]此二句谓裴君多次受到皇帝赐给虎符银印，四代都做到郡守一级的高官，保持了世代为宦的家世传统。

“荡心垂治”，《释名·释言语》：“荡，盪也，排盪去秽垢也。”[16]此句言裴君涤除邪念，认真治理蜀郡政事。

“膺真当古”，《诗·鲁颂·閟宫》：“戎狄是膺。”毛传：“膺，当承止也。”[17]又《楚辞·天问》：“鹿何膺之？”注：“膺，受也。”[18]此句谓裴君膺受纯真，承袭古朴。

“瞳矇蒙祚”，“瞳矇”亦作童蒙，谓智力低下，《淮南子·齐俗训》：“古者，民童蒙不知东西……”[19]“祚”为福义，《尔雅·释天》：“夏曰复祚。”[20]《释文》：“祚，福也。”[21]此句谓下愚之人也蒙受福祉。

“观俗采诗，甘棠追譂”。汉代学者有采诗的说法。班固云：“孟春之月，群居者将散，行人振木铎徇于路，以采诗，献之大师，比其音律，以闻于天子。”[22]

何休云：“男年六十，女年五十无子者，官衣食之，使之民间求诗。乡移于邑，邑移于国，国以闻于天子。”[23]这就是所谓的“观俗采诗”。“甘棠追譂”是说召公巡行南国，为人所怀念的故事，《诗·召南·甘棠》即咏其事[24]。这一典故人所熟知，但其譂字不见于字书。此字从道从言，应是“導”字异体。《广雅·释诂一》：“導，语也。”[25]故“追譂”即是追述之义。

“臣有褒君，奚斯作庙”。《诗·鲁颂·閟宫》：“新庙奕奕，奚斯所作。”[26]朱熹《诗集传》云：“新庙，僖公所修之庙。奚斯，公子鱼也。”[27]《閟宫》一诗是歌颂周公受封鲁国后，伯禽及鲁国历代国君建立发展鲁国的功绩，为了褒扬其功绩，故建新庙[28]。奚斯为鲁臣，故谓“臣有褒君”。此二句是言众属吏为裴君立碑所援引的前例。

（3）四行

“纪初本行，介无纤漏”。“纪初”，谓记载其最初的情况；“本行”谓考察其德行，“本”有考察之义，徐干《中论·贵言》：“必先度其心志，本其器量。”[29]“介”通芥，《论衡·案书》：“案孔子作《春秋》，采毫毛之善，贬纤介之恶。”[30]此二句言考察裴君的履历和德行，都无细微的过失。

（4）五行

“银艾相承，选由孝廉”。“银艾”，汉代二千石官员所佩印绶。《后汉书·张奂传》：“吾前后仕进，十要银艾……”注：“银印绿绶也，以艾草染之，故曰艾也。”[31]汉代入仕途径，主要有征辟和察举制，有贤良、方正、茂材、有道、孝廉等多种科目。东汉时孝廉大致是“郡口二十万举一人”，见《文献通考·选举七》[32]。

“位历台署”。“台”谓尚书台，也称中台，是汉代朝廷的重要办事机构。《通志·职官略第三》谓汉代尚书台“置尚书五人，一人为仆射，四人分为四曹，通掌图书、秘记、章奏之事及封奏宣示内外而已”，西汉时“其任尤轻”，但到了东汉，尚书台“出纳王命，敷奏万机”，“政事之所由宣，选举之所由定，罪赏之所由正”，其权力变而为“优重”了[33]。虽举孝廉，还不能入尚书台任职，还要通过郎选。《后汉书·臧洪传》注：“汉法，孝廉试经者拜为郎。”[34]选为郎者，多任职光禄勋，其职责是“掌宿卫宫殿门户，典谒署郎更直执戟”[35]。《续汉书·百官二》：“职属光禄者，自五官将至羽林右监，凡七署。”[36]尚书郎要从七署中的三署考选。《续汉书·百官三》引蔡质《汉仪》：“尚书郎初从三署诣台试，初上台称守尚书郎，中岁满称尚书郎，三年称侍郎。”[37]由此看来，裴君入仕的过程，是先举孝廉，经考试拜为郎，充任宿卫之职后，又诣台试成为尚书郎。这就是“位历台署”。成为尚书郎后，其升迁之途就比较顺畅了。

“博游辽俊”，游谓交游、游学；辽，远；俊，才智出群的人。此句谓裴君出游广泛结交才智出群的人，与之切磋学问。

“百工师师，靡不则印”。“工”即官，《书·尧典》：“允厘百工。”传：“工，官。”[38]“师师”，师从，相师法。《汉书·叙传下》述魏相丙吉传：“高平师师。”注引邓展曰：“师师，相师法也。”[39]“则”，依照，效法，《史记·夏本纪》：“皋陶于是敬禹之德，令民皆则禹。”[40]“印”，通仰，《荀子·议兵》：“上足印，则下可用也。”杨倞注：“印，古仰字。”[41]此二句言朝廷百官都师法裴君，以他为效法的榜样，并仰慕他。

（5）六行

“超统定襄，外蛮侵暴”。“超”，跳，越。“超统”谓超越官阶位次而统领，有破格提拔之意。定襄，东汉属并州，在今山西代县西北一带，汉代为边防重镇。蛮本指古代生活在南方的民族，《礼记·王制》：“南方曰蛮。”[42]此处的“外蛮”则指汉代北方边境外的民族。东汉时，北方境外民族寇边事件时有发生，这些境外民族主要有匈奴、乌桓、鲜卑。

匈奴在光武帝建武至明帝永平年间多次寇边，建武二十二年（46年），匈奴分为南北两部，建武二十五年（49年），南匈奴向汉“奉藩称臣”；明帝时，北匈奴仍一再侵扰边地；汉和帝永元元年（89年），窦宪和耿秉大破北匈奴于稽落山（今蒙古西北部），后北匈奴或降于汉，或降南匈奴，一部分逐渐西迁；此后终东汉之世，匈奴在汉朝北境不构成大的边患[43]。

乌桓为东胡之一支，西汉初，匈奴冒顿灭其国，余众聚于乌桓山，其后部众渐繁，散居于今河北、山西以北一带，有时协助汉朝出击匈奴和鲜卑，但也经常寇掠汉朝边境；光武初，曾与匈奴连兵为寇，后来在明、章、和三帝之世，乌桓“皆保塞无事”；安帝永初三年（109年）渔阳乌桓与右北平胡、雁门乌桓与鲜卑大人丘伦及南匈奴骨都侯寇代郡、上谷、五原等地；顺帝阳嘉四年（135年）寇云中，永和五年（136年）乌桓大人阿坚、羌渠等与南匈奴左部句龙吾斯反叛；桓帝永寿年间和延熹九年（166年）乌桓也曾反叛，都被击破讨平[44]。

鲜卑也是东胡的一支，散居今辽东、辽西一带；光武时曾与匈奴、乌桓寇抄北边，光武三十年（54年）鲜卑大人於仇贲等“慕义内属”；明、章二帝之世，鲜卑能助汉“保塞无事”；此后和帝永元九年（97年）、十三年（101年），殇帝延平元年（106年），安帝元初二年（115年）、四年、五年、六年，建光元年（121年），延光元年（122年）、二年，顺帝永建元年（126年）、二年、三年、四年、六年，阳嘉元年（132年）、二年，桓帝永寿二年（156年）、延熹元年、二年、六年、九年，灵帝熹平三年（174年）、五年、六年，光和元年（178年），鲜卑都曾寇边，所寇地有上谷、肥如、右北平、渔阳、无虑县、居庸、雁门、定襄、太原、朔方、云中、北地、幽州、辽西、酒泉，“缘边莫不被毒”，成为东汉较大边患[45]。

“朱衣建鉘，顺天平乱”。“朱衣”，可能是汉时出征的军事长官所着戎服。《续汉书·舆服志》并无官员服制的记载[46]，《文献通考》卷一百十二略考永平二年天子及百官祀光武帝时所着服章，而于地方官员及武将服制则付阙如[47]。此云朱衣，或可补文献之不足。

鉘字书未收，当是旆字异体。建旆与建麾义略同，谓领军出征或出任地方长官，亦作载旆。建为树立之意，旆或麾是指挥调度的旗帜，《周礼·春官·巾车》：“建大麾以田，以封蕃国。”[48]《文选》卷五十九，沈休文《齐故安陆昭王碑》：“建麾作牧，明德攸在。”[49]《诗·商颂·长发》：“武王载旆。”[50]武王即商汤。《荀子·议兵》引此句，杨倞注：“汤建旆兴师，本由仁义。”[51]

《后汉书·南匈奴传》载永元二年（90年）“以定襄太守皇甫棱行度辽将军”，与南匈奴及中郎将耿谭等出击北匈奴[52]。这说明定襄太守这样的边郡太守可能担任出击外寇的军职。裴君任定襄太守时不一定担任军职，但负有抵御外族寇掠的军事责任，当外族入寇时，当然要带兵“顺天平乱”了。

“鬼方震悼”。“鬼方”，王国维云：“我国古时，有一强梁之外族……其见于商周间者，曰鬼方，曰混夷，曰獯鬻，其在宗周之季，则曰玁狁，入春秋后则始谓之戎，继号曰狄，战国以降，又称之曰胡，曰匈奴。”[53]“震悼”即震惧。《说文》：“悼，惧也。”[54]裴君出征平乱，致“鬼方震悼”，那么他出击的对象是不是匈奴呢？关于这个问题，下文再加讨论。

“师出旬时，猾夷降从”。“旬”是十天，《说文》：“旬，徧也，十日为旬。”[55]这两句是说裴君出兵，十天左右就将入寇的外族降服了。可见这仅仅是一个小战役，正因为此次战役甚小，故史书不载，《后汉书》的《南匈奴传》及《乌桓鲜卑传》都未记载此次战役，也未记载裴君之名。

有人说裴君就是永和二年（137 年）《敦煌太守裴岑碑》[56]中的裴岑，这是不可能的。裴君是河东人，而据《裴岑碑》文，裴岑是云中人，河东属司隶，云中属并州。《裴岑碑》原立于巴里坤西约 50 里的巴里坤湖边。据《裴岑碑》，裴岑是在敦煌太守任上出击北匈奴呼延王，交战处应是立碑处，即在新疆的巴里坤附近；而裴君是在定襄太守任上出击“外蛮”。巴里坤距敦煌的直线距离约 1000 里，距定襄约 4000 里，古人行军，每日不过 30 里，称为一舍[57]，即使是从敦煌出发，旬日之内也不可能抵达，即使汉代将速度提高到日行 50 里，旬日内也只能勉强到达。若是从定襄出发，要行军数月方能至。这是就裴君的军队是步兵而言。但若是骑兵，未尝没有可能在旬日内从定襄抵达巴里坤，因此这里要略为讨论一下裴君的军队有无可能是骑兵。西汉时武帝注意发展骑兵，《文献通考》卷一百五十九载，武帝时，“天子为伐胡，故盛养马”，“自卫青围单于后，以汉马少，故久不伐胡”[58]。可见武帝时伐胡是以骑兵为主。其后各帝，以马食谷粟，难以负担，甚至连乘舆马匹也要省减，则其骑兵不如武帝时强盛可知。东汉骑兵不如西汉，《文献通考》卷一百五十九载灵帝中平元年（184 年）虞翊语云：“今虏皆骑马，日行数百里，来如风雨，去如离弦，以步追之，势不相及。”[59]可见至少在东汉末叶是以步战为主。裴君时代已当东汉末叶，不会有强大的骑兵可知。裴君率领以步兵为主的军队，如何能在旬日之内抵达巴里坤呢？由此可见，裴君绝非裴岑。

裴君所出击的入侵者，碑文或称“外蛮”，或称“鬼方”，或称“猾夷”。夷在古代通常指东方民族。《礼记·王制》：“东方曰夷。”[60]由碑文的三种称呼看，蛮、夷都是对外族的泛称。前面提到，东汉时北方境外民族主要有匈奴、乌桓和鲜卑。匈奴分裂为南北两部之后，北匈奴被窦宪和耿秉大破后西迁，南匈奴降于汉，但南匈奴的某些部落也时有反叛，较大的一次见《后汉书·南匈奴传》载，永和五年（140 年）秋南匈奴句龙王吾斯等叛汉，寇掠并、凉、幽、冀四州[61]。《乌桓鲜卑传》载乌桓、鲜卑“或降或叛”，同时这三族之间还“更相攻击”，对汉北境造成了大大小小的骚扰[62]。碑文以外蛮、鬼方、猾夷称入侵者，有可能裴君所当的这次“侵暴”的发动者非止一族，或与此三族都有关系。

裴君所出击的入侵者还可以有另外的推测。《乌桓鲜卑传》又载，安帝延光元年（122 年）冬，鲜卑“复寇雁门、定襄，遂攻太原，掠杀百姓。”[63]裴君平定外蛮侵暴，是否与鲜卑的这次入侵有关呢？碑文后面说裴君“致仕里巷”后吏民为他立碑，本文开头已说明裴君碑初立于汉安三年（144 年），则裴君应在汉安三年前不久致仕。不妨假设裴君于汉安二年（143 年）前后致仕。《尚书大传·微子传》："大夫七十而致仕，老于乡里。"[64]白居易《不致仕》一诗云："七十而致仕，礼法有明文。"[65]可见古代官员（主要是指高级官员）有七十退休的规定，但这并不是硬性规定。到了退休年龄的官员通常要向朝廷提出退休申请，得到允许后才能退休；也有官员受皇帝重用，年过八十还不退休；还有的官员因有过失被勒令提前退休，情况不一。后面碑文提到裴君曾受"征问"，意为被征召到朝廷接受审讯。他有可能因此未到七十便被勒令退休。不过即使他致仕时未到退休年龄，离退休年龄也不会太远，因为从他的履历看，"选由孝廉"，"位历台署"，"超统定襄"，以及后面碑文的"运符四郡"，有这样的履历，其年龄也在六十上下了。假定他退休时为六十岁，立碑时他年龄六十出头，这年是汉安三年（144 年）。而延光元年鲜卑入寇定襄时他的年龄应接近四十岁，年未四十，正是年富力强之时，此时担任边境重镇的太守，可能出于破格提拔，故谓"超统定襄"。由此看来，裴君"平乱"的对象是鲜卑入侵者，时间在延光元年。此次平乱的辉煌战果，使汉北境外的其他民族——主要是北匈奴——感到震恐，这就是"鬼方震悼"的含义。

"到载干戈，返文行庆"。"到载干戈"，"到"通倒，语出《礼记·乐记》，其文云："倒载干戈，包之以虎皮，将帅之士，使为诸侯，名之曰建櫜。"注："建，读为键，字之误也。兵甲之衣曰櫜。键櫜言闭藏兵甲也。"[66]"到载干戈"与《诗·周颂·时迈》之"载戢干戈，载櫜弓矢"[67]同义，都是因战胜敌人，将兵甲收藏起来示不复用之意。"返文"是回归、恢复礼法之义。《国语·周语》"以文脩之"，注："文，礼法也。"[68]战事既止，就要重行礼法了。

（6）七行

"利涉大川，黎元砥定"。"利涉大川"为《周易》需、蛊、颐等卦的卦爻辞[69]。《周易·需·象》："利涉大川，往有功也。"[70]谓裴君此次出军已预测成功。"砥定"，"砥"经传通作厎，《书·禹贡》："震泽厎定。"[71]《玉篇·厂部》："厎，致也。"[72]厎定即达致平定之义。

"基月有成，美声勃洞"。"基"通期，亦作朞，期月谓一年，《论语·子路》："苟有用我者，期月而已可也。"疏："期月，周月也，谓周一年之十二月也。"[73]"勃洞"，谓隆盛远达之意。《左传·庄公十一年》："禹汤罪已，其兴也悖焉"，杜注："悖，盛貌。"[74]悖、勃通。《汉书·司马相如传》："……洞出鬼谷之堀礨崴魁。"颜师古注引张揖曰："洞，通也。"[75]

"运苻四郡，所在流化"。"运苻（符）四郡"谓先后任四郡太守，裴君所任四郡太守，除了定襄太守外，另外三郡不可考。"流化"，教化流行之意。

"蜀承汏水，缉熙极敬"。"承"下一字，或释为江，但右边偏旁横画上有笔画出头，故释江似不妥。今观其右边偏旁应为大，故此字应释汏。《说文》："汏，淅灡也。"段注："淅字賸。"[76]是说《说文》说解中淅字为衍文。又，《说文》："灡，淅也。""淅，汏米也。"[77]汏与汰同。段玉裁汏字下注云："凡'沙汏'、'淘汏'用淅米之义引申之。"[78]故亦引申为疏浚之义，此一义后起有淘字，宋孟元老《东京梦华录·诸色杂卖》："每遇春时，官中差人夫，监淘在城渠。"[79]故"汏水"当即疏浚江水之义。《华阳国志·蜀志》载开明"决玉垒山以除水害"，李冰"穿郫江、捡江，别支流，双过郡下，以行舟船"，文翁"穿湔江口"，此"决"、"穿"皆为疏浚之义[80]。盖古代洪水冲刷，形成自然河道，时久壅塞，洪水至则泛滥为灾，须于关键处加以疏浚，令水畅流而不为害。世传李冰治水六言诀："深淘滩，低作堰。"虽未必为李冰所亲拟，但实为李冰等人治水经验之总结。"蜀承汏水"句言蜀地承继了李冰等人的治水所带来的利益。"缉熙极敬"语出《诗·大雅·文王》，其文云："於缉熙敬止"，疏："正义曰：於为叹美之辞，故言於，美乎言，又能敬其光明之德。"[81]此二句言蜀地承继了李冰等人用疏浚法治水带来的巨大利益，故对他们的光明之德表示极大的敬意。

"列备五都，众致珍怪"。"五都"见《汉书·食货志下》，其文云："遂于长安及五都立五均官，更名长安东西市令及洛阳、邯郸、临甾、宛、成都市长皆为五均司市师。"[82]珍怪即珍奇之物。此二句言蜀郡成都列于五都之内，富庶繁华，故汇聚了许多珍奇之物。

（7）八行

"旧设储偫，瑱盈殿馆"。"储偫"即储偫，亦作储跱，偫当为偫之异体。《后汉书·肃宗孝章帝纪》："诏所经道上郡县，无得设储跱。"注："储，积也。跱，具也。言不预有蓄备。"[83]《说文》："瑱，玉充耳也。"[84]此泛指珍宝。

"君億其然，预设科防"。"億"，同臆，揣度、臆测之意。《论语·先进》："億则屡中。"邢昺疏："億，度也。"[85]"科防"谓条律禁令。《文选》陈孔璋（琳）《为袁绍檄豫州》："加其细政苛惨，科防互设。"[86]此二句谓裴君估计到因蜀郡富庶，会引起人的贪欲，故预先设立了条律禁令，以防贪污。

"荡涤枯饬，发彻延帐"。"枯"谓枯槁，《说文》："枯，槁也。"[87]此以喻过时、陈旧之意。"饬"通敕，顾炎武《金石文字记》云："敕者自上命下之辞，汉时人官长行之掾属，祖、父行之子孙皆曰敕。"[88]"发彻"谓废弃、取消。《潜夫论·实边》："发民禾稼，发徹屋室"，汪继培注："发字与上复，此当读为废。《说文》云：'废，屋倾也。'"[89]《淮南子·主术》："……史书其过，宰彻其膳……"[90]彻为撤销之意。"延帐"谓供游乐的奢华帐幕一类设施。《汉书·东方朔传》："陛下诚能用臣朔之计，推甲乙之帐燔之于四通之衢，却走马示不复用，则尧舜之隆宜可与比治矣。"注引应劭曰："帐多故以甲乙第之耳。"[91]《汉武帝故事》：上"以琉璃珠玉、明月夜光，杂错天下珍宝为甲帐，其次为乙帐，甲以居神，乙以自御。"[92]《文选》张衡《西京赋》："重闺幽闼，转相踰延。"[93]其延字与"延帐"之延义同，皆有连绵，延蔓之意。此二句大意谓裴君全部废除过时的不合理的规定，并取消延帐之类游乐设施。

"除损法服，罢员损御"。"法服"谓官员的服章、制服。《孝经·卿大夫章》："非先王之法服不敢服。"注："先王制五服各有等差。言卿大夫遵守礼法，不敢僭上偪下。"[94]"御"，指使用车马。《说文》："御，使马也。"[95]此二句谓降低官员制服的规格，减少冗员和限制车马的使用。显然，这些都是为了节省官府的开支。

（8）九行

“拔園漉池，网罟县错”。園当为园之异体。“拔園”，为汉时鲁相公仪休故事。《史记·循吏传》载，鲁相公仪休食茹而美，拔其园葵而弃之，认为自种园蔬会与民争利[96]。“漉池”，谓使水池干涸不养鱼。《说文》：“漉，浚也。”[97]《论衡·指瑞》：“漉池而渔。”[98]《礼记·月令》：“毋竭川泽，毋漉陂池，毋焚山林。”[99]此亦言官员将池水放干，不自养鱼，以免与民争利。“县错”，为废置之义。县通悬；错通措，废置之义。《荀子·天论》：“故错人而思天，则失万物之情。”杨倞注：“若废人而妄思天，虽劳心苦思，犹无益也。”[100]此二句言裴君不经营产业，以免与民争利。

“不贵难成”，与《老子》三章所言：“不贵难得之货，使民不盗。”[101]义同。

“性同宣孟”。“宣孟”即孔子和孟子。《汉书·平帝纪》：元始元年，“追谥孔子曰褒成宣尼公。”[102]王先谦《补注》引钱大昭曰：“宣尼之号始见于此。”[103]

“留心萧曹，理罪听恕”。“萧曹”谓萧何和曹参。《汉书·刑法志》：“汉兴，高祖初入关，约法三章曰：‘杀人者死，伤人及盗抵罪。’……其后四夷未附，兵革未息，三章之法不足以御姦，于是相国萧何攈摭秦法，取其宜于时者，作律九章。”[104]又，《汉书·曹参传》：“百姓歌之曰：‘萧何为法，讲若画一；曹参代之，守而勿失。载其清靖，民以宁壹。’”[105]故“留心萧曹”，实为认真实行法治之意。“理罪听恕”，言审理罪案采取宽恕处理的办法。“听”为听从之义。《礼记·曲礼下》：“三谏不听，则逃之。”疏：“听犹从也。”[106]

（9）十行

“陨涕陷辜，轻疑必赦”。“陷辜”，陷入罪过。辜，罪。《说苑·君道》：“禹出见罪人，下车问而泣之。”[107]这是说古代君主有仁爱之心，见臣下犯罪，自己也感到难过，“陨涕陷辜”表达的就是这个意思。“轻疑必赦”，意为轻罪和有疑问的案情都要赦免。《周礼·秋官司寇·司刺》有三宥三赦之法：“壹宥曰不识，再宥曰过失，三宥曰遗忘。壹赦曰幼弱，再赦曰老旄（耄），三赦曰蠢愚。”[108]已定出了轻罪和疑罪的处理原则。《汉书·冯奉世传》：“传曰：‘赏疑从予，所以广恩劝功也；罚疑从去，所以慎刑，阙难知也。’”[109]又提出了对有疑问的赏罚的处理办法。《左传》庄公十年，齐伐鲁，鲁庄公告诉曹刿：“小大之狱，虽不能察，必以情。”[110]这个情，可能包含了轻疑罪处理的办法。裴君处理轻疑罪的办法，显然沿用了前代的合理的原则。

“民免有耻”，语出《论语·为政》，其文曰：“道之以政，齐之以刑，民免而无耻；道之以德，齐之以礼，有耻且格。”[111]《论语》原文大意是以法制刑罚治民，则民逃脱刑罚而无羞耻心，若以道德和礼来治民，则民有羞耻心而归于正道。碑文这句是浓缩了《论语》这段话的意思。下文“禁刑以礼”一句，是对这句的补充。

“导俭以固”，语出《论语·述而》，其文曰：“奢则不孙（逊），俭则固，与其不孙也，宁固。”注：“固，陋也。”[112]《论语》此段大意谓奢侈则不恭顺，俭省则易致愚陋而失礼，但与其不恭顺，宁可愚陋。这是由于奢侈容易造成僭越，后果是严重的，而愚陋不过于礼数有所欠缺而已。

“挢世定常，移风反素”。“挢”通矫，纠正，“挢世”谓矫正不良的世风。“常”谓常规、常法，《文选》张衡《东京赋》：“乃营三宫，布教颁常。”薛综注：“常，旧典也。”[113]“反”通返。“素”，本质，本性，《广雅·释诂三》：“素，本也。”[114]《鹖冠子·学问》：“道德者，操行所以为素也。”陆佃注：“道德，操行之本，故曰素也。”[115]故“反素”意为使民回归其朴素的本性。

“帅人以正，孰敢不放”。“帅”谓率领。“放”通仿，《集韵》：“放，效也，或从人。”[116]仿今通作仿。

（10）十一行

“苞钼靡塞，耆遰辟用”。“钼”通苴，苞苴谓货贿，《荀子·大略》：“苞苴行与？谗夫兴与？”注：“货贿必以物苞裹，故总谓之苞苴。”[117]“靡”通作壅。“苞钼靡塞”意为行贿受到禁止。“耆”，《礼记·曲礼上》：“六十曰耆。”[118]“遰”通滞，《礼记·内则》：“右佩玦、捍、管、遰、大觿、木燧。”[119]《释文》：“遰，徐作滞。”[120]滞，废，弃置不用，《抱朴子·外篇·逸民》：“盛德身滞，便谓庸人。”[121]“耆遰辟用”意谓年龄偏大或被废弃的人才，都被召用。

“取士乡人，违绝上来”。“违绝”，意为杜绝，《玉篇·辵部》：“违，背也。”[122]此二句意为裴君取士于乡人，杜绝来自上面的请托。

“姦轨息集，百谷丰輯”，“姦轨”，“轨”通宄。《左传》成公十七年：“……乱在外为姦，在内为轨。”[123]《释文》：“轨本又作宄。”[124]“息集”意为消散。輯当为辑之异体。《汉书·艺文志》：“门人相与辑而论篹。”颜师古注：“辑与集同。”[125]故“丰輯”当即丰收之义。

“谘陬髦彦”，“陬”通诹，《尔雅·释诂上》：“诹，谋也。”[126]

“委他贞直，外身成义”。“委他”，亦作委佗、委迤、逶迤、委蛇、委它等。《诗·鄘风·君子偕老》：“委委佗佗。”[127]《释文》引《韩诗》云：“德之美貌。”[128]又，《诗·召南·羔羊》：“委蛇委蛇。”[129]《释文》引《韩诗》作逶迤：“公正貌。”[130]“外身成义”语出《老子》，七章云：“是以圣人后其身而身先，外其身而身存。以其无私，故能成其私。”[131]

（11）十二行

“耽道守株，后生颜宪，莫不弹冠，咸蒙宠誉”。“耽”，玩味、深研，《三国志·吴书·士燮传》：“耽玩《春秋》，为之注解。”[132]“守株”语出《韩非子·五蠹》[133]，原意为拘守成法，不知通变，此处意为坚守道义。“颜宪”谓孔子弟子颜回和原宪。颜回为孔子最得意弟子，而家贫早逝。原宪亦为孔子弟子，《新序·节士》谓其“环堵之室，茨以生蒿，蓬户瓮牖，揉桑以为枢”，十分贫困。但仍能“坐而弦歌”，安贫乐道[134]。颜回、原宪以喻家贫而好学之士。此四句大意谓坚守道义而家境贫寒的好学之士，因裴君实行一系列善政，都弹冠相庆，并且得到裴君的关照和延誉。

“搉决珠臧，选先韦布，首贡张被，般桓圣朝，连拔俊杰，始终不桡”。“搉”即掊之异体，击破，打破。《庄子·逍遥游》：“吾为其无用而掊之。”[135]“臧”，通作藏，库藏。韦布谓韦带布衣，寒素之服，以指贫贱之人。宋李觏《上李舍人书》：“始自薦绅，逮于韦布，尽雍雍如也。”[136]“张”，帷帐。《史记·高祖纪》：“高祖复留止，张饮三日。”《集解》引张晏云：“张，帷帐。”[137]此碑“被”字作衱，马王堆帛书《老子乙》186 上[138]作[illegible]，与此形略同。“被”即被子。宋玉《招魂》：“翡翠珠被，烂齐光些。”[139]“般桓”义同徘徊，滞留、流连、留心、萦怀之意。《文选》曹植《上责躬应诏诗表》：“是以愚臣徘徊于恩泽，而不敢自弃者也。”[140]向朝廷贡献帐、被之类物资，是拥戴朝廷之意，故谓“般桓圣朝”。“桡”，屈服。《汉书·楚元王传·刘向》：“君子独处守正，不桡众枉。”颜师古注：“桡，屈也，不为众曲而自屈也。”[141]

此六句为错综表达方式，其意为：掊决珠臧，以首贡张被（帐被），般桓圣朝；选先韦布，则连拔俊杰，始终不桡。这种表达方式就是杨树达曾谈到的古汉语中的“错综”修辞方式：“《诗·大雅·思齐》篇云：‘肆成人有德，小子有造；古之人无斁，誉髦斯士。’树达按，俞樾云：‘古之人与髦斯人正相配，此承上二句而言：惟成人有德，故古之人无斁，惟小子有造，故誉髦斯士。’”[142]

（12）十三行

“孔修畔学”，孔，甚，程度很高，《诗·豳风·七月》：“我朱孔阳，为公子裳。”[143]“畔学”即泮学，《经籍纂诂·十五翰》：“畔，或作泮。……《史晨奏铭》‘饮酒畔宫’，泮作畔。”[144]泮学亦称泮宫，泮宫又作頖宫，古诸侯之学。《白虎通·辟雍》引《王制》：“天子曰辟雍，诸侯曰泮宫。”[145]

“恢兴七蓺”，“蓺”当为藝（艺）之别体。七艺即七经，七经之名，见于《后汉书·赵典传》：“典少笃行隐约，博学经书，弟子至远方至。”注引谢承《书》曰：“典学孔子《七经》、《河图》、《洛书》，内外艺术，靡不贯综，受业者百有余人。”[146]又见于《三国志·蜀书·秦宓传》：“文翁遣相如东受七经，还教吏民。”[147]全祖望《经史问答》：“七经者，盖六经之外，加《论语》，东汉则加《孝经》而去《乐》。”[148]柴绍炳《考古类编》：“有称七经者，五经之外，兼《周礼》、《仪》也。”[149]汉代七经，到底是哪些典籍，还须进一步讨论。

“文武不隧”。“隧”通坠。语出《论语·子张》。汉石经《论语·子张》：“文武之道，未墜于地，在人。”[150]今本作坠。

（13）十四行

“叹虚愠厉”。“虚”谓清静无为，《韩非子·解老》：“所以贵无为无思为虚者，谓其意无所制也。”[151]“厉”，猛烈、严厉。此句大意谓裴君赞叹清静无为，而对处事严厉者表示愠怒。

“刚塞简贬”。“刚”，坚硬、强硬；“塞”，隔，阻断；“简”，怠慢、怠惰。此句大意谓裴君对处事强硬者和怠惰者，阻断其上升之途，或加以贬斥。

“慎苞九德”。此碑“慎”字字形与马王堆帛书《老子甲》后 233 之慎字形近[152]。“九德”之说，见于《逸周书》之《常训》、《文政》、《宝典》等篇[153]，以及《尚书·

皋陶谟》、《左传》昭公二十八年、《国语·周语下》等[154]，其内容随文而异，皆指九种品德，如《常训》的九德是“忠、信、敬、刚、柔、和、固、贞、顺”。[155]

“以不沇（沉）俗，俄麋见姹”。“俄麋”即蛾眉。《汉书·外戚传下·孝成班婕妤》：“始为少使，蛾而大幸。”师古注：“蛾与俄同，古字通用。”[156]《方言十二》注：“麋犹眉也。”[157]蛾眉喻美女，亦以比贤士，《离骚》：“众女嫉余之蛾眉兮，谣诼谓余以善淫。”[158]“姹”，借为吒，《说文通训定声·豫部第九》：“姹同奼，假借为吒，即咤，《说文》：‘吒，喷也，叱怒也。’”[159]

“虚受征问”。“虚”谓不实；征，召；问，讯问，审问。此句大意谓裴君因不实的罪名，被召至朝廷审问。

（14）十五行

“观过知仁”，语出《论语·里仁》：“子曰：‘人之过也，各于其党，观过，斯知仁矣。’”[160]

“三九吉期，吏民騻望”。“三九”谓三公九卿，《后汉书·郎顗传》：“陛下践祚以来，勤心庶政，而三九之位，未见其人。”注：“三公九卿也。”[161]“騻”字亦见于《礼器碑》：“莫不騻思叹卬。”[162]《广雅·释言》：“騻，企也。”[163]上文已言裴君“致仕闾巷”，此二句言吏民仍望裴君能东山再起，而登三九之位。

（15）十六行

“径之营之”，语出《诗·大雅·灵台》：“经之营之”[164]。经传及汉碑多径、经通用。《左传》僖公二十五年：“赵衰以壶飧从径。”[165]《释文》读径为经[166]。《经籍纂诂》二十五径：“《徐氏纪产碑》：‘雝直径管。’经作径。”[167]

“功平治洽”，“平”，成，《尔雅·释诂下》：“平，成也。”[168]“洽”，普遍、周遍，《尚书·毕命》：“道洽政治”，传：“道至普洽。”[169]

“迹立八载，元嘉有二……卒以僵分”。此言裴君原碑建立八年，于桓帝元嘉二年（152年）仆倒而致碎裂，故此碑之初立当在此前八年，即顺帝汉安三年（144年）。僵，仆倒，《广韵》：“僵，仆也。”[170]其碑遭仆倒之原因，显然是由于裴君被朝廷征问之事。此碑重立，当在元嘉二年以后。

“辞赞摩灭，恐后莫闻”。意为碑上的颂赞之辞遭摩灭，蜀郡吏民担心裴君的事迹后人不了解。“摩”，磨灭，《方言》卷十三：“摩，灭也。”[171]

（16）十七行

“掾司马翕、时史、常茵”，掾名司马翕、时史、常茵。司马翕姓司马名翕，时史姓时名史，常茵姓常名茵，皆为单名。东汉官吏士大夫几乎都用单名。洪适谓：“东汉循王莽之禁，人无二名。”[172]《汉书·王莽传上》：“莽念中国已平，唯四夷未有异，乃遣使者赍黄金币帛，重赂匈奴单于，使上书言：‘闻中国讥二名，故名囊知牙斯今更名知，慕从圣制。’”[173]由此知王莽有二字名的禁令。王莽为政多引经义，其禁二名是根据《公羊传》定公六年：“讥二名，二名非礼也。”注：“为其难讳也。”[174]王莽的这一禁令在东汉沿用下来，故碑文这两句，是三人的姓名，其名都是单名。

“帅由旧章，剌掇行真”。“帅”通率，循也，语出《诗·大雅·假乐》：“不愆不忘，率由旧章。”[175]“剌”即刺之别体，采录、书写之意，《释名·释书契》：“书称刺书，以笔刺纸简之上也。”[176]“掇”，选取，采拾，《汉书·董仲舒传》：“掇其切当世施朝廷者著于篇。”颜师古注：“掇，采拾也。”[177]“行真”，谓生平事迹，唐以后称行实，《文苑英华》卷八百三唐刘宽夫《汴州纠曹厅壁记》：“故君之行实，敢不详知。”[178]

二、李君德政碑考释

1. 碑文

（一行）惟漢陽嘉，德配辰極。上天顧命，受堯餘則。協元定紀，掃除姦慝。二九承期，仁佐并繁。開階褒聖，招致九德。汶山/（二行）會昌，皇以建福。元首貞良，九成詩作。贊命俊臣，移苻于蜀。同心齊魯，誘進儒墨。遠近緝熙，亢學復殖。改行霑濡，/（三行）莫不嘆息。因謠勒銘，延蔓無億。其辭曰：作鄂之歲，龍虎交頸。旋機印卯，杓與酉并。吳國李君，化懿以清。大伯風烈，蹈度順/（四行）經。兆自李官，其先典刑。晋之大夫，恭穆以章。十世崇仁，克慎公平。心聰知敏，疰惡邪廞。匿謀反姦，以照下情。郡在坤位，曹國是循。井絡之地，上爲參/（五行）辰。君改其俗，五教在寬。《候人》譏急，《尸鳩》養賢。愍蜀陰險，守善不信。徑陕路遠，蔽于高山。前有相如，嚴平子雲。後雖庶幾，名滅不傳。君乃發償，/（六行）撰其設文。王史張韓，知熒眇然。緱楊羅生，經雅篤純，儀意川水，折節衡門，并數九九，希世寡群。魂而有靈，百年復歆。惠加既徂，垂意生存。微宋/（七行）得顯，飛軌易輪。商容見表，寒灰復燃。內省于政，田畯惟敦。公綽不欲，以正厥身。庶職饑惡，一以貫恩。（此处疑夺一字）教品式，非下所聞。兼聽夙書，沈思于神。撢虛政刑，/（八行）履霜習寒。夜惟吉夢，戒豫其先。演述三傳，各數萬言。抽擢腴要，采掇异文。以成一家，爲後立真。珍儒重能，爵秩其貧。拔擢英才，試之以貞。/（九行）倚席旋意，鑽叩孔門。潛者得達，萌牙振鱗。猶春生芳，莫不悦欣。驂名前列，逸驅良韓。公儀割布，曷之采觀。知配昭輔，隱德未信。揖風悠/（十行）炳，從俗所傳。丨本初元年六月下旬，此石遭水頓赴（仆），太守河東裴府建福學校，追叙修斯，勑官樹繕，永傳罔窮。時五官掾成都陳奉，左戶曹史賻喬，主/事史張芝，五屬主事廣都從事典□。

2. 释文

（1）一行

“惟汉阳嘉，德配辰极”。“阳嘉”，汉顺帝刘保年号，此碑碑阴纪年为阳嘉二年（133年），即立碑之年。辰极，北极星，亦称北辰、宸极、天极星。《抱朴子·嘉遯》：“并乎沧海者，必仰辰极以得反。”[179]《史记·天官书》：“中宫，天极星，其一明者，太一常居也。”《索隐》引《文耀钩》曰：“中宫大帝，其精北极星。”《正义》云：

“泰一，天帝之别名也。”[180]此谓汉顺帝之德可与天帝相配。

“上天顾命，受尧馀则”。“顾命”，《尚书》有《顾命》一篇，内容为周成王临终时召大臣吩咐身后事[181]，故称皇帝遗命为顾命。此处“上天顾命”，是上天照顾汉朝而授予天命之意；“顾”，视，照顾。与《顾命》义有别。“受尧馀则”，是承受尧传下来的规律、法则之意。《潜夫论·志氏姓》：“由此帝尧之后，有陶唐氏、刘氏、御龙氏……”[182]刘氏既为尧后，当然能“受尧馀则”。

“协元定纪”，“元”，善，《尚书·舜典》：“柔远能迩，惇德允元。”孔传：“元，善之长。”[183]“纪”，法度，准则，《礼记·礼运》：“礼义以为纪。”疏：“纪，纲纪也。”[184]

“二九承期，仁佐并繁”。“二九”，谓九天与九野，即天地。《淮南子·原道》：“上通九天，下贯九野。”高注：“九天，八方中央也。九野亦如之。”[185]“承期”义同应期、应运、承运，谓承受天命之意，期谓运数、气数。荀悦《前汉纪》三十：“实天生德，应运建主。”[186]《文选》孙子荆《为石仲容与孙晧书》：“太祖承运，神武应期。”[187]《晋书·宣帝纪》：“宣皇以天挺之姿，应期佐命。”[188]“仁佐”，谓具仁德的辅佐之臣。

“开阶褒圣，招致九德”。“褒圣”，指孔子，《汉书·平帝纪》：“元始元年……追谥孔子曰褒成宣尼公。”[189]故称孔子为褒圣，亦称宣圣、宣尼。“开阶褒圣”，意谓设置通向孔学的阶梯。“九德”谓具九种德行的贤人，见《裴君德政碑考释》。

“汶山会昌，皇以建福”，语出《河图括地象》：“岷山之地，上为井络，帝以会昌，神以建福，上为天井。”[190]

（2）二行

“元首贞良，九成诗作”。“元首”一词见《尚书·益稷》[191]，指君主。“九成”，谓乐曲的九段，《益稷》：“箫韶九成。”疏：“成犹终也，每曲一终，必变更奏。”[192]《益稷》有舜与群臣“箫韶九成”、“乃赓载歌”的记载，此二句借其语以赞颂当时汉帝君臣相得之美。

“赞命俊臣，移苻于蜀”。“赞命”，谓辅佐君主拥有天命之意。“赞”，佐，《小尔雅·广诂》：“赞，佐也。”[193]“命”谓天命，《汉书·董仲舒传》：“臣闻命者天之令也。”[194]“移苻（符）于蜀”，谓至蜀任郡守。“符”之解释见《裴君德政碑考释》。

“同心齐鲁，诱进儒墨”。“同心”，谓相同的思想、认识、意识，《诗·小雅·巧言》：“他人有心，予忖度之。”[195]“同心齐鲁”语出《汉书·循吏传·文翁传》：“又修起学官于成都市中……蜀地学于京师者比齐鲁焉。”[196]此比喻李君敷扬文教之政绩近于文翁。

“诱进儒墨”句，意为诱导引进治儒学和墨学的文士，这是关于汉代学术的一条非常重要的材料。长期以来学者大都认为墨学在战国末或汉初便已消亡，如郭沫若说：“墨家在汉初便已销声匿迹了。”[197]吕振羽说：“自战国末墨派消亡后，墨学也随之中绝。”[198]葛兆光也认为墨子在汉代“渐次消失”[199]。若墨学在战国末或汉初便已消失，何以在东汉末期还在“诱进儒墨”呢？根据这条材料，可以认为，墨学至少在东汉末期还存在着，并且其学术地位还不低，可能仅次于儒家，并未被边缘化。关于墨学在汉代流传的情况，栾调甫有一段论述：

> 盖自秦灭六国成其一统，罢黜百家，以崇时制，诸子之学已绝于朝野。逮至汉兴，奖进文学，诸子复起，惟墨道瘠苦难施，不投世主之好，其书亦不为时流所称。及武帝遵用儒术，显之朝廷，征收遗书，藏之秘府，而以诸子多阴谋权诈，秘藏不布。由是，诸子尽废，墨学亦绝。成帝时，东平王求诸子，靳而不与。独班斿以外戚受诏读遗书，得秘书之赐（峙按：班斿事见《汉书·叙传》），故天下好古之士，莫不远造其门。斿子嗣以读秘副，而贵老庄之术，桓谭闻之欲借其书，后世遂有《庄子》班固本。是子书之复出人间皆自班氏之秘副始也。东汉王充……所著《论衡》为立《薄葬》之篇，且称引墨子所记杜伯事，而古文家所传孔安国《论语注》，亦有墨子引《汤誓》之文（原注：此实孔注之伪为出东京之显证）。此《墨子》复出之征也。[200]

此碑“诱进儒墨”句可以为栾氏看法提供一个佐证。

“巟学复殖”，“巟学”即荒废之学，应指墨学及其他诸子学。《隶释》所收《孝廉柳敏碑》：“四祀蒸尝，不废巟兮。”注：“巟，即荒字。”[201]

（3）三行

“因谣勒铭”，“谣”谓民间歌谣，古代官员常搜集民间歌谣，以供为政者了解民意，如《后汉书·五行志·谣》载童谣数首[202]，即是为这个目的收集的。《左传》襄公三十年载舆人前后二谣，前谣反对刚刚执政的子产，后谣则歌颂子产为政的成效，此二谣都准确地表达了民意[203]。此句意为根据民谣对李君的歌颂，镌刻了这个碑铭。

“延蔓无億”，“延蔓”亦作延曼，牵连不断、连绵不绝之意，《汉书·王莽传》：“遂至延曼连州。”[204]“億”，满，满盈，《左传》襄公二十五年：“不可億逞。”[205]王引之《经义述闻》：“億者，满也，逞与盈古字通，言其欲不可满盈也。”[206]此句言对李君德政的歌颂将连绵不绝，永无止境。

“作鄂之岁，龙虎交颈，旋机印卯，杓与酉并”。此四句皆与天象有关。

“作鄂”，《尔雅》作“作噩”，《尔雅·释天》：太岁“在酉曰作噩。”[207]《史记·天官书》及《淮南子·天文》作“作鄂”[208]，《汉书·天文志》作“作詻”[209]。“作鄂之岁”谓时当酉年，其年为阳嘉二年，干支纪年为癸酉。

“龙虎交颈”，意为东方的苍龙与西方的白虎由某种天象联系起来。中国古代观测天象以二十八宿为基础，东方七宿为苍龙，西方七宿为白虎。《史记·天官书》：“东宫苍龙。”《索隐》：“案：《文曜钩》云‘东宫苍帝，其精为龙’也。”[210]《史记·天官书》：“西宫咸池。”《索隐》：“案：《文曜钩》云：‘西宫白帝，其精白虎。’”[211]《礼记·月令》、《淮南子·天文训》和一些纬书有类似的记载[212]。战国至汉代，有为数不少的青龙白虎图像，是与这一天象对应的。如1978年湖北随县擂鼓墩属战国早期的曾侯乙墓出土绘有二十八宿的漆箱盖，其上有二十八宿的名称，盖面两端绘青龙白虎图像[213]。汉代画像石和画像砖上的青龙白虎图像尤为常见，大多是左右并列，但也有龙虎交颈的图像，如山东沂水画像石就有龙虎交颈的图像[214]，应是显示画像石主人的威猛，也有借龙虎的威猛护佑主人之意。《礼记 · 曲礼》："行，前朱鸟（雀）而后玄武，左青龙而右白虎。"疏："左为阳，阳能发生，象其龙变生也。右为阴，阴沈能杀虎。沈，杀也。军之左右生杀变应威猛如龙虎也。"[215]

"旋机印卯，杓与酉并"，这两句话说的是同一天象，也与上文"龙虎交颈"有关。

"旋机"《尚书 · 舜典》作"璿玑"[216]，《史记 · 天官书》作"旋玑"[217]。关于旋玑，汉代学者有不同的说法。《史记 · 天官书》："北斗七星，所谓'旋、玑、玉衡以齐七政'。杓携龙角，衡殷南斗，魁枕参首。"《索隐》："案：《春秋运斗枢》云'斗，第一天枢，第二旋，第三玑，第四权，第五衡，第六开阳，第七摇光。第一至第四为魁，第五至第七为标，合而为斗'。"[218]可知《史记 · 天官书》及纬书《春秋运斗枢》等以旋、玑为组成北斗的魁的二星，而魁是由天枢、旋、玑、权组成。其余三星——衡、开阳、摇光——组成杓（标）。魁与杓共同组成北斗，魁为斗身，杓为斗柄。《索隐》又引马融云："璿，美玉也。机，浑天仪，可转旋，故曰机。衡，其中横筩。以璿为机，以玉为衡，盖贵天象也。"《索隐》又引郑玄注《大传》云："浑仪中筩为旋机，外规为玉衡也。"[219]故马融、郑玄以旋玑为浑天仪或浑天仪的组成部分，与《史记 · 天官书》和《春秋运斗枢》的说法有别。

"旋机印卯，杓与酉并"二句，是遵照《史记 · 天官书》和《春秋运斗枢》的说法。"旋机印卯"意为旋、玑二星仰对卯位，"印"读为仰。旋、玑二星在魁，故旋、玑仰卯即魁仰卯。"杓与酉并"是指杓指酉。此二句应联系起来理解：当斗魁仰对卯位时，杓就正对酉位。这里应指出，此处的杓与《春秋运斗枢》所谓的杓又不同，此处的杓是指北斗第七星，即《春秋运斗枢》的摇光[220]。

古人有十二辰的观念，《史记 · 天官书》是将黄道附近一周天分成十二等分，由东向西配以十二地支[221]。《淮南子 · 天文训》则将一周天分为二十四等分，是在十二地支中间加上十天干及报德之维与蹄通之维[222]。《史记 · 天官书》指出，北斗"运于中央，临制四乡。分阴阳，建四时，均五行，移节度，定诸纪"[223]，简而言之，就是具有指示季节的作用。北斗指示季节，主要是根据它所指的周天的方位，古人使用的术语称之为"建"，如北斗指寅位则称为建寅，指卯则称为建卯。但北斗是用其哪一部分来指示方位呢？《史记 · 天官书》说："用昏建者杓……夜半建者衡。"《索引》引孟康曰："假令杓昏建寅，衡夜半亦建寅也。"[224]就是说黄昏时看杓（北斗第七星）所指的方位，夜半时看衡（北斗第五星）所指的方位，不同的时刻这两星先后指的方位是相同的。但"旋机印卯"告诉我们，北斗指示方位的部分还有斗魁。当黄昏时分斗魁仰对卯位时，第七星杓就正对酉位，这一天象就是"旋机印卯，杓与酉并"。卯位于东方，是东方七宿苍龙的位置；酉位于西方，是西方七宿白虎的位置。而此时北斗正横亘于苍龙与白虎之间，故谓之"龙虎交颈"。"作鄂之岁”是酉年，即癸酉年；“杓与酉并”即杓指酉为秋分，故此天象所表示的时节是阳嘉二年（癸酉）秋。此一时节，碑文用天象表示出来，一方面是对李君的赞颂，再结合下文谓李君“化懿以清”，“蹈度顺经”等语看，这一时节应是点明李君卸去蜀郡太守职务的时间。碑阴载李君碑立于阳嘉二年十二月，说明此碑是在李君卸任后约三个月立的。

“吴国李君，化懿以清。大伯风烈，蹈度顺经”。李君为吴国人，吴国在东，而至蜀地任郡守，故“龙虎交颈”句亦含有此一意思。“化懿”意谓转变风俗而致淳美。大伯即吴太伯，周太王之子，与弟仲雍建立吴国，孔子称其有至德，见《史记·吴太伯世家》[225]。“蹈度”谓履行法度，“顺经”谓遵循经义。此四句是李君德政的纲领，当其卸任时故有此总结。

（4）四行

“兆自李官，其先典刑。晋之大夫，恭穆以章”。“兆”为开始之义，《左传》哀公元年：“（少康）能布其德，而兆其谋。”杜注：“兆，始也。”[226]“李官”即理官，李通理，《汉书·胡建传》：“《黄帝李法》曰：‘……姦人者杀。’”颜师古注：“李者，法官之号也，总主征伐刑戮之事也，故称其书曰《李法》。”[227]《通志·氏族略第四·以官为氏》：“李氏，嬴姓。高阳氏生大业，大业生女华，女华生皋陶，字庭坚，为尧大理，因官命族为理氏。”又云：“里氏，本理氏，春秋改焉。晋有里克。鲁有里革。郑有里析。”[228]晋之里克为中大夫，立朝正直。献公为骊姬所惑，尽逐群公子而立骊姬之子奚齐。献公卒，里齐杀奚齐、骊姬，欲立公子重耳而未果。后来秦立惠公，里克为惠公所杀。此“晋之大夫”当指里克，“恭穆以章”谓里克立朝恭敬严肃，其安定晋国的功绩十分显赫。王引之《经义述闻》：“家大人曰：‘凡功之显著者谓之章。’”[229]此追叙李君之先世至皋陶及里克。

“心聪知敏，疰恶邪廎。匿谋反姦，以照下情”。此数句应是古汉语句序颠倒之例。此数句若将句序改为“疰恶邪廎，匿谋反姦，心聪知敏，以照下情”，则意思较为显豁。杨树达《汉文文言修辞学》有“颠倒”之例[230]，可以参看。《广雅·释诂一》：“疰，病也。”王念孙《疏证》：“疰者，郑注《周官·瘍医》云：‘注，读如注病之注。’《释名》：‘注病，一人死，一人复得，气相灌注也。’注与疰通。”[231]故“疰恶”为散播邪恶之意。“廎”读为倾，此处为倾轧、排挤之意，“邪倾”意为以不正当手段排挤他人之意。“匿谋”即阴谋。“反姦”意为反叛之邪恶，《吕氏春秋·古乐》：“成王立，殷民反。”高注：“反，叛。”[232]此数句大意谓“疰恶邪廎，匿谋反姦”之类邪恶，皆因李君“心聪知敏”，故能“照下情”，使之无从得逞。

“郡在坤位，曹国是循”。“郡在坤位”，按《周易·说卦》一节谓震东，巽东南，离南，乾西北，坎正北，艮东北[233]；故知兑为西，坤为西南，蜀地在西南，故《华阳国志·蜀志》谓蜀“其卦值坤”[234]。“曹国是循”，谓遵循尧的法度之意。《后汉书·郡国三》：“济阴郡……定陶本曹国，古陶，尧所居。”[235]上文已谈到尧为汉刘氏始祖，此言“曹国是循”，实为李郡率蜀郡恪守汉王朝法度之意。

“井络之地，上为参辰”。《华阳国志·蜀志》引《河图括地象》：“岷山之精，上为井络帝以会昌，神以建福。”[236]《汉书·天文志》：“觜觿、参，益州。”[237]此言蜀郡之分野为参宿。

（5）五行

“五教在宽”，语出《尚书·舜典》：“敬敷五教在宽。”疏：“传云：布五教于四方，父义、母慈、兄友、弟恭、子孝，是布五常之教也。”[238]

“《候人》讥急，《尸鸠》养贤”。“《候人》讥急”，誉李君能远小人。《诗·曹风·候人》序：“《候人》，刺近小人也。共公远君子而好近小人焉。”[239]讥谓谴责，急谓严，徐干《中论·修本》：“急己而宽人。”[240]故此句意为李君严格谴责亲近小人的行为，即能远小人之意。《诗·曹风·鸤鸠》序：“《鸤鸠》，刺不壹也。在位无君子，用心之不壹也。”[241]此句言李君用心均平专一，亲近贤人君子。

“愍蜀阴险，守善不信。径陕路远，蔽于高山”。“愍”，忧虑；“阴”，潮湿，《吕氏春秋·辩土》：“下得阴，上得阳，然后咸生。”高注：“阴，湿也。”[242]“守善”，语出《论语·泰伯》：“笃信好学，守死善道。”[243]“不信”语出《左传》襄公三十年：“又曰：‘淑慎尔止，无载尔伪。不信之谓也。”注：“逸诗也，言当善慎举止，无载行诈伪。”[244]“陕”即狭之异体。

“前有相如，严平子云。后虽庶几，名灭不传。君乃发傧，撰其韵文”。

“相如”即司马相如，西汉时成都人，大辞赋家。“严平”即严君平，本姓庄，因避汉明帝刘庄讳，改为严君平。扬雄《法言·问明》：“蜀庄沈冥。”[245]蜀庄即指庄君平，西汉时人，卜筮成都市，精道家之学。“子云”，汉学者扬雄之字，西汉时成都人，辞赋家、学者。

“后虽庶几，名灭不传”。“庶几”，谓好学可以造就之才。《易·系辞下》：“子曰：‘颜氏之子，其殆庶几乎……’”正义：“言圣人知几，颜子亚圣，未能知几，但殆近庶慕而已。”[246]几，微也，知几即察微。王充《论衡·别通》：“夫孔子之门，讲习五经，五经皆习，庶几之才也。”[247]此二句谓后来好学可以造就之才，都姓名湮灭而不为人所知。

“君乃发傧，撰其韵文”。“傧”，迎接宾客的接待人员，“发傧”谓派遣接待人员以迎接宾客，即聘请宾客之意。“撰”，纂集，曹丕《与吴质书》：“顷撰其遗文，都为一集。”[248]“韵”字从音从殳，字书所无，当是韵字，汉碑及简帛书偏旁殳、攴每通用，如“数”字汉石门颂及白石神君碑皆从殳。《集韵·豏韵》：“韵，弃也。”[249]故“韵文”即弃置、散佚之文。

此数句意为蜀中前代有司马相如、严君平、扬雄等大辞赋家、大学者，而后来的好学之士却名灭不传。李君乃延请宾客，把后来的好学之士散佚的文章收集起来。

（6）六行

“王史张韩，知荧眇然。缤杨罗生，经雅笃纯，仪意川水，折节衡门，并数九九，希世寡群。魂而有灵，百年复歆”。

“王史张韩，知荧眇然”。“王”、“史”、“张”、“韩”指西汉时仕进通达之人。“王”可能是指王尊，尊出身寒微，后官至益州刺史、京兆尹，能恪尽职守。史可能是指史丹，丹祖父女弟即史良娣，为宣帝祖母。丹辅成帝于太子之时，行为正直，封关内侯，官至光禄大夫。“张”可能是指张汤，汤为官清廉，官至御史大夫。“韩”可能指韩安国，安国官至御史大夫，为人持重多大略[250]。“知茕”，《左传》作知罃[251]，又称知武子、知伯、荀罃，主持晋国国政十余年，能以德和人，以礼服人，佐晋悼公复霸。“眇然”，高远，《汉书·王褒传》：“……眇然绝俗离世哉!”注：“眇然，高远之意也。”[252]此二句谓王、史、张、韩及知罃皆形象崇高，是李君让吏民效法的榜样。

“缤杨罗生”，据其辞意，所指应为一人。缤杨疑为地名，文献无可考。今甘肃天水有缤杨村，但不知与此缤杨是否有关系。罗生其名亦不可考，《华阳国志·先贤士女总赞》[253]未著录其人，据辞意，其人为隐者。“经雅笃纯”，“雅”，正，“经雅”泛指典籍。“仪意山水”，“仪”，向往。“折节衡门”，“折节”谓改变平日志向，强自克制，《史记·郭解传》：“及解年长，更折节为俭……”[254]《诗·陈风·衡门》[255]，朱熹《诗集传》：“此隐居自乐无求者之词。”[256]衡门谓横木为门，指简陋的居室。“并数九九”，此“数”字字形与马王堆帛书《老子甲》及《古地图》之“数”字字形大致相同[257]。《广雅·释言》：“并，俱也。”[258]此言其人与九九之数相依存。《管子·轻重戊》：管子曰“虙戏作，造六峑以迎朝阳，作九九之数以合天道。”[259]或谓九九即九九乘法。由此看来，罗生可能是醉心数学的隐者，与当时人热衷经术以求官职不同，故谓之“希世寡群”。

以上数句，言李君树王、史、张、韩及知罃为吏民效法的榜样，而对隐居不仕、精研数学的罗生尤其赞美有加，这大概是李君对当时人过于热衷仕途的一种委婉的规劝。“魂而有灵，百年复歆”，此言以上诸人在百年前已加祭祀，可能是后来祭祀荒废，李君为了给吏民树立榜样，故重行祭祀了。

（7）七行

“惠加既徂，垂意生存。微宊得显，飞轨易轮。商容见表，寒灰复燃”。

“惠加既徂”，意谓李君施恩惠与已逝之人，即上文所言司马相如、严君平、扬雄、王、史、张、韩、知罃及缤杨罗生等。“垂意生存”，意谓李君关注健在的俊髦之士。“微宊得显”，《说文》：“宊，栋也。”[260]此处应读为“芒”，此句意为出身低微的人也有可能得到荣显。“飞轨易轮”，轨为车辙，“飞轨”谓车行迅速。“易轮”谓车轮改换，意为被朝廷征召。《汉书·武帝纪》：“遣使者安车蒲轮，束帛加璧，征鲁申公。”注：“以蒲裹轮，取其安也。”[261]“商容见表”，意为贤者受到彰显。商容为殷大夫，贤者，《史记·周本纪》：武王既克殷，“表商容之闾。”[262]“寒灰复燃”，为韩安国故事。《汉书·韩安国传》：“其后，安国坐法抵罪，蒙狱吏田甲辱安国。安国曰：‘死灰独不复然乎？’甲曰：‘然即溺之。’居无几，梁内史缺，汉使使者拜安国为梁内史，起〔徒〕中为二千石。”[263]此数句言李君既奉祀前代贤者，同时也关怀当世俊髦，提拔出身寒素的人，并向朝廷举荐饱学之士，表彰贤者，起用曾犯过失的人。

“内省于政，田畯惟敦。公绰不欲，以正厥身。庶职蕿（丛）恶，一以贯恩。□教品式，非下所闻。兼听夙书，沉思于神。撢虚政刑，履霜习寒。夜惟吉梦，戒豫其先”。

“内省于政，田畯惟敦”，此谓李君自我省察所行政事，首先注意典农之官，要求他们要勤勉。《论语·颜渊》：“子曰：‘内省不疚，夫何忧何惧?’”[264]“田畯”，主管农事的官员。《诗·豳风·七月》：“馌彼南亩，田畯至喜。”传：“田畯，田大夫也。”[265]“敦”，勤勉。

“公绰不欲，以正厥身”。此言李君为人寡欲，其身正而为表率。公绰，即孟公绰，春秋时人。《论语·宪问》：“子曰：‘孟公绰为赵魏老则优，不可以为滕薛大夫。’”注：“孔曰：公绰鲁大夫，赵魏皆晋卿，家臣称老。公绰性寡欲，赵魏贪贤，家老无职，故优。滕薛小国，大夫职烦，故不可为。”[266]故此二句亦含李君行无为而治之意。

“庶职从恶，一以贯恩”。“恶”，过失。《说文》：“恶，过也。”[267]《左传》定公五年：“吾以志前恶”，注：“恶，过也。”[268]此二句大略谓担任各种职务的官吏，若有过失，都一概给予恩典，不加惩罚。

“□教品式，非下所闻”。上句可能是在书写时漏掉一字。此二句大概言李君所施行的教化方式，其道理渊深，不是一般吏民所能理解。

“兼听夙书，沉思于神”。“夙”，旧，“夙书”即旧书，当指前代典籍。此谓李君在处理政事时，亦从旧典中寻找根据。

“撢虚政刑，履霜习寒，夜惟吉梦，戒豫在先”，此四句亦用句序颠倒方式，按照其所要表达的意思，其句序应是“撢虚政刑，履霜习寒，戒豫在先，夜惟吉梦”，之所以颠倒句序，可能是为了押韵之故。

“撢虚政刑”，“撢”，秉持；“虚”，道，《管子·心术》：“天之道虚。”[269]此言李君使行政及施刑合于天之道。“履霜习寒”，语出《周易·坤》初六：“履霜坚冰至。”[270]朱熹《周易本义》：“故其象如履霜，则知坚冰之将至也……谨微之意，已可见于象中矣。”[271]此句借《坤卦》爻辞，谓李君处事谨慎，以防微杜渐。“戒豫在先”，“戒”谓戒惧警醒；“豫”通预，预防。此句承上句而言，因履霜习寒而知坚冰将至，故要先行戒豫。“夜惟吉梦”，语出《诗·小雅·斯干》：“吉梦维何，维熊维罴，维虺维蛇。”[272]此句承上二句，谓因“履霜习寒，戒豫在先”，故能“夜惟吉梦”，而有吉祥的征兆。

以上“内省于政”至“戒豫在先”数句，叙李君为政的方式及作风。

（8）八行

“演述三传，各数万言。抽擢腴要，采掇异文。以成一家，为后立真”。“三传”是指《春秋》三传——《左传》、《公羊传》、《谷梁传》。“腴要”，即精华之义。“腴”为肥美之肉，此以喻道艺之美，《文选》班固《答宾戏》：“委命供己，味道之腴。”[273]此数句言李君精研《春秋》三传，著述甚丰。

“珍儒重能，爵秩其贫。拔擢英才，试之以贞。倚席旋意，钻印孔门。潜者得达，萌牙振鳞。犹春生芳，莫不悦欣”。

“倚席旋意，钻印孔门”，此二句大意谓习其他学问的人，都废止不讲，改变初意，转而学习儒家之学。“倚席”，将席放置一边不复使用，意为停止讲学。所停讲之学，乃是儒家之外的学问，非朝廷所提倡的儒学。“旋意”，回心转意。此二句谓在李君的倡导下，学者停止讲授非儒家之学，改而服膺儒学。《论语·子罕》：“颜渊喟然叹曰：‘仰之弥高，钻之弥坚，瞻之在前，忽焉在后，夫子循循然善诱人。’”[274]

“潜者得达，萌牙振鳞”，二句谓深藏不露的人，亦能仕途通达，开始有所作为。“萌牙”，同萌芽。《礼记·月令》：“是月也（仲春之月），安萌芽，养幼少，存诸孤。”阮元《校勘记》：“依《说文》萌芽字作芽，从牙音，古多以牙为芽。”[275]“振鳞”同跃鳞，李白《古风》：“群才属休明，乘运共跃鳞。”[276]谓众多才智之士纷纷表现才华。

“犹春生芳，莫不悦攽”，“攽”，同颁，赏赐。此二句言李君之德政，犹如春天使众芳生长，没有谁因李君的恩赐而不喜悦。

以上数句，谓李君重视儒生和有才能的人，使习其他学问的人都服膺儒学，使深藏不露的人也仕途通达，令人人感到喜悦。

（9）九行

“骖名前列，逸驱良韩。公仪割布，曷之采观。知配昭辅，隐德未信。揖风悠炳，从俗所传”。

“骖名前列，逸驱良韩”。“骖”，独辕车所驾的三马，《说文》：“骖，驾三马也。”[277]或谓车驾两边的马，《战国策·卫策》：“拊骖，无笞服。”高诱注：“两旁曰骖，辕中曰服。”[278]“良韩”指韩卢，韩国良犬名。《战国策·秦三》：“以秦卒之勇，车骑之多，以当诸侯，譬若驰韩卢而逐蹇兔也，霸王之业可致。”注：“俊犬名。《博物志》：韩有黑犬，名卢。”[279]此二句意承上文，谓由于李君注意培养提拔，故其属吏皆为俊才，这也说明李君具有很强的施政能力。

“公仪割布，曷之采观”。“公仪”，即西汉鲁相公仪休，见其家所织布好，担心与民争利，遂割布燔机，见《史记·循吏传》[280]。“曷之采观”，“曷”同疑问代词何，此句意为有何可取之处。此二句意谓公仪休那样的循吏，与李君的德政相较，也无多少可取之处，即远不及李君之意。

“知配昭辅，隐德未信”。“知”同智。“昭辅”，“昭”，《尚书·君奭》：“乃惟时昭文王迪见冒。”曾运乾云：“昭，助也。”[281]“辅”，《广雅·释诂二》：“辅，助也。”[282]《尚书·商书·汤誓》：“尔尚辅予一人。”[283]故“昭辅”指辅佐帝王。“隐德”，为人所不知的德行。“信”读如伸，伸张，使人了解。此二句言李君的才智足以辅佐帝王，但他的德行还不都为人们所了解。

“揖风悠炳，从俗所传”。“揖风”，即望风而拜之意，表示对李君的尊崇。悠，远。“悠炳”谓传之久远的光辉。“悠”字原碑作，从攸从心。攸字汉碑或从单人旁，如《熹平石经》[284]、《周易·益卦》[285]作攸，或从双人旁，如《曹全碑》[286]作。中一竖或作二短竖，如马王堆帛书《古地图》作[287]。此碑悠字二短竖又讹为二斜画。“从俗所传”，谓所记皆根据民间传颂的李君事迹。

总结全文，指出李君的德行和施政的能力皆优异，希望他能升职任辅政大臣。

（10）十行

“本初元年六月下旬，此石遭水顿赴”，“赴”当读为仆，《说文》：“仆，顿也。”[288]《广韵·宥韵》：“仆，前倒。”[289]此谓李君碑于本初元年（146年）被洪水冲倒。

“追叙脩斯”，谓追念李君的修养德行，“脩斯”语出《中庸》：“好学近乎知，力行近乎仁，知耻近乎勇，知斯三者，则知所以脩身。”[290]

注　释

[1] 叶昌炽、柯昌泗：《语石·语石异同评》，北京：中华书局，1994年，第151页。

[2] 许慎撰、段玉裁注：《说文解字注》，第八篇上，上海：上海古籍出版社，1981年影印本，第374页。

[3] 胡吉宣：《玉篇校释》卷三，上海：上海古籍出版社，1989年影印本，第1册，第432页。

[4] 王筠：《说文释例》卷八，北京：中华书局，1987年影印道光三十年刻本，第175页。

[5] 《毛诗正义》卷十，《十三经注疏》，北京：中华书局，1980年影印阮刻本，上册，第426页。

[6] 许慎撰、段玉裁注：《说文解字注》，第三篇下，第116页。

[7] 《汉书》卷二十六，北京：中华书局，1962年标点本，第5册，第1288页。

[8] 《后汉书》卷一，北京：中华书局，1965年标点本，第1册，第1页。

[9] 《续汉书》志第二十二，北京：中华书局，1973年，第12册，第3476页。

[10] 许慎撰、段玉裁注：《说文解字注》，第六篇下，第280页。

[11] 《尚书正义》卷二十，《十三经注疏》，上册，第254页。

[12] 《后汉书》卷六十三，第8册，第2092页。

[13] 王国维：《观堂集林》卷十八，隋铜虎符跋，北京：中华书局，1959年，第3册，第910页。

[14] 《汉书》卷十九上，第3册，第743页。

[15] 《孟子注疏》卷二下，《十三经注疏》，下册，第2681页。

[16] 王先谦撰集：《释名疏证补》卷四，上海：上海古籍出版社，1984年影印清道光二十二年本，第200页。

[17] 《毛诗正义》卷二十，《十三经注疏》，上册，第617页。

[18] 屈原：《天问》，黄灵庚疏证：《楚辞章句疏证》卷四，北京：中华书局，2007年，第2册，第1113页。

[19] 何宁：《淮南子集释》卷十一，北京：中华书局，1998年，中册，第760页。

[20] 《尔雅注疏》卷六，《十三经注疏》，下册，第2609页。

[21] 陆德明撰：《经典释文》卷二十九，尔雅音义上，北京：中华书局，1983年影印本，第420页。

[22] 《汉书》卷二十四上，食货志上，第4册，第1123页。

[23] 《春秋公羊传注疏》卷十六，《十三经注疏》，下册，第2287页。

[24] 《毛诗正义》卷一，《十三经注疏》，上册，第287—288页。

[25] 王念孙撰：《广雅疏证》卷一下，上海：上海古籍出版社，1983年影印清嘉庆本，上册，第109页。

[26] 《毛诗正义》卷二十,《十三经注疏》,上册,第618页。
[27] 朱熹集注:《诗集传》卷二十,鲁颂,閟宫,北京:中华书局,1958年,第242页。
[28] 《毛诗正义》卷二十,《十三经注疏》,上册,第614—618页。
[29] 徐干:《中论》卷上,《汉魏丛书》,上海:商务印书馆,1925年影印,第27册,第17页。
[30] 黄晖撰:《论衡校释》(附刘盼遂集解)卷二十九,北京:中华书局,1990年,第4册,第1172页。
[31] 《后汉书》卷六十五,第8册,第2143—2144页。
[32] 马端临:《文献通考》,北京:中华书局,1986年影印万有文库十通本,上册,第319页。
[33] 郑樵撰、王树民点校:《通志二十略》,北京:中华书局,1995年,上册,第1027页。
[34] 《后汉书》卷五十八,第7册,第1885页。
[35] 《续汉书》志二十五,百官二,第12册,第3574页。
[36] 《续汉书》志二十五,第12册,第3578页。
[37] 《续汉书》志二十六,第12册,第3598页。
[38] 《尚书正义》卷二,《十三经注疏》,上册,第120页。
[39] 《汉书》卷一百下,第12册,第4261页。
[40] 《史记》卷二,北京:中华书局,1959年点校本,第1册,第81页。
[41] 王先谦撰:《荀子集释》卷十,北京:中华书局,1988年,第270页。
[42] 《礼记正义》卷十二,《十三经注疏》,上册,第1338页。
[43] 《后汉书》卷八十九,南匈奴列传,第10册,第2939—2967页;《后汉书》卷二十三,窦宪传,第3册,第815—821页。
[44] 《后汉书》卷九十,乌桓鲜卑列传,第10册,第2979—2983页。
[45] 《后汉书》卷九十,乌桓鲜卑列传,第10册,第2985—2990页。
[46] 《续汉书》志二十九、三十,舆服志(上、下),第12册,第3639—3678页。
[47] 马端临:《文献通考》卷一百十二,王礼考七,上册,第1009页。
[48] 《周礼注疏》卷二十七,《十三经注疏》,上册,第823页。
[49] 萧统编:《文选》卷五十九,碑文下,北京:中华书局,1977年影印胡刻本,第819页。
[50] 《毛诗正义》卷二十,《十三经注疏》,上册,第627页。
[51] 《荀子集释》卷十,第269—270页。
[52] 《后汉书》卷八十九,南匈奴列传,第10册,第2953页。
[53] 王国维:《观堂集林》卷十三,鬼方昆夷猃狁考,第2册,第583页。
[54] 许慎撰、段玉裁注:《说文解字注》,第十篇下,第514页。
[55] 许慎撰、段玉裁注:《说文解字注》,第九篇上,第433页。
[56] 严可均:《全上古三代秦汉三国六朝文》卷九十八,北京:中华书局,1985年,第1册,第1000页。
[57] 《左传》庄公三年:"凡师一宿为舍……"又僖公二十八年:"退三舍辟之,所以报也。"注:"一舍,三十里。初楚子云若反国何以报我,故以退三舍为报。"《春秋左传正义》卷八,《十三经注疏》,下册,第1763页;《春秋左传正义》卷十六,《十三经注疏》,下册,第1825页。
[58] 马端临:《文献通考》卷一百五十九,兵考十一,马政,上册,第1384—1385页。
[59] 马端临:《文献通考》卷一百五十九,兵考十一,马政,上册,第1386页。

[60] 《礼记正义》卷十二，《十三经注疏》，上册，第 1338 页。
[61] 《后汉书》卷八十九，南匈奴列传，第 10 册，第 2961—2962 页。
[62] 《后汉书》卷九十，乌桓鲜卑列传，第 10 册，第 2979—2995 页。
[63] 《后汉书》卷九十，乌桓鲜卑列传，第 10 册，第 2988 页。
[64] 《尚书大传》卷二，影印《文渊阁四库全书》，台北：商务印书馆，1986 年，第 68 册，第 399 页。
[65] 白居易：《不致仕》，《全唐诗》卷四百二十五，北京：中华书局，1960 年，第 13 册，第 4675 页。
[66] 《礼记正义》卷三十九，《十三经注疏》，下册，第 1542—1543 页。
[67] 《毛诗正义》卷十九，《十三经注疏》，上册，第 589 页。
[68] 徐元诰撰、王树民、陈长云点校：《国语》卷一，北京：中华书局，2002 年，第 3 页。
[69] 《周易正义》卷二，《十三经注疏》，上册，第 23 页；《周易正义》卷三，《十三经注疏》，上册，第 35 页；《周易正义》卷三，《十三经注疏》，上册，第 41 页。
[70] 《周易正义》卷二，《十三经注疏》，上册，第 23 页。
[71] 《尚书正义》卷六，《十三经注疏》，上册，第 148 页。
[72] 胡吉宣：《玉篇校释》卷二十二，第 5 册，第 4272 页。
[73] 《论语注疏》卷十三，《十三经注疏》，下册，第 2507 页。
[74] 《春秋左传正义》卷九，《十三经注疏》，下册，第 1770 页。
[75] 《汉书》卷五十七下，第 8 册，第 2596—2597 页。
[76] 许慎撰、段玉裁注：《说文解字注》，第十一篇上二，第 561 页。
[77] 许慎撰、段玉裁注：《说文解字注》，第十一篇上二，第 561 页。
[78] 许慎撰、段玉裁注：《说文解字注》，第十一篇上二，第 561 页。
[79] 孟元老：《东京梦华录》卷三，北京：中华书局，2006 年，上册，第 374 页。
[80] 常璩撰、任乃强校注：《华阳国志校补图注》卷三，上海：上海古籍出版社，1987 年，第 118、133、141 页。
[81] 《毛诗正义》卷十六，《十三经注疏》，上册，第 504—505 页。
[82] 《汉书》卷二十四下，第 4 册，第 1180 页。
[83] 《后汉书》卷三，第 1 册，第 147 页。
[84] 许慎撰、段玉裁注：《说文解字注》，第一篇上，第 13 页。
[85] 《论语注疏》卷十一，《十三经注疏》，下册，第 2499 页。
[86] 《文选》卷四十四，檄，第 617 页。
[87] 许慎撰、段玉裁注：《说文解字注》，第六篇上，第 251 页。
[88] 顾炎武：《金石文字记》卷一，汉，西岳华山庙碑，影印《文渊阁四库全书》，第 683 册，第 713 页。
[89] 王符著、汪继培笺、彭铎校正：《潜夫论笺校正》卷五，北京：中华书局，1985 年，第 282—283 页。
[90] 《淮南子集释》卷九，中册，第 691 页。
[91] 《汉书》卷六十五，第 9 册，第 2858—2859 页。
[92] 《汉魏六朝笔记小说大观》，上海：上海古籍出版社，1999 年，第 172 页。
[93] 《文选》卷二，赋甲，第 41 页。
[94] 《孝经注疏》卷二，《十三经注疏》，下册，第 2547 页。

[95] 许慎撰、段玉裁注：《说文解字注》，第二篇下，第 77 页。

[96] 《史记》卷一百十九，第 10 册，第 3102 页。

[97] 许慎撰、段玉裁注：《说文解字注》，第十一篇上二，第 561 页。

[98] 《论衡校释》（附刘盼遂集解）卷十七，第 3 册，第 746 页。

[99] 《礼记正义》卷十五，《十三经注疏》，上册，第 1362 页。

[100] 《荀子集释》卷十一，第 319—320 页。

[101] 朱谦之撰：《老子校释》，北京：中华书局，1984 年，第 14 页。

[102] 《汉书》卷十二，第 1 册，第 351 页。

[103] 王先谦：《汉书补注》卷十二，平帝，北京：中华书局，1983 年影印清光绪二十六年虚受堂刊本，上册，第 141 页。

[104] 《汉书》卷二十三，第 4 册，第 1096 页。

[105] 《汉书》卷三十九，第 7 册，第 2021 页。

[106] 《礼记正义》卷五，《十三经注疏》，上册，第 1267 页。

[107] 刘向撰、向宗鲁校正：《说苑校正》卷一，北京：中华书局，1987 年，第 8 页。

[108] 《周礼注疏》卷三十六，《十三经注疏》，上册，第 880 页。

[109] 《汉书》卷七十九，第 10 册，第 3304 页。

[110] 《春秋左传正义》卷八，《十三经注疏》，下册，第 1767 页。

[111] 《论语注疏》卷二，《十三经注疏》，下册，第 2461 页。

[112] 《论语注疏》卷七，《十三经注疏》，下册，第 2484 页。

[113] 《文选》卷三，赋乙，第 56 页。

[114] 《广雅疏证》卷三下，上册，第 371 页。

[115] 黄怀信：《鹖冠子汇校集注》卷下，北京：中华书局，2004 年，第 322 页。

[116] 丁度等编：《集韵》卷六上，声下，上海：上海古籍出版社，1985 年影印述古堂影宋抄本，上册，第 415—416 页。

[117] 《荀子集释》卷十九，第 504 页。

[118] 《礼记正义》卷一，《十三经注疏》，上册，第 1232 页。

[119] 《礼记正义》卷二十七，《十三经注疏》，下册，第 1461 页。

[120] 《经典释文》卷十二，礼记音义之二，第 186 页。

[121] 杨明照撰：《抱朴子外篇校笺》卷二，北京：中华书局，1991 年，上册，第 87 页。

[122] 胡吉宣：《玉篇校释》卷十，第 2 册，第 2111 页。

[123] 《春秋左传正义》卷二十八，《十三经注疏》，下册，第 1922 页。

[124] 《经典释文》卷十七，春秋左氏音义之三，第 255 页。

[125] 《汉书》卷三十，第 6 册，第 1717 页。

[126] 《尔雅注疏》卷一，《十三经注疏》，下册，第 2569 页。

[127] 《毛诗正义》卷三，《十三经注疏》，上册，第 313 页。

[128] 《经典释文》卷五，毛诗音义上，第 60 页。

[129] 《毛诗正义》卷一，《十三经注疏》，上册，第 289 页。

[130] 《经典释文》卷五，毛诗音义上，第 56 页。

[131] 《老子校释》，第 30 页。

[132] 《三国志》卷四十九，北京：中华书局，1959 年标点本，第 5 册，第 1191 页。

[133] 王先慎撰、锺哲点校：《韩非子集释》卷十九，北京：中华书局，1998 年，第 443 页。

[134] 刘向编著、石光瑛校释、陈新整理：《新序校释》卷七，节士，原宪居鲁章，北京：中华书局，2001 年，下册，第 918—919 页。

[135] 郭庆藩撰、王孝鱼点校：《庄子集释》卷一，北京：中华书局，1961 年，第 36 页。

[136] 李觏：《上李舍人书》，《李觏集》卷二十七，书，北京：中华书局，1981 年，第 289 页。

[137] 《史记》卷八，第 2 册，第 390 页。

[138] 国家文物局古文献研究室编：《马王堆汉墓帛书》卷六，老子乙本，德经，北京：文物出版社，1980 年，第 90 页；同书，卷二，老子乙本及卷前古佚书图版，德经。

[139] 宋玉：《招魂》，《楚辞章句疏证》卷十，下册，2018 页。

[140] 《文选》卷二十，献诗，第 278 页。

[141] 《汉书》卷三十六，第 7 册，第 1935 页。

[142] 杨树达：《汉文文言修辞学》，北京：中华书局，1980 年，第 179 页。

[143] 《毛诗正义》卷八，《十三经注疏》，上册，第 390 页。

[144] 阮元编：《经籍纂诂》卷七十四，成都：成都古籍书店，1982 年影印本，下册，第 771 页。

[145] 陈立撰、吴泽虞点校：《白虎通疏证》卷六，北京：中华书局，1994 年，上册，第 259 页。

[146] 《后汉书》卷二十七，第 4 册，第 947 页。

[147] 《三国志》卷三十八，第 4 册，第 973 页。

[148] 全祖望：《经史问答》，《全祖望集汇校集注》，上海：上海古籍出版社，2000 年，下册。

[149] 柴绍炳：《考古类编》卷二，经学考，东观阁藏板，道光乙酉年新镌，第 1 册，第 1 页。

[150] 《论语注疏》卷十九，《十三经注疏》，下册，第 2532 页。

[151] 《韩非子集释》卷六，第 131 页。

[152] 国家文物局古文献研究室编：《马王堆汉墓帛书》卷一，老子甲本及卷后古佚书图版，五行。

[153] 黄怀信等撰、李学勤审定：《逸周书汇校集注》卷一，上海：上海古籍出版社，1995 年，上册，第 43—59 页；《逸周书汇校集注》卷四，上册，第 394—412 页；《逸周书汇校集注》卷三，上册，第 295—312 页。

[154] 《尚书正义》卷四，《十三经注疏》，上册，第 138 页；《春秋左传正义》卷五十二，《十三经注疏》，下册，第 2119 页；《国语》卷三，第 114 页。

[155] 《逸周书汇校集注》卷一，上册，第 56 页。

[156] 《汉书》卷九十七下，第 12 册，第 3983—3984 页。

[157] 钱绎撰集：《方言笺疏》卷十二，上海：上海古籍出版社，1984 年影印道光十六年红蝠山房本，下册，第 683 页。

[158] 《楚辞章句疏证》卷一，第 1 册，第 190—193 页。

[159] 朱骏声：《说文通训定声》，武汉：武汉古籍书店，1983 年影印临啸阁本，第 462 页。

[160] 《论语注疏》卷四，《十三经注疏》，下册，第 2471 页。

[161] 《后汉书》卷三十下，第 4 册，第 1069 页。

[162] 洪适：《隶释》卷一，鲁相韩敕造孔庙礼器碑，第 19 页。

[163] 《广雅疏证》卷五下，中册，第 628 页。

[164] 《毛诗正义》卷十六，《十三经注疏》，上册，第 524 页。

[165] 《春秋左传正义》卷十六，《十三经注疏》，下册，第 1821 页。

[166] 《经典释文》卷十六，春秋左氏音义之二，第 236 页。

[167] 《经籍纂诂》卷八十四，下册，第 842 页。

[168] 《尔雅注疏》卷二，《十三经注疏》，下册，第 2575 页。
[169] 《尚书正义》卷十九，《十三经注疏》，上册，第 245 页。
[170] 周祖谟：《广韵校本》卷二下，平声，北京：中华书局，1960 年影印张士俊存堂本，上册，第 176 页。
[171] 《方言笺疏》卷十二，下册，第 788 页。
[172] 《隶释》卷二，西岳华山庙碑，北京：中华书局，1986 年影印洪氏晦木斋刻本，第 26 页。
[173] 《汉书》卷九十九上，第 12 册，第 4051 页。
[174] 《春秋公羊传注疏》卷二十六，《十三经注疏》，下册，第 2339 页。
[175] 《毛诗正义》卷十七，《十三经注疏》，上册，第 540 页。
[176] 《释名疏证补》卷六，第 303 页。
[177] 《汉书》卷五十六，第 8 册，第 2526 页。
[178] 《文苑英华》卷八百三，北京：中华书局，1966 年，第 5 册，第 4247 页。
[179] 《抱朴子外篇校笺》卷一，上册，第 61 页。
[180] 《史记》卷二十七，第 4 册，第 1289—1290 页。
[181] 《尚书正义》卷十八，《十三经注疏》，上册，第 237—241 页。
[182] 《潜夫论笺校》卷九，第 423 页。
[183] 《尚书正义》卷三，《十三经注疏》，上册，第 130 页。
[184] 《礼记正义》卷二十一，《十三经注疏》，下册，第 1414 页。
[185] 《淮南子集释》，上册，第 58 页。
[186] 荀悦：《前汉纪》卷三十，孝平皇帝纪，《两汉纪》，北京：中华书局，2002 年，上册，第 547 页。
[187] 《文选》卷四十三，书下，第 604 页。
[188] 《晋书》卷一，北京：中华书局，1974 年，第 1 册，第 21 页。
[189] 《汉书》卷十二，第 1 册，第 351 页。
[190] 《河图括地象》，安居香山、中村璋八辑：《纬书集成》，石家庄：河北人民出版社，1994 年，下册，第 1100 页。
[191] 《尚书正义》卷五，《十三经注疏》，上册，第 144 页。
[192] 《尚书正义》卷五，《十三经注疏》，上册，第 144 页。
[193] 迟铎集释：《小尔雅集释》卷一，北京：中华书局，2008 年，第 59 页。
[194] 《汉书》卷五十六，第 11 册，第 3626 页。
[195] 《毛诗正义》卷十二，《十三经注疏》，上册，第 454 页。
[196] 《汉书》卷八十九，第 11 册，第 3626 页。
[197] 《郭沫若全集·历史编》，北京：人民出版社，1982 年，第 477 页。
[198] 吕振羽：《中国政治思想史》，北京：三联书店，1955 年，第 136 页。
[199] 葛兆光：《中国思想史》，上海：复旦大学出版社，2003 年，第 110 页。
[200] 栾调甫：《墨子研究论文集》，北京：人民出版社，1957 年，第 106 页。
[201] 《隶释》卷八，第 94 页。
[202] 《续汉书》志十三，第 11 册，第 3280—3285 页。
[203] 《春秋左传正义》卷四十，《十三经注疏》，下册，第 2014 页。
[204] 《汉书》卷九十九下，第 12 册，第 4172 页。
[205] 《春秋左传正义》卷三十六，《十三经注疏》，下册，第 1985 年。

[206] 王引之：《经义述闻》卷十八，南京：江苏古籍出版社，2000 年，第 440 页。
[207] 《尔雅注疏》卷六，《十三经注疏》，下册，第 2608 页。
[208] 《史记》卷二十七，第 4 册，第 1315 页；何宁：《淮南子集释》卷三，上册，第 265 页。
[209] 《汉书》卷二十六，第 5 册，第 1290 页。
[210] 《史记》卷二十七，第 4 册，第 1295—1296 页。
[211] 《史记》卷二十七，第 4 册，第 1304 页。
[212] 《礼记正义》卷十六，《十三经注疏》，上册，第 1352 页；何宁：《淮南子集释》卷三，上册，第 178—188 页。
[213] 《曾侯乙墓》，北京：中华书局，2001 年，第 153—159 页。
[214] 《沂南古画像石墓发掘报告》，北京：文化部文物管理局，1956 年，第 15 页。
[215] 《礼记正义》卷三，《十三经注疏》，上册，第 1250 页。
[216] 《尚书正义》卷三，《十三经注疏》，上册，第 126 页。
[217] 《史记》卷二十七，第 4 册，第 1291 页。
[218] 《史记》卷二十七，第 4 册，第 1291—1292 页。
[219] 《史记》卷二十七，第 4 册，第 1292 页。
[220] 参见《史记·天官书》《集解》引孟康曰："传曰'斗第七星法太白主，杓，斗之尾也'。"《史记》卷二十七，第 4 册，第 1293 页。
[221] 《史记》卷二十七，第 4 册，第 1313—1316 页。
[222] 《淮南子集释》卷三，上册，第 213—218 页。
[223] 《史记》卷二十七，第 4 册，第 1291 页。
[224] 《史记》卷二十七，第 4 册，第 1291、1293 页。
[225] 《史记》卷三十一，第 5 册，第 1445 页。
[226] 《春秋左传正义》卷五十七，《十三经注疏》，下册，第 2154 页。
[227] 《汉书》卷六十九，第 9 册，第 2910—2911 页。
[228] 《通志·二十略》，上册，第 155 页。
[229] 《经义述闻》卷十八，第 426 页。
[230] 杨树达：《汉文文言修辞学》第三章，修辞举例，颠倒，北京：中华书局，1980 年，第 38—39 页。
[231] 《广雅疏证》卷一上，上册，第 44、49 页。
[232] 王利器：《吕氏春秋注疏》卷五，成都：巴蜀书社，2002 年，第 1 册，第 573 页。
[233] 《周易正义》卷九，《十三经注疏》，上册，第 94 页。
[234] 《华阳国志校补图注》卷三，第 113 页。
[235] 《续汉书》志二十一，第 12 册，第 3456 页。
[236] 《华阳国志校补图注》卷三，第 113 页。
[237] 《汉书》卷二十六，第 5 册，第 1288 页。
[238] 《尚书正义》卷三，《十三经注疏》，上册，第 130 页。
[239] 《毛诗正义》卷七，《十三经注疏》，上册，第 384 页。
[240] 《中论》卷上，第 7 页。
[241] 《毛诗正义》卷七，《十三经注疏》，上册，第 385 页。
[242] 《吕氏春秋注疏》卷二十六，第 4 册，第 3126 页。
[243] 《论语注疏》卷八，《十三经注疏》，下册，第 2487 页。

［244］《春秋左传正义》卷四十，《十三经注疏》，下册，第2013页。
［245］汪荣宝撰、陈仲夫点校：《法言义疏》卷九，北京：中华书局，1987年，上册，第200页。
［246］《周易正义》卷八，《十三经注疏》，上册，第88页。
［247］《论衡校释》（附刘盼遂集解）卷十三，第2册，第592页。
［248］《与吴质书》，《文选》卷四十二，书中，第591页。
［249］《集韵》卷六上，声下，上册，第456页。
［250］《汉书》卷六十七，第10册，第3226—3238页；《汉书》卷八十二，第10册，第3375—3379页；《汉书》卷五十九，第9册，第2637—2646页；《汉书》卷五十二，第8册，第2394—2407页。
［251］《春秋左传正义》卷二十三，《十三经注疏》，下册，第1882页。
［252］《汉书》卷六十四下，第9册，第2828页。
［253］《华阳国志校补图注》卷十上，第521—559页。
［254］《史记》卷六十四，第10册，第3185页。
［255］《毛诗正义》卷七，《十三经注疏》，上册，第377页。
［256］《诗集传》卷七，陈风，衡门，第82页。
［257］国家文物局古文献研究室编：《马王堆汉墓帛书》卷一，老子甲本及卷后古佚书图版；马王堆汉墓帛书整理小组编：《古地图》（马王堆汉墓帛书），北京：文物出版社，1977年。
［258］《广雅疏证》卷五上，中册，第543页。
［259］黎翔凤撰、梁运华整理：《管子校注》卷二十四，北京：中华书局，2004年，下册，第1507页。
［260］许慎撰、段玉裁注：《说文解字注》，第六篇上，第256页上栏。
［261］《汉书》卷六，第1册，第157页。
［262］《史记》卷四，第1册，第126页。
［263］《汉书》卷五十二，第8册，第2395页。
［264］《论语注疏》卷十二，《十三经注疏》，下册，第2503页。
［265］《毛诗正义》卷八，《十三经注疏》，上册，第389页。
［266］《论语注疏》卷十四，《十三经注疏》，下册，第2511页。
［267］许慎撰、段玉裁注：《说文解字注》，第十篇下，第511页。
［268］《春秋左传正义》卷五十五，《十三经注疏》，下册，第2140页。
［269］《管子校注》卷十三，中册，第770页。
［270］《周易正义》卷一，《十三经注疏》，上册，第18页。
［271］朱熹：《周易本义》卷一，周易上经，北京：北京大学出版社，1992年，第4页。
［272］《毛诗正义》卷十一，《十三经注疏》，上册，第437页。
［273］《文选》卷四十五，设论，第635页。
［274］《论语注疏》卷九，《十三经注疏》，下册，第2490页。
［275］《礼记正义》卷十五，《十三经注疏》，上册，第1361、1366页。
［276］李白：《古风》，《全唐诗》卷一百六十一，第5册，第1670页。
［277］许慎撰、段玉裁注：《说文解字注》，第十篇上，第465页。
［278］刘向集录：《战国策》卷三十五，上海：上海古籍出版社，1985年，下册，第1167页。
［279］《战国策》卷五，上册，第189页。
［280］《史记》卷一百十九，第10册，第3102页。

[281] 曾运乾：《尚书正读》，北京：中华书局，1964 年，第 231 页。
[282] 《广雅疏证》卷二上，上册，第 190 页。
[283] 《尚书正义》卷八，《十三经注疏》，上册，第 160 页。
[284] 洪适：《隶释》卷十四，北京：中华书局，1986 年，第 150 页上。
[285] 李学勤主编：《周易正义》卷四，北京：北京大学出版社，1999 年，第 176 页。
[286] 顾蔼吉：《隶辨》卷二，北京：中华书局，1986 年，第 73 页上。
[287] 陈松长：《马王堆帛书文字编》，北京：文物出版社，2001 年，第 126 页。
[288] 许慎撰、段玉裁注：《说文解字注》，第八篇上，第 381 页。
[289] 《广韵校本》卷四，去声，上册，第 437 页。
[290] 《礼记正义》卷五十二，《十三经注疏》，下册，第 1629 页。

A Textual Research and Interpretation on Two Stone Tablets of Han Dynasty Unearthed from Tianfu Square, Chengdu

He Zheng
(School of History and Culture, Sichuan University)

Abstract: Through the textual research on the inscriptions of the Eastern Han Dynasty tablets unearthed from Tianfu Square of Chengdu, the author argues that the two tablets were used to record the 'benevolent rule' of 'Mr. Pei' and 'Mr. Li', two local officials of Shu Commandery at that time. After looking up the related literature, and discussing all of the knotty words and sentences the author thinks that 'Mr. Pei' mentioned in the inscription is not the 'Pei Cen' in 'the Eulogium Tablet of Pei Cen', and the tribe Mr. Pei put down was probably the Xianbei people. For a long time, most of the scholars think that Mohism had disappeared at the end of the Warring States or the beginning of the Western Han Dynasty, but the words 'drawing them into Confucianism and Mohism' on the tablet indicate that Mohism still existed in the late Eastern Han Dynasty, and was of high academic standing rather than it was marginalized.

Keywords: Eastern Han Dynasty tablet of Mr. Pei tablet of Mr. Li benevolent rule tablet

成都东御街出土汉碑为汉代文翁石室学堂遗存考

——从文翁石室、周公礼殿到锦江书院发展史简论

张勋燎

（四川大学考古学系）

摘要：在对碑文内容进行仔细考订后，本文提出成都市天府广场东御街口新出土的东汉李太守、裴太守碑，其性质应为德政碑，李碑碑主当为李膺。碑文表彰两位太守在顺帝后蜀郡和全国学校教育一度大衰退的背景下来到成都，大力振兴学校教育，为发展儒家文化作出了显著的成绩。碑阴题名排序，学校教师学官经师居于特别突出的地位。洪水将李君碑冲倒，被裴太守在学校灾后修缮工程中再度竖立起来，说明碑石当年竖置在学校园区内。结合碑文内容，本文对西汉景帝末年以来成都兴学的历史进行系统梳理，就不同时期汉代建筑、碑刻遗存的保护和研究情况，以及学校几度向西扩展延伸，到南宋蒙军焚烧成都，文翁学堂遭到彻底毁灭，元代以后成都府学迁修重建的情况一一进行考察，判定二碑当是汉代“文翁学堂”遗迹，其出土地点应为汉代至宋理宗端平三年期间蜀郡郡学、益州州学遗址所在地，在中国教育发展史上具有重大的学术价值。

关键词：成都汉碑　文翁学堂　周公礼殿　石室书院

2010 年 11 月中旬，四川成都市在进行基建施工时，意外地从天府广场东御街口 5 米多深的地下挖出两通东汉太守碑，出土地点特殊，保存完整，内容丰富，包含了许多重要的历史信息，很快引起学术界的广泛关注。2010 年 12 月，在成都文物考古研究所召开的小型研讨会上，笔者曾就粗读碑文的浅识作简略发言，提出两碑至少有 7 个不同方面的历史价值。本文主要根据碑文内容的特点考察碑石所在的遗址性质，结合成都城区两千年地方官办学校兴建、发展的历史进行考察，推定其应属汉代文翁石室学堂的遗存，反映了东汉中叶恢复振兴蜀郡学校教育的发展情况。碑石出土地点，埋藏着因战火焚毁的文翁石室学堂大遗址，在我国古代学校教育发展史上具有巨大的意义，是近年来我国汉代考古的一项重大发现，应进一步深入研究，及时采取必要的保护措施。

一、碑刻的性质和碑主

（一）碑刻的性质

两通汉碑有盖有趺，不仅无穿，也没有额题。碑阳的叙事和赞语记述碑主事迹，包括蜀郡太守任内和任前两大部分，任前部分记叙两位蜀郡太守的籍贯、家世、历任

官职等，牵涉面虽广，事繁而言简，实际上相当于碑主的履历表。在蜀守任内部分，包括个人品德、行事风格和主要政绩，材料具体而详，是整个碑文叙述的重点，应该属于碑主在蜀郡太守离职之际属吏们为其所建的去思碑或德政碑，不是墓碑。作为这种性质的碑刻材料的历史价值，自然主要是有关蜀事这一部分内容。

（二）两碑的碑主和相互关系

两碑的碑主均以“君”称，只著姓而不具名，为了能够更好地联系相关历史记载进行研究，尽可能地从文献中找到对应材料，是不能回避的问题。查考文献，李君碑的碑主应为李膺，只是史文颇有歧异，学界也有不同的看法，需仔细加以辨析。《后汉书·李膺传》载：

> 李膺，字元礼，颍川襄城人也。祖父修，安帝时为太尉。父益，赵国相。膺性简亢，无所交接，唯以同郡荀淑、陈寔为师友。
>
> 初举孝廉，为司徒胡广所辟，举高第，再迁青州刺史。守令畏威明，多望风弃官。复徵，再迁渔阳太守。寻转蜀郡太守，以母老乞不之官。转护乌桓校尉。鲜卑数犯塞，膺常蒙矢石，每破走之，虏甚惮慑。以公事免官，还居纶氏，教授常千人。南阳樊陵求为门徒，膺谢不受。陵后以阿附宦官，致位太尉，为节（志）者所羞。荀爽尝就谒膺，因为其御，既还，喜曰：“今日乃得御李君矣。”其见慕如此。
>
> 永寿二年，鲜卑寇云中，桓帝闻膺能，乃复征为度辽将军。先是羌虏及疏勒、龟兹，数出攻钞张掖、酒泉、云中诸郡，百姓屡被其害。自膺到边，皆望风惧服……[1]

范晔说“寻转蜀郡太守，以母老乞不之官。转护乌桓校尉”，是认为李膺虽然在担任渔阳太守之后曾经被任命为蜀郡太守，但因为要在家侍奉老母，辞官不就，并没有上任。范书的这一记载，和事实有出入。唐李贤在为《后汉书》这段文字作注时，特地引用了“谢承书”的材料来矫正范晔的误载。该注全文云：“谢承书曰：［李膺］出补蜀郡太守，修庠序，设条教，明法令，威恩并行。蜀之珍玩，不入于门。益州纪其政化。朝廷举能理剧，转为乌桓校尉。”[2]有关李膺蜀郡太守一事，不仅用了“出补”二字说明实际赴任补官，并且还特地讲了他在蜀郡太守任上的主要政迹和当地人对他的工作评价。文中所说的“谢承书”，也就是谢承撰写的《后汉书》。此外，东晋袁宏《后汉纪·孝桓皇帝纪上》也记载说：延熹二年（159 年）“六月，鲜卑寇辽东，度辽将军李膺击破之。膺字元礼，颍川襄城人。初为蜀郡太守，威德并行，后转护乌桓校尉。……迁河南尹、司隶校尉。膺风格秀整，高自标［持］，欲以天下风教是非为己任，后进之士有升其堂者皆以为登龙门。”[3]虽然对李膺蜀郡太守的材料没有李贤注讲得详细，但也认为李膺的蜀郡太守实际上是赴任了的。文献记载李膺的蜀郡太守上任与否虽有不同说法，但对李膺曾被任命作蜀郡太守之事却是一致的。判断李君碑中的蜀郡太守“李君”是否即李膺，主要应从两个方面考虑：一是看年代是否一致，二是看事迹是否吻合。从时间方面看，上引谢承、袁宏二书所载的李膺，虽然没有直接讲他担任蜀郡太守的具体年代，但蜀郡太守的排序都是紧接在转乌桓校尉之前，迁乌桓校尉之后接着又在桓帝永寿二年（156 年）转为度辽将军。由此推知，其任蜀郡太守应在永寿二年（156 年）之前。史载李膺的“祖父修，安帝时为太尉”，说明李膺作蜀郡太守的时间又不会早到安帝年间。熊相纂修《正德四川志》：“李膺，桓帝时任［蜀郡太守］，修庠序，设教条，明法令，威恩并行。蜀之珍玩，不入其门。”[4]明人曹学佺《蜀中广记》记载：“李膺字元礼，颍川襄城人也。蜀郡太守，修庠序，设条教，明教令，威恩并行……”[5]刘大谟等修《嘉靖四川总志》：“李膺，蜀郡太守，修庠序，设教条，明法令，威恩并行。蜀之珍玩，不入其门。”[6]均无蜀郡太守“桓帝时任”之文，知与史实有出入。明冯任修、张世雍等纂《天启新修成都府志》：“李膺，字元礼，永平中（58—75 年）为蜀郡太守，修庠序，立法令，明规条，恩威并行，蜀之珍异不入其门，时称廉能云。”[7]以上蜀地史乘诸书之文与李贤注引谢承书基本相同，说明李膺担任蜀郡太守之事并非虚语，只是对在任的具体时间或著或不著，著者有所出入。按“永平”为东汉明帝年号（58—75 年），李膺活动的年代不可能早到东汉明帝之时。东汉顺帝有“永建”年号（126—132 年），恰好紧接在李君蜀郡太守离任立碑之际的顺帝阳嘉二年（133 年）之前，“永平”应系“永建”抄刻之误。若改《天启成都府志》的“永平”为“永建”，则与碑文材料的说法正相吻合，当有所本。《后汉书·李膺传》既认为李膺的蜀郡太守只是任命而未赴任，自然就不会有蜀郡太守任内事迹的记载。自李贤注引“谢承书”以下诸书所载李膺在蜀郡太守任内的行事，内容基本相同，无不一致将兴学校、办教育列为首项，这就是说，兴学校、办教育被认为是李膺在担任蜀郡太守期间最重要的政绩。而李太守在蜀大兴学校，振兴教育文化，正是李君碑文叙事的主要内容，二者完全一致。对此，笔者将在后面考察二碑内容特点时再作详细讨论。所谓“益州纪其政化”，应理解为蜀人建碑以纪念他对地方工作作出的贡献，也就是指这次发现的李君碑材料。袁宏在《后汉纪序》中说：“予尝读《后汉书》，烦秽杂乱，睡而不能竟也。聊以暇日，撮集为《后汉纪》。其所缀会《汉纪》、《谢承书》、《司马彪书》、《华峤书》、《谢沈书》、《汉山阳公记》、《汉灵献起居注》、《汉名臣奏》，旁及诸郡耆旧先贤传凡数百卷。……经营八年，疲而不能定，……始见张璠所撰书，其言汉末之事差详，故复探而益之。”[8]《后汉纪》集多家《后汉书》编纂而成，成书年代先于范晔，故有可补正范书所未备或误记者。其言李膺实任益州太守事，与李贤注引谢承书说同，或皆源出于谢书。谢书成于三国吴季（280 年之前），距东汉未远，材料更为可靠。范书成于刘宋元嘉年间（424—453 年），晚于谢承百数十年，抉择有误乃情理中之事，当据谢承之说补正范书之阙失。总而言之，无论时间和在蜀行事，谢承《后汉书》、袁宏《后汉纪》的记载和碑文内容都是一致的，足以证明李君碑的碑主就是李膺。元费著《成都周公礼殿圣贤图考》引南宋初王刚中《成都续记》所著汉周公礼殿圣贤图题名，有李膺和高眹[9]的名字在内[10]。明四川夔州通判何宇度《益部谈资》根据旧籍著录文翁石室、周公礼殿所绘“两汉君臣像”人名，除周公、李冰、文翁、司马相如、严君平、扬雄、张堪、张湛、高眹等人以外，也有李膺[11]。宋明人著录材料虽系杂采诸书汇集而成，时代先后不一，应当亦包括早期流传下来的材料在内，最早的时间可以早至东汉，这些材料也可作为李膺曾任蜀郡太守的佐证。

关于李膺和李君碑记载的李太守里籍，《后汉书·李膺传》记载说，李膺的籍贯是“颍川襄城人”。碑文没有直接说出碑主的籍贯，只是在赞辞中说到“吴国李君，化懿以清。太伯风烈，蹈度顺经。兆自李官，其先典刑。晋之大夫，恭穆以章。”含含糊糊地说他的远祖源出自吴太伯支系，和现在的江苏有关，后来又曾为晋之大夫。到底祖籍在哪里，并不明确。史传和碑文，两者的说法似不一致。是不是根据这一材料就能够证明李君碑的李太守不是李膺，与李膺无关呢？答案是否定的，理由有二。第一，古人记载里籍材料，往往追述远祖历史，颇多变化、异说。如西汉扬雄，《汉书》记载说：“扬雄字子云，蜀郡成都人也。其先出自有周伯侨者，以支庶初食采于晋之扬……扬在河、汾之间，周衰而扬氏或称侯，号曰扬侯。会晋六卿争权，韩、魏、赵兴而范中行、知伯弊。当是时，逼扬侯，扬侯逃于楚巫山，因家焉。楚汉之兴也，扬氏溯江上，处巴江州。而扬季官至庐江太守。汉元鼎间避仇复溯江上，处岷山之阳曰郫……世世以农桑为业。自季至雄，五世而传一子，故雄亡它扬于蜀。”[12]是扬雄先祖源出于晋，后以移籍而为“蜀郡成都人”。《后汉书·段颎传》云：“段颎，字纪明，武威姑臧人也。其先出郑共叔段，西域都护会宗之从曾孙也。”[13]段颎本人的籍贯是武威姑臧，即今之甘肃武威，而其始祖则出自郑而在今之河南。准例，李膺的情况应当是其远祖源出于吴太伯支裔，后以移籍而为“颍川襄城人”，碑追述其远祖而《传》记其本籍，两者并不矛盾。不过，无论扬雄祖先之“初食采于晋之扬”，还是李君碑说李膺祖先之“吴国李君……太伯风烈”，都有可能出自假托而并非事实。第二，即使碑、传说法有矛盾，史传后人所书，难免漏略讹误，石刻时人所记，往往可据以订补文献记载之失，这正是考古材料价值之所在。北宋史学大家、金石学创始人欧阳修，收集大量不同时代不同类型的石刻拓片材料，与文献记载作比较对照研究，发现“所集录古文，与史传多异”[14]。“余所集录，与史传不同者多。其功过难以碑碣为正者，铭志所称，有褒有讳，疑其不实。至于世系、子孙、官封、名字，无情增损，故每据碑以正史。”[15]因为石刻材料系当时人所记，凡属个人籍贯、官爵等方面的材料，石刻与文献记载不同者，虽各有正误而以石刻为正者居多，在一般情况下应以石刻材料为准对文献进行订正。这一原则是合乎实际的。汉碑碑主姓名行事多不见史传，亦间有例外，如欧阳书中平二年（185 年）《后汉太尉刘宽碑》跋云：“右《汉太尉刘宽碑》，《汉书》有传，其官阀始卒与碑多同，而《传》载迁官次叙颇略。盖史之所记善恶大事，官次虽小略，不足为失，唯其谬误与缺，其大节不可不正。碑云大将军以礼胁命，拜侍御史，迁梁令，三府并用博士徵，皆不就。司隶校尉举其有道，公车徵拜议郎、司徒、长史。而《传》但云大将军辟，五迁司徒、长史。今据碑止四迁尔，博士未尝拜也。碑于长史下遂云入登侍中。延熹八年地震，有诏询异而拜尚书，迁南阳太守，拜大中大夫，复拜侍中、屯骑校尉、宗正、光禄勋，遂授太尉。《传》至大中大夫始云迁侍中，其前自长史入登侍中，史缺书也。碑又云：固疾逊位，拜光禄大夫，迁卫尉，复作太尉。而

《传》云：以日食免，拜卫尉。以日食免当从《传》为正。而不书光禄大夫，史缺书也。”[16]碑文虽有个别地方需用史传材料订正，绝大多数均为史传缺误而应据碑文订补，这是很典型的例子。这种情况，在隋以后的碑刻中更是大量出现，不胜枚举。如唐贞观五年（631年）《隋郎茂碑》跋云：“《隋书》列传言：茂卒于京师，此碑云：从幸江都而卒，史氏之缪，当以碑为正。”[17]唐咸亨四年（673年）《唐智乘寺碑》跋云：“智乘寺禅院［碑］者，唐郑惠王所作也。惠王名元懿，高祖第十三子也。有子十人列于碑后，而第五子乐陵公缺其名。按《唐书·宗室世系表》，乐陵公名球，不知碑何为独缺也。今《唐书·年表》以嗣王敬为璥，乐平公珪为乐安公，新平公璲为遂，三者皆史家之失，当以碑为正。世系谱牒，岁久传失，尤难考正，而碑碣皆当时所刻，理不得差。故《集古》所录，于前人世次，是正颇多也。”[18]范晔和谢承、袁宏对李膺是否担任蜀郡太守两种不同说法的是非，自然应对照李君碑所记的年代和行事内容，看到底和哪一种说法更吻合来作出判断。

裴君碑的碑主文献没有记载，自北宋中叶以来，汉碑材料发现有数百通之多，在史书中找到完全能够对应的情况很少，裴君碑的情况应属常例。碑有“功平治洽，刻石定基。越立八载，元嘉有二”之语，“越立八载”的“越”字原未作隶定，今为补释。“元嘉有二”，是指桓帝元嘉二年（152年）立碑之年。句意是说自裴太守来蜀到功成立碑，前后经过了八年时间。由元嘉二年（152年）上推八年，可知裴君担任蜀守是从顺帝汉安三年（144年）开始的。汉安三年（144年）上距李膺离任树碑的顺帝阳嘉二年（133年）计十二年。也就是说，在李膺和裴君之间，蜀郡应该另外还有一至两任太守。李膺和裴太守任期虽未前后直接相连，但裴太守的工作和李膺却有密切的关系，这对理解两碑同在一地发现的原因和研究碑文其他方面的内容是有帮助的，笔者在后面还会论及。

二、碑文的内容特点及其与汉代文翁学堂的关系

（一）从碑文的内容特点判定其为学校遗存

碑阳的叙事和赞语记述碑主事迹，包括蜀郡太守任内和任前两大部分，任前部分言简事繁，牵涉面较广，比较空泛，笔者不打算作过多讨论。本文主要从考古的角度出发，考察蜀郡任内的事迹。经过仔细观察分析，笔者注意到，碑文叙述碑主在蜀郡太守任内的事迹，以振兴儒学、为国家培养人才为目的，兴办学校教育的内容特别突出，甚至明确说是带着这方面的任务使命而来，其他方面的材料则相对简略得多，说明碑石的建立与学校有特别密切的关系。在两位蜀郡太守离任之际，蜀郡学堂的师生教职人员和部分地方官吏，为了表彰他们对本地学校教育事业作出的贡献，分别立下了这两通德政纪功碑，当初应该是安置在学校园区之内，反映了东汉中叶前后成都地方学校教育发展的一段曲折起伏的历史。

1. 兴办学校、培养擢拔人才，是碑文叙述碑主在蜀最主要的功绩

碑文叙述碑主在蜀郡任内的行事，从歌功颂德的角度出发，可分为两个方面，一是

属于个人品德的内容，一是属于具体的政绩。有关个人品德的内容，其表述手法往往不是直接说明而引用典故作比喻，迂回曲折，不易找到原典出处，给我们的正确解读造成很大的困难。如李君碑说“公仪割布，曷之采观”，到底是什么意思，好长一段时间没有查到材料，难以理解。后来多方求索，才弄明白是借用春秋鲁国宰相公仪休的故事，说明李膺治蜀，以身作则，克己为公，不与民争利，品德高洁。《史记·循吏列传》：“公仪休者，鲁博士也。以高第为鲁相，奉法循理，无所变更，百官自正。使食禄者不得与下民争利，受大者不得取小。……食茹而美，拔其园葵而弃之。见其家织布好，而疾出其家妇，燔其机，云：欲令农士工女，安所雠其货乎。”[19]公仪休家人服用布料不取于官，不取于民，而是由自己家雇佣的女工织造。后来听到有人议论，于是干脆将织布的女工辞退，把织布的机子也砸掉，断绝了这种布料的生产。当然，这大概只是人们按照自己的想法编造出来的故事，后来却常常被人当做典故加以引用。如袁宏《后汉纪·孝明皇帝纪上》载：永平三年（60 年）二月以南阳太守虞延为太尉，“延每常进谏曰：‘晏婴相齐，裘不补；公仪相鲁，拔园葵，去织妇。夫以约失之者鲜矣。’”[20]东汉灵帝光和四年（181 年）《溧阳长潘乾校官碑》：“履菰竹之廉，蹈公仪之絜（洁）。”[21]碑文中的“公仪割布”应当就是指这件事情，用以赞颂李膺品德的高尚，意思是很清楚的。类似的例子不少，与史实关系不大，没有多少实际的研究价值，这里就不多作讨论。

有关具体政绩部分，叙述顺帝初年以前蜀中学校教育和学术文化由兴盛走向衰落，亟待加以振兴的严峻形势下，碑主在蜀郡太守任内大力振兴学校教育，培养擢拔人才，恢复和发展儒学文化，改变落后面貌，取得值得称道的显著成绩，人们树碑立传，以表彰和纪念他们在兴学方面所作出的贡献，是两碑最主要的内容和显著特点，也是最值得研究的部分。

李君碑说：“前有相如，严平、子云。后虽庶几，名灭不传。君乃发愤，撰其□文。”“讃命俊臣，移苻（符）于蜀。同心齐鲁，诱进儒墨。远近缉熙，荒学复殖。”“演述三传，各数万言。抽擢腴要，采掇异文。以成一家，为后立真。珎（珍）儒重能，爵秩其贫。拔擢英材，试之以贞。”

李膺在阳嘉二年（133 年）之前数年来任蜀郡太守，他之所以特别重视办学，振兴儒学教育，从“荒学复殖”，“微宗得显”，“寒灰复燃”之类的言辞看，有着全国性的和地方性的时代背景和历史原因。从全国范围而言，《后汉书·儒林传序》论述汉代以儒学为内容的学校教育发展的盛衰曲折历史说：西汉末年经过新莽统治，汉武帝时期兴盛起来的儒家文化教育受到沉重打击，“礼乐分崩，典文残落”。东汉光武中兴，重视儒学教育，“立五经博士，各以家法教授”，修太学，采取了许多兴学措施，皇帝甚至亲自为儒生们讲授和讨论儒家经典，“冠带缙绅之人，圜桥门而观听者，盖亿万计”，还为贵族子弟设立专门学校。明帝和章帝也很重视经学教育，各有若干举措。到章帝去世，殇帝幼年继位，“邓后称制，学者颇懈”，学校教育开始滑坡。到安帝即位，学校教育步入低谷。“自安帝览政，薄于艺文，博士倚席不讲，朋徒相视怠散，学舍颓敝，鞠为园蔬，牧儿荛竖，至于薪刈其下。”学校没有教师讲课，学生也不来了，校舍无人管理，任其坍塌，破漏不堪，甚至被人用来种菜，打柴的、牧放牲畜的都可以随意到里面去活动，一片破败衰落的景象。“顺帝感翟酺之言，乃更修黉宇，凡所造构二百四十房，千八百五十室。试明经下第补弟子，增甲乙之科员各十人，除郡国耆儒皆补郎、舍人。本初元年，梁太后诏曰：‘大将军下至六百石，悉遣子就学，每岁辄于乡射月一飨会之，以此为常。’自是游学增盛，至三万余生。”[22]《后汉书·翟酺传》载：“初，酺之为大匠，上言：‘孝文（?）皇帝始置一经博士，武帝大合天下之书（李贤注：“武帝诏曰：‘其令礼官劝学，举遗兴礼。……’”），而孝宣论《六经》于石渠，学者滋盛，弟子万数。光武初兴，愍其荒废，起太学博士舍、内外讲堂，诸生横巷，为海内所集。明帝时辟雍始成，欲毁太学，太尉赵憙以为太学、辟雍皆宜兼存，故并传至今。而顷者颓废，至为园採刍牧之处。宜更修缮，诱进后学。’帝从之。酺免后，遂起太学，更开拓房室，学者为酺立碑铭于学云。”[23]到顺帝即位，经过翟酺等人反映情况，才意识到问题的严重，接受建议着手进行整顿，大量增建校舍，单是洛阳太学就修了二百四十多幢校舍，一千五百八十间屋子。规定官僚贵族子弟必须上学读书，定期进行考核，采取了多种措施，恢复振兴学校教育。到质帝本初元年（146 年），太学学生人数超过了三万。京城太学的情况如此，各地郡县学校教育的发展自然也不会例外。就蜀郡成都本地而言，据东汉献帝初平五年（194 年）《益州太守高联修周公礼殿记》载，文翁学堂在东汉初建武年间（25—56 年），已发展到有两百多间校舍的规模。后来“烈火飞炎，一都之舍，官民寺室，同日一朝，合为灰炭。……礼乐崩殂，风俗混乱，诵读已绝，倚席离散”[24]，这场大火灾也就是《华阳国志》所说的“永初后，堂遇火”[25]，发生在安帝永初年间（107—113 年）。成都学堂火灾发生在全国学校教育的低谷时期，真可谓是雪上加霜，弄得“礼乐崩殂，风俗混乱，诵读已绝，倚席离散”。李君碑说的“前有相如，严平、子云。后虽庶几，名灭不传。”司马相如、严君平和扬雄，都是在西汉后期蜀郡兴学过程中涌现出来的儒学文化大家和代表人物（具体论说见后文），连他们的名字也很少有人提起，更不用说他们学术著作的承传了，儒学已成了需要“恢兴”、“复殖”的“荒学”，和《高联修周公礼殿记》所说的情况完全吻合，也都充分反映了这段时间蜀中学校教育和学术文化由兴盛而衰，亟待加以恢复的困境。“讚（赞）命俊臣，移苻（符）于蜀。同心齐鲁，诱进儒墨。”李膺正是在这样的背景下，带着恢复、振兴蜀郡学校教育的明确任务衔命而来。他的兴学措施，不仅限于利用集体的力量组织营建学校校舍之类工作，自己也身体力行，做了一些实际的具体事情。一是针对司马相如、严君平、扬雄等人的著作行将湮灭佚失的状况，“发愤撰其□文”，尽量把有关的材料收集起来编纂成书，流传以供人们学习。二是“演述三传，各数万言。抽擢腴要，采掇异文。以成一家，为后立真。”亲自对《春秋三传》即《春秋左氏传》、《春秋公羊传》和《春秋穀梁传》三种儒家经典进行整理，博采诸家不同的解说，抉择取舍，纂成一家之书，每种都有几万字的篇幅，内容相当丰富，为大家学习儒家经典提供方便，实际上也是在为学校师生编写教材和参考文献。或以汉武帝罢黜百家独尊儒术，视碑文之“同心齐鲁，诱进儒墨”为异，其实先师蒙文通先生在 1944 年由成都路明书店出版的《儒学五论》一书中，即对汉代儒墨关系作过精辟的论述。他说：汉代的儒学、儒家经典与先秦有所不同，是“汇各家之学，而综其旨要于儒家”，其“持义已超绝于诸子，独为汉之新儒学”。唯其如此，才形成了“孔氏独尊于百世”的局面。对于汉代儒学的援墨入儒，在书前自作《题辞》就略举一事为例说：“儒有取诸墨家者，莫著于《礼》，而《礼运》陈义实显。”除此之外，在本论五篇中更有《论墨学源流与儒墨汇合》专篇详论[26]。李膺碑的这一材料，可为先生之说增一新证。采掇异文整理《春秋三传》，并同时“诱进儒墨”，而不是墨守一家师说，应当属于儒家今文学派的观点。《诗·周颂·敬之》：“日就月将，学有缉熙于光明。”郑玄笺：“将，行也。……缉熙，光明也。……日就月行，言当习之以积渐也。且欲学于有光明之光明者，谓贤中之贤也。”[27]碑文“远近缉熙，荒学复殖”，意指远近之人皆渐受儒学正宗（光明）文化教育的影响，使过去荒废了的学校教育、学术文化逐渐得到恢复振兴，说明李膺的工作取得了明显的效果。前引范晔《后汉书·李膺传》李贤注引谢承《后汉书》说：“［李膺］出补蜀郡太守，修庠序，设条教，明法令，威恩并行……益州纪其政化。”整个一段不长的注文，在概述李膺治蜀的三项主要政绩中，特别把“修庠序”，也就是兴办学校作为最重要的首项内容提出来，证明他在成都学校教育事业方面的业绩确是比较突出的，和李君碑的内容特点完全吻合。文献记载“益州纪其政化”，应当就是指新发现的这通《李君碑》的推测，也就是这样来的。

裴君在顺帝汉安三年（144 年）之后来任蜀郡太守，仍属顺帝统治时期。前述李膺虽然对振兴蜀郡学校教育文化做了一些工作，取得了一定的成效，但任务并没有完成，尚需继任者继续努力。裴君碑说：“太守河东裴府建福学校。”“纲纽诜张，孔修畔（泮）学。恢兴七艺，宗（崇）老恤幼。存心音律，广宣教诲。文武不隧（坠），礼乐条畼（畅）。救复衰渐，举道崇行。”“君兴教化，径（经）之营之。”“儒宗咏述，永垂亿万。”古代的学校称为“泮宫”、“泮学”、“泮校”，学校前面修建的半月形水池称为“泮水”、“泮池”。《诗·鲁颂·泮水·序》：“泮水，颂僖公能修泮宫也。”孔颖达疏：“泮宫，学名。”[28]《礼记·王制》：“天子命之教，然后为学，小学在公宫南之左，大学在郊，天子曰辟雍，诸侯曰頖宫。”[29]《礼记·明堂位》：“米廪，有虞氏之庠也。序，夏后氏之序也。瞽宗，殷学也。頖宫，周学也。”[30]古“畔”与“泮”通用，又或作“頖”（见上引《礼记·王制、明堂位》文），故“泮学”又可写作“畔学”，“畔学”即“泮学”、“泮校”、“泮宫”。东汉《酸枣令刘熊碑》：“帅厉后学，致之□泮。”[31]灵帝光和四年（181 年）《溧阳长潘乾校官碑》：“惟泮宫之教，反（缺）俗之礼。构修学宫，宗懿昭德。”[32]灵帝建宁二年（169 年）《鲁相史晨祠孔庙奏铭》：“臣以建宁元年到官，行秋飨，饮酒畔宫。”[33]东汉延熹年间（158—167 年）《成皋令任伯嗣碑》：“兴文偃武，修序畔校。”[34]“泮（畔）学”、“泮（畔）校”、“泮（畔）宫”，在汉代都是国都太学以外各地方郡国学校的通称。安作璋、熊铁基《秦汉官制史稿》说：“抑或有在学舍之前加具体名号者，如《史晨飨孔庙后碑》有畔宫，或为孔庙畔之学宫。”[35]说“畔宫”是专指“孔庙畔之学宫”而言，是不确切的。“孔”有大字之义，“孔修畔（泮）学”，就是大修学校的意思。泮学是以儒家经典为教材，学习儒家礼乐文化的地方。“诜”有众字之义[36]，“纲纽诜张”就是纲举目张。“孔修畔（泮）学”，“恢兴七艺”，“荒学复殖”，大修学校，大讲儒家经典，让已经荒废衰落了的儒学再度得以恢复振兴，三者是彼此相互关联在一起的。以兴学为纲，首先抓住大修学校这个关键，方针与措施相结合，就能恢复和加强儒家教育，尊老爱幼，移风易俗，带动其他各项工作，挽救儒家礼乐文化的衰落，重现文武（周文王、武王）太平盛世。“君兴教化，径（经）之营之。”“儒宗咏述，永垂亿万。”裴太守在蜀苦心经营对振兴学校教育所作出的贡献，得到了知识界的高度赞誉，将永垂不朽。裴太守大修学校“恢兴七艺”，“七艺”的提法十分特殊，与在此之前蜀郡地方办学历史有直接的联系，后文另有详说，在此暂不具论。

2. 碑阴题名排序中“学官”、“经师”地位特别突出

在李君碑和裴君碑的碑阴题名排序中，带有“文学”、“经师”之类衔称的学校“学官”（教师）和姓名前冠以经名的在校学生（“学官弟子”）占有特别突出的位置，说明在整个建碑工作中，学校师生和主管学校教育的学官是主要的倡导者和组织者。

西汉末年地方办学兴起后，便有学官的设置。《汉书·文翁传》：“武帝时，乃令天下郡国皆立学校官，自文翁为之始。”[37]《汉书·王尊传》：王尊“事师郡文学官，治《尚书》、《论语》，略通大义。”颜注：“郡有文学官而尊事之以为师也。”[38]“学官”有两种不同的意思：一种如唐颜师古注所说“学官，学之官舍也”，是指官办学堂的校舍，也是官办学校的代称；另一种是指官办学校的教师，学生则称为“学官弟子”、“学官僮子”或“学官诸生”。《汉书·平帝纪》记载：元始三年（3年）“夏，安汉公奏……立官稷及学官，郡国曰学，县、道、邑、侯国曰校。校、学置经师一人。乡曰庠，聚曰序。序、庠置《孝经》师一人。”[39]西汉平帝对地方官办学校制度进一步加以完善，规定学官设立专任教师“经师”。宋代学者王应麟说：“至新莽始于校学立经师，由是有郡文学、州博士之等。”[40]安汉公即王莽，郡国地方官办学校设立学官经师，是根据王莽的意思开始建置，但其时尚属西汉末年而尚未进入新朝统治时期。传世始建国二年（10年）铜镜铭有“更作辟雍治校官”之语[41]，证明新莽时期地方学较确有校官之设。“文学”有多种不同的意义，主要有二：一指有学识的人，如《盐铁论》之“文学曰”者；二指学校管理教务官员和教师。《后汉书·崔瑗传》：崔瑗[42]作“《南阳文学官志》称于后世”[43]。凡以“文学”为职官衔称者皆属学官，当系“郡文学官”的省称，或称“畔官文学先生”。东汉灵帝建宁元年（168年）《史晨飨孔庙后碑》：“国县员冗，吏无大小，空府竭寺，咸俾来观。并畔官文学先生，执事诸弟子……”[44]。《后汉书·明帝纪》：永平九年（66年），“为四姓小侯开立学校，置五经师。”韦昭注引袁宏《后汉纪》说：“永平中崇尚儒学，自皇太子、诸王侯及功臣子弟，莫不受经。又为外戚……诸子弟立学，号四姓小侯，置《五经》师。”[45]学校教授内容为儒家经典，所以教师又称为“经师”，“五经师”是教师的总称，能授诸经的意思。而在“师”字之前另冠有《诗》、《春秋》、《孝经》等具体经名的，则是专门教授某经的单科专任教师，清代学者惠栋说：“盖当时郡国皆置五经师，而五经又各有师”[46]，指的就是这种情况。

两碑碑阴题名署衔有两种不同类型：一种是一般的郡县属吏，另一种是学校的学官。碑中有关一般郡县属吏类型的材料，笔者在此不多讨论；属于“学官”、“经师”

之类的学校教职人员和姓名前冠以经名（姑仍以衔名视之）的在校学生，两碑所占的人数虽然多少悬殊，但其衔名在其他汉碑中极为少见，有的尚属首次发现，刻意突出其排名位次，成为本碑的又一大特点。这一情况，因为和本文主题有特别密切的关系，有必要作详细考述。

李君碑阴题名约五十人，明确属于学官性质的有“文学主事掾郑廉”。另有“《月令》掾彭祉”，在《月令》之后和姓名之前另外加上了“掾”字的衔称，或以为是监督执行《月令》内容的郡县属吏，不属于学官的性质。但在成都东汉《学师宋恩等题名》中，在经名之后姓名之前所加衔名，除作“师”者而外，诸经皆有不少作“掾”者，如“《易》掾胡（缺二字)”、“《尚書》掾吕△”、“《诗》掾杨△”、“《春秋》掾常寵”等[47]。是李君碑的“《月令》掾彭祉”，也可能是教授《月令》的教师。承四川大学蒙默教授见告，《汉书·王莽传上》记载：平帝元始四年（4 年），“莽奏起明堂、辟雍、灵台，为学者筑舍万区……立《乐经》，益博士员，经各五人。征天下通一艺教授十一人以上，及有逸《礼》、古《书》、《毛诗》、《周官》、《尔雅》、天文、图谶、钟律、月令、兵法，《史篇》，通知其意者，皆诣公车。”[48]其“月令”当即《月令》之书，是西汉末年已将《月令》别为一经，与李君碑“《月令》掾彭祉”及裴君碑列于行首的“《月令》韩阁”材料相合。裴君碑阴题名明确属于学官、经师和学生“学官弟子”性质的，有“《诗》师（下缺)”、“《诗》师（下缺)”、“《诗》师（下缺)”、“《诗》师（下缺)”、“《诗》师杜（下缺)”、“《诗》师杜（下缺)”、“《诗》师□（下缺)”、“《春秋》文盛”、“《春秋》杨”、“《春秋》王方”、“《春秋》王延”、《月令》韩阁”，计《诗》师七人，《春秋》四人，《月令》一人，共十二人。其中，凡《诗》皆以“师”称，《春秋》与《月令》皆直书姓名而不称“师”或“掾”，整个题名皆有“师”而无“掾”，这是特别值得研究的。严耕望先生曾经根据《学师宋恩等题名》材料推测：“掾备五经、文学、孝义之目，师虽员额过掾，而名家者仅《易》、《书》两经而已，不具众学。由此可知掾在所必置，而师或缺如；盖前者为国家之通制，而后者乃视需要之程度而增设者欤?”[49]“掾”是正式列入国家编制的学官，而“师”则是“视需要之程度而增设”的非正式编制的学校教师。查洪适所录释文未标出提行符号，不知每行行首是否皆为带经名的姓名，但从著录释文材料的排名次序看，凡属同一经种的教师而同时有“师”有“掾”者，“师”皆列在“掾”后（完整的释文材料见录于后)，说明“掾”的地位的确比“师”要高，严耕望先生以“师”为未定职称的临时聘用教师的说法是大体可信的。笔者认为，“师”是非正式编制的学校教师，裴君碑阴题名中的诸经教师不仅有“师”而无“掾”，同时还有一些连“师”衔都没有而直接在姓名前冠以经名的，便应当是学习该经的学生（“学官弟子”)。至于本碑的“《月令》韩阁”，在《月令》之后和姓名之前没有另加“掾”字之类的衔称，不可能是指监督执行《月令》内容的属吏，而应和《春秋》四人题名一样是指学习《月令》的学生，和李君碑的“《月令》掾彭祉”情况有所不同。

笔者特别注意到，在题名的排列次序上，两碑学官的位置都很突出。李君碑碑阴题名共约五十人，明确其为学官的有“文学主事掾郑廉”一人，另外“《月令》掾彭祉”可能是教授《月令》的教师，也属学官性质。如严耕望先生所说，“文学盖掌教者之总称”，“《巴郡太守张纳碑》有文学主事掾、史各一人，位次上计掾、议曹掾，而在文学掾及其他掾史之上，于教育吏员中最为尊显。郡无文学曹，其为学校之首长无疑。次于文学主事掾，史者有文学掾、史”[50]。李君碑“文学主事掾郑廉”是主管或主要协助主管学校工作的学官，是□官中的主要负责者，在碑阴题名的排名次序中列在首位，特别突出。“《月令》掾彭祉”列在第四，排位也很靠前。裴君碑碑阴题名十二行，按属县分别集中登录，但县与县间连属而不另提行单独刻写，每行行首都必定是授经教师或习经的学生。行首题名文字保存完整或有经名可辨者，第三行为“《诗》（下缺）辩”，第四行为“《诗》（下缺）”，第五行为“《诗》师（下缺）”，第六行为“《诗》师（下缺）”，第七行为“《诗》师杜（下缺）”，第八行为“《诗》师杜（下缺）”，第九行为“《诗》师□（下缺）”，第十行为“《春秋》文盛”，第十一行为“《春秋》杨□”，第十二行为“《春秋》王延”，第十三行为“《春秋》王方”，最后的第十四行为“《月令》韩阁”。最前面的第一、第二两行，行首题名残缺不存，从紧接在后面的第三至九行的材料看，也应该是“《诗》师”。这样安排，既能使同县人的题名材料集中在一起彼此不发生混淆，又能不受分县集中的限制而每一行都把经师和学官弟子（学生）放在顶端最尊显的位置。如此煞费苦心的设计，充分说明立碑活动是以学校教师和学生为主体举办的，和其他汉碑题名之以一般行政官员为主、按官职高低安排前后次序的情况有很大的不同。根据上述学官和学官弟子在碑阴题名的排位情况看，李、裴二君碑都应当是以学校师生为主建立的，尤以裴君碑的材料更为明显。在新出二汉碑题名中，除了明确署衔经师学官之外，还另有一些如“守师”之类的一般属吏衔称，宋代著名金石学家洪适在跋与二碑题名相类的《学师宋恩等题名》（详后）时说：“诸生既刻姓名，而诸曹史亦缀其末”[51]，认为这些一般属吏只是附在学校师生之后的题名。洪适的说法虽然不无道理，但这些属吏在这种场合下出现，很可能也是因为曾经受太守委派参与过学校事务才得以列名其中的。

3. 李君碑刻旁题是碑石原置于学校园区内的直接证据

阳嘉二年（133 年）李君碑，后来有人在正面碑文结束之后刻一道横线隔断，另外加刻了一段延及碑侧而被称为“旁题”的文字说：“本初元年六月下旬，此石遭水顷赴（倾仆）。太守河东裴府，建福学校，追叙修斯，勑官树缮，永传罔穷。”此一“旁题”文字说明，李君碑最初在顺帝阳嘉二年（133 年）竖置之后，到质帝本初元年（146 年）曾经被洪水冲倒，后来又由另一位裴姓蜀郡太守在组织修缮学校建筑设施的工程中，安排有关官吏人员再度将它竖立起来。前论据裴君碑文推算顺裴府君担任蜀郡太守始于顺帝汉安三年（144 年），至元嘉二年（152 年）离任前夕刻碑之时，前后一共任职八年。本初元年（146 年）六月下旬发生洪水将李君碑冲倒之时，正好是裴府君在蜀郡太守任上，是他到官后的第三个年头，下距其离任尚有五年，证明布置组织修缮被洪水冲坏的校舍房屋，重竖被洪水冲倒的李太守碑的，就是这次与李君碑同时发现的那块裴府君碑的碑主，两碑材料的年代完全吻合。这是李君碑原来的所在地应在学校园区之内的直接证据。裴太守碑的出土地点与李君碑相距仅 1 米，则又说明当年两碑实际上是安置在一起的，先树李君碑，后树裴君碑。两碑除了碑身之外，还有碑趺和大屋顶式石雕碑盖伴出（其中一碑盖应在附近因为没有进一步清理而仍埋藏于地下），表明两碑是在原地倒仆后埋入地下，后来并未移动过位置。这一材料充分说明，两通汉碑当年所在学校园区范围之内，有一个集中安置历届办学有功的太守一类人物的纪念性场所。

根据上述三个方面的内容特点，可以判定两通汉碑当属于汉代成都市区内官办学校校园内的一种纪念性设施。

4. 与碑石相配置的纪念性庙堂建筑和碑主画像

值得注意的是，李君碑说：参加建碑诸人“发意，贪慕嘉化，而立石表纪序，贤君良佐，列画殿堂。”裴君碑说：“臣有褎（褒）君，奚斯作庙。佥论元功，铭纪绩号。”李君碑的“立石表纪序”和裴君碑的“佥论元功，铭纪绩号”，都是树碑赞颂功德，就是指这次出土的李、裴二碑。而所谓的“列画殿堂”，则是把肖像用壁画或画像石刻的形式放在纪念性的殿堂之内，说明在给李太守立碑的同时，还将他和他在蜀任职期间一些协助兴学有功的下属官员的画像安放在殿堂内作为纪念。立碑和在纪念性的祠庙殿堂建筑内画像相互关联，实际上是一件事情的两部分内容，与两碑相配的还有一座安放碑主画像的纪念性祠庙殿堂建筑，碑石即使不是立在殿堂内外，至少也不会离殿堂很远。这一材料说明，两碑当年竖立在校园内的地点应和一个纪念性的殿堂建筑有关，至少在附近有一个纪念性的祠庙殿堂建筑。树碑表纪和列画殿堂相互联系在一起，与一般的单独建碑或造像不同，构成了一种组合特征，对我们判定两碑当年所在的位置具有一定的标志作用。笔者将这一情况和文献记载联系起来，发现和汉代“文翁学堂”的材料颇相吻合，为判定二碑当年所在的准确位置提供了线索。

此外，碑文中的“司马相如”和“七经”等材料，在不同程度上亦支持这一观点。相关问题，我们一并放到后面去作进一步的讨论。

（二）文翁兴学和文翁学堂及其与新出二碑的关系

文献记载，汉代设在成都市区内的官办学校只有一所，那就是中国古代历史上最为著名的文翁石室学堂。在文翁学堂内除“文翁讲堂石室”之外，还有所谓“周公礼殿”、“文翁祠堂”之类的纪念性祠庙建筑，有不少碑刻题记和画像石刻，两通汉碑应与之有关，很可能是属于“周公礼殿”遗存的一部分。

1. 文翁兴学与成都城内的地方官学

记载汉代文翁学堂的早期文献，主要有东汉班固《汉书》、《益州太守高朕修周公礼殿记》和东晋常璩《华阳国志》三种。《汉书·循吏传·文翁传》记载：

> 文翁，庐江舒人也。少好学，通《春秋》，以郡县吏察举。景帝末，为蜀郡守，仁爱好教化。见蜀地辟陋有蛮夷风，文翁欲诱进之，乃选郡县小吏开

敏有材者张叔等十余人亲自饬厉，遣诣京师，受业博士，或学律令，减省少府用度，买刀布蜀物，赍计吏以遗博士。数岁，蜀生皆成就还归，文翁以为右职，用次察举，官有至郡守、刺史者。

又修起学官于成都市中，招下县子弟以为学官弟子，为除更繇，高者以补郡县吏，次为孝弟力田。常选学官僮子，使在便坐受事。每出行县，益从学官诸生明经饬行者与俱，使传教令，出入闺閤。县邑吏民见而荣之，数年，争欲为学官弟子，富人至出钱以求之。繇是大化，蜀地学于京师者比齐鲁焉。至武帝时，乃令天下郡国皆立学校官，自文翁为之始云。

文翁终于蜀，吏民为立祠堂，岁时祭祀不绝。至今巴蜀好文雅，文翁之化也。[52]

西汉景帝末年，文翁[53]在担任蜀郡太守期间，特别重视发展地方教育事业，极力压缩其他方面的开支，挪出经费在成都市区内修建学校，培养人才，先派人到京城长安太学学习，学成归来后再到郡学中担任教师，学习成绩优秀的毕业学生安排好的工作。几年之间就取得很好的效果，官民百姓争着将自己的子弟送往学校学习，有钱的人还主动交纳学费争取上学的机会。后来汉武帝将文翁创造的地方官办学校的模式在全国范围内推广，作为一种制度来执行。郡县地方政府官办学堂是从西汉景帝末年文翁兴学开始的，这已是大家所熟知的材料。《汉书·召信臣传》：平帝“元始四年（4 年），诏书祀百辟卿士有益于民者，蜀郡以文翁，九江以召父应诏书。”[54]文翁因为兴学蜀郡有功，当地人修建祠堂纪念他，得到皇帝批准，正式下诏明令列入祀典。晋常璩《华阳国志·蜀志》记载：

始文翁立文学精舍，讲堂作石室，一作玉室，在城南。永初后，堂遇火。太守陈留高眹更修立，又增造二[55]石室。州夺郡文学为州学，郡更于夷里桥南岸道东边起文学，有女墙。[56]

献帝初平五年即兴平元年（194 年）《益州太守高眹修周公礼殿记》说：

筑周公礼殿，始自文翁。应期凿度，开建畔宫，立堂布观，庙门相钩，阁司蔓延，公辟相承。至于甲午，故府梓橦文君，增造吏寺二百余间。四百年之间，变异蜂启，旋机（璇玑）离常，玉衡失统，强杰并兼，人怀侥幸，战兵雷合，民散失命，烈火飞炎，一都之舍，官民寺室，同日一朝，合为灰炭，独留文翁石庙门之两观。[57]

“独留文翁石庙门之两观”，据唐人所见柱文，乃“独留文翁石室。庙门之内……”的误释（论说详后）。到东汉光武帝建武十年（34 年），蜀郡太守文参又为文翁学堂增修了两百多间校舍。在安帝永初年间（107—113 年）学堂遭遇一场大火，其他的屋子都烧毁了，只有文翁当年修建的一间石结构建筑因为抗火性能很强，得以保存下来。后来文翁学堂恢复重建，又在文翁石室的附近增修了新的石室，其数有的版本说是一处，有的版本说是两处，没有提到高朕修周公礼殿的事。东汉顺帝阳嘉二年（133 年）和桓帝元嘉二年（152 年）两碑建立之时，在成都市的地方官办郡学就是文翁学堂，因此，两通郡太守碑所在的学校只能是作为蜀郡郡学的文翁学堂。虽然有文献说后来曾经发生过“州夺郡文学为州学”，但这是后来晋人的记载，究竟发生在什么时间没有明确的记载，汉代的州和后来的州不同，只是一个监察单位。“州这一级的官吏，无论从职权或地位等方面看，在最初都不是一个正式的地方官吏，……没有行政权力，并非‘亲民’之官，仅仅负有监察责任，不应算作一级地方组织”[58]。到东汉中叶以后，虽然也逐渐介入一些地方政务民事[59]，毕竟范围有限，不大可能单独建置州立学校，在我所接触的汉代文献和金石考古材料中，也没有见到关于汉代专门设置州学的内容。前引《汉书·文翁传》：“武帝时，乃令天下郡国皆立学校官”[60]。《汉书·平帝纪》：元始三年（3 年）根据王莽的建议设立“学官，郡国曰学，县、道、邑、侯国曰校”[61]。《续汉书·礼仪志》记载：“明帝永平二年（59 年）三月，上始帅群臣躬养三老、五更于辟雍。行大射之礼。郡、县、道行乡饮酒于学校”[62]。涉及地方官办学校也都只讲郡（国）和县（道、邑、侯国）而没有提到州，尤为汉代无官办州学的明证。所谓“州夺郡文学为州学”，应当是汉代以后的事，与二碑所在学校无关。此外，《华阳国·蜀志》记载说：成都县，“［顺帝］时，广汉冯颢为令。太守京兆刘宣不奉法。颢奏免之。立文学，学徒八百人。”[63]汉代作为蜀郡郡治所在的成都县虽然可能还另有县学之设，但二碑皆系属吏为郡守所立，与成都县学也不相干。

2. 李君碑文“恢兴七艺”与文翁兴学的特殊关系

裴君碑“恢兴七艺”的“艺”，是指儒家经典的“经”，或称为“学”，“七艺”就是“七经”，是儒家经典的总称。汉代有关儒家经典的通称，一般都按其所包括的种类数量之不同，称为“五经”、“五艺”、“五学”或“六经”、“六艺”、“六学”。如汉武帝置“五经博士”。东晋袁宏《后汉纪》卷十二：章帝建初八年（83 年）十二月，“戊申，诏曰：‘《五经》剖判……’［贾］逵……弱冠能诵《五经》、《左传》，兼通《穀梁》诸家之说……明帝时为郎，使与班固校书。”[64]班固《白虎通·论五经象五常》：“经所以有五何？经，常也。有五常之道，故曰《五经》。《乐》仁、《书》义、《礼》礼、《易》智、《诗》信也。”又《论五经之教》云：“五经何谓？《易》、《尚书》、《诗》、《礼》、《春秋》也。”疏云：“以《易》、《尚书》、《诗》、《礼》、《春秋》为《五经》，与上异。盖兼存两说也。”“《御览》引《说题词》则以《诗》、《书》、《易》、《礼》、《孝经》为《五经》。”[65]《后汉书·魏朗传》：“从博士郤仲信学《春秋图纬》，又诣太学受《五经》。”[66]《后汉书·灵帝纪》：熹平“四年（175 年）春三月，诏诸儒正五经文字，刻石立于太学门外。”[67]《汉书·艺文志》称“七略”之一曰“六艺略”。颜师古注：“六艺，六经也。”[68]《汉书·儒林传序》：“古之儒者博学，序六艺之文。”颜师古注：“六艺，谓《易》、《礼》、《乐》、《诗》、《书》、《春秋》。”[69]

《后汉书·蔡邕传》云：帝从邕与马日磾等所请，“正定六经文字”，刊石太学[70]。建宁二年（169年）《鲁相史晨祠孔庙奏铭》：“昔在仲尼……乃作《春秋》，复演《孝经》，删定六艺。”[71]汉代除了“五经”、“五艺”和“六经”、“六艺”之外，虽然也间有使用“七经”或“七艺”这一名称的，如《后汉书·张纯传》：东汉初建武中（25—56年），“纯以圣王之建辟雍，所以崇尊礼义，既富而教者也。乃案七经谶、明堂图、河间《古辟雍记》、孝武太山明堂制度，及平帝时议，欲具奏之。”颜师古注：“谶，验也……七经，谓《诗》、《书》、《礼》、《乐》、《易》、《春秋》及《论语》也。”[72]但类似的材料并不多见。文献记载有关汉人“七艺”的说法，在蜀郡地方材料中往往和文翁兴学一事相联系，不只一次出现。陈寿《三国志·蜀志·秦宓传》记载，蜀汉广汉绵竹县人秦宓在给同郡人王商的信中说：“蜀本无学士，文翁遣相如东受七经，还教吏民，于是蜀学比于齐鲁。”[73]《汉书·地理志》记载：“景、武间，文翁为蜀守，教民读书法令，未能笃信道德，反以好文刺讥，贵慕权势。及司马相如游宦京师诸侯，以文辞显于世，乡党慕循其迹。后有王褒、严遵、扬雄之徒（师古注曰：遵即严君平），文章冠天下，繇文翁倡其教，相如为之师。”[74]证明陈寿说文翁兴学派司马相如东受七经，学成归来后作了石室学堂的教授的记载不是虚构的，只是《文翁传》和《相如传》没有明文述及而已。常璩《华阳国志》也说：“叔文播教，变《风》为《雅》。道洽化迁，我实西鲁。张宽，字叔文，成都人也。蜀承秦后，质文刻野。太守文翁遣宽诣博士，东受七经，还以教授。于是蜀学比于齐鲁。”[75]或以为文翁派相如等人“东受七经”之说并不可靠，但值得注意的是，这一带有传奇色彩的“典故”却与文翁兴学相关。从撰作者的里籍和成书年代看，陈寿乃蜀汉西晋之际巴西郡安汉县（今四川南充市）人，常璩乃晋代蜀郡江源县（在今崇州境内）人，换句话说，《三国志》和《华阳国志》都是魏晋蜀人的作品，不应当是秦宓、陈寿等人的向壁虚造。裴君碑文既不称“五经”、“五艺”，也不称“六经”、“六艺”，偏偏用了一个“七艺”的名称，而且又是和大修学校的事连在一起出现，显然和文翁兴学有关，实际上是在强调要恢复继承文翁兴学的传统。裴君碑的“七艺”，是迄今所知汉代蜀人使用这一名称年代较早的材料，印证了《华阳国志》、《三国志》“东受七经”之说是有根据的。“恢兴七艺”，就是将一度衰落的文翁学堂和兴学传统加以恢复振兴，从另一个角度说明立碑所在地点和成都文翁石室学堂之间的联系。李君碑说：“前有相如，严平、子云。后虽庶几，名灭不传。君乃发愤，撰其□（散?）文。”“撰其□文”中一字不能确释，整个这一段话大概的意思是说，到东汉顺帝初年李君来任蜀郡太守之前，本地教育文化极度衰落，司马相如、严君平、扬雄等西汉末年具有代表性的学界名人的著作，习读的人已经不多了，甚至连他们的名字都很少人知道了，他们的学术传统陷入了几近中绝的境地。因此，李膺上任后尽力把行将佚失的相关文献收集起来，整理编纂以广流传，实际上也是针对继承发扬文翁兴学传统采取的一种措施，与上述碑文“恢兴七艺”所反映的情况是一致的。“齐鲁”是儒学最发达的地区，也是儒学的代称。《汉书·文翁传》记载：文翁兴学于成都，“繇是大化，蜀地学于京师者比齐鲁焉。”[76]我们把李君碑“同心齐鲁”与《文翁传》的“齐鲁”放在一起，两者的雷同也反映了碑刻与文翁学堂之间存在着历史的联系。李太守碑说碑主来蜀兴学“同心齐鲁，诱进儒墨”，实际上也就是说让文翁成都兴学使蜀地学“比齐鲁”的传统得到继续，重振儒学教育，恢复文翁时期的盛况。

（三）汉代文翁学堂中的“文翁石室”、“周公礼殿”、“高朕石室”

“文翁学堂”是一个大的学校概念，后来的益州州学、成都府学都是文翁学堂历史的延续，在“文翁学堂”校园内的汉代石室建筑不只一处，后来保存下来的汉代建筑名称比较复杂，有所谓“文翁石室”、“周公礼殿”和“高朕修石室”等，后人往往取其中一名以代校名。如刘宋任豫《益州记》和唐李吉甫《元和郡县志》都说：“文翁学堂，一名周公礼殿。”[77]北宋欧阳忞《舆地广记》说：成都府华阳县，“府学有石室，汉蜀守文翁兴学，后人作石室以奉祠之。”[78]实际上，文翁学堂校园内不同名称的汉代建筑本来是有区别的，修造年代、方位和内容各有不同，只是由于它们相互毗邻，距离不远，不了解它们之间的关系，在概念上有所混淆，很容易使人产生困惑，需作必要的考说。北宋范镇在他所著的《东斋纪事》一书中记载：

> 成都府学有周公礼殿，及孔子像在其中。其上壁画三皇、五帝及三代以来君臣……其柱钟会隶书刻其上。其屋制甚古，非近世所为者，相传以为秦、汉以来有也。……其西有文翁石室。其南有高朕石室，比文翁石室差大，皆[79]有石像。[80]

按照范镇的说法，宋代在成都府学校园内看到的汉代建筑共有三处，它们之间的相对方位是：①“周公礼殿”在东边，②“文翁石室”在西边，③“高朕石室”在南边，高朕石室比文翁石室的面积要稍大一些。南宋洪适在《益州太守高朕修周公礼殿记》的跋文中也说有三处：“朕再作石室，在文翁石室之东。又东即周公礼殿”[81]，在相对方位上与范镇的说法稍有出入。如果以“文翁石室”和“周公礼殿”的相对位置为准，“文翁石室”在“周公礼殿”的西面，洪适和范镇完全一致。但洪适说“高眣再作石室”（简称“高朕石室”）在“周公礼殿”之西，则与范镇似有不同。笔者认为所谓的“东”、“西”、“南”，都只是一个大致的相对概念，并不一定是指的正东、正西、正南，综合两人的描述，更准确的说法应当是“高眣再作石室”的位置在“文翁石室”与“周公礼殿”之间的偏南方向，即“文翁石室”的东南、“周公礼殿”的西南，实际上两人的说法并不矛盾。可用图形示意如图一：

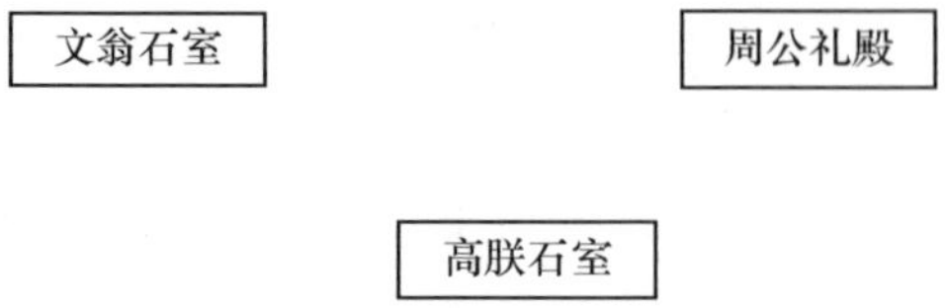

图一　汉代文翁学堂建筑位置示意图

此外，范镇说“周公礼殿”有孔子像，在殿堂内立有石碑，木柱上刻有东汉末年蜀郡太守高朕修葺礼殿的记文；在“文翁石室”和“高朕石室”两室内，也都保存有早期的石刻造像（均应包括文翁和高朕造像在内）和历代帝王、名臣画像，后来在仁宗年间修缮石室建筑的过程中画像才被涂掉，范镇本人是看到过石刻造像和屋壁画像的。范镇，成都人，对文翁石室、高朕石室及左右生题名石刻时代的判断虽未必尽是，但他对该遗存在宋代的实际保存情况，特别是相对位置的描述，则系实地观察记录。南宋做过成都府学教授的李石，对成都府学校园范围内汉代以来的古代遗存有过长期的接触，他在《府学十咏·石室》诗序中所记载的内容与此大体相同，并且还特别申明是引用了范镇的说法，是对范镇记载可靠性的进一步确认，也证明他的说法是比较可信的。此外，北宋末徽宗年间董逌跋《周公礼殿记》，也说成都府学的汉代建筑有“文翁石室”、“高朕石室”和“周公礼殿”三处[82]。

（四）从碑阴题名与《宋恩等学师题名》之比较看新出汉碑与“周公礼殿”的关系及相关问题

1.《宋恩等学师题名》的内容和在文翁学堂中的位置

李君碑属于学官题名的数量虽然不多，但比较明确，排序地位突出。年代较晚的裴君碑，有关学校师生题名不仅排序地位更为突出，学官、经师、经生的种类和数量更多，成为给太守立碑的主角。像这样的汉代题名石刻，过去除了《学师宋恩等题名》之外，全国其他地方还从来没有发现过，是很值得注意的。

根据南宋著名金石学家洪适《隶释》著录的材料，他所见到的《学师宋恩等题名》文字已有部分泐损，可辨识者全文如下：

> 師宋恩元遂、師王忠仲□、師郭翔季安、師張澤君潤、師楊准丗期、師張仁卲游、師李衡德仁、師羅僵德逵、師郄逵宾高、師程旻孟興、師（缺）直進方、師王（缺）朝卿、師卲（缺）子河、師榮寵定（缺）、師戴龍（缺）高、師宋（缺）仲（下缺一字又缺二人）史杜楊（缺）表、師景遷孝通、師張柳（缺）卿、師杜（缺二字）方、師衡翔仲卿、史（缺）通（缺二字）、孝義掾王山（缺二字）业掾（缺）丗（缺二字）、《易》掾（缺四字）、《易》掾胡（缺二字）、《易》師張（缺）元（缺）、《易》師求（缺）進（缺）、《易》師（缺二字）孝（缺）、《尚書》掾呂（缺三字）、《尚書》掾（缺四字）、《尚書》掾（缺四字）、《尚書》師張（缺二字）、《尚書》師揚（缺三字）、《尚書》師司馬（缺四字）、《詩》掾楊（缺三字）、《詩》掾張（缺四字）掾趙揆道明（缺）掾王興紀（缺）、《春秋》掾常寵（缺二字）、議掾劉幼（缺二字）、文學孝掾周治元經、文學掾猶玉子朝、文學師胡通禮達、文學師上官震彦照、文學師王純季堅、文學師程順元呆、從掾位柳曾（缺四字）趙（下缺三字，中缺一人，又缺二字）掾瞿（缺）伯中鄉賊捕李（缺八字）伯德（缺六字）元（下缺四人，又缺二字）張涉（缺）䂮（缺）督郵馬陵孟

（缺三字）、督邮（缺三字）子（下缺一字，又缺二人）、集曹史（缺四字）、法曹史舒邳彦万、賊曹史（缺二字）盛□陽、辭曹史趙漢伯彦、穀曹史張儀□（缺二字）曹史張詡孝舉、金曹史羅圃子高、穀曹史趙（缺）光節、比曹史田（缺二字）彦、兵曹史（缺）苞茂思、水曹史楊煇子禮、金曹史（缺二字）彦（缺二字）曹史（缺二字）伯齊（缺）曹史（缺一字）幼郭、户曹史（缺五字）曹掾趙（缺）季信（缺）曹掾張（缺四字）曹掾（缺三字）申、功曹史潁孝□（缺三字）常洽盛（缺五字）紀明（缺二字）掾壽（缺）盍起（缺五字）明（后缺二人）。[83]

按照洪适跋文的统计，“其称‘师’者二十人，‘史’二人，‘孝义掾’、‘业掾’各二人，‘《易》掾’二人，‘《易》师’三人，‘《尚书》掾’、‘《尚书》师’各三人，‘《诗》掾’四人，‘《春秋》掾’、‘议掾’、‘文学孝掾’、‘文学掾’各一人，‘文学师’四人，‘从掾位’及‘集曹’、‘法曹’、‘贼曹’、‘辞曹史’又三十二人。其漫灭不可辨者十三人。”[84]如前所论，题名中的“文学掾”、“文学师”、“文学孝掾”等带有“文学”二字者都属于学校的学官性质，而“《易》掾”、“《易》师”、“《尚书》掾”、“《尚书》师”、“《诗》掾”、“《春秋》掾”等衔前带有经名者，为教授该经的专科教师。其中的“《易》掾”二人、“《易》师”三人、“《尚书》掾”三人、“《尚书》师”三人，比裴君碑阴题名多出了《易》和《尚书》两种单科儒经教师材料。通过观察研究，洪适作出了一个特别值得注意的论断，认为《学师宋恩等题名》“当是郡守兴崇学校者镌石纪德，诸生既刻姓名，而诸曹史亦缀其末。惜亡其碑，不可考耳。”汉代往往为一些有政绩特别是对文化教育事业有贡献的名臣建碑画像，放置在学校里作为纪念，中央的置于京城太学，地方的放在郡学或县学。前者，如前面提到的学者为翟酺立碑铭于太学，是为其例。后者，如《华阳国志》记载：“东观郎李胜，文章士也，作诔，方之颜子，列画学官（一本作宫）。”“郑纯，字长伯，郪人也。为益州西部都尉，处地金银琥珀犀象翠羽出，作此官者，皆富及十世。纯独清廉，毫毛不犯，夷汉歌叹，表闻，三司及京师贵重，多荐美之。明帝嘉之，乃改西部为永昌郡，以纯为太守。在官十年卒，列画、颂东观。”[85]均属其类。李膺、裴君等蜀郡太守之碑立于成都郡学周公礼殿，不过援例而已。洪适断定《学师宋恩等题名》是一通蜀郡郡学师生为纪念蜀郡太守办学有功所建德政碑的题名部分，前面叙述碑主事迹的碑文部分已经亡佚了，是很有道理的。根据笔者在前面所作的比较分析，可进一步推断，《学师宋恩等题名》石刻和这次发现的裴君碑阴题名内容性质完全一致，其类同程度迄今尚无他例，又同样都在成都市区内出现，表明二者之间存在着特别密切的关系，当年应当是安置在同一个地点。

宋人所见《学师宋恩等题名》石刻所在的位置，洪适说“今在成都周公礼殿门之西序”[86]，娄机说“在成都府府学礼殿高公石室东外壁”[87]。“礼殿高公石室”的叫法很特别，似乎说明“周公礼殿”和“高眹石室”靠得特别近。无论说“在礼殿门之西序”还是说在“礼殿高公石室东外壁”，反正都是和汉代的“周公礼殿”建筑联系在一起的，说明汉代的“周公礼殿石室”外面，就是放置这种纪念对蜀郡办学有功太守碑刻的场所。文献记载成都学堂石室内，有许多先后绘画镌刻纪念蜀中名宦、学者的题名画像。《隋书·经籍志》杂传记类，著录“《蜀文翁学堂像题记》二卷”[88]，从书名上可以看出，就是实地考察记录这些画像和题记文字的专书。根据宋人见到的材料，文翁学堂的石室画像和题记，也主要是集中在“周公礼殿”内。南宋初王刚中《续成都古今记》著录汉周公礼殿所绘一百七十二位历代圣贤名人画像题名中，便有周公、李冰、文翁、司马相如、严君平、扬雄、张堪、张湛和李膺、高朕在内[89]。画像诸人绘制年代虽先后不一，其来源则当有所本，与碑文所反映的情况一致。此外，在宋人所见高朕石室的墙壁上，有许多断断续续前后不相连属的题名材料，其中被称为《高朕石室六题名》者，洪适说：“所题前后不同时……其一‘扬子云’、‘司马相如’、‘赵太守’三行，卿、云二公，盖后人追书者。”[90]这种题名材料，清初康熙年间顾蔼吉《隶辨》总称为《石室壁间题字》，谓《高眹石室六题名》中洪适“所云‘扬子云’、‘司马相如’，乃画像上题识之字，《隶续》以为后人追书者，非也。壁间所刻，亦不仅此二人，或是年久摧剥，或是秉烛而入，传模者未见耳。”[91]顾南园判断扬子云、司马相如等人的题名不同于一般单纯的题名文字，而是本人画像上所附的榜题，很有见地，与裴君碑文的“前有相如，严平、子云。后虽庶儿，名灭不传。君乃发愤，撰其散（?）文”，以及诸文献记载礼殿中有历代帝王、蜀中显官、名人画像的材料也都吻合。汉代的“周公礼殿石室”，室外有《学师宋恩等题名》之类的纪念性碑石，室内有题名画像。将祠祀者的画像放在“礼殿”室内，室外树碑，和李君碑所说“贪慕嘉化，而立石表纪序，贤君良佐，列画殿堂”的情况完全吻合。

李君碑说：“发意，贪慕嘉化，而立石表纪序，贤君良佐，列画殿堂。”裴君碑说：“臣有褒（褒）君，奚斯作庙。佥论元功，铭纪绩号。”裴君碑文“臣有褒（褒）君”中的“君”和“臣”，不是指国君和臣子这一特定概念上的意义，而是指一般的上下级关系，和李君碑文中的“贤君良佐”是同样的意思。从两碑出土位置材料表明后来的裴君碑和李君碑当年本是放在一起的情况看，这个“庙”应当是一座公共性质的纪念建筑，而不会是专为李君个人新建的生祠。把一位太守（裴君）的碑放到专为另一位太守（李君）修建的生祠中去，那是不可想象的事。裴君碑铭的“臣有褒（褒）君，奚斯作庙”，典出《毛诗·鲁颂·閟宫》。诗云：“徂来之松，新甫之柏。是断是度，是寻是尺。松桷有舄，路寝孔硕。新庙奕奕，奚斯所作。孔曼且硕，万民是若。”[92]所载奚斯所作到底为谁之庙，“所作”是指创建还是修旧如新的修缮，过去的经学家们也多有不同的说法。宋人严粲解《鲁颂·閟宫》之诗说：《诗》之“新庙奕奕”，“笺曰：修旧曰新”。“新庙，或以为闵公庙，或以为姜嫄庙，皆不可知。或以为新作之，或以为修旧而新之。然《春秋》不书，则知其非大工役，修旧之说，得之。”[93]明人季本解《鲁颂·閟宫》之诗总说：“经旨曰僖公命奚斯新作周公之庙，而诗人乐周公之德，欲僖公之善继也，故美其事而愿其寿考焉。以此祝颂僖公，盖志在周公也。”[94]又谓：“新庙奕奕，奚斯所作”的“新庙，即周公之庙。以其更新，故谓之新庙。奕奕，上下相承之意，作者营治其事也。奚斯必以周公为重，而营作尽心，故特以作庙之功归之。……‘万民是若’，顺万民之心也。盖周公德泽及于天下，万民莫不被其泽，而欲其庙貌之新者，见僖公之兴此役，非妄劳民力也。故《春秋》之中，凡用民力于所不当为，必书。而独不录閟宫之作，则谓此为当作，不以为劳民耳。”[95]汉毛公传《閟宫》诗序（或以为史克作）说：“《閟宫》，颂僖公能复周公之宇也。”[96]这在汉代应当是最流行的认识。《礼记·明堂位》：“昔殷纣乱天下，脯鬼侯以飨诸侯。是以周公相武王以伐纣。武王崩，成王幼弱，周公践天下之位，以治天下。六年，朝诸侯于明堂，制礼作乐，颁度量而天下大服。七年，致政于成王。成王以周公为有勋劳于天下，是以封周公于曲阜，地方七百里，革车千乘。命鲁公世世祀周公以天子之礼乐。”[97]周公在西周初年辅佐武王，推翻殷商王朝。武王去世，成王年幼，周公又摄政治理国家，待成王长大，还政成王，立下大功。鲁僖公命奚斯即公子鱼经手，尽力将周公祠庙重新进行一番修缮，可谓顺乎民意，得到了百姓的认可，成为下级表彰上级的典范。裴君碑铭引用这个故事来作比寓，从一般意义上讲，是在说明裴太守的确在蜀郡办学有功，政绩卓著，属吏为其树碑立传，是得民心的事。如果把“奚斯作庙”的“庙”是指周公祠庙的意义和吏民为裴太守立碑的事进一步直接联系起来，倒是恰好能够和文翁学堂中的周公礼殿纪念性祠庙建筑的材料挂上钩，说明其应当理解为将有功于学校教育事业、有突出贡献的太守德政去思碑放到“周公礼殿”这一公共纪念性祠庙中，并同时对祠庙建筑重新进行了一番装修。这也是两块汉碑当年系置于汉文翁学堂周公礼殿的又一佐证。

2.《益州太守高眹修周公礼殿记》和汉代周公礼殿的始建年代

笔者在上面所作的推论，可能有人会产生这样的疑问：按照过去传统的看法，成都文翁学堂周公礼殿，是在东汉末年献帝初平五年即兴平元年（194 年）由时任蜀郡太守高眹所创建，自唐初以来，即已如此。如唐永徽元年颜有意书《益州学馆庙堂记》说：“至献帝兴平元年，太守高眹于玉堂东复造一石室，为周公礼殿。”[98]《宋史·王刚中传》也说：成都“府学礼殿，东汉兴平中建”[99]。绍兴七年（1137 年）席益《府学石经堂图籍记》记载：“至东汉兴平元年，太守高眹作周公礼殿于石室东。”[100]明天顺五年（1461 年）李贤等撰《大明一统志》：“汉文翁立学作石室，在城南，安帝永初间遇火。兴平初，太守高眹更新，又增一石室，始作礼殿以祀先圣周公。”[101]嘉庆《四川通志》引《旧志》，文意并同[102]。既然周公礼殿为高眹于兴平元年（194 年）创修，新出二碑的年代也都远在兴平元年（194 年）之前，又怎么会是安放在高眹修建的周公礼殿石室外呢？关于周公礼殿的年代，早在宋代也就有人提出过不同的意见。如宋京《蜀事补亡·礼殿》记载：“君不见：汉人制作礼殿存，法度严广分卑尊。只今年数不可考，列画古帝丹青昏。”[103]说汉代周公礼殿中古代帝王的画像已模糊不清，礼殿始建的确切年代已经无从考证，属于当时所流行高眹始建说之外的另类看法，态度比较客观。查周公礼殿为汉末兴平元年高眹创修一说，实源于对周公礼殿内木柱所刻初平五年《益州太守高眹修周公礼殿记》文字的误读所造成的误解，大有重新加以审视的必要。《益州太守高眹修周公礼殿记》书刻于礼殿木柱，唐人所见即“久已讹缺”，宋人所见更增脱损漫漶，诸家所著释文各有出入，今以南宋洪适隶定的刻记全文为底本，参考他书引文校录如下：

汉初平五年仓龙甲戌旻天季月修旧筑周公礼殿始自文翁应期凿度开建畔宫世（立?）堂布观庙门相钧阐司蔓延公辟相承至于甲午[104]故府梓橦文君增造吏寺二百余间四百年之间[105]变异蜂启旋机离常玉衡失统强杰并兼人怀侥幸战兵雷合民散其命烈火飞炎一都之舍官民寺室同日一朝合为灰炭[106]独留文翁石庙门之两观[107]礼乐崩殂[108]风俗混乱诵读已绝倚席离散夫礼兴则民寿乐兴则国化郡将陈留高君节符典境迄斯十有三载会直扰乱凿（思?）[109]虑匡救济民涂炭悯斯丘虚（缺三字）冠学者表仪（缺四字）大小推诚兴复第馆[110]八音克谐鬼方来观为后昌基（缺）神不[111]

洪适跋称："献帝初平五年正月朔已改元兴平矣，此碑书九月事，尚用初平者，天下方乱，道路拥隔，置邮到蜀稽晚也。碑云始自文翁开建畔宫者，西都蜀郡守也。又云：'至于甲午，故府梓橦文君，增造吏寺'者，建武中益州太守文参也。又云烈火飞炎，一朝灰炭者，《华阳国志》云，安帝永初时，讲堂火灾，独存石室也。又云：'郡将陈留高君'者，高朕也……眹再作石室，在文翁石室之东。又东即周公礼殿，规模古质，井斗异制，柱皆削方，上狭下广，此记刻于东南之一柱，亦木耳。欧阳氏以为文翁石柱记者，误也。自兴平甲戌至于乾道丁亥，千有三年，殿宇巍然如故。"[112]洪适的说法，大部分是正确的，但也有不够准确的地方。从"自兴平甲戌至于乾道丁亥，千有三年，殿宇巍然如故"的文字看，洪适似乎也认为周公礼殿是高朕在兴平元年创修，仍没有摆脱传统的误解。记文开头的"汉初平五年仓龙甲戌昊天季月修旧筑周公礼殿"，怎样句读，这是正确理解整个记文内容的关键。过去判定周公礼殿为初平五年高朕开始修建，显然是按照"汉初平五年，仓龙甲戌，昊天季月，修旧筑周公礼殿。始自文翁，应期凿度，开建畔宫……"句读的[113]。笔者认为正确的句读应读作："汉初平五年，仓龙甲戌，旻天季月，修旧。筑周公礼殿，始自文翁。应期凿度，开建畔宫。……"意思是说当年文翁修建成都学堂，也就同时修建了周公礼殿，周公礼殿最初也是由西汉文翁开始修建的。文翁学堂后来历经火焚烧毁等损坏，又"独留文翁石庙门之两观"，宋史子坚《隶格》无"独"字，《全蜀艺文志》作"独留文翁石室庙门之两观"[114]。东汉应劭《风俗通义》佚文："鲁昭公设两观于门，是谓之阙，从门欮声。"[115]"两观"就是双阙。"独留文翁石庙门之两观"，岂不是说只留下文翁石庙门前的双阙，连石室本身也被焚毁了？而"独（或无此学）留文翁石室、庙门之两观"，则是说不仅留下了文翁石室，同时还留下了庙门前面的双阙。但笔者在前面已经提到，根据唐人所见柱文，无论"独留文翁石庙门之两观"，还是"独留文翁石室、庙门之两观"，都是不对的，应系"独留文翁石室。庙门之内……"的误释。结合《华阳国志·蜀志》所载"始文翁立文学精舍，讲堂作石室，一作玉室，在城南。永初后，堂遇火。太守陈留高眹更修立，又增造二石室"的材料看，应是汉末高朕在保存文翁讲堂石室建筑的同时,又另外新增建了石室，完全没有提到周公礼殿的事。无论怎样，联系《益州太守高眹修周公礼殿记》中“悯斯丘虚……大小推诚，兴复第馆”等记载综合考察，初平五年（194年）九月高眹所完成的工作应该有两项：一是“修旧”，对旧有的建筑进行修缮；二是“兴复第馆”，在原有旧建筑的基础上增修一部分新建筑。就“周公礼殿”建筑而言，虽然不一定是西汉文翁所修，也应当是在汉末高眹之前早就有了的,《殿柱记》“庙门之内”的“庙”，也就是指的周公礼殿，高眹只不过是对它进行了一次“修旧”的维修工程而已，并非创建。后来的人弄不清楚其间的关系，把“修旧”的建筑和新增修的石室混为一谈，似乎《益州太守高眹修周公礼殿记》整个都是在讲“高眹修周公礼殿”一项内容。这样理解，和室内的另外一些题记的年代材料相互矛盾，显然是不符合记文本意的。洪适在《隶释》一书中著录初平五年（194年）六月《益州太守高眹修周公礼殿记》的同时，又著录了光和六年（183年）四月《太守张景题字》材料，并在跋文中明明白白地说：“《太守张景题字》四行，在高眹石室梁上，磨灭鲜成章句。首云‘光和六年四月太守张景’。”[116]与洪适同时的另外一位金石学家娄机也说：“《太守张景题字》，光和六年立，在高眹石室梁上。”[117]除此之外，室内还有其他早于初平五年（194年）的纪年题记文字，笔者在后文还要讲到，在此暂不赘述。光和六年（183年）已在初平五年即兴平元年（194年）整个高眹修复工程完成之前11年，怎么可能会在一间完全属于新修的礼殿梁上出现十多年以前的纪年太守题字呢？这只能证明高眹对“周公礼殿”所做的工作是对早已存在的这一建筑的局部损坏进行修缮，而不是新建。元丰年间郭若虚著《图画见闻志》说：“汉文翁学堂在益州大城内，昔经颓废，后汉蜀郡太守高眹复缮立，乃图画古人圣贤之像，及礼器瑞物于壁。”[118]也认为高眹的工作是修缮而非始创。笔者在前文中已经讲到，范镇和洪适讲宋代成都府学校园内保存下来的汉代石室建筑，都是把“高眹再作石室”和“周公礼殿”分开来讲，并非同一建筑，虽然没有明确讲“周公礼殿”是文翁始建，实际上也认为“周公礼殿”不是高眹所创修。北宋史学大家《新唐书》作者之一的宋祁说：“初，［文］翁为礼殿，以舍孔子及七十二子之像。殿右庑作石室，舍翁像于中。晚汉学獒，有守曰高眹，能兴完之，后人又作眹像，进偶公室。”[119]北宋末年著名金石学家董逌也说：“昔庐江文翁治蜀，初立学成都，作讲堂石室……复作周公礼殿，画孔子像。”[120]更是明确认定“周公礼殿”最初也是西汉末年文翁兴学时和石室讲堂同时修建的。明人曹学佺说：“高眹，蜀郡太守，念文翁为政有法，因礼殿颓圮，遂修饰之。续增一室以祀先圣先贤，又作石室以祀文翁。”[121]他们的认识虽然在某些方面不尽相同，对周公礼殿的工作性质只是维修而非创建的判断却是一致的，这很有可能都是来源于将《高眹修周公礼殿殿柱记》文字，按“……修旧。筑周公礼殿，始自文翁”句读理解的结果。当然，汉末木刻《益州太守高眹修周公礼殿记》“筑周公礼殿始自文翁”之文，说“周公礼殿”也是文翁当年所修的看法并不一定是事实，实际创修的准确年代尚有待考证。《续汉书·礼仪志》记载：“明帝永平二年三月，上始帅群臣躬养三老、五更于辟雍。行大射之礼。郡、县、道行乡饮酒于学校，皆祀圣师周公、孔子。”[122]郡县地方学校建礼殿以祀周公、孔子，乃东汉明帝永平二年（59年）以来的制度，唐以前周公位居孔子之前，故名“周公礼殿”。像文翁学堂这样影响特大的开创性地方官学，不大可能要等到东汉末年才由高朕创修这一建筑，其始创年代应在汉末高朕之前明帝永平二年（59 年）之后的范围之内。《学师宋恩等题名》石刻所在的“成都周公礼殿”，应当是初平五年（194 年）以前修建的旧礼殿，而不是高朕所增修的石室建筑。如果笔者前面对新出二汉碑与“周公礼殿”之关系判断不误，则其始建年代的下限至迟不会晚于东汉顺帝阳嘉二年（133 年）。被称作“周公礼殿”的这一纯纪念性祠庙建筑，最初主要是用来祠祀周公、孔子，后人为了纪念文翁，又把文翁的材料也放了进去，再后又把李膺、裴君、高朕等能够继承文翁事业、办学有功的蜀郡太守的碑刻、题记和画像之类材料也相继放在了一起，这是不难理解的。

3. 从新出汉碑碑阴学官经师题名与《学师宋恩等题名》之比较看东汉中期振兴蜀郡郡学工作的发展

《学师宋恩等题名》和《李君碑》、《裴君碑》也都同属于文翁学堂校园内与兴学有关的纪念性材料，按碑阴题名学官、学官弟子种类和人数分析，彼此之间是有联系的，当年应当同在一处。笔者最初曾经认为《裴君碑》碑阴的题名内容似乎没有全部刻完，而《学师宋恩等题名》又只有碑阴题名而佚失阳面正文，推测《学师宋恩等题名》是《裴君碑》碑阴题名的续刻。后经再三仔细推敲发现，《学师宋恩等题名》既未按不同属县分别集中列名，经名“掾”、“师”和学官弟子也都存在重复、有无等方面的差异，综合考虑，三碑明显属于不同年代的同类性质材料。李君碑的年代早于裴君碑，其学官、经师的种类和数量远不及裴君碑多，而《学师宋恩等题名》的学官、经师材料最多，配置最为齐备，又超过了裴君碑，其年代当略晚于《裴君碑》。将李君、裴君碑阴学官、学官弟子题名和宋人所见《宋恩等学师题名》三者进行比较，不仅可说明二碑所在位置和文翁学堂“周公礼殿”有特别密切的关系，同时还可看出东汉中期蜀郡学校教育在恢复振兴过程中三个阶段的发展变化，是极为难得的珍贵史料。

以下，将三碑有关经师、学官、学官弟子材料列表进行考察（表一）。

表一　《李君碑》、《裴君碑》、《学师宋恩等题名》所记经师、学官及经生题名

碑名 \ 经种	《易》	《尚书》	《诗》	《春秋》	《月令》	其他学官
李君碑题名					《月令》掾 1 人	文学主事掾 1 人
裴君碑题名			《诗》师 7 人	《春秋》4 人	《月令》1 人	
学师宋恩等题名	《易》掾 2 人、《易》师 3 人	《尚书》掾 3 人、《尚书》师 3 人	《诗》掾 4 人	《春秋》掾 1 人		文学孝掾 1 人、文学掾 1 人、文学师 4 人、孝义掾 2 人

表一所著师生授受诸经种名，裴君碑除《月令》而外仅有《诗》、《春秋》二经，加上《学师宋恩等题名》的《易》、《尚书》、《诗》、《春秋》四经，去其重复，亦仅四经，五经缺《礼》或《孝经》。若将《月令》充经，则正好凑足五经之数。无论怎

样，碑刻所载经典种类数量都是很值得研究的。《学师宋恩等题名》所录经师学官，严耕望先生列为："易掾二人，尚书掾三人，诗掾二人，礼掾二人，春秋掾一人，文学掾一人，文学孝掾一人，孝义掾一人，文学师四人，易师三人，尚书师三人，师二十人。"而特于"礼掾二人"下括注云："此'礼'字原缺，据古文经说之五经次序补；洪适以为均是诗掾，非也。"[123]郡国学校学官经师并非必五经皆备，李、裴二碑材料就是很好的证据，何况像裴君碑这样经种较多而不足五经的汉碑全国亦更无二例？严先生"礼掾二人"之说，笔者认为论据是不够充分的，姑作存疑，以待更多新材料的发现和进一步的深入研究。

从表一所列材料看，顺帝阳嘉二年（133 年）《李君碑》学官经师题名，除文学主事掾 1 人外，仅《月令》掾 1 人，别无其他经师，似可说明蜀郡郡学和全国其他地方一样，在安帝时期进入低谷状态之后至顺帝阳嘉二年（133 年）之前，经过任官整顿，至此虽初见成效，但由于过去积弊太深，实际进展还不是很大，并未完全恢复。顺帝汉安三年（144 年）裴太守继续工作（在李膺和裴君之间蜀郡可能还有另外一位太守），至桓帝元嘉二年（152 年），教师人数大增，科目略备，才开始进入复兴阶段。但《裴君碑》不仅没有《易》、《尚书》方面的专任教师，《诗》经教师也仅有临时聘用的"师"7 人，没有正式职称的"掾"；《春秋》学生 4 人、《月令》学生 1 人未见有"师"，不应有学生而无教师，或由其他经师兼任。《学师宋恩等题名》的情况则明显不同，除了没有《礼记》、《月令》材料之外，《易》掾 2 人、《易》师 3 人，《尚书》掾、《尚书》师各 3 人，《诗》掾 4 人，《春秋》掾 1 人，四经都有正式编制的教师"掾"，其中《易》、《尚书》两经除 2 至 4 名正式编制的"掾"而外，同时还另有临时聘用的"师"各 3 人，可谓师资阵容庞大。另外还有文学孝掾、文学掾各 1 人，文学师 4 人，孝义掾 2 人，应属有一定级别的教学管理吏员。经种、师资和教学管理学官的增加，也就意味着学生人数增多，整个学校的规模扩大。《学师宋恩等题名》材料，较之《李君碑》、《裴君碑》所反映的情况有很大的变化和不同，说明经过顺帝、桓帝年间几任蜀郡太守的整顿，蜀郡学校教育的恢复振兴工作取得了显著成效。看来《学师宋恩等题名》的年代当在《裴君碑》之后，但相隔的时间不应太远，大概不会晚过桓帝末年。

前引《汉书·平帝纪》记载西汉元始三年（3 年）所定制度，郡国学校"置经师一人"，以后经师人数是否有所增加，文献无征。从这次出土的东汉桓帝元嘉二年（152 年）《裴君碑》材料看，在此已经远远超过了那一限额，当是几任太守充分利用辟除僚属的权力，根据当时恢复发展郡学任务的需要增聘教师的结果。这些情况，都是文献所不曾记载的，可补史之缺失。但当时蜀郡学堂的情况，似乎属于特别的例子，可能和文翁学堂在全国范围内整个地方政府办学中的突出地位影响有关。无论怎样，讲东汉时期的学校教育发展历史，如果说《后汉书·儒林传序》只讲了京城洛阳太学的情况，成都新出的两通汉碑，则对蜀地学校教育情形所作言简意赅的描述，加上《学师宋恩等题名》的材料，恰好对这段时间地方郡国学校情况和中央有关部署作了很好的补充，具有重大的历史文献价值。

三、“文翁学堂”的扩建，石室建筑的保存、毁灭和新出汉碑入土年代的考察

通过以上研究，笔者认为，两通汉碑应是汉代文翁学堂的遗物，而且当年就在学堂的几间石室附近，与“周公礼殿”的关系最为密切，两碑出土地点当为汉代文翁学堂遗址所在。近年新修订出版的《成都城坊古迹考》一书，在“杂考篇”之第三章第三节《文翁石室与周公礼殿》中，一开篇就说：“今成都市南大街之西，为文庙前街，前街之北为文庙后街。文庙前街北侧西段，有成都市石室中学。清代之成都府文庙及锦江书院故址，现均在此校内；而此校所在为两千年前文翁石室之遗址，后人又建周公礼殿于其侧。”[124] “清康熙四十三年（1704 年）按察使刘德芳在孔庙西侧旷地创建锦江书院，其地适为文翁学校遗址。再据旧有记载以推度古代建筑之原方位，则文翁石室在北，应在锦江书院之北半部，高朕石室应在锦江书院之南半部，礼殿应在锦江书院之东，正当清代成都府文庙大成殿。石经与石经堂在礼殿东南，应在清代大成殿之东南。”[125]说得如此具体、肯定，和笔者的看法大相径庭。《成都城坊古迹考》的说法实际上很早以来就已存在，是一种比较普遍的传统观念。人们不禁要问，汉代的文翁石室遗址既然是在今成都文庙前街的石室中学校园之内，怎么又会把它和新出汉碑连在一起定到天府广场东侧的东御街口去呢？实际上，早在 20 世纪六七十年代，著名四川史地学家任乃强先生就曾对传统的旧说表示怀疑，认为是靠不住的。他说：“文翁石室，传在今城南门内锦江书院。近世改为石室中学。旧石已无存者。自本书（引者按指《华阳国志》）与《益州记》、《水经注》外，唐宋以来地理书金石书记载益多，大抵谓文翁初作文学，其讲堂用石柱，镌刻古名人像，皆颇粗陋，各有题字，如武梁刻石耳。遭火后，高朕重建。其讲堂石室增为三间，石柱镌刻益精，梁壁亦各有绘画。……其后画家、书家与好事官吏多所增益。……元时石刻已无存者。明时改建成都城，石室遗迹已全毁灭，今云锦江书院因其故址，亦想当然耳。”[126]任先生根据文献记载汉代文翁和高朕始建及修葺石室讲堂遗迹的历史发展线索，以为现在人们认为后来的锦江书院是在汉代文翁石室遗址的地面上修建而成，完全是一种缺乏证据的“想当然”之说，是很有见地的。但过去由于缺乏考古材料方面的证据，加上对有关的文献记载未作系统的收集和深入研究，汉代的成都学堂究竟在什么位置，仍然是一个长期没有破解的谜。

由于文翁学堂是全国首次兴建的地方政府官办学校，在整个中国学校教育史上具有深远的历史影响，知名度极高，从西汉文翁开始兴办的学堂到清代的锦江书院、民国以来的石室中学，随着行政区划建置的改变，先后作为蜀郡郡学、益州州学和成都府学等地方最高级别的官办学校，一脉相承发展下来，在近两千年的历史过程中，历经火焚、兵乱损坏和维修、扩建的变化，包括“文翁石室”、“周公礼殿”和“高朕石室”在内的几间汉代“石室”，因为是用石材砌成，易于保存，千百年来，虽然风吹雨淋，时有局部损坏，又屡经修缮，在室内增加壁画造像、石刻题记等内容，而石室建

筑本身却长期“巍然独存”，屹立在原来的地方，成为这所学校的依托和标志。直到宋末元初，石室建筑才在长时间的大规模战争中被彻底毁坏。“文翁石室学堂”的变化发展，笔者以汉代石室建筑的存在与否作为标准，可以南宋理宗端平三年（1236 年）为界，分为前后两个不同时期，前一时期是以石室遗存为依托的扩建时期，后一时期是以石室遗名为依托的重建时期。元、明、清三代的成都府学文翁学堂，由于石室古建筑遗存的荡然无存，虽然名义上往往号称是在过去文翁学堂的旧址上重建的，但实际上原来的汉代石室所在地，已经不在新的石室学堂校园范围之内了。笔者认为，判定新出汉碑属于作为东汉蜀郡郡学的文翁学堂遗存，原来所在的位置与文翁学堂校园内的“周公礼殿”建筑有关，必须用动态的眼光进行观察，对千余年来文翁学堂内几处汉代石室建筑的保存、毁灭，以及整个文翁学堂变化的历史进行清理，找到文翁学堂校园范围扩展变化的轨迹，才能了解汉代文翁石室和今天文庙街石室中学之间的历史关系，揭示造成两者之间巨大空间差距的原因，从另一个角度为笔者上述对汉碑性质、位置所作判断提供佐证，也为今后发掘研究汉碑所在地的其他遗物遗迹材料找到线索。

以下，笔者拟根据汉以来有关的文献记载和金石学材料，对文翁学堂先后作为蜀郡郡学、益州州学和成都府学的校园范围发展变化作具体的考察。

（一）魏晋南北朝至隋文翁学堂石室建筑的保护和利用

记述汉代文翁石室学堂的早期材料，除东汉班固《汉书·文翁传》和西晋陈寿《三国志·蜀志》、东晋常璩《华阳国志》外，主要是前面引到的东汉献帝兴平元年（194 年）《益州太守高眹修周公礼殿记》木柱刻文。自此而后，以“文翁石室”、“高眹修葺周公礼殿石室”为标志的文翁石室学堂，历代也都不乏记载。刘宋任豫《益州记》说：“文翁学堂，在大城南，昔经灾火，蜀郡太守高眹修复缮立。其栾栌椽节，制犹古朴，即令堂基六尺，夏（厦）屋三间，通皆图画圣贤古人之像，及礼器瑞物。堂西有二石室，又以为州学。（郡更立夷里桥道东起学也。）”[127]北魏郦道元《水经注》，经曰：“江水又东经成都县。”郦注：“大城南门曰江桥，桥南曰万里桥，西上曰夷桥，下曰笮桥，南岸道东有文学。始文翁为蜀守，立讲堂作石室于南城，永初后，学堂遇火，后守更增二石室。后州夺郡学，移夷里道西。”[128]《周书·辛昂传》记载：北周时辛庆之的族子“昂行成都令。昂到县，即与诸生祭文翁学堂，因共欢宴。谓诸生曰：‘子孝臣忠，师严友信，立身之要，如斯而已。若不事斯语，何以成名。各宜自勉，克成令誉。’昂言切理至，诸生等并深感悟”[129]。既然说是“祭文翁学堂”，这里的“文翁学堂”就应该指的是汉代文翁石室建筑遗存，更有可能是“周公礼殿”这一部分，而不是指北周成都府学的整个校园校舍。前引《隋书·经籍志》载有《蜀文翁学堂像题记》二卷，从书名上可以看出，是隋代或隋以前曾经有人对成都文翁学堂画像和题记文字作过实地考察研究的记录。任预《益州记》的材料，具体讲到周公礼殿的房屋间数、堂基的高度和壁画内容。说在曾经高眹缮修的周公礼殿的“堂西有二石室”，应当是指汉文翁石室和高眹另外增修的一间石结构屋子。其中，有些说法和其他文献记载不同，不知是出自作者目睹还是转述他书材料。

（二）唐、五代时期成都府学文庙的修建和文翁学堂石室的修缮

及至唐代，高宗时曾在蜀中做过官的卢照邻，有《文翁讲堂》诗说："锦里淹中馆，岷山稷下亭。空梁无燕雀，古壁有丹青。槐落犹疑市，苔深不辨铭。良哉二千石，江汉表遗灵。"[130]《汉书·文翁传》唐颜师古注："文翁学堂，于今犹在益州城内。"[131]清齐召南考证说："文翁学堂，即石室讲堂也。"[132]代宗大历十年（775年）维州刺史郑藏修撰《石室赞》："爰暨有汉，是生文翁。符守此邦，郁为儒宗。大开庠序，匪我童蒙。……石室犹在，金声无穷。南临孔门，北接玉宫。"[133]唐文宗年间曾在成都做官的李德裕[134]，在《前益州五长史真记》一文中说："楚国祠庙，鲁王宫室，洎此邦文翁旧馆，皆图历代卿相，灿然可观。"[135]在当时的文翁石室内，还可以看到后人增绘的历代名臣画像（大概是壁画）。唐末僖宗时人裴铏《题石室》诗："文翁石室有仪形，庠序千秋播德馨。古柏尚留今日翠，高岷犹蔼旧时青。人心未肯抛毡蚁，弟子依前学聚萤。"[136]文翁石室学堂，古柏苍翠，"弟子依前学聚萤"，到唐末仍继续被作为学校建筑存在，有学生在那里用功读书学习。唐何赞在《书事》诗中说："阔步文翁坊里月，闲寻杜老宅边松。"[137]可知唐代文翁石室所在地还专门设坊，有围墙保护。对此，严耕望先生已有所揭示[138]。此外，《旧唐书·经籍志上》[139]、《新唐书·艺文志》[140]都著录有佚名编著之"《益州文翁学堂图》一卷"，列入史部杂传类，其内容大概为包括周公、孔子、文翁、李膺、高眹等人在内的礼殿、石室屋壁所绘圣贤画像，再加上一些有关石室礼殿历史的文字说明，可能是上述《隋书·经籍志》著录《蜀文翁学堂像题记》一书在唐代流传的异称，也可能是根据新的调查材料另撰的新著。唐宣宗大中元年（847年）张彦远《历代名画记》说："益州学堂图，昔画古圣帝贤臣、七十子。后代又增汉、晋帝王名臣，蜀之贤相牧守，似东晋时人所撰。"[141]亦是从绘画史的角度，对成都汉代周公礼殿建筑壁画材料的考察研究。李吉甫《元和郡县图志》记载：成都"南外城中有文翁学堂，一名周公礼殿。《华阳国志》云：'文翁立学，精舍讲堂作石室，一曰玉室。'《李膺[142]记》云：后汉中平中，火延学观，厢廊一时荡尽，惟此堂火焰不及。构制虽古，而巧异特奇，壁上悉图古之圣贤，梁上则刻文宣及七十弟子。齐永明中，刘瑱更图焉。朱龄石平谯纵，勒宋武帝檄文于石壁之室，代王更以丹青增饰古画，仍加豆卢辨、苏绰之像。"[143]"中平"为灵帝末季年号（184—189年），据《华阳国志》当为安帝"永初"（107—113年）之误。除东晋安帝时朱龄石平谯纵一事而外，并未增添更多新的内容。郑藏修说文翁石室"南临孔门，北接玉宫"，如果根据《华阳国志·蜀志》"讲堂作石室，一作玉室"的材料，是以石室之南为孔庙大门，北面怎么与"玉宫"相接，语颇含混，不大好理解。如果根据北宋蒋堂修府学"周公礼殿在孔子庙中"的记载，则又似与周公礼殿在文宣王庙大建筑中的具体位置有关。总的说来，有关文字一般都比较简略，对几处汉代石室建筑也往往未加区别，除了反映唐时汉代文翁石室、礼殿遗存依然存在，继续受到保护和关注之外，提供的历史信息不是很多，不如另外几通《益州学馆庙堂记》石刻更能说明问题。

和文翁学堂有关的唐代材料，唐初到唐代中叶的几通《益州学馆庙堂记》石刻颇

为值得关注。据笔者所知，唐初到唐代中叶的《益州学馆庙堂记》石刻计有以下 4 种：①高宗永徽元年（650 年）成都县令颜有意书丹的《唐益州学馆庙堂记》[144]；②中宗神龙元年（705 年）史泰撰、释旷书《唐益州学馆庙堂记》[145]；③玄宗开元七年（719 年）七月周颢撰《唐益州府学孔子庙堂碑》[146]；④玄宗开元七年（719 年）周颢撰、胡履虚书《唐造文翁高朕像记》[147]。这些材料，有两点特别值得注意：第一，在七十年时间内为益州府学孔子庙堂建碑保存下来的共有四通之多，开元七年一年之内就有两通，兴作如此频繁，原因何在？第二，在四通碑刻中的永徽元年（650 年）《唐益州学馆庙堂记》和开元七年（719 年）《唐造文翁高朕像记》两碑，著有此前不见于他书记载的部分内容。

《唐益州学馆庙堂记》石刻，高宗永徽元年（650 年）成都县令颜有意书丹，记录了当时在益州兴学过程中修缮增饰文翁高朕石室遗存所见到的一些情况，包括汉代周公礼殿建筑，室内部分晋人汉、晋、南朝人壁画、题记等材料，对初平五年（194 年）《益州太守高朕修周公礼殿记》铭文作了较为详细的考述，是研究成都文翁学堂历史、考古很有价值的材料。可惜该碑全文清末始见著录，泐缺已极严重，宋代虽有多家征引，均系摘录，零碎片断，颇多歧异，情况复杂，牵涉问题不少。限于篇幅，在此除了用以说明唐初益州州学文庙的创建过程中，汉文翁学堂周公礼殿等古建遗存受到高度关注和很好的修缮、保护之外，拟另撰专文考说，暂不作详论。

《唐造文翁高朕像记》，宋赵明诚《金石录》卷四著录："《唐造文翁高朕像记》，周颢撰，胡履虚八分书。"未著立碑年代[148]。南宋佚名人编《宝刻类编》称：唐胡履虚书"《周伯鸾修文翁高朕石像记》，周颢撰，八分书，开元七年立，成都。"[149]虽然没有抄录碑文，从标题可以了解到，在唐代玄宗开元七年（719 年）曾经另外制作了文翁和高朕的石像，也是一项研究文翁学堂石室遗存发展历史的重要材料。一般说来，唐代的"石像"是指圆雕或半圆雕石刻造像，和汉魏时期的画像石刻不同。《宝刻类编》所称"修文翁高朕石像"的"修"字，虽然既可以理解为创修，也可以理解为修缮、维修、修饰，但赵明诚所记称"造"，则明确其为新制。从"石像"一词看，也不像是汉代的作品，可以相互印证。至于新造的原因，或由于旧像损毁，或旧时壁画、石刻画像已和当时流行的圆雕时尚不合而改作，因为没有掌握具体的碑文材料，难以确知，有可能是在继续保留原有壁画或石刻画像基础上增加新制，新旧并存。南宋初年李石在蜀撰《方舟集》卷一，《直方大》诗序："汉孝景时，太守文翁始作石室，西为文翁，稍南为高朕，比文翁石室差大，皆有石像。蜀守席旦，奏秩文翁、高朕于祀典。窃疑二室者，蜀人所以祀二公之意，非必自作。"[150]李石疑宋人所见文翁、高朕二石室中的石像，乃是后人造作文翁、高朕二人的像，石室或为汉时遗存，而石像则系后人所增，是很精辟的见解，《宝刻类编》的目录材料，为此提供了一项很好的佐证。南宋祝穆《方舆胜览》记载："周公祠。前代以周公为先圣，至唐贞观始从房玄龄等议，更祀孔子。至开元，册谥为文宣王，位南向。自是号文宣王殿，而周公之祀遂废。然旧像犹存，帅袁说友乃为殿祀之。"[151]将两条材料结合起来考虑，一方面随着周公在学校中作为主要崇祀对象制度的废除，成都益州学堂内原来的周公礼殿改成了文宣王殿，周公礼殿内原有的旧像大概因为年代久远、影响较大而继续被保存在庙中；另一方面，同时又特地新制了文翁和高朕的造像，安放文翁、高朕造像的地点没有看到有关的文字记载，大概是和周公旧像一起被作为和文翁学堂有关的纪念性材料放在文宣王殿中了。后来宋代袁说友新建周公祠中的周公像，很有可能就是唐开元年间将汉代周公礼殿改为祀孔子的文宣庙时保留下来的早期遗存。唐初永徽迄于开元，在七十年时间内为益州府学孔子庙堂建碑造像至少有四次之多，其原因显然与当时正处于庙学制度大改革时期的历史背景有关，学校主要崇祀对象明确规定由周公改为孔子，而成都文翁学堂之周公礼殿年代最为悠久，广为人知，影响最大，动作特别频繁，可借此加强宣传效果，起到助推改制的作用。开元七年之内立二碑，一碑专记修造文翁、高朕石像之事，反映了当时人们对文翁学堂历史影响的重视。

需要附带加以说明的是，《成都城坊古迹考》说：“［周公］礼殿在晋隋时犹祀周公，至唐初改祀孔子，更名‘大成殿’。”[152]过去的周公礼殿，至唐初已由祀周公改祀孔子这是对的，但说当时就因此更名为“大成殿”，那就值得商榷了。唐初因为敕封孔子为“文宣王”，故称孔庙为“文宣王庙”，简称曰“文庙”。但将孔庙正殿称作“大成殿”，应该是从北宋庆历年间开始，徽宗政和年间在全国范围内推广，元代正式形成制度的。《皇宋通鉴长编纪事本末》记载：政和四年（1114 年）“九月辛卯诏，以辟雍‘大成殿’名颁之诸路州学。”[153]《元史·祭祀志》，“宣圣”条载：“至大元年秋七月，诏加号先圣‘大成至圣文宣王’。”[154]自此以后，“大成殿”才进一步正式成为文庙制度中统一的固定名称。不少元代学者曾对“大成殿”名的含义和发展历史作过详细的论述。如元宪宗元统三年（1335 年）刘岳申在《瑞州路儒学大成殿记》中有一段考证文字说：“余聋自昔在宋徽、宋高宗御书榜文，殿颜曰‘大成之殿’，门曰‘大成殿门’。至今天下郡县因之，此秦、汉、隋、唐所未闻也。至大圣人诏天下，尊先圣为‘大成至圣文宣王’，此又唐、宋以来所未及也。前《记》称：宋庆历初，天下皆奉诏立学……盖尧舜不为汤武，汤武不得为尧舜。虽天地、日月、四时有所不备，而夫子以尧舜、汤武、周公为一人，以天地、日月、四时为一身，故曰大成。”[155]元刘壎《南安路学大成殿记》说：“王者之祀，古惟曰庙。……殿则未闻也。唐祀夫子，亦惟曰庙，宁非谓殿统于庙，不复专称欤？乃若妥灵以殿名，殿以‘大成’，焕乎宸奎之昭回，则肇于宋，迄于今，何其盛。允唯庆历诏下，凡郡邑无不有学，学无不有大成殿。……余辄因名殿之义，谂诸生曰：自尧至夫子七圣人者，天下之大圣也，独称夫子曰‘大成’，岂前数圣未渍于成邪？尧、舜、禹、汤、文王以大圣而为君，周公以大圣而为相，据崇高，享富贵，而行其道于礼乐刑政间，润泽浃生民，声光赫当时。夫子泊然一匹夫尔，挟其聪明睿智之资，与凡经天纬地尊主庇民之学，今日鲁、卫也，明日陈、蔡也，位不高，道不行，其曷曰大成？然而识者曰：贤于尧舜矣，生民以来未有矣。如仞墙，如日月，如天之不可阶而升。……道在六经，功德可垂于万世。二帝不再帝，三王不再王，当时巍煌直如一点浮云过太虚，而今安在哉！吾祖述尧、舜，宪章文、武，载诸经籍者，百世师用，百世之唐虞三代也；千万世师用，千万世之唐虞三代也。其孰不曰大成？”[156]这些都是在孔子“大成殿”名号出现之后对其含义所作的具体阐释。在北宋中叶以前，未见唐代有将孔庙称作“大成殿”的例子。说唐代孔庙就有“大成殿”，和实际情况是有出入的。

五代后蜀统治时期，曾对文翁石室遗存进行过修缮。宋叶廷珪撰《海录碎事》记载：“毋（引者按原误作‘沈’）昭裔入蜀，见岷峨之秀，乃叹曰：‘卿云黼黻河汉，实英灵所锺也。’修文翁石室、武侯书台，出家财建学馆，刊九经。”[157]北宋吕陶《府学经史阁落成记》：“及五代之乱，疆宇割裂，孟氏苟有剑南，百度草创，犹能取《易》、《诗》、《书》、《春秋》、《周礼》、《礼记》刻于石，以资学者。吾朝皇祐中，枢密直学士京兆田公加意文治，附以《仪礼》、《公羊》、《穀梁传》，所谓九经者备焉。”[158]就是讲的上述毋昭裔刊刻孟蜀石经一事，毋刻未备，宋人补刻续成。刊九经和修文翁石室都与兴学有关，毋昭裔刻孟蜀石经，文献多有记载，但他在刊刻孟蜀石经的同时，对文翁石室也曾进行过修缮一事，他书则罕见记载。实际上，毋昭裔对文翁石室所作的修缮工作，对汉代文翁石室遗存起了很好的保护作用，为后来宋人的研究和利用创造了条件，功不可没。

（三）宋代成都府学范围的几次大规模向西扩展延伸

北宋初年有关文翁学堂石室遗存的记载不多。《续资治通鉴长编》卷四十七：真宗咸平三年（1000 年）王均兵变占领成都后，在天长观前安营扎寨，“于文翁坊密设炮架”[159]。上述唐代文翁石室所在的“文翁坊”，虽然经过太宗淳化年间（994—995年）李顺、王小波占领成都建立大顺政权，真宗咸平年间王均兵变之乱，在政府军和反叛军的相互攻战中，石室建筑似乎没有受到太大的损失。南宋谢枋得在《代干杜按察追索书板启》一文中说：“蜀寇已惨，尚留石室之九经。”[160]当时存放蜀石经的石经堂与文翁石室毗邻，从一个侧面说明了这一情况。以后之掌益州者，如“［张］乖崖承寇乱甫平，一切权宜”[161]，虽有政绩可称，承战乱之后，对学校教育事业却无力作为，文翁学堂汉代石室建筑亦未闻有修缮之举。不过，文翁石室所在学堂仍然继续作为一所著名的地方政府官办学校，聘请知名学者任教，培养人才。北宋黄休复曾说：“任先生名玠，字温如，蜀人也。学识广博，皆师仰之。大中祥符初，乐安公中正镇蜀日，请先生于文翁石室，大集生徒，讲说六经，以绍文翁之化。由是，蜀中儒士成林矣。”[162]文中的“乐安公中正”，或指接替张咏任益州知州的任中正[163]。

1. 第一次扩展向西延伸——庆历至嘉祐、治平年间的蒋堂“西学”

随着北宋中叶变法运动的兴起，推行新政对人才培养的需求和刺激，在庆历至嘉祐、治平和崇宁年间两次北宋兴学高潮中，蒋堂、宋祁、范镇等人对益州州学进行了大规模扩建，文翁石室学堂的校园范围大幅度向西延伸。

宋胡宿《宋故朝散大夫尚书礼部侍郎致仕上柱国乐安县开国侯食邑一千三百户赐紫金鱼袋赠吏部侍郎蒋公神道碑》记载：

［蒋堂以］枢密直学士知益州……乃兴学校，省厨传，凡过泰无名之费，

姑息不正之事，多所裁革，未始顾虑。耆旧有识者，窃喜公所为，咸言：庶几数年，吾俗且变。贪吏丑正，恶不利己，复有肺腑旧族，逋责列肆，累政不敢治，公裁之以法。遂入诉近习，且造险语，飞闻于上，谓公变乱旧制，蜀土且摇。遽移公知河中府。迄今蜀人歌思之不已。

治蜀日，常召高才硕生，会试府寺，亲校才等，劝成学者。于府学之侧，别建西学，以广诸生斋室。讫成，而公移蒲中。其后，转使毁之，以增廨舍。既而常山宋公尚书至府，闻其事，叹惜久之，且欲成公意。乃即其旧址，建文翁祠祠之，内图严君平、郑子真、司马相如、扬子云，蜀土先贤凡九，及公之像而十。常山公为之赞。[164]

成都人范镇是蒋堂的学生，他在《宋景文公祁神道碑》文中记载：蒋堂“知成都府。始至，葺文翁学，自为记刻。西南学者，奔走请业。公循循指教，莫不中其所偏。”[165]《宋史·蒋堂传》也记载说：蒋堂“以枢密直学士知益州。庆历初，诏天下建学。汉文翁石室在孔子庙中，堂因广其舍为学宫，选属官以教诸生，士人翕然称之。”[166]《续资治通鉴长编》也有相同的记载[167]。仁宗庆历初年蒋堂担任益州知州，在推行“庆历新政”的背景下采取了许多改革措施，根据培养执行新法人才的需要大修学校，对成都府学进行大规模的扩建，以包含汉文翁石室建筑在内的孔庙为基础，在它的西侧新修了被称为“西学”的大量校舍，受到地方人士的欢迎。但这些举措却引起了政敌们的反对，制造流言蜚语进行中伤，说蒋堂在蜀“变乱旧制”，弄得人心浮动，扩建工程刚刚开始不久，就把他调走了。根据《续资治通鉴长编》的记载，庆历四年（1044年）十二月“甲辰，龙图阁直学士吏部员外郎知秦州文彦博为枢密直学士知益州，代蒋堂也”[168]。蒋堂离任的时间应在庆历四年（1044年）十二月之前。文彦博来成都取代蒋堂之后，将正在修建中的“西学”校舍建筑拆毁，把建材改作增修官府衙署和官员宿舍之用。文彦博的这种做法，引起了本地人的不满，不久他又被调走了，改由《新唐书》作者之一的著名历史学家宋祁继任知益州。宋祁到官之后，对蒋堂兴建西学的功败垂成深感痛惜，决心续成其事，并将之付诸实施。吴曾《能改斋漫录》记载：

礼部侍郎蒋堂希鲁，宜兴人，仁宗时，以枢密直学士知成都。尝召高才硕生，会试府中。亲较才等，劝成学者。于府学之侧，别建西学以广诸生斋室。迄成，而公移蒲中。其后转运使毁之，以增廨舍。既而常山宋公尚书至府，闻其事，叹惜久之。且欲成公意，乃即其旧址，建文翁祠。祠之内，图严君平、郑子真、司马相如、扬子云蜀土先贤九人，及公之像而十。常山公为之赞。[169]

宋代曾经就读于成都学堂的吕陶，在所撰《奉和胡右丞视学所赋》文中记载：

> 成都学最古，肇自西汉时。寥寥千余载，间有或盛衰。庆历始下诏，四方如响随。良哉乐安伯（原注：蒋公自谓盖从郡望与封爵也），治体由本基。远模类文翁，故事循鲁僖。课试月为度，讲解日有规。教育犹父兄，片言不迩遗。学子五百人，絃诵何仪仪。……距此已一世，继者贤其谁？胡公庙堂老，天子深倚毗。下车急先务，劝学为之师。……砻石建巨堂，竖柱不复欹。九经满四壁，高下相支持。首尾传注完，粲然日星垂。斯经与斯堂，天下难等夷。（原注：洛雍虽有石经，未若蜀本注释之完。）度地得胜势，西隅敞高扉。气象自宏显，出门见通逵。嘉木种千本，敷阴接春晖。人将不剪伐，异日甘棠枝。贱子昔在泮，执经趋绛帷。尝闻先生训，敢告多士知。[170]

《天启新修成都府志》卷十一，名宦列传："胡世将，四川制置使兼知成都府。"[171]文中的"胡右丞"，即是指胡世将。这次所进行的以文翁石室为基础的扩建工程规模较大，有五百名学生就读，并且还专门用石材砌成两间大的屋子，将孟蜀石经嵌在墙上以供大家学习利用，就是人们说的"石经堂"。宋祁《成都府新建汉文翁祠堂碑》记载：

> 嘉祐二年予知益州，往款公祠。至，则区位湫偪，埃蚀垢蒙，不称所闻，大惧礼益懈忽，神弗临享。其明年，乃占学宫之西，攻（改）位鸠工，弗亟弗迟，作堂三楹，张左右序及献庑，大抵若干间。布寻以度堂，累常以度廷，疏窗以快显，壮闑以严闭。采有青丹，陛有级夷，瓦密栋强，若棘若飞。乃肖公像于宇间，绘相如等于东西壁。本古学之复莫若朕，本今学之盛莫若枢密直学士蒋公堂。故绘二公于其间，皆配祠焉。……祠之兴，同尚之贤则转运使赵抃及提点刑狱使者，凡三人；赞辅之勤，自通判军州事祝谘以降，六人；营董之劳，自兵马都监毛永保而下，二人。咸书象于西厢，列官里于石室。[172]

以上摘录文献记载，有三点特别值得注意：第一，宋祁继续进行的蒋堂学校扩建工程，完成的时间是仁宗嘉祐三年（1058 年）。校舍的扩建是"于府学之侧，别建西学"，不是在原有的校园区内增修校舍，而是在原校园区的西边扩大校园面积另外修建房屋。扩建的规模相当大，建成后在读的学生人数达到五百名之多。第二，宋祁所修的文翁祠，在额题中就特地标出"新建"二字，是要提醒人们注意：这一文翁祠堂从位置到内容也都完全是新的。祠内除汉人文翁作为主要崇奉对象之外，同时配置了十位蜀地先贤像作为从祀并各题赞文说明，其中有严君平、郑子真、司马相如、杨子云、高朕等古代人物，并将兴建"西学"的蒋堂和参与学校扩建工程的宋代大小官员十余人也放了进去。主像文翁大概是泥塑，而配享诸人则以壁画的形式绘出。新建文翁祠堂"占学宫之西，改位鸠工"，"即其旧址建文翁祠"，"其旧址"指被文彦博拆掉的蒋堂"西学"旧址，位置改在了校园区的西边，和宋代保存的"文翁石室"、"周公礼殿"、

“高朕再作石室”三幢汉代建筑都不是一回事。经过这次扩建，府学的校园范围已经向西边延伸了许多，其延伸部分离开汉代石室建筑已经有了相当的距离。这是文翁学堂范围大幅度向西延伸扩展的第一次明确记录，为我们了解汉碑出土地点和后来的成都府学以及今天文庙街、石室中学之间的发展演变关系提供了很有价值的线索。第三，宋祁在叙述汉代“周公礼殿”材料时说：“初，公为礼殿以舍孔子及七十二子之象。殿右庑作石室，舍公像于中。”[173]认为“周公礼殿”最初是文翁创学时建造供奉孔子和他的七十二弟子像，后来的人才在礼殿石室的右廊中增设了文翁的造像，文翁不会把自己的像放入殿内供奉，虽然不尽准确，却有一定的道理。“汉文翁石室在孔子庙中，堂因广其舍为学宫”，明确讲到了文翁石室和州学的关系，说明蒋堂扩建州学校舍是以在孔子庙中的汉文翁石室遗存为坐标，在它的西边拓展，最初并未考虑新建文翁祠的问题。后来宋祁在改位新修文翁祠的过程中，让原来在文庙内的汉代文翁石室建筑仍然继续保留在原地。也就是说，宋代新修的“文翁祠”和“文翁石室”等汉代建筑虽然是两种时代不同、位置不同的建筑，但在新祠建成之后并没有把旧的“汉文翁石室”拆掉，而是让旧的“汉文翁石室”继续保存在原地，和新的文翁祠并存，也都作为州学校园的组成部分。这样三点，是我们今天研究文翁学堂汉代石室遗存需要特别注意的，否则很容易发生混淆错误。此外，文称“咸书象于西厢，列官里于石室”，是指新建的文翁祠堂仍有石室部分，还是把这些人的材料刻画在保存下来的汉代石室中，还不太明确。从他新修文翁祠堂的原因考虑，是因为原来的文翁祠“区位湫偪，埃蚀垢□，不称所闻”，陈旧狭小，和文翁的名声太不相称，新修的文翁祠看来不大可能整个都是石室建筑。

蒋堂益州州学的整个“西学”扩建工程，嘉祐年间宋祁也没有全部完成，后来又经过英宗治平初年成都知府韩绛的继续工作，在汉代文翁石室建筑的西面补建了大量的教室，才算最后结束。宋王应麟《玉海》记载：“庆历四年，益州守蒋堂，广其舍为宫以教诸生。治平中，韩绛建讲堂于文翁石室之西。”[174]韩绛本人在《讲堂箴》中说：

> 成都之学，郡国莫先焉；士人之众，四方鲜儗者。其讲堂旧庳隘，不足以容诸生。佥谓予曰：‘蒋侯尝建西学，后辄毁撤，其基尚存，盍兴筑焉。’因相其所，图构广厦，为十有三筵，度深称是。以甲辰岁三月庚申落成。[175]

张俞《成都府学讲堂颂》说：

> 今上嗣位之年，昌黎公守蜀之五月，修文翁讲学之事。乃治学馆，就与诸生讲习礼文。又三月，遂大作讲堂。明年三月甲子，乃会僚佐及学官、生徒等三百人，行讲礼于堂上。是日，府县士民及四方之客殆万人，咸来观听。且谓：蜀之学远矣，肇兴于汉，历晋、唐至于五代，世世絃诵不衰，所谓周公礼殿、文翁石室，越千余载而巍然犹存。今昌黎公复作讲堂，而穹隆厖鸿，侈于汉之

殿室，自阙里及三都、四方之讲堂，未有壮乎此也。……乃飏言而颂之曰：‘维蜀学宫，肇于汉初。用倡庠学，盛于八区。八区洋洋，絃诵复兴。周法孔经，是缵是承。宋炳文章，与汉同风。五世寖昌，乃学之功。文武韩侯，抚我蜀都。教我子弟，一归于儒。乃严学官，乃崇讲堂。……儒师学徒，翼翼群居。升堂接武，讲考诗书。所讲维何，十哲四科。……’[176]

庆历后之甲辰岁为英宗治平元年，是张俞《成都府学讲堂颂》："今上嗣位之年，昌黎公守蜀之五月，修文翁讲学之事"的"今上嗣位之年"，即英宗治平元年（1064年），"昌黎公"应指韩绛[177]。韩绛另有《复修府学故事》诗说："文翁石室已千秋，世有兴衰化自流。贤隽相望承学粹，朝廷繇此得人优。（蜀中名士布在显要）太平典礼当传习，盛际文章正讲求。师友琢磨期不倦，岷峩秀气与云浮。"[178]也是歌颂文翁石室学堂经过扩建后的盛况。宋李新代柳几撰《杨夫子墓碣铭》："治平中，文翁石室养士千数。"柳几和碣主杨直方同为成都人，都是在文翁石室学堂读过书的同学[179]，所说当为目睹纪实之言。扩建工作完成之后，在读学生人数上千，单是那一次举行讲堂建筑落成仪式，前往参观的士民就有将近一万人之多，其时校园范围之大，占地面积之广，可以想见。这次扩建，实际上是继宋祁之后在蒋堂"西学"工程基础上的进一步发展，为成都府学在神宗熙宁年间北宋第二次兴学高潮中扩大招生人数奠定了基础。至此，作为成都府学的文翁学堂，已经在文翁、高朕石室遗存的基点上向西延伸了相当的距离。

在紧接其后的熙宁兴学高潮中，成都府学大概只是一些在成都做官的人对加强教师队伍建设，提高师资质量之类的措施，虽然没有专门的详细记载，在文献中也偶有提及。如宋吕陶在《枢密刘公墓志铭》中说：元祐元年（1086年）去世的刘庠，在成都做官时，就曾"治石室黉舍，增置学官，广朝廷教育之意"，得到蜀人的好感[180]，就是一例。在校舍建设方面，可能只是随时根据需要对石室学堂进行一些小规模的房屋修缮，文献记载中没有看到大的扩建工程。

其后元祐更化，从全国范围讲学校教育的发展一度陷于停顿甚至倒退状态，成都文翁学堂不能不受到影响。李石在《左右生图记》一文中说："汉历世暨我皇宋，蜀学之盛当绍汉。得书以补晋唐之缺文，寥寥亦复不可见。惟熙宁中，弟子员至五百，时则蜀守蒋堂密学也。自三舍法罢，学之士益落，仅至百五十人。至张焘尚书，增其员至三百。"[181]文中所说的"三舍法"，是指神宗时期的变法运动中为了培养推行新法所需的人才，大力发展学校教育，在元丰二年（1079年）所建立的一种对学生加强管理新的管理办法，按月进行考核，根据入学时间长短和成绩优劣情况，以"舍"为名将学生分为外舍、内舍和上舍三等，初入学为外舍，外舍升内舍，内舍升上舍，然后给以不同的官职[182]。后来元祐更化，三舍法被否定，学校教育受到影响，整个学生人数减少，上述李石所说的情形，正是在这种历史背景下成都府学发展的起伏。

2. 第二次扩展再度向西延伸——崇宁新学

在蒋堂、宋祁、韩绛等人之后，到徽宗时期“三舍法”重新在全国范围内实施，再度掀起兴学高潮[183]。《宋大诏令集》之“学校”门著录十八诏，除景德四年（1007 年）一诏、庆历五年（1045 年）二诏而外，其余十五诏皆为崇宁元年（1102 年）至政和六年（1116 年）颁布的[184]。陆游《老学庵笔记》卷二记载：“崇宁间初兴学校，州郡建学，聚学粮，日不暇给。士人入辟雍皆给券，一日不可缓，缓则谓之害学政，议罚不少贷[185]。”徽宗时期对加强学校教育建设的重视，由此可见。在这样的形势下，成都也受到很大的影响。南宋乾道六年（1171 年）孙觌撰《宋故资政殿大学士王公墓志铭》记载：成都“府学礼殿，东汉兴平中所营，最为旧物。崇宁中推行三舍法，又建新学，建（连?）甍接栋，几至万础。”[186]宋杨甲《修学记》载：“成都学宫，自汉至今千余岁，祠殿讲室，巍然独存。其西属延三百楹，壮丽廓大，是为崇宁新学。”[187]成都府学在徽宗崇宁年间大建新学的过程中，仍然以汉代文翁、高朕石室遗存为依托，在蒋堂、宋祁、韩绛等人兴建“西学”的基础上再次拓展校园范围，在西面又新增建了三百来间新校舍。北宋末年的“崇宁新学”，是成都府学校园的第二次大规模向西扩展延伸。至此，成都府学西边的范围实际上和原来的汉代文翁石室、高朕石室、周公礼殿遗址又进一步拉大了距离，相隔越来越远了！

（四）南宋对成都府学校舍的维修和汉代建筑遗迹的保护研究

1. 对成都府学校舍的维修和小规模增修扩建

靖康之变，宋室南渡，成都府学一方面因为战乱影响，社会动荡不安，财政困难，曾经在一段时间内出现校舍失修、学生人数减少的衰退景象；另一方面，随着文化教育中心的南移，凭借文翁兴学的历史影响，和北宋中叶以来不断扩大的校园建筑规模的良好基础条件，仍然受到封建政府的高度重视，成为京城临安太学以外地方政府兴办规模最大的学校。南宋著名大史学家李心传在宁宗嘉泰二年（1202 年）撰成的《建炎以来朝野杂记》甲集卷十三“蜀学”条记载说：“郡国之学，最盛于成都，学官二人皆朝廷遴选，弟子员至四百人，他学者亦数百人。”[188]因此，成为除京城临安太学以外地方办学的一个重点，汉代文翁石室、高朕石室、周公礼殿遗存不仅得到很好的保护和宣传，多次筹集资金组织人力进行大规模的维修，还作了不少深入细致的考察研究工作。

《宋会要》记载：

> ［绍兴六年十一月］二十八日，赐成都府府学御书“大成之殿”四字，揭于宣圣殿额。先是，成都府府学教授范仲殳言：“府学大成殿建于东汉初平中，制度简朴，气象雄浑，汉人以大隶记其修筑岁月，刻予东楹，至于今九百四十三年矣。盖天下栋宇之古无过此。臣愿陛下万机之闲，因御翰墨，作

‘大成之殿’四字，揭之殿额，以著陛下睠（眷）蜀之意。”至是从之。仍带赐本学。[189]

绍兴七年（1137年）四川制置大使席益撰《御书大成殿额记》述其立榜经过说：“绍兴六年十一月，左迪功郎、新成都府府学教授范仲殳言：‘臣所任成都府府学大成殿，建于东汉初平间，天下栋宇之古无过此者，而未有题榜。愿陛下万机之闲，亲御翰墨，揭之殿额，以示人文化成流，道德之富，覃及远方之意。’上可其请，即命仲殳乘传以赐。次年九月辛巳，仲殳至自辇毂下。臣益备位牧守，率黼僚佐出迎于郊，拜受于先圣祠下。圜冠方领之士，济济翔翔，闾巷阡陌，黧老黄幼，耸观欢呼，咸用欣戴。”[190]宋李心传《建炎以来系年要录》也有类似的记载[191]。刚刚经过战乱不久，成都府学教师就以建校历史悠久有汉代石室建筑保存下来为由向中央政府申请，得到批准，由皇帝亲自题写匾额，特地派人到京城临安取回，并举行了隆重的迎接仪式，充分表示国家对成都府学和汉代石室遗迹的高度重视。成都府学校园内的主要纪念性建筑虽然早已经过扩建，改为奉祀孔子的文庙，但汉代的周公礼殿建筑仍然让它继续留在原地作为文庙中的一处古建存在，所以南宋人尚有“成都府府学大成殿，建于东汉初平间，天下栋宇之古无过此者”之说。

绍兴七年（1137年）席益《府学石经堂图籍记》记载：

蜀儒文章冠天下，其学校之盛，汉称石室、礼殿，近世则石九经，今皆存焉。自孝景帝时，太守文翁始作石室，至东汉兴平元年，太守高眹作周公礼殿于石室东，图画邃古以来君臣圣贤；然亦有魏晋名流，以故，世传西晋太康中刺史张收始画，非也。殿有画，自高眹始，殆收尝增益之。今壁间又有东晋人士，盖收之后继有画者，不知谁氏也。齐永明十年，刺史刘悛益以礼家器服制度。伪蜀广政七年，其相母昭裔按雍都旧本九经，命平泉令张德钊书而刻诸石。本朝因礼殿以祀孔子，为宫其旁，置学官弟子，讲习传授。故蜀帅尚书右丞胡公宗愈，作堂于殿之东南隅，以贮石经。益之先人镇蜀，奏秩文翁、高眹于祀典。……向者，外域荐食上国，惟蜀赖天子神圣威武，得保生聚邑屋，而吏视军赋为急，春秋释奠，守者不亲行，敕下吏摄事，以故风雨鸟鼠之虞不至黉舍。盖自东汉兴平元年岁在甲戌始作礼殿，逮我宋绍兴六年丙辰，历年九百七十有三。其间，伪蜀刻石经之岁，是为晋开运甲辰，至是一百九十三年矣。益实受命尽护全蜀，兼行太守事。兹岁八月，诹日在丁，率僚属及诸生释菜于学，见藏经之堂已就倾圮，爰鸠工庀材，鼎而新之。[192]

除了汉代文翁石室高朕礼殿建筑之外，自北宋胡宗愈建石经堂于周公礼殿之东南隅以贮石经，已将石经堂纳入了成都府学的校园范围。南宋初年，石经堂失修损坏，绍兴六年（1136年）益州太守席益组织人进行了一次维修。

李心传《建炎以来系年要录》记载：绍兴十三（1143年）年九月“丁丑，诏宝文阁学士知成都府张焘依所乞提举江州太平观，徽猷阁待制李璆知成都府。……初焘开府……修文翁旧学，时与诸生讲论经旨，政无不举，蜀人大悦。”[193]前引李石《左右生图记》诗序说成都府学学生人数，在张焘任成都知府时已有三百名，虽然还没有恢复到崇宁年间的水平，比北宋元祐年间的百五十人还是多了一倍。绍兴十三年（1143年），成都知府张焘又对文翁旧学遗存进行了一次维修，学校条件改善，就读学生人数也有所回升。

绍兴二十九年（1159年），成都知府王刚中又对成都府学崇宁年间新建的校舍进行了一次大规模的修葺，并有增修。《宋史·王刚中传》记载：“以龙图阁待制知成都府置制四川……府学礼殿，东汉兴平中建，后又建新学。遭时多故，日就倾圮，属九县缮完，悉复其旧。”[194]乾道六年（1170年）孙觌撰《宋故资政殿大学士王公墓志铭》记载：“府学礼殿，东汉兴平中所营，最为旧物。崇宁中推行三舍法，又建新学，建（连）甍接栋，几至万础。遭时多故，生师之庐，日入于坏。公属九县修复之，蜀之父兄，欲进子弟于学者，争出钱以佐财费，轮奂一新，尽复其旧。”[195]宋冯时行《修成都府府学记》：“绍兴二十八年冬，天子命中书舍人鄱阳王公出镇全蜀。明年四月至成都，下车谒孔子庙，顾见学宫圮毁不治，喟然而叹。……成都，西南大府，当时学校荐祭无位，肄习无所……亟命度材计工，涓吉肇事，力不民役，费不民取，易腐败而新之，与新作而补其阙，凡四百楹，皆敞豁靓深，精坚严贲。公来视成，诸生东自荆夔，西极梁洋，坌集庑下。”[196]整个工程规模庞大，一共动用了蜀郡下属九个县的力量，学生家长也主动捐资赞助，在修缮崇宁新学校舍的同时，另外还有所“新作”，增建了一部分新的校舍。北宋皇祐五年（1053年），田况曾将太宗太平兴国五年（980年）至皇祐五年（1053年）73年时间内的蜀中进士题名环刻于汉代石室屋柱，王刚中又将北宋仁宗皇祐五年（1053年）至南宋高宗绍兴二十四年（1154年）这101年内蜀人之中进士者姓名添刻到石柱上，作为上述田况皇祐五年（1053年）宋初蜀中进士题名材料的续补。绍兴三十（1160年）年十一月初一日王刚中撰《进士题名续记》述其事云：“国家三岁大比，以进士题名寘贡闱，盖唐曲江之遗制也。自皇祐五年田宣简公知成都，取太平兴国五年成都进士田望之已下姓名，复刻于府学石室东厢之石柱，所以纪西蜀文物之盛，且表示学者而使知勉焉。圣上中兴，驻跸吴会，建炎元年，诏川陕去在所远，乃分省额就蜀置院考校，以合格姓名奏于朝。自是，成都登科者益众矣。然自皇祐创制，迄绍兴甲戌，凡一百五年，环柱刻之。既士一再举，无以自列，殊失劝励之意。于是攻石为柱，而继刻之，以补前人之阙，使来者睨柱而书，亦将尽而有继云。”[197]在这段时间，由德高名重的李石等人主持学校工作，远方士子仰慕而来，学生人数大增。南宋邓椿记载说：“李石字知几，资州人。少负才名，既登第，以赵逵荘叔左史之荐，任太学博士。直情径行，不附权贵，遂不容于朝。出主石室，就学者其合如云，至闽越之士，万里而来，刻石题诸生名几千人。蜀学之盛，古今鲜俪也。”[198]南宋石室学堂的发展，出现了一个小高潮。

孝宗淳熙二年（1175 年），范成大又对成都府学进行了一次大的修缮工作。宋杨甲《修学记》记其事云：“成都学宫自汉至今千余岁，祠殿讲室，巍然独存。其西属延三百楹，壮丽廓大，是为崇宁新学。而岁久弊漏污甚。蜀连帅所统治繁伙，月率一入学见诸生为故常，讲席撤即上车去，不暇按行。或有意苴补破败，吏缘为奸，厚费府廪，圬墁枝撑目所及以诬不察，故虽数加葺亦易坏。淳熙二年六月，敷文阁待制范公自桂林移镇全蜀。始至，谒先圣，率诸生列拜庭下，览古叹息。顾见屋室陊剥，木老石腐，则慨然欲兴废。于是諏画讲度，核经费虚实，选吏程督，刮绝蠹蠹。自礼殿、石室与今学官讲诵之舍，师儒之堂，黝暗缺落，风雨入而鸟鼠宅者，皆徹新之。盖踰年而役休，沉沉翼翼，严靓宏固，为西南冠。”[199]

到光宗绍熙元年（1190 年），宋京也对成都府学曾经进行过一次大规模的重修改建。杨辅《重修创府学记》说：“成都自崇宁改建学宫，厥初取具观美，不暇久远计，以故缮治无宁岁。淳熙初，辅教授府学，九年（孝宗，1182 年）夏复以事至成都，所目击者，七八年间，已两更大创葺，皆刻石纪事，则其余盖可以类见。上践祚之岁，敷文阁待制豫章京公，自工部侍郎来牧全蜀，夏四月始至成都，即学延见诸生阅实，具得其状。则叹曰：屋大而干弱，是越葺越弊，若损十年之费，撤而新之，可得大治，且持久而不败。……凡屋之以间计者一百三十有六，而一椽一杙不仍其故。……既又斥其余力，易坏增缺。合新故屋五百八十有五楹。……崇宁所创，至是撤去殆尽。而新学于是大备。其尝经行四方者，以为举天下郡国所无有。”[200]淳熙九年之后的“上践祚之岁”，当指光宗绍熙元年（1190 年）。“豫章京公”，当指《蜀事补亡》的作者宋京。由于崇宁扩建校舍要求过于急迫，虽然增修房屋的数量很多，占地面积很广，质量却很差，弄得后来不断维修，范成大的那次大修，实际上仍然未能彻底解决问题。到宋京官蜀，有人建议不如干脆推倒重修，似乎又进行了一次较大规模的改建。此后虽不再见有对成都府学进行大规模修缮或新增加建筑设施的记载，但从就读学生来源进一步扩大为不限于本郡一地的记载看，成都府学在南宋中叶仍然维持了一段时间的兴盛状态。宋魏了翁《成都府学三先生祠堂记》说：宁宗“开禧三年，蜀盗既平，诏遣刑部侍郎长沙吴公猎谕蜀……以制置使治成都，朔望即学官见诸生，讲授经义。退语寮属曰：古之教者，既为之建学立师，而有道有德者皆同祠于学。成都典治为西南剧，鼓箧学官者，盖六十州之士咸在。”[201]宋元间人牟巘《黄提干行状》记载：宁宗嘉定十一年（1218 年），隆州井研人黄济叔二十一岁“负笈游蜀学，成都石室郡四方，士殆万数”[202]。这一材料和魏了翁的记载可以相互印证，充分说明了当时成都府学之盛达到了新的高峰。

总的说来，南宋理宗以前的成都府学校园建筑，大体上保持了北宋末年崇宁新学时期的规模，整个校园的面积范围相当宽广，以两汉石室作为标志性建筑，把相当大一片土地上的许多历史文化遗迹也都包括在其中了。据南宋乾道三年（1167 年）邓椿记载，曾任太学博士的资州人李石，后因不附权贵，回到成都“出主石室，就学者其合如云。至闽越之士，万里而来，刻石题诸生名几千人，蜀学之盛，古今鲜俪也”[203]。前面提到的李石，在他主持石室学堂工作期间，有许多时间与成都府学古迹直接接触，也特别注意考察研究，对相关材料有深入细致的了解，他在《送浩侄成都学宫》诗中提到“我有《十咏》诗，考古烦吟哦”[204]。所谓的《十咏》诗，就是《府学十咏》组诗，全部是关于府学校园文物古迹的作品。组诗题目包括《文翁石室》、《高联周公礼殿》、《高联周公礼殿殿柱记》、《礼殿晋人画》、《左右生题名石刻》、《齐人画礼器图》、《黄筌画屏》、《古柏》（二首）、《秦城》（二首）、《石经室》[205]十题[206]，其内容可为两种不同类型：其一，从时间方面讲，有的为汉代遗存，有的为汉代以后历代所增，仅有“秦城”一项是汉代以前的材料；其二，从空间方面讲，有些在汉石室之内，有些在室外不同距离的范围，其中属于汉周公礼殿的材料最多。《府学十咏》的内容，大体能够概括南宋中叶以前成都府学校园内的主要古迹材料，反映当时文翁学堂几处汉代石室建筑的保存状况。成都府学保存的这些汉代以来的遗迹，在全国范围内仍然显得十分突出，给人留下了极为深刻的印象。如孝宗乾道六年（1170 年）王质所作《西征丛纪序》一文，叙述他在乾道三至四年（1167—1168 年）往返于江西、湖北和四川广元、成都之间，经过水、陆两道不同的路线，行期 401 日，旅程 17315 里，“其所经见博矣”，有关古代学校遗存中最为著名的，“访古无邈于成都之石室，画无老于汉殿之人物，碑无丰于学宫之石经”[207]，无论年代之悠久还是规模之巨大，都是以成都府学为最。这一评价，是很能说明问题的。

2. 汉代建筑内外壁画、造像遗迹的研究和碑刻题记的新发现

在南宋理宗年间蒙古兵南侵之前，石室、周公礼殿等汉代以来的文翁学堂遗迹一直作为成都府学的依托和标志，不仅得到了很好的保护和利用，同时还对有关的壁画、造像、碑刻题记等材料进行了深入细致的考察研究，在前人的基础上有很大的发展，也为我们今天的研究工作创造了条件。

（1）壁画、造像遗迹的考察研究

宋人对文翁学堂汉代建筑相关的壁画、石刻造像的考察记叙，如苏轼《东坡志林》卷四，“汉讲堂”条载：“汉时讲堂今犹在，画固俨然。丹青之古，无复前此。”[208]宋蔡絛《古器说》记载：以酷嗜书画古器著称的皇帝宋徽宗赵佶，宣和年间进一步扩大搜括古物范围时，“若岐阳宣王之石鼓，西蜀文翁礼殿之绘像，凡所知名，罔问巨细远近，悉索入九禁”[209]。在南宋佚名《馆阁续录》一书著录的材料中，有无名氏所绘“石室礼殿古贤图”三轴[210]。成都府学内文翁石室、周公礼殿的壁画材料，也被弄去变成了皇帝的收藏品，经过辗转摹绘复制，断代往往不甚可靠，前面已经提到的，这里就不再去重复叙述。此外，南宋宁宗庆元五年（1199 年）朱熹作《白鹿礼殿塑像说》，从古代不同时期跪坐姿式的发展演变的角度出发，对成都文翁石室造像作过十分认真的考察研究，有很独到的见解，从另外一个方面体现了宋人研究文翁学堂汉代石室遗迹的深入细致程度，在某种程度上代表了宋代我国传统考古学发展的水平，有必要略作补充论叙。

朱熹《跪坐拜说》长文记载：因为修葺著名的江西庐山白鹿书院礼殿制作孔子等人的塑像，有人向朱熹咨询造像应该做成什么样的坐姿才能符合古代的制度。朱熹根据大量先秦两汉文献记载进行分析，认为古人席地而坐，坐和后来的跪大抵相同，而不是像后来那样的垂足高坐，如果搞成垂足高坐是不对的。他说："闻成都府学有汉时礼殿，诸像皆席地而跪坐，文翁犹是当时琢石所为，尤足据信。……及杨子方直入蜀帅幕府，因使访焉，则果如所闻者。且为写放文翁石像为小土偶以来，而塑手不精，或者犹意其或为跏趺也。去年又以属蜀漕杨王休子美，今乃并得先圣、先师二像，木刻精好，视其坐后两蹠，隐然见于帷裳之下，然后审其所以坐者，果为跪而亡疑也。"[211]为了从古代遗迹中找到实物证据，两次托人专门到成都文翁学堂周公礼殿考察室内古代造像，将实物仿制成模型，证明他的研究结论是正确的，最后还将他的观点和论证材料撰写成一篇长长的论文放在白鹿书院的门外，让学生们了解古代有关制度演变的历史。朱熹对文翁学堂石室造像的研究是相当精辟的，影响很大，有不少人接受了他的观点。如宋岳珂《愧郯录》卷九，"礼殿坐像"条记载说："《苏文忠轼集》私试策问曰：'古者坐于席，故笾豆之长短，簠簋之高下，适与人均。今土木之像，既已巍然于上，而列器皿于地，使鬼神不享，则不可知，若其享之，则是俯伏匍匐而就也。'珂按：今世国学、郡县学礼殿坐像，皆正席南向，颜孟而下列侍，所措设与前不殊，私窃疑之。庆元己未，朱文公熹始作《白鹿礼殿塑像说》，其文曰……"[212]特地说明他是参考了朱熹的文字。宋赵与时《宾退录》，也引用了《白鹿礼殿塑像记》的材料[213]。根据朱熹的描述，结合今天所掌握的考古知识判断，宋人所见汉代文翁石室造像的时代虽然不一定能够早到汉代，但至少也不会晚于唐。这一材料，充分说明了汉代文翁石室遗迹材料影响之广泛，关注的人很多。民国年间鲍鼎著《朱子金石学》一书[214]，列举朱熹据古代金石文字以考史，汉唐宫室图像与古代器用制度等内容颇有涉猎，不知何以对成都文翁学堂石室造像研究这样重要的材料却完全没有提及。

（2）碑刻题记新材料的发现和研究

随着宋初以来经学、史学的发达，造纸业的进步，拓片技术的广泛运用，从北宋仁宗嘉祐年间欧阳修开始，我国传统金石考古之学发展形成专门学问以后，对汉代文翁学堂周公礼殿石室的碑刻题记文字的考察研究有很大的发展。特别是在南宋时期，北方黄河流域沦为金人统治，随着宋室南迁，政治、经济、文化重心南移，北宋中叶以来形成的金石学重点集中到了石刻方面，对整个南方地区各种古代石刻题记的考察研究力度大大加强。在此过程中，成都汉代文翁学堂的碑刻题记有不少新的材料被搜寻出来，全文加以著录公布。这些材料，除了见于一些零散的记载之外，以著名金石学家洪适《隶释》、《隶续》两书最为集中和详尽，为我们了解两块新出汉碑的性质意义和价值，提供了重要的线索和依据，虽然其中有一部分笔者在前面已经引用到了，在此仍有必要进一步加以补充，对全面系统的情况作简要说明。下文以《隶释》一书的著录为基础，参考其他文献加以综合，根据目前掌握的材料，有关文翁、高眹石室的汉代铭刻题记共有以下七批：①灵帝光和六年（183 年）四月《太守张景题字》，或称《石室梁上题字》，洪适说“在高联石室梁上”[215]；宋娄机说：“《太守张景题字》，光和六年立，在高联石室梁上。”[216]②初平五年（194年）《益州太守高眹修周公礼殿记》，刻在礼殿东边的木柱上。③《学师宋恩等题名》，简称《学师题名》。娄机《汉隶字原》云：“碑凡二，一列经师掾，一列文学师、诸曹掾史。在成都府学礼殿高公石室东外壁。”[217]④《博士题字》，洪适和娄机都说“在高君（眹）石室中”[218]。⑤《洪农太守张君题字》，洪适和娄机都说亦“在高眹石室中”[219]。⑥《高眹石室六题名》，洪适称，与前面的①④⑤三项“皆刻在梁相石壁之间。近岁好事者秉烛入室而模之，始传于世，蜀人多未知也”[220]。娄机称，碑在“成都府学礼殿，刻于梁楹石壁间”[221]。上引洪书之“刻在梁相石壁之间”义不可解，据此可判“相”字乃“楹”字之误刻。⑦《任君残碑阴》，亦称《任君碑》或《掾杜峻等题字》。洪适题作《任君残碑阴》，未著所在[222]；娄机题作《掾杜峻等题字》，云“在高公石室，《总目》作《先生任君等题名》，今不见‘任君’字”[223]。其中，除②一项为唐代以来大家都知道的之外，其余①③④⑤⑥⑦六项都是南宋年间新发现的材料，其中①④⑤⑥等四项汉人的题刻虽然一直长期存在，但因为石室里面光线很差，不容易看清字迹，过去没有仔细进行考察，等到这时才被有心人点着蜡烛进去搜寻出来，这是很值得注意的。这一情况表明，即使在石室中可能还会有其他题刻、壁画之类的材料没有被发现，但数量不会很多。

另有《左右生题名》，亦称《学生题名》，石刻本身的时代有不同的看法，欧阳修以为文翁时物而称《文翁学生题名》[224]。北宋末年黄伯思根据据刻字风格及地理沿革材料，判断其为晋代材料而非文翁时所刻，他在《论汉晋碑》一文中说：“与董彦远同观《文翁学生题名》，余谓董云：‘结体殊不类隶。’董云：‘《集古录》以为文翁学生。’余云：‘尝考此碑，其郡望有云“江阳”、“宁蜀”、“遂宁”、“晋原”，以《晋书·［地理］志》考之，江阳蜀置此郡，宁蜀、遂宁、晋原皆是宣武平蜀后置。’彦远击节此言，以为辨正精详。”[225]赵明诚在《学生题名》跋中考证“此碑为东晋以后人所立无疑”，实际上是采用了上述黄伯思的断代意见。赵氏同时又说：“唐颜有意所书《唐益州学馆庙堂记》载汉以来石刻皆备，独无此题名，使其为文翁学生，决不肯漏落。”[226]根据书体和沿革地理材料判定其为晋人遗刻，这是对的，以唐人是否记载作为否定其为文翁学堂的材料，则不可凭信。即使《学生题名》为“东晋以后人所立”，《益州学馆庙堂记》作于唐高宗永徽年间，已在东晋南北朝及隋之后，唐人之所以未能记及，是因为其时金石学不发达，实地考察研究不够仔细，搜索遗刻未备，而不是什么“肯漏落”与否的问题。南宋人所见文翁学堂东汉石室题刻，除汉末高眹修周公礼殿记之外，秉烛入内新收集到的光和六年太守张景题字，室外之《学师宋恩等题学》等尚有多种，不仅在唐人《益州学馆庙堂记》中没有提到，不是在北宋人的有关论著中也还没有提到吗？

今将上述内容列表二于下，以便参考。

表二　宋代著录石室东汉铭刻题记表

名称	纪年	位置	文献出处	备注
①《太守张景题字》	灵帝光和六年（183 年）四月	洪适云：“在高眹石室梁上”，娄机称：《高眹修周公礼殿记》木碑，“今碑在成都府学礼殿东南柱上”	《隶续》卷十四（416 页）：字四行“磨灭鲜成章句”	
②《益州太守高眹修周公礼殿记》	初平五年（194 年）	高眹石室柱上	《隶释》卷一	或云石柱，或云木柱
③《学师宋恩等题名》		娄机云：“在成都府学礼殿高公石室东外壁”	全文载《隶释》卷十四（156—157 页）。娄机《汉隶字原》云：“碑凡二，一列经师掾，一列文学师、诸曹掾史”（碑目下，一百四十三目）	《隶释》不著所在位置，称仅存题名而“亡其碑”
④《博士题字》		“在高君石室中”	《隶续》卷十四，“题字七行，可识者五十六字，不可识者六十余字”（417 页）	
⑤《洪农太守张君题字》		“亦在［高君］石室中”	《隶续》卷十四，“题字五行”（417 页）	
⑥《高眹石室六题名》	“所题前后不同时”	在高眹石室	《隶续》卷十四（417 页）洪适称：以上四项与前光和六年《太守张景题字》“皆刻在梁相石壁之间。近岁好事者秉烛入室而模之，始传于世，蜀人多未知也”	
⑦《掾杜峻等题字》（一称《任君碑》）		娄机云：“在高公石室”	《隶续》卷二题作《任君残碑阴》释录全文，但不著所在（304 页）。娄机《汉隶字原》碑目下，第一百九十六目	娄机云“《总目》作《先生任君等题名》，今不见‘任君’字。”洪录亦无“任君”字
⑧附《左右生题名》，一称《后汉文翁学生题名》	汉或晋（欧阳修等以为汉刻，黄伯思以为晋人所为）		《集古录跋尾》卷三，伯思《东观余论》卷下	因系成都府学古迹，姑附列于此

3. 新出李君、裴君二碑入土年代的推测

根据整个元代以前发现著录文翁学堂汉代碑刻题记的记载，都没有见到两通新出汉碑的材料，我们认为它们埋入地下的年代肯定是在宋代之前。因为到宋代，金石学作为一门专门学问正式形成，一些过去不见记载、不为人知的许多碑刻题记，都是在这时才被人搜索发现加以研究著录的。文翁学堂的情况如此，全国范围的情况也是如此，从北宋欧阳修《集古录》到南宋洪适《隶释》、《隶续》、无名氏《宝刻类编》所著录成百上千的汉唐石刻，绝大部分都是此前没有记载过的，这些材料都是摆在地面上的，过去没有记载不是因为看不见，而是因为人们不知道它的价值而没有人去注意考察收集所致。这次出土的李君、裴君两通汉碑，体积硕大，刻字甚多，保存完好，很容易引起注意。如果在北宋中叶特别是南宋还保存在地面上，不可能不被人发现，不可能不见于宋人的记载。它们没有在宋人的著作中出现，证明其早在宋代以前（至少是北宋中叶以前）就已经埋在地下，入土时间的下限不会晚到宋代，这是可以肯定的。但在宋代以前，即使立在地面上，也完全可能因为没有引起重视而默默无闻，不为世人所知。所以，究竟是在宋代以前什么年代入土，其上限则难以确定。有人根据两通汉碑出土于卵石沙地之中，认为其地属河滩，是被水冲移于此，这是不对的。两碑各重数吨，碑趺碑盖亦不下一吨，同在一处，并无滚动移位的迹象。卵石沙地说明当年学校立碑之地地势较低，或离河岸不是太远，遇有洪水，容易淹没，李碑旁题“本初元年六月下旬，此石遭水倾仆”就是很好的证据。后来裴太守在修缮学校过程中重树该碑并没有改变立碑地点，以后人们又将晚刻的裴太守碑也立在了一起。看来两通汉碑很有可能是在元嘉二年（152 年）之后某年发生的另一次特大洪水中一起被冲倒埋入地下的。两次洪水，不仅关系两通汉碑的入土时间问题，同时还牵涉到历史上成都市南面河道位置的变化、河床水位与文翁学堂的落差关系，以及都江堰渠首工程的抗洪能力、洪水级别、频率等许多水文、水利历史考古方面的重大问题，可以两碑出土位置作为坐标，结合其他地层钻探发掘材料，很好地进行研究。联系都江堰几次在索桥下鱼咀附近外江河底淤沙中出土东汉晚期纪年石刻，如 1974 年在都江堰上游出土一尊东汉建宁元年（168 年）李冰圆雕石像，2005 年建安四年（199 年）《故监北江堋太守守史郭择赵汜碑》，与石人、碑刻同时出土的还有若干石建筑构件，显然都是汉代以后发生的特大洪水将放置石像的祠庙建筑冲毁的痕迹。李、裴二碑的被水冲倒埋入地下，不能排除与上游冲毁李冰祠庙的特大洪水有关。

（五）汉代文翁石室和周公礼殿建筑遗存毁于宋末战乱的考察

到了南宋后期理宗年间以后，特别是在元代，有关汉代文翁、高朕石室和周公礼殿建筑遗存材料文献记载已不多见，间有少数述及，几乎也都是纯属转述南宋中叶以前人的文字，作者本人并未目睹遗迹。元代的情形更是如此。

元代费著《成都周公礼殿圣贤图考》载：

至圣文宣王庙，在子城内，南门之东，前汉文翁学宫故址。后汉献帝兴平元年甲戌，太守高眣（音审，俗误为眹）距今庆元戊午（南宋宁宗庆元四年即1198年）凡一千四年。旧号周公礼殿。殿制甚古，低屋方柱，柱上狭下广，与今异制。左柱有高眣修学舍记，凡三百四十二字。……殿有板龛护先圣像，丘文播画山水；龛后有板壁，黄筌画湖滩。丘画今亡，独黄画存。殿之壁，高下三方悉图画上古以来君臣及七十二弟子像，世传晋太康中太守张收之笔。……嘉祐中，王公素命摹写为七卷，凡一百五十五人，为《成都礼殿圣贤图》。绍兴中，席公益又摹写于石经堂，凡一百六十八人。案《续记》，可辨识姓名者一百七十三人。今貌像宛然者一百四十九人，仅存仿佛者三十二人，姓名存者六十五人。今仍纪《续记》姓名于左。[227]

本文虽然是费著在研究周公礼殿遗存，实际上只是在考证源出于汉代周公礼殿壁画的两种宋人复制的摹本材料：一是北宋嘉祐年间王公素组织人摹绘的一百五十五人的七卷本，二是绍兴年间席益组织人摹绘在石经堂壁上的一百六十八人本，不仅没有说他亲自在汉代周公礼殿建筑中看到过这些壁画，对于汉代周公礼殿建筑遗迹本身，除了根据常见文献记载的说法作简略追叙之外，完全没有提及文翁石室建筑遗存本身到底是什么样子，明显属于不曾见到过石室建筑遗存的一般性考说，对汉代石室礼殿旧址的具体准确位置，费著已弄不清楚了。费著乃元代人，而此记所言“后汉献帝兴平元年甲戌，太守高眣距今庆元戊午凡一千四年”，“庆元”为南宋宁宗年号，“庆元戊午”即庆元四年（1198年），距南宋灭亡（1279年）尚有81年，充分证明费著只是根据南宋人文献材料作考述，而不能说明元代文翁石室遗迹还继续存在。明曹学佺《蜀中广记》收录费著此文时指出说：“其曰《续记》者，宋王刚中《续成都古今记》也。”[228]也说明费著是引用宋人的材料。又元人王恽跋《汉文翁讲室画像》说：

余读汉魏五书，云成都有汉文翁讲学石室，壁间刻三皇五帝以来圣贤画像，蜀太守张收笔也，收献帝时人。近过刘氏家塾，遂获其本。盖自盘古氏以下至仲尼七十弟子，百一十三人，画极精妙简古，经千有余岁，无丝发剥坏，非神物护持，畴克尔邪？后有东坡所临王逸少欲摹帖，气韵豪逸，有颜鲁公风格。再四展观，悚然起敬，令人有振缨希古之想，真奇迹也。[229]

此跋未注撰作年代，唯本书后有《读汉魏五书》（除“班史表”及卫宏《汉官仪》之外未著其他三种书名）条称作于至元十九年十二月八日[230]，可知其当撰于元世祖至元十九年（1282年）或稍后。王恽号称博洽，著述甚丰，所见《汉文翁讲室画像》乃宋人临摹本，其临摹本当出自周公礼殿而非讲堂石室。跋中对文翁讲堂石室和周公礼殿汉代建筑遗迹本身的情形未赞一词，和上述费著《成都周公礼殿圣贤图考》情况相同。又元司居敬《设尼山圣像记》载：山东邹县因为迁建学校设置孔子等人偶像，有人咨询古代人的衣冠、坐法制度，他在答语中提到文翁石室的材料，说："汉文翁立学宫成都，属有文翁石室，设孔子坐像。其坐敛嗻（当系'蹠'字之误——引者）向后，屈膝当前，上古以来君臣及七十二弟子绘事两旁。晋王右军尝简蜀守写倣之，有宋嘉祐中王公素摹写为《礼殿图》。此像之最古者，然皆汉衣冠也。……古人席地而坐……于是仿文翁石室作石像。"[231]据《全元文》编校者附居敬小传云，居敬于至元末（1294年或稍前）曾为邹县尹，是记之作当在其时。文中虽然讲到文翁石室孔子坐像，"其坐敛蹠向后，屈膝当前"，实际上是引用了前文所述南宋朱熹《白鹿书院塑像记》的意见，由"宋嘉祐中王公素摹写为礼殿图"一语，更可说明所见材料最多不过宋人摹本或复制品，而非居敬曾经亲见汉人石室遗存，与上述费著的情况相同。

这些材料，也都说明汉文翁讲室壁上的画像和石室建筑一起，在元代已经毁灭不存了。

元代文献所反映汉文翁石室建筑遗存毁灭的事实，从大的时代背景看，应当与南宋后期的宋蒙战争有关。

正如伶思贤在元成宗大德四年（1300年）所撰《平遥县重修庙学记》所说："大元开创，干戈扰攘，所在庙学焚伤几尽。"[232]处在社会发展阶段相对比较落后的蒙古族人，以残暴的战争手段夺取赵宋政权，从北到南，兵过之处，烧杀破坏，学校校舍设施多被夷为平地，沦为瓦砾之墟，往往数十年不得恢复。虽然元代一般人对具体情况也都讳而不言，但字里行间仍不经意地透露出一些信息。如元成宗大德五年（1301年）王思廉《元氏县重修庙学记》说："元氏有庙学……见于元祐戊午知县事曹景所述。金实因之。天兵南来，焚撤无余。"[233]元世祖至元十八年（1281年）十月张之瀚《崇安县重修县学记》说：福建"崇安旧有学，当天戈南下，烬宋将灭，为群不逞，撤毁殆尽。"[234]所谓的"天兵"、"天戈"，都是指的蒙古兵，所过之处，学校被焚毁无遗。至元五年（1339年）李质《重修宣圣庙记》记载：过去潞城县学之文庙、校舍建筑设备都很齐全，培养出不少人才，文风很盛。"及我天朝革命，混一区宇，干戈横荡，万变纷纭，一旦火举，凡有屋舍所存者百中无一，独遗大成殿仍旧。曩日繁华，扫地而空，基址荒凉，瓦砾成堆，五十余载，士庶悲伤，无可奈何。"[235]整个县城的房屋都被元兵烧成瓦砾，保存下来的不到百分之一，学校校舍被焚毁，文庙建筑虽然孤零零地幸存下来，也是破烂不堪，经过五十多年才逐渐修复。特别是在那些遭到顽强抵抗的地方，学校所遭受的破坏更为严重，往往一火而焚，被彻底毁灭。如元庐陵（今江西吉安）刘将孙[236]《南安路上犹县新建县学记》载："入至元，大兵环而临之者逾七旬，竟以死守屠焉，学由是并毁。荆榛生之者又十数年，而后民安其居，学乃有绵蕝。"[237]南安县城军民在宋末蒙军围城过程中英勇不屈，整整坚持抵抗近两月之久，最后遭到残暴的屠城，学校也被彻底毁掉。常吉昌《元达鲁花赤兴哥撒里重修宣圣庙碑》说："寿光昔有学舍，在城垣内东北之陬。中罹兵革，衣冠之堂，化为荆棘之地；讲诵之所，变为瓦砾之场。"[238]元成宗大德六年（1302年）董九德《重修文庙记》

说：山西曲沃县文庙，“旧庙在丙地，隆盛于泰和间。自经兵劫，化为炎埃，唯大观碑、四小碣存焉。”[239]大德九年（1305 年）赵居仁《安平县庙学记》：河北“安平庙学，金源氏亡，扫地无余。”[240]像这样的例子，不胜枚举。在南宋后期长达半个世纪的宋蒙拉锯战争中，四川是受害时间最长、破坏最为惨烈的地区。南宋蜀人吴昌裔在《论救蜀四事疏》一文中说蜀中各地受祸之惨重，“屠成都，焚眉州……而西州之人，十丧七八矣。……虽荒郊绝岛之间，无一处而不被燎原沸鼎之毒也。……昔之通都大邑，今为瓦砾之场；昔之沃壤奥区，今为膏血之野。青烟弥路，白骨成丘，哀恫贯心，疮痏满目”[241]。元揭傒斯在惠宗元统二年（1334 年）所撰《彭州学记》一文中说：“蜀彭州孔子庙学，毁于兵九十余载，有司备位，因弊承简，春秋有事，绵蕝行礼，治具弗张，民习于野。……惟蜀与宋终始，声教沦洽，民心固结，故国朝用兵积数十年，乃克有定。”[242]从元统二年（1334 年）上推九十年，时当南宋理宗淳祐年间（1244 年前后），正是蒙军攻蜀之际，川西平原县学尚且如此，成都府城攻防之战更为惨烈，城内学校的情况就更不用说了。元初某南宋遗民在所著《昭忠录·王翊》记载：端平三年（1236 年）十月蒙军攻成都，“成都太平日久，不识兵革，制司丁黼昏庸无谋……二十四日，元兵步骑十万至城（成）都，入自东门。二太子坐府衙文明厅，令卜者占。……卜者曰：‘民心不归，成都是四绝死地，若住，不过二世，不若血洗而去。’二太子大书‘火、杀’二字。城中百姓，无得免者，火光照百里……二十六日，府治火……”[243]由于当时南方大部分地区尚未被蒙军占领，而成都吏民百姓又不愿归顺，今后如何发展，大局未定，使入侵者感到不能长期统治下去（明确说估计不会超过两代人），所以借卜者之口，明令对成都采取杀光、烧光的方针。结果，人被杀完，无一幸免；纵火焚城，火光冲天，百里之外都能看见，包括府衙和其他建筑在内，统统被烧毁。南宋谢伯采在理宗淳祐元年（1241 年）撰成的《密斋笔记》一书中说：“端平丙申遭乱，郡城焚荡。”[244]“端平丙申”即理宗端平三年（1236 年），“焚荡”乃经纵火焚烧后城内建筑全部化为灰烬，荡然无存，至少是绝大部分被烧掉，而不是一般性的部分损毁。那次蒙军攻占成都，从东门而入，府学在城之东南，与东门相距甚近，更是首当其祸。这是蒙军第一次攻占成都时的情形。这次攻占成都火杀之后不久蒙军暂时退出，宝祐五年（1257 年）成都又第二次被攻占，与退出西川将成都府南迁至嘉定（乐山）的宋军多次反攻战斗，最后随着整个南方地区都被征服才逐渐稳定下来。经过第二次攻战，成都府学校园内的新旧建筑，即使在端平三年（1236 年）的浩劫中尚有一少部分残余，也将进一步遭到更为彻底的毁灭。元代著名学者袁桷在《送巨德新四川省郎中》一诗中说：“草堂旧咏迷陈迹，石室残经卧落晖。战垒已从芳草换，未妨晴雨眺摩围。”[245]成都城在宋蒙战争中，长时间被作为攻守争夺的战场，战后若干年无人收拾打理，地面长满了野草，看起来仿佛是一片围猎的场所，汉代的石室建筑和孟蜀石经碑石倒塌在地上，映照着黄昏的落日残阳，一片凄惨荒凉景象。这是对成都府学校园内汉代石室建筑和孟蜀石经等古代遗迹在战争中遭到彻底毁灭情形直接的真实写照。

南宋陆游在蜀任官期间曾有《访杨先辈不遇因至石室》诗记载说：“访客客已去，

追凉成独行。衣冠严汉殿，草木拱秦城。古甃苍苔滑，空庭落日明。出门还傥恍，列屋打碑声。”文末自注说：“墙东即石经堂。”[246]宋代的石经堂和汉文翁、高朕石室仅有一墙之隔，所储孟蜀石经（包括北宋补刻部分在内）除了陈列供人对石阅读之外，还大量打出拓片流传。石经堂和室内存放的石经，据学者们的研究，“蜀石经的经石在宋代以后就亡佚了，元代和明代，都不见有任何发现经石的记载”。在元代以后，孟蜀石经除了有宋代拓本传世之外，经石残片直到明代中叶以后才逐渐有少量零星的碎片发现[247]。明曹学佺《蜀中广记》记载：“石经《礼记》数段，流落在合州宾馆中。”[248]周萼生在《近代出土的蜀石经残石》一文中，根据清代著名金石学家刘燕庭手批钱竹汀日记的叙述，说道光年间他在成都做官时，听说乾隆四十四年（1799 年）制军福康安修成都城，什邡县令贵州人任思任得到从一个土沟中出土的几十块蜀石经残片，字迹完好，后来任罢官回家，将原石运到了贵州。但曹学佺和福康安的说法都是不可信的传闻。抗日战争期间，1938 年起敌机即入川肆虐，遇空袭成都人士逃往郊区躲避敌机轰炸，城门拥挤。为出城方便，特将老南门城门洞拆除，1938 年在南门外发现大约十来片蜀石经残石，其中包括《毛诗》、《仪礼》、《尚书》、《礼记》等，石片都不大。作者据此推测：“蜀石经的亡佚，究属何时与何种原因，虽都无从断定，但以福康安修城，任思任得数十片于土壕中的传说和拆除老南门发现残石这一事实相印证，推想蜀石经的亡佚，或与修城工事有关，因成都城区为盆地平原，不易就地取得石料，这上千数的碑石，也可能和洛阳一部分汉魏石经的遭遇一样，在某一次修城的紧急工役中被利用来作为建筑材料了。”[249]蜀石经残片在 20 世纪 30 年代曾有较多材料发现这是事实，说乾隆四十四年间曾有较多材料出土，明代亦有少数材料发现的记载不可信，缺乏足够的证据。流传至今的一部分比较完整的蜀石经拓本只有宋拓而未闻有元、明两代的拓本，恰好证明宋代石经堂和孟蜀石经经石到元代已经就不存在了，并不是在明代修城过程中才毁掉的，明代最多只是搜集一些经石碎片作为修城材料利用罢了。迄今所知，发现的蜀石经残片体积都不大，四川省博物院收藏孟蜀石经《毛诗》、《尚书》、《周易》等残石六片，厚 6. 5—8 厘米，最大的高 36、宽 4 厘米，最小的高 19、宽 20 厘米。“蜀石经的毁亡约在宋末元初，一说为修城利用，今城墙拆除中未见，此说不成立。一说为抗元时作为炮石击略侵者，但仅于城边展现十余块，亦有疑问。……千余石碑碎作碑石必有近万散块，何止十余石，故其毁亡之故，尚待探索。”[250]不论以何种方式遭到破坏，变为无用之碎石块后，历年久远，散落各地自然消失，或有体积较大者得以偶然保存下来，今后可能还会有更多新的材料发现。无论怎样，成都府学校园内像蜀石经这样庞大而又极为珍贵的设施在宋末元初已荡然无存，这是事实。与之相邻的汉代文翁石室、高朕石室、周公礼殿石室建筑，和碑刻遗存同时遭到彻底毁坏，也就在所难免，宋代末年以后不再有遗迹尚存的记载发现，本身就是很好的证据。

（六）元代成都府学的重建和私家“石室书院”的兴修

元人罗寿《成都赡学田记》记载：“成都在蜀为会府，昔以武定，故所授多莱田。……成都自丙申荡于兵，文物泯尽。构置学舍才二十八年，倚席不讲，士子怠散，不能恒其业。”[251]文中的“丙申”，即上述谢伯采《密斋笔记》所说的理宗端平三年丙申（1236年），府学建筑设施毁于战火，元代统一以后虽然勉强在成都另外新修了学校，由于田园荒芜，经济残破，设备条件太差，缺乏足够的师资，学生无法安心学习，这种状况至少继续了近三十年时间才开始有所改变。元代到世祖至元十六年即宋赵昺祥兴二年（1279年）南宋灭亡才宣告统一，上距理宗端平三年（1236年）四十余年，成都府学不可能在干戈扰攘的战乱期间重建。所谓成都府学“构置学舍才二十八年”，应当是说在元成宗大德十一年（1307）早已不存在的成都府学才又草草重建起来。《赡学田记》讲成都官办学堂的重建，不仅完全没有提到新建校址和文翁石室、周公礼殿等汉代文翁学堂建筑的位置关系，甚至连和宋代府学的关系也未置一词，是否完全离开旧的文翁学堂成都府学另在他处择地而建已经不清楚了，从后面讲到明初的有关情况看，可能和宋代扩建后的西面校园新区尚有部分叠压，但和汉代的遗存不在一地，则可以肯定。

元代官办的成都府学在端平三年被毁之后五六十年才又草草重建起来，条件恶劣，资金严重不足，设备简陋，师资匮乏，远远不能满足士子们求学就读的需要。这一情况，不免唤起了一些热心教育事业的人对旧日文翁兴学事迹的怀念，纷纷以“石室书院”为名创建私立学校，使人产生这些学校似乎是在汉代石室遗址上修建的错觉。后人不察此情，却把它们当作了判定汉代石室建筑位置的根据。《成都城坊古迹考》一书说：“元代于此地建石室书院（见《元史·王守诚传》及王沂《伊滨集》)[252]。明代设成都府学于此。”[253]查《元史·王守诚传》的记载，只说王守诚于惠宗至正五年（1345年）出使四川安抚地方，“儒学提举谢晋贤请复文翁石室为书院，皆采以上闻，成之”[254]。这里说的“请复文翁石室”只是简单一句话，语意含混，并没有明确讲当时汉代石室建筑本身是否还存在，完全可作已被毁灭而请求恢复重建的意思理解。至于王沂《伊滨集》书中涉及元代曾在成都修建石室书院之事，《成都城坊古迹考》仅仅提到书名而不著篇目，更未具引其文。查该书著录元惠宗后至元六年（1340年）《石室书院记》一篇，全文如下：

> 石室何以名？祀汉文翁也。曷以祀之？古者建学，先圣先师，各因其国之故礼也。今先圣先师之位定于一，祀之礼与？曰：郡邑先贤得祠于学宫，犹古也。然则何以书蜀有儒自公始，祀有书院自今舒噜侯始？书谨始也。初侯有宅承教里，其地亢爽，宜讲艺。其位深靖，宜妥神。谋斥新之为书院。乃请于省部使者，相与图之。如不及故，材不赋而羡，工不发而集，为殿以祀先圣，为室以祀公。讲有堂，栖士有舍，重门修庑，以制庖湢，库廐以序。又割俸购书，作祭器于吴，而俎豆笾篚，罇爵簠簋皆具。而经史百氏，无外求者。祀，敛其新都膏腴之田亩一百五十，所入庙干，其家僮二百指。既成，而嵓才里秀接踵来学。至元六年，侯来京师请记。汉史载：公之治蜀，开学校，以诗书教人，而从化者众。有道则严遵、李仲元，洽闻则张宽，文章则

司马相如、王褒、扬雄。时汉之兴六十余载矣。公一倡而乡人翕然，况乎一道德而同风俗者哉！蜀在宋季为边郡，民缠焚剽之毒百余年，王师南戡，成都最先下，太宗皇帝坠除艰阨，提携赤子，置之乐土。累圣继以休养，蕃息向之，援枹击柝，今则田耕井饮矣。昔之重关复栈，今则东阡南陌矣。太和之所涵煦，孰知夫百年之深欤。既富而教，非方伯连率之职欤？表显以风励多士，不在公欤？读其书，想其人，凛乎如见之也。况低徊是祠之下者哉！夫有先贤为之依归，有贤方伯连率植之风声，作为宫室教肄之，翼然而峻整，耽然而崇邃，而市嚣之声弗闻。锦江横陈，玉垒环峙，而山川之秀可挹也。润泽之所被，华藻之所敷，学于斯者心移而神旷，气闲而意消，渐摩乎择善修身之道，涵泳乎诗书礼乐之中，于以穷神知化，于以开物成务，出者为唐虞，处者为洙泗，可也。讵特作为中和乐职之诗，以歌咏盛德，如汉何武辈而已。舒噜侯世长万夫，知夫文武之道，寓于干戈羽籥，而以筑宫育士为急，其贤乎人远矣！故余乐为之书。侯名多尔济，字存道，官云南都元帅云。[255]

元代以“至元”为年号者，有世祖（1263—1294 年）与惠宗（1335—1340 年）两帝，惠宗者后人称“后至元”。世祖至元六年（1278 年）宋尚未亡，全国未统一，其时还没有条件在成都修书院，故文中的“至元六年”，当为惠宗后至元六年（1340 年）。文中不仅没有讲舒噜侯多尔济新建石室书院的位置是在汉代文翁石室、周公礼殿旧址之上，甚至完全没有提到两者之间的关系。与此相反，文中说“初侯有宅承教里，其地亢爽，宜讲艺。其位深靖，宜妥神。谋斥新之为书院。”倒是明确地告诉我们，舒噜侯多尔济所建崇祀汉文翁的石室书院，是在地势较高的承教里自家的宅基地上修建，其地非文翁石室旧址，与文翁石室建筑遗存无关。此外，我们还找到一篇元代刘岳申所作的《西蜀石室书院记》，可以从中了解更多的情况。全文较长，兹摘录主要部分于下以供参考：

秘书大监某建石室书院于蜀，祠汉文翁，因江西提学范君汇请记于庐陵。其词曰：“秘书蒙古人，生长蜀中，承恩入侍三朝，累官至大监，告老还乡，既以私财建书院，又购古今书籍，备礼乐器，载与俱归，托不朽焉。敢助之请。”……今又闻秘书能为墨池、草堂二书院求赐额，又为之增益其田庐、书籍，是何恢恢有余裕也！唯此蜀郡……汉兴，至景帝之末，始有郡守好学通《春秋》者为之师帅，而后文学之士可比齐鲁。尚论文翁之勋业，比蚕丛为再开辟，谁忍忘之？孰知汉后历三国、六朝、隋、唐、宋，至今又千有余年，而然后有石室书院哉？殆天运循环，地气推迁，有待其时。《汉史》称武帝时令天下郡国皆立学校官，自文翁为之始。又称：文翁殁于蜀，吏民为立祠堂，春秋祭祀不绝。然则，祠堂祭祀，尚矣！又岂待书院而后见哉！余犹及见成都礼殿圣贤图像石本。苏文忠录王逸少帖云：“殿，汉帝所立，文翁石室在

> 焉。"《地志》亦称："学有石室，以文翁兴学作石室以奉之。"颜师古以为祠堂在益州城内。余以为古之石室在学校，今之石室在书院者，专祠也。……大监字达可。君字朝宗。[256]

"建石室书院于蜀，祠汉文翁"，明言秘书大监达可之所以要在蜀新建石室书院以祠祀文翁，是因为旧文翁石室建筑已毁灭不存而始有是举。文中涉及"文翁石室"的历史，除了引录《汉书·文翁传》、《汉书·地理志》等文献加以发挥之外，于汉代石室建筑之存否未置一词，更没有讲新建石室书院与汉文翁学堂石室的位置关系。由"余犹及见成都礼殿圣贤图像石本"一语可知，其时能够看到有关汉代石室建筑的"遗迹"，只有流传的一部分石刻画像拓本。元人曹大本《七十二贤画像记》说：当时全国各地建文庙立孔子及其弟子像，"天下之图者，咸罔有据依，莫不凿私造古，俾冕首坐享。……知礼者病焉。向游钱塘，获睹汉成都《周公礼殿图》，三皇历代以来及七十二子像，当时即喜曰：'不法者，可以法。'至元己酉[257]，适县尹刘彧作两庑，见其画像不法如故，闻余谈汉刻，感焉。"[258]也没有提到文翁学堂石室建筑遗迹是否存在，同样说明元代人能够看到的只有成都《周公礼殿图》早年的拓本，而不是建筑遗址。达可大监之"建石室书院于蜀，祠汉文翁"，与其"为墨池、草堂二书院求赐额"属于同样的性质，都只不过是借古代地方名人之名以为名，新建筑与古建遗存实为两事，在新建"石室书院"的同时在书院校园中新建一文翁祠以"祠汉文翁"，就具体位置而言，新旧亦非必重合不可。又王沂《石室书院记》所记兴建者为舒噜侯多尔济，而刘岳申《西蜀石室书院记》所记兴建者为秘书大监达可，两"石室书院"兴办人不同，应系名称相同而院址不同的两个书院。同名"石室书院"由不同的人在不同的位置营建，一时风气如此，新建"石室书院"与作为郡、府、州官学的旧文翁学堂的位置关系，最多也只能是就宋以来文翁学堂扩建后的西境而言，不可能是汉代石室所在的旧址。《雍正四川通志》记载："文翁书院，在苍溪县东离堆山。"[259]以"文翁"命名的书院不只是在成都才有，甚至也可以建在其他州县，借名而已，非必就石室故址而为，由此可见。

（七）明初成都府学的迁建和汉文翁石室位于今文庙前街误说的形成

如上所论，元代官办成都府学的位置虽然可能和宋代扩建后的西境有部分重合，实际上已经完全脱离了汉代石室建筑群的旧址。而私家兴办以"文翁"、"石室"命名的书院更非汉代石室建筑所在。彻底毁灭后的汉代文翁石室、高朕石室、周公礼殿旧址究竟在哪里，元人已经弄不清楚，明代的情况就更不用说了。

明英宗天顺五年（1461年）李贤等撰成的《大明一统志》记载："成都府学，在府治南，汉守文翁建，本朝永乐间重建。"[260]《嘉靖四川总志》记载："成都府学，府治南，汉文翁建，本朝永乐间重建。"[261]《天启新修成都府志》记载："成都府学，府治南，汉文翁讲堂遗址，宋初建，本朝永乐间重建。"[262]和《明一统志》基本相同。按照他们的说法，明代的成都府学完全是永乐年间在"汉文翁讲堂"或以文翁学堂为基础的旧“成都府学”遗址地面上“重建”的。但“重建”的意思是重新修建，而不是在部分损坏的基础上加以缮修或扩建。重建需要根据当时整个周围的地面环境和相关建筑布局等多方面的具体情况综合考虑，从新选择确定适当位置，在一般情况下很难与原来的旧址完全一致。如现在重修的成都九眼桥，就从原来的位置向东移到了望江楼东端，新、旧九眼桥之间的距离大约在1000米以上。原位于老九眼桥北不远的牛王庙，后来整个迁建到了现在的三圣乡，东距原址数公里之遥。类似的例子，不胜枚举。明代重建成都府学的位置，有的说是在“汉文翁讲堂遗址”上，有的又说是在宋代初年所建的府学基址上，本身就是很含糊的。明代曾经做过四川夔州通判的何宇度，在《益部谈资》一书中说：“文翁礼殿，今学宫即其故址云。汉文翁立学作石室，绘三皇五帝、仲尼七十二贤，及两汉君臣像于其中祀之。至唐已漫灭。宋嘉祐中，重为摹写，增至一百七十三人。今学宫止有孔门诸弟子石刻，不知仍是故物否？其余不可见矣。”[263]“不知仍是故物否”，态度还算比较客观，说“今学宫止有孔门诸弟子石刻”，明显是指属于后来修建的文庙部分而言，其壁画内容亦系根据王素或宋祁等宋人摹本重刻，非汉晋故物无疑。明曹楼《重修成都府儒学记》载：“拜西川督学之命，安治之明日，祇谒先师，周视学舍，见其规制赫奕，气象森古。谒之，则相传为礼殿之旧。盖愀然有余感也。学故修葺于弘治之十三年（1500年），越六周星［纪］，圮坏湫尘，倾欹支柱。”[264]曹楼在嘉靖年间以督学身份专门前往成都府学进行考察，提到“礼殿”一事时，也只是说“相传为礼殿之旧”，对宋人所见的大量有关石刻题记之类的材料则不置一词，不能判其是否属实。曹楼的说法实事求是，代表了元明以来一般人对文翁石室、周公礼殿遗迹位置观念的真实情况，同时也说明上引《明一统志》、《益部谈资》诸书所谓明代成都府学最初是永乐年间在汉文翁学堂周公礼殿遗址上重建的说法，不过是“相传”而已，并无事实根据。明耿定力《成都府学记》：“成都府郡学，在城南，规制壮丽拟王宫，岁久弗缮，日就圮。万历癸未（十一年即1583年）夏，不佞入郡视事，首谒先师，延见学官弟子，周视颓垣败壁，庙庑风雨不蔽，学官僦屋而居，间用斋阁为寝室，贫生露处号舍中。恻然悯念，欲新之，檄邑令……公帑不能具。越明年，圮益甚。乃检帑金五百……始甲申（十二年即1584年）冬十有一月，乙酉（十三年即1585年）三月落成。”[265]耿定力在万历年间来成都做官，在亲自对府学进行考察后撰成碑文，文中完全没有提到府学与文翁、高朕石室遗址有关的事，显然是出自对它的可信度表示怀疑，干脆连“相传”的话也不说，态度更谨慎了。

汉文翁石室遗址在今文庙街说的形成，应当与明初成都府学的迁建于此有关，也并不是完全没有根据的。

明代弘治年间潘璋撰《重建成都府学记》记载说：“成都府学之重建也，实肇始于弘治壬子，倡其事者布政使郑君龄、提学按察司佥事王君敕，柄其事者巡抚都御史梁公璟……夫自汉文翁守成都，至国朝千有余年，而其故址为蜀王府，迁今学于西南一里许。又百有余年，而后建焉。”[266]这一记载，对于今文庙街为汉文翁石室旧址误说的来源提供了可靠的线索，证明今文庙街相传为“文翁石室”学堂，当源于与“文翁石室”有关的成都府学在14世纪后期建蜀王府时从东北一里多的地方迁建至该地一事。弘治壬子为弘治五年（1492年），当年对迁建后的成都府学进行了一次大规模的维修和扩建，由此上推一百年为洪武二十五年（1392年），正是修建蜀王府的时间。《大明一统志》、《天启新修成都府志》等明代文献记载：明代的成都府学是永乐年间在汉文翁讲堂遗址地面上“重建”，与潘璋《重建成都府学记》的洪武迁建说在时间上略有所出入，应当是迁建工程始于洪武末年，延至永乐年间才最后完成，两者并不矛盾。因为兴建蜀王府占用了旧成都府学的地面，将成都府学从原来的地方迁到了西南一里多的地方。明四川按察使钱愽记载：“天下万世通祀孔子……唯我朝圣明，尊为先师，循历代封号如旧，端冕凝旒御南面如古王者。由国都及天下郡邑，莫不有学，学必有庙……崇重之意，无以复加矣。天顺壬午，监察御史田公奉天子命按蜀，首谒孔子庙于成都府学。”[267]文庙随府学而建，府学依文庙而存，钱愽所说天顺六年（1462年）田御史谒拜孔子庙于成都府学，府学和文庙是连在一起的。明、清两代的成都府学文庙位置没有大的变动，说明明修蜀王府新迁建的成都府学也就在今天的文庙街一带，和潘璋《重建成都府学记》所说的材料完全吻合。根据《成都城坊古迹考》的考订，明蜀府萧墙南垣在今东、西御街一线，西垣在今东城根街一线[268]，从现在文庙街向东北延伸一里余入蜀王府萧墙，大约相当于清代皇城西南面的大西街、小西街的位置，就是明初移建前的旧成都府学旧址。按照人们的传统观念，旧成都府学就是包含“文翁石室”在内的文翁学堂遗址，汉“文翁石室”在今文庙街的说法也就这样随之产生了。潘璋《重建成都府学记》说“自汉文翁守成都，至国朝千有余年，而其故址为蜀王府”，没有讲所谓的“故址”是指狭义的汉文翁石室、周公礼殿遗址，还是指广义的文翁学堂即汉后宋末之前的成都府学遗址，说明其对此已经分辨不清楚了，不能直接根据这一记载判定汉代文翁石室、周公礼殿等汉代建筑遗存的所在位置。

据说，温少峰先生曾撰文主张文翁石室原在明代蜀王府范围内，后来因为修王府才拆迁至今文庙街石室中学处。其主要论据为明正德《四川志》的这样一条记载：“菊井，在蜀府萧墙内，即旧府学之前。”[269]所谓的“旧府学”，就是旧传文翁石室的故址。现在的石室中学附近，是明代修蜀王府时成都府学迁建后的新址。这是很有见地的，和上引潘璋《重建成都府学记》的材料也是一致的。但根据前面我们对整个文翁学堂范围演变所作的历史考察，潘璋所说的“故址”应该是指广义的文翁学堂而言，更准确地说是指宋代扩展以后的成都府学遗址西面部分（元代的成都府学可能在此但不甚明确），并非文翁石室、周公礼殿等汉代建筑旧址的所在地。遗憾的是温先生的文章至今未能拜读，不知是否别有他意。

到了清代，在雍正七年（1729年）黄廷桂等重修的《雍正四川通志》中，共有三条记载涉及文翁石室。第一条在卷五中，学校志，“成都府儒学”条：

> 成都府儒学，在府南汉文翁讲堂遗址，宋初建，明永乐间重修。国朝康熙元年，巡抚佟凤彩捐葺。八年，张德地增修殿宇、墙垣，焕然大备。[270]

前面部分完全是照抄《大明一统志》、《天启新修成都府志》等方志文献的文字。第二条在卷五中，学校志，“锦江书院”条：

> 锦江书院，在成都府学明伦堂后，旧名文翁石室，以汉孝文时蜀二千石文党（引者按即文翁）兴学造士，文风埒齐鲁。永初，太守高眹更新之，增一室以祀文翁。明末毁。国朝康熙四十三年，按察使刘德芳重建。[271]

第三条在卷二十六，古迹，华阳县，“文翁石室”条：

> 文翁石室在县南，又名文翁学堂，即今之成都府学。……明末为献贼所毁。国朝康熙四十三年，按察使刘德芳修复之。六十年，学使方覲增修讲堂、学舍三十余间，拔通省士之尤者，延师教之，一时文物称盛。[272]

乾隆五十一年（1786年）《钦定八旗通志》记载：汉军正红旗人刘德芳，乾隆四十三年（1778年）升四川按察使，“修葺文翁石室为锦江书院，择民之秀者肄业其中，课督有方，廪饩无阙，一时士子，翕然向风。”[273]与《雍正四川通志》学校志，“锦江书院”条内容大体相同。综合几条记载考察，说汉代的文翁石室建筑是在明末的战乱中完全被毁掉，其旧址位于雍正年间成都府学明伦堂的后面，清代最初在康熙元年（1662年）由巡抚佟凤彩捐葺。康熙八年（1669年），张德地增修殿宇、墙垣，粗具规模。到康熙四十三年（1704年）曾由担任四川按察使的刘德芳在学堂旧址上“重建”成锦江书院。康熙六十年（1721年），担任学使的方覲又对锦江书院进行了扩建，增加了三十多间校舍和教室，属于成都府学校园的一个组成部分。一些表述含混不清，使人感到困惑。以所谓“重建”和“修复”、“修葺”而论，本来就是两个不同的概念，编者时而说是“修复”或“修葺”，时而又说是“重建”，到底是“修复”、“修葺”还是“重建”，本身就没有统一的说法，这种概念上的紊乱，充分说明清初对汉代石室旧址的准确位置到底在哪里实际上并不清楚。而以今文庙前街石室中学一带为汉代文翁石室旧址的说法，实际上是承袭了明人的误解，却似乎进一步成了“定论”。说明代的成都府学是在“张献忠屠蜀”的过程中被毁掉，实际上毁掉的只是明代重建的成都府学，而不是汉代的文翁、高眹石室、周公礼殿建筑遗存！

笔者考察整个两千年文翁学堂发展变迁的历史，可以判定今天的成都文庙街石室中学，虽然从文化渊源上讲和汉代的文翁学堂存在着一脉相传的关系，但如果从地理位置上讲，它却是在明初迁建、直至清代屡经缮修、重建的府学校园遗址上建立起来的，地下不会有汉代文翁学堂的建筑遗迹存在。在今文庙街石室中学东北方向大约1000余米的天府广场东侧东御街口汉碑出土地周围一带，才是汉代的文翁石室、周公礼殿遗址所在的范围。

四、结　　语

《礼记·学记》记载：“古之教者，家有塾，党有庠，术（遂）有序，国有学。”[274]《汉书·儒林传序》说：“三代之道，乡里有教，夏曰校，殷曰庠，周曰序。”[275]早在先秦时期就有了不同名称的学校。但正如宋王应麟所说：其时“万民居于比属，教于塾师，时属于州序，以受教法，正齿位，皆非常廪之士也。自汉景时，文翁为蜀郡守，立学官，置左右生，而郡国之养士始此。”[276]先秦时期虽有学校之设，有所谓校、序、庠、学之称，但还没有正式形成完善的制度体系。《汉书·儒林传序》所说：“及至秦始皇兼天下，燔诗书，杀术士，六学从此缺矣。”[277]秦代轻视知识文化，“以吏为师”，废除学校教育。汉初经过数十年之后，仅有中央的太学而无地方学校之设。文翁在蜀兴学，开创了我国地方政府办学的新模式，得到政府和民众的高度肯定，汉武帝正式将之定为制度在全国推行，使中断了的学校教育得以继续发展，并创建新的模式，对后来的历史产生了深远的影响。《汉书·召信臣传》：平帝“元始四年，诏书祀百辟卿士有益于民者，蜀郡以文翁，九江以召父应诏书。”[278]北宋宋祁说：“蜀之庙食，千五百年不绝者，秦李公冰、汉文公翁两祠而已。”[279]由于文翁对国家教育事业和成都平原地区水利方面的巨大贡献，不仅川西地区的吏民为他建立祠堂，皇帝还特地下诏书将之列入国家祀典，让全国人民都来纪念他，只有极少数有突出贡献的人才能够享受这种殊荣的。以后凡是官办地方学校修建文庙的碑记石刻，往往都要从溯源历史的角度提到文翁兴学的事迹，即使造成文翁石室建筑遗存毁掉的元代统治者，对此也不能完全回避，在文献中仍然不时出现有关的文字。如元张伯淳《处州松阳县重修儒学记》说：“盖自井田废，学制多不古，唯蜀被文翁遗化，所至建学。眉之邑四，学凡十有三；嘉之邑五，学凡十有八。”[280]元赵淇《宝庆路学兴造记》：“汉史循吏传，首文翁，咸不言其他钱谷、狱讼事，独谓其兴学校，教诸生明经、饬行、至意，盖礼乐教化，所以为政之本。……而文翁之功不废，可不大书之乎？”[281]元熊禾《三山郡泮五贤祠记》：“或问所在郡国学校，各祀乡之先贤，或郡之良牧，于礼亦有稽乎？曰：《礼》有祀先贤于东序、及祭乡先生于社之文。……又如蜀之文翁，闽之常衮，首开一方文治，虽去之千载，犹思慕之。虽欲不祀，人心独能恝乎？”[282]明代“洪武元年命中书省下郡县，访求应祀神祇。名山大川、圣帝明王、忠臣烈士，凡有功于国家及惠爱在民者，著于祀典，令有司岁时致祭。”“按祀典，太祖时，应天祀陈乔、杨邦乂、姚兴、王鉷，成都祀李冰、文翁、张咏。”[283]仍将文翁和李冰一起正式列为祭祀对象。不仅文翁本人如此，文翁的子孙后裔在蜀繁衍，世代沾荫尊荣，也受到人们的关注和敬重。如吴任臣《十国春秋·文谷传》记载：文谷，成都温江人，汉文翁之裔，广政年间做过山南道节度判官。文谷兄弟五人，一居汉州，一居梓州，一居绵州，一居邛州，一居温江。其祖父文龟年，唐乾符年间作过彰明县令。其子文大章，宋初官至国子祭酒[284]。《宋史·文同传》记载：北宋人“文同，字与可，梓州梓潼人，汉文翁之后，蜀人犹以‘石室’名其家。”[285]

文翁受到人们的尊崇，文翁学堂石室建筑遗存作为一种纪念意义的材料，作为地方政府办学的象征而成为名闻遐迩的历史文物古迹，长期受到关注和保护，在千余年的时间内成为成都这座历史文化名城的一大标志。在宋末元初战乱中建筑遗存被损毁之后，地面上看不到遗迹了，连准确的位置也弄不清楚了，但直到今天，人们仍然用“石室中学”的名称来寄托那种割舍不断的情怀。判明汉代文翁学堂遗址原来的位置，探寻有关的遗物遗迹，将之重现在世人面前，激励大家把国家的学校教育事业搞得更好，这是我们文物考古工作者的责任。两通汉碑作为文翁学堂遗存的一部分，它们的发现，为文翁学堂遗址的准确位置提供了十分宝贵的线索，这是我们的幸运。如果将来有条件在那里进行科学发掘，把学堂遗址大面积揭露出来，将填补一段历史的重大空白，为成都这个年代悠久的历史文化名城增加一个新的亮点。现在没有条件搞发掘，就把两通汉碑（也可用石刻复制品替代）树立在原出土地上，作为汉代文翁学堂遗址所在地的标志，让埋在地下的遗迹得到保护，安全地继续留存在那里，千万不要再让它遭到破坏！

注　释

［1］《后汉书》卷六十七，北京：中华书局，1965年，第8册，第2191—2192页。

［2］《后汉书》卷六十七，第8册，第2191页。

［3］袁宏：《后汉纪》卷二十一，张烈点校：《两汉纪》，北京：中华书局，2002年，下册，第408页。

［4］熊相纂修：《正德四川志》卷十，成都府，名宦志，本府，四川大学图书馆藏抄本。

［5］曹学佺：《蜀中广记》卷四十七，宦游记第一，川西道属，东汉，影印《文渊阁四库全书》，台北：商务印书馆，1986年，第591册，第660页。

［6］刘大谟等修：《嘉靖四川总志》卷四，成都府，名宦志，北京图书馆古籍出版编辑部编《北京图书馆古籍珍本丛刊》，北京：书目文献出版社，1988年，第42册，第76页。

［7］明冯任修、张世雍等纂：《天启（元年）新修成都府志》卷十，“名宦列传”，《中国地方志集成·四川府县志辑①》，成都：巴蜀书社，1992年据1962年熊承显钞本影印，第150页。

［8］袁宏：《后汉纪序》，张烈点校：《两汉纪》，下册，第1页。

［9］关于“高眹”的“眹”字，或释作“朕”，或释作“眹”，或释作“胜”，由于字形相近，诸家隶定不同，各书记载极不统一。欧阳修跋《唐永徽元年益州学馆庙堂记》云：“高朕之名，于义不安，颇疑［颜］有意得于古碑之讹尔。存之以俟博学者。”（《集古录跋尾》卷五）是唐人所释作“朕”。董逌《周公礼殿记跋》云：“［高朕］，流俗谓为‘高胜’。至宋璋洗视，知为‘高朕’。范蜀公尝为人道之甚详。余尝至其处求字画，得之实为‘朕’字。知在汉犹未有嫌，不必曲辨‘朕’为‘胜’也。”（董逌《广川书跋》卷五，影印《文渊阁四库全书》第813册，第388页。）范蜀公即范镇，识“朕”字之文见《东斋纪事》卷四（北京：中华书局，1980年，第32页。）以下所及，属笔者叙述，概用“朕”字；凡引录他书文字，则不改原释字形，以示尊重。歧异所在，特此说明，免生疑乱，余不另注。

［10］杨慎：《全蜀艺文志》卷四十八，刘琳、王晓波点校本，北京：线装书局，2003年，下册，第1506页。

［11］何宇度：《益部谈资》卷中，影印《文渊阁四库全书》，第592册，第745—746页。

［12］《汉书》卷八十七上，北京：中华书局，1962年，第11册，第3513页。

［13］《后汉书》卷六十五，第8册，第2145页。

［14］光和二年（179年）《后汉太尉陈球碑》跋，欧阳修：《集古录跋尾》卷三，清朱氏槐庐

刻本。

[15] 咸通十二年（871年）《唐孔府君神道碑》跋，欧阳修：《集古录跋尾》卷九。

[16] 欧阳修：《集古录跋尾》卷三。

[17] 欧阳修：《集古录跋尾》卷五。

[18] 欧阳修：《集古录跋尾》卷五。

[19] 《史记》卷一百十九，北京：中华书局，1959年，第10册，第3101—3102页。

[20] 袁宏：《后汉纪》卷九，张烈点校：《两汉纪》，下册，169页。

[21] 洪适：《隶释》卷五，北京：中华书局，1986年，第58页。

[22] 《后汉书》卷十九，第9册，第2545—2547页。

[23] 《后汉书》卷四十八，第6册，第1606页。

[24] 洪适：《隶释》卷一，第17页。

[25] 任乃强：《华阳国志校补图注》，上海：上海古籍出版社，1987年，第152—153页。

[26] 蒙文通：《儒学五论》，桂林：广西师范大学出版社，2007年，第12—13、68—81页。

[27] 《毛诗注疏》卷十九，《十三经注疏》，北京：中华书局，1980年影印本，上册，第599页。

[28] 《毛诗注疏》卷二十，《十三经注疏》，上册，第610页。

[29] 《礼记正义》卷十二，《十三经注疏》，上册，第1332页。

[30] 《礼记正义》卷三十一，《十三经注疏》，上册，第1491页。

[31] 洪适：《隶释》卷五，第58页。

[32] 洪适：《隶释》卷五，第64页。

[33] 洪适：《隶释》卷一，第23页。

[34] 洪适：《隶续》卷十五，第422页。

[35] 安作璋、熊铁基：《秦汉官制史稿》，济南：齐鲁书社，1985年，下册，第134—135页。

[36] 宗福邦等主编：《故训汇纂》，北京：商务印书馆，2003年，第2116页。

[37] 《汉书》卷八十九，第11册，第3626页。

[38] 《汉书》卷七十六，第10册，第3227页。

[39] 《汉书》卷十二，第1册，第355页。

[40] 王应麟：《玉海》卷一百十一，学校上，"周教国子"条，南京：江苏古籍出版社、上海：上海书店，1987年影印光绪九年浙江书局刊本，第3册，第2047页。

[41] 转引自李新城：《东汉铜镜铭文整理与研究》，华东师范大学博士学位论文，2006年，第9页。刘体智：《小校阁金文》卷十六著录该镜铭文无此内容，应是当时未能全释。

[42] 卒于顺帝汉安年间（142—144年）。

[43] 《后汉书》卷五十二，第6册，第1724页。

[44] 洪适：《隶释》卷一，第24页。

[45] 《后汉书》卷二，第1册，第113页。

[46] 王先谦：《后汉书集解·明帝纪》引，北京：中华书局，1984年，第69页。

[47] 洪适：《隶释》卷十四，第156—157页。

[48] 《汉书》第九十六卷上，第12册，第4069页。

[49] 严耕望：《中国地方行政制度史·秦汉地方行政制度史》，上海：上海古籍出版社，2007年，第254页。

[50] 严耕望：《中国地方行政制度史·秦汉地方行政制度史》，第253页。另汉魏之际佚名著《三辅黄图》在叙述汉太学材料时说："……其东为太学宫寺，门南出，置令丞吏，诘奸宄，理

辞讼。五（经）博士领弟子员三百六十，六经三十博士，弟子万八百人。主事、高弟、侍讲各二十四人，学士司舍，行无远近皆随檐，雨不涂足，暑不暴首。”为今本《三辅黄图》之佚文，见《太平御览》卷五三四，北京：中华书局，1960 年，第 3 册，第 2424—2425 页。

[51] 洪适：《隶释》卷十四，第 157 页。

[52] 《汉书》卷八十九，第 11 册，第 3625—3627 页。

[53] 关于文翁的名字，过去有两种不同的说法，一种主张姓文名翁，另一种认为“翁”是一般的尊称而不是名字，其名为“党”。两宋之际人姚宽著《西溪丛语》卷下：“张崇文《历代小志》：‘文翁，姓文，名党，字仲翁，景帝时为蜀郡太守。’今《汉书》皆不载其名，姑录于此。”（《笔记小说大观》，扬州：江苏广陵古籍刻印社，1983 年，第 2 册，第 88 页；北京：中华书局 1993 年点校本，第 126 页，“景帝”误作“晋帝”。）明熊相纂修：《正德四川志》卷二十八，考异：“文翁，按皇甫谧云：‘文党字仲翁’。此妄也。文翁之名，班、马不书，盖蜀人德之，不敢名之耳。古府学柱上记，前有‘文翁’，中有‘文君’，下有‘高君’者，则‘文翁’之为翁，非名也。”

[54] 《汉书》卷八十九，第 11 册，第 3643 页。

[55] 北宋初年乐史及南宋王应麟引常书此文皆作“后守更增一石室”，见《太平寰宇记》卷七十二，北京：中华书局，2007 年，第 3 册，第 1467 页；《玉海》卷一百六十一，第 4 册，第 2976 页。

[56] 任乃强：《华阳国志校补图注》卷三，第 152—153 页。

[57] 洪适：《隶释》卷一，第 17 页。

[58] 安作璋、熊铁基：《秦汉官制史稿》，下册，第 6 页。

[59] 严耕望：《中国地方行政制度史·秦汉地方行政制度》，第 284—290 页。

[60] 《汉书》卷八十九，第 11 册，第 3626 页。

[61] 《汉书》卷十二，第 1 册，第 355 页。

[62] 《后汉书》，第 11 册，第 3108 页。

[63] 任乃强：《华阳国志校补图注》，第 156 页。

[64] 袁宏：《后汉纪》卷十二，孝章皇帝纪下，张烈点校：《两汉纪》，下册，第 229—230 页。

[65] 陈立：《白虎通疏证》卷九，北京：中华书局，1994 年，吴则虞点校本，下册，第 447—449 页。

[66] 《后汉书》卷六十七，第 8 册，第 2201 页。

[67] 《后汉书》卷八，第 2 册，第 336 页。

[68] 《汉书》卷三十，第 6 册，第 1701—1702 页。

[69] 《汉书》卷八十八，第 11 册，第 3589—3590 页。

[70] 《后汉书》卷六十下，第 7 册，第 1990 页。

[71] 洪适：《隶释》卷一，第 23 页。

[72] 《后汉书》卷三十五，第 5 册，第 1196 页。

[73] 《三国志》卷三十八，北京：中华书局，1964 年，第 4 册，第 973 页。

[74] 《汉书》卷二十八下，第 6 册，第 1645 页。

[75] 常璩：《华阳国志》卷十上，先贤士女总赞论，任乃强：《华阳国志校补图注》，第 534 页。

[76] 《汉书》卷八十九，第 11 册，第 3626 页。

[77] 《益州记》文见乐史《太平寰宇记》卷七十二引，第 3 册，第 1467 页；《元和郡县志》文见该书卷三十二，北京：中华书局，1983 年，下册，768 页。

［78］ 欧阳忞：《舆地广记》卷二十九，成都府路上，成都：四川大学出版社，2003 年，下册，第 833 页。

［79］ 引者按：点校本此字作“背”，余疑其当为“皆”字之误。南宋李石《府学十咏·石室》诗序云：“汉孝景时，太守文翁始作石室，西为文翁，稍南为高朕，比文翁石室差大，皆有石像。‘朕’或为‘胜’，宋温之璋洗石以辨之，乃‘朕’字也。蜀守席旦奏，秩文翁、高朕于祀典。窃疑二室者，蜀人所以祠二公之意，非必自作。”证余之推断不误，字当为“皆”。参见袁说友等：《成都文类》卷四，诗，学校，影印《文渊阁四库全书》，第 1354 册，第 326 页。

［80］ 范镇：《东斋记事》卷四，北京：中华书局，1980 年，第 32 页。

［81］ 洪适：《隶释》卷一，第 17 页。

［82］ 董逌：《广川书跋》卷五，影印《文渊阁四库全书》，第 813 册，第 387—388 页。

［83］ 洪适：《隶释》卷十四，第 156—157 页。

［84］ 洪适：《隶释》卷十四，第 157 页。

［85］ 任乃强：《华阳国志校补图注》卷十中，广汉士女，第 562、561 页。

［86］ 洪适：《隶释》卷十四，第 157 页。

［87］ 娄机：《汉隶字源》卷一，碑目下，一百四十三目，明毛遂汲古阁刻本。

［88］ 《隋书》卷三十三，北京：中华书局，1973 年，第 1 册，第 975 页。

［89］ 费著：《成都周公礼殿圣贤图考》引，《全蜀艺文志》卷四十八，刘琳、王晓波点校本，下册，第 1505—1507 页。费文所云“今仍记《续记》姓名于左”，明曹学佺《蜀中广记》卷一百五，“画苑记第一”，收录费著此文时指出：“其曰《续纪》者，宋王刚中《续成都古今记》也。”影印《文渊阁四库全书》，第 592 册，第 676 页。

［90］ 洪适：《隶续》卷十四，第 417—418 页。

［91］ 顾蔼吉：《隶辨》卷七，碑考上，北京：中华书局，1986 年影印康熙五十七年玉渊堂刻本，第 274—275 页。

［92］ 《毛诗正义》卷二十，《十三经注疏》，上册，第 618 页。

［93］ 严粲：《诗缉》卷三十五，影印《文渊阁四库全书》，第 75 册，第 487—488 页。

［94］ 季本：《诗说解颐正释》卷二十九，影印《文渊阁四库全书》，第 79 册，第 372 页。

［95］ 季本：《诗说解颐正释》卷二十九，影印《文渊阁四库全书》，第 79 册，第 376—377 页。

［96］ 《毛诗正义》卷二十，《十三经注疏》，上册，第 614 页。

［97］ 《礼记正义》卷三十一，《十三经注疏》，下册，第 1488 页。

［98］ 欧阳修：《集古录跋尾》卷三，初平五年《后汉文翁石柱记》；王应麟：《玉海》卷一百六十一，宫室，室，汉文翁石室、周公礼殿引并同，第 4 册，第 2976 页。

［99］ 脱脱等：《宋史》卷三百八十六，北京：中华书局，1977 年，第 34 册，第 11863 页。

［100］ 《成都文类》卷三十，记，府县学一，影印《文渊阁四库全书》，第 1354 册，第 621 页；《全蜀艺文志》卷三十六，刘琳、王晓波点校本，中册，第 999 页。

［101］ 李贤等：《大明一统志》卷六十七，四川布政司，成都府，古迹，礼殿图，西安：三秦出版社，1990 年影印明天顺刻本，第 1044 页。

［102］ 清常明、杨芳灿等纂修：嘉庆《四川通志》卷四十九，舆地志四十八，古迹二，成都府二，华阳县，成都：巴蜀书社，1984 年影印嘉庆刻本，第 3 册，第 1887 页。

［103］ 《成都文类》卷四，诗，学校，影印《文渊阁四库全书》，第 1354 册，第 325 页。

［104］ 陆增祥：《八琼室金石补正》卷三十五，录《唐益州学馆庙堂记并阴》引作“至壬申年”，

北京：文物出版社，1985 年，第 233 页。

［105］ 杨慎：《全蜀艺文志》卷三十五，据史子坚《隶格》著录《周公礼殿记》作“际”，刘琳、王晓波点校本，中册，第 974 页。

［106］《全蜀艺文志》卷三十五，据史子坚《隶格》著录《周公礼殿记》作“变为灰烬”，刘琳、王晓波点校本，中册，第 974 页。

［107］ 陆增祥：《八琼室金石补正》卷三十五，录《唐益州学馆庙堂记并阴》引作“独留文翁石室，庙门之内”，第 233 页。

［108］ 杨慎：《全蜀艺文志》卷三十五，《殿柱记》作“塌”，刘琳、王晓波点校本，中册，第 973 页。

［109］ 杨慎：《全蜀艺文志》卷三十五，《殿柱记》此处注云“缺一字”，刘琳、王晓波点校本，中册，第 973 页。

［110］ 杨慎：《全蜀艺文志》卷三十五，据史子坚《隶格》著录《周公礼殿记》作“兴复学舍”，刘琳、王晓波点校本，中册，第 974 页。

［111］ 洪适：《隶释》卷一，第 17 页。

［112］ 洪适：《隶释》卷一，第 17 页。

［113］《全蜀艺文志》卷三十五，《礼殿柱记》、附史子坚《隶格》著录《周公礼殿记》，句读并同，刘琳、王晓波点校本，中册，第 973—974 页。

［114］《全蜀艺文志》下有“室”字，刘琳、王晓波点校本，中册，第 973 页。

［115］ 王利器：《风俗通义校注》，北京：中华书局，1981 年，下册，第 575 页引郦道元《水经穀水注》。

［116］ 洪适：《隶续》卷十四，第 416 页。

［117］ 娄机：《汉隶字原》卷一，碑目下，第二百四十三目。

［118］ 郭若虚：《图画见闻志》卷一，叙自古规鉴，于安澜编：《画史丛书》，上海：上海人民美术出版社，1963 年，第 1 册，第 4 页。

［119］ 宋祁：《文翁祠堂记》，《成都文类》卷三十四著作者为“缺名”，影印《文渊阁四库全书》，第 1354 册，第 672 页。今据《全蜀艺文志》卷三十七引录，见该书中册，第 1081 页。

［120］ 董逌：《广川书跋》卷五，《周公礼殿记》跋，影印《文渊阁四库全书》，第 813 册，第 387—388 页。

［121］ 曹学佺：《蜀中广记》卷四十七，影印《文渊阁四库全书》，第 591 册，第 657 页。

［122］《续汉书》，第 11 册，第 3108 页。

［123］ 严耕望：《中国地方行政制度史·秦汉地方行政制度史》，第 253—254 页。

［124］ 四川省文史研究馆：《成都城坊古迹考》（修订本），成都：成都时代出版社，2006 年，第 282 页。

［125］ 四川省文史研究馆：《成都城坊古迹考》（修订本），第 283 页。

［126］ 任乃强：《华阳国志校补图注》，第 154 页。

［127］ 据《太平御览》卷五三四，第 3 册，第 2424 页引；《艺文类聚》卷三十八（北京：中华书局，1965 年，下册，第 692 页）、《太平寰宇记》卷七十二，华阳县（王文楚等点校本，第 3 册，第 1467 页）所引，均较前者为略，唯“夏屋三间”，当从《太平寰宇记》作“厦屋三间”。

［128］ 王国维：《水经注校》卷三十三，江水一，上海：上海人民出版社，1984 年，第 1041 页。原标点有误，今重作句读。“永初”，王国维校云：“旧《水经》作永年，《华阳国志》作永

初，谢云宋本作永平。”

［129］《周书》卷三十九，北京：中华书局，1971 年，第 3 册，第 698 页。《北史》卷七十，“辛庆之族子昂传”并同（北京：中华书局，1974 年，第 8 册，第 2426 页）。

［130］卢照邻：《卢昇之集》卷二，五言律诗，影印《文渊阁四库全书》，第 1065 册，第 305 页。

［131］《汉书》卷八十九，第 11 册，第 3627 页。

［132］《汉书》卷九十，影印《四史》本，上海：世界书局，1935 年，第 1180 页。

［133］《全蜀艺文志》卷四十四，题作者为“宋郑藏修”，误唐为宋，刘琳、王晓波点校本，下册，第 1340—1341 页。王象之：《舆地纪胜碑目 · 成都府碑记》作：“《石室赞》，唐维州刺史郑藏修撰，大历十年殿中侍御史李枢篆。”（见《全蜀艺文志》卷五十二，刘琳、王晓波点校本，下册，第 1561 页）以郑藏休为宋人者误。

［134］文宗大和四年（831 年）官剑南西川。

［135］《成都文类》卷四十五，记，画像，影印《文渊阁四库全书》，第 1354 册，第 788 页。

［136］《成都文类》卷四，诗，学校，影印《文渊阁四库全书》，第 1354 册，第 324 页。

［137］《全唐诗》卷七百六十九，上海：上海古籍出版社，1985 年影印本，下册，第 1909 页。

［138］严耕望：《唐五代时期之成都》，《严耕望史学论文选集》，北京：中华书局，2006 年，上册，第 194 页。

［139］刘昫等：《旧唐书》卷四十六，北京：中华书局，1975 年，第 6 册，第 2003 页。

［140］欧阳修、宋祁：《新唐书》卷五十八，北京：中华书局，1975 年，第 5 册，第 1482 页。

［141］张彦远：《历代名画记》卷三，于安澜编：《画史丛书》，第 1 册，第 56 页。“昔画古圣帝贤臣、七十子”，于本误“昔”作“十”，并于其后加逗号句读，义不可解，今据他本校正。

［142］此李膺为梁人，与东汉李膺同名。

［143］李吉甫：《元和郡县图志》卷三十一，剑南道上，成都府，下册，第 768 页。

［144］金文明：《金石录校证》卷四，第六百九目，桂林：广西师范大学出版社，2005 年，第 56 页；王象之：《舆地纪胜碑目 · 成都府碑记》作“《馆学庙堂记》，唐永徽元年贺公亮撰”，《全蜀艺文志》卷五十二，刘琳、王晓波点校本，下册，第 1561 页。

［145］金文明：《金石录校证》卷五，第八百五十九目，第 80 页；王象之：《舆地纪胜碑目 · 成都府碑记》作“《州学庙堂颂》，唐神龙二年史纛撰”，《全蜀艺文志》卷五十二，刘琳、王晓波点校本，下册，第 1561 页。

［146］金文明：《金石录校证》卷五，第九百四十一目，第 86 页；王象之：《舆地纪胜碑目 · 成都府碑记》：“《孔子庙堂碑》，唐开元中周颢撰”，见《全蜀艺文志》卷五十二，刘琳、王晓波点校本，下册，第 1561 页。

［147］金文明：《金石录校证》卷五，第九百四十二目，第 86 页。

［148］金文明：《金石录校证》卷五，第九百四十二目，第 86 页。

［149］佚名：《宝刻类编》卷三，名臣十三之二，王云五主编：《丛书集成初编》，上海：商务印书馆，1936 年，第 1514 册，第 74 页。

［150］李石：《方舟集》卷一，影印《文渊阁四库全书》，第 1149 册，第 542 页。

［151］祝穆：《方舆胜览》卷五十一，成都府路，成都府，祠庙，北京：中华书局，2003 年，施和金点校本，中册，第 913 页。

［152］四川省文史研究馆：《成都城坊古迹考》（修订本），第 283 页。

［153］杨仲良：《皇宋通鉴长编纪事本末》卷一百二十六，州县学，哈尔滨：黑龙江人民出版社，2006 年，李之亮校点本，第 4 册，第 2127 页。

[154] 宋濂等:《元史》卷七十六,北京:中华书局,1976年,第6册,第1892页。
[155] 刘岳申:《申斋集》卷六,影印《文渊阁四库全书》,第1204册,第249—250页。
[156] 李修生主编:《全元文》卷三五八,南京:江苏古籍出版社,1998年,第10册,第371—372页转录道光爱馀堂刊本《水云村泯稿》卷三。
[157] 叶廷珪:《海录碎事》卷四下,楼台门,书台,影印《文渊阁四库全书》,第921册,第164页。
[158] 吕陶:《净德集》卷十四,记,影印《文渊阁四库全书》,第1098册,第105页;《全蜀艺文志》卷三十五题作"《经史阁记》",刘琳、王晓波点校本,中册,第996页。
[159] 李焘:《续资治通鉴长编》卷四十七,上海:上海古籍出版社,1986年,第1册,第395页;杨仲良:《皇宋通鉴长编纪事本末》卷二十五,李之亮校点本,第1册,第402页;《宋史》卷二百七十八,雷有终传,所记并同(第27册,第9460页)。
[160] 谢枋得:《叠山集》卷三,影印《文渊阁四库全书》,第1184册,第891页。
[161] 胡宿:《宋故朝散大夫尚书礼部侍郎致仕上柱国乐安县开国侯食邑一千三百户赐紫金鱼袋赠吏部侍郎蒋公神道碑》,《文恭集》卷三十九,影印《文渊阁四库全书》,第1088册,第956页。
[162] 黄休复:《茅亭客话》卷十,"任先生"条,王文濡辑:《说库》,杭州:浙江古籍出版社,1986年影印民国四年上海文明书局石印本。
[163] 曹学佺:《蜀中广记》卷四十七,宦游记第一:"任中正,字庆之,济阴人,知梓州,擢枢密直学士,代张咏知益州凡五载",影印《文渊阁四库全书》,第591册,第681页。
[164] 胡宿:《文恭集》卷三十九,碑表塔铭,影印《文渊阁四库全书》,第1088册,第956—957页。
[165] 杜大珪编:《名臣碑传琬琰之集》上卷七,《影印文渊阁四库全书》,第450册,第63页。
[166] 《宋史》卷二百九十八,第28册,第9913页。
[167] 李焘:《续资治通鉴长编》卷一百五十三,仁宗,第2册,第1423页。
[168] 李焘:《续资治通鉴长编》卷一百五十三,仁宗,第2册,第1423页。
[169] 吴曾:《能改斋漫录》卷十二,"蒋西鲁建西学宋宏(引者按当系'公'字之误)肖其像于文翁祠"条,上海:上海古籍书店,1960年,下册,第369页;宋祁:《府学文翁画像十赞》,全文见《成都文类》卷四十八,赞,影印《文渊阁四库全书》,第1354册,第827—829页;《全蜀艺文志》卷四十四,刘琳、王晓波点校本,下册,第1342—1345页。
[170] 吕陶:《净德集》卷三十,五言古诗,影印《文渊阁四库全书》,第1098册,第232—233页。
[171] 《中国地方志集成·四川府县志辑①》,第168页。
[172] 吕祖谦编:《宋文鉴》卷七十六,碑文,影印《文渊阁四库全书》,第1350册,第785—786页;《成都文类》卷三十四,记,文翁祠堂记,作者注"缺名",影印《文渊阁四库全书》,第1354册,第672—673页;《全蜀艺文志》卷三十七作"文翁祠堂记",刘琳、王晓波点校本,中册,第1080—1082页。
[173] 宋祁:《成都府新建汉文翁祠堂碑》,吕祖谦编:《宋文鉴》卷七十六,影印《文渊阁四库全书》,第1350册,第785页。
[174] 王应麟:《玉海》卷一百六十一,宫室,室,汉文翁石室、周公礼殿,第4册,第2976页。
[175] 《成都文类》卷四十八,箴,影印《文渊阁四库全书》,第1354册,第821页;《全蜀艺文志》卷四十四,刘琳、王晓波点校本,下册,第1307页。

[176] 《成都文类》卷四十八，颂，影印《文渊阁四库全书》，第 1354 册，第 835 页；《全蜀艺文志》卷四十五并同，但该书将“历晋、唐至于五代”误作“历晋、唐至于战国”，“十哲四科”误作“孔门四科”，刘琳、王晓波点校本，下册，第 1375 页。

[177] 范镇是宋祁的学生。范镇《宋景文公祁神道碑》：“嘉祐五年秋，常山宋公自郑州移疾还京师。明年夏四月，疾益侵，召门弟子蜀郡范镇而谓之曰……”见杜大珪编：《名臣碑传琬琰之集》上卷七，影印《文渊阁四库全书》，第 450 册，第 60 页。

[178] 《成都文类》卷四，诗，学校，影印《文渊阁四库全书》，第 1354 册，第 325 页。

[179] 李新：《跨鳌集》卷二十九，墓志，影印《文渊阁四库全书》，第 1124 册，第 645 页。

[180] 吕陶：《净德集》卷二十一，墓志铭，影印《文渊阁四库全书》，第 1098 册，第 175 页。

[181] 《成都文类》卷四十五，记，画像，影印《文渊阁四库全书》，第 1354 册，第 795 页。

[182] 《宋史》卷一百五十七，选举志三，第 11 册，第 3660 页。

[183] 杨仲良：《皇宋通鉴长编纪事本末》卷一百二十六，“州县学”：崇宁元年八月，蔡京建议“以学校为今日先务，乞天下并置学养士……郡小或举人少，则令三二州学者聚学于一州。……置州学，并差教授二员。……以三舍考选法遍行天下”，“诏令讲议司立法颁降”（李之亮校点本，第 4 册，第 2118—2119 页）。崇宁三年“九月癸未，诏诸路应副修盖学舍了毕，提举学士及州县官，各与减磨勘年有差”（李之亮校点本，第 4 册，第 2122 页）。

[184] 《宋大诏令集》卷一百七十五，北京：中华书局，1962 年，第 590—593 页。

[185] 陆游：《老学庵笔记》卷二，北京：中华书局，1979 年，第 27 页。

[186] 孙觌：《鸿庆居士集》卷三十八，墓志铭，影印《文渊阁四库全书》，第 1135 册，第 413 页。

[187] 《成都文类》卷三十，记，府县学一，影印《文渊阁四库全书》，第 1354 册，第 625 页。

[188] 李心传：《建炎以来朝野杂记》，北京：中华书局，2000 年，第 280 页。

[189] 《宋会要辑稿》第五十六册，崇儒六之十六，北京：中华书局，1957 年，第 3 册，第 2276 页下。

[190] 《成都文类》卷三十，记，府县学一，影印《文渊阁四库全书》，第 1354 册，第 621 页；《全蜀艺文志》卷三十八，刘琳、王晓波点校本，中册，第 998 页。

[191] 李心传：《建炎以来系年要录》卷一百六，北京：中华书局，1988 年，第 3 册，第 1735 页。

[192] 《成都文类》卷三十，记，府县学一，影印《文渊阁四库全书》，第 1354 册，第 621—622 页；《全蜀艺文志》卷三十六，刘琳、王晓波点校本，中册，第 999—1000 页。

[193] 李心传：《建炎以来系年要录》卷一百五十，第 3 册，第 2412 页。

[194] 《宋史》卷三百八十六，列传第一百四十五，第 34 册，第 11862—11863 页。

[195] 孙觌：《鸿庆居士集》卷三十八，墓志铭，影印《文渊阁四库全书》，第 1135 册，第 413 页。

[196] 《成都文类》卷三十，记，府县学一，影印《文渊阁四库全书》，第 1354 册，第 622—623 页；《全蜀艺文志》卷三十六，刘琳、王晓波点校本，中册，第 1004 页。

[197] 《成都文类》卷三十，记，府县学一，影印《文渊阁四库全书》，第 1354 册，第 623 页。

[198] 邓椿：《画继》卷三，于安澜编：《画史丛书》，第 1 册，第 20 页。

[199] 《成都文类》卷三十，记，府县学一，影印《文渊阁四库全书》，第 1354 册，第 625 页；《全蜀艺文志》卷三十六，刘琳、王晓波点校本，中册，第 1006 页。

[200] 《成都文类》卷三十，记，府县学一，影印《文渊阁四库全书》，第 1354 册，第 629 页。

[201] 魏了翁：《鹤山集》卷三十八，记，影印《文渊阁四库全书》，第 1172 册，第 436 页。

［202］ 牟巘：《牟氏陵阳集》卷二十四，行状，影印《文渊阁四库全书》，第1188册，第209页。

［203］ 邓椿：《画继》卷二，于安澜编：《画史丛书》，第1册，第20页。

［204］ 李石：《方舟集》卷一，五言古诗，影印《文渊阁四库全书》，第1149册，第534页。

［205］ 范成大《石经始末记》："按赵清献公《成都记》，伪蜀相母昭裔捐俸金，取九经琢石于学宫。"参见《全蜀艺文志》卷三十六，刘琳、王晓波点校本，中册，第1001页。

［206］ 《成都文类》卷四，诗，学校，影印《文渊阁四库全书》，第1354册，第326—330页；《全蜀艺文志》卷十，刘琳、王晓波点校本，上册，第252—261页。

［207］ 王质：《雪山集》卷五，序，影印《文渊阁四库全书》，第1149册，第381—382页。

［208］ 苏轼：《东坡志林》卷四，北京：中华书局，1981年，第74—75页。

［209］ 蔡絛：《铁围山丛谈》卷四，北京：中华书局，1983年点校本，第80页。

［210］ 南宋佚名编：《馆阁续录》卷三，储藏，影印《文渊阁四库全书》，第595册，第476页。

［211］ 康熙五十二年《御纂朱子全书》卷四十，礼四，杂仪，影印《文渊阁四库全书》，第721册，第213页。

［212］ 《笔记小说大观》，第8册，第376页。

［213］ 赵与旹：《宾退录》卷七，上海：上海古籍出版社，1983年，第93—94页。

［214］ 《石刻史料新编》，台北：新文丰出版股份有限公司，1986年，第三辑第39册，第1—30页。

［215］ 洪适：《隶释》卷十四，第416页。

［216］ 娄机：《汉隶字原》卷一，碑目下，第二百四十三目。

［217］ 娄机：《汉隶字原》卷一，碑目下，一百四十三目。

［218］ 洪适：《隶续》卷十四，第417页；《汉隶字原》卷一，碑目下，第二百四十四目。

［219］ 洪适：《隶续》卷十四，第417页；《汉隶字原》卷一，碑目下，第二百四十五目。

［220］ 洪适：《隶续》卷十四，第417页。

［221］ 娄机：《汉隶字原》卷一，碑目下，第二百四十六目。

［222］ 洪适：《隶续》卷二，第304页。

［223］ 娄机：《汉隶字原》卷一，碑目下，第一百九十六目。

［224］ 欧阳修：《集古录跋尾》卷三，《后汉文翁学生题名》。

［225］ 黄伯思：《东观余论》卷下，影印《宋本东观余论》，北京：中华书局，1988年，第335页。

［226］ 赵明诚：《金石录》卷二十，金文明：《金石录校证》，第352页。

［227］ 《全蜀艺文志》卷四十八，刘琳、王晓波点校本，下册，第1505页。

［228］ 曹学佺：《蜀中广记》卷一百五，画苑记第一，影印《文渊阁四库全书》，第592册，第676页。

［229］ 王恽：《秋涧集》卷七十二，题跋，影印《文渊阁四库全书》，第1201册，第84页。

［230］ 李修生主编：《全元文》卷二〇六，第6册，第834页。

［231］ 李修生主编：《全元文》卷九一五，第28册，第242—243页，录自明万历三十九年刻本《邹志》卷四、嘉靖四年刻本《邹县地理志》卷二。

［232］ 李修生主编：《全元文》卷一一六〇，第37册，第60页，录自明成化十一年《山西通志》卷一三。

［233］ 沈涛：《常山贞石志》卷十七，《石刻史料新编》，台北：新文丰出版股份有限公司，1977年，第一编第18册，第13458页。

[234] 张之瀚：《西岩集》卷十五，记，影印《文渊阁四库全书》，第 1204 册，第 483 页。

[235] 李修生主编：《全元文》卷七〇三，第 22 册，第 457—458 页，录自康熙四十五年刻本《潞城县志》卷七。

[236] 刘将孙曾为临汀书院山长、延平教授。

[237] 刘将孙：《养吾斋集》卷十五，记一，影印《文渊阁四库全书》，第 1199 册，第 138 页。

[238] 李修生主编：《全元文》卷一一四七，第 36 册，第 260 页，转录民国二十五年《寿光县志》卷十三《金石志》。

[239] 李修生主编：《全元文》卷一一一六，第 35 册，第 112 页，转录明嘉靖三十年《曲沃县志》卷十四。

[240] 李修生主编：《全元文》卷一一六六，第 37 册，第 203 页，转录光绪二十六年《深州风土记》卷十一中。

[241] 杨士奇编：《历代名臣奏议》卷一百，经国，影印《文渊阁四库全书》，第 435 册，第 776 页。

[242] 虞集：《文安集》卷十一，记，《影印文渊阁四库全书》，第 1208 册，第 255—256 页。

[243] 佚名：《昭忠录》，王翊，影印《文渊阁四库全书》，第 451 册，第 223—224 页。

[244] 谢伯采：《密斋笔记》卷四，《笔记小说大观》，台北：新兴书局有限公司，1979 年，第三十编第十册，第 6047 页。

[245] 袁桷：《清容居士集》卷十，律诗，影印《文渊阁四库全书》，第 1203 册，第 134 页。

[246] 陆游：《剑南诗稿》卷八，影印《文渊阁四库全书》，第 1162 册，第 139 页。

[247] 徐森玉：《蜀石经和北宋二体石经》，《文物》1962 年第 1 期。

[248] 曹学佺：《蜀中广记》卷一，名胜记第一，川西道，成都府一，影印《文渊阁四库全书》，第 591 册，第 8 页。

[249] 周萼生：《近代出土的蜀石经残石》，《文物》1963 年第 7 期。

[250] 四川省文物管理局编：《四川文物志 · 石刻碑志卷 · 成都市孟蜀石经》，成都：巴蜀书社，2005 年，上册，第 292—293 页。

[251] 熊相纂修：《正德四川志》卷二十九，文词，成都府；冯任修、张世雍等纂：《天启新修成都府志》卷四十，艺文志，《中国地方志集成 · 四川府县志辑①》，第 583 页。

[252] 原注如此。

[253] 四川省文史研究馆：《成都城坊古迹考》（修订本），第 283 页。

[254] 宋濂等：《元史》卷一百八十三，第 14 册，第 4209—4210 页。

[255] 王沂：《伊滨集》卷十八，影印《文渊阁四库全书》，第 1208 册，第 546—547 页。

[256] 刘岳申：《申斋集》卷六，影印《文渊阁四库全书》，第 1204 册，第 261—262 页。明朱存理撰、赵岐美编《赵氏铁网珊瑚网》卷六，《赠钮怜大监》：“‘论卷聚书三十万，锦江江上数连艘。追还教授文翁学，重叹征求使者劳。石室谈经修俎豆，草堂迎诏树旗旄。也知后世扬雄在，献赋为郎媿尔曹。’请以蜀文翁之石室、扬雄之墨池、杜甫之草堂，皆列学宫。又为甫得谥曰‘文贞’。以私财作三书院，徧行东南，收书卅万卷，及铸礼器以归。虞奎章记其事，邀予赋诗如上。”（影印《文渊阁四库全书》，第 815 册，第 439 页。）朱氏当系据虞奎章追忆上述元人之事以为说，更不能作为元人尚见文翁石室遗址之证。

[257] 引者按：前、后至元皆无己酉，当为二十二年乙酉（1285 年）之误。“尚论文学之勋业”，当系“尚论文翁之勋业”之误。

[258] 李修生主编:《全元文》卷一一一六，第35册，第121页，录自道光十九年《郓城县志》卷十三。
[259] 《雍正四川通志》卷五中，学校，书院，影印《文渊阁四库全书》，第559册，第221页。
[260] 李贤等:《大明一统志》卷六十七，成都府，学校，第1041页。
[261] 刘大谟等修:《嘉靖四川总志》卷三，成都府，学校，北京图书馆古籍出版编辑部:《北京图书馆古籍珍本丛刊》，第42册，第65页。
[262] 冯任修、张世雍等纂:《天启新修成都府志》卷三，学校志，《中国地方志集成·四川府县志辑①》，第58页。
[263] 何宇度:《益部谈资》卷中，影印《文渊阁四库全书》，第592册，第745页。
[264] 冯任修、张世雍等纂:《天启新修成都府志》卷五十二，艺文志，《中国地方志集成·四川府县志辑①》，第771页。自弘治十三年（1499年）“越六周星［纪］”，十二年为一周星纪，则此记之作时当嘉靖四十年（1561年）前后。
[265] 冯任修、张世雍等纂:《天启新修成都府志》卷五十二，艺文志，《中国地方志集成·四川府县志辑①》，第773页。
[266] 熊相纂修:《正德四川志》卷二十九，文词，成都府。
[267] 熊相纂修:《正德四川志》卷三十，文词，成都府。
[268] 四川省文史研究馆:《成都城坊古迹考》（修订本），第73页。
[269] 熊相纂修:《正德四川志》卷九，成都府，山川。
[270] 影印《文渊阁四库全书》，第559册，第207页。
[271] 影印《文渊阁四库全书》，第559册，第220页。
[272] 影印《文渊阁四库全书》，第560册，第441页。
[273] 《钦定八旗通志》卷二百三十七，影印《文渊阁四库全书》，第668册，第686页。
[274] 《十三经注疏》，下册，第1521页。
[275] 《汉书》卷八十八，第11册，第3593—3594页。
[276] 王应麟:《玉海》卷一百十一，学校上，周教国子，第3册，第2047页。
[277] 《汉书》卷八十八，第11册，第3592页。
[278] 《汉书》卷八十九，第11册，第3643页。
[279] 宋祁:《成都府新建汉文翁祠堂碑》，吕祖谦:《宋文鉴》卷七十六，影印《文渊阁四库全书》，第1350册，第785页;《文翁祠堂记》（缺名），扈仲荣等编:《成都文类》卷三十四，记，祠堂一，影印《文渊阁四库全书》，第1354册，第672页。
[280] 李修生主编:《全元文》卷三八〇，第11册，第226—227页，引录明宣德七年重印元刻本《养蒙先生文集》卷三。
[281] 李修生主编:《全元文》卷三三八，第10册，第166—167页，转录清嘉庆二十五年《湖南通志》卷二十五。
[282] 熊禾:《勿轩集》卷二，记，影印《文渊阁四库全书》，第1188册，第785页。
[283] 张廷玉:《明史》卷五十，礼四，吉礼四，诸神祠，北京:中华书局，1974年，第5册，第1306、1310页。
[284] 吴任臣:《十国春秋》卷五十六，后蜀九，北京:中华书局，徐敏霞等点校本，1983年，第2册，第816—817页。
[285] 《宋史》卷四百四十三，文苑传五，第37册，第13101页。

The Tablets of Han Dynasty Unearthed from Chengdu Are the Remains of '*Wenweng shishi*' : A Brief Study on the Development from '*Wenweng shishi*', '*Zhougong lidian*' to '*Jingjiang shuyuan*'

Zhang Xunliao
(Department of Archaeology, Sichuan University)

Abstract: On the basis of the textual research on the inscriptions of two stone tablets unearthed from Dongyu Street, Tianfu Square, Chengdu, the author proposes that they are 'benevolent rule' tablets. One was for Governor Li and another was for Governor Pei of Shu Commandery in East Han Dynasty. Governor Li should be Li Ying. The two Governors were highly cited for their coming to Chengdu during the background of education's depression both in Shu Commandery and the whole country after Emperor Shun period of Eastern Han Dynasty, promoting education, and making great achievements for the development of Confucian culture. According to the names inscribed on the back side of the stone tablets, schoolteachers, such as the titles of '*Xue Guan*' and '*Jing Shi*', enjoyed high rank. The tablet of Governor Li was beat down because of the flood. Governor Pei, however, erected it again during the reconstruction of the school after the flood, which indicated that the tablet should be on the campus at that time. The author discussed some problems reflected in the inscriptions, including the history of local education development in Chengdu since the late period of Emperor Jing of the Western Han Dynasty, the protection and research about the buildings of Han Dynasty, and the ruins of stone tablets in different times, the school's expanding toward the west for times, the thorough destruction of '*Wenweng shishi*' (The first local official school in Chengdu founded by Wen Weng of Western Han Dynasty) with Mongolia Army burning down Chengdu in Southern Song Dynasty, moving '*Chengdu fuxue*' (official school of Chengdu) to another place and its reconstruction after Yuan Dynasty. The author argues that the two tablets should be the relics of '*Wenweng shishi*' in Han Dynasty. The place where the tablets were unearthed is the location of the official school of Shu Commandery and Yi Prefecture from Han Dynasty to the third year of Duanping reign period of Emperor Lizong in Southern Song Dynasty, which is of great academic value in the history of Chinese education development.

Keywords: Tablets of Han Dynasty in Chengdu *Wenweng Shishi* *Zhougong lidian* *Shishi shuyuan*

汉王朝影响下的石寨山文化社会转变

江柏毅

（澳大利亚国立大学考古与人类学系）

摘要：本文探讨云南石寨山文化在汉王朝领土、政治、文化扩张影响下的华夏化过程与社会变化。历史文献与九个遗址的墓葬数据分析结果显示，在汉王朝征服滇国之前，华夏化影响仅止于少数高阶社会地位之石寨山文化族群，而在公元前 109 年之后，华夏化逐渐影响石寨山文化各社会阶层，社会高阶族群也已无法独占华夏式器物。证据显示石寨山文化社会制度在汉王朝势力进入之后并未立即崩溃；相反地，仍然延续了一段时间。

关键词：华夏认同　石寨山文化　墓葬

一、前　　言

现代中国是由多元民族组成的国家，其境内超过二百种语言，以汉藏语族的分布最广。比较语言学研究指出，今日分布于大陆东南亚的南亚、壮侗及苗瑶语族祖源可能都来自中国南方[1]或长江中游一带。南亚语族的南向扩散在新石器时代；壮侗与苗瑶语族的扩散则较晚，已进入中国的历史时期，而其在国土边缘与中国南方呈现零星、孤立的分布状态，可能与汉藏语族的扩张、长期以来东亚大陆各族群的移动有关[2]。考古学方面的研究，根据 Peter Bellwood 等人所提出的农业/语言扩散假说（The Farming/Language Dispersal Hypothesis）[3]，认为东亚大陆早期的族群扩散与长江中、下游的农业族群有关[4]。另外，根据张光直先生所提出的中国相互作用圈假说，自新石器时代以来，中国各地区考古学文化数量随时间逐渐增加，互动亦愈加频繁，在公元前 4000 年左右形成文化交互作用圈[5]，而各地区考古学文化可能在距今 4000—3000 年受到不同程度的气候变化、洪水、政治、社会变迁等因素影响，产生文明兴衰消长[6]。最终黄河中、下游地区首先出现了中国最早的国家以及商、周文明，进一步影响“华夏”的边缘地区。

根据历史文献资料，中国的“华夏认同”始于西周中晚期至春秋、战国时代之间，而“华夏”与“非华夏”的分野随着“华夏认同”的历时性与空间性扩张而不断改变[7]。东周至东汉初近八百年的时间里，东南的吴、越、南方的楚、南越、西南的巴、蜀、西南夷等曾被归类为“非华夏”的族群都随着秦的统一与汉王朝的扩张而逐渐被纳入“华夏”族群认同的版图；然而，云南在此段扩张之后却产生与其他地区较为不同的华夏化过程[8]，历史舞台上稍后出现的爨氏、南诏、大理王国仍保持着对外的政治独立，迄今境内亦分布保有文化传统的少数民族。本文将针对汉王朝对云南滇池区域及东北部地区的领土扩张与当地族群的华夏化过程进行讨论，并以历史文献搭配石寨山文化墓葬数据进行分析。

二、石寨山文化研究

石寨山文化是云南滇池周遭及东北部地区由青铜过渡至铁器时代的考古学文化，根据晋宁县石寨山遗址命名[9]。^{14}C 年代数据（表一）及墓葬器物研究显示石寨山文化年代约从春秋时代延续至西汉末东汉初。自 20 世纪 50 年代发现以来[10]，已发表的遗址数量超过 20 个，以墓葬为主，其他类型遗址的发掘较少，但滇池、抚仙湖及星云湖畔多有小型聚落或贝丘遗址发现。过去学者对石寨山文化的研究题材相当广泛，包括器物研究[11]、铜鼓研究[12]、年代学[13]、与越南东山文化之相互关系[14]、与北方草原文化之关联[15]、金相与冶金学研究[16]、艺术风格研究[17]、人类学与性别研究[18]等，但对于汉王朝政治力量进入云南之后对石寨山文化社会所产生的影响讨论较少。

表一　石寨山文化的^{14}C 年代数据

实验室号码	遗址	墓号	样本	年代
ZK-0294	李家山	M21	木炭	2575 ±105BP
PV-0327	天子庙	M41	木棺	2150 ±89BP
ZK-0373	万家坝	M1	木棺	2375 ±80BP
BK76053	万家坝	M1	木棺	2350 ±85BP
BK76054	万家坝	M23	木棺	2640 ±90BP
WB77-08	万家坝	M23	木棺	2635 ±80BP
ZK-0374	万家坝	M23	木棺	2405 ±80BP
ZK-3110	羊甫头	M22	木炭	2412 ±60BP
ZK-3111	羊甫头	M19	木头	2493 ±58BP
BK200207	羊甫头	M582	木棺	1455 ±70BP
BK200208	羊甫头	M96	木棺	1825 ±70BP
BK200209	羊甫头	M297	木棺	2110 ±70BP
BK200210	羊甫头	M147	木棺	2120 ±70BP
BK200211	羊甫头	M98	木棺	1495 ±70BP
BK200212	羊甫头	M710	木棺	2015 ±70BP
ZK-0897	八塔台	M69	木炭	2100 ±80BP
ZK-0897	八塔台	M69	木炭	2040 ±80BP
不明	横大路	M108	不明	2625 ±65BP
不明	平坡	M130	不明	2620 ±130BP
不明	平坡	M71	不明	2657 ±46BP

石寨山文化由于晋宁石寨山遗址第六号墓所发现一颗凿有“滇王之印”的金印[19]而与《史记·西南夷列传》中汉武帝元封二年滇王降于汉，汉“赐滇王之印，复长其民”之记载产生关联[20]。尽管此印是否为汉武帝当年赐予该位滇王之印仍有争议[21]，但许多学者认为石寨山文化遗留当是滇国遗迹。有别于 Francis Allard 认为云南东部及东北部地区传统在汉王朝征服后仍顽强地延续至少一个世纪以上的看法[22]，过去大多数学者认为西汉在征服滇国之后，汉人的统治及新移民所带入的铁制农具、牛耕及灌溉等技术迅速导致滇国社会结构的瓦解，地方传统遭到取代；然而此说法是否能够获得文献与考古资料的支持?

三、历史文献中的云南与滇

历史文献中关于云南与滇的较早记载来自《史记·西南夷列传》楚将军庄蹻王滇事迹，类似叙述也在《汉书·西南夷两粤朝鲜传》与《后汉书·西南夷列传》中出现。史记的记载为：

> 始楚威王时，使将军庄蹻将兵循江上，略巴、黔中以西。庄蹻者，故楚庄王苗裔也。蹻至滇池，方三百里，旁平地，肥饶数千里，以兵威定属楚。欲归报，会秦击夺楚巴、黔中郡，道塞不通，因还，以其众王滇，变服，从其俗，以长之。[23]

此段文字说明滇池地区居民与楚的接触可能早到战国时期。然而，庄蹻王滇是否为史实目前仍有待商榷，因为庄蹻王滇的时间[24]和庄蹻的身份[25]仍然未解[26]。历史人类学家认为史家的叙述仅仅是一种“英雄祖先历史心性”下的产物，而“庄蹻王滇”其实与“太伯奔吴”、羌人“无弋爰剑”的英雄徙边故事类似[27]。有关云南与华夏中国接触的较可靠文献来自秦代与汉代记录，以下两段史料则说明战国末年至西汉初年华夏中国与云南的接触多为民间私底下的经济活动。《史记·西南夷列传》提到：

> 秦时常頞略通五尺道，诸此国颇置吏焉。十余岁，秦灭。及汉兴，皆弃此国而开蜀故徼。巴蜀民或窃出商贾，取其筰马、僰僮、髦牛，以此巴蜀殷富。[28]

《史记·货殖列传》则提到：

> 蜀卓氏之先，赵人也，用铁冶富。秦破赵，迁卓氏……致之临邛，大喜，即铁山鼓铸，运筹策，倾滇蜀之民，富至僮千人。[29]

汉朝直到中期北方匈奴的军事威胁稍减之后才将视野转向南方的经略，而其目的除了贸易利益之外，也可能包含希望建立一个持久的王朝秩序，以实现其政治稳定[30]。关于汉武帝出兵征服滇国前的历史记载可从《史记·平津侯主父列传》与《史记·西南夷列传》得知，说明当时汉朝对开拓西南地区具有相当浓厚之兴趣。《史记·平津侯主父列传》提到：

是时（前130年）通西南夷道，置郡，巴蜀民苦之，诏使弘视之。还奏事，盛毁西南夷无所用，上不听。[31]

《史记·西南夷列传》记载：

及元狩元年（前122年），博望侯张骞使大夏来，言居大夏时见蜀布、邛竹、杖，使问所从来，曰"从东南身毒国，可数千里，得蜀贾人市"。或闻邛西可二千里有身毒国。骞因盛言大夏在汉西南，慕中国，患匈奴隔其道，诚通蜀，身毒国道便近，有利无害。于是天子乃令王然于、柏始昌、吕越人等，使闲出西夷西，指求身毒国。至滇，滇王尝羌乃留，为求道西十余辈。岁余，皆闭昆明，莫能通身毒国。[32]

汉朝在公元前111年征服南越国等南方政体，设立牂牁郡、越嶲郡、沈黎郡、汶山郡并册封夜郎王后，领土扩张与获取矿产资源[33]的野心也逐渐转向云南地区。贸易交通与外交成果的不顺遂最终可能导致汉武帝决定击灭与滇国"同姓相扶"的劳浸与靡莫，并以兵临滇。《史记·西南夷列传》提到：

上使王然于以越破及诛南夷兵威风喻滇王入朝。滇王者，其众数万人，其旁东北有劳浸、靡莫，皆同姓相扶，未肯听。劳浸、靡莫数侵犯使者吏卒。元封二年（前109年），天子发巴蜀兵击灭劳浸、靡莫，以兵临滇。滇王始首善，以故弗诛。滇王离难西南夷，举国降，请置吏入朝。于是以为益州郡，赐滇王王印，复长其民。[34]

汉武帝征服滇国设立益州郡的历史事件说明华夏中国对滇池及云南东北地区的影响逐渐转为以较为直接的方式进行，汉人移民也随着新郡县的设立而逐渐移入。史料未详细记载西汉对于新郡县的治理手段，但透过夜郎与滇的例子可推测西汉政权是透过官方与地方势力合作方式进行。然而，受到地形、远离核心等因素影响，云南在汉代始终是政府鞭长莫及的不稳定区域，而行政控制力、军事能力、国家政策、地方行政优劣都影响地方势力与官方的互动。公元前105年到公元176年间，云南至少发生过七场大规模的民变：

《汉书·武帝纪》记载，元封六年（前105年）“益州、昆明反，赦京师亡命令从军，遣拔胡将军郭昌以击之”[35]；《汉书·西南夷两粤朝鲜传》记载，汉昭帝始元元年（前86年）“益州廉头、姑缯民反，杀长吏。牂牁、谈指、同并等二十四邑，凡三万余人皆反”[36]；汉昭帝始元四年（前83年）“姑缯、叶榆复反，遣水衡都尉吕辟胡将郡兵击之。辟胡不进，蛮夷遂杀益州太守，乘胜与辟胡战，士战及溺死者四千余人”[37]；《汉书·王莽传》记载新朝天凤元年（14年）“益州蛮夷杀大尹程隆，三边尽反”[38]；《后汉书·南蛮西南夷列传》记载汉光武帝建武十八年（42年）“夷渠帅栋蚕与姑复、楪榆、梇栋、连然、滇池、建怜、昆明诸种反叛，杀长吏。益州太守繁胜与战而败，退保朱提”[39]；《后汉书·西南夷列传》记载，汉安帝元初四年（117年）“明年，永昌、益州及蜀郡夷皆叛应之，众遂十余万，破坏二十余县，杀长吏，燔烧邑郭，剽略百姓，骸骨委积，千里无人”[40]；《华阳国志·南中志》记载汉灵帝熹平五年（176年）“迄灵帝熹平中，蛮夷复反，拥没益州太守雍陟”[41]。

云南民变即便到了东汉末年与魏晋南北朝仍未有趋缓迹象，尽管当时汉人移民已较西汉时期增加许多[42]，并逐渐成为一股称作“南中大姓”的新兴族群势力。南中大姓均是郡邑中的豪族，其形成与汉朝对云南的汉人移民及当地族群分别建立“汉户”与“夷户”有关[43]，他们占有部曲作为私家武装，盘踞一地，政治倾向摇摆于地方官吏与地方势力之间。当王朝势力强大时，它们与地方官吏合作，成为王朝在地方统治的基石，但当王朝势力衰弱时，它们也转向与地方势力结合形成割据[44]。

四、石寨山文化墓葬考古资料分析

石寨山文化来自随葬品的大量图像资料显示它是一个由贵族、平民等阶级组成的多元社会[45]。为了了解汉王朝王朝设立益州郡进行治理后对当地社会各阶层所产生的效应，本文使用石寨山文化墓葬中出现“华夏”式器物的年代分布[46]，搭配“华夏”式器物的类型与数量分布资料进行分析，所选定的遗址为发掘资料较为详尽的石寨山[47]、李家山[48]、羊甫头[49]、天子庙[50]、石碑村[51]（图一）、凤凰窝[52]、八塔台、横大路[53]及平坡[54]遗址[55]（图二）。各遗址“华夏”式器物统计表中的墓葬社会阶级，主要根据墓葬规模及随葬品丰富程度判断，分为高、中、低三个阶级[56]，其中高阶者可能为滇王或是高阶贵族，中、低阶者可能为低阶贵族或平民。

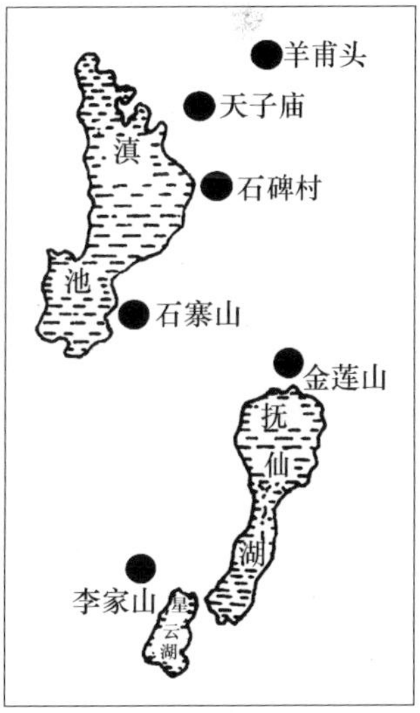

图一 滇池地区石寨山文化遗址相对位置图

（1）石寨山

石寨山遗址目前共发掘墓葬86座，其中随葬华夏式器物、年代介于西汉初至汉武帝征服滇国之前者计有M3、

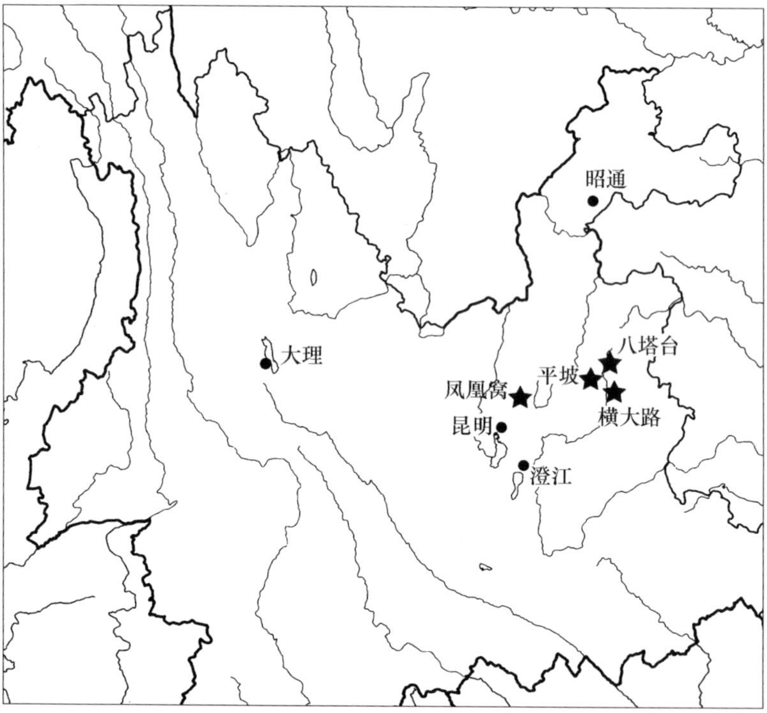

图二　嵩明凤凰窝与曲靖八塔台、横大路、平坡遗址位置图

M10、M12、M13、M20 及 M71；其他随葬华夏式器物的 M1、M4、M5、M6 及 M7 年代大约在西汉中晚期，晚于汉武帝征服滇国；M23、M25、M32、M35、M36、M38 与 M40 由于资料不足，无法确切定年，但根据随葬品组合分析，可能都属于西汉中、末期墓葬，而 M8、M9 与 M23 甚至可晚达东汉。

石寨山遗址中，年代介于西汉初年至汉武帝征服滇国前墓葬所出的华夏式器物类型主要为铜镜、铜弩机及铁剑，而归类在汉武帝征服滇国后墓葬所出的华夏式器物类型较为多样，包括多种日常生活用铜容器与五铢钱。6 座年代在汉武帝征服滇国前的墓葬，由于随葬品中都发现铜鼓或贮贝器，因此可能是高社会阶级之墓主，尽管其墓葬规模均小于 18 平方米；年代归类于公元前 109 年之后且随葬有华夏式器物墓葬的墓主社会阶级由高阶（如 M6）至低阶均有分布（表二）。至于 M23，由于其随葬品组成有别于其他石寨山遗址墓葬[57]，且其墓壁经夯筑火烧并带熟土二层台的墓坑形式也与其他墓葬不同，故较难判断墓主身份。

（2）李家山

李家山与石寨山遗址相同，迄今共发现 86 座墓葬，其中出土华夏式器物随葬品的 M47、M51、M57 与 M68 年代介于西汉初至汉武帝征服滇国年间，M44、M50、M53、M64、M69、M82 与 M85 的年代则大约介于汉武帝征服滇国之后至西汉末，而 M26、M27、M49 和 M86 的年代大约介于西汉末至东汉初。M1 与 M3 的年代较不明确，但从出土铁器分析，应介于汉武帝征服滇国之后到西汉末。李家山遗址 17 座墓葬所出土的华夏式器物与石寨山遗址所出土的同类器十分相似，包括铜弩机、铜镜、带钩、铁戟、

表二　石寨山墓葬出土华夏式器物统计表

墓号	华夏式器物	墓葬规模（平方米）	社会阶级	墓葬年代
M1	铜镜（3）	9.08	高	109BC 至西汉末
M3	铜镜（1）、铜弩机（1）	6.46	高	西汉初至 109BC
M4	铁剑（3）、玉带钩（1）	2.00	中	109BC 至西汉末
M5	铁剑（1）、五铢钱（162）	不明	中	109BC 至西汉末
M6	铁剑（1）、铁戟（2）、铁弩机（1）、铜三足釜（1）、铜洗（1）、铜盘（1）、铜熏炉（1）、铜烹炉（1）、铜钟（1）、铜鍪（1）、铜鎏金耳杯扣（1）、铜盉（1）、铜镜（1）、金印（1）	7.98	高	109BC 至西汉末
M7	铁剑（1）、铜镜（1）、鎏金铜带钩（1）、铜钟（1）、铜釜（1）、铜盉（1）、耳杯铜扣（5）、陶长方炉（1）、陶豆（2）、陶熏炉（1）、平底小陶罐（4）	9.45	高	109BC 至西汉末
M8	五铢钱（17）、铁小刀（1）、铁锛（1）	1.60	中	西汉末东汉初
M9	平底陶罐（6）、陶盒（2）	4.76	中	西汉末东汉初
M10	铁小刀（4）、铁剑（3）、铜弩机（4）	4.76	高	西汉初至 109BC
M12	铜盒（1）、铁剑（1）、铜弩机（2）	9.20	高	西汉初至 109BC
M13	铁剑（10）、铜弩机（7）、铜镜（1）、小半两铜钱（3）	3.52	高	西汉初至 109BC
M20	铜印（1）、铜镜（1）	3.90	高	西汉初至 109BC
M23	陶罐（3）、漆案（3）、漆耳杯（30）、漆盘（6）、漆奁（1）、铜三足提梁壶（1）、铜尊（2）、铜洗（1）、铜灯（2）、铜熏炉（1）、铜盉（1）、铜圆盒（2）、铜镜（4）、五铢钱（1）、铜奁（1）、铜铺首衔环（7）	25.38	不明	东汉初
M25	五铢钱（11）、环首铁刀（1）	不明	中	109BC 至西汉末
M32	铜洗（1）、五铢钱（7）	不明	低	109BC 至西汉末
M35	铁剑（1）	不明	中	109BC 至西汉末
M36	五铢钱（5）	不明	低	109BC 至西汉末
M38	残铁剑碎屑、五铢钱（19）	不明	低	109BC 至西汉末
M40	铜五铢钱（5）	不明	中	109BC 至西汉末
M71	弩机（4）、铜镜（1）、环首铁刀（5）	17.79	高	西汉初至 109BC

注：括号中数字为件数。

环首铁刀、铜洗及铜熏炉等，而地表采集也发现刻有“黄义”、“李德”与“寿之人”文字之印章。

李家山与石寨山遗址相同，所有年代在汉武帝征服滇国前且随葬华夏式器物的墓葬都属于高阶墓葬，随葬品中亦均出土铜鼓与贮贝器，但其墓葬规模普遍较同时期的石寨山高阶墓葬大了许多。归类于汉武帝征服滇国后且随葬华夏式器物之墓葬中，墓主的社会阶级分布从高阶至低阶均有，情况也与石寨山遗址相同，但是李家山遗址年代在汉武帝征服滇国前、后墓葬的华夏式器物随葬品种类较不具差异性，仅在东汉初年种类才开始增加（表三）。

表三　李家山墓葬出土华夏式器物统计表

墓号	华夏式器物	墓葬规模（平方米）	社会阶级	墓葬年代
M1	弩机（1）、铁刀（1）、铁剑（1）	3.18	中	约西汉
M3	弩机（1）、铜镜（1）、带钩（1）、铁戟（1）、铁剑（1）	2.02	中	约西汉
M26	铜釜（1）、铜甑（1）、铜鐎斗（1）、铜洗（1）、五铢钱（42）、铁刀（2）	5.40	中	西汉末东汉初
M27	铜釜（1）、铜甑（1）、铜鐎斗（1）、铜罐（1）、铁剑（1）	不明	中	西汉末东汉初
M44	铁刀（1）	3.90	低	109BC 至西汉末
M47	弩机（2）、铁刀（14）、铁剑（3）、铜镜（2）、铜炉（1）	28.98	高	西汉初至 109BC
M49	铁刀（1）、铜熏炉（1）、铜镜（2）、漆奁（1）	6.30	中	西汉末东汉初
M50	铁刀（1）、铁剑（1）、铜盘（1）、铜镜（1）	20.19	中	109BC 至西汉末
M51	弩机（1）、铁刀（6）、铁剑（3）、铜釜（3）、铜盘（1）、铜罐（1）、带钩（1）	24.75	高	西汉初至 109BC
M53	铁刀（2）、铜带钩（1）	2.54	中	109BC 至西汉末
M57	弩机（2）、铁刀（9）、铁剑（3）、铁戟（1）、铜釜（2）、铜盘（1）、铜镜（1）、带钩（1）	17.16	高	西汉初至 109BC
M64	铁刀（1）	2.25	低	109BC 至西汉末
M68	弩机（4）、铁刀（1）、铜鍪（1）、铜杯（1）、铁剑（3）	30.6	高	西汉初至 109BC
M69	铁锸（2）、铁刀（7）、铜釜（1）、铜炉（1）、铜壶（2）、铜盒（1）、铜卮（1）、铜匜（2）、铜镜（1）、漆盒（1）	37.86	高	109BC 至西汉末
M82	铁刀（1）	3.71	中	109BC 至西汉末
M85	弩机（1）、铁刀（5）、铁剑（2）、铜卮（1）、铜镜（1）	28.11	高	109BC 至西汉末
M86	弩机（1）、铁锯（1）、铁刀（3）、铁剑（3）、铜釜（2）、铜甑（1）、铜镜（1）、带钩（2）	5.67	中	西汉末东汉初

注：括号中数字为件数。

（3）天子庙

天子庙遗址发掘的 67 座石寨山文化墓葬中，仅有 2 座随葬华夏式器物，年代介于西汉末东汉初的 M17 出土五铢钱 1 枚，战国末西汉初的 M58 出土铜洗 1 件。根据随葬品数量及墓葬规模分析，此 2 座墓葬墓主的社会阶级较低（表四）。

表四　天子庙墓葬出土华夏式器物统计表

墓号	华夏式器物	墓葬规模（平方米）	社会阶级	墓葬年代
M17	五铢钱（1）	1.59	低	西汉末东汉初
M58	铜洗（1）	3.78	低	战国末西汉初

注：括号中数字为件数。

（4）羊甫头

羊甫头遗址是目前石寨山文化发现最大的遗址，共出土墓葬810座，包含大型墓（大于18平方米）6座、中型墓（介于6—18平方米）28座、小型墓776座。该遗址随葬有华夏式器物之墓葬仅6座，分别为M84、M179、M314、M448、M471及M510，规模均小于6平方米。其中M314约接近汉武帝征服滇国的年代；M84、M448及M471在发掘报告中未判定年代；M179及M510则大约介于汉武帝征服滇国至西汉末之间。根据随葬品数量及墓葬规模，此6座墓葬墓主的社会阶级为中、低阶（表五）。

表五　羊甫头墓葬出土华夏式器物统计表

墓号	华夏式器物	墓葬规模（平方米）	社会阶级	墓葬年代
M84	铜镜（1）	0.63	中	不明
M179	汉式铁剑（1）	1.75	中	109BC至西汉末
M314	汉式铁剑（1）	2.25	中	接近109BC
M448	五铢钱（1）	3.00	低	不明
M471	五铢钱（1）	2.20	低	不明
M510	铜钱（1）、环首铁刀（1）、汉式铁剑（1）	0.19	中	109BC至西汉末

注：括号中数字为件数。

（5）石碑村

石碑村遗址共经历2次发掘，出土石寨山文化墓葬182座，规模均小于6平方米。所有随葬华夏式器物的墓葬年代可能均落于汉武帝征服滇国之后，包括第一次发掘的M1、M20、M38、M40、M61、M86和M88，以及第二次发掘的M32、M34、M42、M53、M55和M61。出土的华夏式器物类型较为单一，主要为环首铁刀、铁刀及五铢钱（表六）。

表六　石碑村墓葬出土华夏式器物统计表

墓号	华夏式器物	墓葬规模（平方米）	社会阶级	墓葬年代
M1	环首铁刀（1）	1.69	低	109BC至西汉末
M20	铁刀（1）	1.14	低	109BC至西汉末
M38	铁刀（1）	0.99	低	109BC至西汉末
M40	铁刀（1）	1.42	低	109BC至西汉末

续表

墓号	华夏式器物	墓葬规模（平方米）	社会阶级	墓葬年代
M61	环首铁刀（1）	1.14	低	109BC 至西汉末
M86	铁刀（1）	1.49	低	109BC 至西汉末
M88	环首铁刀（1）	1.25	低	109BC 至西汉末
M32	环首铁刀（1）	不明	低	109BC 至西汉末
M34	环首铁刀（1）、五铢钱（50）	1.00	低	109BC 至西汉末
M42	环首铁刀（1）、五铢钱（70）	1.61	低	109BC 至西汉末
M53	环首铁刀（1）	1.68	低	109BC 至西汉末
M55	五铢钱（11）	1.76	低	109BC 至西汉末
M61	五铢钱（13）	0.75	低	109BC 至西汉末

注：括号中数字为件数。

（6）凤凰窝

凤凰窝遗址共发掘61座石寨山文化墓葬，年代约介于战国末至汉武帝征服滇国之间。随葬华夏式器物的墓葬计有 M38、M98、M106、M114、M123 及 M134。该遗址墓葬的分布形态、规模大小及随葬品数量与石碑村类似，墓主的社会阶级可能均较低（表七）。

表七　凤凰窝墓葬出土华夏式器物统计表

墓号	华夏式器物	墓葬规模（平方米）	社会阶级	墓葬年代
M38	环首铁削（2）	1.93	低	战国末至 109BC
M98	环首铁削（1）	1.14	低	战国末至 109BC
M106	环首铁削（1）	0.88	低	战国末至 109BC
M114	环首铁削（1）	1.87	低	战国末至 109BC
M123	铁削（1）	1.30	低	战国末至 109BC
M134	环首铁削（1）	1.44	低	战国末至 109BC

注：括号中数字为件数。

（7）八塔台

八塔台是目前云南东北部发现最大的石寨山文化遗址，共出土348座墓，其中42座随葬华夏式器物，M69是规模最大者，随葬品也相对丰富。其他随葬华夏式器物的墓葬规模均小于2.5平方米，随葬品较为单一，以环首铁刀、铜钱及带钩为主。除了M16、M18、M19、M30、M33未有定年之外，其余墓葬年代均介于汉武帝征服滇国至西汉末，部分墓葬下限甚至可达东汉初年。由于八塔台为人工土墩状的遗址，各墓葬年代可透过相对层位判断，故5座未有确切定年之墓葬年代可能也介于汉武帝征服滇国至西汉末。根据墓葬规模及随葬品丰富程度，八塔台遗址除M69号墓主属于中、高阶之外，其余社会地位可能较低（表八）。

表八　八塔台墓葬出土华夏式器物统计表

墓号	华夏式器物	墓葬规模（平方米）	社会阶级	墓葬年代
M1	长带钩（1）、五铢钱（97）、铁小环首刀（1）	不明	低	109BC 至西汉末
M2	鍪（1）	不明	低	109BC 至西汉末
M3	长带钩（1）、五铢钱（10）、大泉五十钱（18）、大布黄千钱（2）、铁小环首刀（1）	不明	低	109BC 至西汉末
M5	短带钩（1）	不明	低	109BC 至西汉末
M6	长带钩（1）、五铢钱（28）、铁大环首刀（1）、铁小环首刀（2）	不明	低	109BC 至西汉末
M7	立耳釜（2）、鍪（1）、长带钩（1）、五铢钱（8）、大泉五十钱（2）、铁大环首刀（1）、铁小环首刀（1）	1.50	低	109BC 至西汉末
M8	鍪（1）、五铢钱（2）	不明	低	109BC 至西汉末
M9	五铢钱（9）	不明	低	109BC 至西汉末
M10	长带钩（1）、五铢钱（79）、铁大环首刀（1）	不明	低	109BC 至西汉末
M12	五铢钱（19）	不明	低	109BC 至西汉末
M13	五铢钱（5）、铁小环首刀（1）	不明	低	109BC 至西汉末
M14	大泉五十钱（3）、大布黄千钱（1）	不明	低	109BC 至西汉末
M16	日光镜（1）、铁大环首刀（1）	不明	低	不明
M17	五铢钱（6）	不明	低	109BC 至西汉末
M18	五铢钱（2）	不明	低	不明
M19	鍪（1）	不明	低	不明
M20	长带钩（1）、五铢钱（49）	不明	低	109BC 至西汉末
M23	立耳釜（1）、鍪（1）、五铢钱（4）、铁小环首刀（1）	不明	低	109BC 至西汉末
M24	短带钩（1）	不明	低	109BC 至西汉末
M26	长带钩（1）、铁大环首刀（1）、铁小环首刀（1）	不明	低	109BC 至西汉末
M27	弩机（1）、铁釜（1）	2.40	低	109BC 至西汉末
M28	铁剑（1）、铁小环首刀（1）	2.35	低	109BC 至西汉末
M30	弩机（1）	不明	低	不明
M33	五铢钱（3）	不明	低	不明
M36	铁小环首刀（1）	1.20	低	109BC 至西汉末
M40	铁大环首刀（2）	0.93	低	109BC 至西汉末
M42	铁大环首刀（2）	0.97	低	109BC 至西汉末
M43	五铢钱（24）	0.90	低	109BC 至西汉末
M44	五铢钱（1）	不明	低	109BC 至西汉末
M45	鍪（1）、五铢钱（2）、铁小环首刀（1）	1.05	低	109BC 至西汉末
M46	铁小环首刀（2）	0.91	低	109BC 至西汉末
M47	长带钩（1）、短带钩（2）、铁大环首刀（1）、铁小环首刀（2）	2.16	低	109BC 至西汉末

续表

墓号	华夏式器物	墓葬规模（平方米）	社会阶级	墓葬年代
M50	长带钩（1）、五铢钱（12）	0.96	低	109BC 至西汉末
M52	长带钩（1）、五铢钱（31）、铁小环首刀（1）	1.12	低	109BC 至西汉末
M53	长带钩（1）、五铢钱（3）、铁小环首刀（2）	1.26	低	109BC 至西汉末
M55	长带钩（1）	0.85	低	109BC 至西汉末
M56	铁小环首刀（1）	1.30	低	109BC 至西汉末
M63	五铢钱（12）	1.60	低	109BC 至西汉末
M66	铁大环首刀（1）	1.06	低	109BC 至西汉末
M69	陶豆（1）、弩机（1）、剑鞘（1）、立耳釜（2）、篦（1）、壶（1）、漆盘口（1）、耳杯口（1）、四乳四虺镜（1）、短带钩（1）、豹形铜镇（4）、“辅汉王印”（1）、五铢钱（12）、铁剑（1）、铁小环首刀（1）	8.97	中	109BC 至西汉末
M90	鍪（1）、五铢钱（4）	2.01	低	109BC 至西汉末

注：括号中数字为件数。

（8）横大路

横大路遗址位于云南东北部，距离八塔台约 20 公里，外形与八塔台相同，为人工堆积的大型土墩。该遗址目前共发掘 188 座墓葬，年代分布从春秋早期延伸至西汉末年，但均未发现随葬华夏式器物。

（9）平坡

平坡遗址位于云南东北部，共发现 198 座墓葬，其中 25 座出土华夏式器物随葬品，均为一墓一个或一墓两个漆耳杯。M83、M91、M106、M120、M122、M124、M125、M134 及 M135 年代约介于战国末至西汉初，部分下限可达汉武帝征服滇国之时。年代介于汉武帝征服滇国及西汉末的墓葬为 M10、M11、M18、M20、M22、M26、M28、M34、M40、M41、M48、M55、M57、M133 及 M181，华夏式器物随葬品种类多样，除漆耳杯之外，也可见到带钩、五铢钱、铜鍪及环首铁刀（表九）。

表九　平坡墓葬出土华夏式器物统计表

墓号	华夏式器物	墓葬规模（平方米）	社会阶级	墓葬年代
M10	带钩（1）	2.40	低	109BC 至西汉末
M11	五铢钱（2）	2.11	低	109BC 至西汉末
M18	铜短带钩（1）	1.67	低	109BC 至西汉末
M20	环首铁刀	1.72	低	109BC 至西汉末
M22	五铢钱（6）	1.62	低	109BC 至西汉末
M26	五铢钱（3）	2.16	低	109BC 至西汉末
M28	铜鍪（2）	2.11	低	109BC 至西汉末
M29	五铢钱（33）、铜短带钩（1）、环首铁刀（1）	1.50	低	109BC 及西汉末

续表

墓号	华夏式器物	墓葬规模（平方米）	社会阶级	墓葬年代
M34	五铢钱（59）、漆耳杯（1）	2.16	低	109BC 至西汉末
M40	五铢钱（87）、铜带钩（1）、环首铁刀（1）	1.70	低	109BC 至西汉末
M41	五铢钱（8）	1.87	低	109BC 至西汉末
M48	五铢钱（16）、铜带钩（1）、环首铁刀（1）	1.43	低	109BC 至西汉末
M55	铜鍪（1）、五铢钱（117）、铜带钩（1）、环首铁刀（1）、漆器（1）	2.04	中	109BC 至西汉末
M57	漆耳杯（1）	1.28	低	109BC 至西汉末
M83	漆耳杯（1）	1.60	低	战国末西汉初
M91	漆耳杯（1）	1.61	低	战国末西汉初
M106	漆耳杯（1）	1.63	低	战国末西汉初
M120	漆耳杯（1）	0.99	低	战国末西汉初
M122	漆耳杯（2）	1.32	低	战国末西汉初
M124	漆耳杯（1）	0.42	低	战国末西汉初
M125	漆耳杯（1）	1.05	低	战国末西汉初
M133	环首铁刀（1）、漆耳杯（1）	0.48	低	109BC 至西汉末
M134	漆耳杯（2）	1.66	低	战国末西汉初
M135	漆耳杯（1）	1.34	低	战国末西汉初
M181	铜釜（1）、环首铁刀（1）、漆耳杯（2）	1.67	中	109BC 至西汉末

注：括号中数字为件数。

分析结果显示随葬有华夏式器物、年代在汉武帝征服滇国前的石寨山文化墓葬仅出现于石寨山、李家山、天子庙、凤凰窝及平坡五个遗址，前三者位于滇池区域，凤凰窝位于昆明东北约50公里，平坡则位于云南东北部。石寨山与李家山遗址墓主阶级均为高阶，华夏式随葬器物样式多样；天子庙、凤凰窝及平坡遗址墓主阶级均为低阶，华夏式随葬器物样式单一，主要为环首铁削及漆耳杯。华夏式器物随葬品集中于高阶墓葬的现象，显示它们当时可能属于较为珍贵之物品。历史学者指出，西汉王朝主要透过财货赠送或彰显地方领袖身份地位的方式（如授予官印）换取边疆地区的和平或地方的臣服[58]，因此这些出现在石寨山、李家山高阶墓葬中的华夏式器物很可能是西汉赠与地方领袖的礼品，或官方与地方私底下互动的证据。

从云南东北部的三个石寨山文化遗址来看，华夏式器物随葬品仅出现在平坡遗址，而分别拥有348及188座墓葬的八塔台及横大路，均未发现随葬华夏式器物之墓葬，显然在汉武帝征服滇国之前，云南东北的地方势力可能未受到西汉王朝的重视。《史记·西南夷列传》里“西南夷君长以什数，夜郎最大；其西靡莫之属以什数，滇最大”与“西南夷君长以百数，独夜郎、滇受王印。滇小邑，最宠焉”的记载[59]也说明了西汉对于滇的重视程度远大于其他地方势力，如位于滇国东北的劳浸与靡莫。

汉武帝征服滇国之后，石寨山文化墓地中出现了两个现象。其一，滇池地区及云南东北部随葬品中含有华夏式器物的墓葬数量大幅增加，华夏式器物随葬品种类也渐趋多样。其二，当地族群开始有较多社会阶层能够以华夏式器物作为随葬品，显示汉朝势力正式进入云南之后，高阶族群的政治权力逐渐消退，亦不再拥有独占华夏式器物的能力。不过，墓葬规模及随葬品多寡的区别仍反映石寨山文化社会既有的社会结构仍然延续着，而并非在短时间内消失。至于羊甫头与天子庙遗址共877座墓葬仅有8座墓随葬华夏式器物的可能原因，在于遗址的使用年代主要为战国至西汉初，当时华夏中国正处于频繁的战争动荡状态，而“华夏”与“非华夏”的交界也尚未扩张至云南边境。即至华夏中国开始重视云南地区，石寨山文化的核心地区已由滇池东面的官渡、呈贡转向东南的晋宁、江川与澄江等地区。

五、结　　语

许多学者认为西汉设立益州郡之后，新移民对地方族群产生了华夏化影响，而地方社会结构也因此遭到破坏，但文献分析显示在汉王朝政治势力进入云南之后，当地族群与新移民间的冲突仍持续不断，史籍中延续“夷”、“汉”分立叙述的传统也说明云南当地族群与汉人移民之间在短期内仍存有分野。南中大姓族群在西汉末东汉初的形成[60]，所反映的是“华夏化”地方族群与“夷化”新移民间的族群融合现象。考古学分析结果显示，石寨山文化的社会高阶族群确实在汉王朝进行治理后逐渐丧失了对当地社会的控制权，但既有的社会结构仍延续了一段时间。羊甫头遗址西部出现集中的汉人移民墓葬与石寨山文化墓地共存的现象，说明新移入云南滇池区域的汉人并未立即与当地居民互动融合，而是在最初阶段保持分立状态；汉人移民可能主要选择居住于滇池东岸的昆明、呈贡等地，石寨山文化族群则南移，迁往滇池东南区域居住。

注　　释

[1] 本文所指的中国南方为介于秦岭—淮河线及现代中国与大陆东南亚国界间之区域。

[2] Jerry Norman and Mei Tsu-lin, “The Austroasiatics in Ancient South China: Some Lexical Evidence”, *Monumenta Serica*, vol. 32 (1976), pp. 274—301; Ilya Peiros and Victor Schnirelman, “Rice in Southeast Asia”, in Roger Blench and Matthew Spriggs, eds., *Archaeology and Language* II, London: Routledge, 1998, pp. 379—389; Ilya Peiros, *Comparative Linguistics in Southeast Asia.* Pacific Linguistics Series C-142, Canberra: Australian National University, 1998; Weera Ostapirat, “Kra-dai and Austronesian”, in Laurences Sagart, Roger Blench, and Alicia Sanchez-Mazas, eds., *The Peopling of East Asia: Putting Together Archaeology, Linguistics and Genetics*, London: Routledge Curzon, 2004, pp. 107—131; Peter Bellwood, “Asian Farming Diasporas? Agriculture, Languages, and Genes in China and Southeast Asia”, in Miriam Stark, ed., *Archaeology of Asia*, Malden MA: Blackwell Publishing, 2006, pp. 96—118.

[3] Peter Bellwood, “Early agriculturalist population diasporas? Farming, languages and genes”, *Annual Review of Anthropology*, vol. 30 (2001), pp. 181—207; Peter Bellwood and Colin Renfrew, eds., *Examining the Language/Farming Dispersal Hypothesis*, Cambridge: McDonald Institute for Archaeological Research, 2002; Jared Diamond and Peter Bellwood, “Farmers and Their Languages: The

First Expansions", *Science*, vol. 300: 5619 (2003), pp. 597—603; Peter Bellwood, *First Farmers: The Origins of Agricultural Societies*, Oxford and Malden MA: Blackwell, 2005, pp. 1—43.

[4] Jared Diamond and Peter Bellwood, "Farmers and Their Languages: The First Expansions", *Science*, vol. 300: 5619 (2003), pp. 597—603; Peter Bellwood, *First Farmers: The Origins of Agricultural Societies*, Oxford and Malden MA: Blackwell, 2005, pp. 111—142; Peter Bellwood, "Asian Farming Diasporas? Agriculture, Languages, and Genes in China and Southeast Asia", in Miriam Stark, ed., *Archaeology of Asia*, Malden MA: Blackwell Publishing, 2006, pp. 96—118; Charles Higham, "Archaeology and linguistics in Southeast Asia", *Bulletin of IPPA*, vol. 14 (1996), pp. 110—118; Ilya Peiros, *Comparative Linguistics in Southeast Asia.* Pacific Linguistics Series C-142, Canberra: Australian National University, 1998; Zhang Chi and Hsiao-chun Hung, "The Neolithic of Southern China-Origin, Development, and Dispersal", *Asian Perspectives*, vol. 47: 2 (2008), pp. 299—329.

[5] Kwang-chih Chang, *Archaeology of Ancient China* 4th edition, New Haven and London: Yale University Press, 1986.

[6] 如吴文祥、刘东生:《4000a B. P. 前后降温事件与中华文明的诞生》,《第四纪研究》2001 年第 21 卷第 5 期;吴文祥、刘东生:《4000a B. P. 前后东亚季风变迁与中原周围地区新石器文化的衰落》,《第四纪研究》2004 年第 24 卷第 3 期;Bret Hinsch, "Climate change and history in China", *Journal of Asian History*, vol. 22 (1988), pp. 131—159;许永杰:《距今五千年前后文化迁徙现象初探》,《考古学报》2010 年第 2 期;David D. Zhang, Peter Brecke, Harry F. Lee, Yuan-Qing He, and Jane Zhang, "Global climate change, war, and population decline in recent human history", *Proceedings of National Academy of Sciences*, vol. 140: 49 (2007), pp. 19214—19219; Li Liu, *The Chinese Neolithic: trajectories to early states*, Cambridge: Cambridge University Press, 2004, pp. 19—32.

[7] 王明珂:《华夏边缘:历史记忆与族群认同》,北京:社会科学文献出版社,2006 年,第 5 页;王明珂:《羌在汉藏之间:一个华夏历史边缘的历史人类学研究》,北京:中华书局,2008 年,第 9、146—149 页;王明珂:《英雄祖先与弟兄民族:根基历史的文本与情境》,北京:中华书局,2009 年,第 38 页。

[8] Charles FitzGerald, *The Southern Expansion of the Chinese People*, Canberra: The Australian National University Press, 1972, pp. 39—78; Bin Yang, *Between Winds and Clouds: The Making of Yunnan*, New York: Columbia University Press, 2009, pp. 66—175.

[9] 汪宁生:《试论石寨山文化》,《中国考古学会第一次年会论文集》,北京:文物出版社,1979 年,第 281—282 页;蒋志龙:《滇国探秘——石寨山文化的新发现》,昆明:云南教育出版社,2002 年,第 347—353 页。

[10] 张增祺:《滇国与滇文化》,昆明:云南美术出版社,1997 年,第 3—6 页;Robert Murowchick, *The Ancient Bronze Age Metallurgy of Yunnan and its Environs: Development and Implications*, Unpublished PhD Dissertation, Harvard University, 1989, pp. 149—190.

[11] 如冯汉骥:《云南晋宁石寨山出土铜器研究》,《考古》1963 年第 6 期;汪宁生:《晋宁石寨山青铜器图像所见滇人的经济生活和社会生活》,《民族考古论集》,北京:文物出版社,1989 年,第 343—371 页;佟伟华:《云南石寨山文化贮贝器研究》,《文物》1999 年第 9 期;肖明华:《青铜时代滇人的青铜扣饰》,《考古学报》1999 年第 4 期;童恩正:《我国西南地区青铜剑的研究》,《考古学报》1977 年第 2 期;童恩正:《我国西南地区青铜戈的研究》,

《考古》1979 年第 4 期；范勇：《我国西南地区的青铜斧钺》，《考古学报》1989 年第 2 期。Po-yi Chiang, *Archaeology of Ancient Yunnan: Sichuan Influence in the Transformation of the Shizhaishan Culture*, VDM Verlag Dr. Mueller, 2009, pp. 48—67.

[12] 如冯汉骥：《云南晋宁出土铜鼓研究》，《文物》1974 年第 1 期；李昆声、黄德荣：《论万家坝铜鼓》，《考古》1990 年第 5 期；童恩正：《试论早期铜鼓》，《考古学报》1983 年第 3 期；汪宁生：《试论中国古代铜鼓》，《考古学报》1978 年第 2 期；李伟卿：《中国南方铜鼓的分类和断代》，《考古》1979 年第 1 期；Han Xiaorong, "Who Invented the Bronze Drum? Nationalism, Politics, and a Sino-Vietnamese Archaeological Debate of the 1970s and 1980s", *Asian Perspectives*, vol. 43: 1 (2004), pp. 7—33.

[13] Michèle Pirazzoli-t'Serstevens, "A reassessment of the dating of two important cemeteries of the Tien culture", in F. D. Bulbeck, ed., *Ancient Chinese and Southeast Asian Bronze Age Cultures*, vol. 1, Taipei: SMC Publishing Inc, 1996, pp. 273—288; Sophia-Karin Psarras, "Rethinking the non-Chinese Southwest", *Artibus Asiae*, vol. 60: 1 (2000), pp. 5—58.

[14] 如 Emma Bunker, "The Tien culture and some aspects of its relationship to the Dongson Culture", in Noel Barnard, ed., *Early Chinese art and its possible influence in the pacific basin*, vol. 2, 1972, New York: Intercultural Arts Press, pp. 291—328; Richard Pearson, "Dong Son and its origins", *Bulletin of the Institute of Ethnology Academia Sinica*, vol. 13 (1962), pp. 27—53; John Tessitore, "View from the East Mountain: An Examination of the relationship between the Dong Son and Lake Tien Civilizations in the First Millennium B. C. ", *Asian Perspectives*, vol. 28: 1 (1990), pp. 31—34; William Watson, "Dongson and the kingdom of Tien", *Readings on Asian Topics: Papers read at the inauguration of the Scandinavian Institute of Asian Studies* 16—18 September 1968, pp. 45—71; K. C Chang, *The Archaeology of Ancient China.* 3rd ed., New Haven and London: Yale University Press, 1977, pp. 466—467; Donn Bayard, "The roots of Indochinese civilization", *Pacific Affairs* 53, vol. 1 (1980), pp. 89—114; 王大道：《云南青铜文化的五个类型及其与泰国班清、越南东山文化的关系》，《考古》1990 年第 6 期；Robert Murowchick, *The Ancient Bronze Age Metallurgy of Yunnan and its Environs: Development and Implications*, Unpublished PhD Dissertation, Harvard University, 1989, pp. 279—299；崔剑峰、吴小红：《铅同位素考古研究——以中国云南和越南出土青铜器为例》，北京：文物出版社，2008 年。

[15] 如 Emma Bunker, "The Tien culture and some aspects of its relationship to the Dongson Culture", in Noel Barnard, ed., *Early Chinese Art and its Possible Influence in the Pacific Basin*, vol. 2, 1972, New York: Intercultural Arts Press, pp. 299；白鸟芳郎：《从石寨山文化看斯基泰系统文化的影响》，《云南文物》1980 年第 10 期；Jessica Rawson, *The Chinese Bronzes of Yunnan*, London: Sidgwick and Jackson, 1983, pp. 9; Chiou-Peng Tze Huey, *The 'Animal Style' Art of the Tien Culture*, Unpublished PhD Dissertation, University of Pittsburgh, 1985, pp. 62—80; Emma Bunker:《滇国艺术中的动物格斗和骑马猎手》，《云南文物》1989 年第 26 期；Basil Gray, "Once More Yunnan and Southeast Asia", *Orientations*, vol. 20: 6 (1989), pp. 44—51；张增祺：《滇国与滇文化》，昆明：云南美术出版社，1997 年，第 274—287 页。

[16] 如杨根：《云南晋宁青铜器的化学成分分析》，《考古学报》1958 年第 3 期；何堂坤：《滇池地区几件青铜器的科学分析》，《文物》1985 年第 4 期；李晓岑、韩汝玢、蒋志龙：《云南晋宁石寨山出土金属的分析和研究》，《文物》2004 年第 11 期；Robert Murowchick, *The ancient Bronze Age metallurgy of Yunnan and its environs: development and implications*, Unpublished PhD

Dissertation, Harvard University, 1989.

[17] 邱兹惠：《黑格尔Ⅰ型铜鼓与“动物纹样”艺术》，《南方民族考古》（第二辑），成都：四川科学技术出版社，1989年，第59—64页；Chiou-Peng Tze Huey, “Dian Bronze Art: Its Source and Formation”, *Bulletin of Indo-Pacific Prehistory Association*, vol. 28 (2008), pp. 34—43.

[18] Yun Kuen Lee, “Material representations of status in the Dian culture”, *Bulletin of the Indo-Pacific Prehistory Association*, vol. 15: 1 (1996), pp. 216—225; Yun Kuen Lee, “Status, Symbol, and Meaning in the Dian culture”, *Journal of East Asian Archaeology*, vol. 3: 1—2 (2001), pp. 103—131; Alice Yao, “Scratching beneath iconographic and textual clues: A reconsideration of the social hierarchy in the Dian culture of Southwestern China”, *Journal of Anthropological Archaeology*, vol. 24: 4 (2005), pp. 378—406; Francis Allard, “The archaeology of Dian: trends and tradition”, *Antiquity*, vol. 73 (1999), pp. 77—85; Penny Rode, *The Social position of Dian Women in Southwest China: Evidence from Art and Archaeology*, Unpublished PhD Dissertation, University of Pittsburgh, 1999; Penny Rode, “textile production and female studies in Bronze Age Yunnan”, in Katheryn M. Linduff and Yan Sun, eds., *Gender and Chinese Archaeology*, Walnut Creek, CA: Altamira Press, 2004, pp. 315—338. Keiji Imamura, “Men and women of the ruling class of the Dian kingdom”, in Robert Ciarla and Fiorella Rispoli, eds., *South-East Asian Archaeology* 1992: *Proceedings of the Fourth International Conference of the European Association of South-East Asian Archaeologists*, pp. 211—221; Chiou-Peng Tze Huey, “Horsemen in the Dian Culture of Yunnan”, in Katheryn M. Linduff and Yan Sun, eds., *Gender and Chinese Archaeology*, Walnut Creek, CA: Altamira Press, 2004, pp. 289—313.

[19] 云南省博物馆：《云南晋宁石寨山古墓群发掘报告》，北京：文物出版社，1959年，第113页。

[20] 《史记》卷一百十六，台北：鼎文书局，1978年，第四册，第2997页。

[21] 王仲殊：《说滇王之印与汉倭奴国王印》，《考古》1959年第10期；李昆声：《“滇王之印”与“汉倭奴国王”印之比较研究》，《思想战线》1986年第3期；蔡葵：《论云南晋宁石寨山第六号墓的史料价值》，《南方民族考古》（第一辑），成都：四川大学出版社，1987年，第115—124页；蒋志龙：《石寨山墓地性质初探》，《思想战线》1994年第3期。

[22] 仅有Francis Allard的“The Han Empire from its southern periphery”, in Miriam Stark, ed., *Archaeology of Asia*, Malden, MA: Blackwell Publishing, pp. 233—254.

[23] 《史记》卷一百十六，第四册，第2993页。

[24] 范晔认为庄蹻王滇的时间应在楚顷襄王时（约公元前298—前281年），而非楚威王时（约公元前339—329年）；杜佑《通典·边防三》对此年代争议提出说明，指出“楚自威王后，怀王立三十年，至顷襄王之二十二年，秦昭襄王遣兵攻楚，取巫、黔中郡也。后汉史则云：顷襄王时，庄豪王滇，豪即蹻若也。庄蹻自威王时将兵略地，属秦陷巫、黔中郡，道塞不还，凡经五十二年，岂得如此淹久？或恐史记谬误，班生因习便书。范晔所记，详考为正，又按：庄蹻王滇，后十五年顷襄王卒，考烈王立二十五年，幽王立十年，王负刍立五年而楚灭，后十五年而秦亡，凡七十年，何故云蹻之王滇后十余岁而秦亡，斯又未之详也”（《通典》卷一百八十七，北京：中华书局，1982年，第1594页）。

[25] 《荀子·议兵》篇中提到庄蹻其实有两人，一位是“招延募选”的将军，另一名则是武装起事叛乱分子；《吕氏春秋·介士》篇中也提到“庄蹻之暴郢也”，东汉高诱的注解则认为，庄蹻是楚成王时（约公元前7世纪中叶）的大盗（《思想战线》1993年第2期，第62—63页）。

[26] 杨宽：《战国史》，台北：台湾商务印书馆，1997 年，第 419 页；马曜：《楚国只有一个庄蹻》，《思想战线》1993 年第 2 期；马继孔：《三个庄王、三个庄蹻》，《云南文物》1992 年第 2 期。

[27] 王明珂：《英雄祖先与弟兄民族：根基历史的文本与情境》，第 80—83 页。

[28] 《史记》卷一百十六，第四册，第 2993 页。

[29] 《史记》卷一百二十九，第四册，第 3277 页。

[30] Ying-shih Yu, *Trade and Expansion in Han China: A study in the structure of Sino-barbarian economic relations*, Berkeley: University of California Press, 1967, p. 2.

[31] 《史记》卷一百十二，第四册，第 2949—2950 页。

[32] 《史记》卷一百十六，第四册，第 2995—2996 页。

[33] Rafe de Crespigny, "South China in the Han period", in Noel Bard, ed., *Ancient Chinese and Southeast Asian Bronze Age cultures*, vol. 2, 1996, pp. 759—768.

[34] 《史记》卷一百十六，第四册，第 2997 页。

[35] 《汉书》卷六，台北：鼎文书局，1976 年，第一册，第 198 页。

[36] 《汉书》卷九十五，第五册，第 3843 页。

[37] 《汉书》卷九十五，第五册，第 3843 页。

[38] 《汉书》卷九十九中，第五册，第 4139 页。

[39] 《后汉书》卷八十六，台北：鼎文书局，1975 年，第五册，第 2846 页。

[40] 《后汉书》卷八十六，第五册，第 2853 页。

[41] 常璩撰、刘琳校注：《华阳国志校注》卷四，成都：巴蜀书社，1998 年，第 349 页。

[42] 云南的汉人新移民主要组成为屯垦的农民、士兵、地方官吏及囚犯。

[43] 林超民：《汉族移民与云南统一》，《云南民族大学学报》2005 年第 22 卷第 3 期。

[44] 《华阳国志·南中志》中提到南中大姓与夷帅缔结"遑耶"（通婚）关系。

[45] 云南省博物馆：《晋宁石寨山出土有关奴隶社会的文物》，《文物》1959 年第 5 期；Magdalene von Dewall, "The Tien Culture of South-west China", *Antiquity*, vol. 41 (1967), pp. 8—21；汪宁生：《晋宁石寨山青铜器图像所见滇人的经济生活和社会生活》，《民族考古论集》，北京：文物出版社，1989 年，第 343—371 页。

[46] 本文分类中的"华夏"式器物包括铜洗、铜鍪、提梁壶、耳杯、汉式铁剑、环首铁刀、环首铁削、五铢钱及铜印等容易自外形判断属于华夏中国地区常见、非石寨山文化传统之器物，但石寨山文化的戈形器未纳入统计分析，因为此类器物已出现"地方性"变化。此外，发掘报告中有文字叙述但无充分图像数据以供判断者，不纳入分析。本分类亦不假设所有"华夏"式器物均非云南本地制造。

[47] 孙太初：《云南晋宁石寨山古遗址及墓葬》，《考古学报》1956 年第 1 期；云南省博物馆：《云南晋宁石寨山古墓群发掘报告》；云南省博物馆：《云南晋宁石寨山古墓第三次发掘简报》，《考古》1963 年第 9 期；孙太初：《云南晋宁石寨山第四次发掘简报》，《考古》1959 年第 9 期；蒋志龙：《云南晋宁石寨山第五次抢救清理发掘简报》，《文物》1998 年第 6 期；云南省文物考古研究所、昆明市博物馆、晋宁县文物管理所：《晋宁石寨山——第五次发掘报告》，北京：文物出版社，2009 年。

[48] 张增祺、王大道：《云南江川李家山古墓群发掘报告》，《考古学报》1975 年第 2 期；张新宁：《云南江川县李家山古墓群第二次发掘》，《考古》2001 年第 2 期；云南省文物考古研究所、玉溪市文物管理所、江川县文化局：《江川李家山》，北京：文物出版社，2007 年。

[49] 杨帆：《云南昆明羊甫头墓地发掘简报》，《文物》2001 年第 4 期；云南省文物考古研究所、昆明市博物馆、官渡区博物馆：《昆明羊甫头墓地》，北京：科学出版社，2005 年。

[50] 王涵：《云南呈贡天子庙古墓群的清理》，《考古学集刊》（第 3 集），北京：中国社会科学院出版社，1983 年，第 132—142 页；胡绍锦：《呈贡天子庙滇墓》，《考古学报》1985 年第 4 期；梁银：《呈贡天子庙古墓群第三次发掘简报》，《云南文物》1994 年第 39 期。

[51] 王大道、邱宣充：《云南呈贡龙街石碑村古墓群发掘简报》，《文物资料丛刊》（3），北京：文物出版社，1980 年，第 86—97 页；胡绍锦：《昆明呈贡石碑村古墓群第二次清理》，《考古》1984 年第 3 期。

[52] 李兆祥：《嵩明凤凰窝古墓群调查报告》，《云南文物》1991 年第 30 期；王涵、梁银：《嵩明凤凰窝古墓葬发掘报告》，《云南文物》2003 年第 57 期。

[53] 云南省文物考古研究所：《曲靖八塔台与横大路》，北京：科学出版社，2003 年。

[54] 康利宏、刘成武：《曲靖市麒麟区潇湘平坡墓地发掘报告》，《云南考古报告集（之二）》，昆明：云南科技出版社，2006 年，第 1—59 页。

[55] 云南东北的八塔台、横大路及平坡遗址所发掘出土之器物部分与滇池地区青铜时代遗址类似，但陶器有地方性特点，而成土墩的葬俗也未见于滇池地区。本文暂时将其归入石寨山文化。

[56] 本分类主要根据墓葬规模大小进行社会阶级分类，规模大于 18 平方米者为高阶墓葬，介于 6 至 18 平方米者为中阶墓葬，而小于 6 平方米者为低阶墓葬，但本分类考虑到部分墓葬规模受埋藏环境限制（如石寨山选择岩石缝隙、李家山选择山顶平缓区域），故亦将随葬品之丰富程度、特殊器物出现与否（如铜鼓与贮贝器）和同遗址中其他墓葬之规模等条件综合纳入，以判断墓主之社会阶级。

[57] 石寨山 M23 随葬品计有陶罐（3）、漆案（3）、漆耳杯（30）、漆盘（6）、漆奁（3）、铜三足提梁壶（1）、铜尊（2）、铜洗（1）、铜灯（2）、铜熏炉（1）、铜盉（1）、铜圆盒（2）、铜镜（4）、铜五铢钱（1）、铜奁（1）、铜铺首衔环（7）、铜兽腿（4）、铜烛（10）、玛瑙珠管（10）及石耳环片（10）。

[58] Ying-shih Yu, *Trade and Expansion in Han China: A study in the structure of Sino-barbarian economic relations*, Berkeley: University of California Press, 1967, p. 77.

[59] 《史记》卷一百十六，第四册，第 2991 页。

[60] 南中大姓最早见于《后汉书·南蛮西南夷列传·夜郎传》："公孙述时，大姓龙、傅、尹、董氏与郡功曹谢暹保境为汉。"（《后汉书》卷八十六，第五册，第 2845 页）

Transformation of the Shizhaishan Cultural Complex under the Influence of the Han Empire

Po-yi Chiang

(School of Archaeology and Anthropology, Australian National University)

Abstract: This paper discusses the process of possible sinicization and social transformation of the Shizhaishan cultural complex under the territorial, political and cultural expansion of the Han Empire. The analyses on historical accounts from ancient texts and mortuary data from

9 Shizhaishan burials suggest that the *Huaxia* influence in the early phases, before the Han Empire conquest of the Dian kingdom in 109 BC, was restricted to the Shizhaishan social group with high status, whereas after the conquest *Huaxia* influence became widespread amongst all Shizhaishan social groups, and the elites by this time were no longer able to monopolize *Huaxia* style artifacts. Evidence suggests that the social hierarchy of the Shizhaishan cultural complex did not collapse immediately after the conquest. On the contrary, it continued for some time.

Keywords: *Huaxia* identification the Shizhaishan cultural complex burials

南越王墓玉器

——楚、汉、越文化交汇、融合的见证

杨建芳

（香港特区康乐文化署）

摘要：广州南越王墓出土200多件玉器，其中少数为东周楚国玉器，而大多数为西汉时期的仿楚式、中原式、仿中原式、越式和南越式玉器。这种楚、汉、越玉器共存的现象也见于该墓出土的多件玉组佩。这些现象充分反映出战国及西汉时期楚、汉、越文化在岭南地区的交汇和融合。

关键词：玉器　南越王墓　文化

1983年广州西汉南越王墓的发现和清理，是新中国考古工作的一次重大收获。墓内出土玉器237件（不包括玉衣），其数量和器类之多为迄今发掘的汉墓之冠。唯有关这批玉器研究的文章，尚不多见。十多年前，笔者不揣浅陋曾撰文略加分析[1]，然未有深入开展论述。其后神州大地出土的西汉玉器大量增加，芜文难免显得过于简略，有些重要现象（存在先秦玉器、组佩的族属等）被忽略，而且间中个别见解今天看来也存在未尽善之处。故有必要重新检视这批宝贵的资料，进行全面考察，以期得出较为符合实际的结论。

一、先 秦 玉 器

南越王墓玉器并非全属西汉遗物，其中少数是先秦玉雕，分述如下：

1. 属春秋晚期—战国初期者

属春秋晚期—战国初期者有绹索纹环（157）[2]、龙首珩（180）和龙纹凸字形佩（169上）。

（1）绹索纹环（157）——肉较宽，中孔相对地较小，绹索纹粗而疏朗（图一）。此特点与河南淅川下寺楚墓M1[3]、固始侯古堆墓M1[4]、安徽寿县蔡侯墓[5]、江苏吴县吴国玉器窖藏[6]、湖北随州义地岗墓地M3[7]等春秋晚期遗迹出土的绹索纹环相似或近似。

（2）龙首珩（180）——原定名璜。其中段两个大S纹（龙的上下颌）有明显反向斜刀（图二）。此特点见于洛阳中州路M115石璧[8]、湖北当阳乌龟包M1玉珩[9]等春秋晚期玉器。左右两半段中部各有一垂直一字形简化绹索纹，中段下端及二龙首上颌空白处加填网纹，均为东周楚式玉器特点[10]，此珩当为楚式玉雕。

图一　春秋晚期—战国初期
绹索纹环（F79）

图二　春秋晚期—战国初期
龙首珩（C150-1 上）

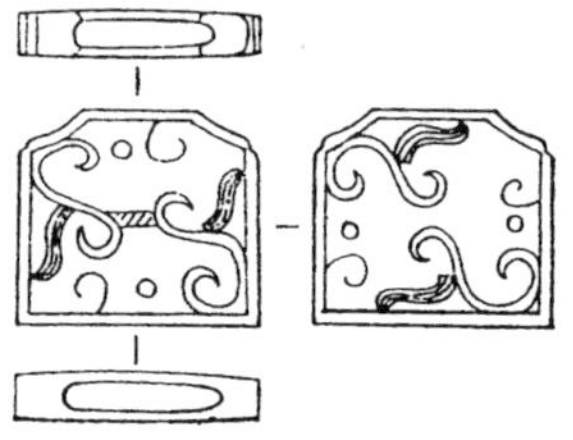

图三　春秋晚期—战国初期
龙纹凸字形佩（B4）

（3）龙纹凸字形佩（169 上）——出自东耳室[11]。正反两面均有互相颠倒和反向的两个阴刻龙头（图三）。按完整的阴刻侧面龙首流行于春秋时期玉器[12]，而春秋晚期长方玉牌之双龙纹也都是互相颠倒和反向[13]，故此佩年代当属春秋晚期。此外，二龙头之间有一字形简化绹索纹，应为楚式玉雕。

2. 属战国早期者

属战国早期者有 5 件简化龙首珩（143 自上而下第 5 件、151 自上而下第 4 件、179、A4[14]、A5[15]）。其纹饰以谷纹为主，但有多个长尾蝌蚪形纹（龙角）和多个卷云纹（龙下颌），减地较差，有树枝杈纹（图四、图五）。类似纹饰也见于河南辉县琉璃阁 M1 玉环和玉龙佩[16]、洛阳中州路 M2717 玉龙佩、玉简化龙首珩和玉系璧[17]、洛阳西工 M131 玉系璧和出廓龙鸟蛇玉环[18]、浙江绍兴 M306 玉环和玉龙佩[19]、湖北随县曾侯乙墓玉璧、玉环和玉龙珩[20]、湖南长沙浏城桥 M1 玉璧[21]等战国早期玉器。

简化龙首珩在战国楚式玉雕中甚为流行，如湖北江陵望山 M2[22]、荆州天星观 M2[23]、院墙湾 M1[24]、湖南长沙楚墓 M89 及 M1282[25]、河南淅川徐家岭楚墓 M10[26]、信阳长台关楚墓 M1[27]、叶县旧县 M1[28]等都曾出土。我们认为南越王墓随葬的这 5 件简化龙首珩，很可能是楚国玉雕。

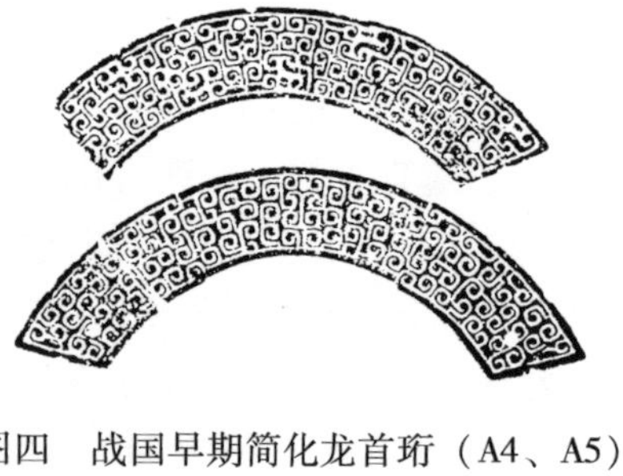

图四　战国早期简化龙首珩（A4、A5）

图五　战国早期简化龙首珩（C150-1 下）

3. 属战国中期者

属战国中期者为数不多，有齿轮形环（168）和镂雕游龙谷纹璧（42）。

（1）齿轮形环（168）——饰涡纹，大小不甚一致，有些涡纹且相连似卷云纹，应属战国中期遗存[29]（图六）。

迄今所知，年代最早的齿轮形玉环出土于湖北枣阳九连墩战国中期楚墓M1[30]。但该环纹饰虽谷纹稍多，但仍有8个长尾蝌蚪形纹，减地很差，有树枝杈纹，应为战国早期偏晚遗存，早于墓葬年代。这类玉环较少见，在其他地区曾发现但年代都较晚（战国中晚期），应是富于特色的一种战国楚式玉雕。

（2）镂雕游龙谷纹璧（42）——璧饰清一色谷纹，中孔为一镂雕游龙（图七）。谷纹大小不甚一致，非划格做成，年代应属战国中期偏晚。游龙牙齿刻意做出，下颌似斧形，头后有简化花叶纹（缺花蕊），这些都是楚式玉雕特色。

图六 战国中期齿轮形环（B28）

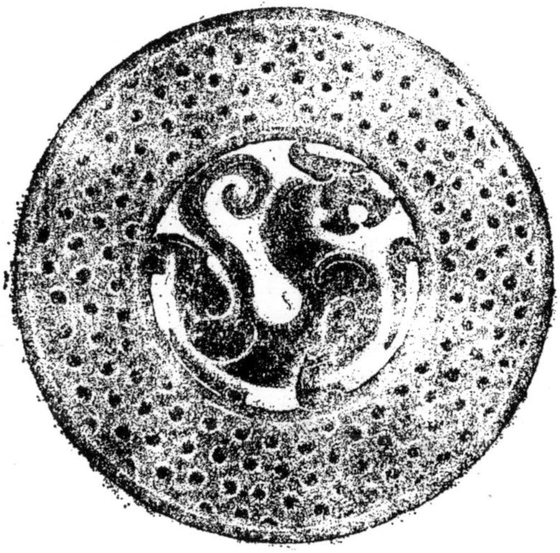

图七 战国中期镂雕游龙谷纹璧（D157）

4. 属战国晚期者

属战国晚期者有W形龙佩（154）、犀形璜（54）、壶形饰（58）、龙首珩（138自上而下第5件）、简化龙首珩（181下图）、螭纹重环（27）、镂雕龙凤纹重环（40）、镂雕龙凤勾连谷纹环（53）、三凤纹环（135）、凸饰环（B6）、连体双龙佩（134）、龙首觿（12、13）、涡纹珠（D87-1）、龙虎并体带钩（113）、八节铁芯龙虎带钩（116）、龙凤纹牌形佩（35）、高足杯（128）、盒（106）、剑首（86、87、184）、镂雕凤纹剑格（185）、龙谷纹玉璧（45）、出廓双凤涡纹璧（56）、三联谷纹璧（22）、龙凤谷纹璧（119）、龙螭谷纹璧（121）、双联涡纹璧（39）等。

（1）W形龙佩（154）——此龙佩拱背宽且较平直，整体呈风字形；龙首无眼，上颌特长，下颌上卷与上颌相接成一圆孔；龙佩下端边缘似弧形（图八）。这些都是楚式玉龙佩的特点[31]，与湖南澧县新洲战国晚期墓M1玉龙佩颇似[32]。

（2）犀形璜（54）——此犀下端边缘似弧形、前后腿上段有阴刻花叶纹、长尾有双钩阴刻简化凤首纹，尾外侧的长毛束有阴刻一撮绺毛纹[33]（图九）。这些都是楚式玉器的特点。按：双钩阴刻简化凤首纹为双钩阴刻的弯钩纹，前端尖锐为鸟啄，见于湖北枣阳九连墩战国中期墓出土玉螭凤同体佩（M1∶C817，原定名玉佩）和玉双龙环佩（M2∶C523，原定名玉珩）[34]，为战国楚式玉雕特殊纹样之一。

图八 战国晚期 W 形龙佩（E32）

图九 战国晚期犀形璜（D121）

（3）壶形饰（58）——饰阴刻花朵纹（图一〇）。按：壶形饰和花朵纹都是战国晚期楚式玉雕特有的造型和流行的纹饰[35]。

（4）龙首珩（138 自上而下第 5 件）——珩身饰清一色三联涡纹，龙首饰一撮绺毛纹，后端有长而弯曲的鬓毛纹，上颌前端加饰纤细卷曲阴线（图一一）。这些都是战国晚期楚式玉雕的特点。

（5）简化龙首珩（181 下图）——饰清一色涡纹，极少数涡纹的末端外卷（如谷纹的“芽”外卷）（图一二）。这是战国晚期楚式玉雕纹饰的一个特点。

图一〇 战国晚期
壶形饰（D121-2）

图一一 战国晚期
龙首珩（E134-2）

图一二 战国晚期
简化龙首珩（C149-2）

（6）螭纹重环（27）——外环饰清一色谷纹，个别谷纹的“芽”外卷；内环琢成等距的三个双身螭，螭首叠压在外圈上，每两个双身螭之间以一柿蒂纹作间隔（图一三）。

重环是玉器中较罕见的一种器类，也是战国晚期楚式玉雕的一种新的造型[36]，却不见于中原玉器。谷纹的“芽”外卷及柿蒂纹，都是战国楚式玉雕纹饰的特点[37]。玉器螭纹最早见于战国早期曾侯乙墓玉挂佩，流行于楚式象生玉雕。双身螭迄今也仅见于战国楚国玉雕[38]。而螭纹三个为奇数，也是楚式玉雕象生装饰的一个特色[39]。外环谷纹减地较差，此器年代可能属战国晚期偏早阶段。

（7）镂雕龙凤纹重环（40）——中央为一龙，前足上立一凤，造型设计极佳（图一四）。如前所述，重环为战国晚期楚式玉雕的一种新造型。凤的形象在战国时罕见于中原玉器，却盛行于楚式玉雕。此器内环有7个简化凤纹（大小S纹斜叠）。这种简化凤纹为楚式玉雕流行纹样[40]，而7属奇数，亦为楚式玉雕象生纹的特点。龙尾及足超越内环，龙牙刻意仔细琢出，龙足上端及凤冠末端均有一撮绺毛纹，凤尾末端有一简化凤首纹（双钩阴刻弯钩），所有这些都是战国晚期楚式玉雕的特色。

图一三 战国晚期螭纹重环（D50-13）

图一四 战国晚期镂雕龙凤纹重环（D62）

（8）镂雕龙凤勾连谷纹环（53）——璧中央为一游龙，左右外侧各附一凤（图一五）。龙下颌似斧形，龙牙刻意琢出，头后有简化鬓毛纹，这些都是楚式玉龙首的特色。龙颈的花叶纹、凤颈的串贝纹及凤身的简化凤首纹（双钩阴刻弯钩），均为楚式玉雕的特殊纹样。此外，璧上的勾连谷纹也是楚式玉器流行的纹饰。

（9）三凤纹环（135）——外侧附三凤，属奇数，不对称，为楚式玉雕特点（图一六）。环上的勾连谷纹流行于战国晚期楚式玉器。

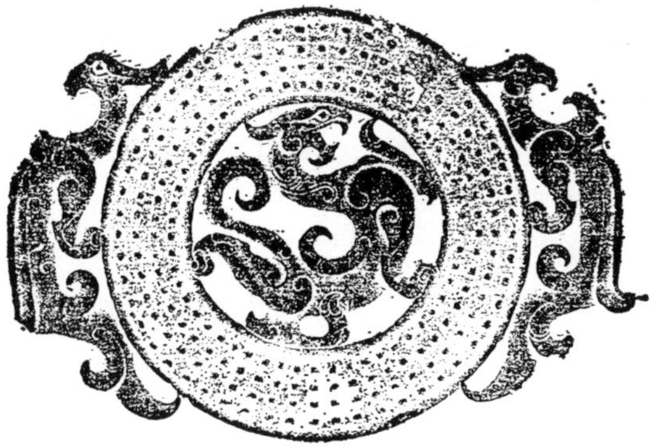

图一五 战国晚期镂雕龙凤勾连谷纹环（D77）

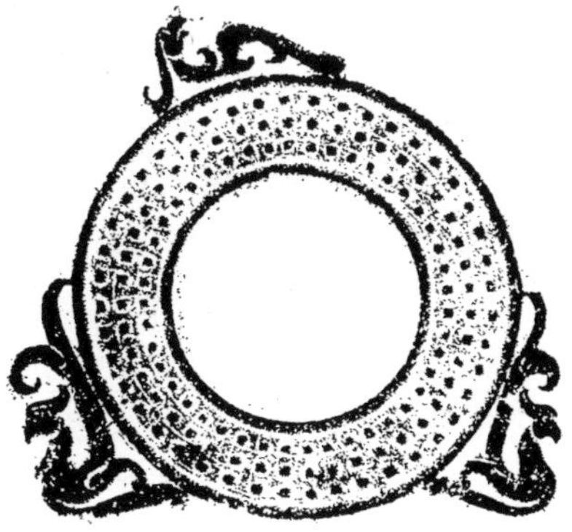

图一六 战国晚期三凤纹环（E143-6）

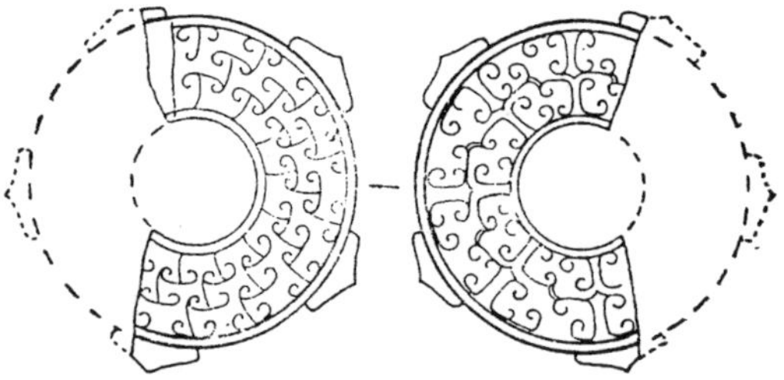

图一七 战国晚期凸饰环（B6）

（10）凸饰环（169下）——出自东耳室[41]。一面饰勾连卷云纹，另一面饰三联涡纹，外缘附5个柿蒂形凸饰（图一七）。三联涡纹及柿蒂形均为战国晚期楚国玉雕纹样，而5为奇数，不对称，为楚玉特点。

（11）连体双龙佩（134）——双龙同体相向，中间为一图案化鸟形物，其上有一兽面，兽鼻上端有一阴刻柿蒂纹（图一八）。此佩形制颇似传河南洛阳金村战国大墓出土之同体双龙玉佩[42]，而龙身又饰勾连谷纹，故其年代可能属战国晚期。龙下颌似斧形，牙齿仔细琢出，头后有鬣毛纹，加上前述兽鼻上的柿蒂纹，都是楚式玉龙的特点。

（12）龙首觿（12）——呈半环状，龙牙刻意琢出，颈部有鬣毛纹和简化花叶纹，龙身有一撮绺毛纹（图一九）。这些都是楚式玉雕流行的造型和纹饰。

图一八 战国晚期连体双龙佩（E143-9）

图一九 战国晚期龙首觿（D148-1）

（13）龙首觿（13）——龙牙刻意琢出，下颌似斧形，饰清一色卷云纹，尾部有一撮绺毛纹（图二〇）。清一色卷云纹盛行于战国时期，如安徽长丰杨公战国晚期楚墓出土玉璲[43]，其余也都是楚式玉雕流行特点。

（14）涡纹珠（D87-1）——出于主棺室[44]，算珠形，略大（直径1.7厘米），饰清一色涡纹（图二一）。涡纹大小不甚一致，有的“芽”外卷，具有明显的战国中晚期楚式涡纹特色。

（15）龙虎并体带钩（113）——钩首为虎头，钩尾为龙头，偏于一侧，张口含环，双身连体，饰勾连卷云纹（图二二）。龙头上颌前端有阴刻曲线，龙牙刻意琢出，头后有鬣毛纹，二足上端有花叶纹，这些都是战国晚期楚式玉雕的特点。而玉器中的双身动物造型，不见于中原出土战国玉器，却见于楚式象生玉雕，如前面提到的湖北枣阳九连墩战国中期墓出土的双身螭。此外，钩体左右明显不对称。按：玉器不对称和不均衡的现象只见于和流行于楚式玉雕[45]。

（16）八节铁芯龙虎带钩（116—118）——钩首为龙头，钩尾为虎头，共由8块玉串联而成（图二三）。龙颈左侧有三联谷纹，钩身左右不对称，且有双钩S纹（简化凤纹）（位于自上而下第三块玉的一侧），钩钮饰三个双钩变形卷云纹（简化凤纹）。

图二〇　战国晚期龙首觿（D148-2）

图二一　战国晚期涡纹珠（D87-1）

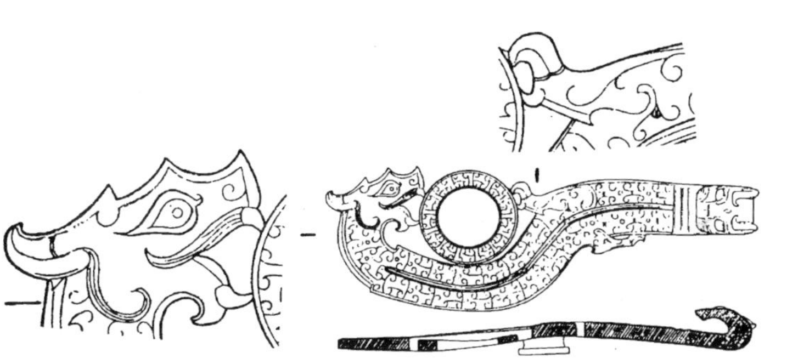

图二二　战国晚期龙虎并体带钩（D45）

三联谷纹、双钩S纹和变形卷云纹都是楚式玉雕富于特色的纹样，而钩身不对称也是楚式玉雕形制的一个特点。

（17）龙凤纹牌形佩（35）——此佩中间为一竖直长方框，框内为一回首后顾凤鸟，框上为一卷云形凤鸟，框下为一龙（残断，以二金襻接合）；框右外侧为一勾连谷纹璧，璧上有一长尾凤；框左外侧上端为一简化小凤鸟，中间如一束腰形珰，左右有流苏，下端呈倒置花蕾形饰（图二四）。

上述玉佩有4个镂雕凤反映出强烈的尊凤意识。这种尊凤意识在战国楚人文物（尤其是玉器）中广泛流行。其次，束腰形珰上下两端均以一道简化绹索纹为边饰，以及其下的花蕾形饰，也都是楚式玉雕的特色。此外，一件传世战国玉器，其中间为一长方框，框内有镂雕装饰，框边有多个阴刻S纹（简化凤纹）和三角网纹，框左右

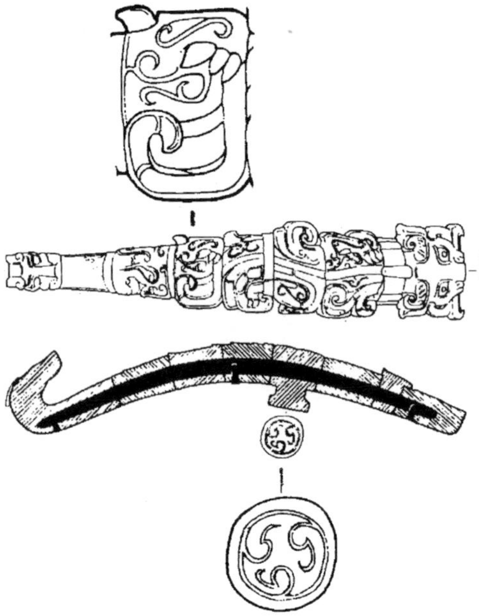

图二三　战国晚期八节铁芯龙虎带钩（D152）

图二四　战国晚期龙凤纹牌形佩（D158）

图二五　战国晚期传世龙凤纹牌饰

外侧分别为镂雕凤或龙[46]（图二五）。此玉饰具楚式玉雕特点，而其形制近似上述玉佩，为后者属楚器提供了一个旁证。

（18）高足杯（128）——小口深腹高柄，附杯托（图二六）。腹部外表面上段饰桃心形纹及圆首尖钩纹，中段为勾连谷纹，下段是两圈桃心形纹。柄部有一圈柿蒂纹。杯托呈三瓣柿蒂形，其上刻变形勾连卷云纹及简化凤首纹（双钩阴刻曲线）；每两瓣桃心形之间，为一小花形饰（上部呈扁桃心形，应为花蕾；下部为花叶及短粗梗）。桃心形纹为简化连尾双凤，柿蒂纹由桃心形纹演变而成，圆首尖钩纹为几何形简化凤纹。这些纹样以及简化凤首纹，都是战国晚期富于特色的楚式玉雕纹样。笔者曾着文论证此杯为战国晚期楚器[47]，可参阅。

（19）盒（106）——扁圆形，小圈足，盖钮有一绹索形环（图二七）。器盖钮座连接8瓣柿蒂纹，向外为一圈三联谷纹，边缘饰一圈双钩桃心形纹及勾连T字纹；器盖里面中央为一阴刻小璧形纹，纹外立反向二凤，鸟冠甚长，其上有圆首尖钩纹，凤尾下垂末端呈花朵状。器身上部饰一圈桃心形纹及几何线条，下部为一圈勾连谷纹。底部圈足为一周绹索纹所环绕。

按：柿蒂纹、三联谷纹、桃心形纹、勾连T字纹和圆首尖钩纹都是战国楚式玉雕流行纹样。凤尾末端呈花朵纹极为特殊。这种将凤纹与花朵纹结合一体的怪异手法，也见于楚人艺术。例如，湖北江陵马山一号楚墓出土的绢，有些绢上面的刺绣凤纹或鸟冠呈花朵纹，或颈连花朵纹，或尾连花朵纹，不一而足[48]（图二八）。

图二六　战国晚期高足杯（D102）

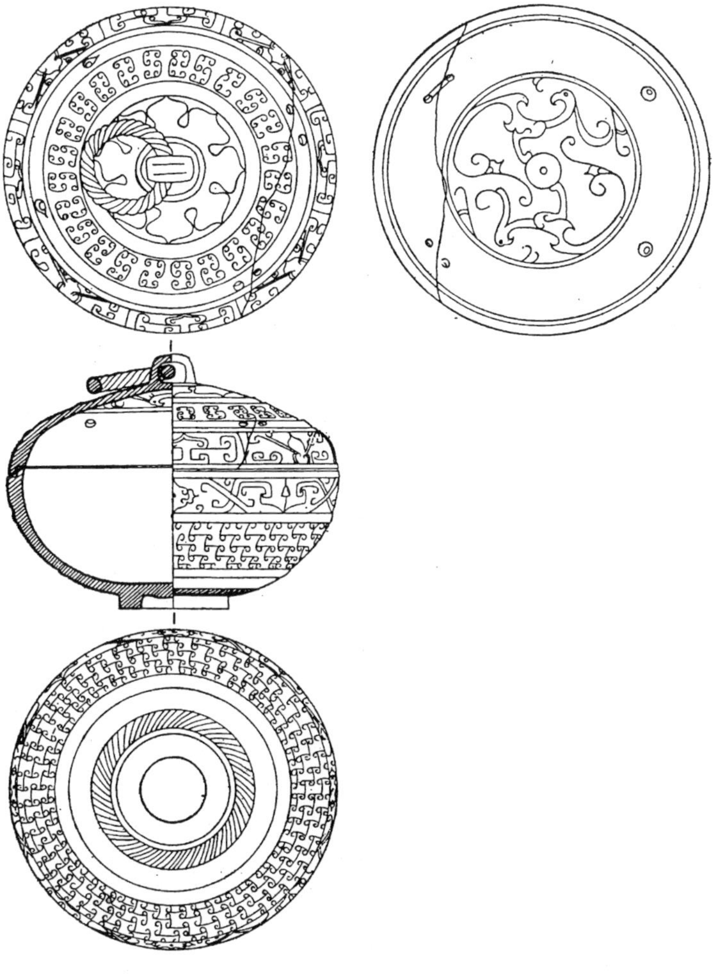

图二七　战国晚期盒（D46）

（20）双螭纹剑首（86、87）——顶心呈立体菌形，其上饰五瓣柿蒂纹，花蕊饰三个涡纹，顶面有二反向螭虎，底部饰两圈三联谷纹（图二九）。

柿蒂纹及三联谷纹都是楚式玉器的流行纹饰，而剑首底部刻纹饰也是楚式玉剑首的一个特点。再者，二螭虎头后无角，与同墓出土玉角杯（105）上的长角尖嘴螭虎明显不同，应是年代较早（战国）的遗存。

（21）简化四凤纹剑首（184）——表面有两圈纹饰，内圈中心为一菱形网纹，周绕四个简化凤纹，外圈为清一色浅浮雕谷纹；底面近边缘有一圈纹饰，由柿蒂纹、卷云纹、涡纹及叶

图二八　战国中晚期刺绣凤纹（湖北江陵马山 M1）

图二九　战国晚期双螭纹剑首（D90-2）

形纹组成（图三〇）。简化凤纹和柿蒂纹流行于楚式玉雕，而剑首底面刻纹饰也是楚式玉剑首的一个特点。

（22）镂雕凤纹剑格（185）——表面中部饰阴刻兽面纹，左右分别为一相向的镂雕凤纹，凤颈有简化花叶纹，凤爪下踏锚形饰（兽面之耳?），其上有一撮绺毛纹（图三一）。

以凤为剑格纹样，迄今仅此一见。其突出凤的形象正是楚人“崇龙尊凤”意识的表现。简化花叶纹和一撮绺毛纹流行于楚式玉雕。另外，此器上颇多双钩弧线，这也是战国楚式玉器常见的[49]。

（23）龙谷纹璧（45）——外圈双身龙，龙身有多个双钩阴刻弧线；中间两圈隔栏，除双钩弧线外尚有多个双钩阴刻简化凤首纹（双钩阴刻尖钩）（图三二）。这些都是较富于特色的楚式玉雕纹样。

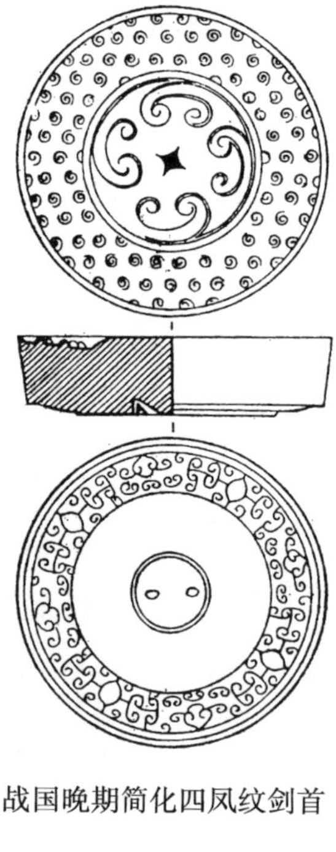

图三〇　战国晚期简化四凤纹剑首（C147-1）

图三一　战国晚期镂雕凤纹剑格（C147-2）

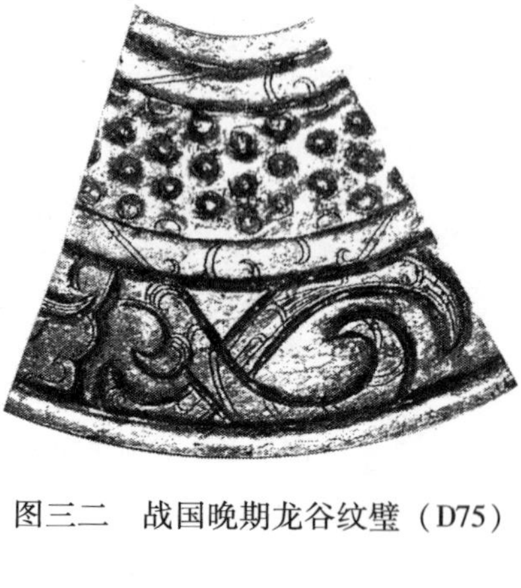

图三二　战国晚期龙谷纹璧（D75）

（24）出廓双凤涡纹璧（56）——璧下端左右两侧各有一朝外的S形凤鸟，有颈圈纹（图三三）。形制相似的玉璧见于山东曲阜战国中晚期墓M58出土玉器[50]，而饰颈圈纹的凤鸟又是楚式玉雕流行纹样，应属楚器。

（25）三联谷纹璧（22）——饰清一色三联谷纹（图三四）。三联谷纹较罕见，是富于特色的楚式玉雕纹样。

（26）龙凤谷纹璧（119）——有三圈纹饰。内外两圈饰双身龙纹，龙身有多个双钩弧线，其上端空白处填细阴刻圆首尖钩纹。内圈二龙纹中间都有一对斜叠的双钩S形简化双凤纹。凤首有鸟冠，下半身且附一双钩简化凤首（尖钩状）（图三五）。双钩弧线纹、圆首尖钩纹、S形简化凤纹和简化凤首纹都是战国楚式玉雕富于特色的纹样。

（27）双联涡纹璧（39）——二涡纹璧并联，其上有镂雕双卷云形系，其下为镂雕双凤（图三六）。按：有系的双联玉璧是战国楚式玉雕甚具特色的造型，见于湖北当阳赵家湖战国早期墓YM4和JM149[51]以及河南淅川徐家岭战国早期楚墓M1[52]出土玉器，但均无纹饰。此璧之双卷云形系两端对称，可能各为一简化凤鸟（卷云形）。下端镂雕双凤皆有抽象颈圈纹，双翼有双钩弧线，尤其特别的是二凤之翼并联呈柿蒂形，这些都是楚式玉雕流行纹样。凤形的较多出现应是楚人崇凤意识的折射。

以上约30件玉器的器类、形制或纹饰不同程度具有战国晚期楚式玉雕的特色，但又不见于其他西汉墓出土玉雕，笔者认为它们应是楚人所琢制。

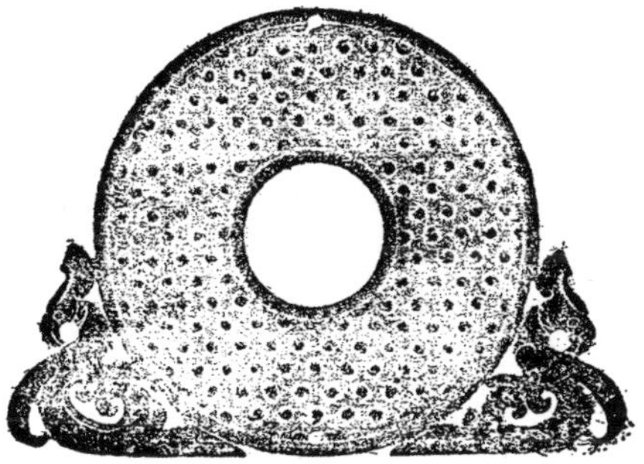

图三三　战国晚期出廓双凤涡纹璧（D166）

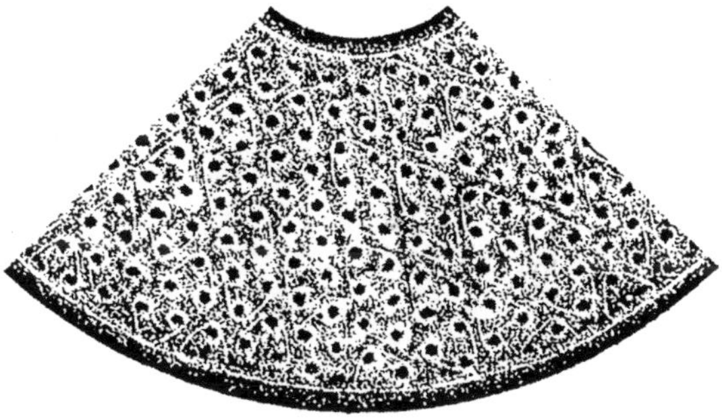

图三四　战国晚期三联谷纹璧（D50-8）

图三五　战国晚期龙凤谷纹璧（D49）

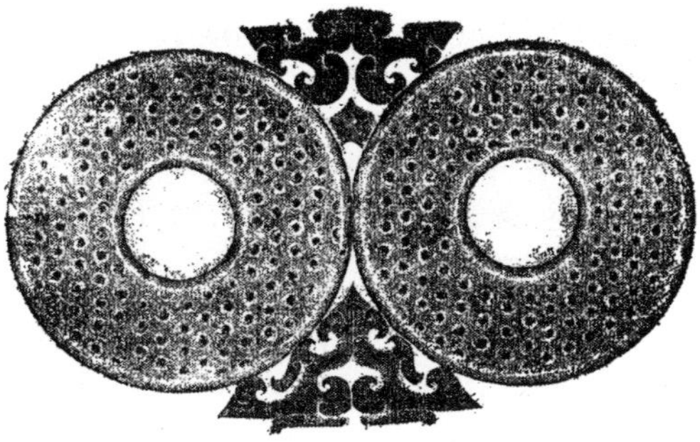

图三六　战国晚期双联涡纹璧（D186）

二、西 汉 玉 器

南越王墓玉器除上述极少数年代较早之外，其余都属西汉遗存，并可区分为仿楚式、中原式、仿中原式、越式、南越式等不同形制。

1. 仿楚式玉器

仿楚式玉器指具有楚式玉雕某些特点的西汉玉器，也可说是战国楚式玉雕的流风遗韵，唯产自旧楚地抑或南越却难以确定，计有龙佩（37）、龙首珩（57、181 上图）、简化龙首珩（E54、94 下三图）、镂雕珩（136）、镂雕环（137）、出廓凤纹系璧（146 自上而下第 3 件）、镂雕龙凤纹系璧（148）、带钩（115）、剑首（69、74、189、194、199、204、208、210、211）、剑格（190、205、218—223）、剑璏（186、206）、剑珌（70、80、187、207、226—229）和璧（31、48—50、96 下左图、97、99、100、120、121、123 下图、124）。

（1）龙佩（37）——片状。似 S 形，回首后顾，张口衔翼，牙齿刻意琢出，头后有长鬃毛（图三七）。此佩具明显的楚式玉龙佩特点，但其形制及纹饰都与江苏徐州狮子山西汉早期楚王陵出土的玉龙佩极为相似[53]（图三八）。

图三七 西汉龙佩（D93）

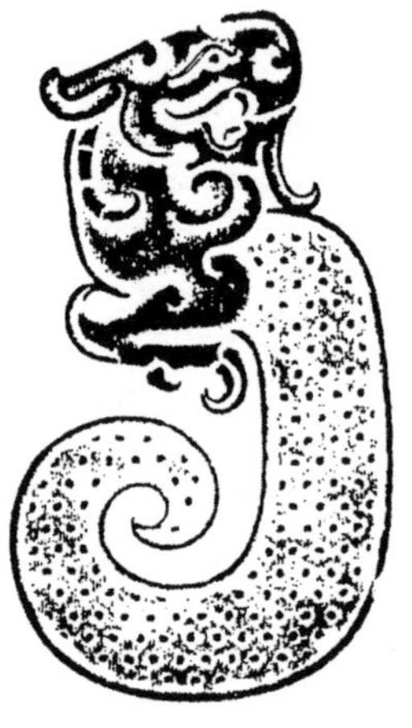

图三八 西汉龙佩（江苏徐州狮子山楚王陵）

（2）龙首珩（57、181 上图）——其中一件（57）的龙牙刻意琢出，上颌饰一阴刻弧线，珩身下端有相连的二简化凤鸟，上端有二凤相连做成的系，其上有一字形简化绹索纹（图三九）。此珩虽有较多楚式玉雕特点，但珩身上下凤纹并不相连，与安徽长丰杨公[54]及山东临淄商王村[55]战国晚期墓玉龙首珩珩身上下纹饰相连的做法不同，却与徐州狮子山楚王陵[56]玉龙首珩珩身上下纹饰不相连的做法相同。

另一件（181 上图）状似半环形，饰清一色谷纹（图四〇）。仅形制类似湖南澧县新洲楚墓半环形玉龙首珩[57]，欠缺其他明显的楚式特点。

图三九　西汉龙首珩（D84）

图四〇　西汉龙首珩（C150-2）

（3）简化龙首珩（E54、94 下三图）——玉珩（E54）出自东侧室[58]，呈弧形片状，两端为简化龙首，通体饰清一色谷纹（图四一）。战国时期这类简化龙首珩最早出现和盛行于楚地，但在西汉早期仍有，如徐州狮子山楚王陵即曾出土[59]。不排除南越王墓的这种玉珩属西汉早期的可能性。

（4）镂雕珩（136）——为并联的镂雕双龙双螭，双龙呈 S 形位于两端，中间为双螭，均呈螺旋形（图四二）。按：镂雕龙纹珩最早见于湖北随县曾侯乙墓玉器，为二 S 形龙横置并联的造型[60]。此珩虽继承楚式镂雕珩的特色，但缺乏战国晚期的特点。

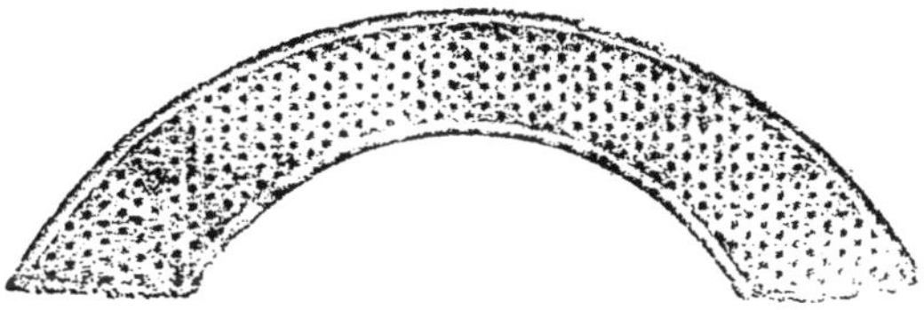

图四一　西汉简化龙首珩（D184）

图四二　西汉镂雕珩（E143-4）

（5）镂雕环（137）——已残，弧形片状，为并联的多个卷云形同体双凤造型，疑为镂雕环的残件（图四三）。卷云形同体双凤具楚式象生玉雕特色，但无边廓的镂雕象生纹玉环在西汉时期开始出现[61]，故不可能是战国遗存。

图四三　西汉镂雕环（E143-3）

（6）出廓凤纹系璧（146 自上而下第 3 件）——饰清一色谷纹，外缘上端有一系耳，下端右侧为一镂雕凤（倒置），左侧似一简化鸟形，左右两端不对称（图四四）。凤是楚式玉器流行纹样，而不对称也是楚式玉雕的特点，但西汉也流行清一色谷纹。

（7）镂雕龙凤纹系璧（148）——肉部镂雕二龙二凤（图四五）。龙头因嘴较长似猎狗头形，与湖南长沙象鼻嘴西汉墓 M1 镂雕玉饰的龙头相似[62]。

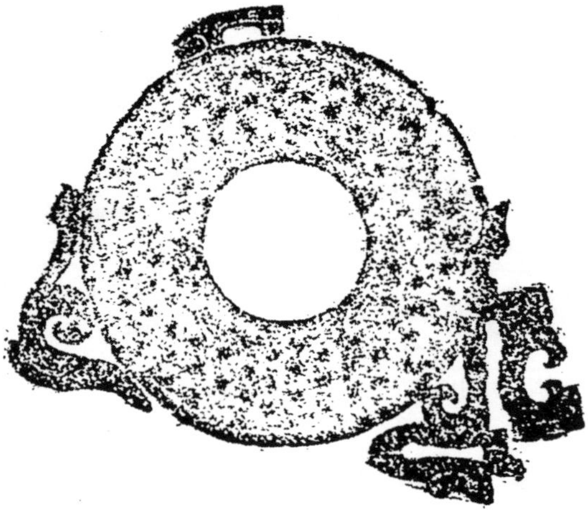

图四四　西汉出廓凤纹系璧（E53）

图四五　西汉镂雕龙凤纹系璧（E52）

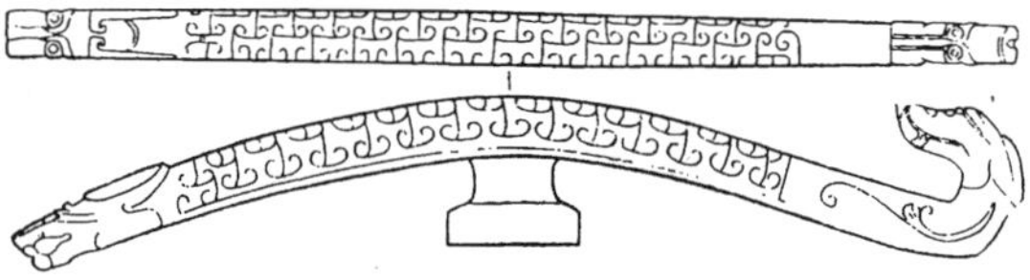

图四六　西汉带钩（D151-1）

（8）带钩（115）——一对，细长条状，钩首及钩尾均呈龙头形，牙齿皆刻意琢出，钩首侧面且有花叶形纹，钩身微向上弯曲饰勾连卷云纹，椭圆钮（图四六）。此带钩具楚式玉雕特点较多，但其形制迄今未见于出土的战国玉器，反而在东汉玉带钩中出现[63]。故其年代当属西汉。

（9）剑首（69、74、189、194、199、204、208、210、211）——共9件，依纹饰可分为四类：

第一类——1件（194），表面为三只高浮雕螭虎，底部饰勾连卷云纹（图四七）。湖南长沙出土战国晚期玻璃剑首有饰柿蒂纹及螭虎纹者[64]，但在迄今出土的战国玉剑首中尚未见表面饰螭虎纹。

第二类——1件（208），表面中央为五瓣柿蒂纹，周绕一圈勾连谷纹，底部平素。类似纹饰见于湖南长沙出土战国晚期玻璃剑首[65]，但迄今不见于战国晚期玉剑首。

第三类——1件（74），表面中央为圆形隆起（中心饰菱形网纹周绕四个简化凤纹），周围饰卷云纹及二高浮雕螭虎，螭虎后半身附于剑首侧缘，底部饰一圈勾连卷云纹（图四八）。此剑首虽有较多楚式玉雕特点，但螭虎头后的角极长，为西汉螭虎造型。而西汉玉剑首中也有类似纹样[66]。

第四类——6件，表面中央圆鼓（中心为一菱形网纹，周围有四个简化凤纹），外围为一圈浅浮雕縠纹或勾连谷纹；底部平素或饰勾连卷云纹（图四九）。不少秦汉玉剑首饰这种纹样[67]。

（10）剑格（190、205、218—223）——除个别（218）饰勾连T字纹外，其余饰兽面及卷云纹（图五〇）。勾连T字纹虽然流行于楚式玉剑饰，但在西汉玉剑饰中也存在[68]。而兽面纹也是西汉玉剑格常见纹样[69]。

图四七　西汉剑首（C147-9）

图四八　西汉剑首（D89-1）

（11）剑璏（186、206）——一件（186）饰清一色三联谷纹（图五一）。另一件饰浮雕螭虎，唯头及角伸出璏身外成为镂雕（图五二）。

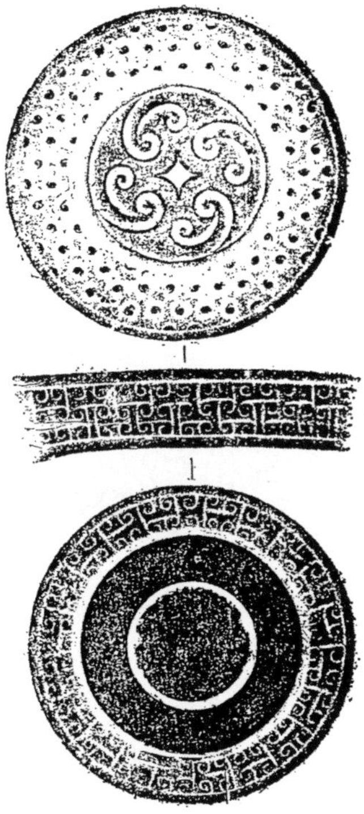

图四九　西汉剑首（C147-5）

图五〇　西汉剑格（C147-6）

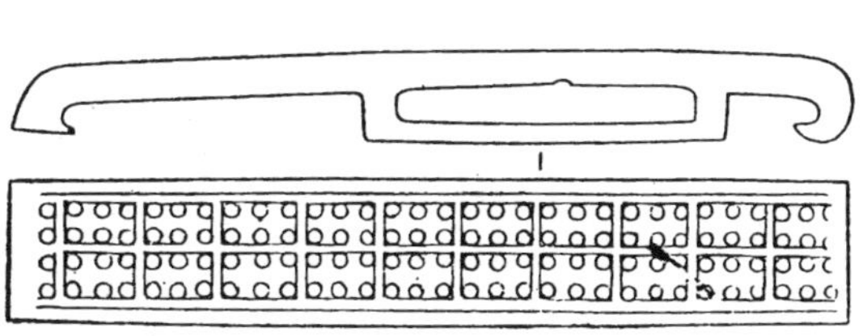

图五一　西汉剑璏（C147-3）

三联谷纹为战国晚期楚式玉器富于特色的纹样，但饰三联谷纹的玉剑璏在西汉也出现[70]。玉器上的浮雕动物纹样部分伸出边廓外，形成浮雕与镂雕相结合的造型，是楚式玉雕的另一个特色。这一特色也伸延至西汉时期，故西汉玉剑璏不乏浮雕与镂雕结合的螭虎纹饰[71]。

（12）剑珌（70、80、187、207、226—229）——可分为高身梯形和矮身梯形两种不同形制。

高身梯形剑珌——为数较多。多数饰兽面及勾连 T 字纹（70、207、226—229），个别（187）饰浅浮雕谷纹及勾连 T 字纹（图五三）。如前所述，T 字纹和兽面纹在楚式和西汉玉剑饰中都存在[72]。

矮身梯形剑珌——1 件（80），硕大厚重，饰二龙（螭虎?），高浮雕及浅浮雕各一，以卷云为地纹（图五四）。这种形制和纹饰的玉剑珌也见于江苏徐州韩山西汉早期墓 M1 出土玉器[73]。

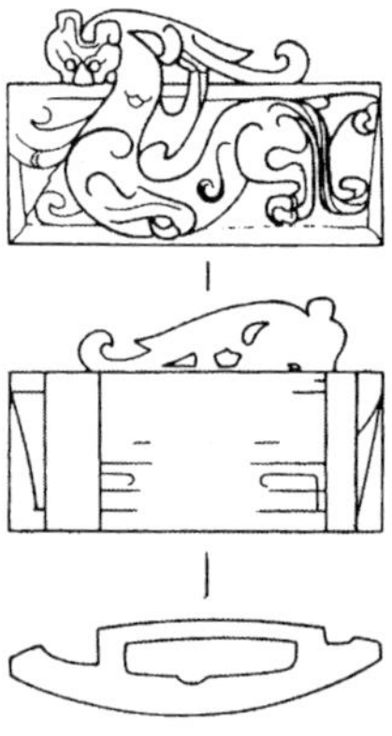

图五二　西汉剑璏（C147-31）

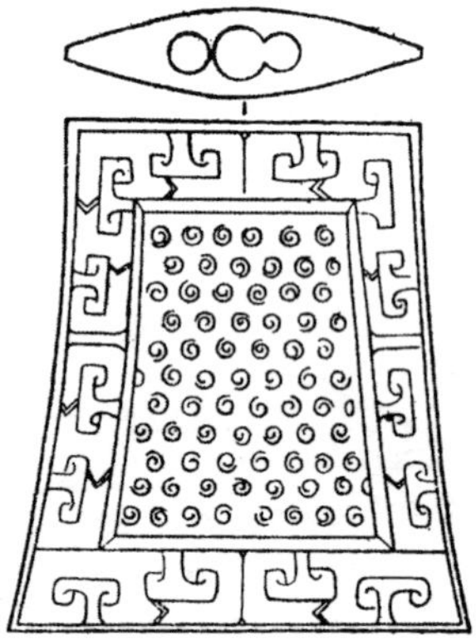

图五三　西汉剑珌（C147-4）

图五四　西汉剑珌（D89-3）

（13）璧（31、48—50、96 下左图、97、99、100、120、121、123 下图、124）——均为龙谷纹璧，依细部纹饰可分为三类。

第一类——3 件（31、99、123 下图），外圈双身龙之间以阴刻小花朵纹作分隔，间或加饰阴刻简化小圆首尖钩纹（图五五）。花朵纹流行于战国晚期楚式玉雕，但西汉玉器上仍常见。

第二类——8 件（48—50、96 下左图、97、100、120、124），外圈纹样空隙处填饰阴刻简化小圆首尖钩纹（图五六）。这种纹样应源于战国楚式玉器的圆首尖钩纹，盛行于西汉玉璧[74]。

图五五 西汉璧（D52）

图五六 西汉璧（D54）

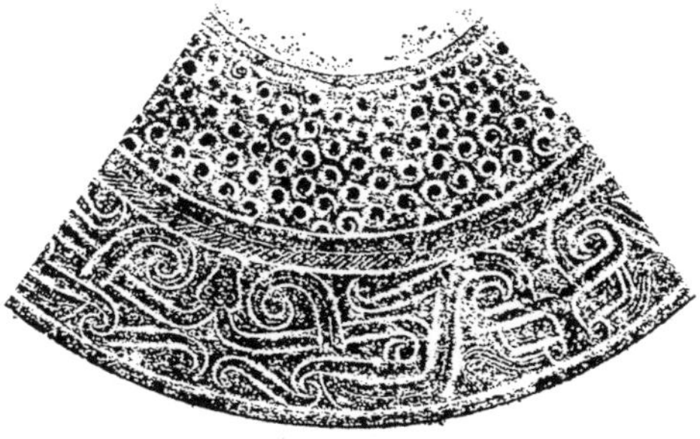

图五七 西汉璧（D155）

第三类——1 件（121），外圈双身龙（龙首均朝外）之间加饰一双身螭纹（螭首皆朝内），螭身与龙身交缠（图五七）。

按：战国西汉龙谷（涡）纹璧，其龙首通常都一律朝外，唯楚地出土者有些却例外。譬如，安徽长丰杨公战国晚期楚墓出土的龙涡纹璧，其龙首有的朝外，有的欲朝内，并不一致[75]。又如湖北光化五座坟西汉墓出土之龙螭纹玉璧，其龙首朝外而螭首欲朝内[76]。故南越王墓此件玉璧具楚式玉雕特点是很明显的。此外，具螭纹之玉璧除五座坟西汉墓者之外，尚见于湖南长沙省财经专科学校西汉墓出土的四螭纹玉璧[77]。据此，我们认为将南越王墓此璧年代定为西汉较为合适。

2. 中原式玉器

中原式玉器形制、纹饰都与中原出土的西汉同类玉器相同，很可能是中原玉工琢制而传入南越者，计有镂雕龙纹环（139、140）、韘形佩（67 左图）、剑格（83、196）、剑璏（191、201）和璧（21—26、47、94 上左图、122、171—176）。

（1）镂雕龙纹环（139、140）——这种无边廓的镂雕象生纹玉环，是西汉始出现的玉环的一种新造型（图五八、图五九）。除此二环外，尚见于湖南长沙咸家湖、江苏徐州石桥村、东阳小云山、陕西西安等地西汉墓出土玉器[78]。

图五八　西汉镂雕龙纹环（E133-1）

图五九　西汉镂雕龙纹环（E133-2）

（2）韘形佩（67 左图）——左右两侧各有一镂雕简化凤鸟，位置适中，大小相差无几（图六〇）。此佩与陕西西安、河北满城、湖南咸家湖、江苏铜山小龟山等西汉墓出土玉韘形佩的形制颇相似[79]。

（3）剑格（83、196）——均为凹字形剑格，以高浮雕螭虎或浅浮雕兽面为装饰。且有此类纹饰的玉剑格在西汉玉器中不难发现[80]。

（4）剑璏（191、201）——狭长条状，饰一浅浮雕螭虎或清一色谷纹（图六一）。这种剑璏在西汉也存在[81]。

（5）璧（21—26、47、94 上左图、122、171—176）——绝大多数饰清一色涡纹或浅浮雕谷纹，仅个别（122）饰凤纹（外圈）及浅浮雕谷纹（内圈）。这类玉璧在西汉中原地区盛行[82]。

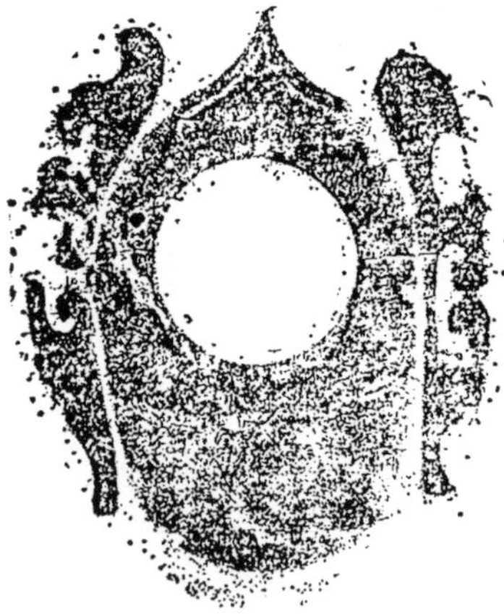

图六〇　西汉韘形佩（D85-2）

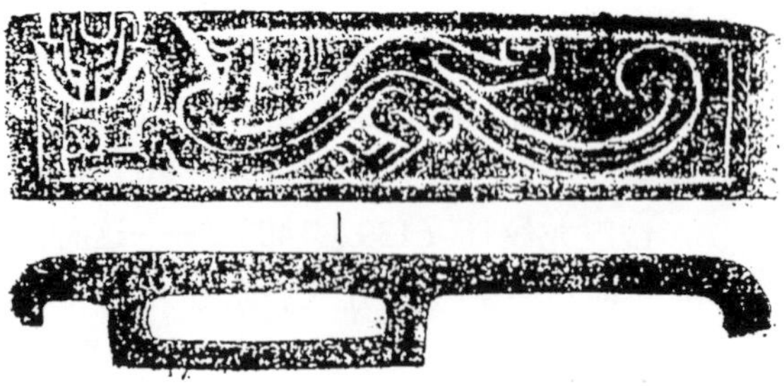

图六一　西汉剑璏（C147-7）

3. 仿中原式玉器

仿中原式玉器系在南越制作的中原式玉器，计有玺印（62、130）和玉衣（7）。

（1）玺印（62、130）——周边饰勾连雷纹的螭虎钮“帝印”玉玺（图六二）。此玺形制与陕西咸阳狼家沟出土西汉“皇后之玺”玉印[83]及河北满城西汉中山靖王刘胜墓出土玉印[84]相似，明显仿汉印。但其印文“帝印”实为僭越，当系私自制作。

（2）玉衣（7）——汉代盛行的玉衣由中原地区战国时期流行的面罩发展而成，南越王墓玉衣无疑当依中原玉衣制度制作。

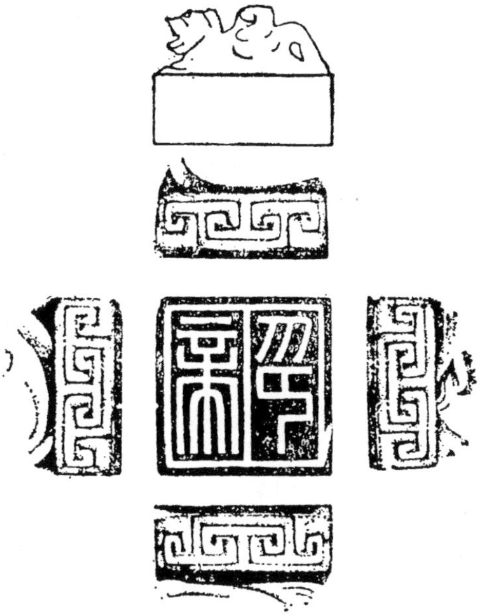

图六二　西汉玺印（D34）

4. 越式玉器

越式玉器为越族固有的玉雕，计有玦（147）、剑首（89）、剑格（91）、剑珌（92）和剑璏（90）。

（1）玦（147）——方形，四角做成机牙状（图六三）。按：方形玉玦为越族玉玦的一种，最早见于广西平乐银山岭[85]及武鸣安等秧山[86]等地战国越人墓。此玦四锐角被做成机牙状，可能另有寓意。

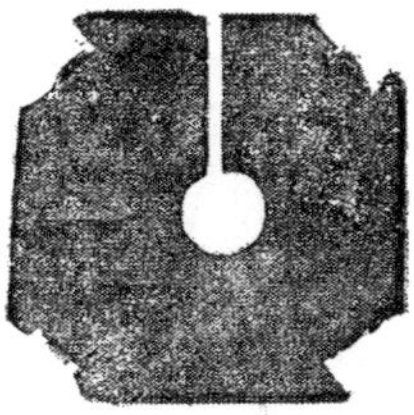

图六三　西汉玦（E51）

（2）剑首（89）——长方形，中间起脊，断面呈菱形，底有圆銎，素面。按：战国越人玉剑首均为素面，如广西宾阳甘棠[87]、武鸣安等秧山[88]、广东罗定背夫山[89]、封开利羊墩[90]等地战国墓出土者。其次，此剑首形制不见于中原及两湖地区出土西汉玉雕而出现于越人地区，其为越器应无可疑。

（3）剑格（91）——细长条状（一字形），中间起脊，横截面呈菱形，素面。此剑格形制与西汉流行的凹字形剑格不同，又是素面，且与上述玉剑首（89）同饰一剑（D70），故亦当为越器。

（4）剑珌（92）——狭长倒梯形，中脊隆起，横截面如榄形，素面。此珌虽呈梯形，却是上宽下窄，与西汉中原流行的上窄下宽的梯形玉珌恰正相反，而且又是素面。加之，此珌与上述剑首（89）及剑格（91）属同一剑（D70），故同样应为越器。

（5）剑璏（90）——长条状，素面。如上述越人玉剑饰为素面，此璏又是在越人地区出现，故当属越器。

5. 南越式玉器

南越式玉器为在南越制作的具有某些楚式或中原式特点的玉雕，计有玉人（59）、

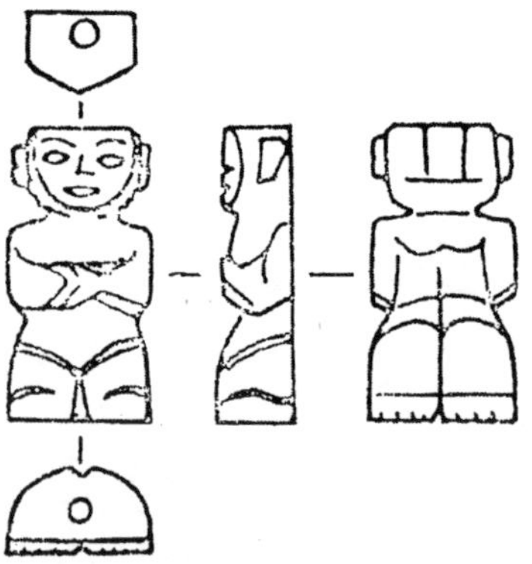

图六四　西汉玉人（D182-1）

玉舞人（141、152、230、231、234）、凤鸟花叶形佩（144）、韘形佩（64—66、67 右图、145、155）、扁圆珠（D87-3）、出廓柿蒂纹系璧（150）、剑格（71、195、200）、剑璏（72、78、84）、剑珌（193、198）、璧（D30、95）、铺首（34）、角形杯（102）、铜框镶玉盖杯（110）和铜框镶玉卮（161）。

（1）玉人（59）——3 件，皆柱形，穿不开襟的套头衫或交领袍，均平头，拱手，跪坐，着鞋或跣足，从头顶向下贯穿一孔（图六四）。交领袍属中原服饰，跣足乃越人习俗。平头似楚木俑头形，但不见于其他地区出土玉人。

（2）舞人（141、152、230、231、234）——有单舞人及双舞人之别，应是仿中原舞人形象，但又存在明显的非中原的地区族属特点。

① 跪姿舞人（234）——圆雕，跪姿（图六五）。着中原汉式右衽长袖衣裙，但螺髻为越地妇女发式，尤其是圆雕及跪姿均不见于中原玉舞人。

② 簪花舞人（141）——体扁平，着中原汉式开衿长袖连衣长裙，腰部系一串玉组佩，右袂上翘逾头而不下垂，水袖上有一花朵象征头上之簪花，左袂横置腹前，水袖下垂（图六六）。此舞人的衣裙、组佩及舞姿与中原玉舞人相似。虽扁平但厚度（0.5 厘米）远超其他西汉玉舞人，且身体倾斜特甚，尤其头有簪花及穿孔由上而下贯通，皆大异于中原玉舞人。

图六五　西汉跪姿舞人（C137）

图六六　西汉簪花舞人（E135）

③ 提膝舞人（231）——一手弯曲上举，水袖垂肩，另一手叉腰，水袖朝外扬起；一足立地，一足上提，作起舞状（图六七）。一手叉腰而水袖外扬以及一足上提，皆不见于中原玉舞人。

④ 长方舞人（152）——一手上举过头，水袖垂肩，另一手有一穿孔，横置腹前，水袖下垂，扭腰，下身面积缩小且与水袖末端连接（图六八）。下身面积极大地缩小且与水袖连接以及手上穿孔供系绳，都是中原玉舞人所无。

图六七 西汉提膝舞人（C259）

图六八 西汉长方舞人（E158）

⑤ 连体舞人（230）——长方扁平，两人并立连体，手皆未上举，一孔自上而下贯通（图六九）。按：中原西汉玉并立舞人，分别一手上举且二水袖逾头相接，并利用水袖连接处下端镂空供穿绳之用[91]，与此舞人造型明显不同。

（3）凤鸟花叶形佩（144）——扁平，树叶状，有梗，饰勾连卷云纹，一凤翘尾立侧旁（图七〇）。此佩有楚器特点（凤及勾连卷云纹），但整体造型不见于楚式玉雕。

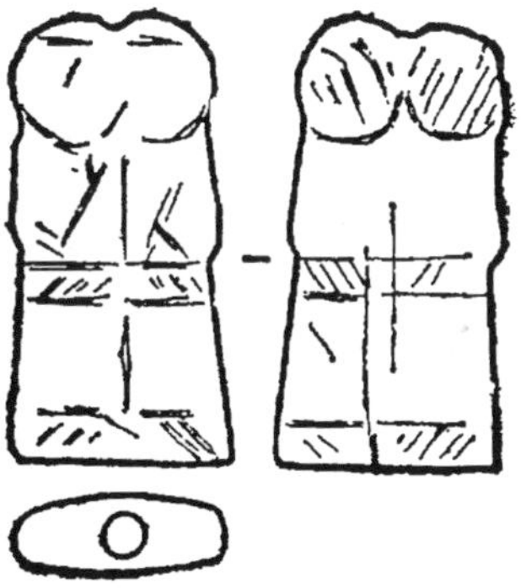

图六九 西汉连体舞人（C258）

图七〇 西汉凤鸟花叶形佩（E41）

（4）韘形佩（64—66、67 右图、145、155）——韘形玉佩源于中原，但这些玉佩的造型却与中原韘形佩明显有异，或一侧为变形鸟纹（64），或一侧为较写实的 S 形凤鸟（头朝下），而另一侧纹饰却极简略以致不辨为何物，两侧极不对称（67 右图），或两侧均为简化凤鸟，但不易辨识（65），或两侧无物，仅一镂雕图案化凤鸟立于上部尖端

（155），或中部镂雕出一鸟首，通体无纹饰（疑为半成品）（145）（图七一—图七四）。另一件韘形佩（66）两侧各饰一凤，但头向互异，并且一高一低颇悬殊（图七五）。此佩形制与河北满城二号墓韘形佩相似，但后者大小长短相若且大致对称[92]，大同中有小异。

图七一　西汉
韘形佩（D144）

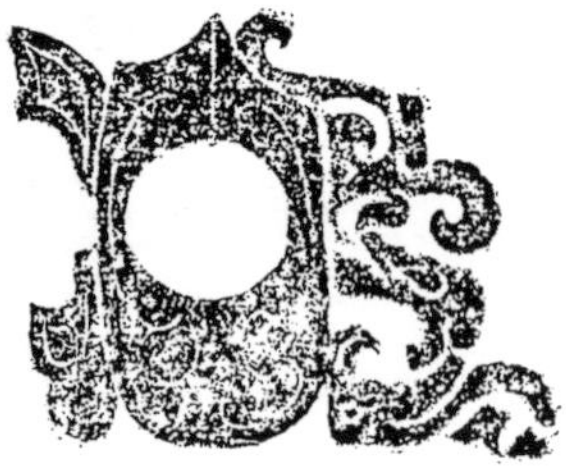

图七二　西汉
韘形佩（D85-3）

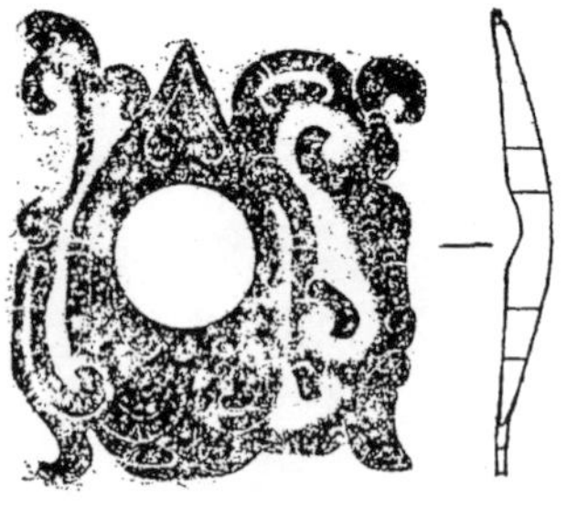

图七三　西汉
韘形佩（D181）

七四　西汉韘形佩（E139）

图七五　西汉韘形佩（D85-1）

（5）扁圆珠（D87-3）——出于主棺室。扁平，圆形，两侧微倾斜，上下有一孔贯穿（图七六）。此种玉珠在其他地区似未见到。

（6）出廓柿蒂纹系璧（150 下图）——边缘有两个对称的出廓柿蒂形饰（图七七）。柿蒂形具楚式玉雕特色，但这种系璧的形制迄今不见于战国玉雕及其他地区出土西汉玉器。

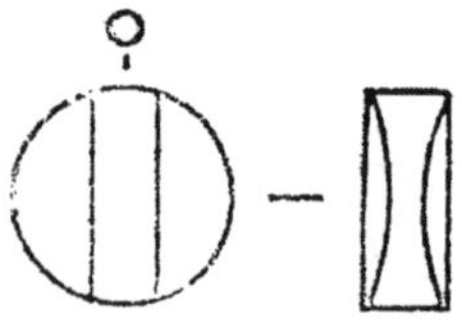

图七六　西汉扁圆珠（D87-3）

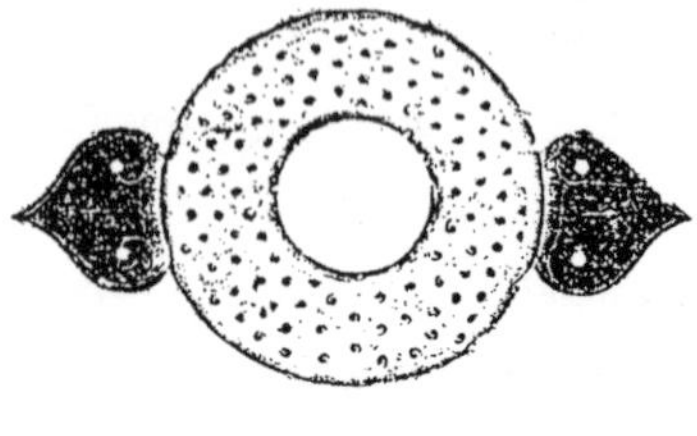

图七七　西汉出廓柿蒂纹系璧（E97）

（7）剑格（71、195）——一件（71）凹字形，但下端长而尖细状似鸟嘴，与一般呈钝角状者迥异，饰兽面纹。另一件（195）凹字形，一面饰兽面纹，另一面饰高浮雕螭虎，其尾为一猴所执，此造型非常特殊（图七八）。

（8）剑璏（72、78、84）——一件（72），璏身特狭长，上饰两组纹样，一组为大小螭虎各一；另一组为一大螭虎及一小熊。战国西汉玉璏象生纹饰，均为一组（一大螭虎或大小螭虎各一），亦未见以熊为纹样者，故此玉璏形制及纹饰皆异常（图七九）。另一件（78），略残，上饰高浮雕螭虎（已残）、异兽、小猴各一，猴手握一绳（图八〇）。此璏纹饰亦异常。第三件（84），狭长方形，两侧宽边微内凹，形状特殊，上饰一高浮雕螭虎，地饰勾连谷纹。按：一般璏皆无地纹，有地纹者仅见于南越地区。

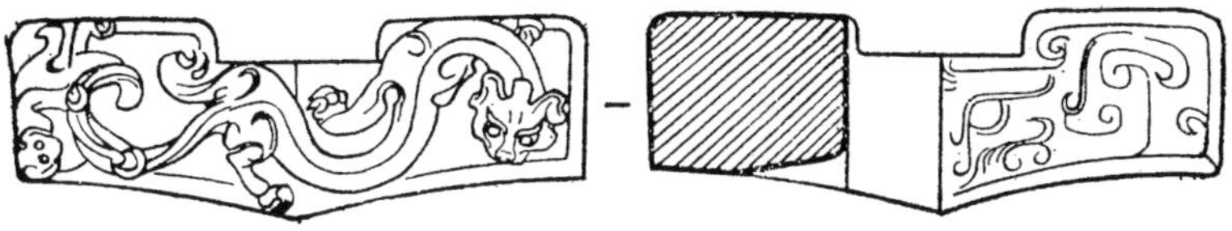

图七八　西汉剑格（C147-10）

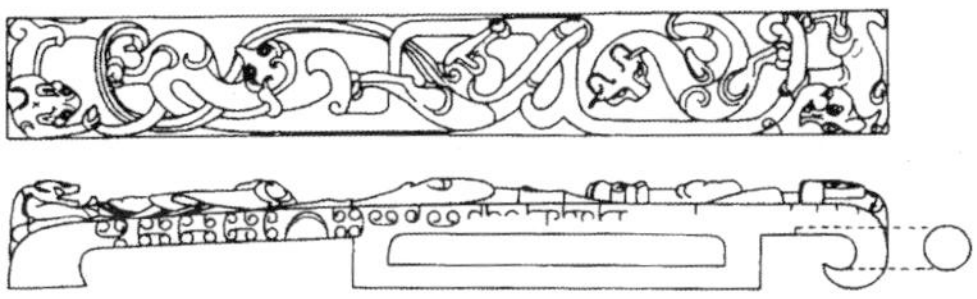

图七九　西汉剑璏（D143-3）

图八〇　西汉剑璏（D89-2）

（9）剑珌（193、198）——一件（193），一面饰一浮雕螭虎，另一面饰一浮雕螭虎及一兽，二者作对峙状。此另一面纹饰不见于其他地区玉剑珌。另一件（198）一面饰一螭虎，另一面饰一螭虎及一熊，后者前爪执前者之长尾。此另一面纹饰异常（图八一）。

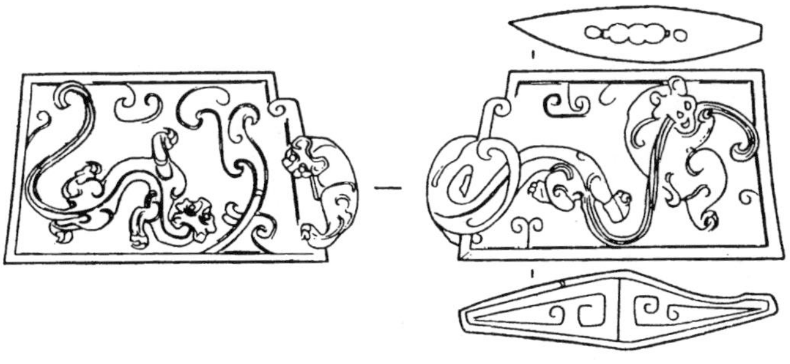

图八一　西汉剑珌（C147-12）

（10）璧（D30、95）——一件（D30），出于主棺室，为龙蒲纹璧，中孔外围有六角形边廓，与一般玉璧中孔外围以一圈弦纹或绳纹为边廓的做法不同（图八二）。另一件（95），外圈为勾连谷纹，内圈为蒲纹，与一般玉璧外圈为双身龙或凤纹迥异。

（11）铺首（34）——铺首为衔乳钉纹璧的方形兽面，其左侧连接一螭虎，因而左右两端明显不对称，与一般铺首两端对称的造型[93]不同（图八三）。

图八二　西汉璧（D30）

图八三　西汉铺首（D156）

（12）角形杯（102）——仿犀角形，饰螭虎与勾连卷云纹，杯底端部有浅浮雕漩涡纹（凤首?），反折向上回转扩散成圆雕镂空离地的翼尾状（原定为云纹）（图八四）。按：安阳殷墟曾出土商代青铜角杯，可知角杯在中国有悠久的历史。但出土的玉角杯仅此一件，无从比较。故初步认为在南越地区琢制。

（13）铜框镶玉盖杯（110）——铜盖，上端嵌玉；杯身为八棱铜框，镶入 8 块素面长条玉片；铜杯座上端嵌 5 枚花瓣形玉片。这类铜框镶玉杯迄今未在其他地区发现。

（14）铜框镶玉卮（161）——卮体为铜框架，嵌入 9 块长方玉片，上饰勾连卷云纹（图八五）。按：卮为中原流行酒器，但中原地区却迄今未发现铜框镶玉卮。湖南长沙马王堆西汉墓（M2）亦出土一件类似的铜框镶玉杯，其上饰勾连卷云纹及凤纹[94]。长沙在东周时为越人地区，至西汉时仍有大半居民为当地土著（主要为越人）。这两件铜框镶玉杯都出现于汉越混居地区，似说明它们并非来自中原一带。

图八四　西汉角形杯（D44）

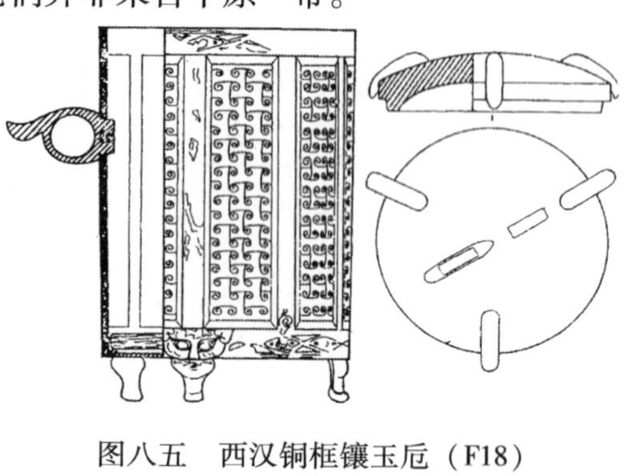

图八五　西汉铜框镶玉卮（F18）

三、玉 组 佩

南越王墓出土玉器可以复原组合关系者不少，计有如下11组之多：

（1）墓主组佩（52）——组合复杂，主要组件为出廓凤纹系璧、镂雕龙凤纹环、犀牛及龙首珩，每一件之下串联1或3组小玉饰或金珠，这些小玉饰包括平头玉人、花朵形饰、玉珠和绹索形环（图八六）。此串组佩包含中原（绹索形环）、楚（出廓凤纹系璧、镂雕龙凤纹环、龙首珩、花朵形饰）及南越（平头玉人、犀牛、金珠、玻璃珠）等因素。

（2）“右夫人”A组（133）及B组（138）组佩——A组体现楚（同体双龙、出廓三凤纹环、镂雕双龙珩、镂雕同体双凤纹环、谷纹珩）、中原（绹索形环）和南越（金珠、玻璃珠）因素。B组体现中原（镂雕三龙纹环、镂雕龙螭纹环、谷纹管）、楚（谷纹简化龙首珩、三联谷纹龙首珩）和南越（簪花舞人）因素（图八七）。

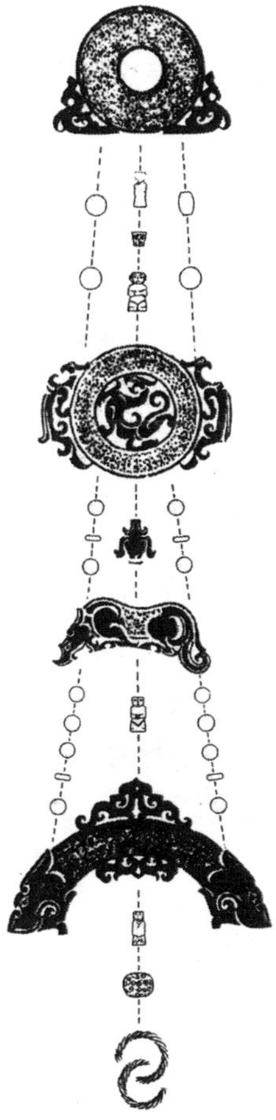

图八六 西汉墓主组佩

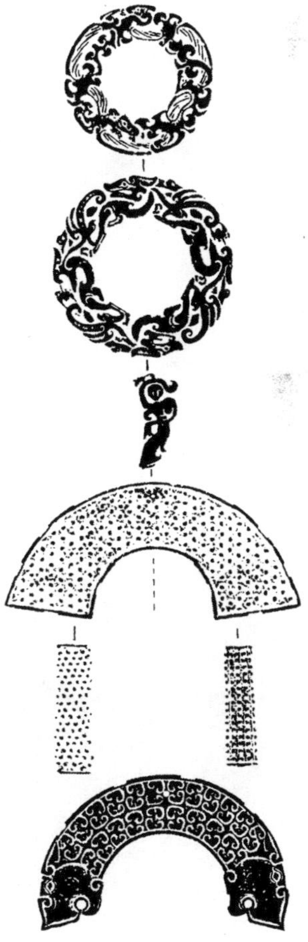

图八七 西汉“右夫人”B组组佩

（3）“左夫人”C组组佩（143）——体现楚（简化龙首珩）、中原（谷纹系璧）和南越（凤鸟花叶形佩、韘形佩）因素（图八八）。

（4）“泰夫人”D组组佩（146）——体现越（方形玦）、楚（镂雕龙凤纹系璧、出廓凤纹系璧、简化龙首珩）因素（图八九）。

（5）“□夫人”E组组佩（149）——体现中原（龙首珩、龙首觿）和南越（舞人）（图九〇）。

（6）F组组佩（150）——体现中原（谷纹环、谷纹系璧）和南越（出廓柿蒂纹系璧）因素。

（7）G组组佩（151）——体现中原（残系璧）和楚（镂雕同体双凤纹环、龙首珩、简化龙首珩）因素。

（8）殉人（RXI）组佩（156）——体现中原（绹索形环）因素。

（9）殉人（RVII）组佩（157）——体现中原（绹索形环）因素。

（10）殉人（RXII）组佩（165）——体现中原（系璧、璧、绹索形环）、楚（简化龙首珩）和南越（铜环）因素。

（11）殉人（RXIII）组佩（169）——体现中原（龙纹凸字形佩、蒲纹璧）、楚（简化龙首珩）和南越（出廓柿蒂纹系璧）因素（图九一）。

图八八　西汉“左夫人”C组组佩

图八九　西汉“泰夫人”D组组佩

图九〇　西汉“□夫人”E组组佩

图九一　西汉殉人（RXIII）组佩

四、结　　论

由上面的剖析，可以看出南越王墓玉器包括了中原、楚、越、南越等不同地区族属的因素，其中以中原和楚的因素最突出，其次为南越因素，越的因素很微弱。

众所周知，夏商周时期，中原玉雕一直居于先进地位，其影响及于周围及边远地区。秦始皇派五十万大军南下开拓岭南以及其后的多次移民，将中原文化大量带入岭南地区。而南越开国君主赵佗是河北真定人，长期受中原先进文化熏陶，在南越推广中原先进文化是顺理成章的事。南越王墓出土不少中原式玉器和仿中原式玉器正是这一历史文化背景的反映。

居于南方的楚人，其玉雕是在中原玉雕影响下发展起来的。不过，在春秋中晚期和战国时期，楚人玉雕的水平与中原玉雕比较，可以说是有过之而无不及。而战国时期楚国的南端与南越地区只是一岭之隔，两地土著同为越族，早有往来。由于这一地利，楚人玉雕早在战国时已输入岭南地区[95]并对后来的南越玉器产生强烈影响，其结果便是南越王墓玉器中有不少楚式玉雕和仿楚式玉器。

南越地区虽然盛行中原文化和受楚文化的影响，由于关山的阻隔和赵佗的闭关自守政策，随着时间的推移，产生了别具一格的南越文化——仿中原文化而又带有明显的地区特色。南越式玉器便是这种文化在玉雕中的表现。

据文献记载，赵佗为巩固其统治，团结越族上层人士，建立以汉人为主的汉越联合政权。越式玉器的出现（尤其出现在玉组佩中），应是这一政体在文化上的折射。不过，越族由于历史的原因，相对较为落后。南越王墓出土越式玉器极少而且朴素无纹，说明当时越人文化的不振。这里需要附带指出的是，南越王墓主棺室和西侧室共出土145件圆圈纹陶璧[96]。此种陶璧是越人富于民族特色的随葬品，最早见于浙江慈溪[97]、上虞[98]、江山[99]等地的战国越人墓遗存，而且为数不少。此外，由新石器时代起，浙江地区的文化即与广东地区的文化有所交流影响[100]。故南越王以这类陶璧随葬决非为了节省玉材，而是遵从越人的习俗。

南越王墓玉器包括了楚、汉（中原）、越三种不同地区族属的玉雕以及由于文化影响而产生的仿楚式玉器、仿中原式玉器和南越式玉器，充分体现出楚、汉、越文化在岭南地区的交汇和融合。

附记：本文插图由林继来先生输入电脑，谨致谢忱！

注释

[1] 杨建芳：《南越王墓玉器研究》，《中国古玉研究论文集》，台北：众志美术出版社，2001年，下册，第113—127页。

[2] 本文主要依据《南越王墓玉器》（林业强编，香港：两木出版社，1991年）一书。文中玉器名称后括弧内之数字为该书内之图号，可供读者翻检核对。若数字前有英文字母则为该玉器之出土编号，核对时须翻检发掘报告（广州市文物管理委员会等：《西汉南越王墓》，北京：文物出版社，1991年）。

[3] 河南省文物研究所等：《淅川下寺春秋楚墓》，北京：文物出版社，1991年，第101页，图八三，6。

[4] 贾峨主编：《中国玉器全集·3·春秋—战国》，石家庄：河北美术出版社，1993年，第80页，图一二九。

[5] 安徽省文物管理委员会等：《寿县蔡侯墓出土遗物》，北京：科学出版社，1956年，图版壹零伍，10、11。

[6] 姚勤德、龚金元：《吴国王室玉器》，上海：上海人民美术出版社，1996年，第26页，图20。

[7] 湖北省文物考古研究所等：《湖北随州义地岗墓地曾国墓1994年发掘简报》，《文物》2008年第2期，图一七；图二七，1。

[8] 中国科学院考古研究所：《洛阳中州路（西工段）》，北京：科学出版社，1959年，第113页，图八一，8。

[9] 游学华（编）：《江汉地区先秦文明》，香港：香港中文大学文物馆，1999年，第105页，图66A。

[10] 杨建芳：《楚式玉器的特点》，《玉文化论丛》（1），北京：文物出版社，2006年，第119页。

[11] 广州市文物管理委员会等：《西汉南越王墓》，上册，第63页，图四五，7。

[12] 杨建芳：《龙纹、涡纹、谷纹、蒲纹、乳钉纹——东周玉器主要纹饰的演变及定名，兼论〈周礼〉成书年代》，《中国古玉研究论文集》，下册，第65—68页。

[13] 湖北省博物馆：《襄阳山湾东周墓葬发掘报告》，《江汉考古》1983年第2期，图二三，2、3；湖北省文物考古研究所等：《湖北随州义地岗墓地曾国墓1994年发掘简报》，《文物》2008年第2期，图二七，10。

[14] 广州市文物管理委员会等:《西汉南越王墓》,上册,第34页,图二四,5。
[15] 广州市文物管理委员会等:《西汉南越王墓》,上册,第34页,图二四,6。
[16] 郭宝钧:《山彪镇与琉璃阁》,北京:科学出版社,1959年,图版一一一,4、7;图版一一三,1、2、5、6。
[17] 中国科学院考古研究所:《洛阳中州路(西工段)》,第114页,图八二,4、5、7、9。
[18] 蔡运章等:《洛阳西工131号战国墓》,《文物》1994年第7期,图三三,1、2。
[19] 浙江省文物管理委员会等:《绍兴306号战国墓发掘简报》,《文物》1984年第1期,图四〇、图四二。
[20] 湖北省博物馆:《曾侯乙墓》,北京:文物出版社,1989年,第402、707页,图二四五,1、2;图二四六。
[21] 湖南省博物馆:《长沙浏城桥一号墓》,《考古学报》1972年第1期,第70页,图版拾贰,2。
[22] 湖北省文物考古研究所:《江陵望山沙冢楚墓》,北京:文物出版社,1996年,第155页,图一〇一,3、4;图版八二,3、4。
[23] 湖北省荆州博物馆:《荆州天星观二号楚墓》,北京:文物出版社,2003年,第199页,图版八〇,3。
[24] 荆州博物馆:《湖北荆州院墙湾一号楚墓》,《文物》2008年第4期,图一五。
[25] 湖南省博物馆等:《长沙楚墓》,北京:文物出版社,2000年,第322页,图二六三,1、6。
[26] 河南省文物考古研究所:《淅川和尚岭与徐家岭楚墓》,郑州:大象出版社,2004年,第325页,图三〇九。
[27] 河南省文物研究所:《信阳楚墓》,北京:文物出版社,1986年,图版六三,1—3。
[28] 河南文物研究所等:《河南省叶县旧县1号墓的青理》,《华夏考古》1988年第5期,第14页,图一五,4、6。
[29] 杨建芳:《龙纹、涡纹、谷纹、蒲纹、乳钉纹——东周玉器主要纹饰的演变及定名,兼论〈周礼〉成书年代》,《中国古玉研究论文集》,下册,第68页。
[30] 湖北省博物馆:《九连墩——长江中游的楚国贵族大墓》,北京:文物出版社,2007年,第69页,下图。
[31] 杨建芳:《楚式玉龙佩》(下),《中国古玉研究论文集》,下册,第30—64页。
[32] 贾峨主编:《中国玉器全集·3·春秋—战国》,第169页,图二六五。
[33] 杨建芳:《楚式玉器的特点》,《玉文化论丛》(1),第121—122页。
[34] 湖北省博物馆:《九连墩——长江中游的楚国贵族大墓》,第71、79页。
[35] 杨建芳:《楚式玉器的特点》,《玉文化论丛》(1),第105、106、121页。
[36] 杨建芳:《长江流域玉文化》,武汉:湖北教育出版社,2006年,第353页。
[37] 廖泱修:《从双凤纹至柿蒂纹》,《玉文化论丛》(1),第194—200页。
[38] 湖北省博物馆:《九连墩——长江中游的楚国贵族大墓》,第71页,原定名玉佩。
[39] 杨建芳:《楚式玉器的特点》,《玉文化论丛》(1),第113页。
[40] 杨建芳:《楚式玉器的特点》,《玉文化论丛》(1),第126页。
[41] 广州市文物管理委员会等:《西汉南越王墓》,上册,第63页,图四五,5。
[42] William Charles White, *Tombs of Old Lo-yang*, Shanghai: Kelly & Walsh Ltd., 1934, Pl, CXXV.
[43] 殷志强、丁邦钧:《东周吴楚玉器》,台北:艺术图书公司,1993年,第171页,图180。
[44] 广州市文物管理委员会等:《西汉南越王墓》,上册,第198页,图一二九,5。
[45] 杨建芳:《楚式玉器的特点》,《玉文化论丛》(1),第112—113页。

［46］ 此器在1975年5—6月于伦敦 Victoria and Albert Museum“中国历代玉器展”展出，收藏者不明。见 Jessica Rawson，John Ayers，*Chinese Jade throughout the Ages*，London：Victoria and Albert Museum，1975，p. 54，no. 135.

［47］ 杨建芳：《论三件玉杯的年代、产地及其他相关问题》，《故宫文物月刊》2008年第9期（总306期），第76—80页。

［48］ 湖北省荆州地区博物馆：《江陵马山一号楚墓》，北京：文物出版社，1985年，第61—70页，图四八—图五九。

［49］ 湖北省博物馆：《九连墩——长江中游的楚国贵族大墓》，第71页，中图（玉佩 M1：C817）；湖南省博物馆等：《长沙楚墓》，第328页，图二六七，3；河南省文物研究所等：《河南省叶县旧县1号墓的清理》，《华夏考古》1988年第3期，第14页，图一五，1。

［50］ 山东省文物考古研究所等：《曲阜鲁国故城》，济南：齐鲁书社，1982年，第173页，图一二二；图版壹零陆，1。

［51］ 湖北省宜昌地区博物馆等：《当阳赵家湖楚墓》，北京：文物出版社，1992年，第153页，图一一一，4、5；图版四六，3、4。

［52］ 河南省文物考古研究所等：《河南淅川徐家岭一号楚墓发掘简报》，《文物》2004年第3期，图九，9；图一〇，1。

［53］ 狮子山楚王陵考古发掘队：《徐州狮子山西汉楚王陵发掘简报》，《文物》1998年第8期，图三三，1、7。

［54］ 殷志强、丁邦钧：《东周吴楚玉器》，第188—189页，图196。

［55］ 临淄博物馆等：《临淄商王墓地》，济南：齐鲁书社，1997年，第56页，图四五，1、2。

［56］ 湖北省宜昌地区博物馆等：《当阳赵家湖楚墓》，第27页，图三九，3。

［57］ 贾峨主编：《中国玉器全集·3·春秋—战国》，第168—169页，图二六三、图二六四。

［58］ 广州市文物管理委员会等：《西汉南越王墓》，上册，第246页，图一六七（下图）。

［59］ 狮子山楚王陵考古发掘队：《徐州狮子山西汉楚王陵发掘简报》，《文物》1998年第8期，图三二，6。

［60］ 湖北省博物馆：《曾侯乙墓》，第411页，图二四七，5。

［61］ 长沙市文化局文物组：《长沙咸家湖西汉曹嫘墓》，《文物》1979年第3期，图二四；徐州博物馆：《徐州石桥汉墓清理报告》，《文物》1984年第11期，图四七，2；盱眙县博物馆：《江苏东阳小云山一号汉墓》，《文物》2004年第5期，图一七，3；西安市文物保护考古所：《西安文物精华》，西安：世界图书出版公司，2004年，第56页，左图。

［62］ 卢兆荫：《中国玉器全集·4·秦汉—南北朝》，石家庄：河北美术出版社，1993年，第13页，图一八。

［63］ 河北省文化局文物工作队：《河北定县北庄汉墓发掘报告》，《考古学报》1964年第2期，第148页，图二二，3。

［64］ 湖南省博物馆等：《长沙楚墓》，第345页，图二七六，7。

［65］ 湖南省博物馆等：《长沙楚墓》，第345页，图二七六，3—5。

［66］ 中国社会科学院考古研究所等：《满城汉墓发掘报告》，北京：文物出版社，1980年，第104页，图七〇，1。

［67］ 西安市文物保护考古所：《西安文物精华》，第2页，图二；南阳市文物研究所：《河南省南阳市百里奚出土青铜器玉器》，《中原文物》1996年第3期，第30页，图四；广州市文物管理委员会等：《广州汉墓》，北京：文物出版社，1981年，第167页，图九九，12。

［68］ 西安市文物保护考古所：《西安文物精华》，第16页，图二二。
［69］ 南阳市文物研究所：《河南省南阳市百里奚出土青铜器玉器》，《中原文物》1996年第3期，第30页，图五。
［70］ 中国社会科学院考古研究所等：《满城汉墓发掘报告》，第83页，图五六，3。
［71］ 卢兆荫：《中国玉器全集·4·秦汉—南北朝》，第153页，图二一四。
［72］ 韦正等：《江苏徐州市狮子山西汉墓的发掘与收获》，《考古》1998年第8期，第7页，图一一；西安市文物保护考古所：《西安文物精华》，第144页，图一九七。
［73］ 徐州博物馆：《徐州韩山西汉墓》，《文物》1997年第2期，第35页，图二五，1。
［74］ 中国社会科学院考古研究所等：《满城汉墓发掘报告》，第136页，图九四，1；《汉代文物大展》，台北：艺术家杂志社，1999年，第152页，图79（下）；卢兆荫：《中国玉器全集·4·秦汉—南北朝》，第84、97页，图一一〇、图一二九。
［75］ 殷志强、丁邦钧：《东周吴楚玉器》，第42页，图24。
［76］ 谭维四：《湖北出土文物精华》，武汉：湖北教育出版社，2001年，第180页，下图。
［77］ 《汉代文物大展》，第152页，图79（上）。
［78］ 长沙市文化局文物组：《长沙咸家湖西汉曹嫘墓》，《文物》1979年第3期，第11页，图二四；徐州博物馆：《徐州石桥汉墓清理报告》，《文物》1984年第11期，第32页，图四七，2；盱眙县博物馆：《江苏东阳小云山一号汉墓》，《文物》2004年第5期，第48页，图一七，3；西安市文物保护考古所：《西安文物精华》，第56页，左图。
［79］ 西安市文物保护考古所：《西安文物精华》，第61页，上图；卢兆荫：《中国玉器全集·4·秦汉—南北朝》，第86、98、99、105页，图一一二、图一三二、图一三三、图一四四。
［80］ 卢兆荫：《中国玉器全集·4·秦汉—南北朝》，第140、141、152、157页，图一九三、图一九四、图二一三、图二二〇。
［81］ 卢兆荫：《中国玉器全集·4·秦汉—南北朝》，第77页，图一〇三及注65；第83、104页，图五六，1及图七〇，2。
［82］ 中国社会科学院考古研究所等：《满城汉墓发掘报告》，第136页，图九四，3、4。
［83］ 杨伯达：《中国美术全集·工艺美术编·9·玉器》，北京：文物出版社，1986年，第71页，图一三五。
［84］ 卢兆荫：《中国玉器全集·4·秦汉—南北朝》，第75页，图一〇〇、图一〇一。
［85］ 广西壮族自治区文物工作队等：《平乐银山岭战国墓》，《考古学报》1978年第2期，第245页，图三七，3。
［86］ 广西壮族自治区文物工作队等：《广西武鸣马头安等秧山战国墓群发掘简报》，《文物》1988年第12期，第21页，图一八，1。
［87］ 广西壮族自治区文物工作队：《广西宾阳县发现战国墓葬》，《考古》1983年第2期，第147页，图二，1。
［88］ 广西壮族自治区文物工作队等：《广西武鸣马头安等秧山战国墓群发掘简报》，《文物》1988年第12期，第16页，图三，3。
［89］ 广东省博物馆等：《广东罗定背夫山战国墓》，《考古》1986年第3期，第213页，图七，1。
［90］ 杨式挺等：《广东封开利羊墩墓葬群发掘简报》，《南方文物》1995年第3期，图八，9。
［91］ 卢兆荫：《中国玉器全集·4·秦汉—南北朝》，第126页，图一七三。
［92］ 中国社会科学院考古研究所等：《满城汉墓发掘报告》，第297页，图二〇〇，1。

[93] 卢兆荫：《中国玉器全集·4·秦汉—南北朝》，第107页，图一四六；中国社会科学院考古研究所等：《满城汉墓发掘报告》，彩版三，左图。
[94] 《汉代文物大展》，第89页，图27。
[95] 广东省博物馆等：《广东肇庆市北岭松山古墓发掘简报》，《文物》1974年第11期，第75页，图二三、图二四。
[96] 广州市文物管理委员会等：《西汉南越王墓》，上册，第178、267页。
[97] 浙江省文物考古研究所：《慈溪市彭东、东安的土墩墓与土墩石室墓》，《浙江省文物考古研究所学刊——建所十周年纪念（1980—1990）》北京：科学出版社，1993年，第195—196页，图一三，4—6。
[98] 浙江省文物考古研究所等：《浙江上虞凤凰山古墓葬发掘报告》，《浙江省文物考古研究所学刊——建所十周年纪念（1980—1990）》北京：科学出版社，1993年，第211—212页，图八，9。
[99] 毛兆廷：《浙江省江山县发现战国墓》，《文物》1985年第6期，图三，13。
[100] 杨建芳：《从玉器考察南中国史前文化传播和影响》，《东南文化》2008年第4期。

Jades from the Tomb of the King of Nanyue: Cultural Interaction of Chu, Han and Yue

Yang Jianfang
(Leisure and Cultural Services Department, Hong Kong
Special Administrative Region Government)

Abstract: More than two hundred pieces of jade were excavated from the tomb of the King of Nanyue in Guangzhou. Some of the jades are from Chu state in Eastern Zhou, yet the major part are Western Han period, including imitation of Chu style, Zhongyuan style, imitation of Zhongyuan style, Yue and Nanyue style. These composite styles also occur in some sets of jade pendants from the tomb. It fully reveal the cultural interaction of Chu, Han and Yue in the region of Lingnan during Warring States and Han.

Keywords: jade　the tomb of the King of Nanyue　culture

魂兮归去：从贵州惠水仙人桥岩洞葬棺画论中国西南系统岩画

李　飞

（四川大学考古学系、贵州省文物考古研究所）

摘要：从部分崖葬（岩洞葬、悬棺葬）棺木上的图案（棺画）出发，本文系统梳理了中国西南及毗邻的东南亚地区崖葬与岩画遗存，发现二者间有着极为密切的关系。不独如此，岩画亦可能与除崖葬以外的火葬、土葬等葬俗间有关联。结合民族学和神话学的相关研究，对部分西南系统岩画进行重新释读，发现这些地点的岩画用较大篇幅反映了当地少数民族创世神话中的有关题材，祖灵崇拜是西南系统岩画的重要内容，也正因此故，其与包括崖葬在内的墓葬间关系密切。西南系统岩画主要应是汉至明之间的作品，壮侗语族中的壮、傣、仡佬等族先民是西南系统岩画的主要创造和使用者；随族群的移动，宋代以降，与之相接的苗、瑶、彝、怒、佤等族先民亦开始使用岩画，佤族大房子壁画、画布、苗瑶棺画等，均可视作岩画的子遗。早期岩画（汉至宋代）普遍与创世神话关系密切，借此营造祖居世界，招引亡灵归去与祖先团聚，并实现信仰中的再生。晚期岩画（宋明时期）则以马为主要图式，可能与宋廷在广西设立马市从而促进了当地马匹饲养的勃兴这一历史背景有关。崇拜祖灵，是一种万物有灵观念下取悦祖灵（并使之远离），使之造福于子孙的精神信仰，其核心是对生者有利，是禳灾祈福，这亦可视作西南系统岩画的主要功能。初步研究发现，运用民间信仰和神话传说，特别是创世神话来释读西南系统岩画是可行的，并可能是未来岩画研究的有效路径。

关键词：西南系统岩画　岩洞葬　祖灵崇拜　创世神话

中国是世界岩画的重要分布区，其中滇、黔、桂、川等地的岩画，属中国岩画的西南系统[1]。该区岩画以赭色涂绘各类人物、动物和抽象符号等为主，分布十分广泛，迄今已发现岩画地点170余处，各类单体图案数千幅[2]。但对其年代、族属、功能诸问题向有争议，莫衷一是[3]。

最近，有幸参加贵州省第七批全国重点文物保护单位的申报工作，在审读各县上报的文本时，我们注意到省级文物保护单位——惠水仙人桥岩洞葬部分棺木上绘制的图案，竟与周边地区发现的岩画惊人的相似，这引起笔者的极大兴趣。经现场勘察发现，绘制在棺木上可供观测的图案尚有36幅约50个单体，内容有马、骑马人、铜鼓等。其在内容、造型及绘制技法上均与部分西南系统岩画如出一辙。而作为棺画载体的崖葬（岩洞葬与悬棺葬）在时空分布上与岩画的某些契合，也引发了我们对西南系统岩画的再思考。进一步检索发现，类似棺画除贵州外，广西等地亦有发现，这些材料如同一座桥梁，将崖葬与岩画有机连接在一起，为进一步解读西南系统岩画提供了新的证据与思路。由此出发，本文对中国西南系统及毗邻的东南亚地区岩画与崖葬的关系进行了系统梳理，并结合民族学、神话学等相关研究，就该区岩画的年代、族属、功能等问题，提出一些新的看法。不当之处，敬请指正。

一、惠水仙人桥岩洞葬棺画

1. 仙人桥岩洞葬

仙人桥系一东西向贯穿的天然溶洞（因状似桥梁，故称仙人桥），隶属贵州省惠水县摆金镇新寨村石头寨村民组。洞高约30、宽10—40、深约200米。涞阳河穿洞而过。洞体纵剖面略呈蘑菇状，近河处石壁笔直如削，高约20米；近顶处岩层向外凹陷（南壁尤甚），形成大小不等的平台，棺木就整齐地放置在这些平台上，南壁多而北壁少。洞内现存棺木约600具，死者一律头向西方。

（1）棺木结构

均为板式木棺，未见独木棺，均未髹漆。用井字形木架固定，一人一棺，一棺一架，层层累置，少则一二层，多则六七层。棺木均置于地面，不加掩埋，坡陡处垒石使平。

棺木以两墙、两挡、一底一盖的方式扣合而成。按棺木横剖面的形状，可将之粗分为井字形、长方形和弧形棺三类，以井字形棺最多，长方形棺次之，弧形棺最少。井字形棺，指墙、挡板结合部位用榫卯（部分也拉槽）嵌合的棺木，挡头外伸，棺木整体呈“井”字形。长方形棺，以拉槽的方式嵌合，两挡不出头，整体呈长方形。弧形棺，亦拉槽嵌合，唯其左、右墙板、盖板为略带弧形的木板，形制接近于现代棺木。

棺木结构中最为醒目的是，相当部分棺木在其前、后两端挡板外再加一块宽于棺身的厚挡板，于其上穿两眼，利用延长出来的两侧墙板做成榫头加以扣合，或称之为“吊头木棺”。“吊头”的挡板形状均为长椭圆形，一种弧度较大近圆形，一种较小近方形，有说此为表示男女之别，圆形者为男性，方形者为女性[4]。棺木加“吊头”前，形制兼有长方形和井字形两种，以后者为多；加“吊头”后，则呈“井”字形，因此我们将这类棺木纳入井字形棺讨论。部分长方形棺在头端挡板外，再用拉槽的方式嵌合一板，形成略似头箱的暗格，应是“吊头棺”的遗制。

井字形棺普遍叠压在长方形棺下，仅见的2例弧形棺叠压在长方形棺上，因此井字形棺年代偏早，长方形棺次之，弧形棺最晚。

棺外均套有井字形木架，每棺一架，棺上累棺。以前后各套一井字形框者为多，部分前、中、后各套一框。各框之立柱上凿眼贯以一木彼此串联，或无，以后者多见。棺架立柱上端平齐，下端的长短则视地形和下置棺木数量而定，同一组棺架立柱的长短未必相同。放置时，径将后置棺木连架插合于前置棺木之上，棺上有棺，架上有架，多者达7层，异常壮观。后置者棺架立柱往往较长，披拂而下，部分及地。

（2）墓地区划

根据洞内地形和棺木间的疏密关系，可将仙人桥岩洞葬分为四区。

第一区，北壁西端平台，相对独立，现存棺木 10 余具，保存较差，棺内空无一物。以井字形棺为多。

第二区，南壁西洞口附近平台，贴南侧石壁集中放置有一组棺木，多被藤蔓所掩，朽散较甚。目前尚能统计的棺木约 50 具，以井字形棺为主。

第三区，南壁西段平台，因地形呈台阶状，故又可细分为南、北两亚区。北（下）部平台，长约 20、宽约 2 米，与南侧平台高差约 5 米，放置棺木 10 余具。南（上）部平台，从西洞口附近一直延至洞的中段。两者相交。该区棺木较为密集，仅次于第四区。层层累置，以 3—4 层者为多。现能统计的棺木 100 余具。以长方形棺为主，所见 2 例弧形棺均在此区。

第四区，南壁东段平台，从东洞口一直延至洞的中段，中段棺木骤减或无，遂成东（第四）、西（第三）两区。该区面积最大，棺木亦最为密集，层层累置的棺木保存较好，最多者达 7 层。该区尚存棺木 300 余具，以井字形棺为主。

不同区域的棺木，应与同一族群内不同的“房”或人群有关，如第一区（北壁）棺木，据传为嫁出后归葬的女子[5]。结合棺木形制看，第三区形成年代最晚，其余区域年代相当。

（3）随葬品

遗物分棺内和棺外两类。

棺内遗物多系死者穿戴之物，如衣、巾、鞋、枕等。死者所着的，多为蓝色土布及蜡染、刺绣等较具少数民族特色的衣物，与现代贵州苗族服饰相同。一具棺木内死者所枕的三角形布枕，内充稻草，外以长条形绣带作装饰，绣带上饰以海贝，与现石头寨苗族老人过世后棺内所枕者完全一致。据早年调查资料，棺内遗物尚有耳环、项链、梳、手镯、芦笙、箫笛等[6]。

棺外遗物有陶罐、瓷碗、木盆、竹篓等生活用具，多置于棺下头端。

（4）族属与时代

仙人桥东约 300 米处，尚有一洞，称棺材洞，洞深近百米，系涞阳河的发源地。据说洞内原亦放置大量棺木，后毁于火和洪水，现仅存较完整者 4 具及部分散板，均系井字形棺。

这两处岩洞葬均为石头寨赵姓苗族（“打铁苗”）的祖茔。据调查，赵姓始祖唐时自广西柳州迁居此地，死后行岩洞葬。赵姓原有三房（亦说四房），清嘉庆、同治年间，他房陆续迁出，仅留幺房在当地继续行用此葬俗，直到八九代前改行土葬。石头寨苗族赵兴良称：“‘棺材洞’是赵家的祖坟。从唐朝时起，就已经是这种埋葬方法。以前是把棺木放置在‘棺材洞’（指仙人桥）以东的另一个洞中（指棺材洞），因为失火，把棺木全部烧毁，后来才放置在现在这个棺材洞中（指仙人桥）。每年春节送鬼时，念洞子中的祖先，有 1000 多人，要念两个多小时。”[7]

这些说法与洞内棺木的分布情况大致吻合。如棺材洞内所遗棺木均系井字形，年代偏早；仙人桥岩洞葬可分四区，若北区确为归葬的女子，则南壁三区或与赵姓三房对应，最后确只有第三区仍在使用，或即幺房所遗等。

结合棺木形制、采集遗物、后人追忆及它地的相关发现[8]，我们认为仙人桥岩洞葬现存棺木的年代下限在清末（约19世纪），上限至明或更早。从清代以来普遍流行弧形棺[9]，而此处该类棺木数量甚少，以及文献所记清道光时摆金“花苗”已行土葬[10]来看，仙人桥岩洞葬年代主体可能在明代前后。系当地赵姓苗族（自称“毛”，他称“打铁苗”）所遗。

2. 仙人桥棺画

本文将重点讨论的各种图案，即用白色颜料涂绘在棺板之上，我们暂称之为“棺画”。从多数棺木用石灰填缝及图案线条多手指粗细看，可能是用手指蘸取石灰水后直接在棺板上绘制而成的。现可观察的棺画，集中分布在第三、四区离洞口有一定距离的棺木上，计36幅约50个单体图案（近洞口处的棺木，因风雨侵蚀腐朽较甚，其上纵有图案，亦已模糊不辨）。推测原数应远大于此，部分因棺木腐朽不存，部分则因遮挡无法察看。井字形和长方形棺上均有发现，以长方形棺上所绘者偏多，占近6成，弧形棺上未见。一般每棺仅绘一幅图画，由1—3个单体图案组成，绘于头、脚端挡板或侧面墙板上，一棺饰两幅图画者目前仅见1例（附表第1、2组）。图案多高仅数厘米，长10余厘米，线条宽约1厘米。现将所见图案按幅附表以示（详见附表），并将各单体图案聚类缕述如次：

（1）马

共20例，其中清晰可辨者14例，模糊不清、未能完全确定为马者6例。这类图案在头、脚端挡板和侧面墙板上均有分布，以绘于侧面者为多。造型较为抽象，仅绘出侧面剪影。多用一根弯曲的线条表示马身，下划四根短线表示四肢，个别绘出马耳。其绘制技法与贵州多处岩画中所见的马相同，据此知其为马。又有人骑于其上者，其为马遂可定。个别以双线绘制马身（附表，第13组）。

（2）骑马人

共10例，其中清晰可辨者7例，模糊不清、不能完全确定为骑马人者3例。这类图案在头端、脚端和侧面棺板上均有分布，以绘于侧面者居多。马的造型同于前述无人乘骑的马匹，其上之人亦只绘出侧面剪影，多作双手前后叉开状。

以上马和骑马人图案多见于长方形棺木上（附表，第1—20组）。

（3）铜鼓和太阳纹

两类图案构图接近，含义可能相同，故一并描述，但将芒外有圈者暂称铜鼓纹，芒外无圈者暂称太阳纹（附表，第21—28组）。类似图案在西南系统岩画中较为常见，多释为铜鼓[11]。

共8例，除1例绘制于侧面墙板外，余均绘于棺木头、脚两端挡板上。太阳纹2例，作圆圈或实心带芒状，十二或二十芒。铜鼓纹6例，一残缺不全。鼓心作“十”字、“米”字或太阳形，四、八或十三芒。

绘于井字形棺和长方形棺上的比例相同，各4例。

（4）钱纹

仅1例，绘于一长方形棺脚端挡板上，呈外圆内方的方孔圆钱状（附表，第29组）。

（5）其他

有鱼形、“牛”字形和几何形图案等。

鱼形纹，2例。其中一例系8芒太阳纹一侧带鱼刺形纹，似太阳纹，又似一鱼（附表第30组）。另一例则在井字形棺木的头端外挡板上，先以石灰打底，在其将干未干时，用指头绘出一圆，一侧饰鱼刺形纹。图案两两相对，彼此对称（附表，第31组）。这类纹饰的寓意尚未明了。

几何纹，2例。均饰于井字形棺头端外挡板（吊头）上，造型大略相同，均在圆之两侧饰对称矩形框（附表，第32、33组），寓意不明。

“牛”字形纹，4例。除一例略显特殊外（附表第36组），其余3例均作“牛”字形。南丹、荔波一带的白裤瑶，历史上曾行岩洞葬，现已改为土葬。葬礼中“砍牛”，待死者下葬后，将牛角绑在一立柱上，树于坟前[12]。柱之形状即似一“牛”字。仙人桥岩洞葬中的“牛”字形纹，状与此似。

从棺木的年代推知棺画的年代应在明代前后，部分延至清代。棺画间存在相对早晚关系。如绘有第1、2组马、骑马人图案的棺木即叠压在绘有第31组鱼形纹的棺木之上，表明第31组图案年代早于第1、2组（其他叠压关系见附表）。因井字形棺年代普遍早于长方形棺，则井字形棺上图案应早于长方形棺上图案。但经仔细梳理，我们发现各类图案在早晚期棺木上均有分布，因此目前尚无法据此得出棺画演变的规律性认识。

马、骑马人、铜鼓和太阳形纹等内容是仙人桥棺画的主题图案，占总数的80%强；若“牛”字形符号确代表牛，则所占比例更高。这些元素（马、牛、骑马人、铜鼓和太阳纹）亦是西南系统岩画的重要内容。这些绘制在崖葬棺木上的图案与岩画在内容、技法上的相似性，是否表明二者间存有某种关联？

二、棺画、岩画与崖葬

1. 其他地区发现的棺画

与惠水仙人桥相似的棺画在其他地区亦有发现，据目力所及，有以下几批：

（1）广西南丹[13]

1984年春，广西考古工作者在南丹里湖白裤瑶聚居区内调查发现38个岩洞葬地点，其中白台山2号洞发现棺画，用炭黑和土红色颜料绘于6号棺的一侧墙板、9号棺的头、脚端挡板和一侧墙板上，共4幅。简报对棺画内容的介绍较为笼统，仅称“画有弧形的山、两手平伸的人及种类不明的动物”，因此该材料长期未引起足够重视。从附图看，其上除“弧形的山”外，尚有较多人物、马与骑马人图案，较仙人桥略显繁缛，但马、骑马人等内容相同。

其中，6 号棺墙板中部用双线勾成两个弧形图案，其意不解，简报释为“山”，暂从之。山之左下，一人骑马，腰间佩剑。该图右侧图案已模糊，似亦为一人骑马。再右一图不识。两山之间，一人骑马，马上似有鞍鞯，人展其双臂置于鞍上。右侧山之左上，二马一人，人物腰间佩剑（或尾饰，略显模糊）。其右图案已模糊，似为一马（造型与9 号棺左侧马相似），马右一人。该山之下有波浪形纹饰，似马非马。以上图案构成一幅画面（图一，1）。

9 号棺一侧墙板上图案与前述画面接近，但“弧形的山”连缀在一起，内容更见复杂。左侧似一人执杵捣臼[14]，其下马 2 匹。右侧一人骑马，马低首作呼啸状；骑马者伸其双臂，腰间佩剑。其下一人，顶有头饰，双臂平伸，并绘出手指，双腿微侈，间有尾饰，腰间佩剑。其下一人，双膝跪地，臂向前伸。该组画面之右，一“6”字形符号，其意不明。其右上一人骑马，马体肥硕，与它马略有不同。左侧山体下可识别者有人物 5 个，其余多不识。居上之人平伸双臂，腰间佩剑，胯有尾饰。其下 4 人，居左者双手持一长物（图像略模糊，或为腰间佩剑）。其右一人张其双臂。再右一人身形伟岸，张其双臂，手指可数，叉其双腿，胯垂尾饰，腰间隐然有剑，模糊莫辨。最右一人作向其左侧“巨人”跪拜状。两山交接处图案莫辨。右侧山体下线条潦草，可辨者仅有一人，居画面右上角，四肢叉开，顶横一线，或为斗笠？山外右侧，可辨人物 4 个，一居下，其余居上。除一作跪拜状（上排右侧图案）外，余均作四肢叉开状（图一，2）。

9 号棺头、脚端挡板上亦有人物、骑马人等图案，但较墙板者为少（图一，3）。

图一　广西南丹棺画

1. 6 号棺　2—4. 9 号棺

（采自《文物》1986 年第 11 期，第 70 页，图四）

以上图案在技法上，与惠水仙人桥棺画同，均用线条较为抽象地表现意象。内容相近，如均有马、骑马人等，但该处人物装饰略显繁缛，如有头饰和尾饰，腰间佩剑。这些内容和表现的方式，均与黔桂地区的岩画相同。

有画的两具棺木均带棺架，并于两侧墙板凿眼，贯以木栓，整体呈“井”字形。6号棺内葬4人，9号棺2人。内出云纹杂宝暗花缎衣物残片（9号棺）、四合如意云纹缎衣物残片、凹面木枕（6号棺）等。年代约在明代，可能为白裤瑶先民的遗存。

（2）四川珙县

川南的珙县、高县、兴文、筠连及毗邻的云南盐津、威信一带，悬棺葬分布较为集中，已发现80余个地点[15]。其中，珙县麻塘坝的悬棺与岩画并存，被普遍认为系“僰人”所遗。岩画“大都绘于悬棺周围，个别的还绘于棺木上或桩孔里面，也有桩孔打破岩画的现象”。其中，“邓家岩”存悬棺16具，“有的棺底画彩”，周围岩画较为集中[16]。“天心顶”桩上置棺1具，未发现岩画，但“棺木底部绘有一个大的白色圆圈”[17]。邓家岩部分悬棺曾经清理，但清理简报未提及悬棺上的图案。“天心顶”即陋风岩，专门的调查报告未提及其棺底有画。据此，珙县麻塘坝至少2具以上悬棺绘有棺画。甚至，其原数量可能不菲，部分因悬棺“历经风雨侵蚀与鸟雀破坏，曾坠毁不少”[18]而未能保存，部分因观察不细而未能识别。惠水仙人桥近洞口处棺木上亦未见棺画，即因此处棺木受风雨侵蚀朽散较甚所至。

（3）贵州平坝、荔波

平坝县下坝棺材洞是贵州少数几个经科学清理的岩洞葬之一。洞内现有棺木567具，有船棺、圆木棺、方棺、栓棺、普棺（与现代棺木形制相同的棺木）等各种形制，层层累置，未用棺架。经碳素测定，结合出土遗物，其年代始于唐、宋，历元、明、清，沿用至今。系当地刘姓苗族（“歪梳苗”）的祖茔。据清理简报，普棺有的髹黑漆，有的不髹漆，少数棺木头端挡板外绘或雕有鱼纹、钱纹等。如26号棺即绘有鱼纹及圜形图案，棺画年代早不过明代[19]。

贵州荔波瑶麓的青瑶迄今仍行岩洞葬。棺木多方形，带棺架，少量做成汉族的弧形棺，多在老人去世后赶制，否则视为不吉。洞内棺木按家族摆放，一般一家一洞，一人一棺，部分要摆放几个姓氏的，则每一姓氏的棺木堆放在一起，不考虑性别等因素，凶死与未成年者不得入洞。经济条件许可的，要举行砍牛仪式，此为最隆重的葬礼。砍牛时必须敲铜鼓，跳打猎舞。凡砍牛的，死者棺木上要放置“牛角”和“鱼”。“鱼”系用木板雕成鱼形，钉在棺盖上。“牛角”为钉在棺木两侧的6块（各3块）略呈牛角形的木板[20]。其上用墨、炭、粉笔或牛血等，由成年男子绘制各种图案（过去由鬼师绘制）。死者若为女性，上绘绣花、凉亭、雨伞、鱼、鸟、镰刀、锄头、柴刀等；男性则绘猎枪、狗、鸟、斗笠、犁、耙、牛、猴子、鱼等。供死者“在那边用”。这些图案均是现实物象的描摹，其内容既有约定俗成的固定样板，也有根据死者意愿所做的人性化安排，即“老人爱好哪样就画哪样”[21]。从洞内所遗的“牛角”看，其数量亦有仅做4块者；色泽有的仅用单色（多为白色），有的则兼有红、白、黑诸色；内容除前述者外，尚有钱纹（方孔圆钱）、菱形、三角等几何纹，以及猪、兔、鸭、二人对搏、一人踩碓、垂钓等图像，笔法稚拙（图二）。

图二　荔波瑶麓“牛角”上图案
（覃远建摄）

（4）东南亚

东南亚地区一些棺木上雕有各种图案。

马来西亚加里曼丹岛的白石山许多天然溶洞中遗有当地土著沙巴人的悬棺葬。其中一洞，洞口在峭壁上，不易攀爬，内藏木棺40具，棺上堆棺，亦有散置于地者。棺上雕有水牛、鳄鱼、蜥蜴、蛇诸形，极为精致。棺盖两头雕水牛或黄牛头者，为男性死者；雕蛇、蜥蜴、鳄鱼的则为女人和小孩。据调查，当地土著直至20世纪初，方革除岩洞葬之俗。另该岛沙巴东海岸的大威海湾，若干有燕窝的洞穴中也藏有腐朽的棺木，上雕奇异图案，据云为古沙巴人的葬棺[22]。

菲律宾班顿岛的2个岩洞内放置有棺木，棺盖两端都有蛇形雕刻，有些表现较抽象，有些则较具体，刻出头、眼、颚和牙。有些图案中，蛇的舌头伸出或人的身体被蛇吞入，只见其盆骨和下肢。除蛇和人外，所刻的其他主题通常为猴子和一种不知其名的四足动物。因随葬有棕釉陶罐、玻璃、金饰等，其年代不至太早[23]。

此外印尼马哈坎河流域彭人（Pens）悬棺葬棺木旁有浮雕人像；印尼群岛的Geonoeng Tindara山托拉贾人悬棺葬，于船形棺木旁立木偶，着死者生前衣服，肩挂一袋，骤视如生人[24]。

于棺上饰画，至迟可追溯至汉代[25]。马王堆等西汉棺木上的装饰[26]，及其后四川等地东汉石棺上的雕刻[27]，从广义上看，都应属“棺画”范畴。其目的，一则驱鬼镇墓以护灵柩，一则为死者营造一个不死的仙境[28]。这些内容与本文所讨论的“棺画”间是否存在联系，尚待讨论。

以上所列“棺画”，年代早的在明代前后或略早，晚的行用至今。于棺上或棺木附属物的木板上绘或雕各种图案，内容虽因时空差异而有所变化，但均以人物、动物为主，故有相通之处，而以南丹里湖和惠水仙人桥棺画在技法和内容上最为接近。并非巧合的是，这些棺画均绘于崖葬（悬棺葬与岩洞葬）棺木上，且内容多与岩画相同或相近，则崖葬与岩画间到底有何联系？

2. 崖葬与岩画的时空分布

前文讨论了崖葬木棺上的“棺画”。崖葬是“棺而不瘗，置诸高崖”的一类葬俗，其分布甚广，一般又将之分为悬棺葬和岩洞葬两类，二者既有区别，也有联系[29]。川、滇、黔、桂及东南亚地区，向有崖葬之俗，同时，这里也有大量岩画分布，论者从崖葬和岩画两个不同的方面做过勾勒[30]。合而观之，在宏观上，两类遗存的分布地域是彼此重合的；而具体到每一个地点，并非凡有崖葬处必有岩画，亦非有岩画处即有崖葬，但在几个地区二者兼而有之，很早便引起了研究者的注意。

（1）四川珙县

珙县麻塘坝的悬棺与岩画共存，几乎已人所共知。麻塘坝系一狭长的山间坝子，中有螃蟹河南北蜿蜒，群山东西峙立，峭壁如屏，20 余处悬棺与岩画地点就分布在这些石崖上。岩高百仞，下临江河。现存悬棺 223 具，岩画 200 余幅。悬棺的放置方式有三：即在峭壁上凿孔 2—3 个，插入木桩，置棺其上的“木桩式”；凿岩为穴，置棺其中的“凿穴式”；利用天然洞穴的“洞穴式”。以“木桩式”为主。棺用整木刳成。岩画大都绘于悬棺周围，个别还绘于棺木或桩孔内，也有桩孔打破岩画的情况。20 余个地点中，仅猪圈门、鸡冠岭 2 处有岩画无悬棺，刘家沟、猫儿坑、陋风岩、柏香林 4 处有悬棺而无岩画，余均岩画与悬棺共存[31]。天心顶、邓家岩等地点，部分棺上画彩（棺画）。岩画内容有人、骑马人、马、鸟、鱼、兽、铜鼓和符号等，尤以骑马人居多，可识别的铜鼓图案达 30 个。人物多有头饰，部分腰佩剑。图案多以剪影式平涂而成，少数以线条勾画，部分二者相结合。多以红色颜料涂绘，少数先涂白地再勾填红色，极少数为纯白色勾绘。经鉴定，红色者系水合碱式硫酸铁，而非赤铁矿或朱砂，白色者是以石灰为主的石灰和石膏的混合物[32]。

论者普遍认为两类遗存均系“僰人”所遗，年代相当（互有打破），在宋明之际，但对二者的关系却有不同认识。珙县悬棺与岩画的先期考察者之一的石钟健先生认为“行悬棺葬的人，很重视在岩壁上做绘画或雕刻，一如汉族和其他民族的统治阶级重视在墓室中做壁画和雕刻一样。做绘画或做雕刻的目的，不外乎是安慰死者，或者借以张大死者的威望，以慑服生者；或者作为表示死者所属的氏族、部落的徽志”。并认为珙县麻塘坝舞蹈、垂钓等内容的人物画大概便用以“安慰死者”；跃马战场的画面用以夸耀武功，赢取生者的尊重；各种符号则为族徽[33]。即认为悬棺与岩画是一体的，均为葬仪的一部分。发现云南沧源岩画并对之进行深入研究的汪宁生先生则认为“尽管创作崖画者可能就是实行悬棺葬的民族或其先民，但崖画本身绝不是为悬棺葬而绘的。它不是葬俗的一部分。珙县崖画和沧源及其他地区崖画一样，是为祈求丰收、富裕而举行的某种巫术仪式所遗留”。原因有二：一是纵观世界各地崖画和悬棺，发现二者间无必然联系，“几乎有悬棺葬处均无崖画”，而“在崖画分布地区，又不一定存在悬棺的葬法”；二是两者若确有联系，则其分布应有一定之规，“而据我参观后的印象，并无规律可循”[34]。

作为专于悬棺和岩画研究的学者（石氏善于悬棺而汪氏长于岩画），两位先生的看法颇具代表性。汪宁生先生“几乎有悬棺葬处均无崖画”的说法显然是不成立的（下文的论述将证明这一点）。而认为二者分布无一定之规，所据的也只是短暂参观后的“印象”。珙县悬棺与岩画长期共存，必致布局的错乱，加以相当部分悬棺业已坠毁，自然容易得到这样的“印象”。20 余处地点中，仅有少数几个地点无共存关系已充分表明其分布的规律性。因此，我们赞同石钟健先生二者均为丧仪遗存的意见，但绘制岩画的目的尚需讨论。

与珙县毗邻的高县南广河流域有悬棺和“岩穴墓”分布。所谓岩穴墓，是在岩上凿横穴或直穴，置棺其中的葬式，与前文所述的珙县“凿穴式悬棺”相似。有些高县岩穴墓墓室内外浮雕或线刻人物、龙、虎、鱼、花卉及建筑等图案。其中人物戴冠，下着桶裙，手持剑、斧、牛角及鱼等，与珙县岩画中的人物相似，年代也基本相当[35]。而高县的岩刻从属于墓葬，这为认识珙县悬棺与岩画的关系提供了重要参照。

（2）广西

据不完全统计，广西共发现岩画地点 80 余处，主要集中在左江流域[36]，另在天等[37]、宜州[38]等地亦有发现。左江岩画规模宏大，绵延 200 余公里。内容以“蛙人”（分腿半弓，屈臂上举，状似青蛙）舞蹈场面为主，图像多真人大小，以红色颜料（氧化铁）涂绘其正面或侧面像。往往以一或两个巨型人物（正面人像，头饰羽，腰佩刀或剑，其下多有一动物，向有犬、马两说）为中心，其余“蛙人”击铜锣或鼓，向该人作稽拜状，动作整齐划一。自凭祥、龙州经宁明、大新、崇左抵扶绥 200 余公里间 80 余处岩画地点的风格均较为一致。左江岩画的年代一直存有争议，根据岩画上铜鼓、羊角钮钟、一字格剑等内容，结合覆盖于岩画上的钟乳的^{14}C 测年，考察者提出的左江岩画年代在战国至东汉时期的意见得到了多数学者的认可[39]。

天等、宜州两地共有各类图案 400 余个，内容以马和骑马人为主，风格相近。卢敏飞先生认为天等岩画是左江岩画的继承和发展，其年代下限约在南宋或稍晚。这个意见是可取的。宜州岩画的空隙之处题有“嘉靖三十年”（1551 年）、“万历十一年”（1582 年）等年款，这大约亦是岩画的年代。放眼观之，以马为主题的岩画（多被称为“马马岩”、“画马崖”等），集中分布在黔南、桂北、滇东南一带，这一区域与宋人周去非《岭外代答》中所记的“产马之国”大致吻合[40]，暗示这些岩画地点可能与南宋时朝廷在广西设立马市大规模买马[41]，养马一时成为西南各少数民族重要生业这一历史背景有关。因此，将上述区域内的这类岩画的年代定在宋明时期，应大致不误。

广西是岩洞葬的重要分布区，迄今已发现 138 处，集中分布于桂西北、桂中、桂西南和桂西地区，部分见于桂北地区，而以柳江、左江、右江和红水河流域最为密集。其中，少数为先秦时期的岩洞葬，绝大多数系南朝以降，历隋唐、宋元至明清时期的遗存[42]。

上述岩画分布区内的大新、宜州等地有早期岩洞葬发现；而除凭祥、宁明之外的所有地区均有晚期岩洞葬分布。据《广西左江岩画》，左江流域相当部分岩画分布在高崖之上的大小溶洞附近，这些溶洞中当时是否均置有棺木现已不可考。唯龙州沉香角、扶绥驮拉山、崇左白龟红山 3 处岩画旁的溶洞内尚留有崖葬的遗存[43]。沉香角临江崖壁的3个呈品字形分布的溶洞内均发现横陈的木枋。低处两洞内各横2米长木枋一根；居上的溶洞内，横木枋一根，长约5米，一端有凿眼2个，该洞内侧壁上尚可见人工凿洞一个。岩画分布在岩洞附近，可辨人像67个，另有动物、铜鼓等。驮拉山，临江的绝壁上有岩洞3个，最上一洞高约8、宽约4米，中部横陈一木枋。该处尚可辨正面人像4个。白龟红山临江峭壁上尚存人像38个，多绘于岩洞周围，其中一洞长约12、宽约6米，洞内横陈木枋2根，最外一根上似立有短木柱3段。以上木枋的放置方式，与悬棺葬中的架壑法一致，应系崖葬的遗存。左江流域目前已发现的岩洞葬，龙州棉江花山的棺木曾进行过^{14}C测年，距今1512　50年，约在南朝，有些岩洞葬中出宋钱，有些则有明代的题记，综合起来看，其年代约从南朝末隋唐时期起，一直延至明清时期[44]。《隋书》记左江流域的少数民族为“左人”，其“始死，置尸馆舍，……乃衣衾棺殓，送往山林，别为庐舍，安置棺柩。亦有于村侧瘗之，待二三十丧，总葬石窟”[45]。先埋于村旁，复将二三十人的遗骸掘出“总葬石窟”，实即行捡骨岩洞葬。征之于文献，则以上左江流域崖葬的年代推断是可信的。此外，武宣境内亦并有崖葬与岩画，其“仙人换骨函”应为崖葬，“仙人影”则应为岩画[46]。因材料见载于《岭表录异》、《舆地纪胜》等唐宋文献，其年代应不晚于。

由于广西岩画主要集中在左江流域，而该流域内亦有大量崖葬发现，二者的关系较早便引起部分学者的关注与讨论。黄现璠、陈业铨先生1983年撰文认为花山岩画是“古代壮族岩洞葬遗迹”，“统治者将首领的棺材置诸悬岩或高山岩洞，之后于附近石壁上画以旧时卫队人物或出殡时的仪仗队伍，以此标尊示贵”，并认为其寓意与汉人在墓前立石人石马以为仪仗相同[47]。由于当时得出这一结论并无充分论据，因此该意见并未得到足够重视。我们认为，左江岩画确与葬在崖上的祖先有关。宋人李石《续博物志》卷八载：“二广深溪石壁上有鬼影，如澹墨画，船人行，以为其祖考，祭之不敢慢。”[48]这是目前所见的关于左江岩画的最早记载，已广为征引。该记载有两点值得注意：第一，宋人认为石壁上的“鬼影”（岩画）系其祖先（“以为其祖考”），并“祭之不敢慢”；第二，既然南宋初人尚清楚岩画的寓意，那么其中部分岩画的绘制年代当去此不远。

进一步考察，我们认为左江流域岩洞葬与岩画是壮族先民“姆洛甲”和“布洛陀”信仰的产物。姆洛甲又作姆六甲、米洛甲、乜洛甲等，是壮族神话中的创世神，她降生于花，受风而孕，腋下生子[49]。左江岩画中多次出现一巨人腋下或掌上、两臂悬有小人的图案，我们认为正反映了壮族神话中姆六甲腋下生子的情形。宁明花山第九组画面居中一排巨型人物（高1—1.4米）腋下或臂上均悬有小人，其中右起第四人巨乳飞扬，知其为女性（图三）。这类人物图案腰间多无刀剑，似可理解为均系女性[50]。值得注意的是，多数画面居于中心的图案并非这类腋下产子的“姆洛甲图”，而是一位英勇神武、腰佩刀剑、跨下一动物的巨型人物，其应为壮族神话中后来居上的创世男始祖布洛陀（图四）。男神布洛陀崛起之后，女神姆洛甲的神格渐衰，在民间神话中，先为布洛陀之母的姆洛甲屈尊为布洛陀之妻，后成为主管生育的“花婆”，但依旧得到壮族群众的崇拜[51]。“花婆”或“花母圣王”姆洛甲掌管“花山”，送花给

1

2

图三　宁明花山姆洛甲腋下产子图

（1. 采自《广西左江岩画》，第 68 页　2. 张合荣摄）

谁家，谁家便生孩子。壮族人相信，人去世后，魂回花山，还原为花[52]。并非巧合的是，左江流域规模最为宏大的两处岩画地点——宁明花山与龙州花山，均以“花山”名之，另有大新“画山”，疑亦“花山”之讹[53]。这应该就是壮族神话中姆洛甲所掌管的“花山”在人世间的真实版。人死之后葬在花山，魂归花山，还原为花，而花山本是那用大量岩画装饰而成并营造出一种神秘宗教氛围的石崖。1973 年，河池一岩洞葬棺木内发现一批砂纸古状字师公经典抄本，其中一本《米洛甲》2000 余句，叙唱布洛陀为米洛甲之子[54]。这一岩洞葬的年代约在明清时期，这正是姆洛甲和布洛陀信仰对壮族地区丧葬习俗影响的直接反映，只是此时不再采用岩画的方式营造幻想中的花山，而径用抄本代之。综上，在左江，崖葬与岩画乃为一体。

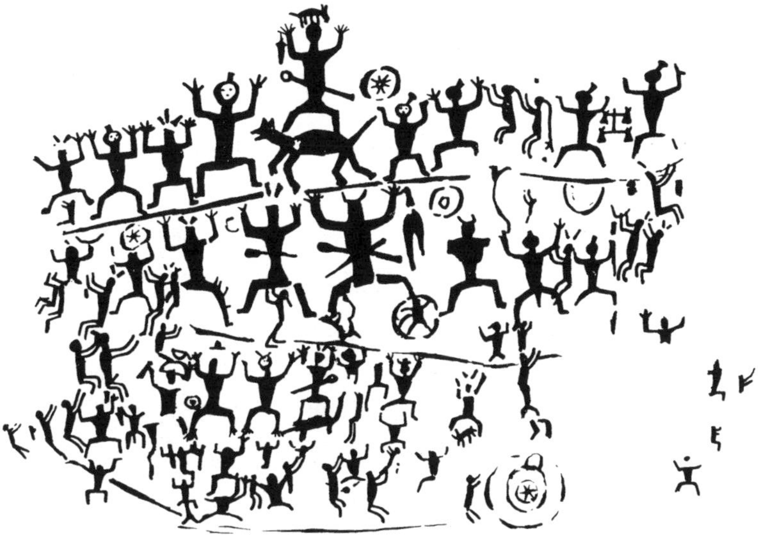

1

2

图四　宁明花山布洛陀图

（1. 采自《广西左江岩画》，第 82 页，图 135　2. 张合荣摄）

于是，新的问题出现了，左江岩画与岩洞葬的年代似并不相符，它们之间怎能存有联系？下面我们就此进行讨论。左江岩画的年代向有争论，将其定在战国至东汉之间除碳素测年外，主要根据的是岩画中的羊角钮钟、一字格剑、扁茎短剑、铜鼓等内容。但在 80 余个地点中，羊角钮钟的图案仅见 2 例（均为一组 4 件），扁茎短剑数量亦较少，且仅从图像似不足证其确为羊角钮钟与扁茎短剑[55]。而一字格剑如同环首刀一样，沿用甚久，难资断代（仅知其不早于青铜时代，但晚可至明清）[56]。左江岩画中大量出现的铜鼓图案，据统计见于 35 个地点凡 254 面之多，考察者根据鼓面未见立体装饰而认定其为万家坝和石寨型铜鼓[57]。实际上，结合壮族创世神话来看，所谓“扁茎短剑”应为“辣椒”或“辣椒状野果”（图四），而部分“铜鼓”实为“杨桃”，它们是姆洛甲造人后撒向人群的野果，分别代表了男根和女阴[58]。退一步，若上述 254 个图案确为铜鼓，则如此数量的铜鼓在岩画中出现，必以铜鼓在该地区的普遍流行为背景。万家坝与石寨山型铜鼓在广西虽有发现，但数量均较少。铜鼓在广西的广泛流行是冷水冲、北流、灵山诸型铜鼓出现后的事，即在汉唐之际。蒋廷瑜先生认为，北流型铜鼓的流行年代在西汉至唐；灵山型在东汉至唐之间。冷水冲型约西汉中晚期发祥于越南红河（称红河式），东汉初或稍晚，随越南北部东山文化消亡和汉文化骤兴，冷水冲型铜鼓所代表的文化在红河流域受汉文化挤压而被迫迁入桂西南地区，于是出现流行于左江—邕江—郁江—浔江流域的邕江式铜鼓[59]。唐时，左江流域的西原蛮除使用灵山型铜鼓外，也开始使用西盟早期鼓[60]。文献记载亦表明，东汉以降，岭南用鼓之风甚炽[61]。宋时，不但广西土中屡掘得铜鼓，“所在神祠佛寺皆有之，州县用以为更点”[62]，铜鼓的使用仍然十分普遍。据此我们认为，左江岩画中的这类图案若确为铜鼓，则应是冷水冲型邕江式以降在该区流行的诸型铜鼓[63]。若此判断不误，则左江岩画年代上限不早于东汉。而前揭南宋初人李石在《续博物志》中的记载表明，左江岩画的年代不晚于南宋，宋人尚知崖上所绘系其祖先，因此部分岩画的绘制年代应去南宋初年不远。明时左江岩画已被神化，崖上“现兵马执刀杖，或有无首者，舟人戒无指，有言之者，则患病”[64]。表明因年代久远，时人已不解其意。综上，左江岩画的年代应在东汉至南宋之间。而比对壮族创世神从姆洛甲到布罗陀再到二神并敬的历史变迁，视左江岩画中二神单存与并存的情况，可将左江岩画进行分期并结合神话学的研究作出各期年代的推断。限于篇幅，兹不展开。

若以上推论大致不谬，我们可进而据左江流域崖葬的年代将左江岩画的年代定在南朝至南宋之间。但考虑到羊角钮钟及广西境内有先秦时期崖葬存在等因素，我们认为将左江岩画的年代笼统定在汉宋之间为宜。但同时也应注意到，虽然左江流域两汉时期或更早即有壮侗语族先民的频繁活动，但并非其一开始即已绘制岩画。要之，左江岩画与崖葬系姆洛甲和布洛陀信仰的产物，其在时空分布上是重合的，反映了壮族先民祈祷死者再生的美好愿望。明代以降，由于古壮语书写经书方式的出现，墓葬中径用经书代替岩画而营造生死转换的永恒世界，左江岩画遂消亡。而几乎与此同时或略早，可能受这一传统的影响，加以马匹饲养在南宋时的西南地区成为时尚的历史背景，其周边地区出现了以马匹为主要物象的新的岩画类型。

（3）贵州

贵州目前已发现岩画30余处，崖葬近百处[65]。

贵州的崖葬分岩洞葬和悬棺葬两类，悬棺葬主要分布在黔东北地区，与毗邻的湘西、鄂西南、渝东南地区的悬棺葬构成一个整体，应是六朝以降五溪蛮及其后裔的遗存；岩洞葬主要分布在黔中及黔南地区，与广西岩洞葬在地理分布上连为一体，系唐宋以降活动在当地的苗瑶、仡佬等族群及其部分支系的遗存，部分迄今仍在行用。广西目前仅见岩洞葬，未见悬棺葬。作为珠江和长江水系分水岭的贵州则兼有两类葬俗，亦是两类葬俗的分野和交融、碰撞之地。其中，岩洞葬与岩画的关系较为密切。

30余处岩画地点主要分布在贵阳周边的黔中地区及北盘江流域的黔西南一隅。黔中岩画区内，岩洞葬与岩画的地理分布呈现重合之势。马是贵州岩画的主体图式，仅个别地点发现牛图案。贵州岩画的年代问题长期未得到解决，我们曾根据岩画上的头饰与滇文化青铜牌饰上人物头饰的相似性等，认为其中部分地点（龙里巫山岩画）的年代可早至汉晋时期[66]。但放宽眼界，不难发现贵阳周边的黔中地带，迄今未发现汉晋时期的其他遗存，而大量分布的是唐宋以降的石棺葬[67]和岩洞葬。“事不孤起，必有其邻”[68]，黔中区岩画不能游离于大环境之外而一骑绝尘，其必与创造周边大量遗存的人群有关。因此，拙作《试论贵州岩画的年代》修订了以往的不成熟意见，将黔中区岩画的年代改定在宋明时期。黔西南区的年代亦应大致相当[69]。

前文已叙及以马为主题的岩画主要分布在文献所记的“产马之国”内，而贵州正是这类“马岩画”的核心分布区。其他有四川珙县、广西天等、宜州，以及云南广南、砚山、永德、兰坪等[70]。这类岩画可能与宋廷在广西设立马市，从而刺激了西南地区马匹饲养业的发展的历史背景有关。

相对于广西左江和四川珙县，贵州岩画与崖葬的结合略显疏落，即宏观而言二者在空间分布上是重合的，但在具体地点上两者间往往有一定距离。就目前的材料看，其在清水河流域的分布关系最见密切。清水河之二支，一支发源于花溪、清镇一带，流经贵阳称南明河；另一支发源于贵定、龙里境，称南哨河，两河交汇后称清水河，经开阳北入乌江。这一流域的龙里、贵定、花溪岩洞葬的分布异常密集，而贵州目前发现的规模较大的两处岩画地点——龙里巫山和开阳画马岩即分布在该流域河谷崖壁上。其中，画马岩位于开阳平寨乡清水河西岸崖壁上，分大岩口和小岩口两个地点，彼此相去数百米。两处用赭色涂绘人、马、骑马人、鸟、兽、太阳、符号等各类图案近百个，以太阳、马、骑马人为主[71]。而马、骑马人图案尤为显眼，故当地百姓形象地称其为“画马岩”。最近，又在相去不远的清水河东岸崖壁上发现梯子岩岩画，用赭色涂绘人物、马、骑马人、犬、圆点符号等图案约50个[72]。2003年以来，我们陆续在上述岩画周边的河谷两岸发现了一批岩洞葬遗存，并对其中4处进行了清理。清理的4处岩洞葬均分布在平寨境内的清水河西岸，出刻花骨簪、海贝、铜手镯、陶釜、海贝以及数以百计的蓝、绿色料珠，其中2处岩洞葬共出景祐通宝、皇宋元宝等宋钱4枚，洪武通宝1枚，表明墓葬年代在宋明之际[73]。明嘉靖《贵州通志》卷之三：龙里卫平伐司，“花仡佬……死则置于山洞。……男子穿短裙，妇人穿花桶裙。俗尚花卉，故名。……妇人盘髻贯以长簪，……杂缀海贝、铜铃、青白珠为饰。……男子椎髻，上插白鸡毛。”[74]平伐司在今贵定境，北近清水河。文献所记“花仡佬”行岩洞葬，妇人髻贯长簪，以海贝、青白珠为饰，俗与岩洞葬所反映者同。清水河流域开阳境的岩洞葬与岩画，应均为花仡佬所遗。

综上，贵州的崖葬和岩画在大的空间分布上基本一致，局部地区交互分布，年代相当，关系十分密切。

（4）云南

云南境内现已发现岩画地点60余处，在怒江、澜沧江、珠江、红河和金沙江流域均有分布，而集中于滇西南、滇东南和滇西北地区。从岩画的内容和风格看，可将云南岩画粗分3类，即以金沙江流域零星分布的野生动物为主题的一类岩画、以马为主题图案的一类岩画和滇西南以牛为主题的一类岩画。马类岩画前文已经论及，广泛分布于黔、桂、滇、川地区，云南境内主要分布在滇东南的广南、砚山和大理周边的兰坪、永德等地，可与南宋的“产马之国”对应，其年代约在宋明之际。金沙江流域以野生动物为主要图式的岩画地点，迄今已发现近30处，论者认为其应与狩猎有关[75]。牛类岩画集中分布于沧源及其周边的耿马、漾濞、元江一带。其中的沧源岩画无疑是云南规模最大、内容最丰的岩画群，亦是西南系统岩画中规模仅次于左江岩画者。由于汪宁生先生对早年发现的10处地点的出色工作，这处岩画群已广为人知。此后又屡有发现，迄今已达16处，辨识各类图案1200余个[76]。耿马大芒光、漾濞岩画中亦有牛。元江它克岩画中虽无牛，但人物图式与沧源岩画如出一辙，因此应属同类[77]。这类岩画以聚落生活和狩猎等场面为主要内容，其年代相对偏早，汪宁生先生认为沧源岩画的年代上可到汉，下迄于明，主体应在汉唐之际[78]。其年代与广西左江岩画基本相当。整体而言，云南地区多数岩画的年代落在东汉至明代之间，金沙江流域岩画的年代还有待讨论。

云南目前已发现的崖葬集中于滇东北和滇东南地区。滇东北者为悬棺葬，分布在金沙江流域的永善、盐津、威信等地，至少在8处以上，其在地理分布上与川南悬棺连为一体，类型亦相同[79]。体质人类学的研究亦表明其两地悬棺内人骨特征趋近[80]，与汉人差异较大，与壮族差异较小[81]。则其亦应为宋明之际活动在该地的“僰人”所遗。但目前该地区未发现岩画。滇东南地区近年调查发现几处洞穴遗存，采集的陶器、石器、铜器等遗物与广西先秦岩洞葬相同，可能为早期岩洞葬。该地区是有岩画分布的，但如前所论，这里多数岩画的年代约在宋明时期，二者间是否存有联系还需讨论。

可见，云南崖葬与岩画间似无密切关联。在岩画分布较为集中的沧源一带，迄今未发现崖葬遗迹，可能与岩画有关的佤族、傣族历史上均行土葬。值得注意的是，福贡县匹河一处岩洞内遗有一组赭色图案，尚可识别七八个单体，用单线绘制太阳形、兽形、叶脉形等图案。当地怒族传说系其英雄祖先阿洪所绘（他领导怒族击败了傣族先民“白衣”的入侵），距今约四五百年。阿洪生前曾在2处岩洞中居住，死后分葬于4地，其中一处是他曾居住的岩洞。当地怒族在人死后祭鬼送魂时，要把亡魂送到祖先曾经居住过的地方安息。在距离该洞穴约1公里处，确有一处古代怒族的火葬场。因此，该岩画可能是给灵魂指示的象征图标[82]。无独有偶，最近在四川美姑发现的一组岩刻（广义上亦属岩画之一种），于石崖上阴刻哑铃形、月琴形（从所附照片看，这两类图案可能为男根）、中央带复线“十”字形纹的圆（类似图案亦见于平坝棺材洞棺木头端挡板及珙县麻塘坝，据此可推断其年代约在明代前后），以及各种线条符号等凡200余幅。有趣的是，该组岩刻周边五六百平方米范围内分布有当地人称“濮伙地伙”（彝语）的“濮人”石砌坟冢70余座[83]。我们认为该组岩刻与所谓“濮人”坟之间，如福贡的火葬场与洞穴岩画一样，应存有联系。则岩画不独与崖葬存有关联，而与土葬、火葬等葬俗间亦可能存有联系。

（5）东南亚

东南亚的缅甸、泰国、越南、印尼、马来西亚等国亦有岩画和崖葬分布，陈兆复、盖山林等介绍了该地区的岩画[84]，凌纯声、陈明芳等介绍了崖葬[85]。据此，我们可粗窥其貌。

崖葬在东南亚地区的分布十分普遍，而以马来群岛的印度尼西亚、马来西亚、菲律宾等国为多，另在中南半岛的越南、泰国、缅甸等地也有发现。多将棺木径置于天然溶洞中（岩洞葬），亦有少量凿岩而葬者（悬棺葬）。棺木多作船形，部分上雕各种图案（详前）。亦见以陶、瓷瓮捡骨而葬者。数十棺置于一洞者颇为常见。部分随葬铜鼓（上饰木舟）、中国古钱和陶瓷器等。其年代据认为上可抵新石器时代晚期至青铜时代初期，下则延至近现代，沿用甚久，如印尼托拉贾人（Torajia）20世纪六七十年代仍保留崖葬习俗。多为至今仍活动在当地的壮侗语族和南岛语族先民所遗。

东南亚的岩画目前发现于缅甸、泰国、印尼和马来西亚等国。就数量而言，在地缘上与中国西南较为接近的中南半岛的发现较印尼群岛少；从风格看，印尼群岛上部分岩画的风格与澳大利亚岩画较为接近。该区岩画主要分布在岩洞或岩阴处，以赭色涂绘者居多，另有少量黑、黄色和凿刻者。内容有人物（持盾、持刀、舞蹈等）、动物（象、龟、牛、鱼、蜥蜴、鸟等）、手印（阴、阳二种）、太阳、船只、女阴、符号等。其年代据认为多系距今约两三千年的作品，早可至万年前（缅甸巴达林岩画），晚则至公元前后（印尼南素拉威斯洞穴岩画）或更晚。印尼佛劳斯（Flores）岩刻中所见的斧、钺，与中国西南战国秦汉时代的青铜斧、钺十分相似，表明其年代确应大致在战国秦汉时期[86]。整体来看，东南亚的岩画以零星分布的地点居多，少有场面宏大者。至于其年代推断，因该区岩画向缺乏系统考察与研究，不排除部分认识存在偏差的可能。

东南亚崖葬与岩画在地理分布上关系极为密切者，有以下几例：

马来西亚沙拉瓦克（Sarawak）尼亚（Niah）河畔发现一批有岩画与崖葬的洞穴群。崖葬的情况较为复杂，有裸葬（置尸于席、网之上）、船棺和瓮棺葬诸种，又分浅坑埋葬和置于地面两类。其时代从青铜时代（亦有说至新石器时代晚期）一直延至明代，沿用了较长的时间，而船棺的年代整体偏早。部分浅坑埋葬的船棺或裸葬遗骸有用赤铁矿粉染色的现象，其年代约在新石器时代末至青铜时代之间。其中一个高出河面约300英尺的岩洞内，洞壁及洞顶均绘有赭色岩画，内容有人物、动物、船只等。人物或着冠，或光头，或荷物，或舞蹈，多为裸体。人物当中杂有鸟、兽和鱼笼等。而由大小船只，以及船上的人组成的图案最为醒目，学者称之为“灵魂之舟”。类似图案在其他洞穴中亦有发现。至为关键的是，该洞洞底同时发现了木船和人骨，当属船棺葬无疑。船只小且简单，船首雕有各种动物形状。“灵魂之舟”岩画与船棺葬在同一洞穴中出现绝非偶然，而表明二者间存有密切联系。据认为这是一种表现“死者之舟”场面的宗教仪式，而且是岛上东南地区 Ngadjus 还在流行的丧葬风俗的早期遗迹[87]。

印尼爱瑞安扎亚（Irian Jaya）赭色岩画内容有人、手印、蜥蜴、鱼和风格化的船等。其中，北部海岸的“岩画有许多人骨架，小船的刻画也能表明了一种埋葬的习惯，小船放在洞穴里，洞穴里有尸体”[88]，表明了岩画与崖葬间可能的联系。另印尼南素拉威斯（South Sulawesi）的肯考多（Cakondo）、尤里里巴（Uleleba）和巴里骚（Bal-isao）等地的岩洞中发现有岩画，调查者同时在那里发现了石器、陶罐、人骨等[89]，其中部分遗迹可能为墓葬。

泰国西南部的北碧府既有崖葬又有岩画。岩画称“画洞”，由多种红色调画成，内容有人物、大象、龟、爬虫及抽象符号等。北碧府安巴岩洞内曾发现船棺 90 余具，均作船形，并出有铜鼓 3 对，上饰木舟，据此推断其年代在距今 2000 年左右。但从目前资料无法详知二者是否处在同一地点。泰国发现的岩画，远较中南半岛的其他国家为多，目前除西北地区外均有发现，而以东北部的分布最为密集，东北部又以乌汶府孔尖县的岩画规模与数量最为可观。孔尖岩画有拍堪、拍惦、拍蒙等地点，风格相近，均用红色（少量为黄色或黑色）绘制各种人物、动物、捕鱼工具、手印、符号等，有些图像高达 2—3 米。手印数量较多（仅拍惦一处便有近 200 个）；动物有象、鹿、黄牛、猪、鱼等；人物或手持弯刀，或引弓欲射。进入岩画群的通道附近山冈上，有较多排列成圈的石堆。这种“立石文化”（Megaliths）及其由之发展而来的石“舍玛”文化普遍存在于泰国东北部地区，岩画分布区内这类遗迹尤为密集，泰国学者素拉奔·丹里军在其《丧葬的山崖》一文中认为泰国东北部岩画与史前时期的“立石文化”及其后的石“舍玛”文化关系密切。根据泰国北碧府、益梭通班府达通村等地史前洞穴遗存中部分遗骸上撒放红色粉末，或将红色土块与尸体一起掩埋，以及青铜时代班清文化中随葬品的涂红习俗等，素拉奔·丹里军认为用红色涂绘洞窟、崖壁应与丧葬礼仪有关[90]。这无疑是十分有见地的认识。

以上从流行年代和地理分布两条线索，讨论了中国西南及东南亚地区的岩画与崖葬的关系，并对部分岩画地点的年代进行了考证。根据上文的论述可以得到这样几点认识：第一，中国西南及东南亚地区有崖葬与岩画的广泛分布，二者在时空分布上总体趋于一致，部分地点密切结合，使人确信其均为葬仪的一部分。第二，云南福贡、四川美姑和泰国孔尖等地的发现表明，岩画不独与崖葬关系密切，且可能与各种丧葬形式（如火葬、土葬）均普遍存有联系，这样便能解释为何有岩画处未必有崖葬，而有崖葬处亦未必有岩画。第三，虽然中国西南和东南亚地区岩画的整体风格趋同，但不同区域的岩画在内容上是有所区别的，如马匹等多见于川、黔、滇山地，牛、象等多见于中南半岛及毗邻的云南境内，船只、蜥蜴、鱼等则多见于马来群岛，这是不同区域生境和人们生活的真实反映，从这个意义看，岩画具有写实性。第四，从印尼佛劳斯岩刻中与中国西南青铜时代铜钺、铜斧等几乎一致的各种图案看，中国西南及东南亚的部分岩画确可早至青铜时代，且两地具有文化上的联系（图五）。第五，泰国北碧、益梭通以及印尼尼亚等地史前洞穴遗址中遗骸周边撒放红色粉末所反映出的尚红习俗，可能正是中国西南及东南亚地区岩画的滥觞。中国境内周口店山顶洞人遗骸旁撒有赤铁矿粉早已广为人知；广西新石器时代墓葬中也有将赤铁矿粉撒在死者遗体上的做法[91]；而在墓坑中填以红烧土在史前中国并不鲜见，据认为和灵魂信仰等观念有关[92]。这为我们讨论岩画的起源提供了线索。

图五 印尼佛劳斯岩刻

（采自《世界岩画的文化阐释》，第154页，图87，17）

3. 棺画、岩画及其他

前文从时空分布揭示了中国西南及东南亚地区崖葬与岩画间的密切关系，而棺画作为崖葬的一部分，风格又与岩画如出一辙，其也应与岩画存有密切关系。以下从棺画与岩画的风格与年代再作一些探讨。

泰国学者根据绘制风格，将孔尖岩画分为“骨架式”和“全涂式”两类。“骨架式”即全用线条表现物象，“全涂式”则用大片涂红表现动物身躯等[93]。这种分类法适用于中国西南及东南亚除少量凿刻外的所有岩画。只是后者涂绘时往往只强调动物或人的躯干部分，四肢等亦用线条表现，因此用“平涂式”来描述这类物象可能更为准确。动物几乎均绘其侧面像；人物则兼有正面和侧面像，少量还绘出五官、手指等细部。其腰部、手间多佩持有物，头上有各种装饰。单个图案的大小一般在0.2米左右，这类图案可能是径用手指蘸取颜料后在崖壁上绘制而成的。广西左江的图案则颇为硕大，人物高均在 0.4 米以上，而以 0.6—1 米者为多，正面巨型人像多在 1 米以上，最高的达 3 米多。泰国孔尖岩画的部分物象（主要是大象）亦有高达 2—3 米者。这类图像显非手指所能胜任，而可能采用了临时捆制的大型画笔绘制而成。同时，也有少量图案线条十分纤细，应是用小木棍一类工具绘制而成的。绘制岩画的颜料，以红色为大宗，另有少量黑、白、黄诸色者。红色颜料据测定，有赤铁矿（左江、沧源）、水合碱式硫酸铁（珙县）等。白色者则多应为石灰。绘制时，多用单色“骨架式”或“平涂式”造成剪影般的效果，以反映动物的运动为主，不甚注重对细节的刻画。

前文已经论及，西南系统岩画多应是汉至明之间的作品。根据风格和规模的变化，可将之粗分作早、晚两期。早期岩画以广西左江、云南沧源等为代表，是汉宋之间的遗迹。该期岩画呈现集中分布、规模宏大、画面恢宏的特点，有的单体图案较为硕大，甚至有高达 2—3 米者，图案以赭色为主。该期岩画代表了西南系统岩画的高峰期。左江流域绵延 200 余公里间，共分布着内容相同或相近的岩画地点 80 余处；而云南沧源已发现岩画地点 16 处，辨识各类图案 1200 余个。泰国孔尖岩画，可能也属这一时期的作品。其拍堪、拍惦、拍蒙 3 个岩画地点，画幅各长 200—300 米，共有各类图案数百个，有些图像高 2—3 米。这一时期的岩画在绘画风格上，以较为写实的“平涂式”为主。广西左江岩画上的“羊角钮钟”等图像，反映了较早的时代特征。云南沧源岩画的年代汪宁生先生早年进行了精当的考证，认为其主体在汉唐之间，我们认为是恰当的。本文进一步推定沧源岩画当属傣族先民所遗，但佛教因素并未在岩画中有所体现，则其时代应在佛教在该地普遍流行之前[94]。《华阳国志 · 南中志》记南中之民“其俗征巫鬼，好诅盟”，诸葛亮南征时为其“作图谱，先画天地、日月、君长、城府；次画神龙，龙生夷，及牛、马、羊；后画部主吏乘马幡盖，巡行安抚；又画牵牛负酒、赍金宝诣之之象，以赐夷”[95]。图谱中的“龙生夷，及牛、马、羊”，在叙事范式上与早期岩画相同，均强调了人、畜的起源。或以为这“神龙生夷”可能便是汉晋文献中哀牢女子沙壹触沉木而生十子、沉木化为龙的故事[96]。前文揭示广西左江岩画上出现了创世女神姆洛甲受风而孕、腋下生子的情境，后文将要论及，云南沧源岩画亦绘制了与创世神有关的内容。类似传说在汉晋时期的中国西南尤为普遍，除沙壹触木生子的传说外，还有夜郎女子剖竹得子的竹王传说[97]。可见，前述“图谱”似是西南地区流传的一种“书写”，可能是本地以图像表意的一种社会记忆，未必为诸葛所创。若将该“图谱”绘在崖上，便是岩画。另广西左江岩画还出现了男女始祖共在一处，并有人物交媾等场面，寓意同于墓葬中的伏羲、女娲图。而伏羲、女娲交尾图广泛流行于汉唐之际[98]。因此，西南系统早期岩画早可至汉晋时期是没有问题的。而直至宋代，时人还清晰记得左江崖壁上所绘的系其祖考，并虔诚祭祀，丝毫不敢怠慢，表明部分岩画的绘制年代去此不远，再考虑到与之共存的崖葬的时代，我们认为将左江岩画的年代定在汉宋之间是合适的。综合起来看，以广西左江和云南沧源岩画为代表的早期岩画，其年代约在汉宋之间。

图六　龙里巫山“大王”图
（李飞摄）

晚期岩画以四川珙县和滇、黔、桂地区的马类岩画等为代表，是宋明之际的遗迹。这一时期岩画的特点是：马普遍成为画中主角；绘画风格上较为抽象的“骨架式”渐渐多见；岩画地点较为分散，图案趋小，多在10—30厘米之间；岩画的颜色渐趋多元，除赭色（主体）者外，还有黄、黑、白等色；岩画内容与创世神话间的联系不甚凸显。值得注意的是，龙里巫山等地点的岩画中，出现了“大王”字样（图六），我们认为其应为汉字，从宋时瑶人“踏瑶”（同于苗族的“跳月”）时祭“都贝大王”[99]看，这处岩画体现了祭祖的特点，但该祖先可能已不是创世始祖。年代上，珙县岩画的年代与悬棺一样在宋明时期，是没有问题的。黔中岩画分布区内迄今未见汉代前后遗存而有大量唐宋以降的岩洞葬和石板墓发现，表明其年代应在宋明之际。黔西南、滇东南地区部分岩画地点发现彝文或疑似彝文，从文献记载看，彝文的出现约在宋代前后，则这些岩画的年代不能早于此。因此，晚期岩画的年代应在宋明之际。

概括起来，西南系统岩画的发展大致经历了这样的演变：第一，图案逐步从“平涂式”向“骨架式”演变，渐趋简单、抽象。第二，颜料从单一的红色渐向黑、白、黄等多色发展。第三，“马”渐成为晚期岩画的重要题材，反映了马匹在人们生活中的重要性。第四，岩画地点渐从早期的集中分布向晚期的零散分布发展，图案似也渐趋小型化。第五，早期岩画强调了创世神和万物的起源，晚期岩画则不复强调创世始祖。

棺画在风格、内容上均与晚期岩画相近。

上文所讨论的中国西南及东南亚地区棺画，可粗分为四组。第一组，以惠水棺材洞和广西南丹为代表的棺画，其时代约在明代。用石灰、炭黑、涂红等色“骨架式”地绘制人、马、骑马人、抽象符号等。第二组，以珙县麻塘坝、贵州平坝棺材洞为代表的棺画，时代在明代前后。图案或刻或绘，但均以抽象的圆形图案为主，可能代表铜鼓。第三组，以东南亚船棺上雕饰的动物图案为代表的棺画，其年代不详，但从所刻的牛、蛇、蜥蜴等有抽象和具象之分，其年代可能有早晚之别。第四组，以荔波瑶麓瑶族岩洞葬棺画为代表的棺画，现在仍在行用。用墨、炭、粉笔或牛血等绘制绣花、凉亭、雨伞、鱼、鸟、牛、猴、犬、镰刀、锄头、猎枪、犁、耙等，内容较为丰富，且有性别的区分。这些遗留至今的棺画，除东南亚的年代不详外，其余多为明清以来的遗存，年代偏晚，其在内容与风格诸方面均可与晚期岩画相对应，如图式的“骨架”化和抽象化，颜色的多元化，马与骑马人等内容的流行等。

此外，云南沧源佤族画布、西盟佤族大房子壁画的风格、内容亦与晚期岩画同。汪宁生先生在《云南沧源崖画的发现与研究》中介绍了其在滇西南地区所见的2方画布，均是在白布上墨绘各类图案，有人、马、骑马人、牛、牵牛人、铓锣、仓房等。其中一方为沧源民良寨佤族头人保存，据传源自傣族处。每当过年及重大仪式活动，则取出悬挂膜拜，谓可得丰收，免祸得福。据当地老人解释，画人骑马、牵牛是希望

图七　云南西盟佤族“大房子”壁画
（采自《民族考古学论集》，图版9，2）

牛马成群；舞蹈人形则表示丰收后可行舞作乐；仓房是希望粮食丰收；铓锣是财富的象征，也表示常敲锣做鬼。西盟佤族“大房子”内外壁上多绘有用牛血、石灰和木炭等多种颜色绘制的壁画，但现存已经不多。佤族每一村寨都有一座“大房子”（最多两三座，有身份的人才能建造），是头人居住和议事的地方。上面绘制的图案有人、骑马人、联手舞蹈的人、牛、象征土地的方格等（图七）。据当地巫师称，这些图画是让最先教会他们盖房子的“木依吉”鬼看的。他们认为木依吉是创造万物的“鬼”，创造了人类、动植物，并赋予他们各种技能。供奉他就会带来人丁繁荣、六畜兴旺、五谷丰登等，否则将给人们带来灾难[100]。

棺画、云南西盟佤族大房子壁画与沧源画布，其风格、内容均与晚期岩画相近，唯载体不同，下文将要揭示，其在功能上亦是基本相同的。而它们均是明代以降的作品，由此推知晚期岩画年代应去此不远。

三、西南系统岩画的含义、功能与族属

1. 棺画释义

为何将各种图案绘制在棺木上？

对惠水仙人桥岩洞葬棺画，石头寨苗族村民赵兴力解释说，石头寨老人去世后，出殡的当日，要举行“砍马”或“砍牛”仪式，男的“砍马”，女的“砍牛”，并在棺木上画上牛或马的像，以示死者已举行过“砍马”或“砍牛”的仪式了[101]。这是一种值得重视的解释。调查中我们发现，现在石头寨苗族老人去世后已不举行“砍马”仪式，但遗有用马“驮魂”的习俗。人之将死，由儿孙购得一匹从未使用的马驹饲养。待老人去世后，出殡当日，由一人牵引此马，上驮一草人，着死者生前衣物，与灵柩一同前往墓地，然后将草人卸下焚毁。此仪式民间称“驮魂”，意即灵魂附着在草人上，由马驮着与肉身一同回归祖先居处。葬礼之后一定时期内，该马不得随意买卖[102]。惠水摆榜一带苗族至今也还保留着类似的习俗，所不同处，摆榜所用的马共两匹（其中一匹可从邻居借），一用以驮魂，一用以驮死者衣物[103]。紫云麻山腹地苗族丧葬中现仍保留着“砍马”的仪式[104]，非正常死亡时必须砍马，正常死亡则视死者家庭经济条件而定，可砍可不砍。所砍的马，供死者灵魂回归祖居地途中乘骑[105]。贵州长顺、惠水、紫云、贵定交界地区的布依族，也流行砍马，但不如砍牛那么普遍。砍马时唱砍马经，击铜鼓。举行这种仪式的目的是使马的灵魂上天给亡人驱使。有的地区还画升天图，画有马驮着亡人的

用具，迂回曲折升上天去，意指马在人世间可供人役使，同样可使其灵魂与亡人一同升天，并为亡人服务[106]。这种“升天图”在本质上与将马匹等直接绘制在棺木上的做法已经没有区别。彝族的“那史”便是与布依族“升天图”相类似的一种丧画，彝文文献《物始纪略·那史纪透》说：“万事万物，各种形象，圣人所想象，由巧手绘画，挂在丧场上，传祖摩布（即彝族的君、臣、师）旨意，以安慰亡灵，并镇厌恶魔。”[107]

白裤瑶是瑶族的一支，历史上曾行岩洞葬。广西南丹岩洞葬被认为可能与白裤瑶先民有关。据调查，贵州等地的白裤瑶的丧葬习俗是其对生与死、灵与肉、人世与鬼世等一系列观念的综合反映。他们认为，人死之后，亡人的灵魂将回归祖宗之地，逝去的祖先继续在另一个世界延续着人间的穿衣、吃饭、打猎、织布等生活，亡灵和祖先团聚后，便与生人从此生死两隔。但如果亡灵不能顺利送达祖地，便将为害于生人。所以生者为亡人办理丧事，丝毫不敢马虎，甚至不惜因砍牛而破产的。在丧礼中有一个重要的环节，就是所有亲属要表演送死者灵魂的仪式，届时瑶族鬼师一面念去祖宗之地的沿途风光，一面率领所有亲属表演上坡、下坡、涉水、穿林等，一起护送亡灵回归祖地[108]。南丹棺画上马、骑马人、山岭等内容，大约正是这种翻山越岭、送魂归于祖地的场面的反映。

荔波瑶麓仍在行用岩洞葬的青瑶，本与白裤瑶同宗，其丧葬观念也是相同的。他们在棺木两侧挂上4块用牛血、墨汁和石灰饰就各类图案（详前）的牛角形枋板。棺木的前上方悬挂着死者生前用过的斗笠。棺木上方的正中央用木棍插上一条用墨汁、石灰、牛血绘就的木鱼。因为瑶麓瑶族认为老人死后，亡魂要跋山涉水，日夜兼程赶到祖先居住的地方去，行程中怕遇雨，所以在棺木前上方悬挂斗笠给亡魂避雨。亡魂日夜兼程赶到祖先的美好家园要过河，怕亡魂迷失方向过不了河，便在棺木上方中央装上木鱼以引路和驮载亡魂。亡魂到了祖先的乐园要有耕牛种田才能安居乐业，因此又要在棺木两侧给亡魂拴上耕牛。丧葬期间砍牛取牛血涂饰牛角形木枋板和鱼，意即送牛与亡魂，使亡魂在祖先的田园里耕有其牛[109]。

铜鼓在中国西南及东南亚地区民族丧葬中的使用不乏其例。较早的如广西西林西汉墓中有用4件铜鼓套合作为葬具的情况[110]，贵州赫章可乐西汉墓中有以石寨型铜鼓套死者之头而葬者（“套头葬”）[111]，前揭泰国北碧府崖葬船棺内亦发现有铜鼓等。晚的如贵州荔波、三都等地明清水族墓葬中的铜鼓石刻，该石刻仿照铜鼓鼓面而作，中心有芒体，芒体带角，数量不等，其外有晕，晕中有乳钉、圆圈、栉纹等装饰，一望即知其代表铜鼓（图八）[112]。这类石刻一般置于水族地面干栏式墓葬自下而上第一层外侧一端或两端（头端或头脚两端），与可乐“套头葬”

图八　三都水族石板墓铜鼓石刻
（三都水族自治县文物管理所藏，李飞摄）

中的铜鼓放置有相似之处。以上材料表明将棺木上的这类图案释作铜鼓是可行的。紫云、望谟一带苗族现代丧事中仍使用这种带芒的图案，或以刺绣的形式直接覆盖在死者面部，或以剪纸的形式贴在棺木头端挡板上，当地人称其为“太阳花”，是其创世祖先祖奶奶居住之地，万物皆由此而生，但对其是否代表铜鼓，当地人不能给予肯定答复[113]。“太阳花”的核心图式多作12芒，这与晚期铜鼓多作8或12芒是基本吻合的。从更为宏观的角度看，纵使岩画和棺画上的这类图案并不代表铜鼓，但它们与现在仍在行用的“太阳花”应是相同观念下的产物，我们认为却是基本可以肯定的（彝族丧画“那史”中也有大量这类图案）。那就是认为万物皆从这一符号化的图式中诞生，死后回归于此，并再生，周而往复，趋于不朽。这一符号可能与战国秦汉之际流行于中原的阴阳五行和同样符号化的“式图”间有着密切的关系[114]。这种符号化的图案与用生殖器或人物交媾的画面来表现万物衍生，其实质是相通的。棺画中的这类图案，其本意应是引导亡灵回归祖地，并因此而再生。

前已叙及，西盟佤族“大房子”上的图画是绘给创造万物、并赋予人类各种技能的“木依吉”看的。这“木依吉”即佤族的创世始祖，因此大房子壁画与祖灵崇拜有关。沧源佤族画布每当过年及重大仪式活动，则取出悬挂膜拜，谓可得丰收，免祸得福。据当地老人解释，画人骑马、牵牛是希望牛马成群；舞蹈人形则表示丰收后可行舞作乐；仓房是希望粮食丰收；铓锣是财富的象征，也表示常敲锣做鬼。对画布的虔诚祭拜，反映了人们禳灾祈福的美好愿望。

综上，岩洞葬棺木上绘制各种图案是祖灵崇拜的产物，其功能一方面是安慰亡灵，使其在仪式中回归祖灵世界，并幸福地生活。棺画是丧仪的一部分，而丧仪的目的“是使鬼魂远离”[115]，勿危害后人。另一方面，是祈望其能死而再生。这种相信万物皆有灵魂，人死之后灵魂不灭，它将在另一躯体中新生或再生，如此往复，最终达到永恒的观念在世界很多民族中都曾流行[116]。再者，是用适当的仪式，取悦祖灵，使其源源不断地造福于子孙，否则将带来灾难。佤族大房子壁画、画布即属这种情况。

2. 西南系统岩画的功能

彝文献《物始纪略》、《努沤数》等描绘了“那史”的变迁：远古时代，“作战归来时，杀牛马猪羊，血涂大岩石上，绘各种形象”；到恒始楚、投乍姆的时代，“牛马猪羊皮，上面画那史”；到了六祖的时代，“能沽织丝帛，用来绘那史”，“万事万物，各种形象，圣人所想象，由巧手绘画，挂在丧场上，传祖摩布旨意，以安慰亡灵”。现在留存的各种“那史”绘画主要为纸本[117]。作为彝族用于丧葬和祭祀活动的古老绘画“那史”，其所起的主要作用是“安慰亡灵”，与棺画和布依族“升天图”是一样的。而至为关键的是，该文献揭示了彝族“那史”从绘在大石上，到绘在兽皮上，到绘在丝帛上，再到绘在纸上的演进历程，从而表明这类用于“安魂亡灵”的绘画最初是绘制在大石头上的。《物始纪略·颜色的由来》对此的记述更为详尽，“作战凯旋日，打牛打马，杀猪宰羊，如此之后，大岩石上作画，黑石画骨架，牛血和马血，猪血和羊血，用来染肌肉”。由“那史”后来所具有的功能看，这类大岩石上的画，应是用以安慰阵亡将士的灵魂的。而有研究表明人们在绘制岩画的过程中，确有用动物血调和黏附力不强的矿物颜料的情况[118]，因此彝文献所勾勒的“那史”的变迁应是可信的。也就是说，那些绘制在崖壁之上的岩画，是棺画和“升天图”在内的丧画的另一种表现形式，且可能是早期形态，其作用是“安慰亡灵”。

普遍地，祖灵崇拜在中国西南的少数民族社会中占有十分重要的地位。该地区许多少数民族现仍遗有为死者“开路”的习俗，即在本族巫师的护送下，吟唱着逝去祖先的名字及其迁徙的历史，将新亡者逆其线路送回祖灵世界的过程。紫云一带苗族葬礼中吟唱的《亚鲁王》英雄史诗长达2万余行，涉及上万古人，俨然是一部吟唱的族谱。亚鲁是这支苗族的第十八代王，是一个具有神性的苗人首领，也是麻山苗族祖先的代名词。当地苗族相信，开路之后，亡灵就回到亚鲁的世界，与老祖宗们生活在一起了[119]。祖居何处？贵州一些地方的苗族称其祖居地是一个名叫“就流就部”（苗语，意为浑水清水）的地方[120]；同样需将亡灵送归祖居地的越南倮倮则认为其祖先生活在一个叫“马飘”的地方，那里是倮倮人灵魂的天堂[121]。然而这些地点都是虚幻而模糊的。在壮族神话与民间信仰中，主管生育的“花婆”姆洛甲从花中诞生，并创造了万物。她住在花山上，掌管百花，将花送到人间，孕育新的生命。人死之后，魂归花山，还原为花，再被送出，如此周而往复。无疑，这“花山”就是壮族先民所营造的祖居世界，是逝者的灵魂归去并再生之地。而绘制各种图案的崖壁，即被称为“花山”。因此，左江岩画就是壮族先民营造的祖居世界。亡灵归去后，在花山再生。画面上姆洛甲腋下生子，男子挺其阳具，或持辣椒（辣椒状物）、持杨桃，以及男女交媾的图像，即预示了死者的再生。汉代画像石、画像砖墓中大量出现的创世神伏羲、女娲交尾图，以及各种男女野合的图像（图九）[122]，均应是同样信仰的产物，是祈望逝者能死而再生，子孙繁衍。贵州赫章可乐墓地中的“套头葬”，其宗教寓意历来众说纷纭，我们认为它同样体现了人死之后回到祖灵世界而再生的观念。用铜鼓或铜釜套头（有些还套脚）的差异，在细微处可能体现了祖先住在火塘（该墓地有用锅庄石随葬的，其意应与用铜釜同）或住在鼓心的观念差别及其冲突[123]；但在宏观上，我们认为两类深腹大口的器物均应是祖先所居住的洞穴的指代物，反映了时人对人类远祖穴居时代的遥远而模糊的历史记忆。祖先源自山洞的传说在中国西南的许多少数民族中至今流传，比如西盟佤族即认为人类是从石洞中出来的[124]。壮族民间传说认为创世女神姆洛甲的阴户化为溶洞[125]，而有研究表明，左江岩画必定绘制在断岩崖壁、洞穴四沿或二者兼有之处，与洞穴的关系极为密切[126]。从洞中来，再回到洞中去，生生死死，周而往复。黔、桂山地的岩洞葬的起源，应与这一观念有关。这样岩画与岩洞葬间的关系便更见密切。贵州德江土家族现代傩仪式中有一个重要的细节，除如岩画般绘制各种神祇的画像以供祭拜外，还使仪式的主角在一只两端涂纸的木甑中穿过，表示新旧的转换。当傩法师将还愿的孩子从木甑中穿越，“这个男孩成为宗教象征意义上的新人”[127]。木甑的两端涂以纸张，其在形式上已经演化为一具木鼓，仪式中这种甑与鼓的互换，与赫章可乐套头葬中釜与鼓的互用何其相似，进一步证明了无论是作为炊具的甑、釜，还是作为礼器的鼓，其本质均应是祖居洞穴的指代物的认识。在仪式中，

图九　成都新都东汉墓男女野合画像砖
（采自《中国画像砖全集 · 四川汉画像砖》，第 149 页，图 211）

罹难者或死者，通过巫术的仪式，回到祖居世界，实现了生者意念中的再生。昆明羊甫头滇文化墓葬中随葬的大量男根[128]，一如岩画中的生殖性画面和汉画像石、画像砖墓中男女交媾的场景一样，清楚地表达了祈望死而再生的灵魂观念。总之，祖灵崇拜在中国西南流传甚久，影响深远，至今不绝，其要义就是，人死后灵魂回到祖居之地，从而再生。岩画便是在这种浓郁的宗教氛围下出现的，且并非一种孤立的文化现象。

西南系统岩画在祖灵崇拜的观念下，集中反映了岩画创作者对其创世神或始祖的生活世界的理解和再现，并由此营造出他们意念中的祖居世界，逝去的祖先就幸福地生活在这里，并在可能的情况下再生。前文讨论了左江岩画和壮族创世神姆洛甲、布罗陀的关系。云南西盟佤族大房子上的壁画，佤族同胞认为是让最先教会他们盖房子的“木依吉”看的，木依吉是创造万物的“鬼”，他创造了动植物和人类，并赋予他们各种机能。拉木鼓、做鬼、供人头、剽牛等都是为了供奉他，否则谷物将歉收，村寨被水冲走，给人们带来灾难。将目标指向其创世神。下文将揭示，云南沧源岩画亦与傣族创世神话密切相关，用较多的内容反映了其始祖帕雅桑木底带领傣族先民造屋建寨、驯养动物的情景。马是贵州岩画的重要题材，许多岩画地点径被当地百姓称为“马马岩”、“画马岩”等。贵州岩画的分布区，恰是今布依族的主要聚居地，这可能不是偶然的巧合。布依族古歌《造人和造畜》开篇即唱：“从前陆陀造马匹”，而陆陀是布依族神话传说中的始祖[129]。明《炎徼纪闻》载：苗人“仲春刻木为马，祭以牛酒，老人并马箕踞，未婚男女吹芦笙以和歌，淫词谑浪，谓之跳月。中意者男负女去，论妍媸为聘”[130]。结合其他文献来看，老人与马应代表了祖先接受祭拜，男女和歌而舞，则可能是祭祖之后的一种生殖性舞蹈，祈求祖先庇佑后人兴旺发达。即“跳月”最初本应是一种祭祖活动，而渐渐演变成今天的男女社交节日[131]。若径将马绘在崖壁之上，而非“刻木为马”，那不就是一组岩画了吗？贵州岩画中大量的马，因此也可能是对祖先世界的一种再现。

事实上，壮族“歌墟”[132]与苗瑶“跳月”，均应是古代祭祖仪式的遗留。贵州龙里、花溪一带的苗族，春季“跳月”时，不管人数何其众多，场面如何拥挤，人们仍然按照传统习惯在岩洞中举行活动，即便已经拥挤不堪，依然坚持先在洞中跳上一阵，再易地到宽阔的场坝继续进行。他们解释说，这是老祖宗传下来的规矩，不能随便改，否则得不到老祖宗的保佑[133]。举行“跳月”活动的溶洞，称“跳洞”。在龙里摆省和花溪高坡，几处跳洞与放置有死者遗骸的溶洞遥遥相望，两相呼应，当地苗族同胞称，在洞中跳月，是求亡灵安息，求一年风调雨顺，年轻人借此交情结友[134]。左江岩画上高挺的阳具与象征女阴的“铜鼓”或“杨桃”纹、男女交媾的场面、姆六甲与布罗陀的形象等所构成的生殖性画面，就是今日“跳月”、“歌墟”等男女情爱活动的过去式。它们是祖灵崇拜中，再生愿景的体现。反之，“跳月”、“歌墟”等活动，是活着的被再创造了的“岩画”。

西南系统岩画反映了其创作者对万物本源的理解和对祖先生活的缅怀。岩画的画址是精心选择的，多在岩洞洞壁或岩阴平滑、雨水不易及处，这是为了岩画的长期保存；一些岩画地点还考虑到画址前可供活动的较大平台。将各种仪式性的画面，永久定格在崖壁之上，其用意同于滇文化墓葬中贮贝器上立体雕塑的各种祭祀场面[135]。在这凝固的画面里，是他们臆想中的祖先的生活世界，而它往往又是现实生活的翻版。正因是祖先灵魂所寄，所以有些岩画地点被当地人认为有仙人居于此（如云南沧源第一地点、广西武宣仙人影），有些地点上的图案则被当地人认为是其祖考（如广西左江），这并非误读，实乃正解。

在漫长的历史过程中，西南系统岩画的功能主体可能亦处在变化之中。对这一过程，还需进行更加深入的探讨，这里我们仅作一点推测。从前文的讨论看，我们认为最初的岩画可能是出现在殡葬的岩洞中的，其功能同于墓葬内的随葬品，是供死者的灵魂在另一个世界役用的。之所以采用红色的颜料，或与中国西南和东南亚地区史前墓葬中使用红色粉末、红烧土等尚红习俗有关。从大地湾地画看[136]，中国境内的岩画可能在仰韶文化晚期就出现了。印尼佛劳斯岩刻则表明，中国西南系统岩画出现的时间应不晚于青铜时代。两汉以降，这一地区岩画的创作迎来了一个高峰期，并表现出与岩洞葬间的密切关系，用创世神所营造的祖灵世界，招引着亡灵归去，死者可于此再生。这一时期的岩画规模较为宏大，有祭祀性场面、村落生活等内容，反映了创世和万物生的题材。宋代以降，岩画发生了一些变化，规模趋小，马成为一个重要的题材，但依然与祖灵相关，只是可能已非创世神，而为某位英雄祖先。其功能与前期同，一部分是殡葬过程中遗留的（如四川珙县），一部分则可能是祭祀的产物。对祖灵的莫大恐惧，以及祈望祖宗庇佑后裔的美好愿景，驱使着人们对岩画地点进行祭拜，沧源岩画的部分地点直至不久之前还有傣族同胞前去拜祭[137]。晚期岩画更多体现了禳灾祈福的功能，人们可能已经渐渐淡忘其与祖灵的关联。

总之，祖灵崇拜是中国西南系统岩画的重要方面，人们用各种图案营造出一个个祖先生活的世界，招引着新亡者的灵魂前去团聚，并于此再生，生生不息，以趋永恒。

这是出于对祖先灵魂的巨大恐惧，人们相信恰当的仪式可以取悦祖先，使生者得到祖先的庇佑，从而人畜兴旺、子孙繁衍；反之，则可能带来灾难。各种仪式既娱神亦自娱，遗留至今的“跳月”习俗正说明了这一点。同时，我们也须清楚地认识到，这并非西南系统岩画的全部功能，如云南金沙江流域的岩画，便可能与狩猎有关。

3. 荡漾的涟漪——族属试谈

在前文所形成的结论的基础上，我们可进而对整个西南系统岩画的族属作一些讨论。

四川珙县岩画与悬棺的创造者，论者普遍认为是宋明时期的“僰人”，但在该“僰人”与现代民族的对应上，却有不同意见。存有仡佬与傣二说。广西左江岩画，前人多认为系壮族先民所遗。我们结合壮族民间神话，肯定了这种认识。这一认定，对解读西南系统岩画至为关键。贵州开阳岩画，我们结合文献记载，提出其为“红犵狫”，即仡佬族先民所遗的可能性。贵州长顺一处岩画地点，当地人称系祖先们解邪神时，巫师布魔所绘[138]。布魔是今布依族对其巫师的称呼，则该处岩画可能为布依族所遗。云、贵交接地带的岩画，几处地点发现疑似古彝文，表明其可能为彝族所遗。前引彝族文献中，确有其先祖用动物血在大岩石上作画的相关记载。因此，彝族先民也应是岩画的使用者之一。沧源岩画的族属，历来有佤与傣两说，莫衷一是，而以主佤族说者为多。

以上岩画分布区内，今主要为壮侗语族中的壮族、布依族、傣族、仡佬族，苗瑶语族中的苗族、瑶族，孟高棉语族中的佤族、布朗族，藏缅语族中的彝族、怒族等族群所踞。结合前文所论，四川珙县岩画中的僰人后裔虽有仡佬与傣二说，但均属壮侗语族；贵州开阳、长顺等地岩画为仡佬、布依所遗，属壮侗语族；尤为关键的是，绵延200余公里，规模宏大、居于西南系统岩画中心地位的左江岩画系壮族先民所遗。不难发现，壮侗语族及其先民是西南系统岩画的主要创作者。

由是反观沧源岩画，我们认为其应为傣族先民所遗。佤族先民纵有画崖之俗，亦应因傣族先民而起。如后来在佤族先民中流行的画布、大房子壁画等，均可视作岩画的孑遗。汪宁生先生早年调查日记表明，当地有群众认为佤族“画布”乃傣族传去，并有多人证实过去傣族常去岩画前祭拜。与佤族同属孟高棉语族的布朗、德昂等民族聚居区内，鲜有岩画发现的事实也能说明沧源岩画应为当地傣族先民所遗。再者，我们认为内、外因的交互作用形成了各民族的不同传统与分布格局。内因即文化，反映了一个族群对自然的适应与改造；外因即族群间的争夺等各种外在因素。于是，壮侗语族先民很早便形成了坝居、稻作的传统；而佤、布朗等孟高棉语族则喜于山居、刀耕火种。佤族明清时尚“不用牛耕”，“居山岭”。滇西南一隅傣族今多居于坝区，汉族居于交通线上，而佤族等居于山区[139]，正是前述内外因的结果。沧源岩画中出现了大量牛的图案，其体格健硕、牛角弯长，一望即知为水牛（而非黄牛）。水牛喜热、并需常在泥水中浸泡等不宜于山地生活的习性已透露出其主人应为坝居民族[140]。沧源岩画中的水牛，应与壮侗语族居于坝区及其稻作传统相对应。

前文用壮族民间创世神话对左江岩画进行了有效的解读。那么，傣族创世神话是否在沧源岩画中有所反映？答案是肯定的。傣族神话认为其创世神英叭是一个巨人，为风、气所生，他造了天地，造了神像来镇天定地，造了天神来管理天地，天上守果园的神用身上污垢造了人，从此有了万物。但后来天地一片肮脏，英叭遂将之毁灭，令众神再造。万物从仙葫芦中再生，老鼠和麻雀先发现了从天而降的谷种，吃后屙出，长起来后才被人类发现。天神帕雅桑木底后被派往人间做首领，他带领傣族先民开始建寨造屋、驯养动物、制作陶器，后来被傣家尊为始祖[141]。沧源岩画中较为凸显的村落、驯牛等场面（图一〇），可能就是帕雅桑木底带领傣族先民造屋建寨、驯养动物的反映（由狩猎获取而驯养之）。沧源岩画中确有一些巨人的形象（如第一地点 2 区、4 区、第二地点 1 区、第四地点 1 区等），可能即为创世神英叭。第一地点 2 区的一组图像尤其值得注意（图一一），画面左侧一巨人，其下小人若干，巨人脑后两个上下相反的卷云纹组成的图案，或即英叭的生父母“气团”与“大风”（或为“仙葫芦”）。小人之右有一兽，汪宁生先生在报告中称其“长耳似兔，但尾甚长，不辨何兽”，该兽之前，一长圆形米粒状图案；我们认为这正是傣族创世神话中谷种为鼠所吃的反映。另沧源岩画中频繁出现的象、鸟形羽人等，均可在傣族创世神话或传说中发现与之对应者[142]。这一切，绝非偶然的巧合，只能表明沧源神话为傣族先民所创。

至此，我们几乎可以肯定地讲，壮侗语族先民是中国西南系统岩画的主要创造和使用者。

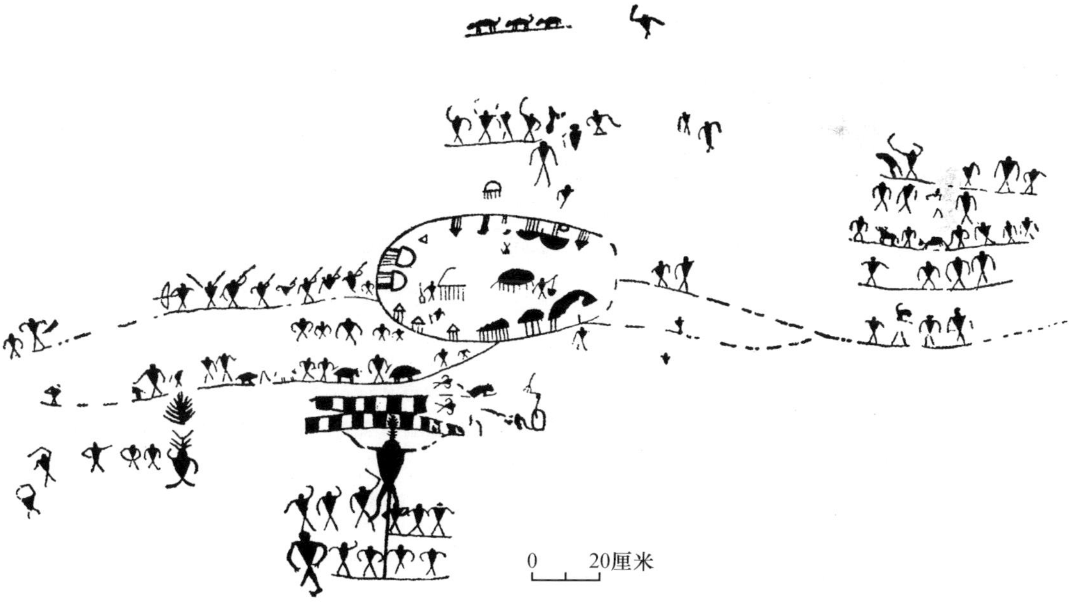

图一〇 云南沧源岩画第二地点 1 区

（采自《云南沧源崖画的发展与研究》，第 940 页，图 21）

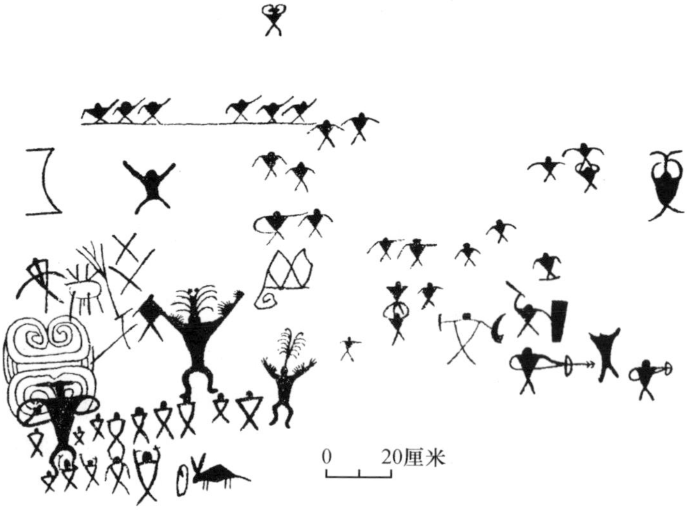

1

2

图一一　云南沧源岩画第一地点2区

（1. 采自《云南沧源崖画的发现与研究》，第930页，图7　2. 采自《云南岩画艺术》，第74页，图45）

沧源与左江岩画，无疑构成西南系统岩画的两大中心。二者间的相同处，表明其出自同源；不同处，则系族群分化所致。有研究认为，壮侗语族是在公元6—9世纪间逐步分化的[143]，这与我们对西南系统岩画的认识大致契合。自公元4世纪中叶起，作为壮侗语族先民一支的牂柯僚人大举入蜀，至唐不绝[144]，其居于今四川珙县者，遂在这一西南系统岩画区的“飞地”内遗下悬棺与岩画[145]。中国西南由壮侗语族先民部分支系率先使用的岩洞葬和画崖之俗，遂随人群的移动及其融合，对周边的族群产生了深远的影响，成为该区域一个特殊的文化现象。一切宛若平静湖面溅起的一朵涟漪，荡漾开去，荡漾开去，复渐趋平静。

汉宋之际，活动在滇、黔、桂、川及周邻地区的壮侗语族，基于特殊的信仰，将岩画绘制于石崖之上，并成为这一族群的文化标志。随其移动、分化及各族群的相互渗透，与之相接的苗、瑶、仡、彝、怒等族亦开始汲取这一文化传统为“我”所用。大约从宋代开始，后者中的部分支系也开始行“画崖”之事（这是以这些族群生活在同样的地理环境中，风俗易及为背景的）。于是，画崖之俗一直流传。随明王朝经营西南地区步伐的加快，该地“渐染华风”，一些在外人看来怪诞不经的习俗，遂悄然而逝，将岩画中的各类图案绘制在棺木上、大房子中、画布上遂成西南系统岩画最后的挽歌；同样是为祭祀祖灵的“跳月”、“歌墟”等习俗也在不断变迁中离其初始意义越来越远，但却成为我们揭开岩画之谜的关键。

四、结　　语

从新发现的贵州惠水仙人桥岩洞葬上的棺画出发，我们以中国西南及东南亚地区崖葬（悬棺、岩洞葬）与岩画的关系为线索，结合民族学、神话学的相关研究，对西南系统岩画的年代、功能、族属等问题进行深入探讨，得出了一些新的认识，概括起来，有以下几点：

第一，用当地民间广泛流传的神话传说特别是创世神话，能对中国西南系统岩画中的许多地点作出有效解读。对比发现，广西左江岩画可能反映了当地壮族民间神话中姆洛甲和布罗陀创世的有关内容。画面中的“人祭”应为创世女神姆洛甲“腋下生子”的情形；而腰佩长刀的正面巨型男子，应为创世男神布罗陀。“扁茎短剑”可能为“辣椒”或“辣椒状野果”，部分“铜鼓”可能为“杨桃”，分别代表了男根和女阴。在壮族民间神话中，女神姆洛甲造人后，不分性别，遂从山上采来野果，撒向人群，抢得辣椒的就成了男子，抢得杨桃的成为女子。“辣椒”和“杨桃”遂成性别标志，将之格外凸显，便与岩画中存在的交媾画面一起构成了一组巨大的生殖性场景。并非巧合的是，左江岩画中规模最为宏大的两处地点均被当地人称为“花山”。而在壮族民间神话中，女神姆洛甲后来成为专管生育的“花婆”，她住在“花山”护理百花，并将花送到人间，得白花者生男孩，得红花者生女孩。壮族人相信，人死之后，灵魂要回到花山，还原为花。这一信仰在现今的壮族地区仍十分流行。

沧源岩画则表现出与傣族创世神话的密切关系。傣族神话认为其创世神英叭是一巨人，为风、气所生，他造天地和万物后又因故将之毁灭，再二次创世。这时，万物从仙葫芦中再生，老鼠和麻雀发现了从天而降的谷种，谷物在粪便中生出后被人类发现，并开始栽种稻谷。后来天神帕雅桑木底被派往人间做首领，他带领傣族先民开始建寨造屋、驯养动物、制作陶器，后来被傣家尊为始祖。沧源岩画中村落、驯牛等场面，可能就是帕雅桑木底带领傣族先民造屋建寨、驯养动物的反映。岩画中的巨人形象可能即为创世神英叭。第一地点2区岩画中有一兽，“长耳似兔，但尾甚长，不辨何兽”，该兽之前，一长圆形米粒状图案；我们认为这正反映了傣族创世神话中谷种为鼠所吃的情形。另沧源岩画中频繁出现的象、鸟形羽人等，均可在傣族创世神话或传说中发现与之对应者。

但是，现仍流传在当地民间的各种神话往往是片段式的，甚至彼此之间往往还有抵牾，对姆洛甲与布罗陀关系的不同说法就是典型的例子。这是中国古代神话的普遍特点。但神话不是空想出来的，它是产生在一定社会基础之上的，并反映了一定的社会生活[146]。其中隐含着某些历史的真实或人们坚信的真理，如祖先源自山洞的传说，应是人类远祖穴居的模糊的历史记忆。这些存在于古人意念中的神话传说，又对现实生活产生了深远影响。西王母、伏羲、女娲等形象在汉墓中的出现很好地说明了这一点。毫无疑问，岩画是某种或某些种信仰的产物，是人们意念中的影像在崖上的再现，而这意念中必然包含了时人脑海中根深蒂固的、流传至今并成为信仰的各种神话传说。因此，我们认为用神话传说去解读岩画是可行的，并可能是未来岩画研究的有效路径。

第二，祖灵崇拜是西南系统岩画的重要内容。通过梳理，我们发现中国西南及毗邻的东南亚地区岩画与崖葬间的关系较为密切，而且与土葬、火葬等其他形式的葬俗间亦可能存有联系。而现代民族志资料表明，崖葬棺木上绘制的各种图案，是灵魂观念的体现。结合神话传说的分析显示，崖上所绘的或为岩画创作者的创世神，如姆洛甲、布罗陀、英叭等，或为其始祖，如帕雅桑木底等，均指向其祖先。宋代文献中更明确点明左江岩画被当地人认为系其祖考。绘有“鬼影”的“花山”，在壮族民间神话中是其创世神姆洛甲的居住地，人死后魂归花山，幻化为花，又被“花婆”送往人间，得白花者生男孩，得红花者生女孩，如此周而复始，生生不息。正因此故，广西左江崖葬与岩画间存在着较为密切的联系。左江绘制岩画的石崖，既是祖先灵魂居住的地方，又是万物衍生之地，其中的创世神及生殖性画面，即预示了死者的再生。

西南地区许多现代民族如苗、瑶、布依、彝、水等，均普遍流行在葬礼中为死者举行开路仪式的习俗，其目的是将死者的灵魂送回祖先生活的地方。开路时由巫师吟唱死者生平、历代祖先及其迁徙的历史等。由前引《隋书·地理志》所记隋代生活在左江流域的“左人”死后“邻里少年，各持弓箭，绕尸而歌，以箭扣弓为节，其歌词说平生乐事，以到终卒，大抵亦犹今之挽歌，歌数十阕”等记载看，这种仪式可能至迟在隋唐时已有。不独葬仪如此，“叙根由”是西南少数民族普遍的叙事模式，即叙事时多从天地的产生、万物的起源、祖先的迁徙开始，这在古歌、碑刻等文本中均有充分体现[147]。现代苗族的“跳月”、壮族的“歌墟”在早期形式上，亦充分反映了对祖先的追念。这实际上体现了当地民族从哪里来就回哪里去的朴素的落叶归根的生死理念。一切都要回归到祖先生活的世界，那么祖居何地？绘制有创世祖先及其生活世界的崖壁，就是祖先生活地方。广西左江岩画对此作出了明确的回答。同样绘制有此类图像的沧源岩画、贵州等地的马岩画等，因此成为祖居地的代名词，引导新亡者的灵魂归去，与祖先团聚。西南系统岩画中的相当部分，都是这类招引亡灵归去的祖居地的象征。泰国孔尖岩画、马来西亚“灵魂之舟”的解读，可为此说提供旁证。

广西左江岩画又用生殖性的画面反映了人们死而再生的美好愿景。大量考古发现表明，这是战国秦汉时代中国西南居民普遍的灵魂观念。从四川画像石、画像砖墓中的男女交媾和伏羲女娲图，到赫章可乐的“套头葬”，到羊甫头滇文化墓葬中以男根模型随葬等，均体现了人们回归祖地，由此再生的精神诉求。西南系统岩画，正是这一大环境下的精神产物。

我们推测，岩画最初是与殡葬联系在一起的，其功能是安慰亡灵，并引导灵魂归去。后来，随同一地点岩画的大量出现，它们自然而然成为人们意念中的祖居世界，是亡灵团聚的地方，并渐成为后人祭祀祖先的场所。甚至不排除，有些地点的岩画就是专为祭祀祖先而制作的。民族志材料表明，西南少数民族对祖先的灵魂既敬爱有加，又恐惧万分，适当的仪式可以取悦祖先的亡灵，并得到他的庇护，从此人畜兴旺，五谷丰登；反之，离灾难也就不远了。因此广西左江岩画南宋时人仍对之进行祭拜，丝毫不敢怠慢，而沧源傣族对部分岩画地点的祭拜一直延续至新中国成立前后。

要之，西南系统岩画中的相当部分应是祖灵崇拜的产物，特别是那些地势险峻、规模宏伟者。祖灵崇拜，直至今日仍在中国西南少数民族的社会生活中占有十分重要的地位。贵州东部苗族在过传统节日“牯脏节”时，甚至不惜一次性屠杀大量牯牛祭祀祖先，给生产生活都带来重大影响[148]。也唯有在对待祖先的问题上，古人方能冒着生命的危险在这悬崖峭壁之上绘下他们生活的画卷和精神的家园。同时也必须认识到，祖灵崇拜是西南系统岩画的重要方面，而非全部内容，如云南金沙江流域的岩画即被学者认为与狩猎有关，我们同意这一解读。另，部分晚期岩画中出现的似人非人的“怪兽”（如云南邱北黑龙箐岩画），或为雷公，其已与祖宗无涉，或专为禳灾祈福而绘。

第三，关于西南系统岩画的年代，从现有材料看，我们认为多是汉至明时期的作品。根据风格和规模的变化，可将之粗分作早、晚两期。早期岩画以广西左江、云南沧源等为代表，是汉宋之间的遗迹。该期岩画的特点是：分布较为集中，规模宏大，单体图案硕大，有高达2—3米者，图案以赭色为主。它代表了西南系统岩画的高峰期。泰国孔尖岩画，可能也属这一时期的作品。其拍堪、拍惦、拍蒙3个岩画地点，画幅各长200—300米，共有各类图案数百个，有些图像高2—3米。这一时期的岩画在绘画风格上，以较为写实的“平涂式”为主。该期岩画主要反映了创世与万物生的题材。它的出现，与汉晋以降西南地区广泛流行的女性创世（如九隆、竹王传说）的神话互为背景，并非一种独立的文化现象。先民用创世的题材，营造了人世间的祖居世界，招引着新亡者的灵魂在此团聚，并再生。在广西左江，岩画与崖葬表现出极为密切的关系。云南沧源岩画周边迄今未发现崖葬遗迹，但我们发现，岩画不独与崖葬间存有关联，还可能与火葬、土葬等丧葬形式间存有关系，因此未来的工作中应对沧源岩画周边的同期遗存予以关注。泰国孔尖岩画被论者认为系“丧葬的山崖”，其与亡灵间是存有关联的。云南沧源岩画的年代汪宁生先生早年进行了精当的考证，认为其主体在汉唐之间，我们认为是恰当的。下文将进一步推定沧源岩画当属傣族先民所遗，但佛教因素并未在岩画中有所体现，则其时代应在佛教在该地普遍流行之前。左江岩画直至宋代，时人还清晰记得崖上所绘系其祖考，并虔诚祭祀，丝毫不敢怠慢，表明部分岩画年代去此不远，再考虑到与之共存的崖葬的时代，我们认为将左江岩画的年代定在汉宋之间为宜。要之，早期岩画的年代约在汉至宋之间。

晚期以四川珙县和滇、黔、桂地区的马类岩画等为代表，是宋明之际的遗迹。这一时期岩画的特点是：马普遍成为画中主角；绘画风格上较为抽象的“骨架式”渐渐多见；岩画地点较为分散，图案趋小，多在 10—30 厘米之间；岩画的颜色渐趋多元，除赭色（主体）者外，还有黄、黑、白等色；岩画内容与创世神话间的联系不再凸显，但仍与祖灵有关。年代上，珙县岩画的年代与悬棺一样在宋明时期，是没有问题的。黔中岩画分布区内迄今未见汉代前后遗存而有大量唐宋以降的岩洞葬和石板墓发现，表明其年代应在宋明之际。黔西南、滇东南地区部分岩画地点发现彝文或疑似彝文，从文献记载看，彝文的出现约在宋代前后，则这些岩画的年代不能早于此。而且贵州惠水仙人桥、广西南丹等棺画，以及云南西盟佤族大房子壁画和沧源画布上的图案，与该期岩画在内容和风格上尤为接近，而它们均是明代以降的作品，以此推知该期岩画年代应去此不远。因此，晚期岩画的年代应在宋明之际。而马之所以成为该期岩画的主体，可能与宋王朝在广西设立马市从而使得马匹饲养在中国西南成为一项重要的生业这一历史背景有关。

第四，关于西南系统岩画的族属，我们认为包括壮、傣、布依、仡佬等在内的壮侗语族先民的部分支系是西南系统岩画的主要创造和使用者，而苗、瑶、彝、瓦等族的先民的部分支系在历史上也曾使用岩画，却是在与壮侗语族长期交往的过程中受前者影响的结果。

珙县岩画族属存有傣与仡佬两说，但均属壮侗语族。学术界普遍认为左江岩画是壮族先民所遗，而岩画内容与壮族创世神话的密切关系进一步肯定了这一认识。沧源岩画的族属向有傣与佤两说，而主佤者多；我们比较了两个民族的文化生境提出为傣族先民所创的可能性大，而在傣族创世神话中与岩画内容的契合之处，则最终肯定了沧源岩画应为傣族先民所创。结合文献记载看，贵州开阳的岩画可能为仡佬族先民一支的“红犵狫”所遗。傣、仡佬、壮等，均属壮侗语族，可见，西南系统岩画的绝大部分，是壮侗语族先民所遗。另彝文献中有其先祖用动物血在大岩石上作画的记载，可能即为岩画。若滇、黔地区部分岩画地点上的特殊符号确为古之彝文，则更表明彝族先民亦是岩画的使用者。云南福贡岩画乃当地怒族先民所画。如果前文将龙里巫山岩画中的“大王”与瑶族祭“都贝大王”的文献记载相互参看不至荒谬，则这处岩画可能为苗族先民所遗。此外，前文提到的棺画、大房子壁画、画布等，分别流传在明代以降的苗族、瑶族和佤族中。因此，这些民族历史上也应是岩画的使用者。

结合岩画的年代，由于年代偏早的广西左江、云南沧源岩画均为壮侗语族先民所创，而一些与岩画密切相关的棺画、壁画和画布等，却是在苗瑶、孟高棉等语族中流传的，我们得出了“荡漾的涟漪”的认识，即西南系统岩画是由壮侗语族率先创造和使用的，随其移动、分化及各族群间的相互渗透，与之相接的苗、瑶、佤、彝、怒等族亦开始汲取这一文化传统为“我”所用。这一时间，大约在宋代前后。

第五，关于西南系统岩画起源与消亡的蠡测。以广西左江和云南沧源为代表的早期西南系统岩画，其在一开始，即已达到高峰，于理难通，此前应还存在一个岩画的酝酿和发展期。印尼佛劳斯岩刻上的钺、斧等，其形制与中国西南战国至西汉时流行的青铜钺、斧相似，其年代应大致在此期间。这表明确应有较左江和沧源为早的岩画存在。把眼界放得更宽一些，投向中国北方，对秦安大地湾地画的解读，向有不同意见[149]，仔细对比不难发现，其与广西左江岩画有共通之处，应是用生殖的仪式祈望死者的再生。而云南西盟佤族大房子壁画，让我们相信古人有将与岩画相似的图案绘制在特殊建筑上的传统，这一时间可上溯至仰韶文化晚期；相应地，中国境内岩画的起源至迟可上溯至仰韶文化晚期。如果史前时代用红色矿物或烧土与尸体一起掩埋的尚红习俗确系人们祈望死者被赋予血液后复活的信仰，那么它与西南系统早期岩画的功能是相同的，则泰国学者素拉奔·丹里军岩画的起源与史前墓葬中的尚红习俗有关的认识也许是可取的。关于岩画的起源问题，还有待进一步的研究。

而岩画之所以在壮侗语族先民中广泛流行，与其同样流行的文身、绣面的习俗之间，可能是存有关联的。现代民族中的一些文身图案，确与岩画有相似的地方。既能将同类图案饰在自己的身上，自然也能将它绘制在他们意念中祖先曾经居住的洞穴或灵魂归去之处，以禳灾祈福。

西南系统岩画的消亡，一方面可能是明代以来政府强化对该区域的经营使然，另一方面可能是画崖之习渐被其他信仰或形式所取代的结果。沧源岩画的消逝，可能与明代前后佛教的传入有关，当傣族普遍信佛后，其部分传统在佤族中依然沿袭，这就是大房子壁画和画布等。前引彝文献认为丧场中悬挂的“那史”是由绘在崖上，绘在皮上，绘在丝帛上，绘在纸上逐步演变的。从现在发现的棺画年代普遍晚于岩画看，似乎也存在一个画崖被画棺取代的趋势。由于岩画的功能主要是招引亡灵归去，在祖先的世界重生，所以现代西南少数民族中的开路仪式在功能上与岩画是一致的，这种形式现在仍广泛流行，可能部分取代了岩画的功能。壮族民间约从明代开始，径用壮语经书取代了岩画营造的祖先世界。“跳月”、“歌墟”等，则可视作活着的岩画。所有这些，又成为我们揭开岩画之谜的一把钥匙。

岩画研究有其特殊性，以至许多问题长期悬而未决。以上对西南系统岩画的尝试性解读，错讹难免，还有待更多材料来补充和检验。其对我国北方系岩画的研究是否有参照意义，尚不得而知。期望学有专长的方家不吝赐教，使岩画研究不断深入下去。

附记：文章撰写过程中，曾就主要观点先后与张合荣、梁太鹤、傅宪国、罗二虎、王仁湘、刘文锁、白彬、孙华诸先生交流，受到他们无私的帮助和热情的鼓励，特表谢忱！

注 释

［1］ 陈兆复：《古代岩画》，北京：文物出版社，2002 年，第 50 页。

［2］ 云南已发现岩画 60 余处，见邓启耀主编：《云南岩画艺术》，昆明：云南美术出版社，2004 年，第 5 页；广西仅左江流域便已发现 80 余处，参见《中国文化遗产》2007 年第 6 期；贵州目前共发现岩画地点 30 余处，参见李飞：《试论贵州岩画的年代》，待刊。

［3］ 见林晓：《四十年来国内学者对左江流域崖壁画的研究概述》，《广西师院学报》（哲学社会科学版）2000 年第 21 卷第 3 期；陈远璋：《广西左江岩画研究概述》，《广西考古文集》（二），北京：科学出版社，2006 年，第 97—111 页；杨宝康、王娟：《云南沧源崖画研究综述》，《云南师范大学学报》（哲学社会科学版）2007 年第 39 卷第 5 期。

［4］ 席克定：《灵魂安息的地方——贵州民族墓葬文化》，贵阳：贵州人民出版社，1990 年，第 217 页。

［5］ 席克定：《灵魂安息的地方——贵州民族墓葬文化》，第 219 页。

［6］ 朱成文、唐世林：《摆金岩洞悬棺葬初探》，《贵州民族研究》1983 年第 1 期。

［7］ 朱成文、唐世林：《摆金岩洞悬棺葬初探》，《贵州民族研究》1983 年第 1 期；席克定：《灵魂安息的地方——贵州民族墓葬文化》，第 218—219 页。

［8］ 见李飞：《贵州崖葬略论》，《贵州民族研究》2009 年第 1 期。

［9］ 罗二虎：《试论中国南方的岩洞葬》，《考古》2000 年第 6 期。

［10］ 道光《贵阳府志》卷十八："花苗……居甲惹、摆朗、摆金、摆阿等寨，……丧则以死者衣服向屋角呼之曰复。屠牛召戚友各携酒肉以为赙，环哭尽哀。葬不用棺，殓手足而瘗之，卜地以鸡子，掷之不破者为吉。病不服药，惟祷于鬼，宰牲磔鸡，往往破家终不悔悟。"（《中国地方志集成·贵州府县志辑 14》，成都：巴蜀书社，2006 年，第 30 页）。"打铁苗"之名不见载于道光《贵阳府志》，从地望和习俗看，文献中的"花苗"应含"打铁苗"在内。中央民族大学图书馆藏光绪《黔南苗蛮图说》"摆榜苗"条，"种山之外，有习铁工者，故定番人又呼为打铁苗，婚丧与花苗略同"，可证。参见李德龙：《黔南苗蛮图书研究》，北京：中央民族大学出版社，2008 年，第 169—170 页。

［11］ 见屈川：《也谈"僰人"悬棺岩画中的铜鼓形象》，《西南民族大学学报》（人文社科版）2004 年第 25 卷第 9 期。

［12］ 席克定：《灵魂安息的地方——贵州民族墓葬文化》，第 252—253 页。

［13］ 广西壮族自治区博物馆：《广西南丹县里湖岩洞葬调查报告》，《文物》1986 年第 11 期。

［14］ "杵舂守灵"在古代西南少数民族中曾是一种广泛流行的习俗。明弘治《贵州图经新志》卷九，镇宁州，风俗："康佐苗者……有丧则举家以杵击臼，更迭唱和，三五日方置尸岩穴间，藏固深阙，人莫知其处。"明《百夷传》："父母亡，……妇女群聚击碓杵为戏，数日而后葬。"现代佤族、苗族等尚有此遗风，见汪宁生：《古代婚丧习俗丛考》，《汪宁生论著萃编》，昆明：云南民族出版社，2001 年，上卷，第 448 页。

［15］ 重庆市博物馆：《宜宾地区悬棺葬调查记》，《考古》1981 年第 5 期；国家文物局主编、云南省文化厅编著：《中国文物地图集·云南分册》，昆明：云南科技出版社，2001 年，第 62、

66、69页。

[16] 四川省宜宾地区文化局编：《宜宾地区文物志》（内部印行），1992年，第37页；四川省博物馆、珙县文化馆：《四川珙县“僰人”悬棺及岩画调查记》，《文物资料丛刊》（2），北京：文物出版社，1978年。

[17] 陈明芳：《中国悬棺葬》，重庆：重庆出版社，2004年，第71页。

[18] 四川省博物馆、珙县文化馆：《四川珙县“僰人”悬棺及岩画调查记》，《文物资料丛刊》（2）。

[19] 熊水富：《平坝“棺材洞”清理简报》，贵州省博物馆考古研究所编：《贵州田野考古四十年》，贵阳：贵州民族出版社，1993年，第398页。另2009年1月29日，笔者曾赴现场调查，现仍可识别的棺画凡13幅，雕或绘于棺木头端或脚端挡板上，其中2幅以石灰绘制“十”、“X”于“方棺”头端挡板；余均刻于“普棺”头、脚端挡板上，均为圜形图案，中为方孔（钱纹）、十字形，或“寿”、“吉”等文字，5例圜外有芒。1例除钱纹外，还饰对鱼2尾（见正文）。1例圜内饰“十”字形纹者，棺上置灵牌，纪年显示为光绪二十六年（1900年）。此棺自脚端视之类“方棺”，自头端视之则为“普棺”，介乎二者之间。据此知平坝棺材洞“普棺”年代上限应在清代中晚期。2例有棺画的方棺年代或可早至明代。

[20] 席克定：《荔波县瑶麓瑶族的岩洞葬》，《贵州民族研究》1982年第1期。

[21] 作者等2010年1月14日在荔波瑶麓调查时，由受访人常高元（男，1950年生人，瑶族）提供。

[22] 陈明芳：《中国悬棺葬》，第247页。

[23] 兰燕译、杜品光校：《菲律宾的悬棺葬》（译自《菲律宾的遗产》第5卷），《广西民族研究》1991年第4期。

[24] 陈明芳：《中国悬棺葬》，第251页。

[25] 汉文献中有“朱棺”、“画棺”，其上绘“日、月、鸟、龟、龙、虎、连璧、偃月”等，见杨树达：《汉代婚丧礼俗考》，上海：上海古籍出版社，2000年，第57页。

[26] 巫鸿：《礼仪中的美术——马王堆再思》，《礼仪中的美术——巫鸿中国古代美术史文编》，北京：三联书店，2002年，上卷，第112—113页。

[27] 罗二虎：《汉代画像石棺研究》，《考古学报》2000年第1期。

[28] 巫鸿先生据屈原《招魂》中“魂兮归来，君无上天些，虎豹九关，啄害下人些”等内容，认为天上是危险的所在，而主张帛画在内的马王堆汉墓无“升天”意境，参见巫鸿：《礼仪中的美术》，上卷，第110页。结合我们调查所掌握的情况，苗族等西南少数民族认为，人死后灵魂脱离肉身四处游荡，自己危险并可能害及子孙，通过招魂仪式，将其唤回，再由巫师扮演武士，吟唱古歌，将其护送回祖先生活之地。游荡的灵魂，可能抵达任何地方，这些地方是危险的。归去的途中也十分险恶，需由“使者”（巫师）在一招一送中，才能将其送抵理想之地。《招魂》中所描述的，是可能受虎豹之害的四处游荡的灵魂，并不能据此说明灵魂不能升天。

[29] 李飞：《贵州崖葬略论》，《贵州民族研究》2009年第1期；陈明芳：《我国南方地区悬棺葬与崖洞葬之比较研究》，《中央民族学院学报》1989年第5期。

[30] 如凌纯声、陈明芳等讨论了该地区的悬棺葬，见陈明芳：《中国悬棺葬》，第246—352页；陈兆复、盖山林等讨论了该地区的岩画，见盖山林：《世界岩画的文化阐释》，北京：北京图书馆出版社，2001年，第145—155页。

[31] 四川省宜宾地区文化局编：《宜宾地区文物志》，第37页；四川省博物馆、珙县文化馆：《四

川珙县“僰人”悬棺及岩画调查记》，《文物资料丛刊》（2）。四川珙县麻塘坝南螃蟹河支流吴家沟、樊川沟一带的“猫儿洞、车子洞、马颈子、穿山洞、赖子洞等地均有悬棺遗迹和岩画”，参见陈明芳：《中国悬棺葬》，第 73 页。

[32] 四川省博物馆、珙县文化馆：《四川珙县“僰人”悬棺及岩画调查记》，《文物资料丛刊》（2）；屈川：《也谈“僰人”悬棺岩画中的铜鼓形象》，《西南民族大学学报》（人文社科版）2004 年第 25 卷第 9 期；杨剑涛：《四川宜宾珙县都掌蛮悬棺岩画的造型特征》，《宜宾学院学报》2007 年第 8 期；曾中懋：《珙县“僰人”悬棺岩画颜料的鉴定》，《考古与文物》1990 年第 2 期。

[33] 石钟健：《悬棺葬研究》，《民族论丛》（第一辑），“悬棺葬研究专集”，1981 年，第 49 页。

[34] 汪宁生：《珙县悬棺附近之崖画和沧源崖画》，《民族学研究》（第四辑），北京：民族出版社，1982 年，第 210—211 页。

[35] 重庆市博物馆：《宜宾地区悬棺葬调查记》，《考古》1981 年第 5 期。带持牛角人物图案的墓葬有“洪武十四年辛酉年七月初七造日主辛酉年”铭文，知墓葬年代在明初。

[36] 王克荣、邱钟仑、陈远璋：《广西左江岩画》，北京：文物出版社，1988 年，第 1—7 页。

[37] 卢敏飞：《天等崖画与左江崖画关系初论》，《广西民族研究》1985 年第 2 期。

[38] 李楚荣：《广西宜州发现的铜鼓、画马崖画与古代马市、驿铺关系初探》，《广西民族研究》2001 年第 2 期。

[39] 林晓：《四十年来国内学者对左江流域崖壁画的研究概述》，《广西师院学报》（哲学社会科学版）2000 年第 21 卷第 3 期。

[40] （宋）周去非：《岭外代答 · 经略司买马》：“产马之国曰大理、自杞、特磨、罗殿、毗那、罗孔、谢蕃、滕蕃等。”见杨武泉校注：《岭外代答校注》，北京：中华书局，1999 年，第 187 页。据考，自杞在今贵州西南，特磨在今云南文山，罗殿在贵州西部，毗那在贵州兴义附近，罗孔在今开远县南，谢蕃、滕蕃在贵州中部。谢蕃、滕蕃的具体位置，考之清《黔南苗蛮图说》“东苗”、“平伐苗”条，则约在今贵阳、贵定、麻江一带。

[41] 见（宋）周去非：《岭外代答》，第 187、349 页；另见小凤：《南宋广西马市论略》，《广西地方志》2001 年第 2 期。

[42] 彭书琳：《广西崖洞葬调查研究的回顾》，《广西考古文集》（第二辑），北京：科学出版社，2006 年，第 112—124 页。

[43] 张世铨：《广西崖洞葬和几个有关问题的商讨》，《民族学研究》（第四辑），第 87 页；王克荣等：《广西左江岩画》，第 7 页。

[44] 广西博物馆、田东县博物馆：《广西左右江流域崖洞葬调查研究》，《江汉考古》1991 年第 3 期。

[45] 《隋书》卷三十一，地理志下，北京：中华书局，1973 年，第 3 册，第 898 页。

[46] 石钟健：《悬棺葬研究》，《民族论丛》（第一辑）；张世铨：《广西崖洞葬和几个有关问题的商讨》，《民族学研究》（第四辑）。

[47] 黄现璠、陈业铨：《广西宁明花山壁画与岩洞葬》，《西南民族研究》，成都：四川民族出版社，1983 年，第 396 页。

[48] （宋）李石：《续博物志》，北京：中华书局，1985 年，第 108 页。

[49] 韦其麟：《壮族民间文学概观》，南宁：广西人民出版社，1988 年，第 5 页。

[50] 王克荣等：《广西左江岩画》，第 16、68、76 页。

[51] 过伟：《壮族创世大神米洛甲的立体性特征与南方民族“花文化圈”》，《广西民族研究》

1999 年第 2 期。

［52］ 潘春见：《“花”图腾信仰与姆六甲神话》，《广西大学学报》（哲学社会科学版）1998 年第 20 卷第 1 期。

［53］ 王克荣等：《广西左江岩画》，第 36、124 页。

［54］ 过伟：《壮族创世大神米洛甲的立体性特征与南方民族“花文化圈”》，《广西民族研究》1999 年第 2 期。

［55］ 少数几例被释为扁茎短剑的图案均持在人物手中，其中 2 例（王克荣等：《广西左江岩画》，图 135、157），人物腰间已佩有刀剑（表明其应为男性），再执此似已多余。且细审图片，部分“扁茎短剑”系拈在指尖（拇指与食指间，如王克荣等：《广西左江岩画》，图 135），并非握在掌中，其非剑可见。

［56］ 清时贵州各族人民腰佩环首刀之风仍炽，参见杨庭硕、潘盛之：《百苗图抄本汇编》，贵阳：贵州人民出版社，2004 年，第 22 页（宋家苗）、第 42 页（补笼仲家）、第 46 页（青仲家）、第 52 页（曾竹龙家）、第 152 页（猪屎仡佬）等。

［57］ 王克荣等：《广西左江岩画》，第 204—205 页。

［58］ 姆洛甲造人后，人不分性别，遂采野果撒向人群，抢得辣椒者成男子，杨桃者为女子。见蓝鸿恩：《神弓宝剑》，北京：中国民间文艺出版社，1985 年，第 1—2 页。则“扁茎短剑”为“辣椒”，表明其为男儿之身（这类图案见王克荣等：《广西左江岩画》，图 110、135、157、161 等）。相应的，岩画中的部分“铜鼓”应为“杨桃”。杨桃是一种久负盛名的岭南佳果，扁长形，有五棱、间或三至六棱（周去非：《岭外代答》“百子”条中的“五棱”即为此果，第 308 页），断面恰与“铜鼓纹”似。这类图案在左江岩画中所在皆有，与高挺的男根一起组成了壮观的生殖性画面。如果结合辣椒宋明时方传入中国的普遍认识（参见郑南：《关于辣椒传入中国的一点思考》，《农业考古》2006 年第 4 期），则左江岩画的年代可能更晚。但也不排除以往对辣椒传播史存在错误认识的可能性。这一问题还有待讨论。也许将之释作“辣椒状野果”更为妥帖。但如果注意到姆洛甲所采集的为“野果”，亦即野生的辣椒，问题也许就容易解决了。事实证明野生辣椒在今滇南一带仍有广泛分布（见龙洪进等：《云南野生辣椒资源》，《云南农业科技》2004 年第 3 期），其与宋明时传入我国的栽培种辣椒属不同种，野生辣椒乃南中国固有之物种。

［59］ 蒋廷瑜：《古代铜鼓通论》，北京：紫禁城出版社，1999 年，第 107 页。

［60］ 蒋廷瑜：《广西古代铜鼓》，《中国文化遗产》2008 年第 5 期。蒋廷瑜先生根据羊角钮钟的年代推定北流型铜鼓的上限为西汉。据前引文献，羊角钮钟可能晚至东汉中晚期，因此北流型铜鼓的上限或应晚于西汉。

［61］ 《后汉书·马援传》、《晋书·食货志》、《陈书·欧阳頠传》、《隋书·地理志》、《通典》、《岭表录异》等均有记载，参见蒋廷瑜：《古代铜鼓通论》，第 1—5 页。

［62］ 见周去非：《岭外代答》，第 254 页。较之略早的《桂海虞衡志》亦称铜鼓为“古蛮人所用，南边土中时有掘得者”。（宋）范成大著、胡起望、覃光光校注：《桂海虞衡志辑佚校注》，南宁：广西人民出版社，1986 年，第 61 页。

［63］ 值得注意的是，北流型 316 号铜鼓鼓面上饰对称二人，叉其双腿，屈肘上举，造型接近于左江岩画中的“蛙人”，见广西壮族自治区博物馆编：《广西铜鼓图录》，北京：文物出版社，1991 年，第 4 页。

［64］ （清）汪森《粤西丛载》引明张穆《异闻录》，转引自陈远璋：《岩画艺术的殿堂——探秘广西左江岩画》，《中国文化遗产》2008 年第 5 期。

[65] 李飞：《试论贵州岩画的年代》，待刊；李飞：《贵州崖葬略论》，《贵州民族研究》2009 年第 1 期。

[66] 李飞：《试论龙里巫山岩画》，《四川文物》2006 年第 3 期。

[67] 见李飞：《贵州地区石棺葬的分区与年代》，《考古与文物》2011 年第 4 期；李飞：《贵州地区石棺葬的族属与源流》，《四川文物》2010 年第 2 期。

[68] 蒙文通先生语，参见罗志田：《事不孤起，必有其邻：蒙文通先生与思想史的社会视角》，蒙默编：《蒙文通学记》（修订本），北京：三联书店，2006 年，第 240 页。

[69] 据有关资料，安龙梨树等地岩画，有朱书彝文记天文、地理及迁徙诸事（贵州省文化厅编著：《中国文物地图集·贵州分册》，待刊）；我们在龙里巫山岩画亦见一处疑似古彝文壁题，后将照片示彝文专家，答曰是。对此我们持谨慎态度。云南石林、弥勒金子洞（邓启耀主编：《云南岩画艺术》，第 143—144 页）等地岩画中亦有类似符号。范成大《桂海虞衡志》“罗殿等处乃成聚落，亦有文书公文”等记载，暗示南宋时已有彝文。但其大量流行应是明代以降之事。参见贵州省毕节地区民委、贵州省毕节地区彝文翻译组等编译：《彝文金石图录》（第一—三辑），成都：四川民族出版社，1989 年（第一辑）、1994 年（第二辑）、2005 年（第三辑）。除第一辑所收两碑（第 3—20 页）和第三辑一碑（第 1—6 页）外，其余几乎均为明清时期碑刻。若岩画上所书者确为彝文，则其年代不出此限，即在宋明之间，这与我们对岩画年代的推断是一致的。

[70] 见邓启耀主编：《云南岩画艺术》，第 60、160、178 页；周去非：《岭外代答》：“产马之国曰大理、自杞、特磨、罗殿、毗那、罗孔、谢蕃、滕蕃等。”其中自杞、罗殿、毗那、谢蕃、滕蕃在今贵州西部、西南部和中部地区，特磨、罗孔在今云南东南部。兰坪、永德可与“大理”对应；砚山、广南可与“特磨”、“罗孔”对应；贵州岩画确大致分布在“自杞”、“罗殿”、“毗那”、“谢蕃”、“滕蕃”范围内；唯四川珙县，似可强与“罗殿”对应。温春来认为罗殿在黔西北或其周边地区，可参考。见温春来：《从“异域”到“旧疆”——宋至清贵州西北部地区的制度、开发与认同》，北京：三联书店，2008 年，第 10 页。

[71] 曹波：《贵州开阳县平寨清水河崖画》，《考古》1989 年第 6 期。

[72] 胡昌国：《大花水水电站考古调查及文物规划报告》（内部资料）。

[73] 贵州省文物考古研究所：《贵州开阳平寨岩洞葬》，《中国国家博物馆馆刊》2011 年第 7 期。

[74] 《中国地方志集成·贵州府县志辑 1》，第 271 页。

[75] 邓启耀主编：《云南岩画艺术》，第 5 页。

[76] 吉学平等：《云南沧源首次发现洞穴崖画》，《中国文物报》2009 年 2 月 27 日第 2 版。

[77] 邓启耀主编：《云南岩画艺术》，第 121、126、186 页。

[78] 汪宁生：《云南沧源崖画的发现与研究》，《汪宁生论著萃编》，昆明：云南民族出版社，2001 年，下卷，第 1010 页。

[79] 刘宏、孙德辉：《云南悬棺葬地理分布及其现状初步调查》，《云南地理环境研究》1996 年第 8 卷第 2 期。

[80] 吉学平、韩康信等：《云南威信龙马、瓦石两具“僰人”悬棺葬头骨的人类学研究》，《第九届中国古脊椎动物学学术年会论文集》，北京：海洋出版社，2004 年，第 172 页。

[81] 胡兴宇、肖洪文：《僰人颅骨的测量研究》，《解剖学杂志》1999 年第 22 卷第 4 期。

[82] 邓启耀主编：《云南岩画艺术》，第 54 页。

[83] 钱玉趾：《“美姑岩刻”的年代、族属及内涵初考》，《西南民族大学学报》（人文社会科学版）2006 年第 9 期。

[84] 陈兆复、邢琏：《外国岩画发现史》，上海：上海人民出版社，1993年，第193—205页；盖山林：《世界岩画的文化阐释》，第145—155页。

[85] 陈明芳：《中国悬棺葬》，第246页。

[86] 盖山林：《世界岩画的文化阐释》，第154页。

[87] 郑德坤著、振亚译：《从沙捞越考古发现谈中国与东南亚地区的古代文化交往》，《东南文化》（第二辑），南京：江苏古籍出版社，1987年，第152页。

[88] 盖山林：《世界岩画的文化阐释》，第152页。因文意模糊，不清楚是船棺葬岩洞内有岩画，还是这些内容是绘制在石壁上的。但无论哪种情况，均表明了崖葬与岩画间可能的联系。

[89] 盖山林：《世界岩画的文化阐释》，第150页。

[90] 盖山林：《世界岩画的文化阐释》，第146—147页。

[91] 王克荣等：《广西左江岩画》，第231页。

[92] 王仁湘：《史前捐弃房屋风俗再研究》，《中国史前考古论集》，北京：科学出版社，2003年，第233页。

[93] 盖山林：《世界岩画的文化阐释》，第148页。

[94] 有学者认为沧源等地的南传佛教是15—16世纪间传入的，参见刘岩：《南传佛教与傣族文化》，昆明：云南民族出版社，1993年，第90—91页。但该书认为当地傣族14世纪时方迁入，似可商榷。

[95] （晋）常璩撰、刘琳校注：《华阳国志校注》，成都：巴蜀书社，1984年，第364页。

[96] 王明珂：《英雄祖先与弟兄民族——根基历史的文本与情境》，北京：中华书局，2009年，第124页。

[97] 见《华阳国志·南中志》，第339页；《后汉书》卷八十六，南蛮西南夷列传第七十六，北京：中华书局，1965年，第10册，第2844页。

[98] 伏羲、女娲交尾图在四川汉墓中有大量发现，贵州金沙汉墓中也曾有出土，见贵州省文物考古研究所：《贵州金沙县汉画像石墓清理》，《考古》1998年第10期。而直至唐代，新疆一带的墓葬中仍有大量绢、麻质的伏羲、女娲图发现，见陈丽萍：《关于新疆阿斯塔纳——哈拉和卓地区出土的伏羲、女娲画像及一些问题的探讨》，《敦煌学辑刊》2001年第1期。

[99] （宋）周去非：《岭外代答》，第423页。广西益州等地壮族有祭祖先“莫一大王”的传统，供于神龛之上，其全衔为“本家香火祖祀莫一大王真正尊神”。见《壮族简史》编写组：《壮族简史》，北京：民族出版社，2008年，第300页。

[100] 李仰松：《西盟马散佤族村落对研究姜寨遗址村落的启示》，《民族考古学论文集》，北京：科学出版社，1998年，第160页。

[101] 雷广正、莫俊卿：《黔南悬棺葬及其族属初探》，《民族学研究》（第四辑）。

[102] 作者2009年12月3日在石头寨调查时，由该村苗族赵顺康（男，1968年生人）提供，并称：说来奇怪，那马虽驮的是轻轻的草人，但是一副很吃力的样子，浑身大汗，我们也没法解释。

[103] 黔南州苗学会编：《黔南苗族》，北京：中国文化出版社，2009年，第412页。

[104] 见余未人：《发现苗族英雄史诗〈亚鲁王〉》，《贵州日报》2009年9月2日第10版。

[105] 作者2010年1月4日在紫云县宗地乡戈芭村调查时，该乡戈然村苗族梁正华（男，1951年生人）提供。梁氏为当地一歌师，我们在戈芭的一场葬礼中与之相遇。其对为何砍马的解释是，苗族人的灵魂在回到祖先生活的地方的路上，在某个关口，死得不好的，会重点受到盘查，如果有马骑着，盘查的人就会以为他是当官的，不问就让他过去了。我们理解，

今为特定死者砍马，应是对过去普遍砍马的一种简化、变通的方式。
[106] 贵州民族事务委员会古籍整理办公室等编：《布依族古歌》，贵阳：贵州民族出版社，1998 年，第 106 页。对砍马与砍牛仪式间的区别，“砍马经”的整理者说，在布依族地区，砍马不如砍牛那么普遍，且多在女性亡人祭奠时使用，二者间是何关系，当地群众未予以肯定答复。从砍马之俗普遍流行于苗族地区看，我们认为麻山地区布依族砍马或系受苗族影响的结果，砍牛才是其本来之俗。相反，砍牛或为苗瑶族群受壮侗语族影响的结果。
[107] 陈长友主编：《黔西北彝族美术 · 那史、彝文古文献插图》，贵阳：贵州人民出版社，1993 年，第 35 页。
[108] 杨庭硕：《白裤瑶丧葬习俗调查》，《贵州“六山六水”民族调查资料汇编 · 回、白、瑶等族卷》，贵阳：贵州民族出版社，2008 年，第 153 页。
[109] 覃远建：《瑶麓岩洞葬》，待刊。
[110] 广西壮族自治区文物工作队：《广西西林县普驮铜鼓墓葬》，《文物》1978 年第 9 期。
[111] 梁太鹤：《赫章可乐墓地套头葬研究》，《考古》2009 年第 12 期。
[112] 席克定：《灵魂安息的地方——贵州民族墓葬文化》，第 90 页。
[113] 作者 2010 年 1 月 4 日在紫云戈邑葬礼中所见，又蒙杨正刚先生惠示望谟资料，并对其进行解读。黔东南等地的苗族祭词则认为鼓就是祖先居住的地方。
[114] 对“式图”的解读，见李零：《式与中国古代的宇宙模式》，《中国方术正考》，北京：中华书局，2007 年，第 69 页。
[115] R. Huntington and P. Metcalf, *Celebrations of Death*: *The Anthropology of Mortuary Ritual*, Cambridge: Cambridge University Press, 1979. 转引自汪宁生：《古代婚丧习俗丛考》，《汪宁生论著萃编》，上卷，第 449 页。
[116] （英）爱德华 · 泰勒著、连树声译：《原始文化》，桂林：广西师范大学出版社，2005 年，第 11—17 章。
[117] 见陈长友主编：《黔西北彝族美术 · 那史、彝文古文献插图》，第 8—9 页。
[118] 见汪宁生：《云南沧源岩画的发现与研究》，“第二章”；王克荣等：《广西左江岩画》，“第七章”。
[119] 作者 2010 年 1 月 4 日在紫云戈邑的调查，并参见余未人：《发现苗族英雄史诗〈亚鲁王〉》，《贵州日报》2009 年 9 月 2 日第 10 版。
[120] 吴曙光：《试论苗族祖先崇拜的“非异己性”特征》，《贵州民族研究》2001 年第 2 期。
[121] 蔡华：《魂兮归来——越南倮倮族灵魂观念与祭祀仪式的田野报告》，《西南民族大学学报》（人文社科版）2009 年第 11 期。
[122] 中国画像砖全集编辑委员会编：《中国画像砖全集 · 四川汉画像砖》，成都：四川美术出版社，2006 年，第 130—132、149—151 页。
[123] 贵州有些地方的苗族即认为其祖先住在鼓心，或住在火塘。羌族认为火塘上三脚架代表了三神，其中之一即为祖先，参见王明珂：《寻羌——羌乡田野杂记》，北京：中华书局，2009 年，第 103 页。彝族人死魂分为三，一归祖地，一守坟，一入灵桶，参见马学良等：《彝族原始宗教调查报告》，北京：中国社会科学出版社，1993 年，第 9 页。这些可能即是对上述不同灵魂观念的一种调适。
[124] 《佤族简史》编写组：《佤族简史》，北京：民族出版社，2008 年，第 17 页。
[125] 过伟：《壮族创世大神姆洛甲神话文化遗产之抢救、保护与研究》，《广西民族研究》2004

年第 3 期。

[126] 姜永兴：《壮族先民的祭祖圣地——花山崖壁画主题探索》，《广西民族研究》1985 年第 2 期。

[127] 李岚：《信仰的再创造——人类学视野中的傩》，昆明：云南人民出版社，2008 年，第 8—9 页。

[128] 云南省文物考古研究所等：《昆明羊甫头墓地》，北京：科学出版社，2004 年，卷四，彩版 91—93。

[129] 贵州省民族事务委员会古籍整理办公室等编：《布依族古歌》，第 186 页。该“陆陀”与壮族神话中的“布洛陀”应系同一人。

[130] （明）田汝成：《炎徼纪闻·蛮夷》，《中国西南文献丛书·西南史记文献》，兰州：兰州大学出版社，2004 年，第四卷，第 50 页。

[131] （宋）范成大：《桂海虞衡志》“志蛮”：瑶“岁首祭盘瓠，杂揉鱼肉酒饭于木槽，扣槽群号为礼。十月朔日，各以聚落祭都贝大王，男女成列，联袂相携而舞，谓之踏瑶。意相得，则男咿呜，跃之女群，负所爱去，遂为夫妇，不由父母”（见第 185 页）。（宋）周去非：《岭外代答》卷十“踏摇”条所记与此相类（见前引杨武泉校注本，第 423 页）。（明）田汝成：《炎徼纪闻》卷四：龙家，“春时立木于野，谓之鬼竿，男女仔旋跃而择对。既奔，则女氏之党以牛马赎之方通媒妁”（见第 54 页）。

[132] 见黄修义：《广西壮族的传统习俗——歌墟》，《民俗研究》1991 年第 3 期。

[133] 王亚新：《原始记录——高坡苗族生活》，石家庄：河北教育出版社，2003 年，第 41 页。

[134] 2009 年 12 月 5 日，我们在龙里县摆省乡调查果里洞葬时当地苗族同胞如是说。

[135] 见云南省文化厅、中国国家博物馆编辑：《云南文明之光——滇王国文物精品集》，北京：中国社会科学出版社，2003 年，第 76—83 页。

[136] 甘肃省文物工作队：《大地湾遗址仰韶晚期地画的发现》，《文物》1986 年第 2 期。

[137] 汪宁生：《西南访古卅五年》，济南：山东画报出版社，1997 年，第 216、218、220 页；对祖先灵魂的恐惧，可参看周去非：《岭外代答·家鬼》，“家鬼者，言祖考也，钦人最畏之”，第 447 页。

[138] 陈文兴：《长顺付家院岩壁画群》，《黔南文物志稿》（第 3 辑）（内部印行），1992 年，第 96 页。

[139] 《佤族简史》编写组：《佤族简史》，第 2 页。

[140] 被认为系佤族先民的“望苴子蛮”，唐时善骑马，以牦牛尾为饰（均为山地民族之特征），未见其有养水牛之记载，见向达校注：《蛮书》卷四，北京：中华书局，1962 年，第 100 页。

[141] 西双版纳州民委编：《巴塔麻嘎捧尚罗——傣族创世史诗》，昆明：云南人民出版社，1989 年。关于英叭创世，见第 2—55 页；老鼠吃谷粒，见第 253—263 页；帕雅桑木底教人配偶、建屋等，见第 365—431 页。

[142] 关于傣族“羽人”传说，见王松：《关于“羽人”的争议——读〈地上的西顿和天上的西顿〉》，《民间文学》1986 年第 12 期。

[143] 黄兴球：《壮泰族群分化时间考》，北京：民族出版社，2008 年，第 275 页。

[144] 蒙默编：《蒙文通学记》（增补本），第 30 页；刘复生：《僰国与泸夷——民族迁徙、冲突与融合》，成都：巴蜀书社，2000 年，第 47—88 页。

[145] 对僚人与崖葬关系的论述，可参看梁太鹤：《崖葬与越僚关系》，《民族学研究》（第四辑）。

值得注意的是，除川南、滇东北地区外，其他区域的壮侗语族先民鲜有凿岩为龛、置棺其间者，这可能既与当地自然环境有关（少天然岩洞），又是其岩洞葬习俗与长江流域悬棺葬传统相结合的结果。

[146] 袁珂：《中国古代神话》，北京：中华书局，1981 年，第 16 页。

[147] 各种古歌的开篇往往从天地的产生、祖先的由来开始。一些彝文碑刻如《拦龙桥碑》（宋明时期）、《水西大渡河建桥碑》（万历二十年）等，亦采用了同样的叙事方式，参见贵州省毕节地区民委、贵州省毕节地区彝文翻译组等编译：《彝文金石图录》（第一辑），第 9—20、32—71 页。

[148] 杨春义：《苗族吃鼓藏之谜》，贵阳：贵州民族出版社，2004 年，第 2 页。

[149] 邵明杰：《大地湾地画新考》，《四川文物》2009 年第 3 期。

The Regression of the Soul: Rock Paintings in Southwest China, Focused on the Coffin Paintings in the Rock Cave at Xianren Bridge, Huishui County, Guizhou Province

Li Fei

(Department of Archaeology, Sichuan University; Guizhou Provincial Institute of Archaeology)

Abstract: After carefully checking rock paintings, and the patterns of coffin paintings on the cave burials and cliff burials in Southwest China and its neighboring Southeast Asia, the author believes that there is a very close relationship between them. Moreover, rock painting, in a sense, is related to some burial customs such as cremation and ground burial. Referring to the related studies of ethnology and mythology, the author reinterpreted some of rock paintings in Southwest China, and found that the rock carvings largely reflected the creation myths of local ethnic minorities, the ancestor worship was an important content of rock carvings. It is, therefore, closely related to the burial including the cave burials and cliff burials. The rock paintings of Southwest China were mainly made between Han and Ming dynasties. They were largely made and used by the ancestors of the *Zhuang*, *Dai*, and *Gelao* people who spoke Kra-dai languages. The neighboring *Miao*, *Yao*, *Nu*, and *Wa* people also began to use rock paintings due to the migration of ethnic group. The murals on the wall of big houses in the *Wa* people, the canvas of the *Wa* people and the coffin paintings of the *Miao* and *Yao* people, could be treated as the relicts of rock paintings above-mentioned. The early rock paintings (between Han and Song Dynasties) are closely related to the creation myths, so they were used for building an ancestral world to attract the deaths to get together with their ancestors and get rebirth in their belief. The main pattern of the late rock paintings (from Song to Ming Dynasties) is horse, which probably reflected the rise of horse breeding because the central government of Song Dynasty set up horse market in Guangxi. The ancestor worship was a belief under the guidance of animism which tried to please the ancestors, let the death go far away, and bring many kinds of benefits to the descendants. The aim of ancestor worship is to remove the disaster or unfortune from the living and give blessings to the living, which could be regarded as the chief function of rock paintings in Southwest China. The author's preliminary research indicates that it is probably a feasible and efficient way for us to use the folk belief, mythologies and legends, especially the creation myths to interpret the rock paintings of Southwest China in the future.

Keywords: rock painting in Southwest China rock cave burial ancestor worship creation myth

附表　惠水仙人桥岩洞葬棺画一览表

组别	图案	位置	内容	备注
1		长方形棺头端挡板	1 人骑马，马 2 匹	两组图案分饰于同一棺木的头脚两端，叠压于第 31 组图案上
2		长方形棺脚端挡板	马 1 匹，1 人骑马，中央用横线隔开	
3	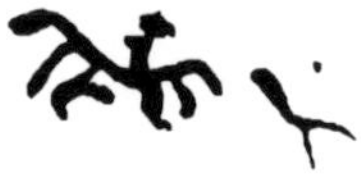	长方形棺侧面墙板	一人骑马，另一图已显模糊，似亦为马	
4		长方形棺侧面墙板	马 2 匹	
5		长方形棺侧面墙板	骑马人 2 幅	
6		长方形棺侧面墙板	马 2 匹	图之中央部位棺架遮挡，内容不详
7		长方形棺侧面墙板	马、骑马人？	因涂料脱落，画面已残
8		长方形棺侧面墙板	马 1 匹	该图线条粗于其他图案
9		长方形棺侧面墙板	马 1 匹	
10		长方形棺侧面墙板	居左者似为一马，居右者不明	图之两侧被棺木及棺架遮挡，不甚清楚
11		长方形棺侧面墙板	骑马人	
12		长方形棺脚端挡板	下一马，一人骑马？	涂料剥落，画面不清
13		井字形棺头端外挡板	马 1 匹	躯体用双线勾成，与它图有所不同

续表

组别	图案	位置	内容	备注
14		井字形棺侧面墙板	马 2 匹	画面模糊，不甚清楚
15		井字形棺侧面墙板	马	画面不甚清晰
16		井字形棺侧面墙板	骑马人	画面模糊
17		井字形棺侧面墙板	“牛”字形符号、骑马人	画面较远，不易观察，且已残缺不全
18		井字形棺头端挡板	右上一太阳纹，左下一马	棺木较朽，图案不清
19		长方形棺脚端挡板	马？	画面已模糊不清，叠于第 29 组图案上
20		井字形棺脚端外挡板	马？	因涂料剥落，画面已不清
21		长方形棺头端挡板	铜鼓纹	鼓面“米”字形
22		长方形棺脚端挡板	铜鼓纹	鼓面 13 芒
23		长方形棺（？）脚端挡板	铜鼓纹	鼓面 13 芒
24		井字形棺头端挡板	铜鼓纹	因棺木甚朽，图已不全
25		长方形棺脚端挡板	太阳纹	12 芒

续表

组别	图案	位置	内容	备注
26		井字形棺侧面墙板	铜鼓纹	中为“十”字形
27		井字形棺头端外挡板	铜鼓纹	鼓面“十”字形，两侧竖线2道
28		井字形棺头端挡板	太阳纹	20芒
29		长方形棺脚端挡板	铜钱纹	叠于第19组图案下
30		长方形棺头端挡板	鱼形纹	整体似一鱼，叠压在第34组图案下
31		井字形棺头端外挡板	以白色涂料打底，于其上用手指划出线条，呈鱼形	图案多处被遮挡，不清。该组图案叠于第1组下
32		井字形棺头端外挡板	几何形图案	中央交界处图形不甚清楚
33		井字形棺头端外挡板	几何形图案	图之右侧被大石遮挡，应基本对称
34		长方形棺头端挡板	“牛”字形符号	
35		井字形棺头端外挡板	“牛”字形符号	
36		长方形棺头端挡板	内容不详	

从图像学角度探讨成都南朝佛像与犍陀罗、秣菟罗、笈多佛像造型艺术流派的关系

胡文成[1]　胡文和[2]

（1. 重庆大学外国语学院　2. 四川省社会科学院文学研究所）

摘要：佛教图像学研究的主要目的是鉴定佛教美术作品的名称、内容、形象造型特征与性质。研究佛教美术（雕塑和绘画），必须探究作品的内涵和思想（例如佛教经变像所要传播的教义）。佛教美术作为宗教艺术是特定时代的传播作品，它们是信仰、崇拜，而不是单纯观赏的对象。其理想、内容、形象造型和审美形式，是为其宗教服务的。佛教图像学的研究还应该将不同地域的佛教美术内容、形象造型特征，按时代和地域作纵向、横向的比较，研究同时期不同地方，以及同一地域不同时期的衍变和发展。这就是笔者在本文中研究探讨成都南朝佛像与印度早期佛教美术流派关系的宗旨。

海内外学术界过去探索成都南朝佛教石刻的源流，严重缺乏可资比对的图像学方面的数据。大多数学者都认为其源流是来自溯江而上的建康（南京）佛像模式，而后者又是由海路从南印度经东南亚输入的笈多（5—6世纪前半期）新样式。综观其论证，都未能认识清楚公元2—6世纪印度佛教艺术各流派的造型特征和传播路线。有鉴于此，笔者在本文中拟将成都南朝佛教造像石刻与前期犍陀罗佛像石雕、后期犍陀罗艺术（即印度—阿富汗流派白灰膏塑像）、笈多秣菟罗和萨拉那特的佛教雕刻，从图像学角度出发，就其形制、图像结构、形象造型等方面进行比对研究，对它们之间的关系作出比较合理而又科学的结论。

关键词：图像学　成都南朝佛像　犍陀罗流派　秣菟罗流派　笈多时期流派

一、海内外关于成都南朝佛教石刻研究的综述

关于中国南北朝佛教美术史的研究，20世纪60年代以前，美国纽约大学美术研究所索珀教授（Prof. A. C. Soper）在其*South Chinese Influence on the Buddhist Art of the Six Dynasties Period*一文中提出，成都万佛寺中大通元年（529年）佛像的源流是犍陀罗笈多样式→南印度阿玛拉瓦提（Amarāvati）、锡兰→东南亚→建康（南朝都城）→成都[1]。

他例举了河内博物馆一尊出土于 Dong—duong（在今越南南部）的袒右肩的铜佛像来佐证[2]。但他又认为成都万佛寺某些佛像，如阿育王像，应该是从中亚传入（图一）。

1　　　　2

图一　佛像

1. 青铜佛像（河内博物馆藏，采自 *The Bulletin of the Museum of Far Eeastern Antiquitise*, No. 32（1960）, PL. 21）

2. 成都万佛寺梁中大通元年释迦立像（通高 158 厘米，采自《文物》2001 年第 10 期，第 21 页，图四）

最早研究成都万佛寺石刻的日本学者松原三郎认为，成都南朝佛教石刻造像有两个来源，一是要考虑到印度秣菟罗的佛像经东南亚传入萧梁（502—557 年），继又输送至成都[3]；一是成都自南齐（479 年）始，佛教造像受到北魏佛像模式的影响[4]。

近年来，多数日本学者认为，成都地区的南朝佛像造型主要是受建康佛教美术影响并从后者输入的，而建康的样式又是受同时期笈多秣菟罗佛像的影响，后者又是从南部印度经东南亚由海路输入建康的。最具代表性的是八木春生的观点，他认为，成都地区萧梁的佛像造型样式有特色，其与北朝的毫无关系，两者都是受到南京佛教美术的影响，而南京的又是从海路传入[5]。

韩国学者郑礼京在《过渡时期中国佛像的模仿及变形模式——以如来立像为中心》一文中提出，成都南朝佛像是对同时期南印度、东南亚佛像的模仿和变形，笈多盛期秣菟罗佛像是从南印度经东南亚传入南朝的，四川地区的有可能是从南京溯江而上传入，但从缅甸、云南传入的可能性更大[6]。

中国大陆学术界最早研究成都万佛寺佛教石刻的四川大学考古学家冯汉骥，在《成都万佛寺石刻造像》一文中指出：“万佛寺北周以前的造像，在作风上它是与长江下游的作品——特别是南京的栖霞，是一脉相通的，而更富潇洒秀丽。”[7]

其后，刘志远、刘廷壁编著的《成都万佛寺石刻艺术》，在第三部分《艺术价值》中评价万佛寺石刻造像“具有较深厚的地方特色，有些风格和手法与北方石刻接近，少数石刻造像具有印度人的形象特点，造像中未见有袒右肩、肩后披衣的形式。”[8]

近年来，成都市区西安路、商业街相继出土了窖藏的南朝佛教石刻。在中国大陆先后有五篇论文对新发现的南朝石刻和万佛寺石刻作了研究讨论（见下文，此处不赘）。其中有四篇文章着重强调成都南朝佛像是从南京溯长江水路输入的，而南京佛像模式是由海路输入的“印度笈多新样式”。例如李裕群《试论成都地区出土的南朝佛教石造像》一文，论述“成都南朝造像的渊源”的主要观点和论据是：

（1）其渊源主要应来自长江下游的佛教中心地区建康。齐永明造像属典型的秀骨清像样式，这是以顾恺之、陆探微为代表的晋宋以来的传统样式。齐永明元年（483年）和梁天监三年（504年）已显露出向丰壮造像样式变化的趋势；这就是以张僧繇为代表的“张家样式”。成都这两种风格的造像当来源于江南。

（2）成都地区第2期（李文中划为萧梁普通年间—西魏时期）流行“张家样”和“秣陀罗”两种造像样式，后种样式在江南地区不见实例，但仍来自江南地区[9]。

其论据之一是，宿白先生在《青州龙兴寺窖藏所出佛像的几个问题》中提出：萧梁武帝时期（502—549年），扶南、天竺沙门相继浮海东来，南朝寺刹的兴建达到鼎盛时期。佛像的供奉出现了重视天竺形制的迹象[10]。李先生推论，这一类天竺式佛像必然是螺发。由此可知，成都萧梁（502—557年）第2期的佛像十分流行螺发。论据之二是，南朝有螺发佛像现存最早的实例为浙江绍兴博物馆所藏永明六年（488年）的维卫佛，等等[11]。

上引诸文未弄清公元2—6世纪前半期，即贵霜秣菟罗后期（3—5世纪前期）、笈多秣菟罗、笈多萨拉那特盛期（5世纪后期—6世纪前期）印度佛教艺术各流派的模式及传播路线，也未从图像学角度诠释其与成都南朝佛像模式的关系，而且对文献的审读和考古实物的源流和纪年判析，其观点和论据都存在误区。例如除前文引李裕群的观点和论据，《成都市西安路南朝石刻造像清理简报》结尾认为，“四川的佛教石刻艺术，并不是如过去传统所说，仅是由西北传入的，自长江溯水而上也应是其主要传播路径之一”[12]；《成都市商业街南朝石刻造像》结尾认为，荆州僧侣“把当时建康佛教造像样式带到了益州”[13]，等等。概而言之，上引诸文中相同的观点为，成都南朝佛像的渊源是来自溯长江而上的建康佛像模式，后者又是由海路经东南亚传入建康的佛像头有螺髻的“天竺笈多新样式”。但是诸文中都未举证这种“新样式”的图像学资料，那又怎么能只凭借语焉不详的文献来证明成都南朝佛像模式是从建康传来的呢？因此，笔者在下文中从图像学角度出发，将成都南朝石刻佛像，就其形制、图像结构、形象造型等方面，与其时印度佛教造像艺术各流派的模式作比对研究，对它们之间的关系给予较合理而又科学的论证。

二、成都南朝造像石和前、后期犍陀罗、贵霜秣菟罗的形制比较

成都南朝造像石（参见本文附录），在石材上有两种，一为红砂石，一为青石质，这是在那时成都地区极易获得的造像石材。南齐时期（479—501 年），茂县的“永明元年”（483 年）“无量寿、当来弥勒成佛二世尊像”石刻就算是最大型的，高约 170、宽约 58、厚约 20 厘米；其余的为残高 15—60、宽 14—40、厚 15—20 厘米。萧梁时期（502—557 年），造像石的形制，高度一般在 25—60、宽 20—40、厚 6—20 厘米；只有成都万佛寺出土的 4 尊造像高度超过了 150 厘米。所有这些造像石一般都有莲瓣形的背屏。南朝成都民间盛行用石材造像的风气，几不见于江南。

成都的造像石，在南朝所辖的其他地区内，迄今几乎寻觅不到可以与之比对的石质、型材相似的实物；学者金申曾例举比它们年代更早，或有刘宋“元嘉”年号（424—453 年）、或有萧齐“永明”年号（483—493 年），萧梁年号（502—557 年）的佛像，鉴别它们基本都是属于赝品[14]；而保存南朝佛像最多的棲霞山，造像大多风化残毁，加之后世修复失当，也不能提供类似的作品。而据萧梁时期较为可靠的文献《出三藏记集》中所载，长江中下游及江南寺院中的佛像大都是为单体形制的金铜或银质、玉石造像，早已不存[15]。鉴于此，我们就应该从佛像原生地出土的考古实物中去寻觅成都造像石形制的源流。

在公元 1—3 世纪前期犍陀罗、贵霜秣菟罗地区，佛像多流行用片岩雕刻制作。其规模都不太大，长约 30—40、宽约 40—60 厘米。犍陀罗喜爱用色调较为沉闷的青灰色云母片岩，也有为黄褐色的；而后者偏好色调较为明快带有斑点的红砂或黄砂石。犍陀罗地区较为集中的雕刻制作地有：罗里央 · 唐盖（Loriyan. Tangai）、斯瓦特 · 布特卡拉（Swat. Butkara I）、塔克西拉 · 达磨拉吉卡（Taxila. Dharmarajika），这些地方还保存有规模相当大的寺院遗址，现世界各大博物馆所收藏的犍陀罗石刻基本上都是从其中发掘出来的。贵霜秣菟罗地区较为集中的制作地方有：阿喜制多罗（Ahicchatrā）、舍婆提（Srāvastī）、乔赏弥（Kausambi）、阿拉哈巴德（Allahabad），等等，形制多为顶部呈圆弧形的莲瓣状[16]。多在今印度东北部或略偏南的地方，即历史上所称谓的“中天竺”。这些地方都在印度东行传法和中土西行求法僧侣必得经过的传统路线上，并在葱岭（帕米尔）与传统丝绸之路的“南道”或“北道”接轨。

前期犍陀罗和贵霜秣菟罗片岩雕刻的形制和题材也是有区别的。前者有：①窣堵波（Stūpa）式，将片石正面凿成窣堵波形的龛，龛内造像或 2、或 3 层[17]。②枝叶形盝顶式，片岩正面凿成盝顶形的龛，龛顶是用菩提树或芒果树枝叶构成的[18]。③建筑形盝顶式，片石正面凿成盝顶形龛，龛顶为几字形建筑，龛两端各有一立柱，柱头或为爱奥尼亚式，或为哥林特式，后者片岩形制一般都是背屏式，背屏呈莲瓣形，剖面成 L 形[19]。前期犍陀罗的题材主要是表现佛本生和因缘故事，佛传故事的稍次。贵霜秣菟罗的题材主要是佛说法图。

成都现存最早为南齐时期的造像石（除本文附录列举的1—3外，还有成都文物考古研究所收藏的编号为90CST⑤∶2、90CST⑤∶3、90CST⑤∶4的造像石，这些三尊式造像石也应是制作于南齐时代），形制及表现的题材与秣菟罗的有相似之处；萧梁时期的仍沿袭，只是莲瓣形的背屏多略呈尖拱形。

此外，还有一个中国学者不太熟悉和认识的后期犍陀罗艺术流派，与公元1—3世纪流行用青灰色的云母片岩和绿泥石雕刻不同的是，在公元4世纪开始出现了用白灰膏（Stucco）、赤陶烧像取代石头雕像的新流派，盛行于塔克西拉（Taxila）和哈达（Hadda），前者一直是犍陀罗艺术的中心之一；后者在今阿富汗贾拉拉巴德（Jalalabad）东南约8公里，是后期犍陀罗艺术的另一中心，较流行赤陶烧像。在塔克西拉的达磨拉吉卡佛塔[20]、喀拉宛（Kālawān）寺院等地的塔壁或院墙上，装饰着大量佛陀、供养人等白灰膏塑像[21]，通常施以金、红、黑、青等浓烈的色彩。法国探险队曾在这些遗址发掘出了大量白灰膏塑像。由此，国外学术界便把公元4—5世纪后期犍陀罗灰泥阶段艺术（the Art of Stucco Phase）简称为“印度—阿富汗”流派。随着该流派的兴起，阿富汗的雕塑家也开始步塔克西拉同行的后尘，几乎只用白灰膏、黏土和赤陶了[22]。

成都南齐佛教造像石，其上半部形制，与白灰膏塑像的不太相似，但其妆彩、镀金的做法[23]，则与后者的颇多相似；特别是一佛二菩萨的三尊式图像结构、狮子座（Simhāsana），可在后者中寻觅到相似的“原型”。

三、成都南朝造像石和后期犍陀罗、前期贵霜秣菟罗图像结构比较

（一）成都南齐造像石图像结构的“原型”

成都南齐时期的造像石的图像结构与后期犍陀罗以及贵霜秣菟罗的都较为相似，兹分别举例说明。

塔克西拉的莫拉莫拉杜（Mohṛā Morādu）主佛塔南面的浮雕，堪称印度—阿富汗流派最精美的雕塑[24]。佛塔的这个侧面用细壁柱划分成8个开间，最引人注目的是从西端数第四个开间中的塑像。这组塑像（编号为No. 30、32），中央为一尊坐佛，左右各坐一尊菩萨，为典型的“三尊式”造像石。背景中在佛头的左右有两个“天”，顶上角落里还有两个人物坐在莲花上。中央佛坐在狮子座上，座左右端各有一呈正面的狮子，其手施说法印（sikshā-mudrā）。佛前面有四个很小的世俗信徒像，分布在一个钵的两侧，每边两个。所有浮雕外面都涂了一层细腻的石灰，而且有暗黄色、红色、黑色颜料的痕迹。这组图像，使我们对“印度—阿富汗”流派的最高境界会有一个很好的认识，很难再找到比它们构图更优美、做工更精湛的了（图二，No. 30、32因画面篇幅较大，笔者只取了“三尊”式“主画面”）[25]。

1　　2

图二　白灰膏塑像

1. No. 30　2. No. 32（均采自《塔克西拉》第三卷，第 152 页）

我们将成都南齐永明八年（490 年）、建武二年（495 年）造像石的图像结构（图三），也是“三尊式”造像石，与上述莫拉莫拉杜佛塔上的相比较，两者并无多大差异，但前者的构图要显得略微呆板、僵硬些，直到成都萧梁后期的菩萨姿态略呈“三屈式”（tribhanga），方才使画面显出优雅生动的气氛。

1　　2

图三　造像石

1. 成都西安南路齐永明八年造像石（H1∶1，残高 64 厘米，采自《文物》1998 年第 11 期，封二，彩插 1）
2. 成都商业街齐建武二年造像石（90 CST⑤∶6，残高 37. 4 厘米，采自《文物》2001 年第 10 期，第 12 页，图一六）

笔者下面再例举三例前期贵霜（1—3 世纪前半期）秣菟罗的造像石图像结构，我们也可将成都南齐造像石的与之比较，看看是否有相似或类似之处。

（1）坐佛，胁侍为金刚手（Vajrapāṇi）和莲花手（Padmapāṇi），表现狮子座上的转法轮崇拜（worship of dharmacakra），出土于阿喜制多罗，公元 1 世纪[26]。造像石形制为背屏式。长（高）66、宽 43 厘米。背屏上方有一对呈胡跪姿的飞天。佛呈全跏趺坐姿，上翻的足掌心雕刻一法轮（cakra）图案，其右手施无畏印，掌心刻一法轮，左手半握拳置于左腿上。两胁侍呈立姿，头上有末端略作鬈形的披发。佛的宝座为方形，立面上刻一对双手合十的供养人，左右各雕刻一呈蹲跪姿的狮子[27]（图四）。

（2）坐佛，胁侍为金刚手和莲花手，表现在狮子座上说法的佛陀，出土于秣菟罗的卡特拉（Kaṭrā），公元 1 世纪。该造像石的形制、图形结构与上举的（1）不脱臼范。略微不同的是，前者的左手伸直抚在左腿上，佛宝座立面上，中间刻一尊呈正面作蹲跪姿的狮子，左右两端各雕刻一尊呈侧面作蹲跪姿的狮子[28]（图五）。

图四　坐佛造像石

（加尔各答印度博物馆藏，采自 *Buddhist Art Mathurā School*，PL. 74）

图五　理想的佛/菩萨造像石

（秣菟罗政府博物馆藏，采自 *Buddhist Art Mathurā School*，PL. 65）

（3）施禅定印（in meditation mudra）的坐佛（头部缺佚），浅黄色砂石，出土于秣菟罗的朱木拿河（R. Jamuna）岸旁土石堆中，贵霜后期。该造像石虽无背屏，剖面仍作 L 型。佛像身着圆领通肩袈裟，衣纹褶襞作扇形“百褶式”（shutter effect in drapery），呈全跏趺坐姿，双手掌叠于腹部（右手在上）施定印。佛的宝座上铺有蒲草，宝座立面正中雕刻一呈趺坐姿的佛像和侍者，左右端各雕刻一尊呈正面作蹲跪姿的狮子[29]（图六）。类似的例子真是不胜枚举。

从现存的实物可以看出，多数图像结构为“三尊式”造像石的上半部分保存不太良好，但下半部宝座立面上左右一般雕刻有一对呈正面对称姿态的狮子。“印度—阿富汗”流派、前期贵霜秣菟罗造像石，其三尊式图形结构、主像的狮子座，基本都是相类似的；不相似的是，前者的主佛的发式均为波纹形，服饰或着袒右肩僧袍，或作圆领通肩大衣；后者主佛的发式为整齐排列的小圆圈（不作右旋），身着衣领呈 V 字形有皱褶的大衣。还有不同的就是，前者的图像结构中将后者的二胁侍金刚手、莲花手替换为二菩萨。

成都南齐的造像石图像结构除了主像（三尊式）的造型与上举四例不同外，其余的与之完全相似。与这种贵霜秣菟罗造像石图像结构相似的还有，例如：北魏太安元年（455 年）张永造石佛坐像（图七）、北魏太安三年（457 年）宋德兴造石佛坐像（图八）、北魏延兴二年（472 年）张伯和造石佛坐像（图九）。由此可以看出，成都南齐与北魏同时期的佛教造像碑石的图像结构，不仅仅与“印度—阿富汗”流派的“三尊式”造像相仿佛，而且其图像结构亦有可能模仿了前期贵霜秣菟罗造像石的图形结构。

图六　禅定佛造像石

（头部残，秣菟罗博物馆藏，采自 *Buddhist Art Mathurā School*，PL. 121）

图七　北魏太安元年张永造石佛坐像

（高 35.5 厘米，日本藤井有邻馆藏，采自《海外及港台藏历代佛像——珍品纪年图鉴》，图 003）

图八　北魏太安三年宋德兴造石佛坐像
（高41.5厘米，日本私人收藏，采自《海外及港台藏历代佛像——珍品纪年图鉴》，图006）

图九　北魏延兴二年张伯和造石佛坐像
（高33.5厘米，日本大和文华馆藏，采自《海外及港台藏历代佛像——珍品纪年图鉴》，图010）

而且南齐造像多为两面造像，“永明元年”（483年）、“永明八年”（490年），“建武二年”（495年）造像石都是这样。特别是“永明八年”（490年）“弥勒成佛像”石，正面为一趺坐的佛像，背面雕刻一尊在建筑物中的交脚弥勒菩萨（图一〇）。北魏

图一〇　成都西安路永明八年弥勒成佛石像背面浮雕及铭文拓片
（采自《文物》1998年第11期，第8页，图六）

也有类似图像结构的造像石，台北礼瀛艺术品公司收藏的一尊北魏佛坐像，砂岩，高79厘米。正面为呈趺坐姿、双手施禅定印的佛像，头部造型和衣饰特征与云冈第一期工程的佛像完全相似，背面为双手合十作交脚的弥勒菩萨[30]（图一一）。那就是在另一方面启示我们，成都南齐造像石的正、背面造像及题材在一定程度上与北魏的也有渊源关系。

1

2

图一一　北魏佛坐像

1. 佛坐像正面　2. 佛坐像背面交脚弥勒像

（高79厘米，台湾礼瀛艺术品公司藏，采自《海外及港台藏历代佛像——珍品纪年图鉴》，图007）

（二）成都萧梁造像石图像结构的“原型”

成都萧梁造像石（参见本文附录编号4—18）的图像结构形成可分为两个阶段性的变化。第一阶段从天监初至天监末（502—520年），造像石的群雕图像结构（Collective Portrait）由三尊式发展到五尊式，都是以主像为中心的对称式结构，形象排列成一排。贵霜秣菟罗的最多为三尊式，两者尚勉强相似。第二阶段从普通至中大同（520—548年）时期，除了释迦多宝佛、三佛、单尊造像石外，造像石群雕的图像结构由第一阶段末的五尊式发展到十一至十三尊式，形象的位置排列由直通式的单层发展为多层次排列，仍然是以主像为中心的对称式结构。而此时贵霜秣菟罗（2—4世纪）佛教艺术已经发展到鼎盛时期的笈多秣菟罗（5世纪前半期—6世纪）造型艺术。但是这一时期流行的却是单尊式佛像。所以，萧梁第二阶段的造像石群雕图像结构在前者中尚寻觅不到可资比对的实物。

图一二 佛陀从忉利天下降图

（大英博物馆藏，采自 *Origins of the Gandharan Style: a study of contributory influences*，PL. 108）

解决这个问题的答案仍然是要回到犍陀罗的片岩雕刻中去寻找。公元2—4世纪犍陀罗的佛教雕刻图像结构，讲究对称平衡和饱满。无论是佛传图，或是本生故事图，或是其他内容的雕刻，其构图都很重视平衡。在佛传故事图中，佛陀被表现呈站立或趺坐在中心，面向观者，信徒分列两侧，少数的只有两个，一边一个，但通常都是12个或更多一些。信徒被安置为一排或多排，一般都是微微转向佛陀，呈现3/4的面部；那些在前排的雕刻为全身像，居于其他层次或上方的基本上都是雕刻成胸像形式。这些形象的出现，就像是镜中反射的结构布局，呈对称排列在佛陀的左右边。在犍陀罗出土的一块"佛陀从忉利天下降图"片岩雕刻，便是这种结构模式的经典作品[31]（图一二）。类似的例子甚多，不赘。

成都萧梁第二阶段的造像石，其群雕图像结构与上文例举的"佛陀从忉利天下降图"相比较，其相似的程度是一目了然。不过，成都的与后者还略有不同。南齐时期造像石底座左右两端的狮子，其位置在本时期移到了中心佛像莲座的左右侧。由此可以看出，本时期的造像石图像结构是将贵霜秣菟罗（南齐时期采用的）与犍陀罗佛传故事图的图像结构给予了有机结合的表现[32]。

四、成都南朝佛像某些形象造型与后期犍陀罗、笈多流派模式的关系

（一）成都南齐佛像造型与后期犍陀罗"印度—阿富汗"流派模式的关系

印度—阿富汗流派的佛像，头有束发式的高肉髻，发式作横波纹形。佛像所着的服饰，袒右肩的其衣纹褶襞线条呈凸棱状，从左肩平行下滑至右腰部；而着圆领通肩式的其衣纹褶襞线条呈"百褶式"，即右边的衣纹为呈平行的圆弧线条，左边的为呈平行竖直下滑末端略作弧形的线条，也呈凸棱状。该流派第一种佛像的服饰形制在北魏中期的佛教造像上有所反映。太安至太和时期（455—499年）造像石上主像的头部造型和发式，大多数的为窝窝头和剃光式，衣饰均作袒右肩式，右肘半笼在衣襟中，衣领襟饰褶带纹。前文例举的台湾礼瀛艺术品公司收藏的佛坐像即为典型作品，属北魏平城造像风格。与之相似的还有云冈第7、8，9、10双窟（477—494年）中多数坐佛像的衣饰[33]。成都南齐的佛像头部造型和面相与台湾的那尊很相似，但服饰的个别特征却是源自后期犍陀罗菩萨像。

成都南齐的佛像，其头部造型虽与后期犍陀罗、贵霜秣菟罗的不相似，但可以在上述具有北魏平城风格的造像石上以及炳灵寺第169号窟北魏泥塑佛像上，寻觅到相

似的例子[34]（图一三）。南齐佛像服饰最特别的是，皆身着“绅带式”汉民族式服装，只是右衣襟垂下在腹部绕呈弧形甩搭在左小臂上，这恰恰是来自于犍陀罗的菩萨着衣样式。大英博物馆藏有一尊出自犍陀罗的石质弥勒菩萨像，其脸形较丰圆，深目高鼻，上唇有呈八字形的髭须；头顶的发束呈肉髻形，发式呈横波纹状；项后有一轮圆形头光，身着大衣露右肩，右大臂上佩“钏”，大衣褶襞呈密集平行的斜向线条从左边垂向右侧，右衣襟从右大臂上垂下在腹部绕呈弧形甩搭在左小臂上。这尊菩萨像是那时中亚的卡察扬（khalchayan，其地在今乌兹别克斯坦境内——笔者注）模式（图一四），属于印度—阿富汗艺术流派[35]。类似的菩萨像甚多[36]。但是后期犍陀罗、贵霜秣菟罗佛像及之后的笈多时期佛像，都没有表现这种特征的着衣样式。

图一三　炳灵寺第169号窟第7龛立佛像
（通高24厘米，采自《炳灵寺一六九窟》，彩图二九）

图一四　弥勒菩萨
（大英博物馆藏，采自《塔克西拉》第三卷，No. 142）

“河南道”上的炳灵寺第169号窟中，第6号龛（图一五）有西秦“建弘元年”（420年）造像题记，该龛中的主像为呈跏趺坐姿的“无量寿佛”。第7、9号龛中的立佛为北魏的造像[37]，但该窟中没有这种模式的佛或菩萨像。云冈第二期（477—494年）的第6、13号窟中很晚才有这种右衣襟甩搭在左手腕上的佛像造型出现。而与之同时期的金铜，或是造像石上的佛、菩萨像，没有这种模式，景明元年（500年）以后才开始出现了这种形制的佛像[38]。莫高窟则要晚到第四期（约当西魏）始出现类似的佛像[39]。麦积山石窟中的泥塑佛像，只有第115号窟中有“景明三年”（502年）的题刻，该窟中的佛像右衣襟皆不甩搭在左小臂上；反倒是北魏第114、138号窟中有与成都茂县永明元年（483年）造型相似的佛像，但前者制作的时代肯定晚于后者[40]。由此可以证实，成都南齐的佛像是南朝最早接收了这种犍陀罗菩萨像服饰特征的，其后萧梁的佛像也依旧承袭了这一风格。

但最为重要的是，在“印度—阿富汗”流派的白灰膏浮雕中，我们终于寻觅到了成都南齐造像石上“裳悬座”的原型。前文曾例举塔克西拉的莫拉莫拉杜佛塔上的一组塑像（参见图二，2），主佛身着圆领通肩袈裟（其衣领作多层皱褶），衣纹为凸棱线条的扇形“百褶式”；袈裟的下裾垂搭在宝座的立面上呈舌瓣式，其余的也垂搭在宝座上。与这组（No. 30）塑像图形结构相似的还有在同一塔上的（a = no. 33、b = no. 34）两组。另有一组塑像是，主佛着圆领有多层皱褶的通肩的袈裟，呈跏趺坐姿，双手施转法轮式的说法印；袈裟的下裾垂搭在其狮子座的立面上[41]（图一六）。

图一五　炳灵寺第169号窟第6龛坐佛像
（通高155厘米，采自《炳灵寺一六九窟》，彩图一八）

图一六　白灰膏塑像
（采自《塔克西拉》第三卷，第97页）

以上四例图像中主佛袈裟下裾垂搭在狮子座上的样式，就应该是成都南齐造像石上“裳悬座”的“原型”。而四例中垂搭在座前的衣纹褶襞尤其值得注意，其比希腊化的衣纹更刻板、更模式化，但在处理衣褶时，用的技法跟希腊化风格一样，即用雕塑的技巧把衣褶表现呈具有立体效果的质感。而成都南齐的在表现“裳悬”的衣褶时，除了运用雕刻的技法外，还辅以中国传统绘画表现衣褶的技法，即将皱褶部分折叠压缩呈平板式，也就是我们常见到的衣褶的末端被表现为横或竖连续的“∽”、“S”形线条。

由于在公元4世纪，与“印度—阿富汗”流派同时期的后期贵霜（post—Kuṣāṇa）秣菟罗，以及早期笈多（early Gupta）的雕像中，均未有如前者那样有呈“裳悬”式的佛座，因此，茂县南齐永明元年（483年）造像石“裳悬座”的源流，在学术界未能得到较为正确的诠释。

日本学者吉村怜认为，“南齐永明元年（483年）铭无量寿佛，是此佛像的最古的例子（其实应该是作趺坐姿的‘当来弥勒佛’像——笔者注），而把这种裳悬座与同是永明年间（489年）雕造的南京棲霞山大佛比较着看”，“茂县位于四川省西北部的边境上，而在中央，这种表现形式一定在此前即已产生了”。[42]按吉村怜的观点，“裳悬座”的产生是在建康，茂县的虽然时间更早，但地处边远，这有图像学的材料佐证吗？其实，棲霞寺是南齐永明七年（489年）明僧绍舍宅建的寺院，大佛又是在僧绍死后，由其子仲璋和法度发愿凿造的[43]，年代则远更晚于茂县“当来弥勒”佛像。

图一七　荣启期图砖画

（公元5世纪前后，采自《文物参考资料》1960年第8—9期，图版壹）

吉村怜又认为，“绅带式佛衣也好，裳悬座也好，原由南朝设计出而影响北魏，这想法比较自然。”“而作为台座完成裳悬座的产生，当在龙门石窟490年。总之，在北魏，先出现绅带式，裳悬座的出现，如前文所述，当在东晋、宋初。”他在“前文所述”的根据是，“在南京西善桥出土的砖画中可以看到的荣启期图与阮咸图[44]。表现的都是坐在树下弹奏琴或琵琶的贤者，穿着宽松舒适的上衣，胸口内衣前有带结，带结两端下垂。下面的阮咸图可以补上很难看到的足腰部分。再根据荣启期图，如果把长发之头换成佛头，使之在台座上结跏趺坐，把挂于足旁的裳裾改成裳悬座。那样，这个肖像便忽如变身为龙门式佛像。总之这种佛像服制，是得到了圣贤图等启示的。”[45]（图一七）

从上引吉村怜的论述中，我们不难看出，“绅带式佛衣”的原型在“西善桥砖印模画”中尚勉强有迹可寻，而“裳悬座”的产生则是出于他对“荣启期图”的丰富想象力所致。过去，出土“西善桥砖印模画”墓室的年代，曾暂且被断为东晋时期[46]，后来被重新断定公元5世纪后期[47]。这样一来，吉村怜从未受到过质疑的“裳悬座”产生于“东晋宋初”的论证便成为了“砂器”。

其实，在中土十六国时代（304—439年）的金铜佛坐像上就已表现了“裳悬座”的雏形。美国哈佛大学福格美术馆所藏的该时期的一尊金铜佛像，据传出自于河北石家庄。佛像头有高肉髻，前额有凸状的白毫相（ūrnā），杏眼，上唇有八字形短髭。佛结跏趺坐，手施禅定印，其身着通肩大衣，下裾自然下垂在狮子座的正面，肩臂上冒出牛角状的火焰纹，被称为“燃肩佛”（图一八）[48]。这尊佛像明显表现了犍陀罗佛像的造型模式。

而进一步中土化的“裳悬座”造型就已出现在莫高窟中。莫高窟第259窟北壁的泥塑佛像，时代为北魏（5世纪）。佛头梳高髻，后侧长发及肩，顶发梳拢成波纹形式；身着圆领有多层皱褶的通肩式袈裟，衣纹是用细线刻出的V字形和U字形褶襞。其身着的大衣在宝座的正面垂悬呈三舌瓣式。佛像的整体造型明显表现出印度—阿富汗白灰膏塑像模式的风格（图一九）。以上两尊佛像的“裳悬座”都比成都南齐佛像石上的时代要早得多。但是，十六国佛像的衣饰为犍陀罗佛像的服饰，而莫高窟的佛像衣饰为笈多初期（或贵霜—笈多阶段）秣菟罗佛像的服饰，成都南齐的却又与之完全不相似。

图一八　金铜燃肩佛坐像

（十六国时期，高32.9厘米，哈佛大学美术馆藏，采自《海外及港台藏历代佛像——珍品纪年图鉴》，图375）

图一九　北魏莫高窟第259窟北壁泥塑佛

（高92厘米，采自《中国石窟·敦煌莫高窟》（一），图版25）

归根结底，茂县永明元年（483年）造像石上的“裳悬座”的原型毋庸置疑是出自公元4—5世纪“印度—阿富汗”流派的白灰膏浮雕，图像学的资料是最有力的证明；而造像石上“当来弥勒佛”像的“绅带式佛衣”、“裳悬座”双结合样式则是南朝唯一有最早纪年的“标型”（图二〇、图二一）；其后成都永明八年（490年）、建武二年（495年）同样模式佛像的相继出现，则证实这种“双结合样式”首先在成都地区形成了程序式（Stylized）的雕刻制作（参见图三）。

（二）成都萧梁佛像造型与笈多秣菟罗佛像模式关系

成都萧梁第一阶段的佛像造型，其头部造型为笈多秣菟罗式（头有作右旋螺纹发式），身着汉民族式的服饰（即“绅带式”，或称作褒衣博带），右衣襟绕呈弧形甩搭在左手腕上，又保留了犍陀罗菩萨所着服饰的部分特征（图二二、图二三）。萧梁第二

图二〇　齐永明元年造像石上的
当来弥勒佛像
（高约 170 厘米，采自《成都万佛寺石刻艺术》，附图 1）

图二一　齐永明元年造像石上的
当来弥勒佛像线描图
（采自《文物》1992 年第 2 期，第 68 页）

阶段的佛像造型，除了有些仍着汉民族式的服饰外，有的开始着日本学者称谓“西化”了的服饰。这种“西化”服饰的原型就是笈多秣菟罗最流行的样式，即都是身着圆领通肩式的薄衣，衣领为大圆弧形，有多道皱褶，衣纹褶襞为呈一道道平行呈 V 字形和 U 字形相平滑连接的阶梯状线条，形象四肢和躯干逐渐变得修长，比例匀称（参见图一，2）。

为了使我们更能根据形象直观认识成都萧梁佛像模式与笈多秣菟罗佛教造像的关系，笔者此处例举一组 4 尊出土于秣菟罗的单体式主佛像，其制作的材料都是红砂石，时代为公元 5 世纪前半期（400—450 年），保存现状相当完整，有的还铭刻有发愿文和工匠的名字。兹述议于下：

（1）秣菟罗博物馆藏佛陀立像（M. M. No. A5），佛像右手掌缺，据手掌的位置，原应是施无畏印势。佛像精致透明的衣饰看起来就似薄薄的轻纱织物，表面平行间隔有距的 V 字形、U 字形细棱线条衣纹，产生似轻风拂过水面荡起涟漪的效果；头发似螺纹右旋的贝螺（佛陀 32 相之一的“螺发右旋”）一圈圈地排列得优雅整齐有序，大耳长垂，双眼形状就像半开的莲蕾，双嘴角似浮起一丝微笑，鼻梁悬挺，下唇厚凸，颈部有 3 道项线（为佛陀 32 相之一的“颈部三折”）。佛陀头后项光为一轮硕大的装饰华丽的圆形浅浮雕，这轮装饰豪华精美的项光与佛陀面部安详宁静的表情辉相映照，

图二二 成都商业街梁天监十年释迦造像石（90CST⑤:8，通高 59.2 厘米，采自《文物》2001 年第 10 期，第 12 页，图一七）

图二三 成都万佛寺梁普通四年释迦造像石（通高 37 厘米，采自《文物》2001 年第 10 期，第 23 页，图一〇）

并折射出其冥思沉想、内省证悟的崇高精神境界（图二四）。佛像底座上的两行铭文表述了雕刻供养的目的，那就是要得到“无上菩提”（the attainment of supreme knowledge），文为“比丘耶沙丁纳（Yāsadinna）虔心供养佛，佛祐无处不在，为父母亲，众师、众师长，一切众生，获无上菩提供养。”[49]

（2）新德里国家博物馆原馆藏的与上例同样相似的立佛像，出土于秣菟罗，现在总统府（exhibited in the Rashtrapati Bhawan）；时代为公元 5 世纪，红砂石。佛像与上例一样也是缺右手，原来亦应是施无畏印势；左臂同样下垂以左手握住袈裟下裾边缘的部分皱褶。不过，从背光盛开的莲花凸出部开始，植物带、呈波浪形的华丽忍冬卷草、编织的花环、联珠纹，直至最后装饰扇贝的边缘，还是与上例有稍许的不同之处。那就是（2）例佛像项光上的卷草饰替换了（1）例佛陀项光上的花圈或联珠纹带图案。底座上没有铭文[50]（图二五）。

（3）加尔各答印度博物馆馆藏的立佛像（M.13），红砂石，时代为公元 5 世纪。这尊佛像的造型与上述两例完全相似，也具有同样的雕刻艺术风格，项光完全缺失，右手手掌从腕处断裂不存，左手与握住的袈裟下裾边缘部分皱褶有缺损。这尊佛像的高度和身材与上述第一例极其相等，似乎出自同一位雕刻工匠；只是前者上身的 V 字形和下身 U 字形衣纹是依身体中心线平行间隔排列的，而后者上半身 V 字形衣纹偏向于身体右侧，下身的是依中心线排列的[51]（图二六）。

图二四　著名的佛陀立像
（公元5世纪前期，高220厘米，秣菟罗政府博物馆藏，采自 *Buddhist Art Mathurā School*，PL. 128）

图二五　著名的佛陀立像
（公元5世纪，高183厘米，新德里总统府藏，采自 *Buddhist Art Mathurā School*，PL. 129）

（4）秣菟罗博物馆馆藏的立佛像（M. M. No. 76. 25）出土于戈文德那伽（Govindnagar），红砂石，公元434—435年，为本组的第4例雕像。这尊新近方才出土的雕像也是华丽精美的杰作，它具有与先前所见到的那些佛像同样娴熟精湛的雕刻艺术风格。该佛像的身躯形体和造型与第1例佛像，极为相似，不脱臼范，特别是衣饰上呈V字形和U字形的细线条衣褶（图二七）。在底座上保存的多行铭文却有着不同寻常的重要意义。它记载了按笈多纪年中的“115年”，恰好与公元434—435年相符合，其时笈多佛教雕刻艺术已达极致，而这件雕像就是其辉煌灿烂时期的真正代表作品之一。铭文还有一点值得注意的是，最后两行的梵文读作：Ghatiṭā Dinnena，毋庸置疑，是雕刻家丁纳（Dinna）的名字。根据这件底座上的新发现，我们完全可以确定：正是铭刻在这两件秣菟罗佛像底座上的Yasadinna耶沙丁纳，方才使得这位杰出雕刻家的名字得以传播[52]。

除此以外，笔者再例举述议一件笈多时代的佛陀头像，观其形象造型，我们也可以从中对其整体艺术风格管中窥豹。这件佛陀头部出土于秣菟罗的昌姆达（Chamundā），红砂石，时代为公元5世纪，是印度佛教雕刻艺术在笈多秣菟罗时期如百花盛开阶段的极稀有的代表作品之一。从审美的观点来看，它是一件甚为精致的雕塑品，有着排列整齐的螺发，长方形的大耳，略微厚凸的眼睑下莲瓣形半睁的双眼透露出安详宁静和冥思苦想的神情[53]（图二八）。

图二六　佛陀立像

（公元5世纪，加尔各答印度博物馆藏，采自 *Buddhist Art Mathurā School*，PL. 130）

图二七　佛陀立像

（公元5世纪，铭刻有雕刻者丁纳，秣菟罗政府博物馆藏，采自 *Buddhist Art Mathurā School*，PL. 133）

这样经过两百年左右造型艺术的经验积累，笈多的佛像雕刻艺术完成了将犍陀罗佛像模式的印度化，完成了贵霜时代希腊式佛像向笈多印度式佛像的过渡，并沿着中亚丝绸之路传入西域各国及中土[54]。这种模式的佛像在公元5世纪后半期传入中土西北的石窟中。例如敦煌莫高窟北魏时期的第248、254、259、263号窟中的佛像[55]；炳灵寺第169号窟中第7、9、21号龛中的佛像[56]；云冈第18窟东壁立佛、第19窟南壁西侧立佛[57]。成都的则晚到了公元504—511年（萧梁天监三至十一年）。而长江下游建康的较成都的略晚。例如成都商业街出土的天监十年（511年）铭文有螺发的佛像（参见图二二）；《成都万佛寺石刻艺术》图版40、图版41、图版42、图版43的佛头

图二八 精美的佛陀头像

（公元5世纪，秣菟罗政府博物馆藏，采自 *Palast der Gotter* 1500 *Jahre kunst aus Indien*，PL. 44）

像，螺发排列得整齐有序，直至鬓角下，大耳呈长方形，优雅的造型完全可以与秣菟罗·昌姆达（Chamundā）的佛像头媲美；而《艺术》图版8（梁中大通元年（529年））、图版11的佛像，虽然无首（图版8的不是原作），但轻薄贴体的衣饰，稠叠流畅的衣纹线条，有多层皱褶的大圆弧形衣领，左右手腕上垂下的衣饰被雕刻成有长长深沟形皱褶，显然是在对笈多秣菟罗雕刻艺术风格充分理解的基础上，继承了其技艺的精髓。而建康（南京）的之所以略晚，乃是在梁天监十二年（513年），僧祐才奉敕改新昌石城山弥勒大佛的发式为螺髻，“至十五年春竟”[58]。这就说明，建康的佛像原来没有螺髻！

此处，笔者还要说明的是，成都萧梁造像石，如有纪年铭的成都万佛寺的萧梁普通四年（523年）造像石、四川大学博物馆所藏萧梁中大通四年（532年）造像石、太清三年（549年）造像石（无纪年铭的不赘），其背面靠近左右端下方各有一个形象，肌肉强健，头披下端略鬈起的长发，手持金刚杵（Vajra），应是由前期秣菟罗（公元1—3世纪受到犍陀罗模式影响的）造像石上佛陀的胁侍之一，即金刚手（Vajrapāṇi）衍变而来，其原型出自大夏大月支（塞种人Scythes）人种的武士，在云冈第6号窟中心柱上、12号窟中特多（图二九—图三一）。

所以，海内外学术界多数学者关于成都南朝佛教造像模式是受所谓溯江而上的建康佛教美术的影响，这种观点，就图像学而论存在误区。多数学者的观点都认为：中印度，即中天竺佛像的新样式是经东南亚传到南朝都城建康，再溯江而上输入成都。其实他们并没有真正认识到这种新样式，就是那时流行于南亚、东南亚的另一种印度笈多佛像模式，即著名的萨拉那特（Sārnāth）模式。

（三）成都萧梁佛像与笈多萨拉那特佛像模式关系

印度笈多时代佛像雕刻的另一种新样式是萨拉那特样式。萨拉那特，位于恒河中游比哈尔邦贝拿勒斯（Benāres，今瓦纳腊西Varanasi）附近，即佛经中所说的鹿野苑（Mṛgadāva）初转法轮，度憍陈如五个弟子处。笈多时代，萨拉那特佛像样式的著名代表作是在此处出土的浅灰色楚那尔（Chunar）砂石雕刻的“鹿野苑说法”的佛陀。佛

图二九　梁中大通四年金刚手像

（四川大学博物馆藏，采自《文物》2001 年第 10 期，第 42 页，图五）

图三〇　北魏太和年间金刚手像

（云冈石窟 12 号窟前室东壁中层，作者 2005 年 8 月拍摄）

图三一　身着印度—斯基泰（Indo-Scythian）服饰的大夏武士

（多伦多皇家安大略博物馆藏，采自 *Origins of the Gandharan Style*：*a study of contributory influences*，PL. 74）

陀身披的圆领通肩袈裟，薄于轻纱，薄于蝉翼，薄到难以形容的程度，若有若无，若隐若现，简直像玻璃般完全透明。把本来毫不透明的浅灰砂石，雕刻得如此晶莹明澈，轻虚空灵，显露裸体的全透明无褶襞的衣饰，充分表达了印度理想化的人体美，与秣菟罗佛像衣饰上呈 U 字形、V 字形凸起的棱线条相比较，这种显露裸体的全透明无衣纹的袈裟，是萨拉那特样式佛像最独特的美点、最典型的特征（图三二）。其他著名的代表作品还有在秣菟罗出土的立佛。萨拉那特出土的立佛以及观音像，最大的特点就是身着无衣纹的“湿衣”[59]。所以，笔者以下例举数尊出土于秣菟罗和萨拉那特的佛、菩萨像的代表作品，时代为公元4世纪初至5世纪，通过论述其造型特征和服饰，使我们进一步认识贵霜秣菟罗模式如何演变到笈多初期，直至笈多萨拉那特流派的形成。从而也使我们认识和理顺成都萧梁佛像、南朝以及北齐佛像造型模式与这个流派的关系。

（1）有梵文纪年“230年”（308年）铭的立佛像，浅黄色砂石，由Jayabhaṭṭa捐赠供养于耶刹毗诃罗石窟（Yasā vihāra）中，19世纪期间出土于秣菟罗卡特拉（Kaṭrā）的一次考古发掘。佛像鬈曲的螺发延伸至耳垂，右手外伸于身体右侧施无畏印；身着有大圆弧衣领的袍服（Sanghāṭī），衣领有多道皱褶并翻搭在双肩上，袍服紧裹，显露出佛陀修长匀称、光滑纯净的身体，在几乎透明的薄衣表面稀疏地刻画出一道道呈平行波动的U字形细棱线条衣纹；僧衣的右衣襟从右手腕上下垂，绕成U字形缠搭在左小臂上并握在左手中，皱褶呈密集平行垂直的线条，外端绕成连续垂下的S形线条，增加了动感。其头后有一轮以双眉间白毫为中心的硕大项光，装饰豪华；内层为有矛尖的车轮辐条，次内层为编织的花圈，次外层为联珠纹带，外层边缘为均匀排列的扇贝（图三三）。

图三二　萨拉那特鹿野苑佛陀说法造像石
（高161厘米，萨拉那特考古博物馆藏，作者1998年7月拍摄）

图三三　佛陀立像
（公元308年，贵霜王朝纪年元年为公元78年，佛像铭刻纪年230年+78年=公元308年，勒克瑙政府博物馆藏，采自 *Buddhist Art Mathurā School*，PL. 125）

这尊雕像是贵霜秣菟罗后期向笈多初期过渡的一个典型作品，它表现的特征为，形象身材颇有些偏粗短，从左手垂下的大“乙”字形衣饰皱褶是贵霜后期的一个基本图案，而在笈多时代，是从腰部下垂至脚边呈两条平行的深沟形褶襞线条；脸上没有笈多时期的那种精典型安详表情，比较笈多时期佛像的面容，紧张的神态很少有使观者产生联想的余地[60]。

（2）秣菟罗·戈文德那伽新出土的一尊佛像（M. M. No. 76. 26），浅黄砂石，时代为公元4世纪，是具有贵霜—笈多时期典型特征的标本。佛像呈立姿，手略伸向身体右侧外，右小臂呈水平位置举起，蹼形的手掌呈正面立起施无畏印势，鬈曲的螺发延伸至耳垂，身着有多层皱褶大圆弧形衣领的服饰。佛像的服饰，相对于其他出土于秣菟罗这一时期的，是没有任何褶襞线条（图三四）。这种袍服的模式已经是同时代在萨拉那特兴起的艺术流派的一个标志性样本，石材也不是通常秣菟罗雕像所采用的红砂石品种。由于这些特征，印度学者 R. C. SHARMA 教授把这尊处于后贵霜（4—5世纪前半期），或早期笈多（5世纪前半期）时期的佛像归属于更准确的贵霜—笈多阶段[61]。

（3）秣菟罗·戈文德那伽出土的一具无头佛像身躯（原文为 Buddha torso），红砂石，年代为公元5世纪后半期笈多时期，其引人注目的就是衣饰为没有平行的U字形皱褶线条与“湿衣裸体”透明相结合，只有呈多层皱褶的大圆弧形衣领、束于腰部垂有二绦的布带，以及从缠在左臂上下垂有褶襞线条的衣饰，才能令观者感受到这具表面轮廓和线条凸显的身躯是着了衣饰的（图三五）。它与上文述论的（2）佛像出土于秣菟罗同一遗址，时代已是笈多初期（公元5世纪后半期），相与比较，服饰也是完全没有皱褶线条（foldless drapery）。这些雕像的发现建立了已经形成的贵霜后期秣菟罗流派和在笈多初期阶段萌芽的萨拉那特流派之间的联系[62]。

以下笔者再例举进入笈多兴盛时期，在萨拉那特雕刻的佛、菩萨像，根据其造型特征，就可以了解认识其与贵霜后期秣菟罗—笈多阶段形象造型的区别。

（1）萨拉那特出土的佛陀像，浅黄色砂石，年代为公元464—485年（笈多初期）。佛像呈立姿，右臂靠近身体右侧曲肘上举，右掌齐于右肩胛处呈正面施无畏印势；其头额以上部分呈覆钵似的窣堵波形状，整个头部略呈卵圆状，鬈曲的螺发延伸至耳垂；双眉呈倒八字形，眉尾斜挑至鬓角处，上眼睑略外凸下垂不再露睛，双唇宽于鼻翼，下唇厚凸，颈有3道圆弧形项线。佛像身着只有一道圆弧形皱褶衣领的服饰，浑身上下没有任何褶襞线条，完全凸现出宽肩细腰匀称的身材以及颀长线条优雅的双腿。佛像头后有一硕大的圆形光轮，装饰图案分为4层：内层为联珠纹带，次内层为浅浮雕的忍冬纹，次外层为联珠纹带，最外层背光边缘均匀排列一圈扇贝。这尊佛像的衣领口开得比贵霜—笈多阶段佛像的要小得多，僧衣简直像玻璃般的完全透明；施无畏印的右手举于略齐右肩胛处，不似贵霜—笈多时期以及笈多秣菟罗的那样，过分外伸于身体右侧（图三六）[63]。

（2）萨拉那特出土的观音像，浅黄色砂石，年代为公元5世纪[64]。观音呈立姿，双足和其下面的莲座已不存，有上部已缺损的莲瓣形背屏；其面部呈卵圆状，上身几

图三四　施无畏印的立佛
（公元 4—5 世纪前期，秣菟罗博物馆藏，采自 *Buddhist Art Mathurā School*，PL. 126）

图三五　佛陀躯干
（印度考古博物馆藏，采自 *Buddhist Art Mathurā School*，PL. 138）

乎完全“袒裸”，左右大臂上装饰缠成圈形的植物藤，腰部缠有遮住下体的布带，双腿之间有那么几道稀疏的圆弧形细线条衣纹，以及左腿露出的呈平行密集垂下的衣饰褶襞线条，才使人感觉到观音菩萨所着的衣饰是轻薄透明的纱裙；其右臂下伸的手已损毁，左手优雅地轻握住一柄莲花（？原来应该如此）（图三七）。其实，在古印度观音菩萨的造型就是以贵霜秣菟罗初期佛陀的胁侍之一的莲花手（Padmapāṇi）为原型演变而来的，称作莲花手菩萨[65]。我们可以看出，菩萨不完全呈直立姿态，臀部略偏向于右侧，身体重心落在左腿上，虽然其性别是男性，但却明显受到了比之时代更早的药叉女（Yakṣa）“三屈式”（tribhanga）姿势的影响，以至在公元 6 世纪萨拉那特也出现了这种姿势造型的佛像[66]；其服饰也是完全移植于同时代的佛像，为了与后者相区别，腰间大都缠上绕过腿部的布带[67]。

萨拉那特在地理位置上更靠近印度东南部，其佛像模式，与地靠中部偏东北的秣菟罗佛像模式，共同形成了印度笈多时期佛像造型艺术的两大流派，其传播和影响的范围各不相同。笈多秣菟罗式佛像的传播、影响，除印度本土外，还更加扩大到中亚至中土，后者即接收了其“薄衣贴体”的“湿衣佛像”模式；而南亚与东南亚诸国更多地是受到“衣饰透明”、全无衣纹褶襞的萨拉那特的“裸体佛像”模式影响。例如：公元 6 世纪左右锡兰的阿奴罗陀补罗（Anuradhapura）的白云石雕刻佛陀趺坐像，高约

图三六　佛陀立像

（公元5世纪，通高127厘米，加尔各答印度博物馆藏，采自 *Buddhist Art Mathurā School*，PL. 45）

图三七　观音立像

（公元5世纪，通高113厘米，加尔各答印度博物馆藏，采自 *Buddhist Art Mathurā School*，PL. 47）

200厘米，手作禅定印，薄衣透体几乎无任何衣褶，透明显露裸体，完全属于典型的萨拉那特样式。缅甸、老挝、柬埔寨、占婆（Champa，为今越南南方）地区，也曾出土很多公元7—8世纪模仿萨拉那特样式的砂石或青铜佛像[68]。那么，像这种"轻纱透体"的萨拉那特式的"裸体佛像"，大陆某些学者都异口同声在其文章中说是从印度由东南亚传入萧梁并影响了成都的南朝佛教造像。试问，南朝都城建康以及长江中下游地区有过这种模式的佛、菩萨像吗？现存的成都萧梁佛像有这种造型模式吗？

更有甚者，近年来山东青州龙兴寺遗址发现了一批窖藏的北朝石刻佛像。关于其模式和源流，有的学者在其文中认为："天竺式的佛像和螺发样式，近年来在山东青州、诸城等地出土的石刻造像中都有发现，且大多为螺发。由现存实物可知，这种样式主要是在南朝影响产生的（下略）。"[69]但是其文中并未例举所谓从海路传入南朝有螺发样式的天竺式佛像在图像学方面的资料。这怎么能让读者首先从视觉化（Visualization）角度来理解山东青州石刻佛像造型是受到南朝佛像模式影响产生的呢？因此我

1　　　　　　　　2

图三八　青州龙兴寺北齐佛立像

1. 石灰石质贴金，高 113 厘米　2. 石灰石质贴金彩绘，高 128 厘米（采自《青州龙兴寺佛教造像艺术》，图 64、65）

们就应该探究青州北齐有螺发的天竺式佛像造型模式的源流。由此给我们反馈的信息是，南朝影响青州北齐佛像造型的原型是这样的吗？

青州龙兴寺遗址出土的有些北齐佛像，其造型典型特征为身着无皱褶衣纹的“湿衣佛像”，即“裸体佛像”（图三八），即使个别佛像有衣纹，也是以几根稀疏阴刻的线条作象征性表示，而且其衣领的领口都开得很小，完全不是笈多秣菟罗那种有多层皱褶的大圆弧衣领。这些只要跟本文前面例举的笈多萨拉那特出土的佛像、观音像造型模式和所着的服饰作比对，则是非常清楚的了！这正是地理位置决定了其受到由海路，根本不是某些学者凭想象虚拟的从南朝传入的笈多萨拉那特佛像模式的深刻影响所致[70]。

笔者还要指出的是，在南北朝后期，萨拉那特这种无皱褶衣纹的“湿衣佛像”，与同时期秣菟罗衣饰贴体却衣纹稠叠的佛像相比较，反而不如后者那样流行。究其原因，就是金维诺教授所精辟点明的：“在中原地区并未形成为塑造的主流。”[71]实际上，“曹衣出水”这种佛像的原型，即萨拉那特佛像，在其原生地，境遇也不是十分美妙。夏尔玛教授就评论说：“这些稀有的雕像的发现（即笔者在前文中所例举的图三四—图三七佛、观音像），有可能意味着：萨拉那特无皱褶衣饰（foldless drapery）的风格是源于公元 4 世纪后期的秣菟罗流派。然而，这种风行一时的样式，却在秣菟罗并不流行。因为，秣菟罗地区的人们早就已经习惯欣赏身着有优美褶襞僧袍（sanghāṭī）的神像了。”[72]

关于古印度秣菟罗地区的人们为什么不喜爱供养萨拉那特无皱褶衣纹的“裸体佛像”，夏尔玛没有进一步论述原因。但是，北齐青州龙兴寺那种有“曹衣出水”美誉的“湿衣佛像”，在周武帝建德六年（577 年）灭掉北齐后，便迅即消失了。原因之一固然与周武帝在北齐境内推行灭佛毁像的政策有关。不过，武帝翌年（578 年）驾崩后，北周又旋即恢复了佛教。随之而起的佛像却表现出北周特有的粗壮、粗硕、粗肥、粗圆的造型风格。原因之二就是，萨拉那特这种连男性脐眼都要逼真雕刻出来的“湿衣佛像”，有可能不太符合中土儒家伦理的审美观念吧！

五、“溯江而上”论者引证文献、实物图像的误区辨析

本文在前文综述中指出，有四篇文章强调成都南朝佛像是从建康（南京）溯长江水路输入的，而南京的又是从海路输入的笈多新样式。这些“新样式”笔者在上文中据图像学方面的资料作了论述。但笔者还是要特别指明“溯江而上”论者对文献解读和考古实物引证的误区。

《四川省博物馆藏万佛寺石刻造像整理简报》的结论认为，“万佛寺石刻造像与长江中下游地区的早期造像有着密切的关系，如‘阿育王像，其粉本也疑来自湖南，经建康而传入成都’，在扬州长干寺、荆州长沙寺均有早期阿育王像出现就是佐证。因此，有的学者明确指出：‘益州造像样式应渊源于建康’。”[73] 前引李裕群的文中也说，“成都造像中共有三件形制完全相同的阿育王像，其粉本也疑来自扶南，经建康而传入成都”，“阿育王像的最初流行也在长江中下游地区，如杨都长干寺，荆州长沙寺均有之，所以阿育王像的来源亦应与建康有关”[74]（带点字笔者加）。

关于成都南朝时期出现的阿育王像，笔者提供与上引文中采用的相同文献供读者参考。据《高僧传》卷五《释昙翼传》中载：荆州长沙寺原无阿育王像。晋太元十九年（394 年）甲午，“忽有一像现于城北，光相冲天”，“翼乃往祇礼，谓众曰，当是阿育王像降我长沙寺焉”，遂“迎还本寺，道俗奔赴，车马轰填。后罽宾禅师僧伽难陀，从蜀下入寺，见像光上有梵字，便曰：是阿育王像，何时来此？时人闻者，方知翼之不谬。”[75] 要知昙翼早年曾“经游蜀郡，刺史毛璩深重之，为设中食，躬自瞻奉”。其后，“翼遂杖锡南征，缔构寺宇，即长沙寺也。”“翼常叹（息），寺立僧足，而形象尚少。阿育王所造容化神瑞，多不在诸方，何其无感，不能招致。乃专精恳恻请求诚应。”[76] 昙翼为中土人氏，从未游历西域，如果他在蜀郡时，此地未有阿育王像，怎么可能在长沙寺驻锡时识得该像的身份呢？由此证实，长江中下游地区在公元 4 世纪后期根本没有也并不认识阿育王像，却是两个从益州来的高僧方才辨认出其身份，显然成都有阿育王像的时代反而应早于长江中下游地区。成都现存的有两件阿育王像的造型模式都是完全相似于前期犍陀罗佛像造型（图三九、图四〇）。而后者的原

图三九　佛陀头像

（公元 2 世纪前期，柏林印度美术博物馆藏，采自田边胜美：《迦腻色伽一世金币的释迦牟尼像》，图 13，《艺术学》1989 年第 3 期）

1

2

图四〇　阿育王像

1. 成都万佛寺萧梁时代阿育王头像石（高34.5厘米，采自《文物》2001年第10期，第22页，图八）

2. 成都西安路萧梁太清五年阿育王造像石（H1:4，残高48厘米，采自《文物》1998年第11期，彩插2）

图四一　齐永明六年维卫佛石像
（赝品，浙江省绍兴博物馆藏，采自《六朝艺术》，图145）

生地是在古印度的西北部，即今阿富汗和巴基斯坦的部分地区，通过传统陆上丝绸之路传入中亚和中土。成都万佛寺有北周保定年号的阿育王像造型（《成都万佛寺石刻艺术》，图版9）已经地方化了。而前期犍陀罗模式的佛像，根本不见于古印度东南部秣菟罗和南部的阿玛拉瓦提造像碑石上或石窟寺中，怎么可以穿越南亚次大陆经东南亚由海路传入南朝的都城建康呢？因此，以上列举的学者们，既然宣导阿育王像是经海路由东南亚传入建康，再溯江而上输入成都的观点，就应该举出图像学资料论证。

又，前引李裕群文中例举南朝最早有天竺式螺发的佛像实例是浙江绍兴博物馆所藏的萧齐永明六年（488年）的维卫佛石像（图四一）。这尊石像已被金申鉴定为赝品，应是雕刻于五代时期（907—965年），纪年铭文为伪刻（见前文注[14]。李文中又继引梁僧祐续凿新昌石城山弥勒大佛，改其发式为螺髻事例为佐证，殊知其年代则晚于成都商业街天监十年（511 年）造像石。前者史事见于《高僧传》卷十三《释僧护传》所载："释僧护后居石城山隐岳寺。愿博山镌造十丈石佛……以齐建武中（494—497 年）初就雕剪，仅成面朴。……天监六年（507 年）敕僧祐律师专任像事，……初僧护所创，凿窟过浅，乃铲入五丈更施顶髻……及天监十二年（513 年）春就功，至十五年（515 年）春竟。"[77]据此，新昌石城山弥勒大佛顶发改为螺髻，在时间上就晚于成都天监十年（511 年）造像石。李氏言 1998 年他考察南京栖霞寺，见到无量寿佛大龛左侧下层第一龛正壁主尊佛像头部泥皮剥落露出了原雕的发式为螺发[78]。笔者曾见到《中国南方佛教造像艺术》最后一页图版"南朝栖霞下 019 窟释迦多宝像"头有螺髻，遂心生疑惑[79]。2006 年 4 月专程去考察，方才发现佛头上一个个尖螺状的"螺髻"是用水泥铸成的。这怎么可能援引来佐证所谓有螺发的天竺新型式佛像是由建康溯江而上传入成都的呢？本文前所举北魏太安元年（455 年）、太安三年（457 年）的佛像，都是头有螺发，按李裕群的说法，就应属于"天竺新样式"，该不会有可能是从南朝都城建康传去的吧？

其次，鉴于《成都市商业街南朝石刻》和李裕群文中言及"关于益州地区南朝佛教造像的渊源问题"，都援引了宿白先生《青州龙兴寺窖藏所出佛像的几个问题——青州城与龙兴寺之三》[80]（以下简称《青州龙兴寺佛像》）。因此，笔者顺便在此对宿白先生文中例举的佛像说明其模式源流（原文中都未说明），有助于读者对印度佛像模式流派的认识。《青州龙兴寺佛像》"图一，青州龙兴寺窖藏出土佛像举例"[81]，有 6 例佛像。笔者的辨识说明是：1、2、3、4、6 佛像为笈多萨拉那特式的"湿衣裸体"；5 佛像为笈多秣菟罗模式。"图二，印度、中亚出土 3—5 世纪佛像举例"[82]，有 6 例佛像。笔者的辨识说明是：1 佛像为 *Buddhist Art Mathura School*，PL. 113，图版说明为贵霜后期秣菟罗模式；2 佛像出处同前（应为 PL. 138，而文中误为 PL. 118。原说明为 Buddha torso with foldless drapery，Gupta period，该无首佛像身体出土于秣菟罗戈文德那伽，但服饰无衣褶显示其为萨拉那特模式——笔者注）；3 佛像为笈多秣菟罗模式；4 佛像虽出土于萨那拉特（鹿野苑），但服饰为笈多秣菟罗式；5、6 佛像出自斯瓦特·布特卡拉（Swat · Butkara I，应为公元 4—5 世纪印度—阿富汗流派用白灰膏制作的犍陀罗模式佛像——笔者注）[83]。"图三，新疆发现的 4—6 世纪佛像举例"[84]，有 7 例佛像。笔者的辨识说明是：1 佛像造型基本上属犍陀罗模式；2、3、4、5、7 佛像形象造型是受到 Saka-Parthian Style（波斯风格）影响了的犍陀罗模式；6 佛像燃灯佛授记木雕，造型是受到了犍陀罗风格影响的贵霜秣菟罗模式（Kuṣāṇa Mathurā Style）。"图四，甘肃、山西 5 世纪佛像和四川 6 世纪佛像举例（附日本所藏 10 世纪摹刻的优填王旃檀像）"[85]，有 8 例佛像。笔者的辨识说明是：1、5 佛像造型属于笈多秣菟罗模式[86]；2、3 佛像造型属于贵霜后期或笈多初期秣菟罗模式；4 佛像造型是受犍陀罗模式影响的北魏平城模式；6、7"阿育王像"造型属于乌仗那模式（Uddiyana Style）[87]，索珀教授在其文中已指出中土最早的"阿育王像"应是从中亚传入的（前文已述，不赘）；8 日本京都清凉寺佛像（应为北宋雍熙二年（985 年））模式，仍带有乌仗那模式的余绪。

笔者对宿白先生文中例举佛像造型的模式所作的流派分类，个别或许有偏误（因个别图版不是很清晰），但读者可以将已公布了的成都南朝佛教石刻和本文所列举的图版与之比对，当对其渊源的重新探讨有所启示。其实，青州龙兴寺北朝的石刻佛像，根据其造型模式，基本上可分为三大类：一部分佛像造型属笈多秣菟罗模式；一部分佛像造型属像成都萧梁“绅带式”和笈多秣菟罗模式相结合的样式，但所着的服饰呈现出厚重的质感；小部分属于笈多萨拉那特模式，即“湿衣裸体”模式的佛像。这三类佛像都是头有螺发。那么，青州的是哪种样式为受“南朝影响产生的”呢？因此，“溯江而上”论者在图像材料严重缺乏的情况下，仅仅根据有限的文献记载，以“疑”、“可能”、“不误”、“推测”（这些都是袁文、李文中所用的词语）得出的若干结论，岂能得到学人的信服和认同？又，李文中认为：“齐永明造像属于典型的秀骨清像样式，这是以顾恺之、陆探微为代表的晋宋以来的传统样式。齐永明元年和梁天监三年造像已显露出向丰壮造像样式变化的趋势，这就是以张僧繇为代表的‘张家样式’。”“成都这两种风格的造像当来源于江南。”[88]关于顾、陆、张的画风，唐人张怀瓘《画断》评论说：“象人之美，张得其肉，陆得其骨，顾得其神，以顾为最”，“夫象人风骨，张亚于顾、陆也”。[89]实际上，顾、陆、张三位南朝大画家，于佛像的作品甚少，无传世作品。顾氏的作品后世尚存有摹本，而陆、张的已绝迹。在缺乏图像学资料的情况下，仅凭借语焉不详的文献，李裕群何以能认定成都南朝佛像是表现出了“陆得其骨”、“张得其肉”，由“秀骨清像”趋向“丰壮”的特征？

笔者认为，对成都地区的南朝佛教造像源流探讨，之所以陷入未能得出较为科学结论的困境，首先在于他们的指导思想过分偏向所谓南朝在中国历史上的“正统地位”，从而对同时期北朝佛教造像艺术取得高度成就的源流缺乏深度认识。而根本的症结就在于中国大陆某些学者对公元2—6世纪印度佛教艺术各流派及输出路线未作仔细认真的考察、研究所致！

六、结　　语

关于成都南朝佛教石刻源流的输入路线，即从益州（成都）经“河南道”沿青海丝路与河西走廊的“西河道”和“西域南道”接轨的国际交通路线（图四二、图四三），已得到了甚为翔实的论证。关于插图3，笔者概略说明：图的中上部，虚线方框内为历史上的大夏（Bactria）、乌仗那（Udyana，即Uddiyana）、犍陀罗地区（Gandhara）。图的右下方为秣菟罗（Mathurā）、萨拉那特、鹿野苑（Mṛgadāva）等著名的佛教圣地。黑圆点为佛教造像遗址。关于插图4，为了探索南北朝时期成都至西域的国际交通路线，笔者2004年8月从成都乘客车沿茂县至松潘，再至若尔盖，经郎木寺、碌曲、合作、夏河（此处有著名的拉卜楞寺）至永靖，炳灵寺即在此处的积石山，遂由永靖沿老公路至西宁，再沿青海湖至大柴旦镇。此时已是8月底，即将开学，笔者只好回返。若再往前行，越阿尔金山口，就可到达丝绸之路南道在新疆境内最东端的米兰（Miran）。沿丝绸之路南道西行，越葱岭（帕米尔，Pamir）即可进入犍陀罗地区，再顺印度河而下，即可进入秣菟罗等地区（再参见图四二）。从图中还可以看出：从敦煌北上出玉门

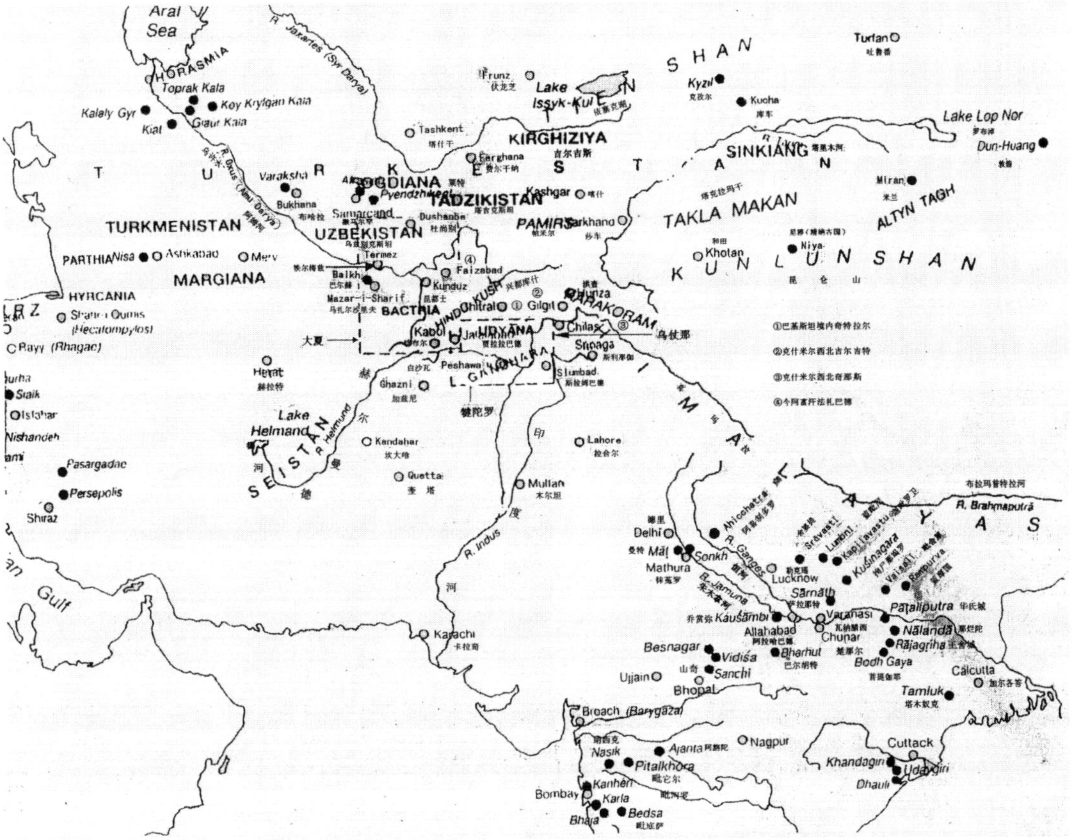

图四二　犍陀罗、秣菟罗、笈多佛教造像遗址示意图

（胡蜀徽绘制）

关西北行，可沿丝绸之路北道进入中亚地区；从敦煌南下出阳关往西南行（图中虚线），即可上丝绸之路南道。由丝路北道的楼兰可至丝路南道的米兰，这条路为丝绸之路中路（图中虚线）[90]。

成都南朝佛像石刻，其造像石形制、图像结构、形象造型，都可以在公元1—3世纪犍陀罗、贵霜秣菟罗雕刻、公元4—5世纪印度—阿富汗流派白灰膏塑像、公元4—6世纪笈多秣菟罗的造像石中，寻觅到类似或相似的图像学方面的实物资料。而这些都表现在比成都南朝佛教石刻时代更早的中土西北一带北魏中期（500年之前）的佛教造像石上，或云冈石窟中。但成都的与前两者也有明显的区别。那就是，从南齐时期始，成都的佛像模式已经汉民族化了，例如“永明元年”（483年）造像石，距刘宋（420—479年）后期只有短短数年，考虑到成都万佛寺遗址出土有刘宋“元嘉二年”（425年）年号的雕刻精致的经变像石，这一变化不应该突然自南齐始，但缺乏实物资料，难以证实[91]。萧梁的佛像模式，既承袭了前期南齐的汉民族化风格（服饰为褒衣博带，即“绅带式”），同时也不排斥，又全盘接收了日本学者所称谓的“西化”（即笈多秣菟罗佛教艺术，而不是笈多萨拉那特佛像模式——笔者注）的风格，而且还将汉民族化和“西化”两种风格结合起来予以表现（图四四）。更独特的是，有些造

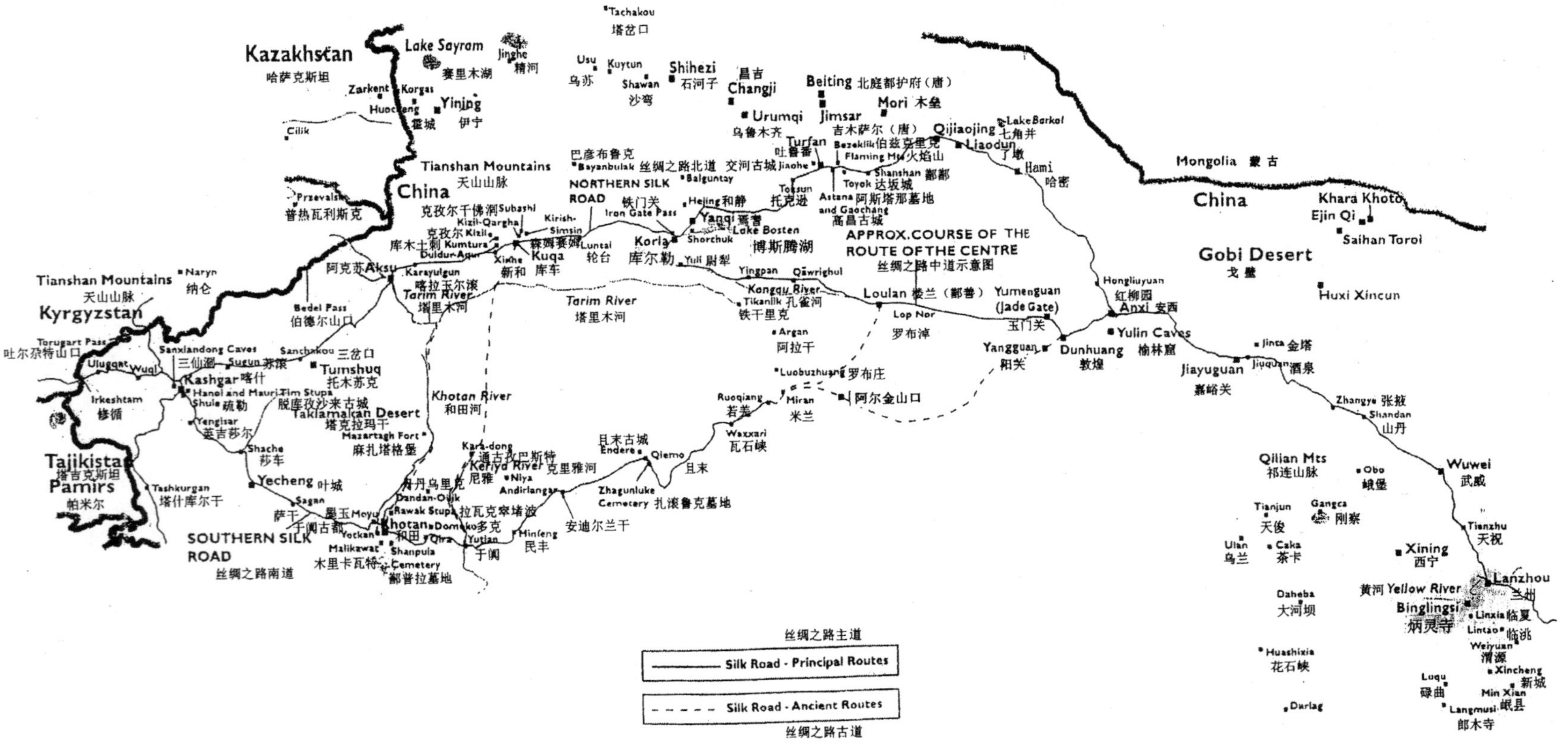

图四三　南北朝时期成都通西域的交通路线示意图

（胡蜀徽绘制）

像石上的礼佛图布局、背景，供养人物的造型和服饰，以及经变画像石上的山水、树木等景色，反映了南朝绘画艺术及理论对其产生的深刻影响[92]（图四五、图四六）。反之，亦是以精湛的雕刻形式对几乎已完全失传的南朝绘画艺术作品的真实再现，其重要的历史和宝贵的艺术价值是成都地区以外同时代佛教雕刻艺术作品与之不可等同而语的！

图四四　成都万佛寺梁大同三年侯朗造佛像石
（无首，残高127.5厘米，采自《文物》2001年第10期，第21页，图五）

总括而言，成都的南朝佛教石刻，在西魏、北周统治益州之前，其地理位置，虽靠近西北，与陇西文化圈交接，又有通往西域的国际交通路线，其性质仍属于南朝文化圈。尽管迄今保存了数量丰富的造像石，但笔者并不赞同将之作为南朝或江南佛教美术的替代品[93]，完全应属于后者的一个特别流派。由于它具有浓厚的地方特色，特别是萧梁第一阶段（502—520年）开始出现的以中尊主像为对称的群雕式图像组合结构，画面上人物形象从3—5尊发展到9、11尊，甚至为13尊式。在西魏—东魏，北齐时代的石窟中或造像石上较少有这样的图像结构。所以，笔者将其命名为：中国南朝佛像石刻模式——成都地区流派。

图四五　成都万佛寺普通四年释迦造像石背面礼佛图
（采自《文物》2001年第10期，第24页，图一一）

图四六　北宋摹本《洛神赋图卷》部分
（采自《六朝艺术》，图16）

附　　录

成都地区的南朝佛教石刻根据已经公布的资料，有：①四川省博物馆收藏的万佛寺遗址出土的似有20余件（包括有纪年铭的在内）；②成都文物考古研究所收藏有西安路、商业街出土的18件（其中一件为道像）；③四川大学博物馆收藏有2件（出土地点不明），总数约有40余件。其中，有纪年铭的，①为9件（包括早已流失到海外的“元嘉二年”（425年）经变石、茂县出土的“永明元年”（483年）造像石），②为7件，③为2件，共有18件，兹按纪年顺序排列列表如下：

序号	名称	纪年铭文	出土地点	收藏单位	编号
1	经变故事造像石	（宋）元嘉二年（425年）	成都万佛寺遗址	流失，下落不明	
2	无量寿（佛）、当来弥勒佛二世尊造像石	（齐）永明元年（483年）	茂县较场坝中村寨	四川省博物馆	
3	弥勒成佛造像石	（齐）永明八年（490年）	成都西安南路	成都文物考古研究所	H1:1
4	观世音成佛像	（齐）建武二年（495年）	成都商业街	成都文物考古研究所	90CST⑤:7
5	无量（寿?）石像	（梁）天监三年（504年）	成都西安南路	成都文物考古研究所	H1:7
6	五尊式造像石	（梁）天监十年（511年）	成都商业街	成都文物考古研究所	90CST⑤:8
7	释迦立像龛	（梁）普通四年（523年）	成都万佛寺遗址	四川省博物馆	WSZ41
8	释迦坐像	（梁）普通六年（525年）	成都万佛寺	四川省博物馆	WSZ42
9	释迦立像石	（梁）中大通元年（529年）	成都万佛寺	四川省博物馆	WSZ1
10	释迦造像石	（梁）中大通二年（530年）	成都西安南路	成都文物考古研究所	H1:3
11	释迦造像石	（梁）中大通四年（532年）	成都新繁（?）	四川大学博物馆	
12	释迦造像石	（梁）中大通四年（532年）	成都万佛寺	四川省博物馆	WSZ43
13	释迦造像石	（梁）中大通五年（533年）	成都万佛寺	四川省博物馆	WSZ44
14	褒衣博带式佛像	（梁）大同三年（537年）	成都万佛寺	四川省博物馆	WSZ8
15	释迦多宝佛像	（梁）大同十一年（545年）	成都商业街	成都文物考古研究所	H1:5
16	观世音菩萨像石	（梁）中大同三年（548年）	成都万佛寺	四川省博物馆	WSZ45
17	释迦双身像石	（梁）太清三年（549年）	成都万佛寺（?）	四川大学博物馆	
18	阿育王像石	（梁）太清五年（551年）	成都西安南路	成都文物考古研究所	H1:4

说明：这些资料采自：《成都市西安路南朝石刻造像清理简报》、《四川省博物馆万佛寺石刻造像整理简报》、《成都商业街南朝石刻造像》、《四川大学博物馆收藏的两尊南朝石刻造像》。另有20余件无纪年铭的石刻造像制作年代，笔者已根据其图像归属于相应的时代，限于篇幅，此处不赘。

附记：本文是笔者承担的国家社科基金课题《巴蜀佛教雕刻艺术史》（XZJ05）第一卷《巴蜀东汉—蜀汉佛教遗迹暨成都南朝佛教石刻》第二编（20万字）的缩写稿。限于篇幅，原稿中关于输入路线的探讨论证从略。

注　释

[1] A. C. Soper, "South Chinese Influence on the Buddhist Art of the Six Dynasties Period", *The Bulletin of the Museum of Far Eeastern Antiquitise*, No. 32 (1960), pp. 47—112.

[2] A. C. Soper, "South Chinese Influence on the Buddhist Art of the Six Dynasties Period", *The Bulletin of the Museum of Far Eeastern Antiquitise*, No. 32 (1960), pp. 47—112, Fig21.

[3] 松原三郎：《中国佛像样式の南北—再考》，《美术研究》（东京：国立文化财研究所），No. 296（1974），第27页。

[4] 松原三郎：《中国佛像雕刻史论》，东京：吉川弘文馆，1995年，第93页。

[5] 八木春生：《中国佛教美术と汉民族化》，第八章《中国成都地方の仏教造像について——520—540年代の作例を中心として》，东京：法藏馆，2004年，第264—296页。

[6] 郑礼京：《佛教艺术》（每日新闻社），No. 270（1999），第92页。

[7] 冯汉骥：《成都万佛寺石刻造像》，《文物参考资料》1954年第9期。

[8] 刘志远、刘廷璧编：《成都万佛寺石刻艺术》，北京：中国古典艺术出版社，1958年，第6—7页。

[9] 李裕群：《试论成都地区出土的南朝佛教石造像》，《文物》2000年第2期。

[10] 宿白：《青州龙兴寺窖藏所出佛像的几个问题》，《文物》1999年第10期。

[11] 李裕群转引蒋明明：《齐永明六年石佛造像》，《东南文化》1992年第3—4期合刊。

[12] 雷玉华、严劲松：《成都市西安路南朝石刻造像清理简报》，《文物》1998年第11期。

[13] 张肖马、雷玉华：《成都市商业街南朝石刻造像》，《文物》2001年第10期。

[14] 金申：《解析数尊疑似南朝的佛像》，《佛教美术丛考》，北京：科学出版社，2004年，第27—35页。

[15] 《出三藏记集》卷十二，《法苑杂缘·原始集目录》中记载了刘宋、萧齐、萧梁朝的诸帝用金铜、白银、或玉石造佛像，但未说明这些佛像的造型模式。参见《大正藏》第五十五卷，台北：新文丰出版股份有限公司，1995年，第92页。

[16] 参见 R. C. Sharma, *Buddhist Art Mathurā School*, New Delhi: Wiley Eastern Limited, New Age International, 1995, PL. 128—133. 都是出土于秣菟罗贾玛尔普尔或戈文德那伽的保存相当完整的立佛像，采用红砂石雕刻的，是属于公元5世纪笈多秣菟罗兴盛期的传世作品。

[17] 犍陀罗公元3世纪的佛传雕刻，呈窣堵波形制，柏林印度美术馆藏品（Inv. Nr, I 51），载 Marianne. Yaldiz, *Palast der Gotter* 1500 *Jahre aus Indien*, Berlin: Dietrich Reimer Verlag, 1991/92, p. 76, PL. 28。图像上层描绘的是“敬请”（Adhyeshana），佛左右两边的因陀罗、大梵天和侍者手都作请求状；下层描绘的是“初转法轮”（The First Sermon）。

[18] 初转法轮片岩雕刻，出土于犍陀罗罗里央·唐盖（Loriyan. Tangai），印度加尔各答博物馆（No. 5054）。L. Nehru, *Origins of the Gandharan Style: a study of contributory influences*, New Delhi: Oxford University Press, 1989, PL. 105.

[19] 难陀皈依（The Conversion of Nanda）片岩雕刻，出土于哈达（Hadda），British Museum, No. 1900. 5—22. 1, L. Nehru, *Origins of the Gandharan Style: a study of contributory influences*,

PL. 16. 这种建筑形盝顶式龛，在云冈第 9、10 双连窟、第 11 窟中最多。

[20] 约翰·马歇尔：《塔克西拉》第一卷，秦立彦译，昆明：云南人民出版社，2002 年，第 362—385 页。

[21] 约翰·马歇尔：《塔克西拉》第一卷，第 463—478 页。喀拉宛是塔克西拉仅次于达磨拉吉卡的第二大佛教遗址。

[22] 约翰·马歇尔：《塔克西拉》第二卷，第 728—753 页。

[23] 参见雷玉华、颜劲松：《成都市西安路南朝石刻造像清理简报》，《文物》1998 年第 11 期，第 11 页对 H1: 11 道教造像石妆彩的述议；张肖马、雷玉华：《成都市商业街南朝石刻造像》，《文物》2001 年第 10 期，第 10 页对南齐建武二年（495 年）造像石妆彩的述议。

[24] 约翰·马歇尔：《塔克西拉》第一卷，第 502—510 页；第三卷，第 92—97 页。

[25] 约翰·马歇尔：《塔克西拉》第二卷，第 738—739 页；第三卷，第 150 页，No. 30；第三卷，第 151 页，No. 31。

[26] R. C. Sharma, *Buddhist Art Mathurā School*, PL. 74.

[27] Marianne. Yaldiz, *Palast der Gotter* 1500 *Jahre kunst aus Indien*, PL. 42，将其时代断为：“2. / 3. Jh. n. chr” c 公元 2—3 世纪；R. C. Sharma, *Buddhist Art Mathurā School*，同样的造像石，德国学者断代为公元 2—3 世纪，印度学者断代为公元 1 世纪。

[28] R. C. Sharma, *Buddhist Art Mathurā School*, PL. 65.

[29] R. C. Sharma, *Buddhist Art Mathurā School*, PL. 110.

[30] 金申：《海外及港台藏历代佛像——珍品纪年图鉴》，太原：山西人民出版社，2007 年，007 佛坐像。

[31] L. Nehru, *Origins of the Gandharan Style: a study of contributory influences*, PL. 108.

[32] 在炳灵寺第 169 号窟中，没有出现相似萧梁第二阶段那样，以中心佛像为对称的十一至十三尊式图像结构；龙门石窟在孝明帝正光年间（520—525 年）开凿的宾阳洞、莲花洞及稍后的魏字洞中，仅出现了五尊式造像。

[33] 这类佛像在云冈第 7、8 双窟中最多，但在正式的出版物中很少公布，第 9、10 双窟中也较多。参见云冈石窟文物保管所：《中国石窟·云冈石窟》（二），北京：文物出版社，1994 年，图版 8，第 9 窟前室北壁；图版 9，第 9 窟前室北壁；图版 18，第 9 窟前室西壁。

[34] 董玉祥编：《炳灵寺一六九窟》，深圳：海天出版社，1994 年，第 22 页，第 169 号窟中第 7 号龛佛像、第 6 号龛佛像、第 23 号龛佛像，其头部造型肉髻呈窝窝头式，发髻表面为剃光式，但服饰与成都萧齐的不相似。

[35] L. Nehru, *Origins of the Gandharan Style: a study of contributory influences*, p. 25, PL. 27。卡察扬（Khalchayan），地名，其地位置在《魏书》的“乌许水”（Oxus）北部，为其支流之一，即在 Surkhan Darya 的河岸上，今乌兹别克斯坦的南部。

[36] 约翰·马歇尔：《塔克西拉》第一卷，第 223 页，No. 142 弥勒菩萨像，造型几乎与上文例举的完全相似，图版说明参见第二卷，第 1045—1046 页。

[37] 炳灵寺第 169 号窟中，第 6 号龛有西秦“建弘元年”（420 年）的墨书题记，龛中佛像袒右肩，有窝窝头形状的肉髻，仿印度—阿富汗白灰膏流派模式；而第 7 号龛的佛像，头部造型与第 6 号龛的同，但身着质地轻薄的圆领通肩袈裟，衣纹呈稠叠的 U 字形纹，表现出受后期贵霜秣菟罗风格影响的衣饰特征，其时代应为北魏中期。

[38] 参见云冈石窟文物保管所：《中国石窟·云冈石窟》（二），图版 97，第 11 窟南壁明窗西壁佛龛；图版 98，南壁明窗西壁佛龛。佛像的右衣襟都甩搭在左小臂上，图版 97 佛龛下面的

供养人仍身着未改制前的鲜卑服饰。

[39] 参见敦煌文物研究所编著：《中国石窟·敦煌莫高窟》（一），图版149，第432窟中心柱东向面佛像（西魏），第195页，图47，第442页。两图中佛像的右衣襟甩搭在左小臂上。

[40] 参见天水麦积山石窟艺术研究所：《中国石窟·天水麦积山》，北京：文物出版社，1998年，图版60，第114窟正壁坐佛（北魏）；图版102，第138窟坐佛（北魏）；及第284、288页图版说明。

[41] 约翰·马歇尔：《塔克西拉》第三卷，第97页，图（b）僧舍院子入口佛龛里的一组白灰膏塑像。

[42] 吉村怜：《龙门样式南朝起源论》，阮荣春译，《东方文化》（第一集），福州：东南大学出版社，1991年，第210页。

[43] 吉村怜引常盘大定、关野贞：《支那文化史迹》卷十，以及图版X—97（2），东京：法藏馆，1940年。

[44] 罗宗真：《南京西善桥南朝墓及其砖刻壁画》，《文物参考资料》1960年第8—9期。

[45] 吉村怜：《龙门样式南朝起源论》，阮荣春译，《东方文化》（第一集），第208页。

[46] 罗宗真：《南京西善桥南朝墓及其砖刻壁画》，《文物参考资料》1960年第8—9期。关于“竹林七贤及荣启期砖刻壁画”，结论为：“因此我们可以假定本墓壁画当晋—宋之间的作品。”而吉村怜竟然将“假定”当作了“肯定”！

[47] 南京博物院：《江苏丹阳胡桥南朝大墓及砖刻壁画》，《文物》1974年第2期，为南齐景帝萧道生夫妇合葬墓，墓室中有“竹林七贤及荣启期”砖刻壁画；尤振克：《江苏丹阳县胡桥、建山两座南朝墓葬》，《文物》1980年第2期，为南齐前废帝郁林王萧昭业、后废帝海陵王萧昭文之墓，墓内都有“竹林七贤及荣启期”砖刻壁画。

[48] 参见“国立”故宫博物院编：《海外遗珍——佛像》，台北：“国立”故宫博物院，1986年，图版2，美国哈佛大学福格艺术馆藏的五胡十六国时期的金铜佛坐像。

[49] 这段梵文铭文译成英文参见R. C. Sharma, *Buddhist Art Mathurā School*, p. 206, PL. 128.

[50] R. C. Sharma, *Buddhist Art Mathurā School*, p. 207, PL. 129.

[51] R. C. Sharma, *Buddhist Art Mathurā School*, p. 207, PL. 130.

[52] R. C. Sharma, *Buddhist Art Mathurā School*, p. 207, PL. 133.

[53] R. C. Sharma, *Buddhist Art Mathurā School*, p. 211, PL. 142.

[54] R. C. Sharma, *Buddhist Art Mathurā School*, pp. 135—159.

[55] 参见敦煌文物研究院：《中国石窟·敦煌莫高窟》（一），图版79，第248窟中心柱上东面佛龛；图版25，第259窟北壁下层佛龛；图版30，第254窟西壁中央白衣佛；图版52，第263窟北壁上层佛龛。北魏时代，佛像均着笈多秣菟罗圆领通肩袈裟，衣领呈有多层皱褶的大圆弧形式样。

[56] 董玉祥编：《炳灵寺一六九窟》，图版29、图版36、图版45。

[57] 李治国编：《云冈石窟》，北京：人民中国出版社，1999年，图版117，第18窟东壁大立佛；图版126，第19窟南壁西侧立佛，

[58] 新昌石城山弥勒大佛顶发于萧梁天监十二年（513年）改为螺髻的史实，载《高僧传》卷十三《释僧护传》，参见《大正藏》第五十卷，第412页上。

[59] R. C. Sharma, *Buddhist Art Mathurā School*, pp. 221—232.

[60] R. C. Sharma, *Buddhist Art Mathurā School*, pp. 201—202, PL. 125.

[61] R. C. Sharma, *Buddhist Art Mathurā School*, pp. 203—204, PL. 126.

[62] R. C. Sharma, *Buddhist Art Mathurā School*, pp. 208—209, PL. 138.

[63] J. G. Willias, *The Art of the Gupta India*, New Jersey: Princeton University Press, 1982, p. 77, PL. 91; Marianne. Yaldiz, *Palast der Gotter* 1500 *Jahre kunst aus Indien*, p. 91, PL. 48.

[64] *Palast der Gotter* 1500 *Jahre kunst aus Indien*, p. 79, PL. 97; J. G. Willias, *The Art of the Gupta India*, p. 92, PL. 47.

[65] 莲花手菩萨是观音菩萨非密教（Tantra）的造型，其特别的象征为：前额上方头部正中有一呈禅坐姿的阿弥陀佛，右手持一柄莲花，无特殊可以区别的手印；它的梵文名称 Avalokitesvara 原意是“观自在”，公元 4 世纪《妙法莲华经》传入中土后，被译作“观世音”（Alice. Getty, *The Gods of Northern Buddhism* 北传佛教神像, pp. 61—65. Oxford At The Clarendon Press, 1928.）。

[66] 参见王镛：《印度美术》，北京：中国人民大学出版社，2004 年，第 181 页，图版公元 6 世纪萨拉那特出土的佛陀立像略呈“三屈式”姿态。

[67] 王镛：《印度美术》，第 180 页，图版公元 5 世纪萨拉那特出土的观音菩萨主像，造型与笔者提供的基本相同，只是右臂断缺，左臂曲肘手执一柄莲花（只剩一节莲茎）。

[68] 参见王镛：《印度美术》，第 182—184 页。

[69] 李裕群：《试论成都地区出土的南朝佛教石造像》，《文物》2000 年第 2 期。

[70] 青州市博物馆编：《青州龙兴寺佛教造像艺术》，济南：山东美术出版社，2001 年，图版 51、图版 53、图版 56—图版 65、图版 72、图版 80、图版 85、图版 86，其佛像都是身着无衣纹褶襞的“裸体佛像”，所以宋人评价，“北齐曹仲达者，本曹国人（《魏书·西域传》伽不单国，《隋书》曹国，在今乌兹别克斯坦撒马尔罕（Samarkand）西北的劫布呾（Kebud），为一地同音异译，可知曹仲达来自中亚，以曹国为姓——笔者注），最推工画梵像”，其画佛像衣服紧贴，像刚从水里出来，被称名为“曹衣出水”风格，即与北齐青州造像有关。参见（宋）郭若虚：《图画见闻志》，邓白注，成都：四川美术出版社，1986 年，第 56 页“论曹吴体法”，吴即唐吴道子。

[71] 金维诺：《青州龙兴寺造像的艺术成就》，《汉唐之间的宗教艺术与考古》，北京：文物出版社，2000 年，第 389 页。

[72] R. C. Sharma, *Buddhist Art Mathurā School*, p. 203.

[73] 袁曙光：《四川省博物馆藏万佛寺石刻造像整理简报》，《文物》2001 年第 10 期。

[74] 李裕群：《试论成都地区出土的南朝佛教石造像》，《文物》2000 年第 2 期。

[75] 参见《大正藏》第五十卷，《释昙翼传》，第 355 上—356 页上。

[76] 参见《大正藏》第五十卷，《释昙翼传》，第 355 上—356 页上。

[77] 参见《大正藏》第五十卷，第 412 页上。

[78] 李裕群：《试论成都地区出土的南朝佛教石造像》，《文物》2000 年第 2 期。

[79] 卢辅圣、舒士俊主编：《中国南方佛教造像艺术》（朵云 60 集），上海：上海书画出版社，2004 年。

[80] 宿白：《青州龙兴寺窖藏所出佛像的几个问题》，《文物》1999 年第 10 期。

[81] 宿白：《青州龙兴寺窖藏所出佛像的几个问题》，《文物》1999 年第 10 期。

[82] 宿白：《青州龙兴寺窖藏所出佛像的几个问题》，《文物》1999 年第 10 期。

[83] 参见约翰·马歇尔：《塔克西拉》第二卷及该书第三卷，第 148—160 页，白灰膏塑像图版，每幅图版说明，参见第二卷，第 733—754 页。

[84] 宿白：《青州龙兴寺窖藏所出佛像的几个问题》，《文物》1999 年第 10 期。

[85] 宿白:《青州龙兴寺窖藏所出佛像的几个问题》,《文物》1999 年第 10 期。

[86] 图四,1,佛像为甘肃炳寺第 169 号窟中第 7 龛,因该窟中第 6 龛有西秦"建弘元年"(420 年)的题记,多数学者都将 7 号龛佛像断为西秦时代。但笔者认为,该佛像的造型和服饰都呈现出笈多盛期秣菟罗的风格,比较宿白文图四第 3 例云冈第 19 窟(宿文中误为云冈第 16 窟——笔者注)佛像,更表现了秣菟罗"薄衣贴体"的特征,因此前者的时代应为 5 世纪后半期(450—500 年)的北魏太和年间(477—499 年)。

[87] 乌仗那(Uddiyana),佛经和中国古代文献中对该国有多种译名,其国在今印度河上游及斯瓦特(Swat)地区。参见冯承钧:《西域地名》(增订本),北京:中华书局,1980 年,第 98—99 页。

[88] 李裕群:《试论成都地区出土的南朝佛教石造像》,《文物》2000 年第 2 期。

[89] 俞剑华:《中国画论类编》,北京:人民美术出版社,1986 年,第 402 页。

[90] 在这条国际交通要道上往来的西域和中土僧人的事迹,参见唐长孺:《南北朝期间西域与南朝的陆道交通》,《魏晋南北朝史论拾遗》,北京:中华书局,1986 年,第 179—183 页;陈良伟:《丝绸之路河南道》,北京:中国社会科学出版社,2002 年,第 232—303 页;《南史》卷七十九《河南国传》,北京:中华书局,1975 年,第 6 册,第 1977—1978 页。

[91] 笔者认为,故宫博物院所藏据传是成都万佛寺出土的有"元嘉二十五年"(748 年)题刻的石佛像是赝品(另文辨证)。但也有学者认为是真品,参见李静杰、田军:《早期单体石佛区域性分析》,《故宫博物院院刊》1998 年第 2 期。

[92] 图四六复制于林树中、马鸿真主编:《六朝艺术》,南京:江苏美术出版社,1996 年,图 16。

[93] 李裕群文中言及"成都石刻造像渊源于江南地区。因此,在江南没有发现新材料之前,成都地区造像似可代表江南在内的南朝造像样式",见《试论成都地区出土的南朝佛教石造像》,《文物》2000 年第 2 期。日本学者八木春生认为:"四川地区与江南佛教美术相类似,具体的却不完全一致。同样是四川地区的造像也因地域而有所不同。所以,把成都造像无条件地作为南京佛教美术的代用品是极为危险的想法。"见:八木春生:《中国佛教美术と汉民族化》,第八章"结束语",第 289 页。

An Iconographic Inquiry into the Relationship between the Buddhist Sculptures in Chengdu during the Chinese Southern Dynasties and the Buddhist Sculptures of Gandhāra, Mathurā and Gūpta

Hu Wencheng[1] Hu Wenhe[2]

(1. College of Foreign Languages, Chongqing University 2. Literature Research Institute, the Sichuan Academy of Social Sciences)

Abstract: It is contended by the authors of the present paper that the focus of the iconographic study of the works of Buddhist art is to identify the name, the content, the characteristics of the image-composition and their nature. The study of the Buddhist art requires us to inquire into the content and the meaning of each work, whether of sculpture or painting, for example, the teachings intended to be conveyed by the pictorial representations of Buddhist doctrines. The Buddhist art, which came into being at a given time as a religious art form to spread its teachings, was essentially for the purpose of belief and worship, not for sheer appreciation. The goal, the content, the image-composition and the aesthetic style of Buddhist art are subject to the function of Buddhism as a religion. Besides, the iconographic study of Buddhist art should make both longitudinal and cross-sectional researches on the works in the same region, but produced at different historical periods, or vice versa, so as to find out how they evolved and developed. The very purpose of the present paper is to make such a study on the relationship between the Buddhist sculptures of the Southern dynasties in Chengdu and the different styles of the early Buddhist art in India.

In respect of the previous studies, both abroad and at home, on the origin of the Buddhist stone sculptures in Chengdu during the Southern dynasties, there are rarely any resources of comparative iconographic study. Most of the scholars held that the source of those Buddhist sculptures came up from Jiankang (today's Nanjing City of Jiangsu province) on the Yangtze River, which was in turn transmitted to China by way of the sea route from the South of Indian to South-eastern Asia during the 5th century and the first half the 6th century. Nevertheless, all of them have failed to recognize the characteristics of the image-compositions of Indian Buddhist art between the 2th and the 6th centuries and their transmission route to China. Given this fact, the authors of the present paper attempt to explore the origin of the Buddhist stone sculptures in Chengdu during the Southern dynasties by comparing those sculptures with the Buddhist stone sculptures of both early and late Gandhāra style, i. e. , the white-plaster sculptures of India-Afghanistan, the Buddha images of Mathurā art of the Gūpta period, and the Buddha images of Sārnāth style. It is hoped that on the basis of a comparative study, from perspective of iconography, on the mode of Buddha images, the image structure and the image composition, a reasonable conclusion concerning the relationship between the two can be drawn.

Keywords: iconography　the Buddhist sculptures of Southern dynasties in Chengdu　Gandhāra style　Mathurā style　the style of Gūpta period

云南宜良纱帽山滇文化墓地发掘报告

云南省文物考古研究所
昆明市文物管理委员会
宜良县文物管理委员会

摘要： 本文公布了1989年云南宜良县汤池镇纱帽山墓地发掘的57座墓葬材料。这批墓葬均为竖穴土坑墓，葬式包括单人葬、合葬和分层丛葬墓三大类。墓葬随葬品以铜器为主，陶器次之，铁器较少，还有少量的石、玉、玛瑙等其他质料的器物。墓地使用年代在战国中晚期至西汉晚期（可能到东汉初年），属典型的滇文化墓地。此外，纱帽山墓地是迄今已知滇文化中人骨最丰富、保存最好的一处墓地，体质人类学的研究表明存在拔牙习俗、创伤、龋齿等现象，为了解滇文化社会的人口和社会形态提供了新的资料。

关键词： 纱帽山墓地　滇文化　体质人类学

一、前　　言

宜良县位于滇中平原，隶属昆明市管辖。南盘江自北向南流，贯通县境；县西阳宗海之水亦与南盘江沟通，交汇于县城之北。这里土质良好，物产丰饶，自古以来都是古代人们居住、繁衍的良壤沃土，至今遗留有众多文物古迹（图一）。

汤池镇地处宜良县城西北22公里，西距昆明市50余公里，约当东经103°3′，北纬24°57′。因镇内有温泉，水沸如汤，故名。其西临阳宗海，地势平坦，雨量充沛，海拔1780米，与滇池坝子接壤，气候、物产等自然条件与之类似。西汉时，这里属古滇池县地；明初置汤池驿，凿渠引阳宗海灌溉，即为著名的汤池渠。

纱帽山位于汤池镇之北，高约30米，东西宽150米（已破坏约30米），南北长200余米，因山形似当时官吏之乌纱帽而得名。山南紧连涌金山北麓，两山之间为昆明

编者按：此系1993年《南方民族考古》（第六辑）拟刊稿件，因杂志停刊，未能发表。近又重获该文原稿，因其对西南地区的考古研究有重要价值，编辑部遂决定刊发此文。但由于该文写成距今已时隔近二十年，主要发掘及执笔者已调离考古岗位，很多细节之处已模糊不清，疏漏之处在所难免，敬请读者谅解。

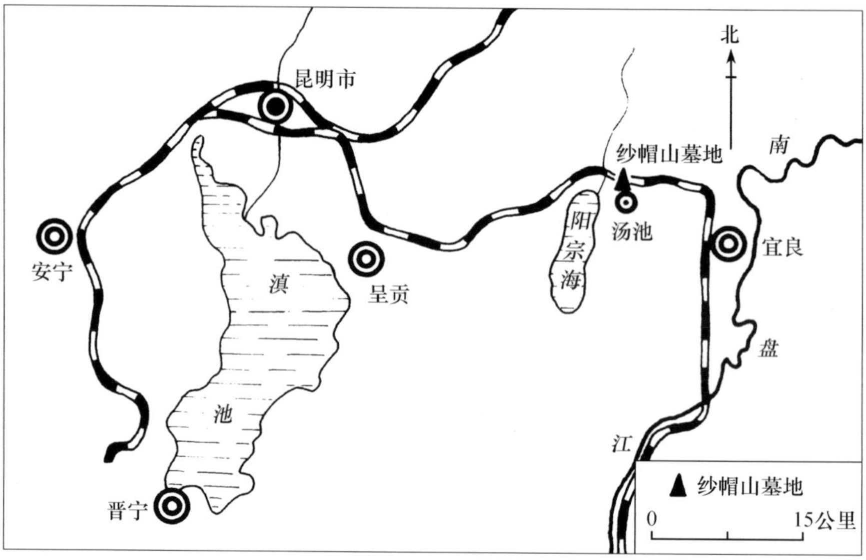

图一 宜良纱帽山墓地位置示意图

至宜良的公路，昆明至石林公路从山脚北沿经过。东南坡自20世纪50年代以来，当地群众不断地挖沙填路、建房形成断崖，俗名“沙塘”。在挖沙过程中常伴有青铜器和人骨出土。1983年，文物普查中确认纱帽山为青铜时代古墓地，并划定了保护范围。1989年3月，为配合昆明至石林的公路建设，云南省文物考古研究所会同昆明市文物管理委员会、宜良县文物管理委员会对纱帽山墓地北沿公路经过地段进行抢救性勘探和清理、发掘。共计开探方7个（T1—T7），探沟38条，发掘面积1700平方米。此次发掘未发现青铜时代墓葬，但证实在清代这里曾是一处地，被后来的多次改土造地所破坏。在进行公路地段勘探发掘的同时，为进一步搞清纱帽山的古文化内涵，我们在山顶开探沟1条（TG1），发现并清理了青铜时代墓葬1座（M1）；又在东南坡开1条探沟（TG2），发现了2座墓葬（M2、M4），并确认了青铜时代墓葬的分布范围和密集区（即东南坡）。这就是第一阶段的发掘，从3月至4月初经19天完成。鉴于青铜时代墓葬密集区面临挖沙破坏升级的可能性，我们决定进行抢救性保护发掘，遂留部分人员在TG2南侧布方继续发掘，计开探方3个（T8—T10），面积400平方米（图二）。第二阶段的发掘，从同年4月至5月历经41天完成（图版五，1）。

云南省文物考古研究所的王大道、张新宁、王涵、何金龙、闵锐、王桂蓉，昆明市文物管理委员会的刘力、杨鸿伟、徐承谦、金蕾等同志参加了第一阶段的发掘工作。云南省文物考古研究所的尹建华、张聪，昆明市文物管理委员会的梁银、陈燕雄。宜良县文物管理委员会的王先德、夏中华等参加了前后两个阶段的发掘工作。王桂蓉参加了第二阶段的后期发掘工作。

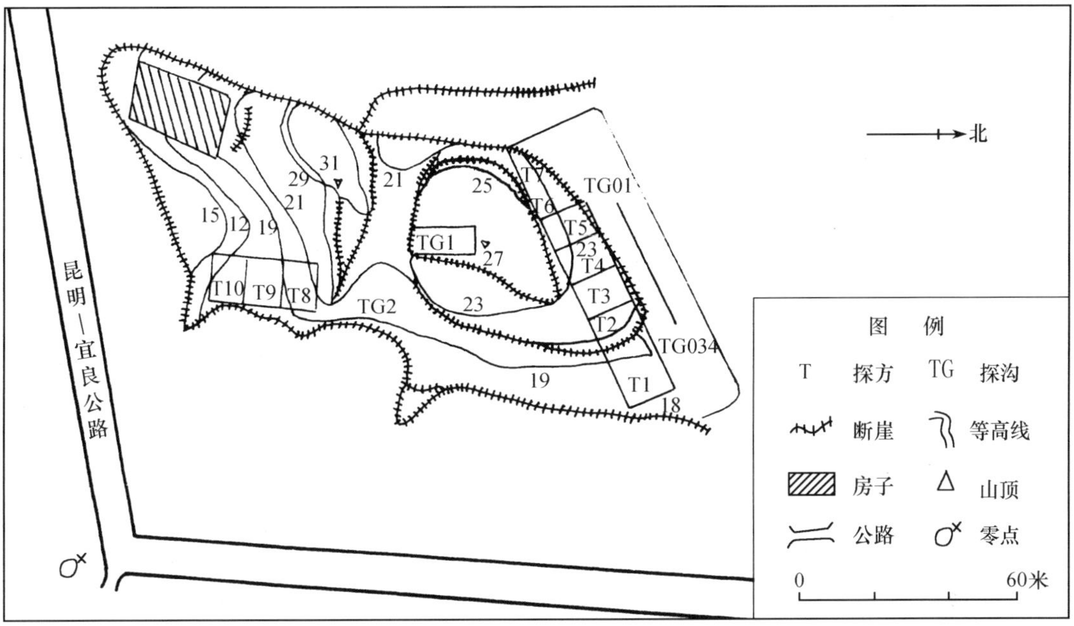

图二　探方分布图

二、地层堆积

墓地在发掘前已辟为耕地。其中山顶的地层较简单。农耕土下即为岩石层，发现青铜时代墓葬一座（M1）。东南坡南部的地层堆积大致可分为三层：第1层，现代耕土层；第2层，清代或可晚到民国初文化堆积层；第3层，元末明初扰乱层，发现灰坑5座（H5—H9），以下为生土层或岩石层，也是青铜时代墓葬的开口层位，共发现墓葬56座（M2—M57）。现以探方T9的北壁为例加以说明（图三）：

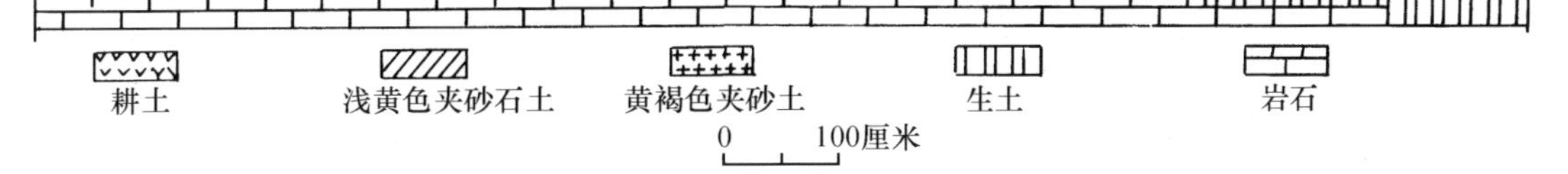

图三　T9北壁剖面图

第 1 层：农耕土，灰黑色，土质疏松，厚 0.2—0.6 米，内含现代砖、瓦片、近现代钱币等。

第 2 层：浅黄色夹砂石土，质地坚硬，厚 0.3—0.9 米，由南至北逐渐增厚，内含清代钱币、陶、瓷片等。

第 3 层：黄褐色夹砂土，局部为灰黑土，疏松肥沃，厚 0.4—0.7 米，内含早期夹砂陶片、汉代砖、瓦片、元末明初陶片及人骨、动物骨骼等。在此层底部土色偏黑，出土大量夹砂陶片、炭屑、红烧土及人骨等。本层下有灰坑 1 座（H6）。

以下为生土或岩石层，生土为鲜红色黏土。有墓葬 5 座（M18、M19、M30、M31、M33）。

三、墓　　葬

（一）墓制

该墓地共发掘墓葬 57 座。除 M1 在山顶外，其余均集中分布在东南坡的南部梯地上（图四）。墓葬开口在 3 层下，东边的墓穴打破生土，较深的还打破生土以下的页岩；西部无生土，墓穴直接开凿于页岩之中。墓坑填土大多为黄褐色夹砂（石）土，并含有零星人骨、夹砂陶片和大量的螺壳。墓葬形制基本相同，四壁规整，均为长方形竖穴土坑。少数墓坑由于受页岩的限制，坑壁不甚规整。均未发现葬具的痕迹。墓坑的位置依山势排列，均坐东向西，头向西北，脚向开阔的东南，方向大都在 300°—320°，墓口距地表深浅不一，南边的墓较北边的深，如南边的 M49 距地表深 2.3 米，而北边的 M5 仅深 1.5 米，M20 距地表的深度只有 1.4 米。墓葬的大小也有差别，其中较大的如 M1，墓口长 3、宽 1.9—1.8 米，坑深 1.7—1.4 米；较小者如 M51，长 2、宽 0.7 米，坑深 0.24 米。墓坑深度差别亦较大，深者如 M30，深度达 2.6 米；浅者如 M49，仅深 0.1 米。

墓制特殊者有 14 座。其中 6 座墓葬（M1、M3、M5、M6、M16、M30）有腰坑，腰坑从平面看有圆形、椭圆形和四方形三种，直径一般为 60—100 厘米。其中 3 座墓葬（M13、M20、M37）有脚坑，均为长方形，长 0.7 米左右。其中 2 座墓葬（M21、M26）的墓底分别有两坑，形似腰坑，直径 0.5 米左右。以上坑内皆埋葬有分离的人骨若干，少者 1 例，多者 10 例。其中 3 座墓葬（M4、M7、M8）的墓底有单边生土二层台，二层台一般宽 20、高 20 厘米左右。

在 57 座墓葬中，除 5 座墓葬未发现随葬品外（可能原来的随葬品后来被破坏现不存在了），其余 52 座墓葬中都放置有种类不同且数量不等的随葬品（附表七）。其中以铜器为主，陶器次之，铁器较少，还有少量的石、玉、玛瑙等其他质料的器物。各墓随葬品的类别与数量不同，以铜器一项统计（五铢钱除外），在 38 座随葬铜器的墓葬中，铜器在 10 件以上的有 6 座（即 M1、M2、M3、M6、M30、M38），5—9 件的有 5 座，2—4 件的有 11 座，1 件的有 16 座。可见，随葬 1—4 件铜器的墓葬占大多数。随葬品最多的两座墓葬 M1 和 M30，大小器物总计都在 40 件以上。随葬品的放置较有一定的规律。铜铁兵器和生产工具一般放在墓主人的上身两侧或其上，特别是兵器多置

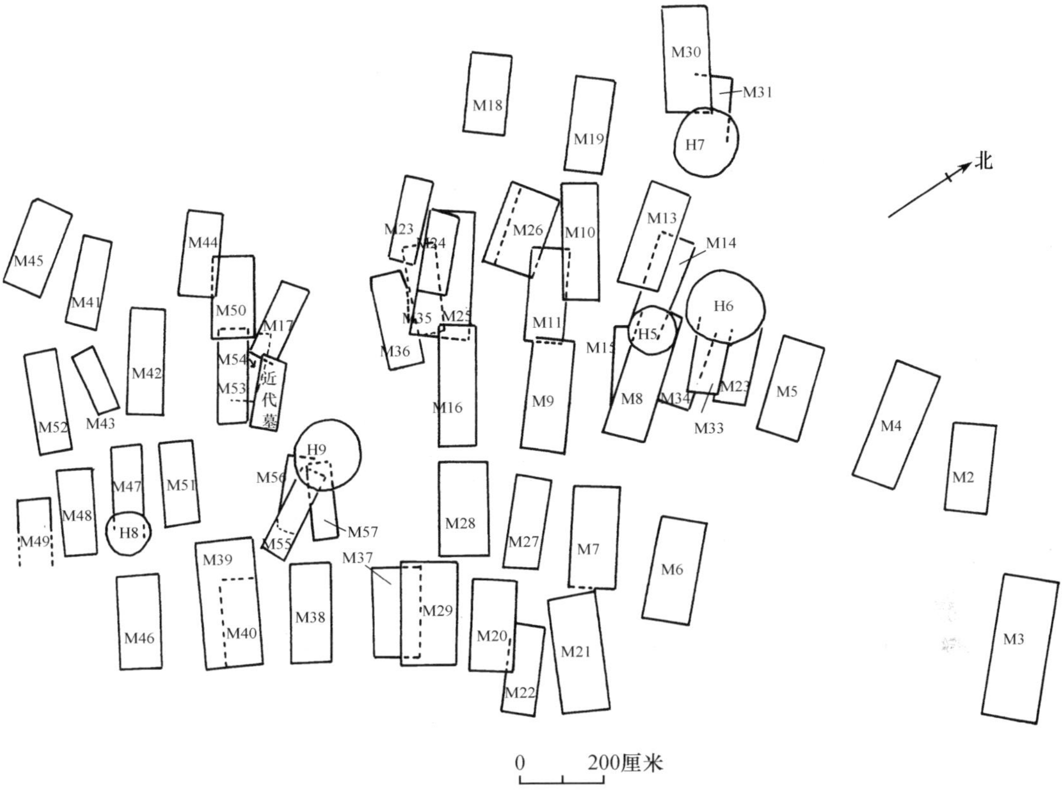

图四　纱帽山墓葬分布图

于头骨一侧，只有镬是置于脚下方。铜镯多套在墓主人手腕骨上，带钩则置于腹部。五铢钱多置于左手内侧。陶容器和炊器多放置于腹部一带，少数置于脚下方。绿松石珠、玉器装饰品等多放于墓主人头骨两旁，海贝多置于腹部。

通过对这批墓葬的分析比较，我们发现除山顶的M1与东南坡南部梯地上的56座墓葬不同外，且东南坡南部梯地的北半部墓葬与南半部的还有些不同。首先，前者分布不如后者密。其次，前者墓坑的方向大都在310°以上，而后者都在310°以下。第三，前者葬式大都为分层丛葬，而后者多为单人葬和合葬，墓坑也较后者深。第四，在随葬品方面，前者多为铜兵器、装饰品和陶器，后者则是较多出现铁器、五铢钱的墓。以上说明它们之间的早晚关系，即北半部墓葬的年代大多要比南半部的早一些，当然两者也有交叉的情况，这也是该墓地的一个特点，说明时代延续较长，所以早晚墓葬的交叉打破关系也就很复杂。

（二）葬式

纱帽山墓地的墓葬有单人葬、合葬和分层丛葬墓三大类。未成年人与成年人的葬法基本相同。下面按这三类分别叙述。

1. 单人墓

共10座（M11、M17、M24、M33、M43、M45、M48、M50、M51、M52）。另外5座（M31、M47、M49、M54、M56）虽只有一例人骨，但鉴于已被打破难以判断，暂不归类。除M43葬式不明之外，其余皆仰身直肢葬。

仰身直肢葬是常见的一种葬式。头向西或西北，面向东、东南或东北。大都是双手垂直贴于身躯，少数右手垫于髋骨下，左手平放于腹部，也有少数的双手微合平放于腹部的。下肢一般都是自然伸直并拢。有的较特殊，上下颌错位，嘴大张开着。举二例说明：

M11　位于墓地中部，长方形竖穴土坑墓，其东、西分别被M9、M10打破。长2.3、宽0.95、深0.6米。方向312°。人骨保存较好，双手垂直，头向西北，面向东。随葬品有铜矛、铜斧各1件，垂直相交置于头骨左侧；铜镞3件，置于右腹上；铜剑、石坠各1件，置于左手外侧；铜扣饰1件，海贝6粒，置于左手内侧；陶纺轮（残）置于脚下方（图五）。人骨经鉴定为男性，年龄25—30岁（附录一）。

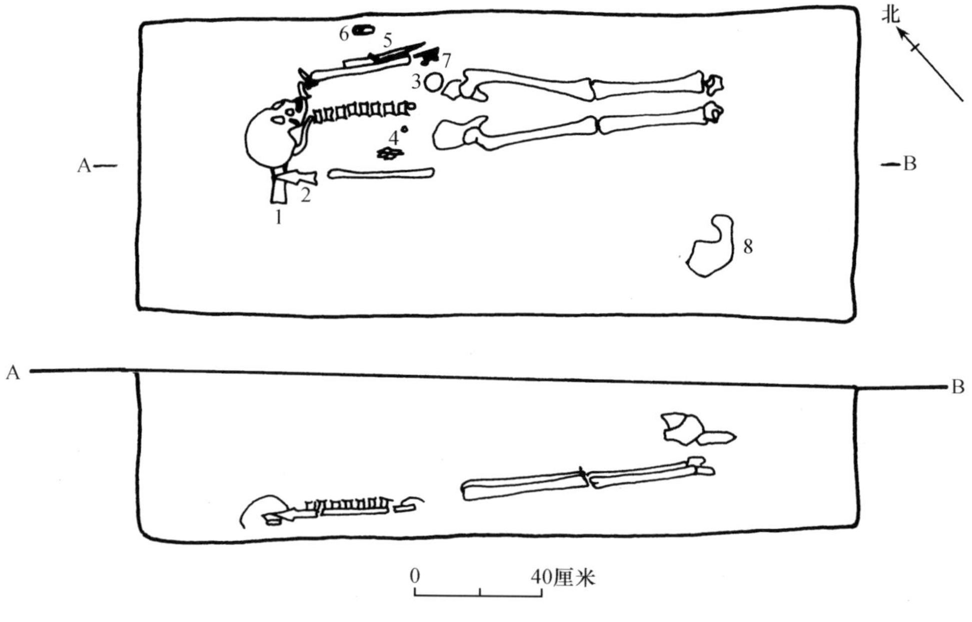

图五　M11平、剖面图

1. 铜斧　2. 铜矛　3. 铜扣饰　4. 铜镞　5. 铜剑　6. 石坠　7. 海贝　8. 陶纺轮

M50　位于墓地西南，长方形竖穴土坑墓，其西南被M44打破，长1.9、宽0.75、深0.4米。方向304°。人骨架保存好，上下颌错位，双手垂直，下肢伸直。随葬单耳圜底陶罐1件，置于头骨左侧；铜柄铁矛1件，置于左手外侧；五铢钱若干和环首铁削1件，置于左手内侧；铜带钩1件，置于腹部；环首铁削1件，置于两大腿中部；陶釜、石坠、铜镞、海贝各1件和螺壳2件，置于脚下部（图六；图版五，2）。人骨经鉴定为男性，年龄56岁左右。

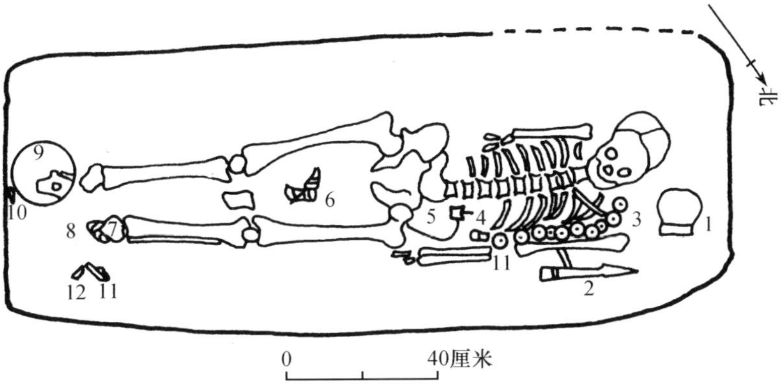

图六 M50 平、剖面图

1. 单耳圜底陶罐 2. 铜柄铁矛 3. 五铢钱 4、6. 环首铁削 5. 铜带钩 7、8. 螺壳 9. 陶釜 10. 残陶镞 11. 海贝 12. 石坠

2. 合葬墓

共 17 座，其中分二次合葬和一次与二次同穴合葬两种。

（1）二次合葬

共 5 座。合葬人数有 2 人、3 人、4 人和 7 人不等。举例如下：

① 二人合葬

只有 M18 一座。位于墓地西部，开凿于岩石之中，四壁向下倾斜内收，墓口长 1.9、宽 1、底长 0.8、深 1.2 米。方向 312°。散乱人骨一堆置于墓坑底东南角，有颅骨 2 个、四肢骨、体骨残片若干，分属 2 例个体。随葬 5 件陶壶，器口朝上，排成一堆置于坑底中部；螺壳 1 件，置于墓底中部（图七；图版六，1）。人骨经鉴定分属 2 个个体，一为女性，年龄 50 岁左右；另一属未成年，性别不明。

② 三人合葬

只有 M27 一座。位于墓地中偏东，长方形竖穴土坑墓，长 2、宽 1.05、深 0.7—0.8 米。方向 310°。人骨及随葬品都不置于墓底，而置于墓口以下的 0.55 米处。看来此墓是先回填墓室 0.55 米再葬。墓底成斜坡式，西高东低。人骨分离并呈一堆，置于坑中部。有颅骨 3 个（由上而下，分别编号为 A、B、C）、肱骨 3 根、股骨 2 根、髋骨 2 根，至少分属于 3 例个体。在人骨下方随葬有 2 件陶壶和 1 件陶钵，围成三角形状。头骨经鉴定：A 为儿童，年龄 3—4 岁；B 为成年男性，年龄 30—35 岁；C 为成年女性（图八；图版六，2）。

③ 四人合葬

2 座（M14、M32）。

M14 位于墓地中部偏北，其东、西分别被灰坑 H5 和 M13 所打破，长方形竖穴土坑墓，长 1.9、宽 0.8、深 0.8 米，方向 322°。人骨分两堆：坑底西头放置有颅骨 2 个（编号 A、B），皆为儿童；东头放置有颅骨 2 个（编号为 C、D），为一男一女，皆成年；四肢骨若干，交叉重叠，分属于 2 个个体。在墓坑底部西头有残陶罐和贝各 1 件，另外有绿松石饰珠若干（图九）。

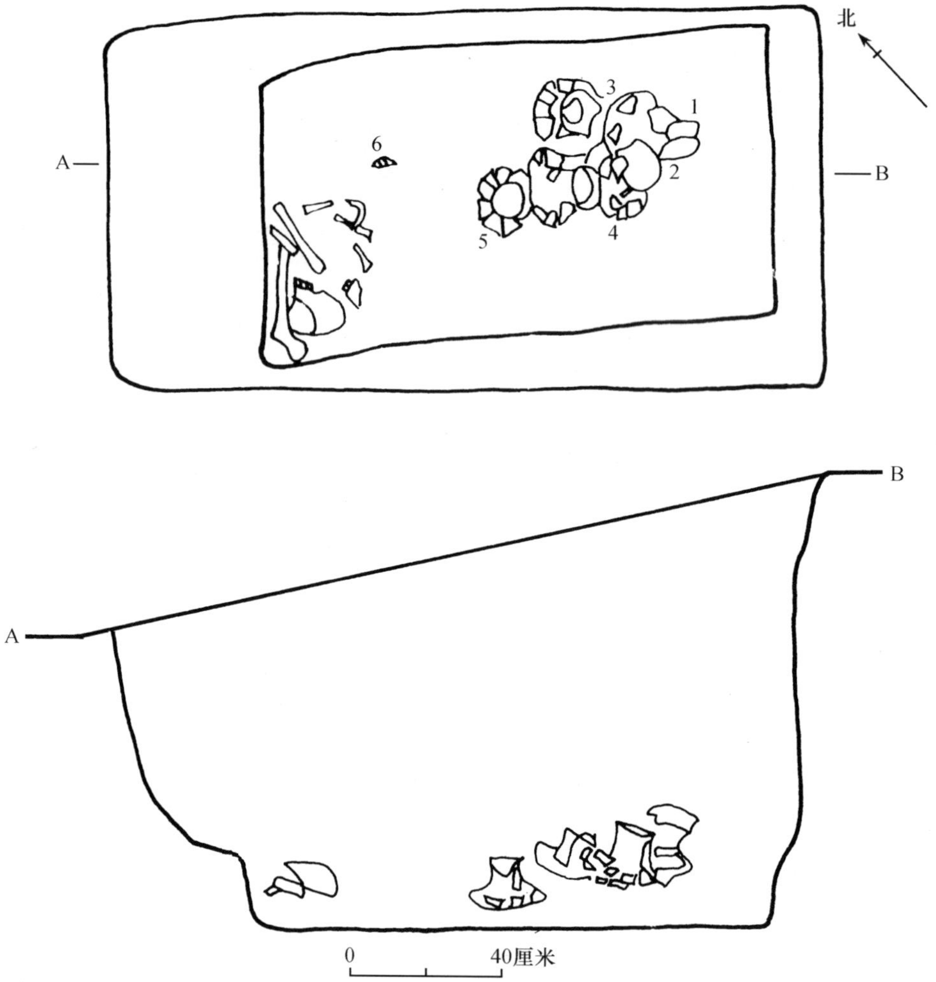

图七　M18平、剖面图

1—5. 陶壶　6. 螺壳

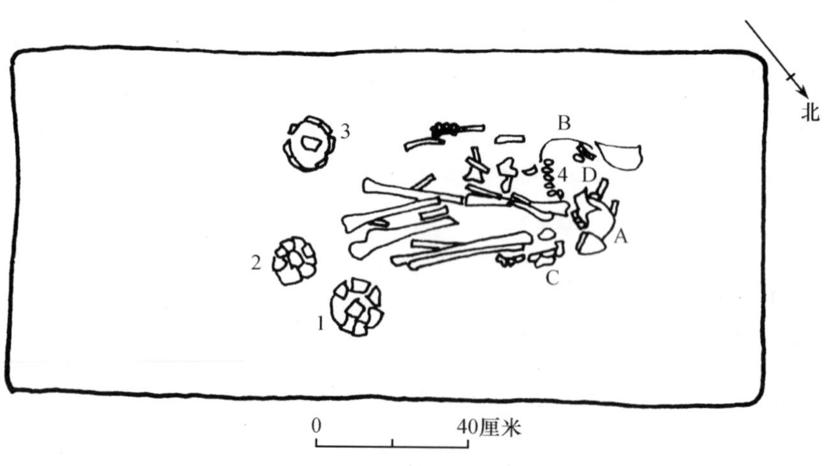

图八　M27平面图

1、2. 陶壶　3. 陶钵　4. 贝　A—C. 颅骨　D. 下颌骨

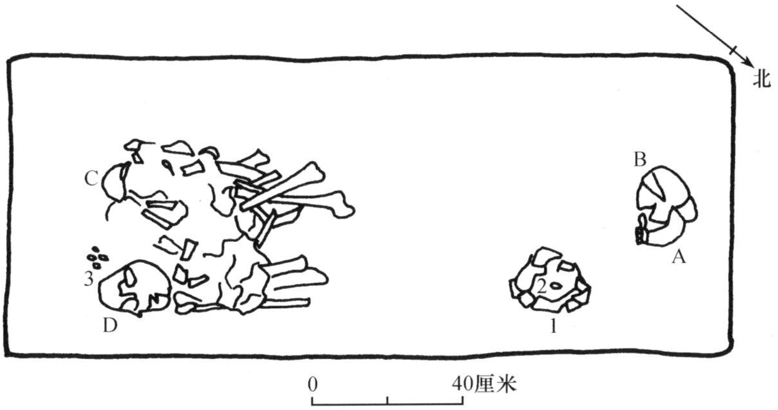

图九 M14平面图

1. 陶罐 2. 贝 3. 绿松石饰珠 A—D. 颅骨

④ 七人合葬

1座（M57）。位于墓地东南端，其西北灰坑H9打破，其南被M55打破。长方形竖穴土坑墓，残长1.2、宽0.6—0.8、深0.56—0.82米，方向296°。现存人骨7例，有颅骨4个、下颌骨4具、髋骨5根、股骨14根、胫骨8根、肱骨8根、尺骨和桡骨各6根。人骨经鉴定：下颌骨①属男性，年龄35岁左右；②为男性，40岁左右；③为男性，35岁左右；④为女性，40岁左右。颅骨①为男性，35岁左右；②为男性，40岁左右。髋骨为成年人，分属于3男2女。无随葬品（图一〇）。

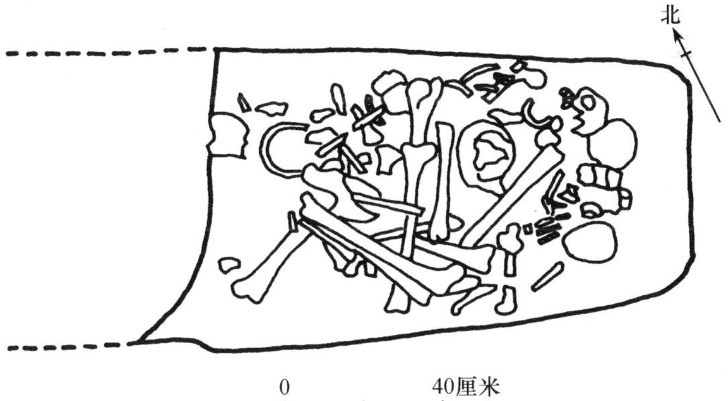

图一〇 M57平面图

（2）一次与二次同穴合葬

共12座。除M35为侧身屈肢葬与二次葬合葬外，余皆仰身直肢葬（或侧身直肢葬）与二次合葬。每座墓的合葬人数不同，葬2人者3座，葬3人者5座，葬4人者2座，葬8人者2座，下面分别叙述之。

① 二人合葬

3座（M23、M35、M55）。

M35　位于墓地西之中部，分别被 M23、M25 打破。长方形竖穴土坑墓，长 1. 8、宽 0. 8、深 3. 35 米，方向 295°。人骨保存较好，A 为侧身屈肢，头向西，面向东，双膝并拢向左蜷屈。B 颅骨 1 个，置于 A 体蜷曲的双腿之内，在 A 体下肢左右两侧又有 1 例人体四肢骨、肋骨、锁骨等，可能与 B 体属同一个体。在 A 体左手外侧随葬有铜削 1 件，墓坑东南角置有陶壶 1 件。人骨经鉴定：A 为男性，年龄 40—45 岁，B 为女性，30—35 岁（图一一；图版七，1）。

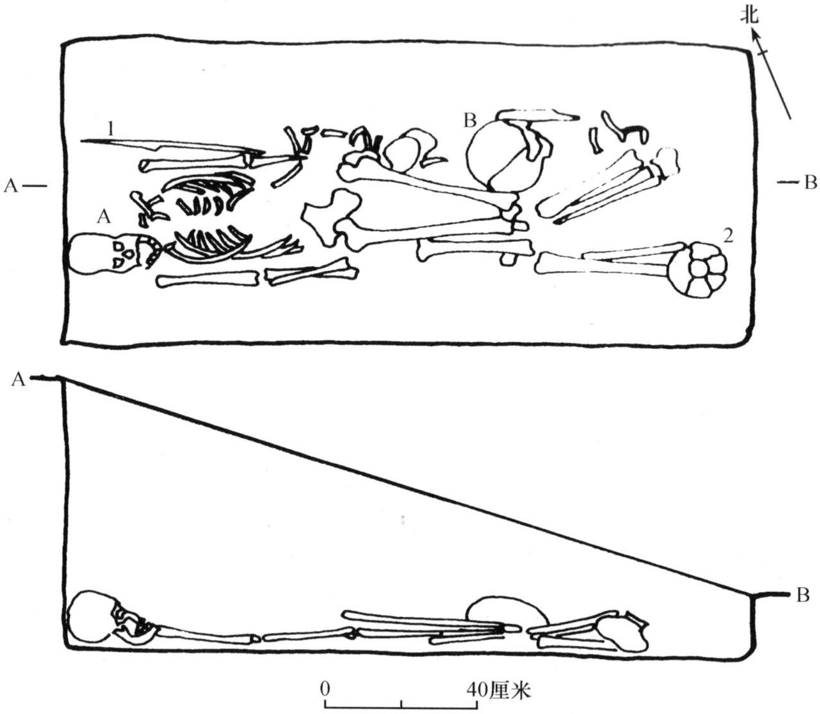

图一一　M35 平、剖面图

1. 铜削　2. 陶壶　A、B. 头骨

② 三人合葬

5 座（M22、M29、M39、M42、M44）。

M22　位于墓地东部，其南被 M20 所打破。长方形竖穴土坑墓，长 2. 2、宽 0. 8、深 0. 8 米，方向 310°。人骨保存较好：A 为仰身直肢葬，头向西北，面向东，嘴大张开，置于墓底中央；B 略稍作侧身直肢，斜压于 A 体之上，头骨正抵着 A 体张开着的嘴上；C 四肢分离散置于 A、B 体的下肢上。随葬铜斧 1 件，置于 A 体头骨左上方；陶罐 1 件，置于 A 体头骨右侧；铁矛 1 件置于 A 体胸上；五铢钱 146 枚，散置于 B 体腹部；陶钵 1 件，置于 B 体脚下方；铁镰、铜鍑、铜釜各 1 件，置于 B 体左侧中部。人骨经鉴定分属 3 个个体：A 为男性，35 岁左右；B 为女性，15—16 岁；C 为成年男性（图一二）。

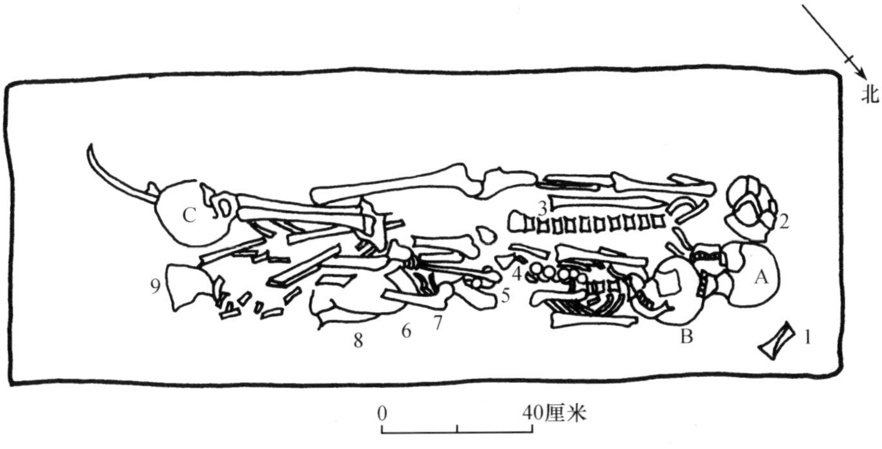

图一二 M22平面图

1. 铜斧 2. 陶罐 3. 铁矛 4. 五铢钱 5. 环首铁削 6. 铜釜 7. 铁镰 8. 铜镬 9. 陶钵 A—C. 头骨

③ 四人合葬

2座（M10、M12）。皆为1例仰身直肢葬和3例二次葬者合葬。

M10 位于墓地中部偏西，其东打破M11。长方形竖穴土坑墓，长2.24、宽1.05、深0.5米，方向300°。人骨保存较差。仰身直肢葬者，头向西；二次葬者，计有上下颌3具，分别置于三处；髋骨1根；股骨6根，互为交错重叠置于仰身直肢葬的脚上面。随葬铜柄铁剑1件，置于仰身直肢葬者的左手内侧；圆形铜扣饰1件置于剑下；铁矛1件，置于右肩上方。人骨经鉴定：仰身直肢葬者为男性，22—24岁。二次葬者，一为女性，40—45岁；一为成年，性别不清；一为儿童，6—7岁（图一三）。

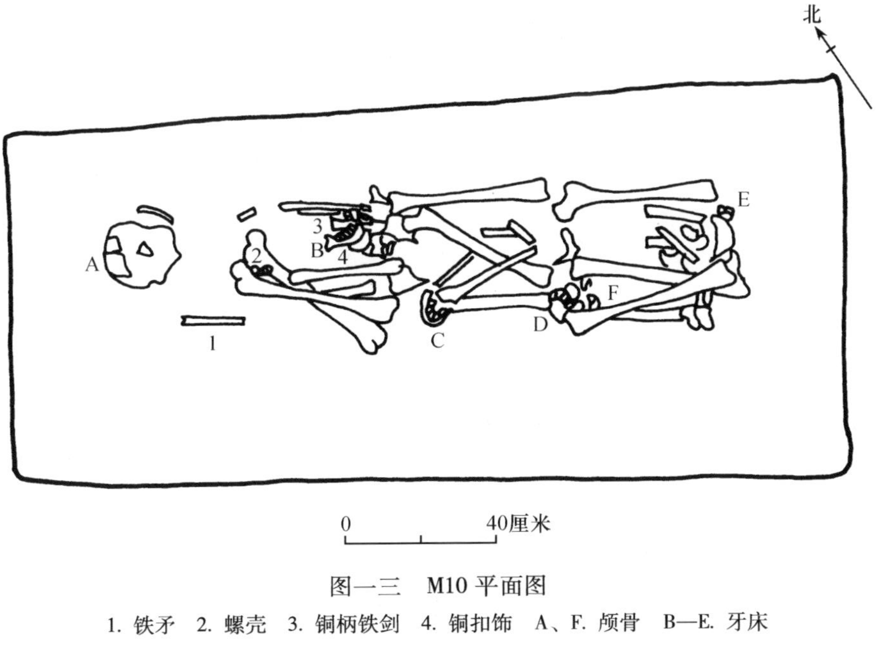

图一三 M10平面图

1. 铁矛 2. 螺壳 3. 铜柄铁剑 4. 铜扣饰 A、F. 颅骨 B—E. 牙床

④ 八人合葬

2 座（M25、M28）（图版七，2）。

M28　位于墓地中部偏东。长方形竖穴土坑墓，长 2.1、宽 1—1.2、深 0.9 米，方向 302°。填土为黄红色，较黏，不含沙石、螺壳，与其他墓葬填土不同。人骨及随葬品也不置于坑底，而置于墓口以下 0.5 米处。人骨保存完好，葬式复杂，为 5 例仰身直肢葬者和 3 例二次葬者。人骨由西向东依次为：A 仰身直肢，头向西北，面向东南，置于墓坑北侧；B 仰身直肢，紧靠 A 体右侧，与 A 体相对，头略低于 A 体；C 仰身直肢，头靠在 B 体胸上，平躺于 B 体之上；D 仰身直肢，头向东南，面向西北，与 A 反向而葬，平躺于 A 体之上，头靠在 A 体脚上；E 仰身直肢，平行于 D 体，紧靠其右，头向东南，面向东，与 C 体反向而葬；F 颅骨 1 个，置 B 体的脚下方，面朝地；G 颅骨 1 个，置于 D 体的后脑侧，面向南；另在 F、G 体之间重叠一堆四肢骨、髋骨及体骨残片，高出 5 例完整人骨 10 厘米，计有髋骨 2 根、股骨 6 根、肱骨 4 根、下颌骨 1 具（编号 H）、肋骨、脊椎骨若干，故推测二次葬者至少应为 3 例。随葬陶豆 1 件，置于 A 体左肢下；陶纺轮 2 件，分置于 B 体头骨上颌、C 体腹部。人骨经鉴定：A 为女性，25 岁左右；B 为女性，14—15 岁；C 性别不明，未成年；D 为儿童，7—8 岁；E 性别不明，13 岁左右；F 为儿童，4—5 岁；G 为男性，25 岁左右；H 为男性，25—30 岁（图一四）。

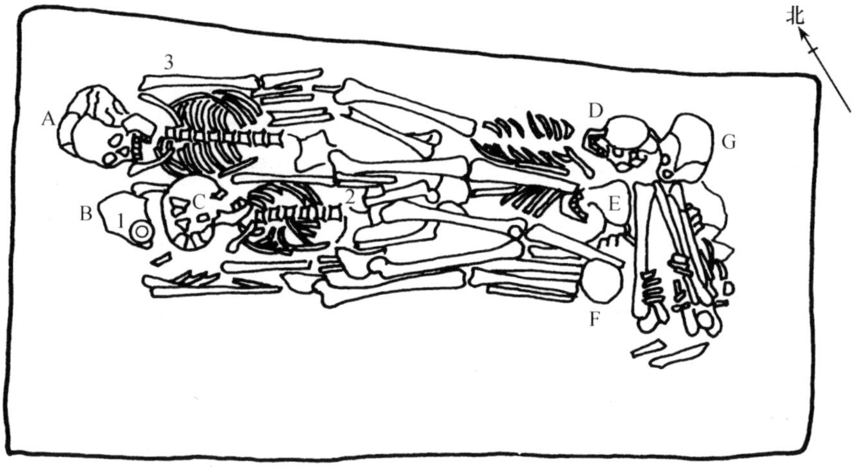

图一四　M28 平面图

1、2. 陶纺轮　3. 陶豆　A—G. 颅骨

3. 分层丛葬墓

共 22 座，这是该墓地最多的也是最为复杂的一种葬式。同一墓坑分成几层（腰坑、脚坑等也单独算一层），层与层之间填土相隔；间隔一般为 0.3 米，最深的 1.1 米，最浅的 0.1 米。层位从二层至六层不等。下面按层位数多寡，分别述之。

(1) 二层丛葬墓

共6座(M3、M9、M19、M26、M41、M46)。M3丛葬的人骨最多,为16人;M41的最少,为4人。各层葬式不同,有二次葬、一次与二次合葬、殉葬等。一次与二次合葬除M14是在第二层外,余皆出现在第一层。一次葬大都为仰身直肢葬,只有M46是仰身屈肢葬。举例说明如下:

M3 位于墓地东北部。长方形竖穴土坑墓,四壁向下内收,墓口长2.8、宽1.2、底长2.56、宽1.1、深2.3米,方向315°。填土中含有零星人骨,有下颌骨2具、头骨及四肢骨残片若干。这些碎人骨是否作为殉葬墓主人的,已不得而知。第一层,深1.9米。埋葬人骨6例,依次为:A略稍呈侧身直肢,头向西北,面向东南,其右侧随葬有铜戈、铜剑、铜矛、铜削、铜镞各1件,头骨上方有铜扣饰、玉玦、海贝等装饰品,随葬品以此为主;B仰身直肢,头向东南,与A体反向而葬,在其脚下随葬小平底陶罐2件,肢骨下置高领陶罐4件,在A体脚下、B体头骨附近堆放人骨一堆,有颅骨2个、下颌骨4具、髋骨4根、四肢骨若干,至少分属为4例个体。人骨经鉴定:A为男性?,25—30岁;B为女性,20—25岁;4例分离人骨分别为一男性,12—13岁;一女性,25岁左右;另外两例为成年男性。填土中的2例下颌骨,一为男性少年,12—13岁;一为25岁左右成年人,性别不详;头骨残片亦为成年人,性别不详。第二层,深2.3米。为腰坑,平面呈心形,直径0.8、深0.25米。人骨置满腰坑还高出10厘米,有颅骨4个(由左至右编为A′—D′),各置于腰坑最上层的一角,相互对称;髋骨4根分置其旁,周围四肢骨交错重叠。底层有髋骨5根、下颌骨6根、上颌骨2具、体骨碎片若干。本层人骨至少应为10例,似殉葬者。人骨经鉴定:A′、B′皆为成年男性;C′为男性?,40—45岁;D′为女性?,成年。上下颌骨分别为:①为男性,35岁左右;②为女性,30岁左右;③为儿童,7—8岁左右;④为女性,30—40岁左右;⑤为儿童,年龄7—8岁;⑥、⑦皆为女性,25—30岁左右;③与⑤上下颌骨吻合,应当为同一个体。无随葬品(图一五;图版八)。

M26 位于墓地西部,其北被M11打破,M12又叠压其上。长方形竖穴土坑墓,长2.1、宽0.9、深1.4米,方向310°。第一层,深1.1米,内葬3例人骨:A仰身直肢葬,头向西北;B仰身直肢葬,头向东南,斜压于A体之上,二者反向而葬;C颅骨1个,置于A体右下肢下,其右侧有一对平行股骨,可能也属C体的。仅随葬陶纺轮1件,置于A体的腹部。人骨经鉴定:A、B皆为成年女性,C为成年男性。第二层,深1.2米。墓坑底部有两坑,由西向东:第一坑为圆形,直径0.5、深0.2米,葬头骨3个(由上至下编为D、E、K),髋骨、四肢骨若干交错成一堆。第二坑亦为圆形,直径0.75、深0.2米,内葬头骨5个(由上至下编号为F—J),下颌骨、髋骨各5例倒置于头骨旁,四肢骨若干排列有序,上肢骨于下肢分开排列,不超出5例。本层人骨至少个体数应为8例。人骨经鉴定:D为成年男性;E为中年女性;F为女性,25岁左右;G为成年女性;I为女性,40岁左右;J为男性,40—45岁;K为男性,45—50岁(图一六)。

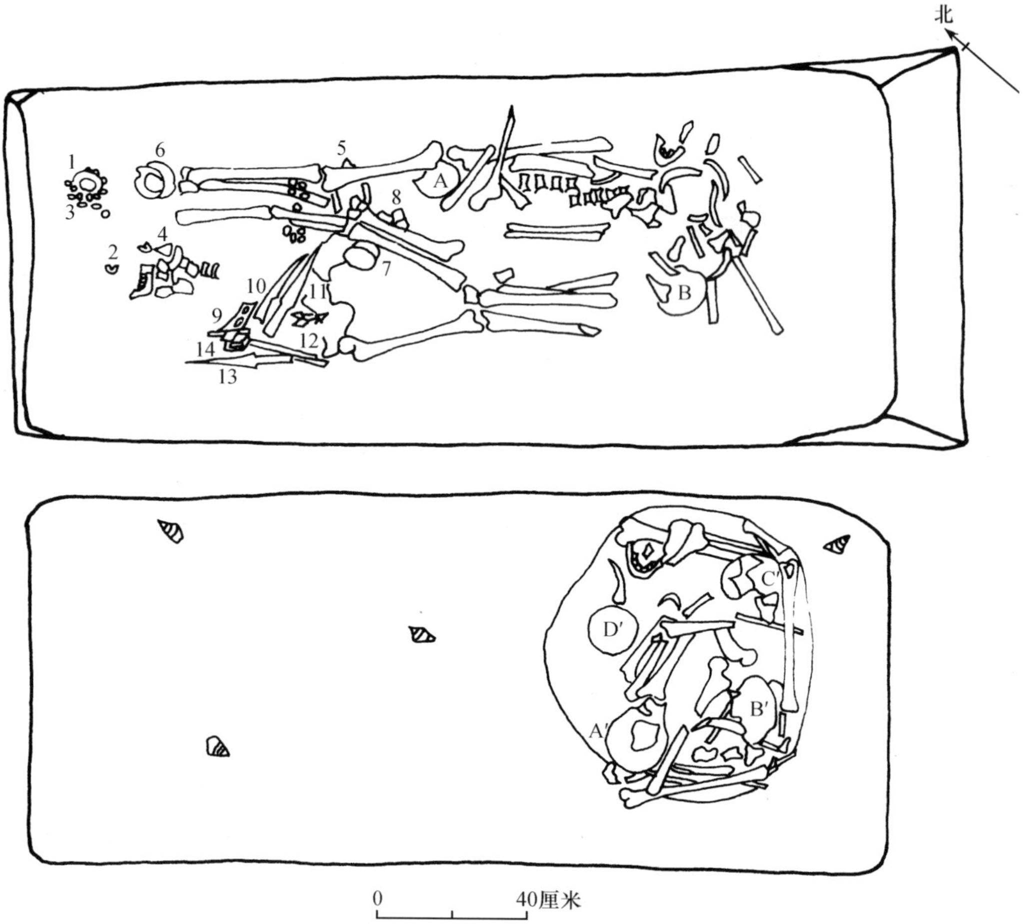

图一五 M3平面图和腰坑平面图

1. 铜扣饰 2. 玉玦（2件） 3. 海贝（若干） 4—8. 陶罐 9. 铜戈 10. 铜削 11. 铜剑 12. 铜镞 13. 铜矛 14. 铜斧 A、B. 颅骨 A′—D′. 颅骨

（2）三层丛葬墓

共10座（M1、M6、M7、M13、M16、M21、M37、M38、M40、M53），是丙类墓中最多的一种葬式。M37人骨最少，为4人；M1的最多，为10人。除M1为无一次葬者外，余皆一次葬和二次葬并存。一次葬者大都为仰身直肢葬，少数为侧身直肢葬，而且大都出现在第一层或第二层，只有M38是出现在第三层且单独一具，无二次葬者。举例说明如下：

M1 位于山顶TG1北端，与东南坡墓地相距20余米，墓开凿于红色砂岩中，填土为土红色夹杂有大小石块，墓坑四壁微向内凹，为长方形竖穴土坑墓，长3、宽1.8—1.9米，底长2.6、宽1.52—1.8米，口深0.2、坑深1.4—1.7米。方向320°。第一层：深0.4米，墓中有20厘米×30厘米的石块10余块，肱骨1根（已成年），在石块周围散置有随葬品如海贝、绿松石饰珠若干、蝉形铜饰1件、铜镞1件、残陶罐2件。第二层：深1.3—1.4米，是主葬层位，其中共有人骨5例：A为墓主，为二次葬，

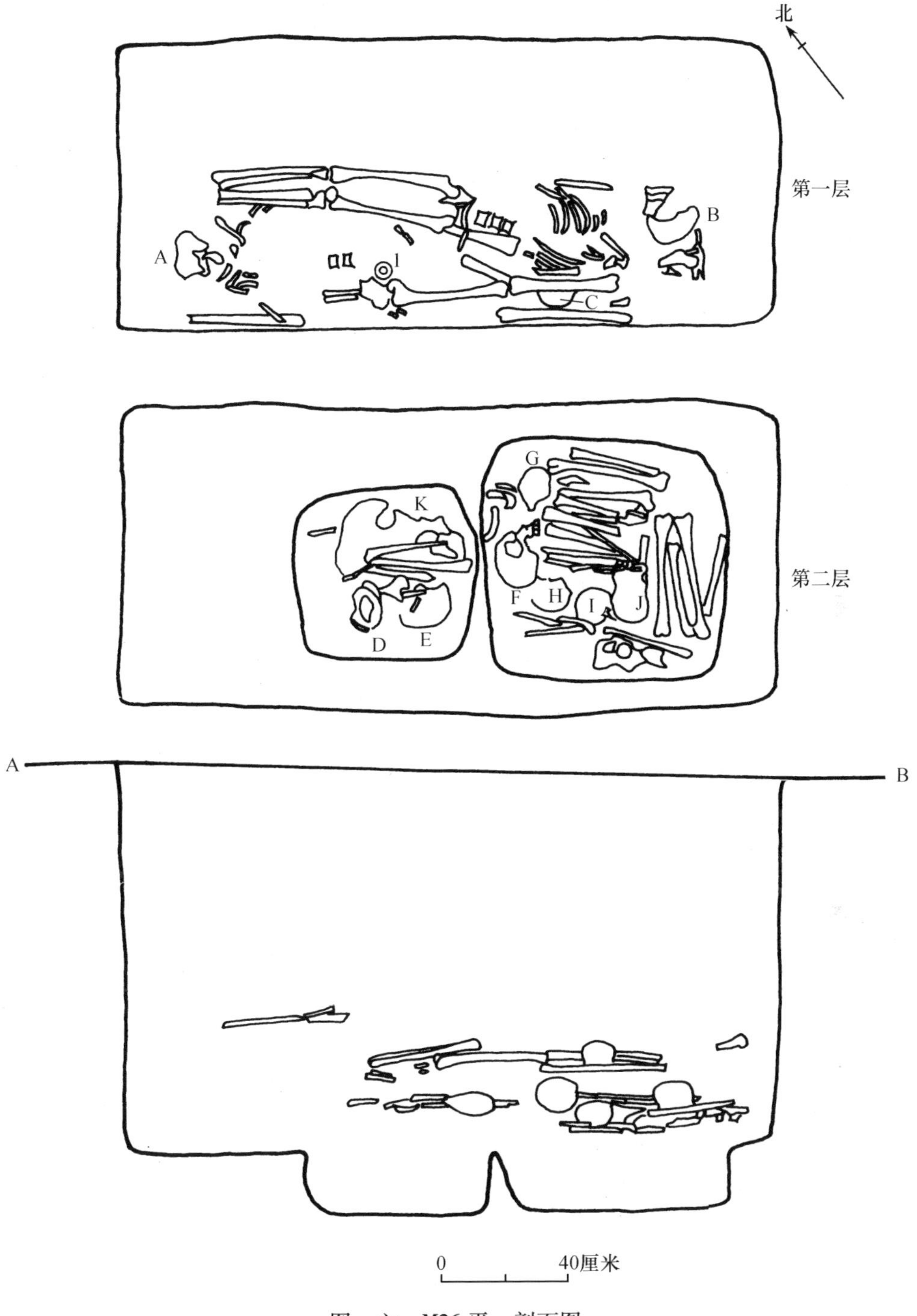

图一六 M26平、剖面图

1. 陶纺轮 A—K. 颅骨

上身基本收全，下肢未收，头向北，面向东，置于墓圹北端。头骨上方随葬有铜削 1 件，玉管、骨饰、陶纺轮各 2 件；大量的海贝，足有 700 余枚；上身散置有大量的绿松石饰珠（足有 1000 余粒）；双手套满铜镯（100 余件）。墓坑南端散置一堆分离人骨，有颅骨 4 个（编号 B—E）、四肢骨若干（不超出 4 例），人骨中杂有牛肢骨和牛上颌骨各 1 段，人骨旁置铜镞 2 件、陶壶 4 件、玉管 40 件及一些散置的绿松石饰珠。人骨经鉴定：A 为男性成年（田野鉴定为老年女性）；B 为男性，22—24 岁；C 为女性，20—25 岁；D 为男性；20—22 岁；E 为女性，16—18 岁。第三层：深 1. 35—1. 5 米，为腰坑，略为椭圆形，直径 1. 3、深 0. 3 米，内葬颅骨 4 个（A′—D′）、四肢骨若干、牛头骨 1 个、螺壳 1 枚。人骨经鉴定：B′为女性，25—30 岁；C′为女性，30 岁左右；D′为男性，30 岁左右，似为殉葬者。A′未鉴定（图一七；图版七，3）。

M6　位于墓地东北部，长方形竖穴土坑墓，四壁向下略内收，口长 2. 5、宽 1. 22、底长 2. 2、宽 1. 05、深 1. 5 米。方向 316°。第一层：深 0. 5 米。共葬人骨 5 具，皆为一次葬者，头向皆为西北；A 微略弯侧身直肢，置于墓圹北侧；B 仰身直肢，葬于墓坑底；C 侧身直肢，压于 B 体之上，缺头骨（仅存下颌）和左胫骨、腓骨；D 仰身直肢，置于墓坑南部，斜压于 C 体之下；E 侧身直肢，压于 A 体之下。随葬品以 D 为主，放置于头骨和上肢骨附近，计有铜斧、铜削各 1 件、铜镞 3 件（其中 1 件插于右肱骨上，系生前受伤）；另在 A 体身上颌下肢下各置陶釜 1 件，在 B 体左手侧放置有石坠 1 件。人骨经鉴定：A 为女性，约 22—24 岁；B 为男性，约 45—50 岁；C 为女性，约 22—24 岁；D 为男性，35 岁左右；E 为青年女性。第二层：墓坑长 2. 3、宽 1. 05、深 1. 4 米。埋葬仰身直肢葬者 1 例（F），头向西北，面向东南。头骨上放置石坠 1 件，左侧放置陶釜 1 件、海贝若干；身体下或左侧放置陶壶 4 件、铜矛 1 件、铜镞 2 件。颅骨右顶部上有箭创。人骨经鉴定为男性，年龄约 45 岁。第三层：深 1. 4 米，为腰坑，长方形，长 0. 85、宽 0. 55、深 0. 2 米。内葬颅骨 2 个（G、H），髋骨 2 根，股骨、胫骨各 2 根交错重叠。这些人骨似为殉葬者。人骨经鉴定：G 为女性，45—50 岁；H 为男性，45 岁左右（图一八）。

M38　位于墓地东南部，开凿于岩石之中。长方形竖穴土坑墓，第二、三层南壁各有单边生土二层台。墓口长 2. 2、宽 1. 1—1. 3 米，底长 2. 1、宽 0. 6 米，深 0. 8—1. 1 米。二层台宽 0. 2 米左右。方向 308°。第一层：深 0. 3—0. 5 米。散乱人骨一堆至墓圹底部东南角，有颅骨 2 个（A、B）、股骨 6 根、胫骨 6 根、腓骨 6 根、肱骨 2 根、尺骨和桡骨各 2 根、髋骨 3 根、下颌骨 2 具等，交错重叠；坑中部有单独 1 具下颌骨（编号 C）。本层人骨个体数至少应为 3 例。仅在人骨旁随葬铜镞 2 件、铜镯 1 件。人骨经田野鉴定：A 为青年女性；B、C 皆为壮年男性。第二层：长 2. 1、宽 0. 7—1、深 0. 7—0. 9 米。填土颜色变浅，墓坑东头散置人骨一堆，有股骨、尺骨各 2 根、胫骨 1 根和肋骨少许，至少属于 1 例个体（已成年，似为男性）。无随葬品。第三层：深 0. 8—1. 1 米。葬有仰身直肢者 1 例，头向西北，面向南，下颌骨压在右肩上，左手伸直贴于身，右手垫在髋骨下，脊椎骨向上凸。随葬品大都置于人骨两侧和腹部，计有圜底陶罐、陶釜各 1 件，铜斧、铜骹铁矛各 2 件，环手铁削各 1 件、铜柄铁剑 2 件、铜扣饰 4 件、铜镞、铜泡 6 件。人骨经鉴定为男性，50 岁左右（图一九）。

图一七 M1平、剖面图

1、7. 海贝 2. 铜饰 3、28. 铜镞 4—6. 陶罐 8—10、20、21. 绿松石饰珠 11—13. 铜镯 14—16、32. 螺壳 17、18. 陶纺轮 19. 铜削 22. 玉管 24—27. 陶壶 A. 人骨 B—E、A′—D′. 颅骨

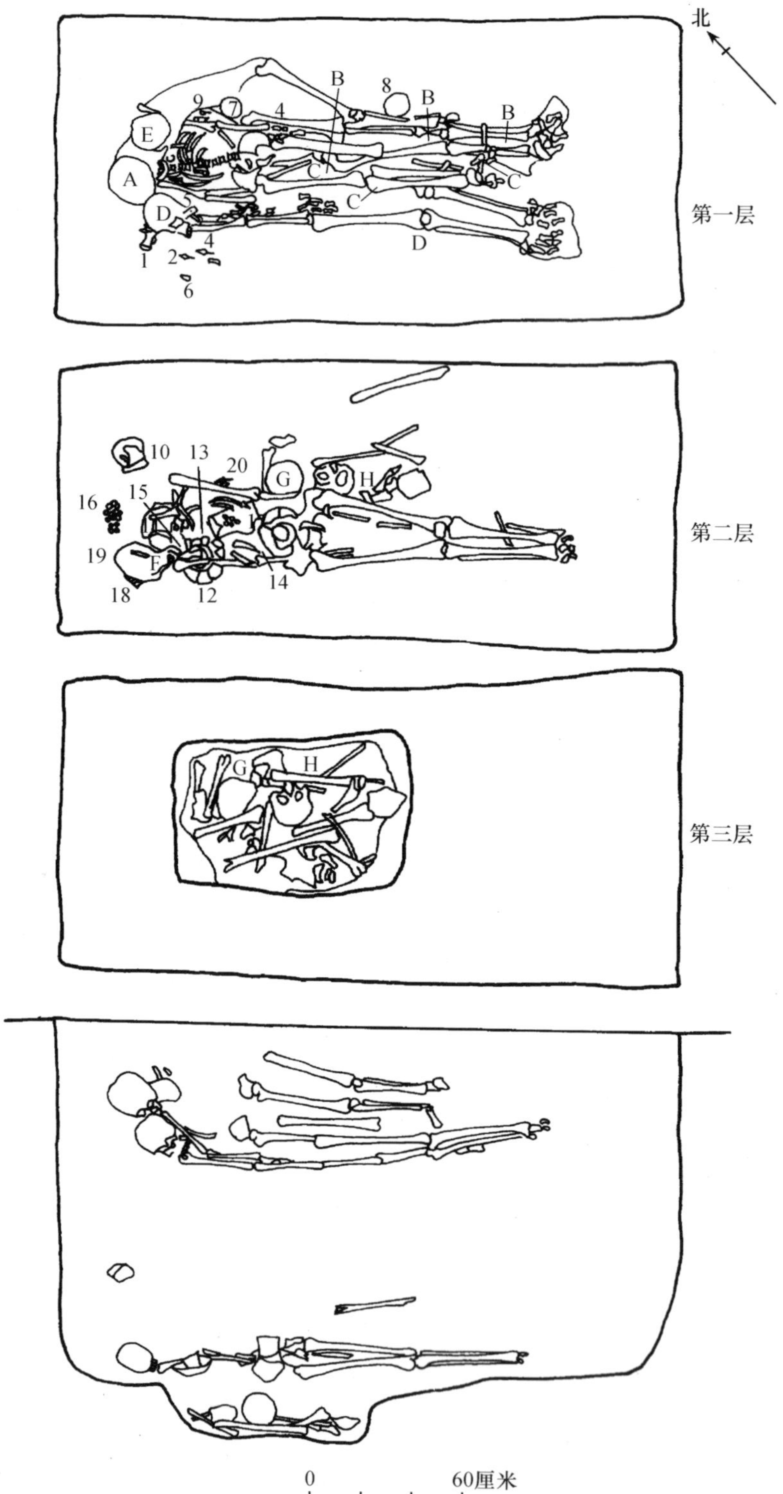

图一八　M6 平、剖面图

1. 铜斧　2. 铜镞　3. 陶罐　5. 铜削　8. 陶釜　9. 石坠　11、13. 陶壶　A—F. 人骨　G、H. 颅骨

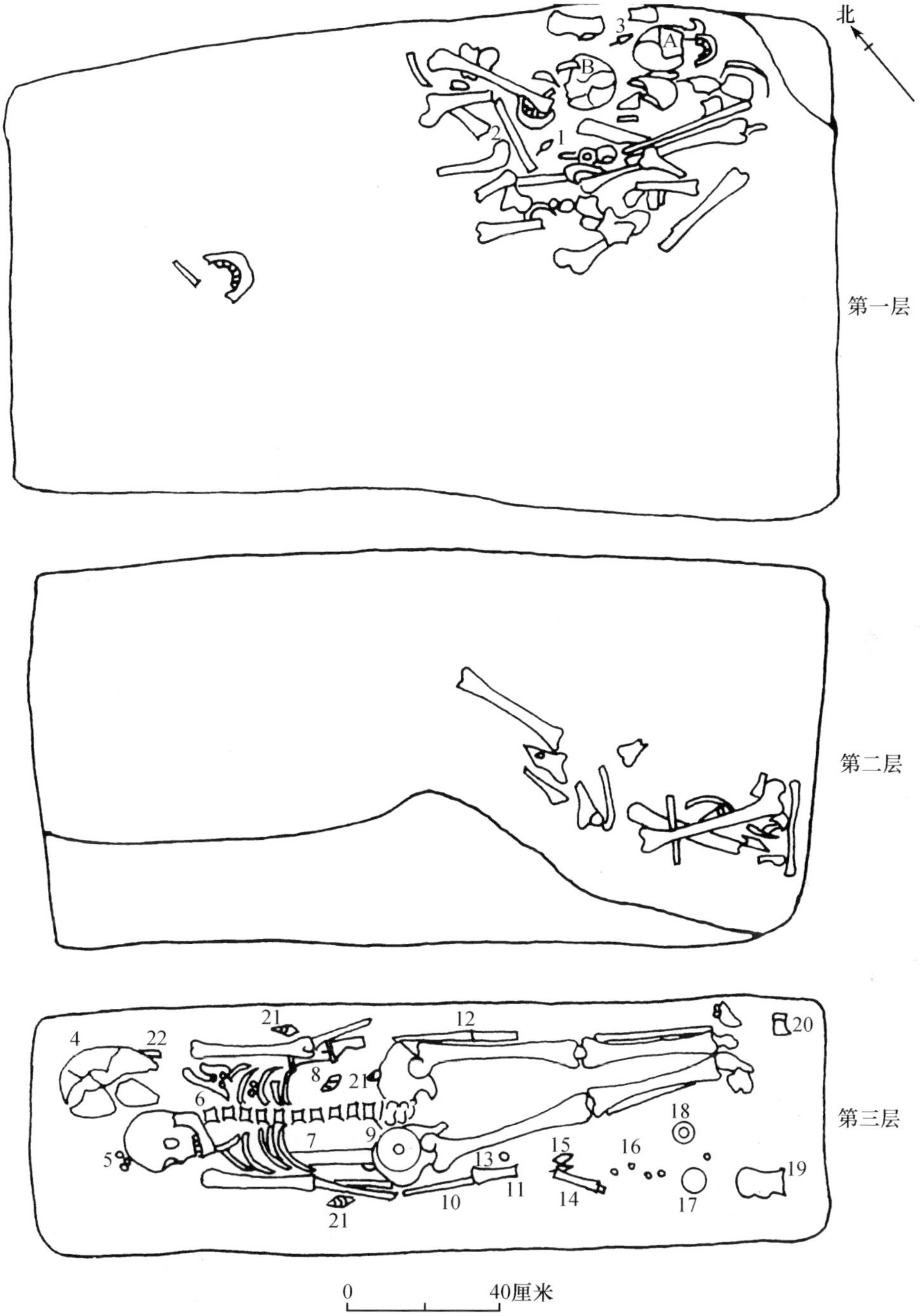

图一九 M38平面图

1、3、15. 铜镞 2. 铜镯 4. 陶釜 5、6. 海贝 7、8. 铜柄铁剑 9、13、17、18. 铜扣饰 10. 铁削 11、20. 铜斧 12、14. 铜骹铁矛 16. 铜泡 19. 陶罐 21. 螺壳 22. 残铁器 A、B. 颅骨 C. 下颌骨

M40　位于墓地东南部，M39叠压其上。长方形竖穴土坑墓，长2.2、宽0.7米、深1.1米。方向300°。第一层：深0.7米，在墓坑西南放置颅骨1个，其东段有下颌骨、胫骨、腓骨、尺骨、桡骨、肋骨、锁骨、肩骨各1根、股骨3根、脚趾骨1对。本层个体数为2例。仅在其东南角随葬陶纺轮1件。颅骨经鉴定为女性，25岁左右；下颌骨经田野鉴定为壮年男性。第二层：深0.8米，葬有仰身直肢葬1例，头向西北，面向南，右手垫于髋骨下，左右平放于腹部。人骨经鉴定为男性，45岁左右。值得注意的是，在墓主肩和膝关节下各有一根股骨，而在髋骨下垫于一胫骨，股骨、胫骨头朝北与墓主垂直，且此2根股骨和1根胫骨似属于同一个体的，为成年男性。在墓主右手和腹部一带随葬铜柄铁剑、铜扣饰、玉管各1件、海贝若干、双脚间置铜镞1件。第三层：长2.1、宽0.65、深1米。人骨分两堆：东头有颅骨1个（经鉴定为女性，35岁左右）。四肢骨、下颌骨、躯干骨骼若干（与头骨似属同一个体）；西头有颅骨3个（皆未成年），重叠作三角形状，四肢骨若干分属3例个体（也未成年）。故本层至少有4例人骨个体数，即1例成年女性、3例未成年人。随葬品有陶罐1件、陶纺轮2件、海贝、螺壳若干置于坑底部东头（图二〇）。

（3）四层丛葬墓

共4座（M2、M4、M8、M20）。M2和M4人骨最多，为17人；M8次之，为16人；M20最少，为12人。M2、M4只有1例一次葬者；M8有两层共3例一次葬者；M20前三层分别有1例一次葬者。一次葬中，M20有1例屈肢葬者，余皆仰身或仰身直肢葬。举例说明如下：

M2　位于墓地北部。长方形竖穴土坑墓，墓口长2.3、宽1.2米，底长1.8、宽1.1米，深1.4—1.9米。方向312°。第一层：深0.5米。散乱人骨呈长方形状放置于坑内，不见脊椎骨、下肢骨等骨骼，只有下颌骨2具、上肢骨残断6根，个体数至少应为2例。随葬品仅有铜镞、海贝各1件。人骨经鉴定：下颌骨一男性，30—35岁；下颌骨一女性，20岁左右。第二层：深0.7—1.1米。仰身直肢葬1例，不见头骨，只存上颌骨，可辨为头向西。其体下压有分离人骨，有颅骨4个（编号为A、B、C、D）、下颌骨2具、四肢骨若干，至少分属于4例个体。仰身直肢葬者头部附近随葬有铜斧、铜矛、铜镞各1件，左手处放置铜剑1件，剑上有凸底浅盘1件；脚下有海贝、螺壳若干。人骨经鉴定：仰身直肢葬者为男性成年。第三层：长2.2、宽1、深0.95—1.4米。人骨集中堆放在墓坑东头，有颅骨3个（由上至下编号为E、F、G）、髋骨2根（编号H、I）、胫骨、尺骨、桡骨各4根、股骨、肱骨各2根、腓骨1根等互相交错，至少分属于3例个体。随葬品仅有残铜削和铜镞各1件。人骨经鉴定：F为男性，30—35岁；G为男性，45岁左右；H和I皆为成年男性。第四层：深0.9—1.4米，西壁留有单边生土二层台，长0.4、高0.2米。人骨皆分离，有颅骨7个、四肢骨若干和少量肋骨，不见脊椎，本层至少个体数为7例。在人骨中部北侧随葬陶壶2件。人骨经鉴定：一女性，30—35岁；一女性成年；一男性，35岁左右；一男性，20岁左右；一男性，20—22岁；两个男性成年（图二一；图版九）。

M8　位于墓地中部偏北，其西北H5打破，其南又打破M15。长方形竖穴土坑墓，

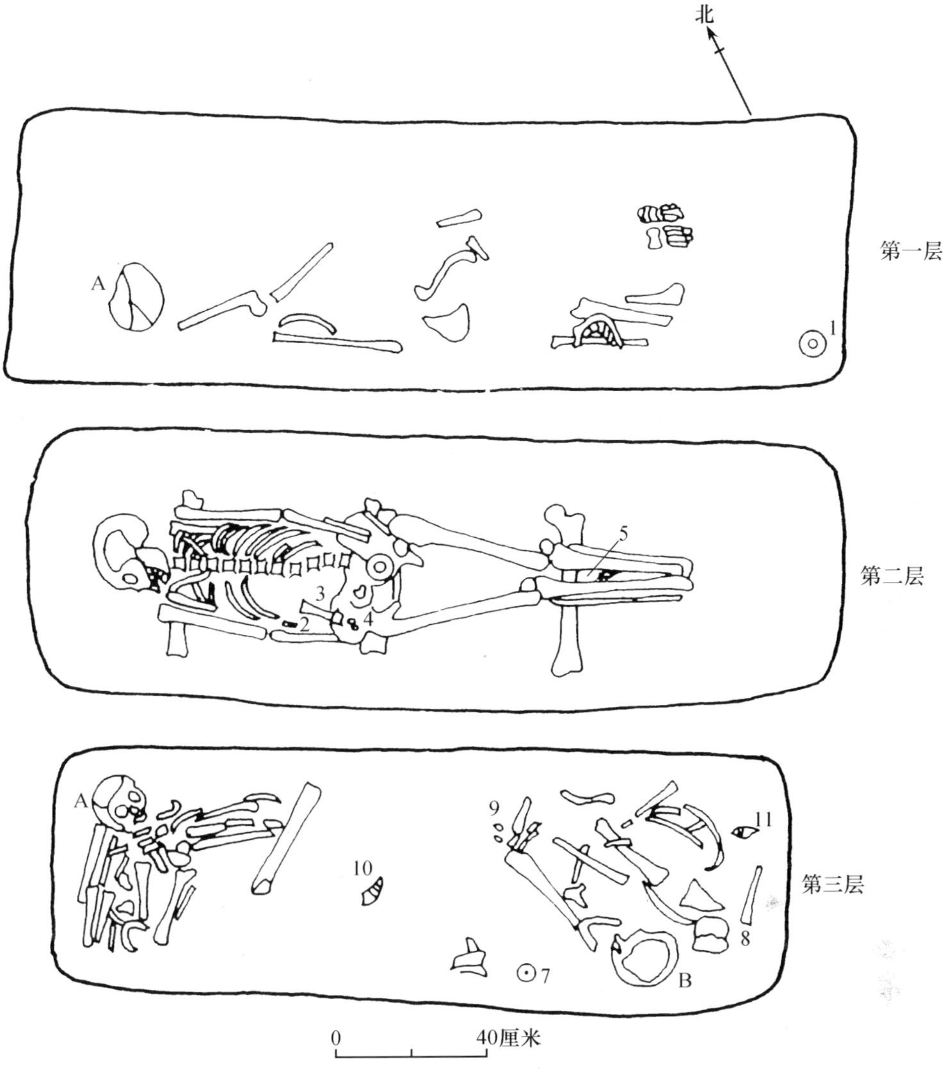

图二〇 M40平面图

1、7. 陶纺轮 2. 玉管 3. 铁剑 4、9. 海贝 5. 铜镞 6. 铜扣饰 8. 陶罐 10、11. 螺壳 A、B. 头骨

口残长2.2、宽1.1米，底长1.8、宽0.8米，深1.6米。方向324°。第一层：深0.25米。残存1具人骨的体骨半节，身左侧放置有铜剑1件、夹砂陶片若干。人骨经鉴定：为男性，40岁左右。第二层：深0.95—1.4米。有人骨4例，A为仰身直肢，头向西北，面向东南；C为侧身直肢，头向东南，面向南，为右侧身，紧贴A体，二者反向而葬；B为颅骨1个，置于A体右下肢之下；D为颅骨1个、四肢骨、肋骨若干，置于A体脚下。在A体身上放置陶罐2件，右侧放置有残铜器1件；C体身下置有陶纺轮1件；北壁置铜镞2件。人骨经鉴定：A为男性，35岁左右；B为成年女性；C为女性，35岁左右；D为男性，35—40岁。第三层：深1.2—1.5米。东壁有一高约0.3米的单边生土二层台。仰身直肢葬1具置于墓坑中央，不见颅骨，可辨头向西。其身下压有头骨2个（编号A′、B′），下肢下压有颅骨1个（编号D′），脚下有颅骨一个（编号

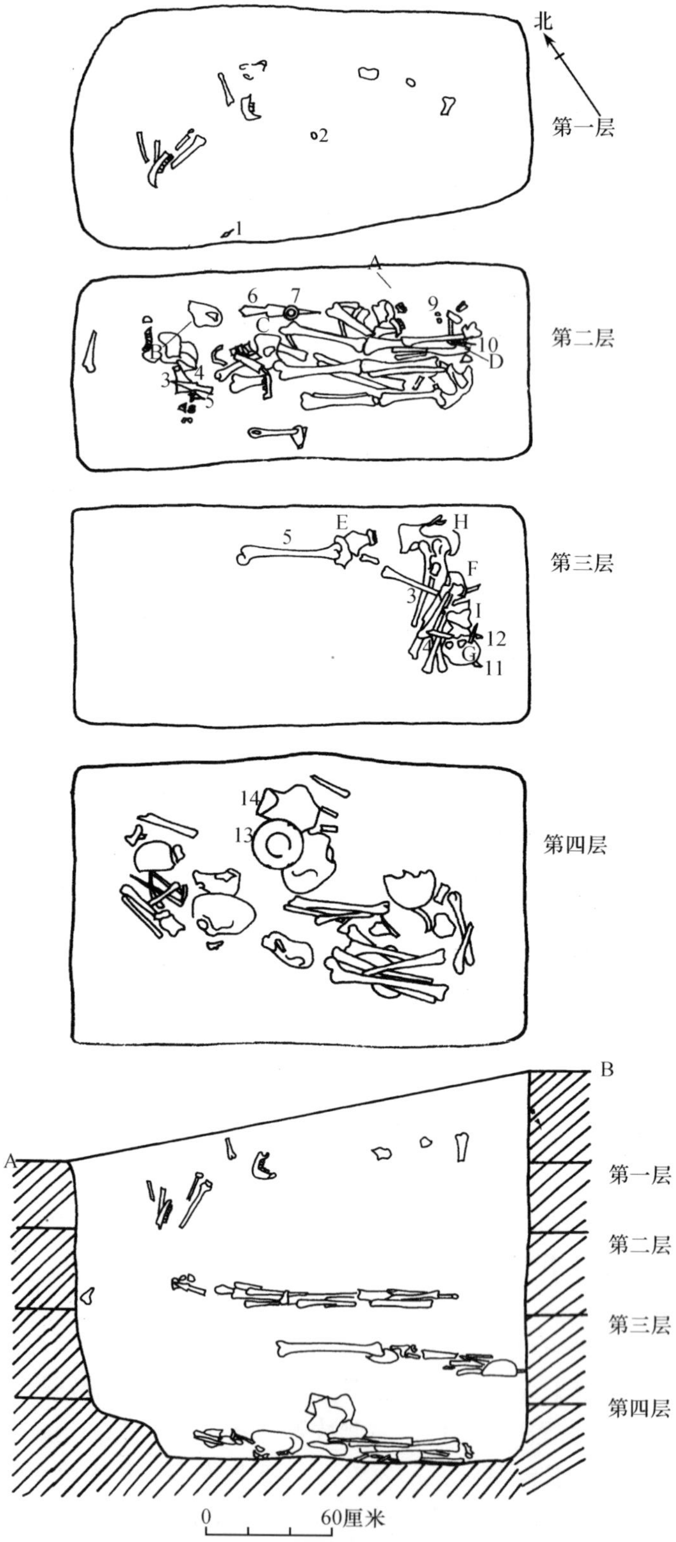

图二一　M2平、剖面图

1、5、12. 铜镞　2、9. 海贝　3. 铜斧　4. 铜矛　6. 铜剑　7. 陶盘　8、10. 螺壳　11. 铜削　A—G. 颅骨

C′)，另有四肢骨若干。本层个体数至少为5例。在仰身直肢葬者的上身侧随葬有铜镞、陶纺轮各1件，下肢侧放置有海贝若干。人骨经鉴定：仰身直肢葬者为成年女性；A′为成年男性；B′为成年女性；C′为女性，22—24岁；D′为男性，40—45岁；另有下颌骨一段，为40岁左右，男性，可能属于A′体的。第四层：深1.4—1.6米。四壁留有宽0.1—0.3、高0.2米的四周生土二层台。内埋葬有分离人骨若干，其中有人头骨6个（编号为A″—F″）、四肢骨若干重叠（仅有1例下肢相连），本层至少个体数为6例。随葬品仅有铜镞2件、海贝1粒。人骨经鉴定：A″为成年女性；B″为2岁以内婴儿；C″为女性，35—40岁；D″为成年男性；E″、F″皆为青年女性（图二二）。

M20　位于墓地东部。长方形竖穴土坑墓，底略内收，长2.2、宽1.2、深0.7—0.9米。方向306°。第一层：深0.2米。侧身屈肢葬1具（编号A），头向西北，面向东，为左侧身，下肢蜷曲较甚，股骨、胫骨呈锐角，其间置有一个颅骨（B）。随葬有铜牛头扣饰1件，置于腹部，陶纺轮1件置于脚下，另有一些海贝、螺壳散置于其间。人骨经鉴定：A为女性，45—50岁；B为成年男性。第二层：长2.2、宽1、深0.55米。填土未变，四壁已至页岩层。葬有仰身直肢1例（编号C），头向西北，面向东；其右侧置有1具上下颌骨（编号D）。本层应为2例个体。随葬品有五铢钱1枚、铜镯1件置于腹部；陶纺轮、残陶罐各1件置于脚下方；猪肢骨（?）一段（编号E）置于右手内侧。人骨经鉴定：C为成年女性；D为成年，性别不详。第三层：深0.2米。葬者仰身直肢1例（编号A′），头向西北，面向西南，在其右侧交错重叠散乱人骨一堆，有颅骨3个，上下颌骨3具与颅骨分开，并有四肢骨、肋骨若干，至少分属于3例个体。仅随葬螺壳2枚，人骨经鉴定：A′为女性，50岁左右；散乱者为男性，20岁左右，以及成年女性和中年女性。第四层：脚坑，位于墓坑底部东头，平面为长方形，长1.2、宽1、深0.2米，脚坑三壁仍以墓壁为边。内葬有颅骨4个（由上至下编号为A″—D″），另有一些人骨经鉴定：A″、B″、C″皆为男性成年；D″为男性，40岁左右（图二三）。

（4）五层丛葬墓

仅M5一座。位于墓地北部。长方形竖穴土坑墓，底略内收，口长2.5、宽1.2米，底长2.3、宽1米，深1.9米。方向320°。第一层：深0.9米，人骨架1具，已残，可辨的右侧身直肢葬，头向西北，为成年女性。仅随葬铜爪镰1件。第二层：深1.5米。此层填土中遗留有零星人骨和炭屑。葬有仰身直肢1例（编号A），头向西北，面向东，其上似重叠一直肢葬者，但仅存下肢骨，在A体上右侧散置有人骨若干，其中有颅骨4个（由上至下编号为B—E）、髋骨6根，并有四肢骨若干，大多与A体平行放置。本层个体数至少为6例。随葬品仅有陶罐、玉珠各1件、海贝若干粒，置于A体身上。人骨经鉴定：A为女性，50—55岁；B为女性，45岁左右；髋骨6根，皆为成年，属4男2女。第三层：深1.6米，有散乱人骨一堆，置于墓坑东头，其中颅骨5个（由上至下编号为F—J）、髋骨2根、四肢骨若干，至少分属于5例个体。仅随葬铜削和陶纺轮各1件。人骨经鉴定：F为女性，35—40岁；H为女性，成年；T为成年男性；J为成年男性。第四层：长2.3、宽1、深1.8米。人骨置于墓坑中央，皆分离，有颅骨2个、髋骨4根、下颌骨4具，至少分属于4例个体。随葬品仅有残陶罐1件、

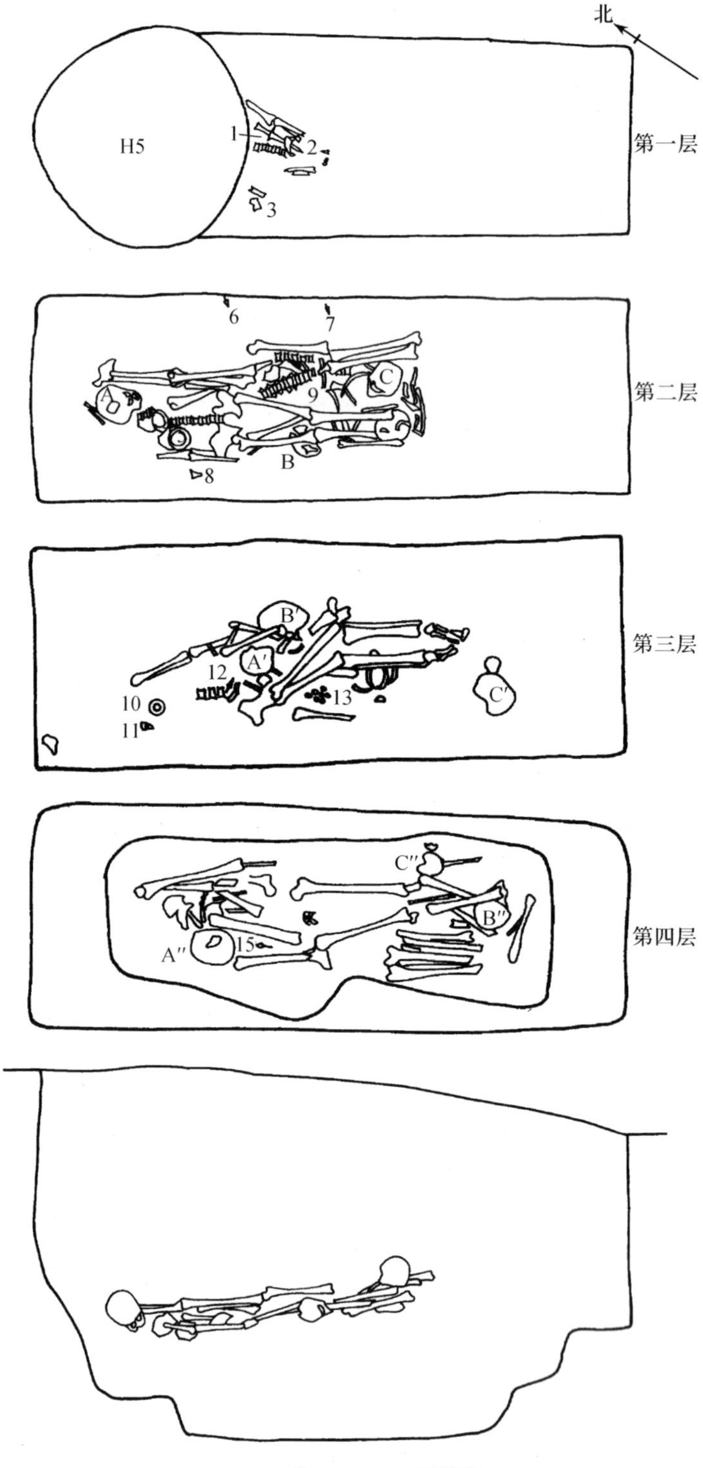

图二二　M8 平、剖面图

1. 铜剑　2、3. 陶片　4、5. 陶罐　6、7、12. 铜镞　8. 铜块　9、10. 陶纺轮　11. 螺壳　13. 海贝　14、15. 铜镞
A、C. 人骨　B、D、A′—D′、A″—C″. 头骨

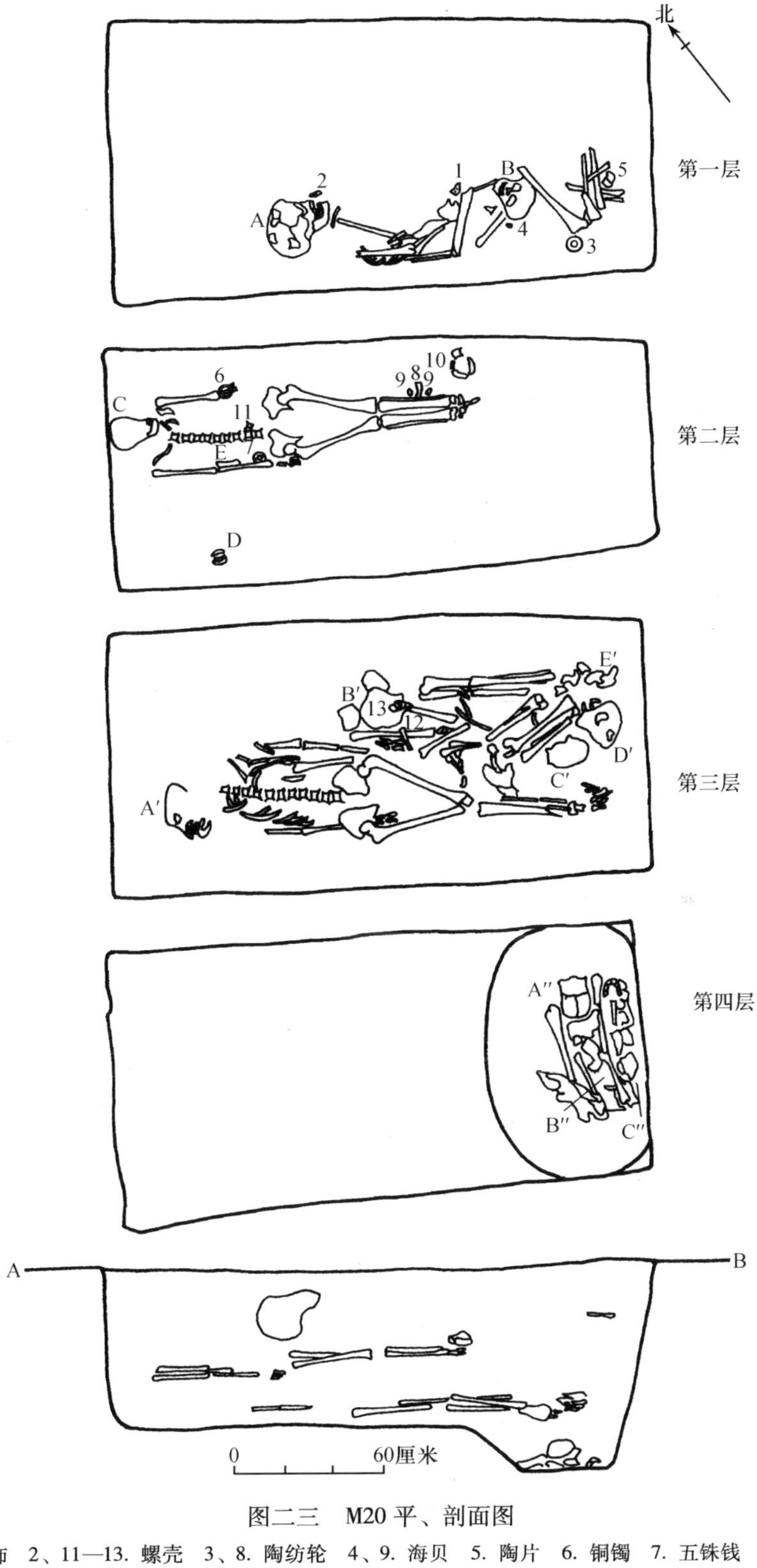

图二三　M20平、剖面图

1. 铜扣饰　2、11—13. 螺壳　3、8. 陶纺轮　4、9. 海贝　5. 陶片　6. 铜镯　7. 五铢钱　10. 陶罐　A、C、A′. 人骨　D、B′. 下颌骨　B、C′—E′、A″—D″. 颅骨　E. 猪肢骨（?）

螺壳 1 枚。人骨经鉴定：头骨一成年女性，一男性，40—45 岁；髋骨皆为成年，属 3 男 1 女；下颌骨亦属于成年，为 2 男 2 女。第五层：腰坑。为长方形，长 0.85、宽 0.6、深 0.2—0.3 米。内葬有颅骨 2 个（编号 K、M）、下颌骨 1 具、髋骨 5 根、股骨 6 根、胫骨 2 根、肱骨 4 根、尺骨、桡骨各 6 根和一些零星肋骨、脊椎骨，个体数至少应为 5 例。无随葬品。人骨经鉴定：颅骨 2 个，皆为女性，22—24 岁；下颌骨属成年女性；髋骨 5 根皆属成年，为 4 女 1 男。这些人骨疑为奠基殉葬（图二四）。

（5）六层丛葬墓

仅 M30 一座。此墓规格较高，是整个墓地中墓坑最深、层位和人骨数量最多的一座墓，共葬有 22 人。位于墓地西北角，其北打破 M31，其东又被 H7 打破。墓开凿于页岩层中，四壁规整。为长方形竖穴土坑墓，长 2.4、宽 1—1.8、深 2.6 米。方向 300°。第一层：深 0.6 米，葬有右侧侧身直肢葬 1 具（编号 A），右下肢外侧置有股骨 1 根和上下颌骨 1 具（编号 B）。本层当有 2 例个体。随葬品丰富，在身侧和腹部置有铜柄铁矛、铜柄铁剑、铜斧和环首铁削各 1 件，头骨下置有铜銎铁凿 1 件，脚右侧放置圆形铜扣饰 2 件，填土中出土铜镞 1 件。另在填土中出土小孩头骨残片 1 例。人骨经鉴定：A 为男性，25—30 岁；B 为成年女性。第二层：深 1.1—1.5 米。东西二壁略外扩，南北壁则内收。人骨散乱置于墓中，由西至东：①颅骨 1 个（编号 A′）；②颅骨 2 个（编号 B′、C′）、髋骨 2 根、四肢骨少许；③颅骨 1 个（编号 E′）、四肢骨若干，属 1 例；④颅骨 1 个（编号 D′）、上颌骨 1 具、四肢骨少许；⑤髋骨1 根、四肢骨 1 根。本层个体数至少为 6 例。无随葬品。人骨经鉴定：A′为男性，40—45 岁；C′为男性，25—30 岁；D′为男性，30—35 岁；E′为女性（?），青年；髋骨反映均属成年，为 2 女 1 男；上颌骨为女性，22—24 岁。第三层：深 1.5—1.9 米。葬有仰身直肢葬 1 具，不见头骨，可辨为头向西。在其身上或右侧散置有四肢骨若干，其中有股骨 5 根、肱骨 3 根、胫骨 4 根、尺骨和桡骨 2 根，脚下方有髋骨 2 根、下颌骨 1 具和体骨残断若干。本层个体数至少应为 4 例。随葬品主要放置在人骨周围及其上，有铜戈、矛、斧、凿、铜銎铁斧、铜銎铁凿、环首铁削各 1 件、铜甲片 4 件、铜扣饰 6 件、铜镦 2 件、铜扣饰 1 件、绿松石珠和海贝若干粒。人骨经鉴定：仰身直肢葬者为男性，30 岁左右；下颌骨为男性成年；髋骨一为女性，25 岁左右，一为成年男性。第四层：深 1.9—2.3 米。散乱人骨置于墓坑中央，其中有颅骨 1 个、股骨、尺骨、桡骨各 2 根、锁骨 1 根、肋骨少许。随葬品有陶壶 2 件、铜镞 6 件，海贝若干置于墓坑西头。人骨经鉴定为男性，35 岁左右。第五层：深 2.4—2.6 米。仰身直肢葬者 1 具（编号 A″），头向西，不见脊椎骨及右上肢骨。在其脚下方只有散乱人骨一堆，其中有颅骨 4 个（由上至下编号为 B″—E″）、髋骨 4 根、股骨 12 根、胫骨 6 根、肱骨、尺骨、桡骨各 2 根、腓骨 4 根等。本层个体数至少应为 7 例。随葬品有铜扣饰、镯各 1 件、残陶壶 2 件。人骨经鉴定：A″为成年女性，B″为成年男性；C″为男性，25—30 岁；D″为男性，40—45 岁；E″为男性，25 岁左右；髋骨均属成年，为 3 男 1 女。第六层：腰坑。平面为方形，长 0.7、深 0.15 米。内葬颅骨 2 个（编号 F″、G″）、胫骨和肱骨各 2 根、尺骨和桡骨各 3 根、肋骨、脊椎若干，应为 2 例个体。无随葬品。人骨经鉴定：F″为男性，35 岁左右；G″为女性，30—35 岁。在 F″体枕骨中部有一道 22 毫米 ×7.5 毫米的砍痕。似为奠基殉葬（图二五）。

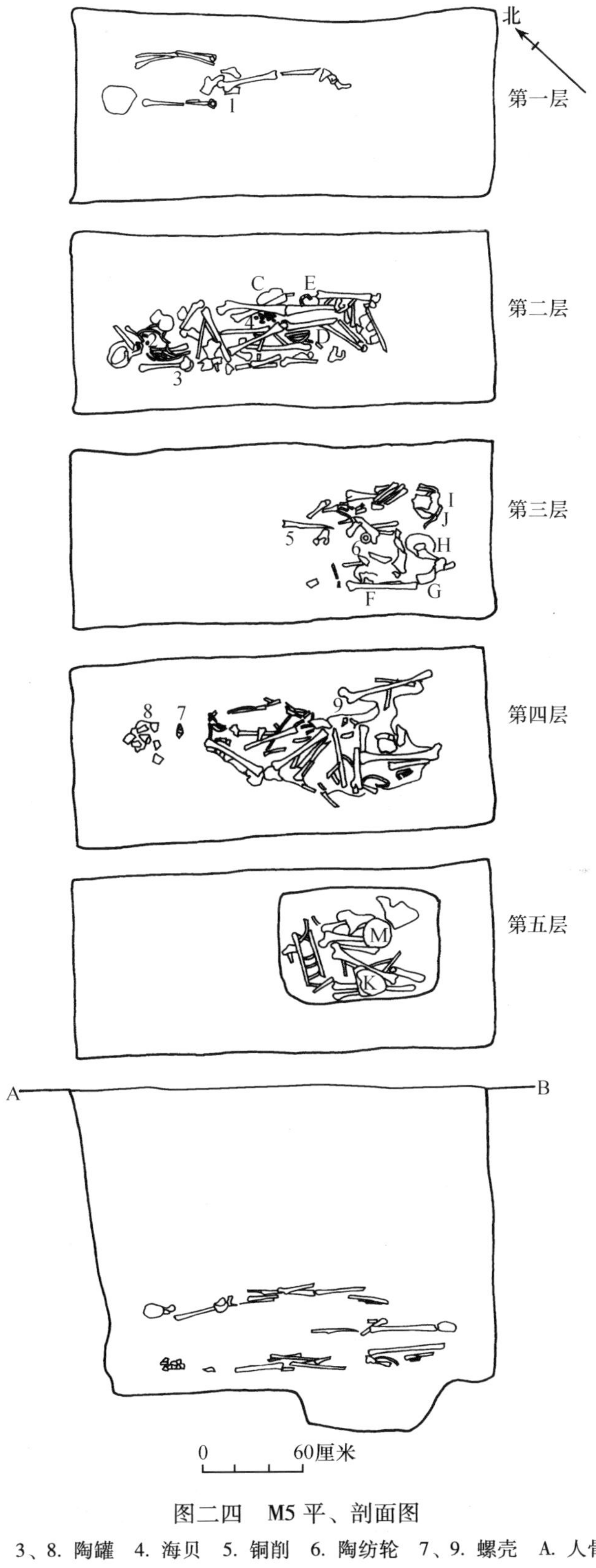

图二四 M5平、剖面图

1. 铜爪镰 2. 玉珠 3、8. 陶罐 4. 海贝 5. 铜削 6. 陶纺轮 7、9. 螺壳 A. 人骨 B—K、M. 颅骨

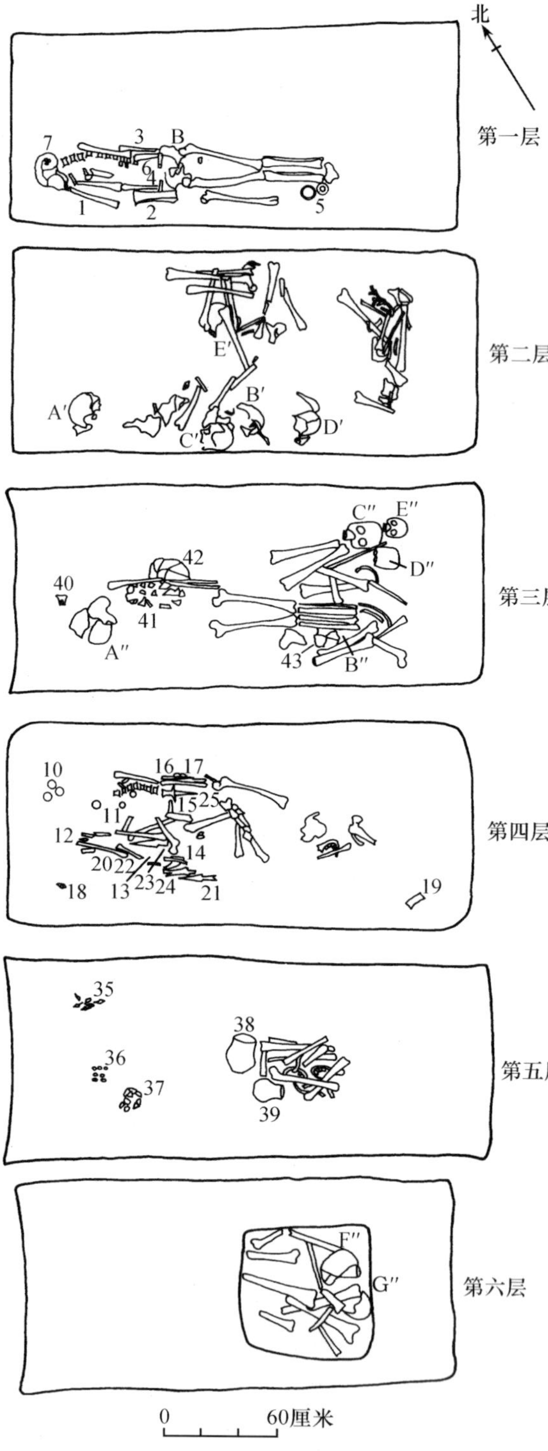

图二五　M30 平面图

1、21. 铜柄铁矛　2、32. 铜斧　3. 铜柄铁剑　4、25、26. 环首铁削　5、10、17、19、22、31、35. 铜扣饰　6. 石坠　7、20. 海贝　8. 铜铃　9、27. 铁斧　11. 玛瑙饰　12. 铜镞　13、24. 铜甲片　14. 铜戈　15、16. 铁剑　18. 褐铁矿石　23. 铜矛　28、30. 铁凿　29. 铜銎铁凿　33、34. 铜镦　36. 镯　38、39. 陶壶　A、A″. 人骨　B. 下颌骨　A′—E′、B″—G″. 颅骨

四、随葬器物

随葬器物共有750件（数以千计的绿松石饰珠、海贝及一部分玉石小饰品未计入）。按质料划分，主要有铜、铁、陶、石、玉、玛瑙、骨器等。其中青铜器数量最多，为600余件（包括358枚五铢钱），约占80%；陶器次之，为115件，约占15%；铁器（包括铜铁合铸器）又次之，为36件，约占5%。其他的数量都很少。下面按照质料分别叙述。

（一）青铜器

依其用途，可分为兵器、生产工具、生活用具、装饰品和货币。其中货币最多，装饰品第二，兵器次之，生产工具又次之，生活用具最少（见附表一）。

1. 兵器

80件。有戈、剑、矛、镞、镦、甲片6种器形。

戈　3件。分三式。

Ⅰ式　1件。标本M52∶4，长窄援，一侧略曲，直阑较高。无胡，无穿，无纹饰。通常28、援本宽6厘米（图二六，1）。

Ⅱ式　1件。标本M3∶9，长援微弧，隆脊有棱，阑突出，近阑处有两穿。无胡，长方形直内，上有一方形穿，周围由细横线组成芒纹图案。通长27.2、援本宽7.2厘米（图二六，2）。

Ⅲ式　1件。标本M30∶14，略同Ⅱ式，唯援部略宽短，中脊不显。通长22.5、援本宽8厘米（图二六，3）。

剑　4件。分二型。

A型　2件。标本M3∶11，剑身狭长匀称，在基部呈弧形而与茎相连，茎首伸出作蛇头状。空心偏茎，无格。通长29、身宽3.5厘米（图二六，4）。

B型　2件。一字格短剑。可分二式。

Ⅰ式　1件。标本M11∶5，剑身基部较宽，双刃平直集于锋，剑身成一狭长的三角形。空心圆茎，首成喇叭管状。基部有一对称镂空。通长22、格宽5厘米（图二六，5）。

Ⅱ式　1件。标本M8∶1，剑身基部较宽，斜下至中部又微向外折，再锐收成锋。空心扁圆茎，首作喇叭状，饰满条形镂空，茎中部饰三道平行凸弦纹。通长29、格宽7.5厘米（图二六，6）。

矛　8件。分五式。

Ⅰ式　1件。标本M2∶4，矛身短小，骹略长于刺，相接处有双翼，空心扁圆骹。通长13.6、刺长6、叶宽3厘米（图二六，7）。

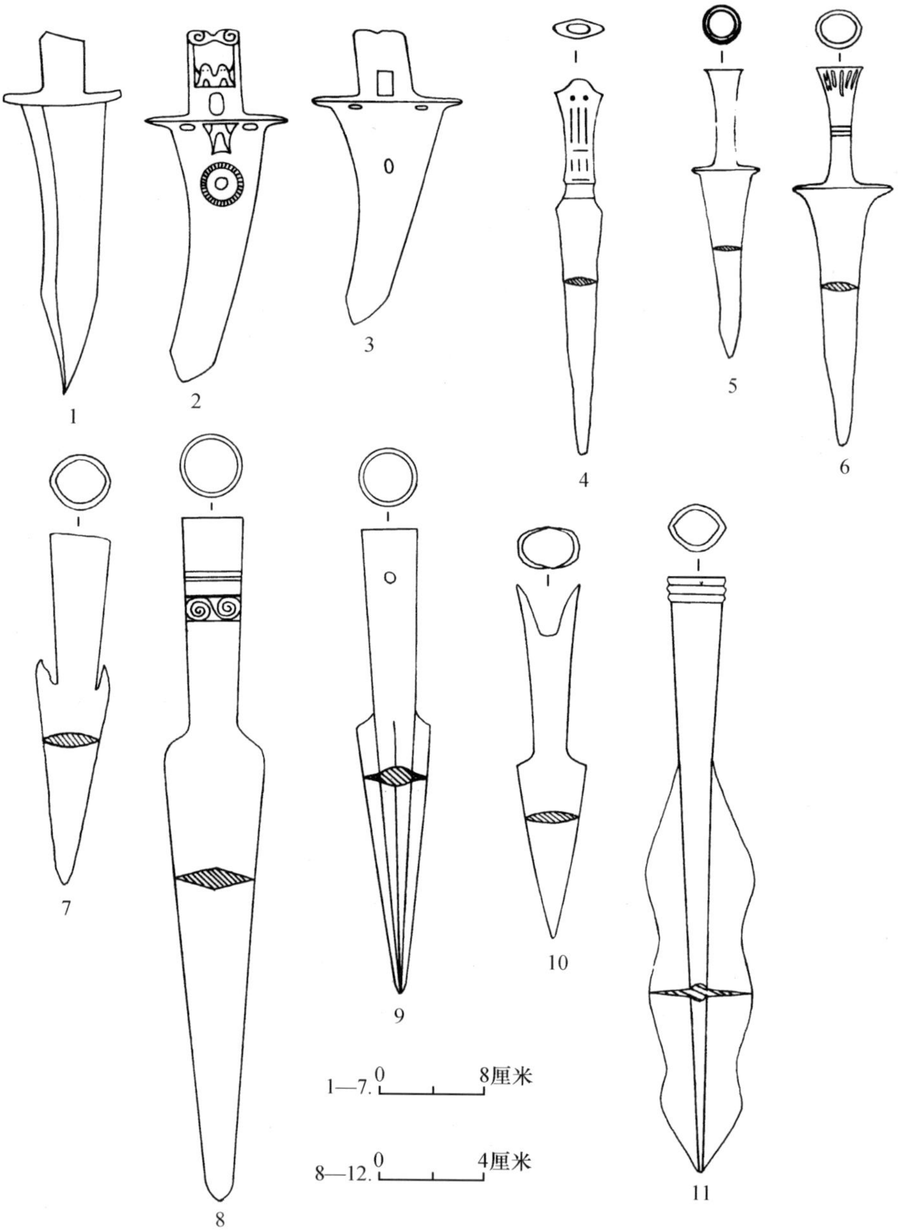

图二六　铜器

1. Ⅰ式戈（M52∶4）　2. Ⅱ式戈（M3∶9）　3. Ⅲ式戈（M30∶14）　4. A型剑（M3∶11）　5. B型Ⅰ式剑（M11∶5）　6. B型Ⅱ式剑（M8∶1）　7. Ⅰ式矛（M2∶4）　8. Ⅱ式矛（M3∶13）　9. Ⅳ式矛（M13∶2）　10. Ⅲ式矛（M11∶2）　11. Ⅴ式矛（M30∶23）

Ⅱ式　2件。标本M3∶13，刺较长，在基部成钝角内折而与骹相接，双刃锋利平直斜集于锋。空心圆骹，其上饰有弦纹和回旋纹饰。通长26.5、刺长18.5、叶宽4厘米（图二六，8）。

Ⅲ式 1件。标本M11:2，矛身短小，刺与骹长略相等，二者相交近直角。空心扁圆骹，骹端内凹成一双翼，其上有一对称钉孔。通长13.5、刺长6.5、叶宽2.6厘米（图二六，10）。

Ⅳ式 3件。标本M13:2，圆骹，銎孔直透矛叶之中脊。通长18、刺长10.5、叶宽3厘米（图二六，9）。

Ⅴ式 1件。标本M30:23，曲刃，尖锋，銎孔直透矛叶中脊，圆脊较高。骹刺相连处较平，空心扁圆骹。通长23、刺长16、叶宽4厘米（图二六，11）。

镞 58件。分三型。

A型 47件。实心铤。可分六式。

Ⅰ式 4件。标本M1:3，镞身扁平，叶略呈三角形。身长3.8、叶宽0.9厘米（图二七，1）。

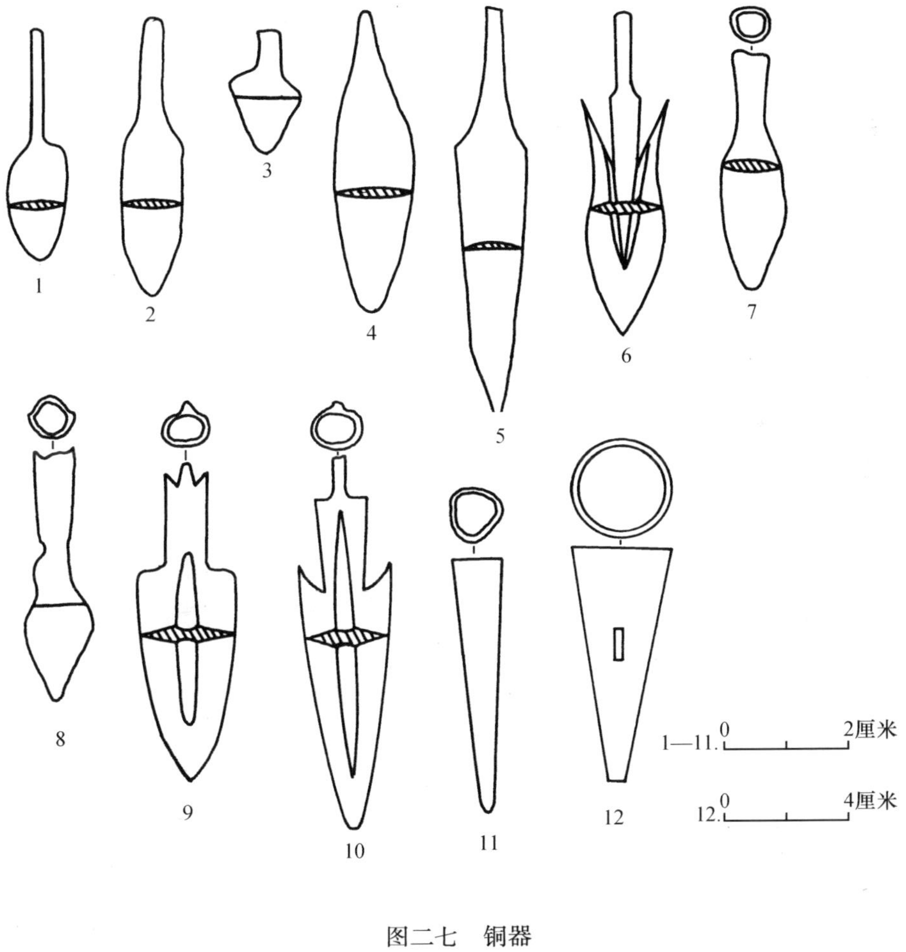

图二七 铜器

1. A型Ⅰ式镞（M1:3） 2. A型Ⅱ式镞（M2:1） 3. A型Ⅲ式镞（M4:8） 4. A型Ⅳ式镞（M2:5） 5. A型Ⅴ式镞（M38:3） 6. A型Ⅵ式镞（M30:12-1） 7. B型Ⅰ式镞（M3:12） 8. B型Ⅱ式镞（M40:5） 9. B型Ⅲ式镞（M38:15） 10. B型Ⅳ式镞（M30:12-2） 11. C型镞（M30:12-3） 12. 镦（M30:33）

Ⅱ式　34件。标本M2:1，镞身略呈六边形。身长4、叶宽0.9厘米（图二七，2）。

Ⅲ式　1件。标本M4:8，叶宽四边形。身长2、叶宽1厘米（图二七，3）。

Ⅳ式　6件。标本M2:5，柳叶形扁平叶，较大。身长4.9、叶宽1.3厘米（图二七，4）。

Ⅴ式　1件。标本M38:3，镞身较大，叶似狭长的三角形。身长6.8、叶宽1.2厘米（图二七，5）。

Ⅵ式　1件。标本M30:12-1，有关，镞身长，后锋两翼分开呈倒刺状，叶中突起一脊，两边为血槽。身长5.2、叶宽1.2厘米（图二七，6）。

B型　10件。空心圆铤。可分四式。

Ⅰ式　5件。标本M3:12，柳叶形镞叶。身长4、叶宽1厘米（图二七，7）。

Ⅱ式　1件。标本M40:5，略同Ⅰ式，唯有较扁薄，铤中内曲。身长4、叶宽1厘米（图二七，8）。

Ⅲ式　2件。标本M38:15，叶较宽，中有一道血槽。身长5.2、叶宽1.6厘米（图二七，9）。

Ⅳ式　2件。标本M30:12-2，镞叶一道宽血槽，后锋呈倒?式。身长6.2、叶宽1.5厘米（图二七，10）。

C型　1件。标本M30:12-3，镞身为空心圆锥状。身长4.2厘米（图二七，11）。

镦　3件。标本M30:33，圆锥体，平顶，圆銎。长7.5、銎孔3厘米（图二七，12）。

甲片　4件。标本M30:13，马鞍形，其上有三个圆钉孔，素面。标本M30:24，3件片组成一圆桶形，素面。

2. 生产工具

19件。有斧、削、凿、镢、爪镰5种器形。

斧　8件。分三型。

A型　3件。标本M2:3，半圆形銎，斧身较小，无纹饰。通长10.5、刃宽4.4厘米（图二八，1）。标本M3:14，銎上有卷云纹和辫纹组成的图案。通长13.5、刃宽5.6厘米（图二八，2）。

B型　1件。标本M6:1，椭圆形銎，双面对称弧刃，斧身一侧有单耳；銎上有道箍，饰有卷云纹。通长14、刃宽9厘米（图二八，3）。

C型　4件。方形銎，对称双面刃。可分三式。

Ⅰ式　2件。标本M30:2，銎口三面有凸棱一道，有一对称钉孔，身两侧合范线明显。通长18.6、刃宽8厘米（图二八，4）。

Ⅱ式　1件。标本M38:20，略同Ⅰ式，唯凸棱下移且四面都有，合范线不突出。通长13.8、刃宽7厘米（图二八，5）。

Ⅲ式　1件。标本M22:1，斧身较小，銎上无凸棱，合范线不明显。通长10.5、刃宽4.6厘米（图二八，6）。

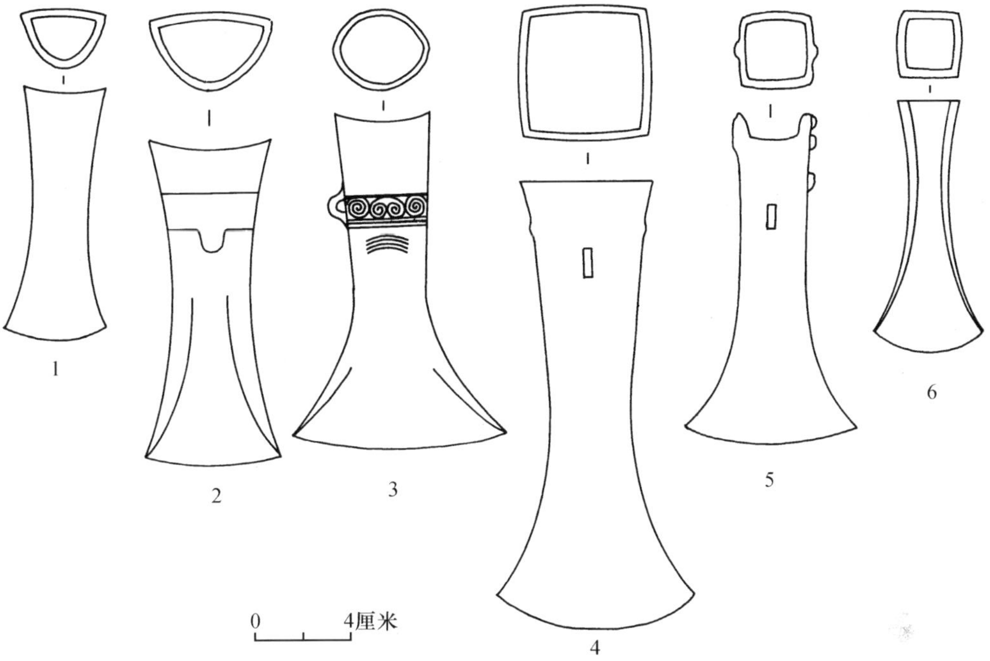

图二八 铜斧

1、2. A型（M2:3、M3:14） 3. B型（M6:1） 4. C型Ⅰ式（M30:2） 5. C型Ⅱ式（M38:20） 6. C型Ⅲ式（M22:1）

削 5件。分四式。

Ⅰ式 2件。标本M1:19，平直细长，柄上一侧有一单耳。通长23.5、身宽1.5厘米（图二九，4）。

Ⅱ式 1件。标本M3:10，扁圆细长实心柄，首作人字形叉，弧背。柄上饰满斜线划纹。通长20.8、身宽1.6厘米（图二九，5）。

Ⅲ式 1件。标本M35:1，细长尖柄，柄长于刃。通长25、身宽1.6厘米（图二九，6）。

Ⅳ式 1件。标本M6:5，扁平宽柄，柄上有一穿，刃略内曲，弧背。通长20、身宽2.5厘米（图二九，7）。

凿 1件。标本M30:29，方形銎，双面刃。通长12、刃宽1.4厘米（图二九，8）。

钁 3件。标本M45:4，宽叶形，三角形銎直透钁尖，銎上有两个钉孔。通长26、宽20、銎高4厘米（图二九，1）。标本M17:7，锋两侧不甚规整。通长26、宽21厘米（图二九，2）。标本M22:7，锋一侧略有弯曲。通长26.4、宽19厘米（图二九，3）。

爪镰 2件。标本M25:6，长方形，一侧内卷，一侧为刃，中间一钉孔。其上留有麻织物痕迹。长7、宽3.8厘米（图二九，9）。

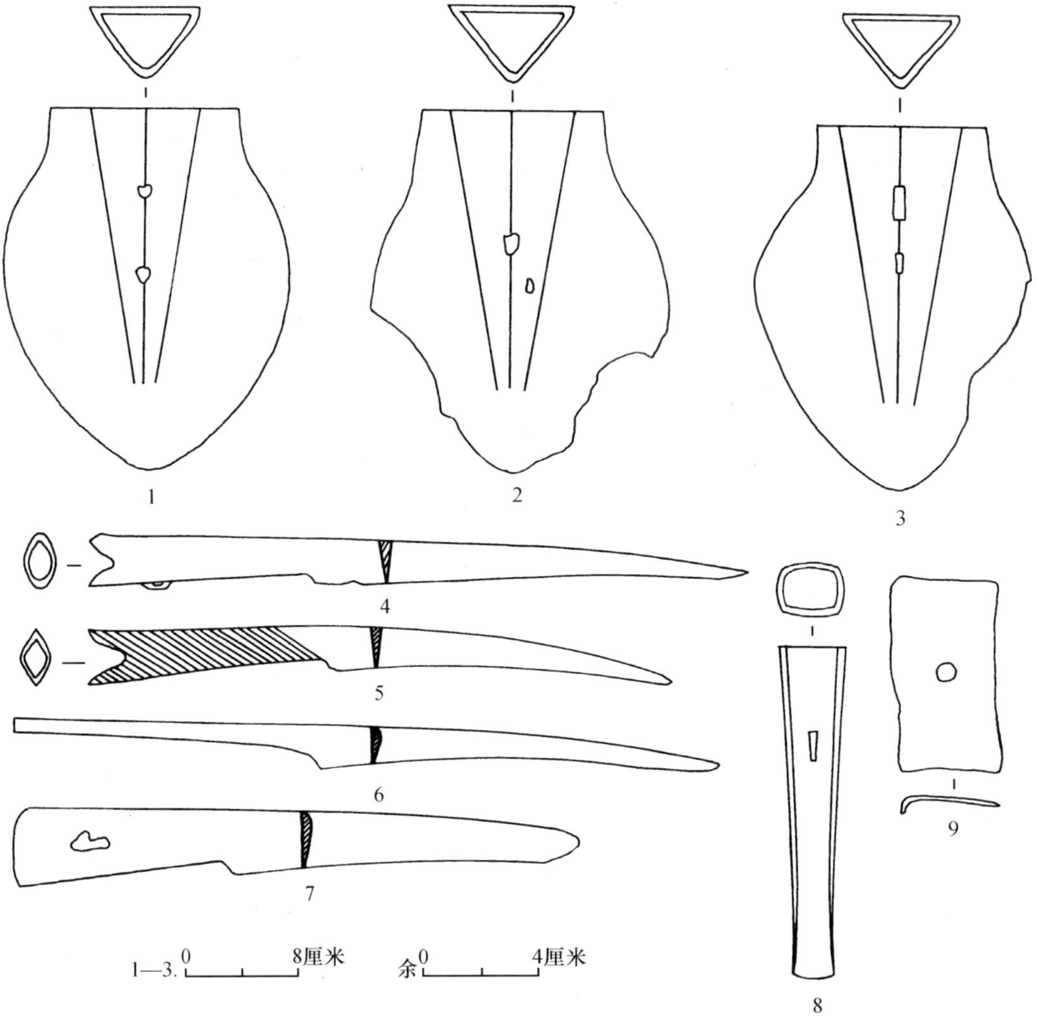

图二九 铜器

1—3. 䦆（M45∶4、M17∶7、M22∶7） 4. Ⅰ式削（M1∶19） 5. Ⅱ式削（M3∶10） 6. Ⅲ式削（M35∶1） 7. Ⅳ式削（M6∶5） 8. 凿（M30∶29） 9. 爪镰（M25∶6）

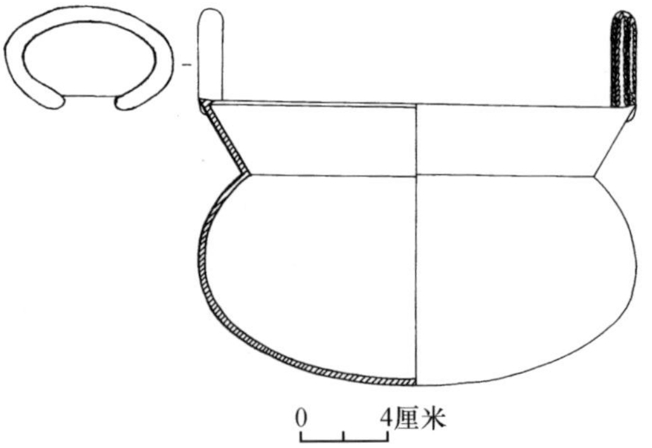

图三〇 铜釜（M22∶6）

3. 生活用具

釜 1件。标本M22∶6，圜底，斜直领，立耳一对，耳上饰有编索纹。底部有烟炱痕迹。通高13、口径20、耳高4.2厘米（图三〇）。

4. 装饰品

147件。有扣饰、带钩、镯等器形。

圆形扣饰 18件。分三型。

A型 7件。矩形齿扣。可分五式。

Ⅰ式 1件。标本M3:1，正面中央内凹，镶嵌玉石一块，凸起似盖帽；背面中央凸起饰齿扣。直径6厘米（图三一，4）。

Ⅱ式 1件。标本M11:3，正面中央凸起似帽，背面中央稍凹饰齿扣。直径6.5厘米（图三一，8）。

Ⅲ式 1件。标本M10:4，正面中央凸起一圆柱，背面边沿外斜，齿扣饰于边上。直径7.5厘米（图三二，1）。

Ⅳ式 2件。标本M38:9，正面略凹如盘形，面上通镶小圆点绿松石，中央镶嵌一白色圆形石，四周复镶嵌白色软玉片，凸出如星芒。直径12厘米（图三一，7）。

Ⅴ式 2件。标本M39:1，正面较平，饰有晕纹、卷云纹、横线纹等。直径6厘米（图三一，2）。

B型 4件。标本M38:18，正面中央凸起一星，四周外斜；背面中央凸起呈圆锥状，中心为齿扣。正面中央饰一组四角形芒纹，其外饰一周晕纹。直径6厘米（图三一，1）。

C型 7件。标本M38:17，边沿极薄外斜，背面中央凸起呈圆锥状，中心为齿扣。高1、直径6厘米（图三一，3）。

长方形扣饰 1件。标本M30:19，上端作三角形状，中央凸起一脊，两侧对称开有三个凹槽，饰回旋纹一周。长9、宽4厘米（图三一，6）。

浮雕扣饰 4件。矩形齿扣。皆为动物形象，有虎、猪、犬、牛，极其形象生动。标本M20:1，牛头形，牛眼鼓，凹鼻。高5、宽4厘米（图三一，5）。

蝉形浮雕 1件。标本M1:2，以简单的浅浮雕线条刻出蝉的眼皮与双翅，背面中空，饰条形齿扣。长3厘米。

带钩 3件。标本M29:4，横头一帽钩，作“V”字形圆钩。长2.8厘米（图三二，3）。标本M50:5，横头为方形，上饰回旋纹，扁圆形钩。长5厘米（图三二，2）。标本M17:6，长方形，横头为帽钩。长10厘米（图三二，4）。

镯 120件。分二型。

A型 115件。窄沿，环形。可分四式。

Ⅰ式 80件。标本M1:12，细条形，横截面宽于沿。直径7.2、横截面宽0.4厘米（图三三，1）。

Ⅱ式 30件。标本M1:13-1，沿与横截面宽略相等。直径5.5、沿宽0.2厘米（图三三，2）。

Ⅲ式 1件。标本M21:9，沿略为圆形。直径6.6厘米（图三三，4）。

Ⅳ式 4件。标本M41:5，横截面小于沿面。直径6.3厘米（图三三，3）。

B型 5件。宽沿，环形。可分四式。

Ⅰ式 1件。标本M1:11-1，外沿较圆缓，内沿平直，外沿饰一周辫绳纹。直径6、沿宽0.8厘米（图三三，5）。

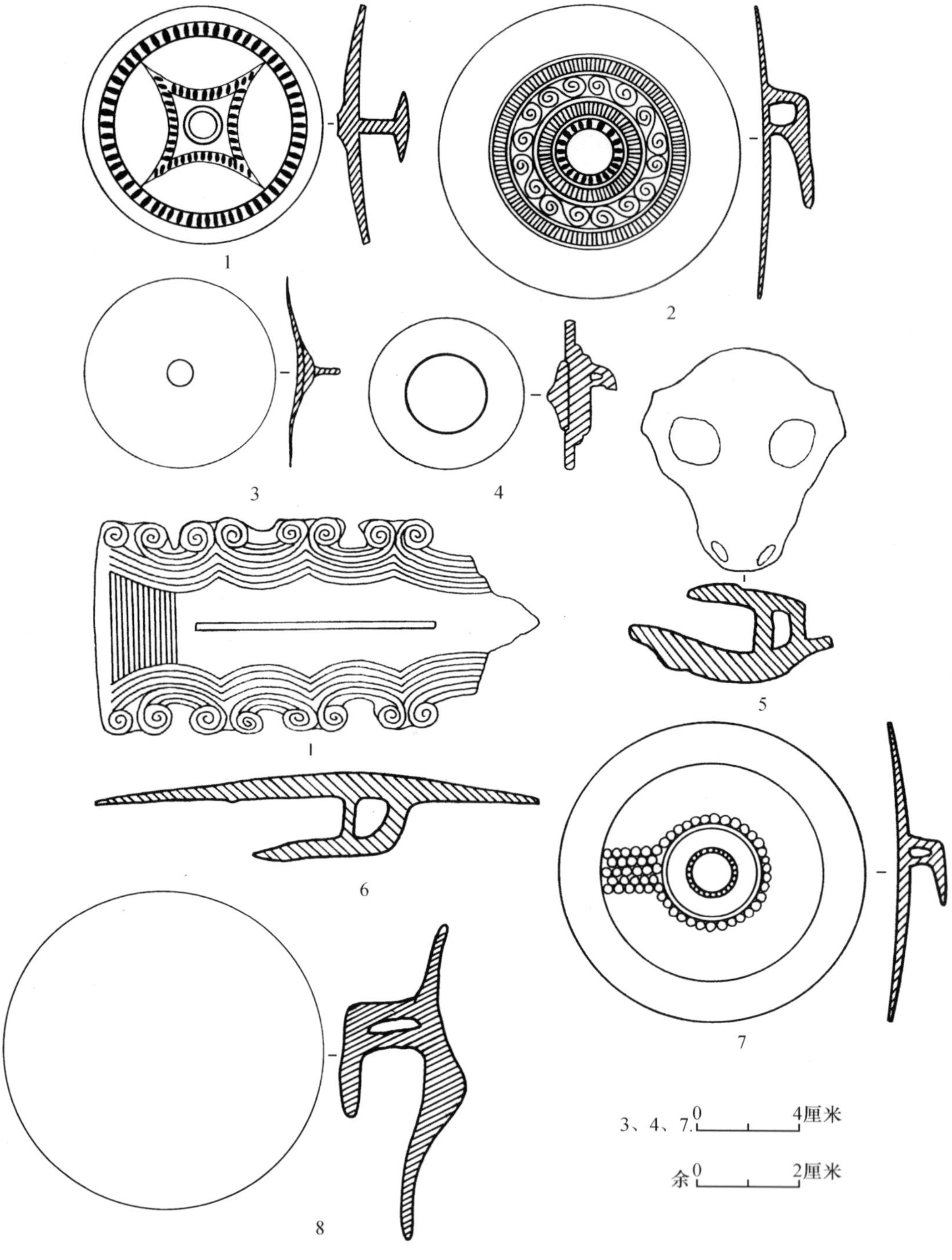

图三一　铜扣饰

1. B 型圆形扣饰（M38∶18）　2. A 型Ⅴ式圆形扣饰（M39∶1）　3. C 型圆形扣饰（M38∶17）　4. A 型Ⅰ式圆形扣饰（M3∶1）　5. 浮雕扣饰（M20∶1）　6. 长方形扣饰（M30∶19）　7. A 型Ⅳ式圆形扣饰（M38∶9）　8. A 型Ⅱ式圆形扣饰（M11∶3）

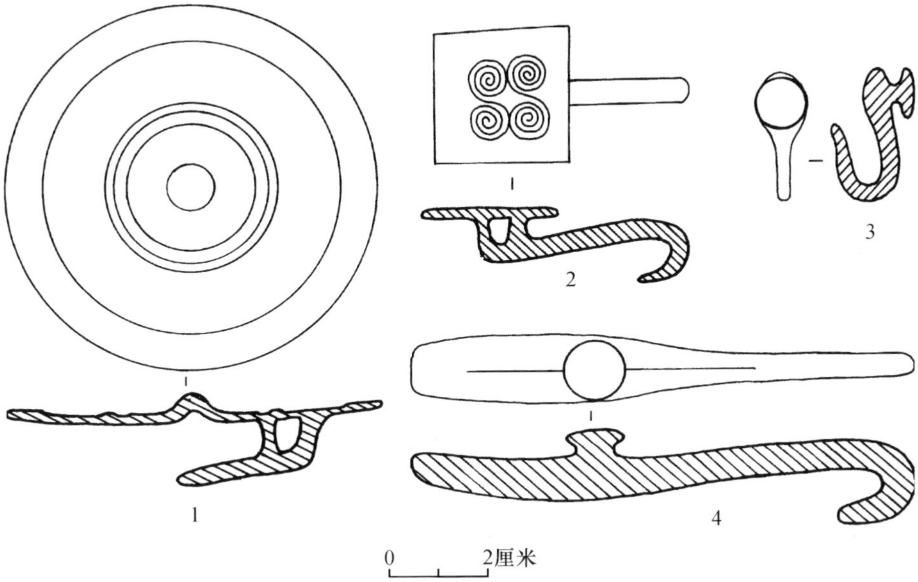

图三二　铜器

1. A型Ⅲ式圆形扣饰（M10：4）　2—4. 带钩（M50：5、M29：4、M17：6）

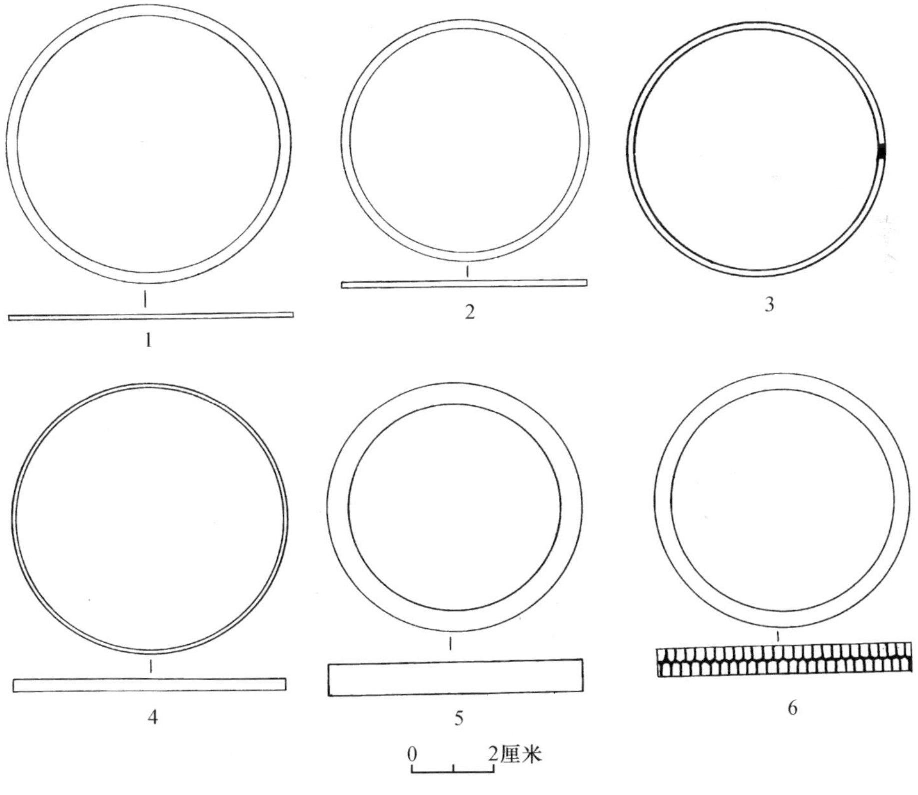

图三三　铜镯

1. A型Ⅰ式（M1：12）　2. A型Ⅱ式（M1：13-1）　3. A型Ⅳ式（M41：5）　4. A型Ⅲ式（M21：9）
5. B型Ⅰ式（M1：11-1）　6. B型Ⅱ式（M1：11-2）

Ⅱ式　1件。标本M1∶11-2，略同Ⅰ式，外沿饰一周锯齿纹。直径6.4、沿宽0.7厘米（图三三，6）。

Ⅲ式　2件。标本M1∶11-3，外沿有一周凹槽，镶嵌绿松石。直径7、沿宽1厘米（图三四，1）。

Ⅳ式　1件，标本M41∶4，沿薄而宽，上饰平行凹弦纹。直径5.6、沿宽1.5厘米（图三四，2）。

5. 货币

皆为五铢钱。共358枚，可分为二式。

Ⅰ式　95枚。标本M22∶4，有周廓，正方穿，前背有外廓。“五”字交叉两笔较直，整体瘦长，“铢”字朱头方折。直径2.5厘米（图三五，1）。

Ⅱ式　263枚。标本M21∶7，大小同Ⅰ式，但“五”字较宽扁，中间交叉两笔较弯曲圆缓，“铢”字右侧上下端转交较圆。直径2.4厘米（图三五，2）。

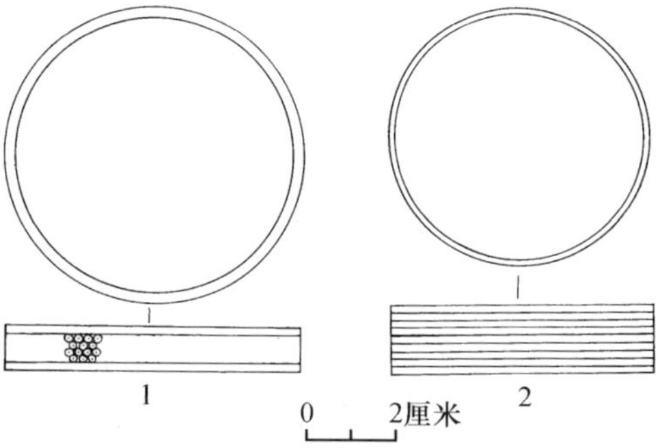

图三四　铜镯

1. B型Ⅲ式（M1∶11-3）　2. B型Ⅳ式（M41∶4）

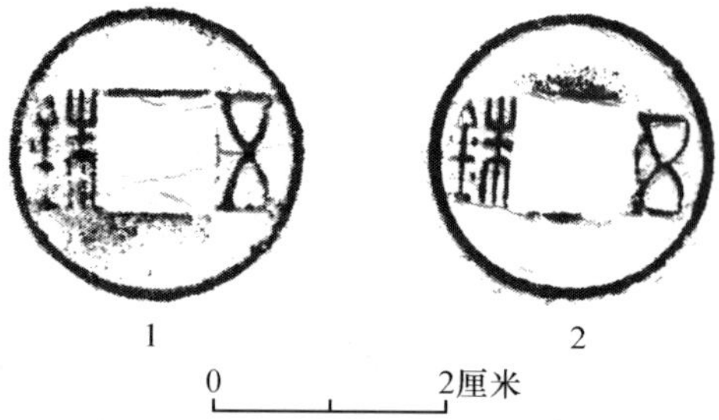

图三五　五铢钱

1. Ⅰ式（M22∶4）　2. Ⅱ式（M21∶7）

6. 其他

盘形器　1件。标本M52∶1，盘形，中空无底。直径15、高1.8厘米。

铜铃　2件。标本M33∶1，扁圆形，环钮，椭圆形口。高2.5、口径1.3厘米。

铜管　1件。标本M7∶5，空心圆柱。长2.1、直径0.8厘米。

铜器残片　若干。残片较小，器形大多不可辨。

（二）铁器（包括铜铁合铸器）

分兵器和生产工具两种。

1. 兵器

15件。有剑、矛、弹丸等三种器形。

剑　7件。全为铜柄铁剑。分五式。

Ⅰ式　1件。标本M30:16，扁圆细长茎，剑身狭长，首身长作蛇头状，一字格较短窄。茎同A型铜剑，格同B型铜剑。残长17厘米（图三六，1）。

Ⅱ式　1件。标本M40:3，扁圆细茎，首作喇叭状，上饰条形镂空，一字格较短。略同B型Ⅰ式铜剑。残长11厘米（图三六，2）。

Ⅲ式　3件。标本M38:8，略同B型Ⅱ式铜剑，唯剑身狭长，格较宽。残长14厘米（图三六，3）。

Ⅳ式　1件。标本M38:7，扁圆茎，上饰圆点纹，首作三角形，剑身狭长，基部两侧各有三圆钉和三空心圆钉。出土时附有铜鞘头。通长49.6、茎长10厘米（图三六，4）。

Ⅴ式　1件。标本M30:3，一字格宽短，茎作实心细长方形，首作盘状，剑身狭长。通长33、茎长8厘米（图三六，6）。

矛　7件。其中铜骹铁矛5件，纯铁矛2件。可分六式。

Ⅰ式　1件。标本M38:14，三角形銎口，上粗下细，刺极短，扁平锋。残长12.5、骹长8.5厘米（图三六，9）。

Ⅱ式　1件。标本M38:12，骹上圆下扁，刺宽扁平直斜集于锋。残长21.5、骹长9.5厘米。

Ⅲ式　2件。标本M30:1，骹上圆往下则变细成棱形且与刺相通，刺扁平，三角形锋。通长25、刺长16厘米（图三六，8）。

Ⅳ式　1件。标本M50:2，圆骹，上粗下细，刺较上。通长26.5、刺长18厘米（图三六，7）。

Ⅴ式　1件。标本M22:3，铁矛，圆骹极长，上粗下细，骹下端为实心棱形而与刺相接，刺扁平，三角形锋。通长29.5、刺长12厘米（图三六，11）。

Ⅵ式　1件。标本M10:1，铁矛。圆骹上粗下细，较长。刺残，不明。骹长16厘米（图三六，10）。

弹丸　1件。标本M37:6，与铁削同出，圆形。直径1厘米。

2. 生产工具

21件。有斧、凿、削、镰等。

斧　5件。其中铜銎铁斧3件，纯铁斧2件。分三式。

Ⅰ式　2件。标本M30:27，略同C型Ⅰ式铜斧，銎上饰一组三角形符号纹饰。通长12、銎宽2.5厘米（图三七，5）。

Ⅱ式　1件。标本M38:11，略同Ⅰ式，唯銎口无箍，刃较平窄。通长11、銎口宽2.5厘米（图三七，6）。

Ⅲ式　2件。标本M44:1，铁斧。椭圆凹銎，双面弧刃。通长9.3、刃宽5厘米（图三七，4）。

凿　1件。标本M30:30，铜銎铁凿，半圆形銎，刃残。通长10、銎径1.2厘米（图三六，5）。

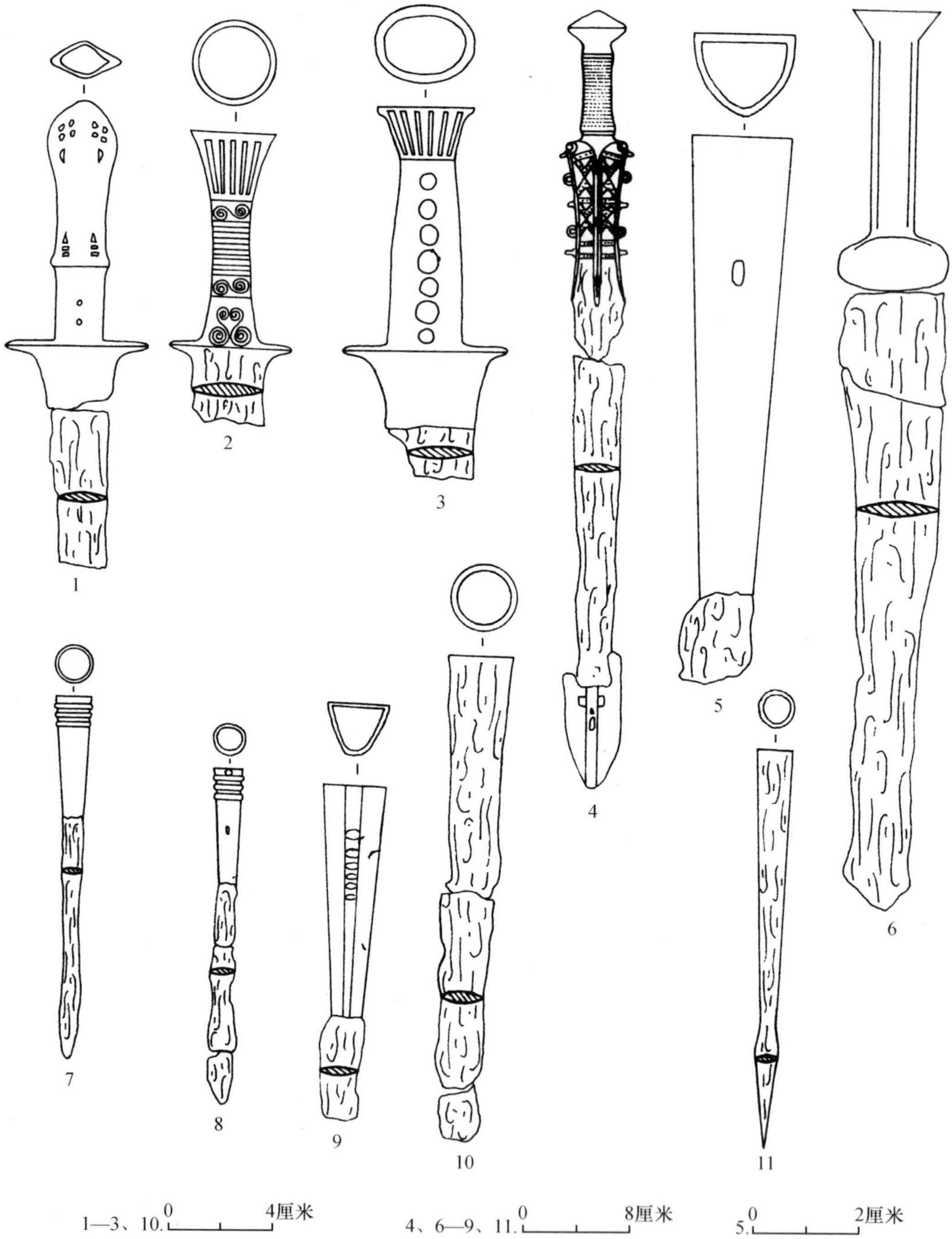

图三六　铁器

1. Ⅰ式剑（M30:16）　2. Ⅱ式剑（M40:3）　3. Ⅲ式剑（M38:8）　4. Ⅳ式剑（M38:7）　5. 凿（M30:30）　6. Ⅴ式剑（M30:3）　7. Ⅳ式矛（M50:2）　8. Ⅲ式矛（M30:1）　9. Ⅰ式矛（M38:14）　10. Ⅵ式矛（M10:1）　11. Ⅴ式矛（M22:3）　12. Ⅱ式矛（M38:12）

铁削 10件。皆环首分二式。

Ⅰ式 5件。标本M37∶6，环首较宽，刃由柄向锋斜直收窄，有脊。通长11.5、刃宽1.5、环首径3.5厘米（图三七，1）。

Ⅱ式 5件。标本M45∶2，细环首，窄刃。残长17.5、刃宽1.2、环首径2.3厘米（图三七，2）。

镰刀 5件。有爪镰和半月形镰两种。

爪镰 3件。标本M21∶11，形似铜爪镰，留有藤皮痕迹。长9、宽5厘米。

半月形镰 2件。标本M22∶8，半月形，背较厚，刃锋利内弧，弧柄，留有藤皮痕迹。长23、刃宽25厘米（图三七，3）。

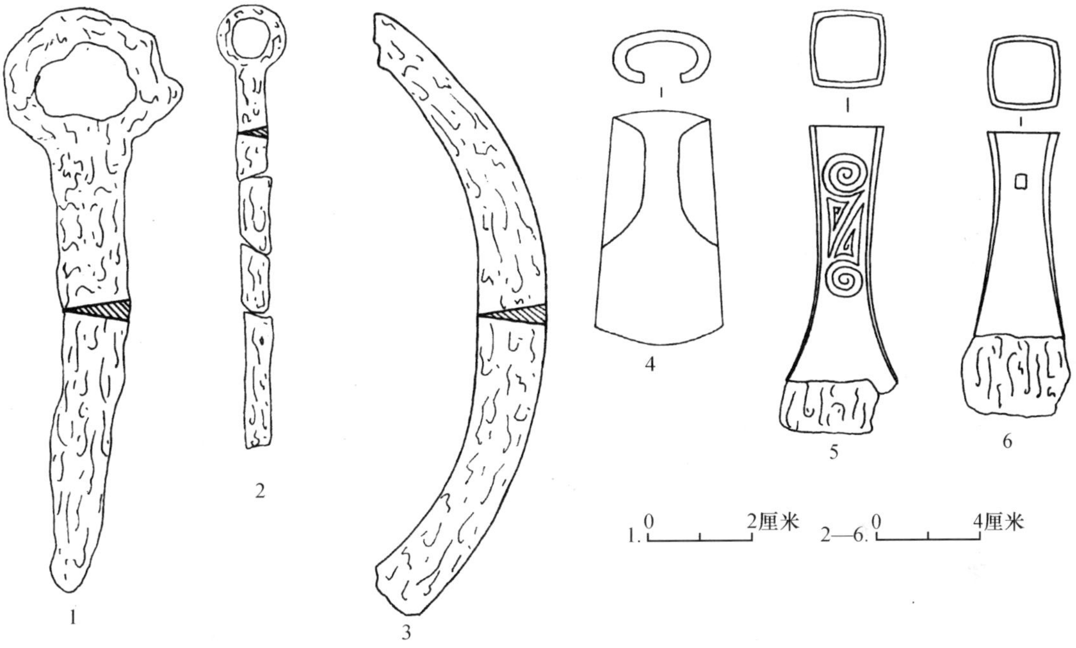

图三七 铁器

1. Ⅰ式削（M37∶6） 2. Ⅱ式削（M45∶2） 3. 半月形镰（M22∶8） 4. Ⅲ式斧（M44∶1） 5. Ⅰ式斧（M30∶27） 6. Ⅱ式斧（M38∶11）

（三）陶器

完整和复原的陶器共86件，不能复原的29件，但器形大都能辨认。这里的陶器大都陶质疏松，火候较低。按质料（胎质）的不同，可分为夹砂陶和泥质陶两大系。器表的颜色大体可分为黄、黑、褐、灰、红五类。以夹砂陶为主（见附表二）。夹砂陶的陶土有掺和料，多为细砂粒，也夹杂有少量的石英或云母，由于火候不均，常在器表上形成颜色不同的斑点。这是此地陶器的一个普遍现象。陶器中以素面的数量最多，约占总数的75%。纹饰仅有席纹、叶脉纹、刻划纹、乳钉纹等少量几种（见附表三）。席纹和叶脉纹都在陶壶和高领罐底部，乳钉纹多以两枚为一组成对附加在高领罐和壶的肩部，刻划纹则多饰于盘口罐和壶的肩腹部。

陶器系手制。较大的器物以泥条盘筑成形。一般的器物则是直接用手捏塑而成，在部分器物的内壁（甚至在器表上）还留有明显的泥条接缝与手指抹平的痕迹。分制合接法也是这里普遍采用的制作方法，如器耳、底与圈足就是分别制好后再安上去的。少数器物的口沿经过慢轮加工，大部分器物的表面用手抹平，稍经拍打修整。精细磨光的只有豆一类器物。从陶质、火候、工艺等制作方法来看，这里的陶器都表现出较原始的风格。

器类有壶、罐、釜、豆、钵、盘、纺轮等13种，其中以壶和纺轮最多，高领罐和釜次之，其次是豆、单耳圜底罐等。若按大类统计，则是罐类最多（见附表四）。若按用途划分，即以容器和炊器最多，生产工具（纺轮）次之，食器最少。

壶　完整和复原的17件。大都为夹砂黄陶。分四型。

A型　6件。直口，长颈，小平底。可分三式。

Ⅰ式　3件。标本M1:24，鼓肩，腹斜直内收。肩部饰有对称乳钉四个，底有蒂纹。通高23.6、口径10.4厘米（图三八，1；图版一〇，1）。

Ⅱ式　1件。标本M1:27，肩部变得圆缓。底有蒂纹。通高22.3、口径11.2厘米（图三八，2；图版一〇，2）。

Ⅲ式　2件。标本M2:14，颈由口往下增粗，扁圆腹，最大径移至腹部。通高20.8、腹径18.4厘米（图三八，3；图版一〇，3）。

B型　完整和复原的7件。侈口，长颈，假圈足。可分三式。

Ⅰ式　3件。标本M6:13，鼓腹，颈肩间有明显的接缝痕迹，假圈足不显。通高20、腹径15.2厘米（图三八，7；图版一〇，4）。

Ⅱ式　1件。标本M6:11，颈肩间无明显分界。通高21.2、腹径14.4厘米（图三八，6；图版一一，1）。

Ⅲ式　3件。标本M18:4，粗颈，溜肩，扁圆腹。通高23、腹径19.6（图三八，8；图版一一，2）。

C型　复原2件。标本M27:1，喇叭口，折肩，扁圆腹，小平底。肩上饰有刻划网纹。通高16.4、腹径16.8厘米（图三八，9；图版一一，3）。

D型　复原2件。侈口，小平底。可分二式。

Ⅰ式　1件。标本M30:38，鼓肩，腹斜直内收。肩上饰有对称乳钉四个。通高18.2、肩径14.4厘米（图三八，4；图版一一，4）。

Ⅱ式　1件。标本M30:39，肩部圆缓，最大径移至腹部。通高16.8、腹径12.8厘米（图三八，5）。

高领罐　完整和复原的有8件。为夹砂黄陶。可分为四式。

Ⅰ式　1件。标本M4:4，方唇，鼓腹，小平底。通高10、腹径10厘米（图三九，4）。

Ⅱ式　1件。标本M3:8，圆唇，腹较鼓，小平底。通高15.2、腹径10.8厘米（图三九，3）。

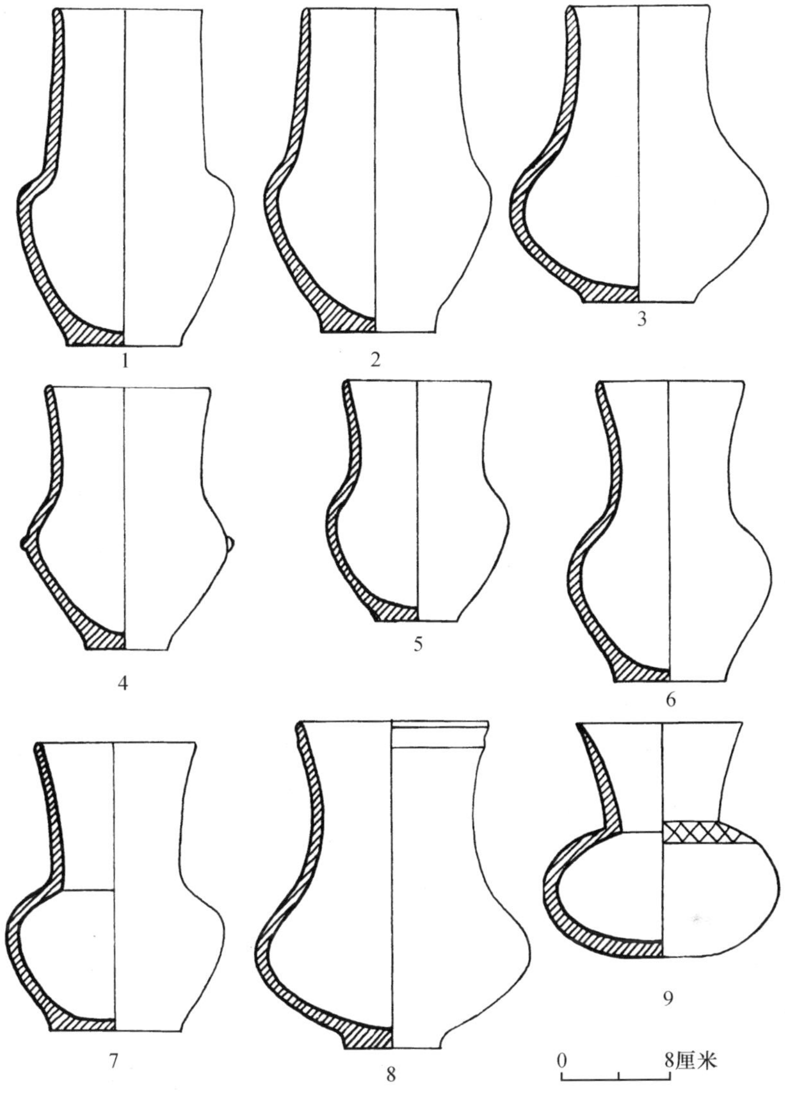

图三八 陶壶

1. A型Ⅰ式（M1:24） 2. A型Ⅱ式（M1:27） 3. A型Ⅲ式（M2:14） 4. D型Ⅰ式（M30:38） 5. D型Ⅱ式（M30:39） 6. B型Ⅱ式（M6:11） 7. B型Ⅰ式（M6:13） 8. B型Ⅲ式（M18:4） 9. C型（M27:1）

Ⅲ式 3件。标本M3:6，圆唇，鼓肩，腹斜直内收，小平底。通高15.6、肩径12.8厘米（图三九，2）。

Ⅳ式 3件。标本M8:5，圆唇较尖，腹部圆缓，小平底。通高11.4、腹径10.8厘米（图三九，1）。

小平底罐 完整和复原的有2件。分二式。

Ⅰ式 1件。标本M3:7，侈口，鼓腹，小平底。通高7.4、腹径9.2厘米（图三九，5；图版一二，1）。

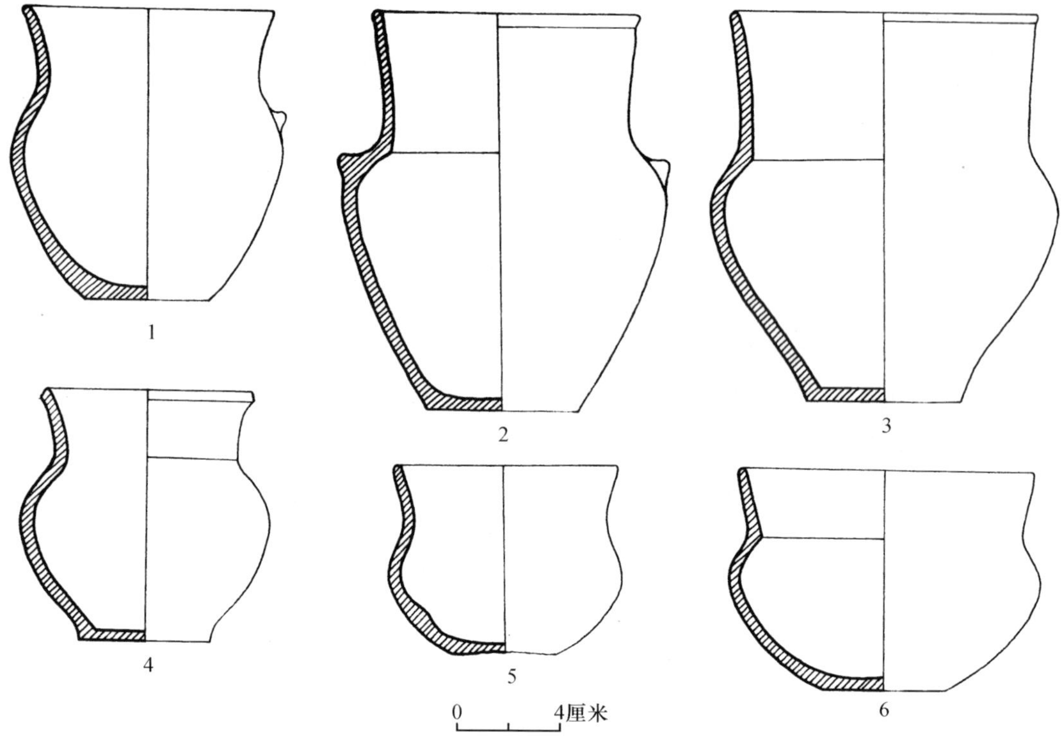

图三九 陶罐

1. Ⅳ式高领罐（M8∶5） 2. Ⅲ式高领罐（M3∶6） 3. Ⅱ式高领罐（M3∶8） 4. Ⅰ式高领罐（M4∶4）
5. Ⅰ式小平底罐（M3∶7） 6. Ⅱ式小平底罐（M3∶5）

Ⅱ式 1件。标本M3∶5，短颈，鼓腹，颈肩间内折。通高8.6、腹径12.4厘米（图三九，6；图版一二，2）。

釜 完整和复原的有8件。多为夹砂黄陶。分二型。

A型 7件。侈口，最大径在口部。可分为五式。

Ⅰ式 1件。标本M4∶13，高领，圆唇，鼓腹，颈肩间内折，圜底较平。高15、口径18.4、腹径18厘米（图四〇，1）。

Ⅱ式 2件。标本M6∶8，略同Ⅰ式，圜底较尖。高10、口径15.2、腹径14.4厘米（图四〇，2）。

Ⅲ式 1件。标本M9∶3，方唇外侈，侈口增大。高10.6、口径18.8、腹径17.2厘米（图四〇，3）。

Ⅳ式 1件。标本M33∶7，斜折沿，垂腹。高10.4、口径16.8、腹径14.8厘米（图四〇，4）。

Ⅴ式 2件。标本M38∶4，矮领，口沿外翻，沿面有凹槽，圆腹。高12、口径17.6、腹径17厘米（图四〇，5）。

B型 1件。标本M50∶9，小口，深腹，圜底。高16.8、口径13.6、腹径19.2厘米（图四〇，6）。

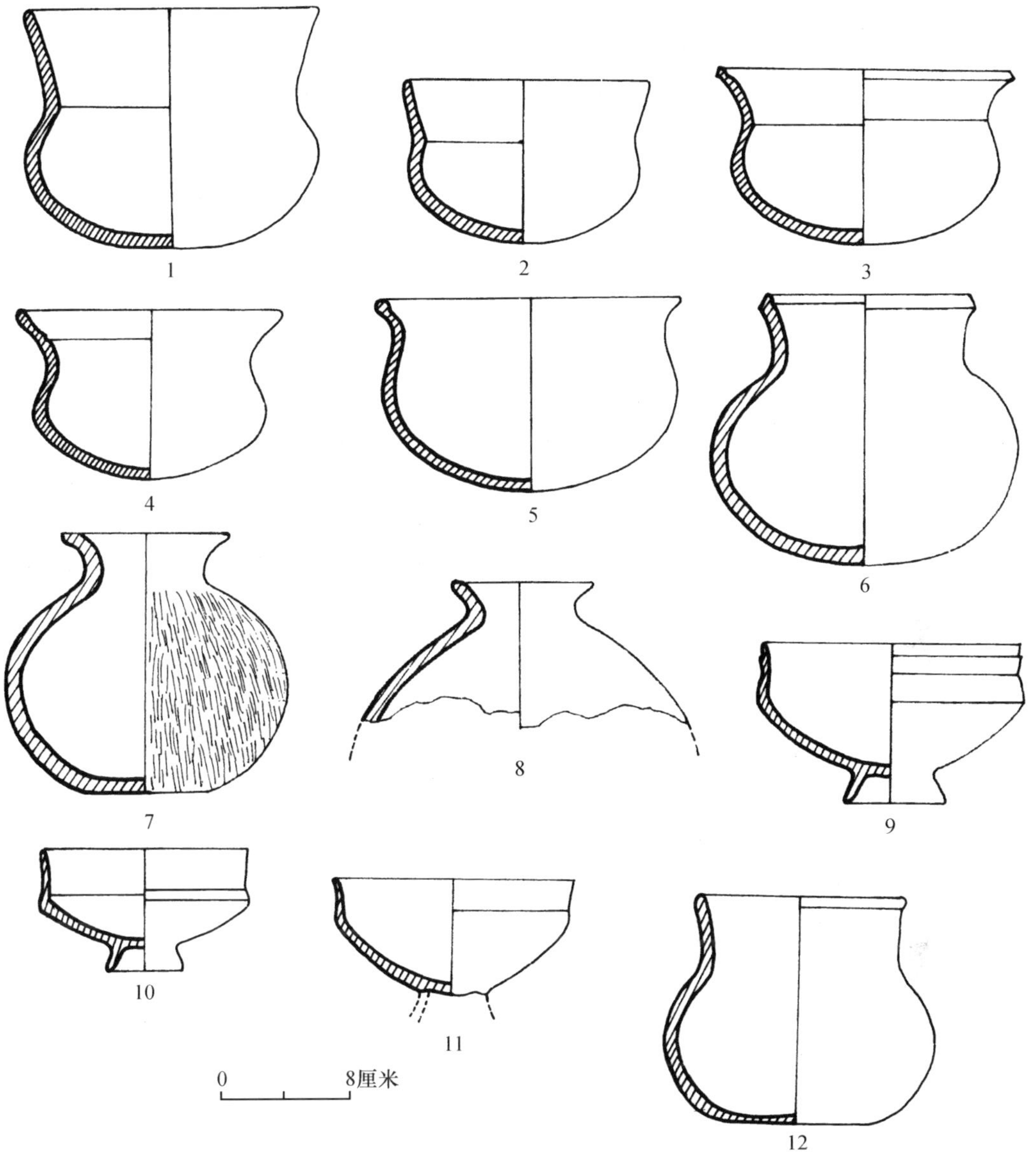

图四〇　陶器

1. A型Ⅰ式釜（M4:13）　2. A型Ⅱ式釜（M6:8）　3. A型Ⅲ式釜（M9:3）　4. A型Ⅳ式釜（M33:7）　5. A型Ⅴ式釜（M38:4）　6. B型釜（M50:9）　7. Ⅰ式盘口罐（M52:3）　8. Ⅱ式盘口罐（M43:1）　9. Ⅰ式豆（M52:2）　10. Ⅱ式豆（M43:3）　11. Ⅲ式豆（M28:3）　12. 直领罐（M32:1）

盘口罐　2件。分二式。

Ⅰ式　1件。标本M52:3，斜翻沿呈盘口，溜肩，鼓腹，小平底。罐身通体饰有不规则的划纹。残高8.8、口径8.8厘米（图四〇，7）。

Ⅱ式　1件。标本M43:1，残。平折沿成盘口，短颈，溜肩，球腹，小平底。通高16、口径9.4、腹径17.6（图四〇，8；图版一二，3）。

豆　复原3件。分三式。

Ⅰ式　1件。标本M52:2，直口，圆唇，深盘，口部两道折棱外凸，折腹，喇叭形矮圈足。通高10、口径16厘米（图四〇，9）。

Ⅱ式　1件。标本M43:3，浅盘，折口折腹起棱外凸，喇叭形矮圈足。通高7.6、口径12.8厘米（图四〇，10；图版一二，4）。

Ⅲ式　1件。标本M28:3，侈口，尖唇，折腹，矮圈足残。残高7.2、口径15.2厘米（图四〇，11）。

直领罐　1件。标本M32:1，圆唇，圆肩，鼓腹，平底。通高14、口径13.2、腹径16.8厘米（图四〇，12）。

圜底罐　完整和复原的有3件。分三式。

Ⅰ式　1件。标本M7:1，直口垂腹，圜底较平。通高6.6、腹径10.6厘米（图四一，1）。

Ⅱ式　1件。标本M42:1，圆唇，鼓腹，圜底。通高10.4、腹径13.2厘米（图四一，2）。

Ⅲ式　1件。标本M49:1，侈口，圜底较尖。通高10.6、腹径12厘米（图四一，3）。

钵　复原4件。分二型。

A型　2件。敞口，深腹，圜底。分二式。

Ⅰ式　1件。标本M27:3，小斜沿，外斜弧深腹。通高7.6、腹径14.4厘米（图四一，5）。

Ⅱ式　1件。标本M22:9，圆唇，矮颈。通高9.8、腹径14.4厘米（图四一，4）。

B型　2件。敞口，浅腹，平底。分二式。

Ⅰ式　1件。标本M21:4，斜外沿。通高5.6、底径6.4厘米（图四一，6）。

Ⅱ式　1件。标本M29:1，平折沿。通高4、底径6.2厘米（图四一，7）。

单耳圜底罐　完整和复原的有6件。分五式。

Ⅰ式　1件。标本M6:3，短颈，鼓腹，圜底，颈肩间有一小耳。通高9.6、腹径12.4厘米（图四二，6）。

Ⅱ式　1件。标本M38:19，侈口，腹向下扩张收成圜底，颈腹间附一小耳。通高12.6、腹径9厘米（图四二，3）。

Ⅲ式　2件。标本M50:1，侈口，球腹，圜底。颈肩间附一小耳，残。通高10.8、腹径10厘米（图四二，2）。

Ⅳ式　1件。标本M21:5，盘口，圆腹，圜底，颈肩间附有一宽耳。通高12、腹径21厘米（图四二，8）。

Ⅴ式　1件。标本M17:5，喇叭口，内折沿，球腹，圜底，颈肩有折棱两周，颈肩附一耳。通高13.8、腹径12.8厘米（图四二，7）。

单耳平底罐　完整和复原的有3件。可分为三式。

Ⅰ式　1件。标本M40:2，侈口，鼓腹，小平底。颈旁附一小耳，残。通高9.8、腹径9.6厘米（图四二，1）。

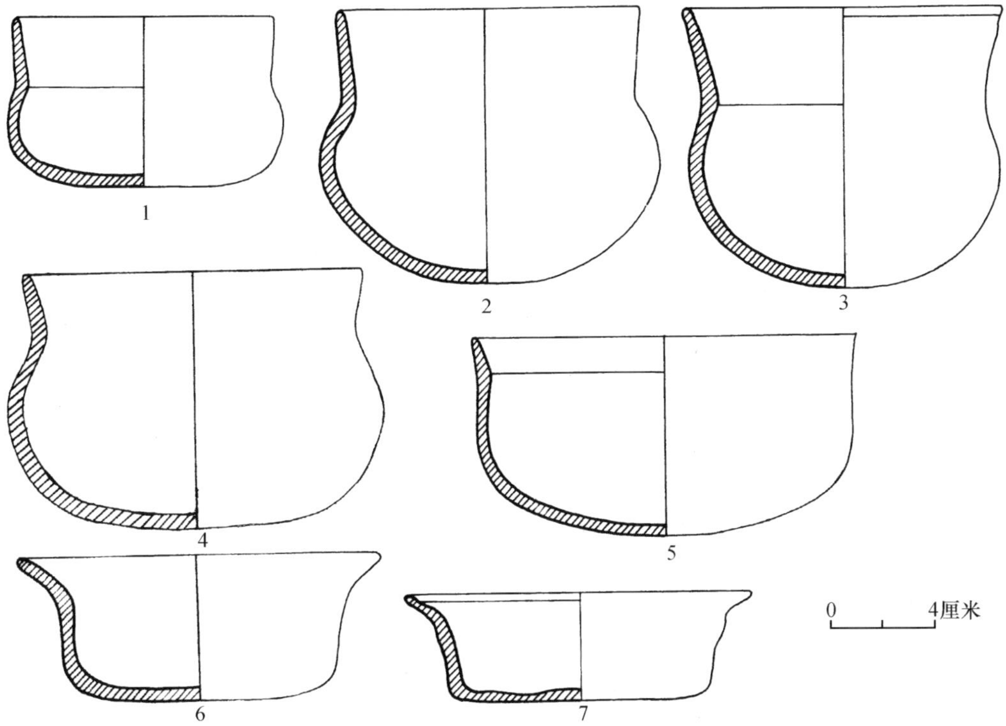

图四一 陶器

1. Ⅰ式圜底罐（M7:1） 2. Ⅱ式圜底罐（M42:1） 3. Ⅲ式圜底罐（M49:1） 4. A型Ⅱ式钵（M22:9） 5. A型Ⅰ式钵（M27:3） 6. B型Ⅰ式钵（M21:4） 7. B型Ⅱ式钵（M29:1）

Ⅱ式 1件。标本M48:1，斜折沿，腹部圆缓收成小平底，近口沿附一小耳。通高10.5、腹径11.6厘米（图四二，4）。

Ⅲ式 1件。标本M37:7，敛口，圆腹，平底，颈肩间有分界，腹肩附一宽耳。通高11.4、腹径11.2厘米（图四二，5）。

大口罐 1件。标本M37:10，残。平底，深腹，大口。底部有叶脉纹。口径13、底径7厘米。

凸底浅盘 2件。标本M2:7，泥质红陶，火候低。盘甚浅，底部内凹。饰弧形划线数条。高1.5、直径7.5厘米（图版一二，5）。

纺轮 76件。分四型。

A型 16件。算珠型。标本M13:2，两面扁平，中央穿一圆孔，边沿作人字坡形。直径5.4、厚2.3厘米（图四三，1）。

B型 4件。扁圆形。分二式。

Ⅰ式 1件。标本M19:7，薄扁圆，边沿较直。直径4.4、厚0.8厘米（图四三，2）。

Ⅱ式 3件。标本M25:3，厚扁圆形。直径3.6、厚1.8厘米（图四三，3）。

C型 4件。标本M8:10，中央穿一圆孔，底大于面（顶），边沿成坡形。直径4.2、厚1.7厘米（图四三，4）。

D型 2件。梯形。分二式。

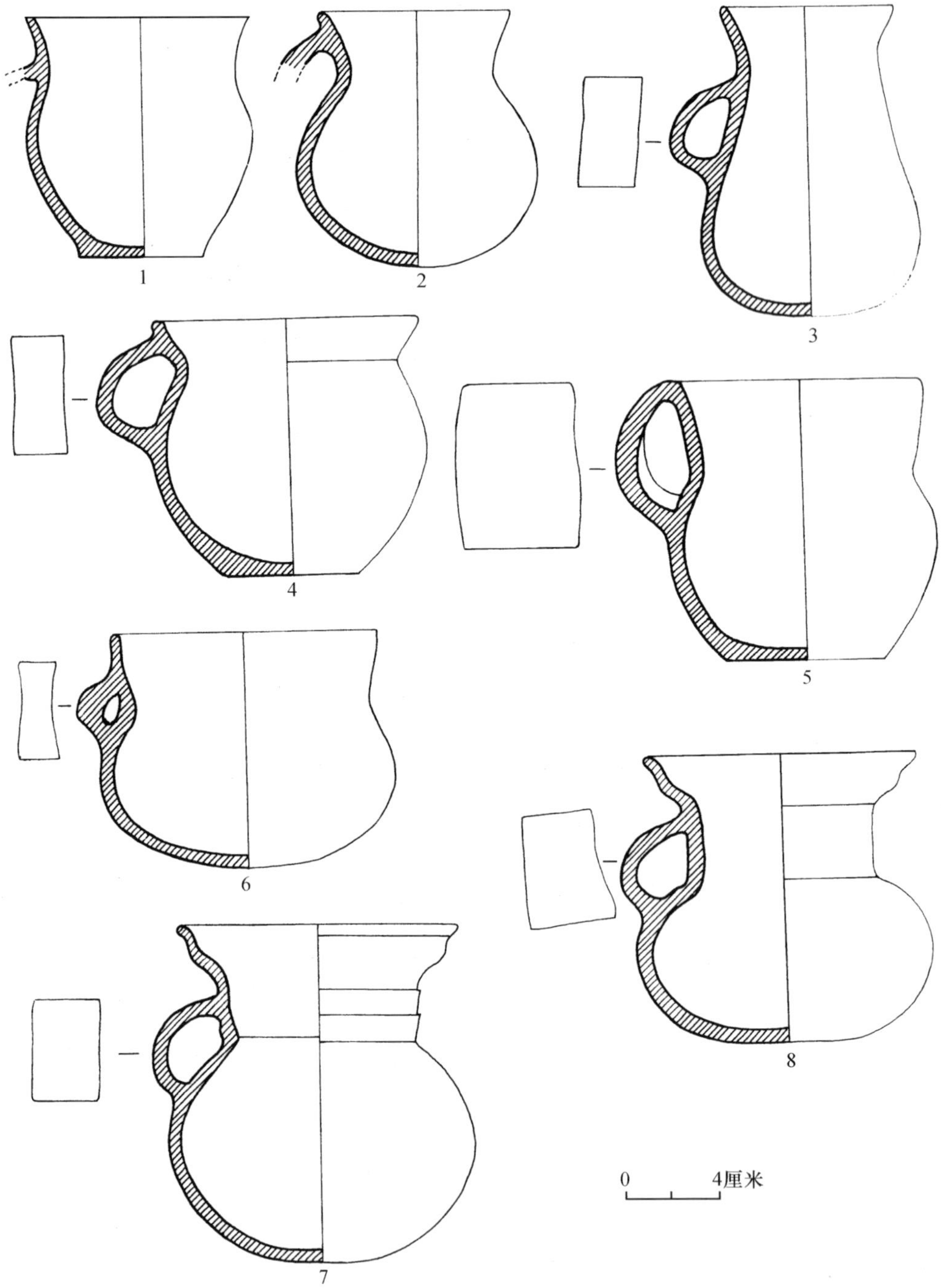

图四二　陶罐

1. Ⅰ式单耳平底罐（M40∶2）　2. Ⅲ式单耳圜底罐（M50∶1）　3. Ⅱ式单耳圜底罐（M38∶19）　4. Ⅱ式单耳平底罐（M48∶1）　5. Ⅲ式单耳平底罐（M37∶7）　6. Ⅰ式单耳圜底罐（M6∶3）　7. Ⅴ式单耳圜底罐（M17∶5）　8. Ⅳ式单耳圜底罐（M21∶5）

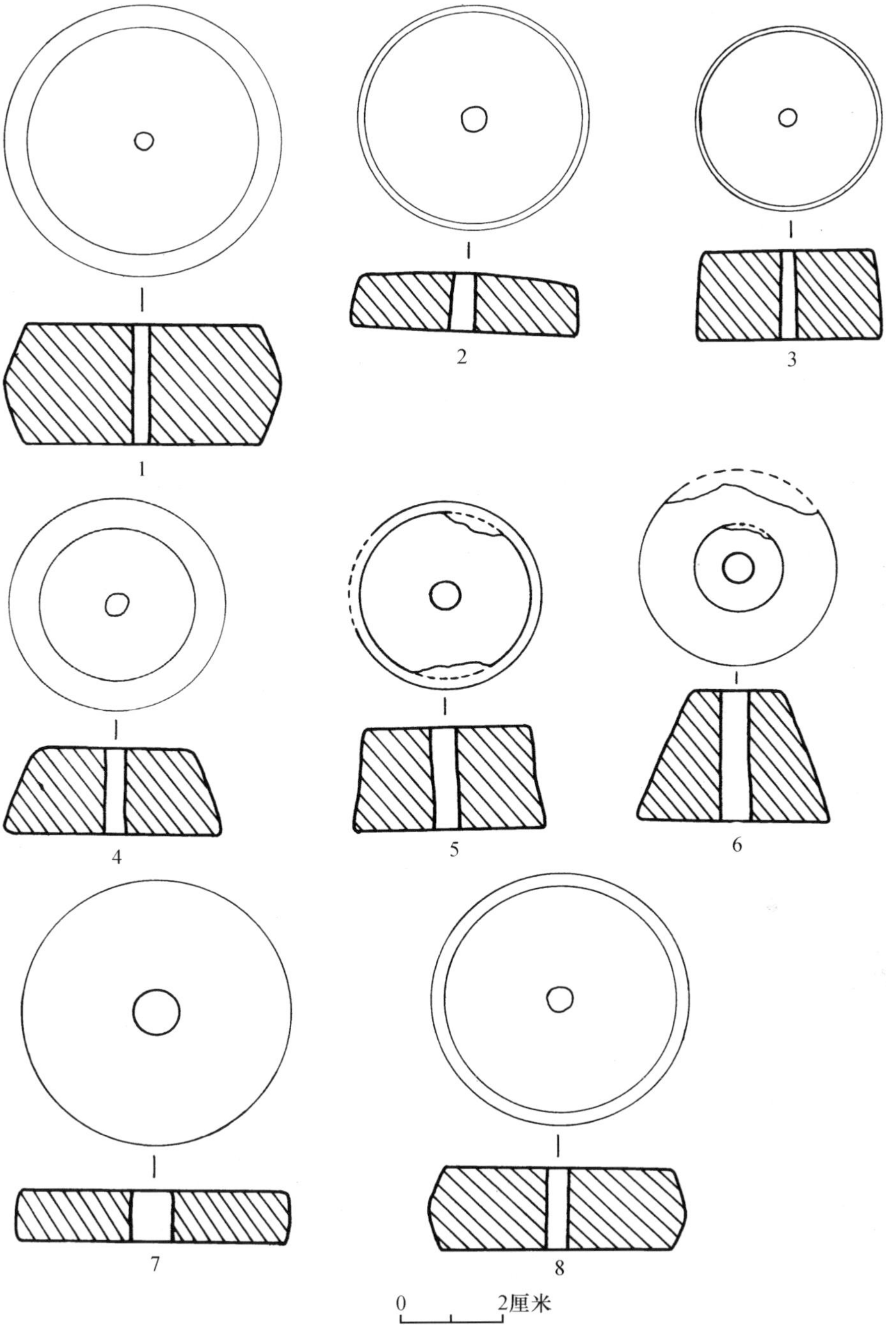

图四三　纺轮

1. A 型陶纺轮（M13∶2）　2. B 型Ⅰ式陶纺轮（M19∶7）　3. B 型Ⅱ式陶纺轮（M25∶3）　4. C 型陶纺轮（M8∶10）　5. D 型Ⅰ式陶纺轮（M7∶4）　6. D 型Ⅱ式陶纺轮（M37∶8）　7. B 型Ⅰ式石纺轮（M12∶4）　8. B 型Ⅱ式石纺轮（M21∶12）

Ⅰ式　1件。标本M7∶4，底宽于顶，边沿斜直。高2、顶径3.2、底径3.6厘米（图四三，5）。

Ⅱ式　1件。标本M37∶8，较Ⅰ式高。有卷云纹、三角形组成的刻划纹饰。高2.6、底径3.8、顶径1.8厘米（图四三，6）。

（四）石、玉、玛瑙、骨器及其他

石坠　7件。分五式。

Ⅰ式　2件。标本M6∶9，扁圆柱体，上端较尖而扁，有一圆形穿孔，下端较宽，平顶。长8、宽2厘米（图四四，3、4）。

Ⅱ式　1件。标本M11∶6，短圆柱体。长5、体径1厘米（图四四，2）。

Ⅲ式　2件。标本M7∶2，长圆柱体。长7、体径1.2厘米（图四四，5）。

Ⅳ式　1件。标本M30∶6，扁平长条形，两面打磨扁平，上端稍宽，下端稍窄。长6.8、宽1.3—1.5厘米（图四四，6）。

Ⅴ式　1件。标本M39∶2，残。四方体，顶端穿圆孔。残长4.2、宽1.5厘米（图四四，1）。

石纺轮　6件。可分为二型。

A型　1件。标本M20∶2，黑色砂岩。直径4.5、厚2厘米。

B型　5件。分二式。

Ⅰ式　4件。标本M12∶4，黑色砂岩。直径5.5、厚1厘米（图四三，7）。

Ⅱ式　1件。标本M21∶12，褐色石灰。直径5、厚1.6厘米（图四三，8）。

绿松石饰珠　数千粒。主要出于M1，另外M4、M30、M23、M33、M48五墓也各出有数十粒。圆圈形，中有穿孔，呈翠绿色。直径0.1—0.3厘米。

玉玦　3件。标本M13∶1，椭圆形，为“鸡骨白”软玉。直径3.6、好径2厘米（图四四，8）。

玉珠　49粒。分三种。

管状玉珠　40粒。都出于M1。标本M1∶22-1、M1∶22-2，长2.2、直径0.4—0.6厘米。有绿色和“鸡骨白”两种（图四四，10、11）。

浅绿色玉珠　8粒。标本M4∶10，两端微张，中间突起一圆圈。长2、直径0.5厘米（图四四，12）。

扁圆形玉珠　1粒。标本M5∶2，中央穿一圆孔，属“鸡骨白”。直径1.1、厚0.6厘米（图四四，9）。

玛瑙器　只有扣一种。4件。标本M30∶11，形状似纽扣，正面略凸，背面中央有乳钉。粉红色。直径4、厚0.3、钉高1.1厘米（图四四，7）。

骨器　2件。标本M1∶31，为管状骨饰，质薄，修得光滑笔直，残。残长6.8、直径0.8厘米。

海贝　约1000枚。主要出于M1。另外有28座墓出土数量不等的海贝。

矿石　M30出褐铁矿石一块（直径约3厘米），M21出孔雀石两小块。

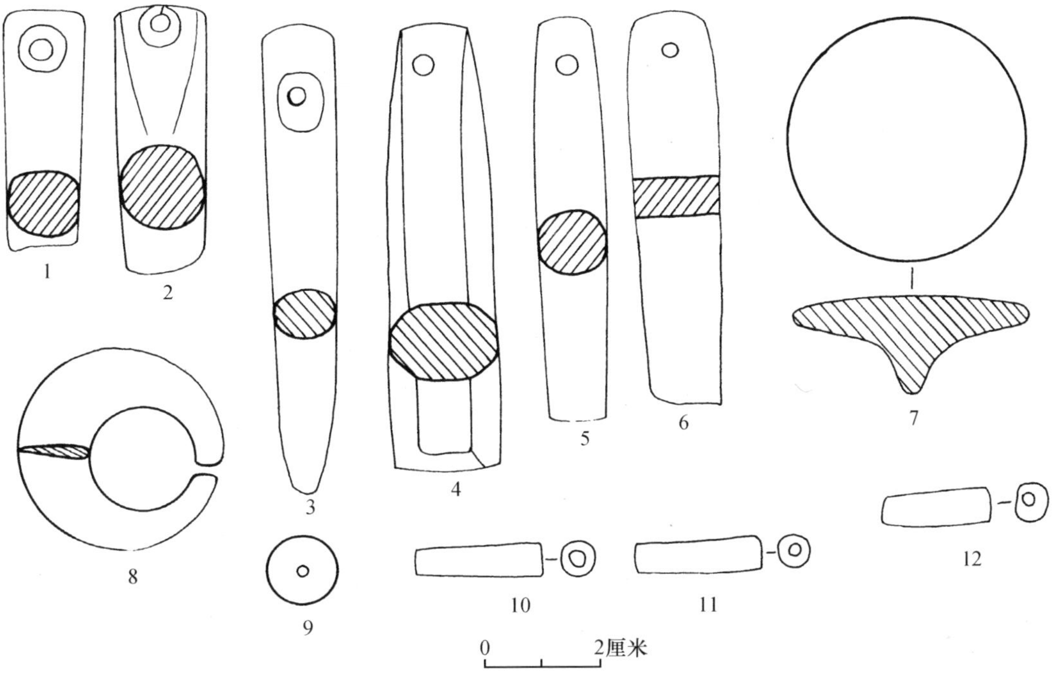

图四四 石器、玉器、玛瑙器

1. Ⅴ式石坠（M39∶2） 2. Ⅱ式石坠（M11∶6） 3、4. Ⅰ式石坠（M6∶19、M6∶9） 5. Ⅲ式石坠（M7∶2） 6. Ⅳ式石坠（M30∶6） 7. 玛瑙扣（M30∶11） 8. 玉玦（M13∶1） 9. 扁圆形玉珠（M5∶2） 10、11. 管状玉珠（M1∶22-1、M1∶22-2） 12. 浅绿色玉珠（M4∶10）

五、采集器物

在纱帽山东部梯地墓地的发掘过程中，在地层中采集到包括铜、铁、陶三种质料的器物共74件，尤以第3层扰乱层所出最多。下面择其重要而介绍。

1. 铜器

22件。有镞、扣饰、钱币等。

镞 5件。皆属A型镞。

扣饰 2件。标本采01，牛头形浮雕，矩形齿扣。高5、宽9.1厘米（图四五）。

钱币 有光绪通宝、道光通宝、大清铜币等。

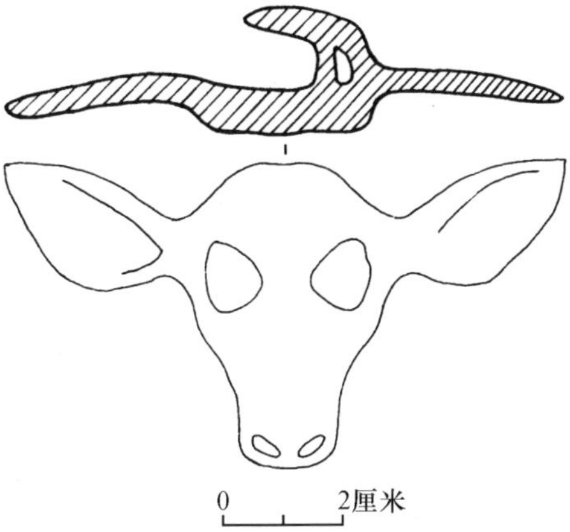

图四五 采集铜扣饰（采01）

2. 铁器

7件。有环首铁削、小铁刀、镦等器形。

3. 陶器

45件。有壶、高领罐、盘口罐、大口罐、豆、碗、纺轮等器形。

壶　16件。皆残。型式不明。标本采032，存壶底，平底，有席纹。底径8.8厘米（图四六，4）。标本采027，存底部，平底，有叶脉纹。底径8.4厘米（图四六，5）。

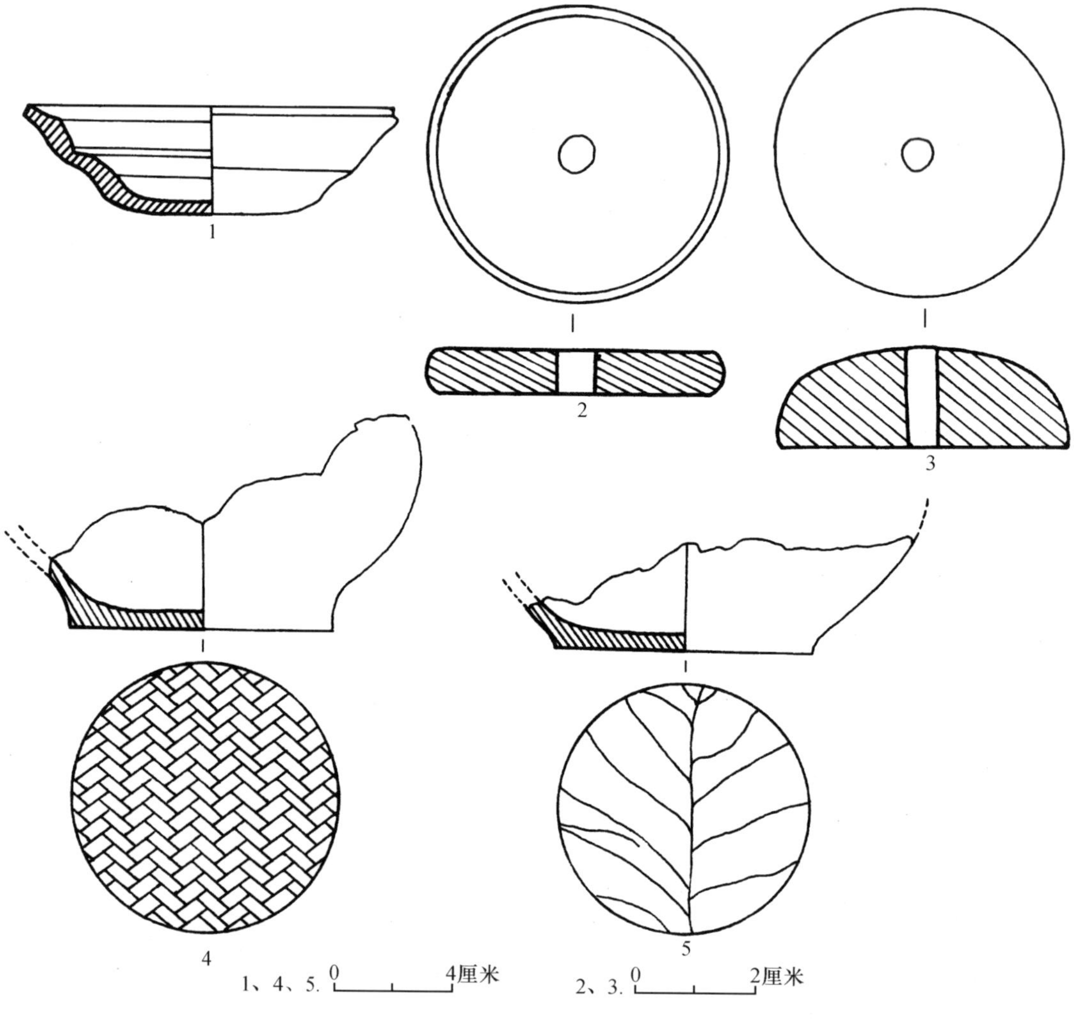

图四六　采集陶器

1. 碗（采054）　2、3. 纺轮（采029、采035）　4、5. 壶（采032、采027）

高领罐　完整的1件。标本采031，同Ⅰ式高领罐。通高14.8、腹径14.2、底径7.6（图四七，1）。

盘口罐　2件，标本采056，残。略同Ⅱ式。口径9.6厘米（图四七，3）。标本采051，盘口较大，溜肩，鼓腹。通高15.2、腹径17.2厘米（图四七，4）。

大口罐　完整1件。标本采033，大口，斜弧腹收成平底。通高10、口径13.4厘米（图四七，2）。

豆　1件。标本采052，同Ⅲ式豆。圈足残。残高8.4、口径16.4厘米（图四七，5）。

碗　复原1件。标本采054，敞口，折腹，小平底。褐红色，素面。高3.6、口径12.2厘米（图四六，1）。

纺轮　3件。标本采029，同B型Ⅰ式。直径4.9、厚0.7厘米（图四六，2）。标本采035，同C型。直径4.8、厚1.7厘米（图四六，3）。

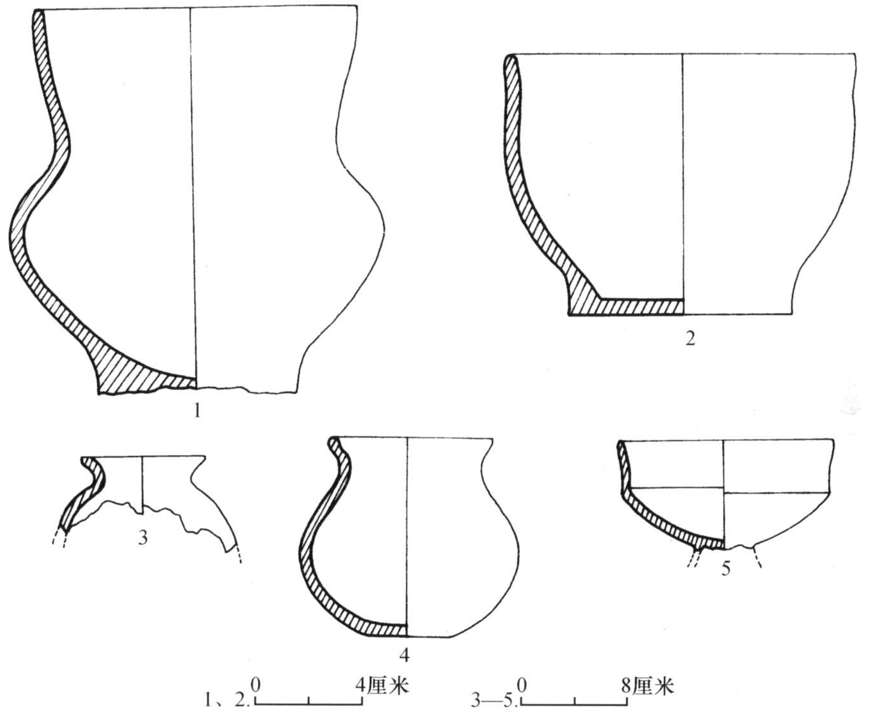

图四七　采集陶器

1. 高领罐（采031）　2. 大口罐（采033）　3、4. 盘口罐（采056、采051）　5. 豆（采052）

六、分期与年代

根据陶器和铜器的组合及演变、铁器和五铢钱出现及流行、葬式的变化、墓与墓之间的叠压打破关系，将纱帽山墓地发掘的墓葬分为四期六段（附表五）。

1. 陶器的组合和演变

Ⅰ期：以A型壶、Ⅰ、Ⅱ式高领罐、Ⅰ式釜为主，器物组合有壶、高领罐、纺轮，高领罐、釜、纺轮等。纹饰有蒂纹、叶脉纹和划纹三种。

Ⅱ期：以B、C二型壶、Ⅲ式高领罐、Ⅱ式釜为主，器物组合有壶、釜、单耳圜底罐，高领罐、纺轮等。纹饰有蒂纹、划纹两种。A型壶消失，新出现B、C二型壶和单耳圜底罐，高领罐演变为Ⅲ式，釜演变为Ⅱ式。

Ⅲ期：以豆、盘口罐和Ⅲ式釜为基本组合。纹饰有划纹。前两期的大多数器形消失，而代之新出现豆、盘口罐、圜底罐等。釜演变为Ⅲ式。

Ⅳ期：以各式单耳圜底罐、平底罐等为基本组合。新出现大口罐、B 型釜、B 型钵等。

2. 铜器的组合和铁器（包括铜铁合铸器）、五铢钱的出现及流行

Ⅰ期：以 A 型剑、A 型斧、Ⅰ、Ⅱ式矛、Ⅰ、Ⅱ式削为基本器物组合。没有出现 B 型剑、B 型斧。

Ⅱ期：以 B 型剑、B 型斧、Ⅲ、Ⅳ式矛、Ⅲ、Ⅳ式削为基本器物组合。未发现 C 型斧。无铁器。

Ⅲ期：铜器只有戈、镞、矛、爪镰、扣饰等，未发现铁器和五铢钱。

Ⅳ期：铜器新出现镬、釜、带钩等器物，出现较多的铁器（铜铁合铸器）及大量的五铢钱。

3. 葬式的变化

Ⅰ期：都为分层丛葬，以二次葬为主，很少有一次葬。

Ⅱ期：出现合葬墓，但分层丛葬仍为主导，占 70% 以上；仍以二次葬为主，一次葬较Ⅰ期略多。

Ⅲ期：以合葬墓为主，一次葬者增多。

Ⅳ期：以单人墓和合葬墓为主，一次葬者最多。

4. 墓与墓之间的打破叠压关系

纱帽山墓地有打破叠压关系共有 14 组（参见图四）。Ⅲ期 M9、M25 分别打破Ⅱ期的 M11、M35；Ⅳ期 5 段的 M10 打破Ⅱ期的 M11，Ⅳ期 6 段的 M50 打破Ⅱ期的 M53，Ⅳ期 6 段的 M39 叠压Ⅳ期 5 段的 M40。

5. 年代

各期的年代除参考^{14}C测定数据（附表六）外，可比照呈贡石碑村[1]、昆明上马村[2]、昆明大团山[3]等墓地进行推断。纱帽山Ⅰ期墓铜器以 A 型剑、A 型斧、Ⅰ、Ⅱ式削、Ⅰ、Ⅱ式矛为基本组合，同于呈贡村的第一期墓和昆明上马村战国墓的同类器形，如 A 型剑同石碑村Ⅰ式剑、上马村Ⅰ式剑，A 型斧同石碑村Ⅰ式斧。因此，我们将Ⅰ期墓葬的时代定在战国中晚期。Ⅱ期墓以 B 型剑、B 型斧、Ⅲ、Ⅳ式矛、Ⅲ、Ⅳ式削为组合，未见 C 型斧，无铁器（铜铁合铸器），基本同于石碑村第二期墓，如 B 型剑同石碑村Ⅱ式剑，B 型Ⅰ、Ⅱ式陶壶略同于大团山墓葬所出的陶壶和昆明上马村Ⅰ式罐的一部分。所以，Ⅱ期墓的时代下限应在汉武帝前，为西汉早期。Ⅲ期墓也未发现铁器和铜铁合铸器，未见五铢钱。时代大致为西汉中晚期。Ⅳ期开始出现并流行铁器（铜铁合铸器），出现大量的五铢钱，铜器则是新出现带钩、釜等汉式器物。这一时期分为 5、6 二段，5 段尚不见五铢钱及汉式器物。五铢钱皆为西汉五铢，有武、昭帝时期的，也有宣、元帝时期的。而且往往二者同出于一墓。因此，Ⅳ期的时代大致在武帝以后，为西汉晚期或可能到东汉初年。

七、结　　语

不论从地理位置和墓地的布局、墓葬形制，还是随葬器物的组合和器物特征看，纱帽山墓地属典型的滇文化墓地。如 A 型剑同于晋宁石寨山Ⅱ式剑[4]、江川李家山Ⅱ型一式剑[5]，A 型斧同于石寨山Ⅰ式斧、李家山Ⅰ型斧；B 型剑同于石寨山Ⅵ、Ⅶ式剑、李家山Ⅲ型剑；Ⅰ式削同于李家山Ⅰ型一式削。

这次发掘的 57 座墓葬，文化特征十分明显，可以归纳为七个方面。第一，墓向都是西北向。第二，都是中小型长方形竖穴土坑墓，未见葬具、封土堆、墓道和供上下的脚窝；但有带二层台和腰坑的墓，这类墓一般比无二层台和腰坑的墓的规格略高。第三，葬式复杂多样，以分层丛葬墓最多，合葬墓次之，单人墓最少，Ⅰ、Ⅱ期以分层丛葬墓为主，Ⅲ期以后以合葬墓为主，Ⅳ期以后以单人墓和合葬墓为主；在合葬、丛葬墓中以二次合葬最多，一次与二次合葬次之，一次葬最少；一次葬中，仰身直肢葬为主。第四，Ⅰ、Ⅱ期墓随葬陶器以壶、高领罐为主，Ⅲ、Ⅳ期则以豆、盘口罐和单耳罐（平底和圜底）为主；铜器式Ⅰ、Ⅱ期以兵器为主，Ⅲ、Ⅳ期则以生产工具和生活用具为主；Ⅰ、Ⅱ、Ⅲ期基本无铁器、铜铁合铸器、Ⅳ期开始流行铜铁合铸器、铁器，并出现大量的五铢钱。第五，从整个随葬品的情况看，生产工具和生活用具是最多的，超出装饰品和兵器的数量；兵器主要集中在少数几座规格较高的墓中，而生活用具和生产工具则是普通的随葬品；兵器、装饰品以铜器为主，生活用具以陶器为主，生产工具中铜、铁、陶、石质的都有。第六，大量随葬陶器是这里的一大特点，从整个墓地的情况看，生活用具基本上是陶容器、炊器和食器，这和石寨山、李家山等滇文化墓地相异，也说明这批墓葬的墓主人身份不高，以中小奴隶主和平民为主。第七，从随葬品的结构和整个墓地的情况看，都与《史记·西南夷列传》中所说的滇民族“耕田，有邑聚”的历史事实相符。Ⅲ期出现的矮颈罐、豆、盘口罐比较特殊，这两器类在滇文化墓葬中是首次发现，就是在云南的新石器时代文化中也找不到他们的祖型。四川理县佳山石棺墓的中期墓葬曾出现过这种豆，二者很相似[6]，佳山中期墓的断代为西汉早期，在时代上二者可以衔接。Ⅳ期流行的单耳罐，特别是Ⅲ式单耳平底罐与滇西北青铜时代墓葬出土的相类似[7]。纱帽山墓地除反映出中原汉文化的强烈影响（主要是Ⅳ期）外，尚有周围边地少数民族文化的相互影响。

纱帽山墓地是迄今已知滇文化中人骨最丰富、保存最好的一处墓地，墓地反映出来的墓制、葬式和葬俗，以及对遗存人骨的研究，对滇文化社会的人种、人口状况、生存条件、习俗及婚姻、家族、宗教、阶级等社会形态的了解，提供了新的资料，从而影响我们对滇文化的内涵的认识。先前对滇文化的研究，主要依据晋宁石寨山、江川李家山、呈贡天子庙等墓葬材料，这些墓葬基本没有保存下来人骨或是零星的碎人骨，因而研究主要限于随葬器物，而在葬俗、葬制上基本上是空白。由此，对滇文化所处时代的婚姻、家庭及社会形态的研究也就显得十分薄弱，甚至存在着空白。因此，纱帽山墓地的发掘无疑具有重要的意义。对此，我们另作研究。这里仅就人骨、葬式等方面简单地谈几点粗浅的看法。

发掘的57座墓除M15、M34、M36三座墓未见人骨外，其余54座墓都有人骨（见附录一）。根据潘其凤先生的鉴定，纱帽山墓地有拔牙习俗，共发现25例，为拔出上侧门齿一对（有1例连犬齿也拔掉），占可供观察者的四分之一。6座墓的8例人骨有生前受伤的痕迹，其中箭创者2例，砍痕6例，有可能为殉葬所杀，也有可能属于战争械斗中受伤（这是从葬式、随葬品的配置上可见到的一些迹象）。结合滇文化墓葬中兵器为主要的随葬品等现象进行分析，当时的战争一定是频繁的。从可供观察的人骨看，纱帽山墓地的人们的牙病比较普遍，尤以龋齿为多，这应与当时食用淀粉类食物有关。还有骨病，如骨质增生、风湿症等病例也较多，亦与居住条件，劳动强度和地理环境有关。由此可以想象当时的气候比较湿润，雨量亦较充沛，居住建筑可能与晋宁石寨山、江川李家山等所出的铜扣饰上的干栏式建筑相符。目前，大多数考古学家和历史学家认为，滇民族为“耕田，有邑聚”的定居农业民族，且当时已经以种植水稻为主要的生活来源，以干栏式建筑为主要的居住方式，由此可以得到一些证明。

纱帽山墓地是以家族为核心的公共墓地。54座有人骨的墓葬中，除去难以断定葬式类别的5座外，剩下的49座墓按照葬式的不同分为单人墓、合葬墓和分层丛葬墓三大类。其中分层丛葬墓最多，为22座，占44.9%；合葬墓次之，为17座，占34.7%；单人葬最少，为10座，占20.4%。在合葬、丛葬墓中，以二次葬为主。成年男女的合葬很盛行，既有男子为一次葬，女子为二次葬的；也有女子为一次葬，而男子为二次葬的；同时也有男女双方均为一次葬的。这种现象可能一方面反映了一夫一妻制或一夫多妻制、一妻多夫制的婚姻状况，另一方面也反映了男子为女子殉葬的习俗。成年人与儿童合葬，既有父子合葬，也有母子合葬。不同性别年龄的人的合葬也很普遍，从3、5人到20人不等，这些都应是一个家庭组织内的成员的合葬，为一个家庭在一定时期内的死亡人员。在一些规格较高的墓中发现有殉葬较多的奴隶的现象，如M1、M3、M6、M30等的腰坑内就殉葬有较多的人体遗骨。这些残缺不全的人骨生前被砍杀，肢解后作为奴隶主的墓葬奠基的殉葬品。如M30第六层腰坑内的1具头骨（编号F″）的枕骨上就留有一道22毫米×7.5毫米的砍痕。这种殉葬现象所反映出来的强烈的阶级对立，只能是在奴隶制社会确立后才会有的。

由上推知，滇文化社会无疑已处于奴隶制时期，但又有着自身的显著特点，这就是在父权制下以家族为核心的社会结构是比较牢固的。换句话说，还保留着父权型父系家庭公社的残杀，家族的凝聚力仍很强，进入第四期后，丛葬、合葬墓锐减，而代之以单人葬，与推行汉文化所带来的影响有关，这是滇文化的衰落时期。

绘　图：张德琳　张　聪
摄　影：刘　力
执　笔：尹建华

附记：纱帽山墓葬的人骨承中国社会科学院考古研究所潘其凤先生鉴定，谨此表示衷心的感谢。参加整理、修复人员：尹建华、梁银、张聪、闵锐、王先德、李文峰、杨洁波、肖昆。

注 释

[1] 云南省文物工作队：《云南呈贡龙街石碑村古墓群发掘简报》，《文物资料丛刊》（5），北京：文物出版社，1980 年。

[2] 云南省文物工作队：《昆明上马村五台山古墓清理简报》，《考古》1984 年第 3 期。

[3] 云南省博物馆文物工作队：《昆明大团山滇文化墓葬》，《考古》1983 年第 9 期。

[4] 云南省博物馆：《云南晋宁石寨山古墓葬发掘报告》，北京：文物出版社，1959 年。

[5] 云南省博物馆：《云南江川李家山古墓发掘报告》，《考古学报》1975 年第 2 期。

[6] 阿坝藏族自治州文管所等：《四川理县佳山石棺葬发掘清理报告》，《南方民族考古》（第一辑），成都：四川大学出版社，1987 年。

[7] 云南省文物工作队：《云南宁蒗大型镇古墓葬》，《考古》1983 年第 3 期；云南省文物考古研究所：《剑川鳌凤山古墓发掘报告》，《考古学报》1990 年第 2 期。

Report on Excavation at Shamaoshan Cemetery of Dian Culture in Yiliang, Yunnan

Yunnan Provincial Institute of Archaeology
Kunming Committee of Cultural Heritage Administration
Yiliang Institute of Cultural Relics Administration

Abstract: This report made a comprehensive description on 57 burials excavated near Tangchi town of Yiliang County, Yunnan in 1989. All burials are in shaft-pits with single, twin and multiple dead. The offerings include the bronzes, ceramics, irons and some jade or stone ornaments. Judged from the artifacts and burial customs, the cemetery should be attributed definitely to Dian culture. A outstanding character of the cemetery is that the number and the percent of ceramics in offering lists are more than thc other Dian cemeteries, such as Shizhaishan and Lijiashan. This may hint us that the social rank of Shaomaoshan groups was not as high as Lijiashan and Shizhaishan. Furthermore, the skeletons in burials are kept very well compared with the other Dian cemeteries, and all skeletons have been studied by professional paleopathologist, extracting tooth, dental caries and skeletal trauma have been identified. All these evidences will enable us for a better understanding on the demography and social structure of Dian society.

Keywords: Shaomaoshan Cemetery Dian Culture physical anthropology

附表一　宜良纱帽山墓葬铜器类别统计表　　　　（单位：件）

类别	兵器						生产工具					装饰品			五铢钱	釜	铃	盘形器	其他	总计
	戈	剑	矛	镞	镦	甲片	斧	削	凿	镬	爪镰	扣饰	带钩	镯						
数量	3	4	8	58	3	4	8	5	1	3	2	24	3	120	358	1	3	1	若干	600余件
	80						19					147								
百分比	13%						3%					24%			59%					100%

附表二　宜良纱帽山墓葬陶器陶质陶色统计表　　　　（单位：件）

陶质＼陶色	黄	黑	灰	红	褐	合计
夹砂陶	70	16	3	2	10	101
百分比	60. 8%	13. 9%	2. 6%	1. 7%	8. 7%	87. 9%
泥质陶	4	5	3	2		14
百分比	3. 5%	4. 3%	2. 6%	1. 7%		12. 1%
总计	74	21	6	4	10	115
	64. 3%	18. 2%	5. 2%	3. 4%	8. 7%	100%

附表三　宜良纱帽山墓葬陶器纹饰统计表　　　　（单位：件）

纹饰	素面	叶脉纹	划纹	席纹	乳钉纹	席纹与乳钉纹并存	总计
数量	85	4	14	4	2	6	115
百分比	73. 9%	3. 5%	12. 2%	3. 5%	1. 7%	5. 2%	100%

附表四　宜良纱帽山墓葬陶器类别统计表　　　　（单位：件）

类别	罐									壶	釜	钵	豆	盘	纺轮	总计
	高领罐	小平底罐	盘口罐	大口罐	直领罐	圜底罐	单耳圜底罐	单耳平底罐	不明							
数量	10	2	2	1	3	3	6	4	7	27	11	4	7	2	26	115
	38															
百分比	8. 7%	1. 7%	1. 7%	0. 9%	2. 6%	2. 6%	5. 2%	3. 5%	6. 1%	23. 5%	9. 6%	3. 5%	6. 1%	1. 7%	22. 6%	100%
	33%															

附表五 宜良纱帽山墓葬分期表

期	段	墓葬	陶器	铜器	铁器（包括铜铁合铸器）	五铢钱
Ⅰ	1	M1	壶AⅠ、AⅡ，高领罐（残）	削Ⅰ，镯AⅠ、AⅡ、BⅠ、BⅡ、BⅢ		
	2	M2、M3、M4	壶AⅢ，高领罐Ⅰ、Ⅱ，釜Ⅰ，小平底罐Ⅰ、Ⅱ，凸底浅盘	剑A，矛Ⅰ、Ⅱ，削Ⅱ，斧A		
Ⅱ	3	M5、M6、M8、M11、M13、M18、M19、M27、M35、M53	壶BⅠ、BⅡ、BⅢ、C，高领罐Ⅲ，釜AⅡ，钵AⅠ	剑BⅠ、BⅡ，矛Ⅲ、Ⅳ，斧A、B，爪镰		
Ⅲ	4	M7、M9、M25、M28、M42、M43、M47、M49、M52	豆Ⅰ、Ⅱ、Ⅲ，盘口罐Ⅰ、Ⅱ，圜底罐Ⅰ、Ⅱ、Ⅲ，釜AⅢ	戈，矛Ⅱ，爪镰		
Ⅳ	5	M10、M30、M38、M40、M22、M33、M37、M39、M41、M45、M48、M50	单耳平底罐Ⅰ、Ⅱ、Ⅲ，单耳圜底罐Ⅱ、Ⅲ，釜AⅣ、AⅤ，B钵AⅡ	斧CⅠ、CⅡ、CⅢ，矛Ⅱ，戈，釜，鐭	铁剑Ⅰ、Ⅱ、Ⅲ、Ⅳ、Ⅴ，铁矛Ⅰ、Ⅱ、Ⅲ、Ⅳ、Ⅴ、Ⅵ，铁斧Ⅰ、Ⅱ，环首铁削Ⅰ，铁爪镰	五铢钱
	6	M17、M20、M21、M29、M44	单耳圜底罐Ⅳ、Ⅴ，钵BⅠ、BⅡ	鐭，带钩	铁斧Ⅲ，铁爪镰	五铢钱

附表六 宜良纱帽山墓葬人骨^{14}C测定数据一览表

实验室编号	标本出土单位	测定年代		树轮校正年代	
		距今年数	历年	距今年数	历年
ZK-2321	M1	1525±265	425±265AD	1460±270	490BC
ZK-2322	M2-3	2205±80	255±80BC	2200±95	250BC
ZK-2323	M4-4	2260±115	310±115BC	2265±120	315BC
ZK-2324	M8-2	2065±110	115±110	2040±115	90BC
ZK-2325	M38-3	2035±95	85±95BC	2005±105	55BC

说明：1. 半衰期按5730年计算。

2. M1送测标本不足，实际年代应提前，大致翻一番。

附表七　宜良纱帽山墓葬登记表

（单位：件）

分期	墓号	方向（度）	墓口：长×宽－深 墓底：长×宽－深（米）	层次	深度（米）	人骨（具）	葬式	性别（岁）	年龄	随葬器物	备注
Ⅰ	1	320	3×1.9－0.2 2.6×1.8－（1.4－1.7）	一	0.4	1		？	成年	陶壶AⅠ3、AⅡ、纺轮A、高领罐（残）2，铜削Ⅰ、镞AⅠ、AⅡ，蝉形1、镯AⅠ80、AⅡ30、BⅠ、BⅡ、BⅢ，玉珠40，海贝700，绿松石珠1000余，管状骨饰2，石纺轮BⅠ2，牛头、牛肢骨、牛下颌骨	墓底下第三层为腰坑，椭圆形，直径1.1、深0.3米
				二	1.3（北） 1.4（南）	5	二次葬	男（？）男 女　男 女	成年 22—24 20—25　20—22 16—18		
				三	1.4（北） 1.7（南）	4	殉葬	女　女 男	25—30 30±　30±		
Ⅰ	2	312	2.3×1.2－（1.2－1.9） 1.8×1.1－（1.4－1.9）	一	0.5	2	二次葬	男女	30—35　20±	陶壶AⅢ2、凸底浅盘，铜剑A、矛Ⅰ、斧A、镞AⅢ2、AⅣ2，海贝3，螺壳3	墓底东头下凹0.2、长1.8、宽1.1米，是为第四层
				二	0.7（西） 1.1（东）	5	仰身直肢 二次葬	男	成年		
				三	0.95（西）	3	二次葬	男　男 ？	45±　30—35 成年		
				四	1.4（西） 1.9（东）	7	二次葬	男　男 女？　男 男　女	成年　35± 成年　20± 20—22　30—35		
Ⅰ	3	315	2.8×1.2－1.65 2.65×1.1－2.3	一	1.9	6	侧身直肢 仰身直肢 二次葬	男？ 女 男　女 2男	25—30 20—25 12—13　25± 成年	陶高领罐Ⅰ3、Ⅱ、小平底罐Ⅰ、Ⅱ，铜剑A、矛Ⅱ、斧A、镞AⅡ、BⅠ2、戈Ⅱ、削Ⅱ、圆形扣饰AⅠ，玉玦2，海贝63，螺壳若干	第二层为腰坑，略为心形，径0.8、深0.25米
				二	2.3	10	殉葬	男　男 女？　男 2男　2女 ？　？	40—45　35± 30±　30—40 成年　±30—40 7—8　未成年		

续表

分期	墓号	方向（度）	墓口：长×宽－深 墓底：长×宽－深 （米）	层次	深度（米）	人骨（具）	葬式	性别（岁）	年龄	随葬器物	备注
Ⅰ	4	315	3.2×1.2－1.6 2.2×0.8－1.8	一	0.5	8	二次葬	3女 男 女? 男 男 ?	成年 成年 成年 30—35 22—24 30—35	陶釜AⅠ、高领罐Ⅰ、釜（残）、罐（残），铜镞AⅢ、Ⅳ，铁爪镰，玉珠8，绿松石100余，海贝10，螺壳若干	墓底中央内凹0.2、长2.2、宽0.8米，是为第四层
				二	0.9	4	仰身直肢 二次葬3	女 女 男? 男	25—30 30± 35—40 成年		
				三	1.4	2	二次葬	男 男	30—35 22—24		
				四	1.8	3	二次葬	男 女 男	22—24 22—24 中年		
Ⅱ	5	320	2.5×1.2－1.5 2.3×1－1.9	一	0.9	1	侧身直肢（?）	女	成年	高领陶罐Ⅲ、纺轮A、罐（残），铜削Ⅰ、爪镰，玉珠，海贝10	第五层为腰坑，长方形
				二	1.5	6	仰身直肢（?） 二次葬5	女 女 4男	50—55 45± 成年		
				三	1.6	5	二次葬	2女 2男 女	成年 成年 35—40		
				四	1.8	4	二次葬	男 2男 女	40—45 成年 成年		
				五	1.9	5	殉葬（?）	2女 2男 男	22—24，成年 成年		

续表

分期	墓号	方向（度）	墓口：长×宽-深 墓底：长×宽-深（米）	层次	深度（米）	人骨（具）	葬式	性别（岁）	年龄	随葬器物	备注
Ⅱ	6	316	2.5	一	0.5	5	侧身直肢2 仰身直肢3	男　女 男　女	35±　22—24 45—50　22—24 青年	陶壶BⅠ3、BⅡ、釜AⅠ2、单耳圜底罐Ⅰ，铜矛Ⅳ、斧B、镞AⅡ7、AⅣ，削Ⅳ石坠Ⅰ2、海贝46	第三层为腰坑为长方形
				二	1.4	1	仰身直肢	男	45±		
				三	1.5	2	殉葬（?）	女 男	45—50 45±		
Ⅲ	7	310	2.38×1.2-1.7 2×1-2.1	一	0.7	1			儿童	陶圜底罐1、豆圈足、纺轮A、D1，铜管饰，石坠Ⅲ，海贝26，螺壳若干	墓底中央内凹0.2、长2、宽1米，是为第三层
				二	1.9	5	仰身直肢 二次葬4	男 女?　男 男　男	40± 25±　45—50 35±　45±		
				三	2.1	4	二次葬（?）	男　女 女　女	25—30 35±　成年		
Ⅱ	8	324	残2.2×1.1-1.7 2.4×0.9-（1.4-1.6）	一	0.25	1	仰身直肢	男	40±	高领罐Ⅲ2、纺轮A、C，铜剑BⅡ、镞AⅠ、AⅡ4，海贝10，螺壳10	打破M15和M4，墓底中央内凹0.2米，是为第四层
				二	0.95（东） 1.4（西）	4	仰身直肢葬 侧身直肢 二次葬	男 女 男　女	35± 35± 35—40　成年		
				三	1.2（东） 1.5（西）	5	二次葬	2女　男 女　男	成年 22—24　40—45		
				四	1.4（东） 1.6（西）	6	二次葬	女　女 2女　男 婴儿	成年　35—40 成年　成年 2岁以内		

续表

分期	墓号	方向（度）	墓口：长×宽－深 墓底：长×宽－深 （米）	层次	深度（米）	人骨（具）	葬式	性别（岁）	年龄	随葬器物	备注
Ⅲ	9	318	2.8×1.1－1.6 1.4×0.9－1.2	一	0.4	7	仰身直肢 二次葬6	男 儿童 女? 男 ? 男 男	35± 3—4 25—30 45± 12—13 40± 25±	陶釜AⅡ、纺轮A，铜矛Ⅱ、镞AⅡ3、虎形扣饰，海贝10，石坠Ⅲ，螺壳若干	打破M11，墓地东头下凹0.2米，成长方形坑，1.4米×0.9米
				二	1.2	2	二次葬（?）	儿童 儿童	4—5 6		
Ⅳ	10	300	2.2×1.05－1.55 2.2×1.05－0.5	一	0.5	4	仰身直肢 二次葬3	男 ? 女 儿童	22—24 成年 40—45 6—7	铜圆形扣饰AⅢ，铁矛、铜柄铁剑Ⅲ	打破M11
Ⅱ	11	312	残长2.3×0.95－1.5 2.3×0.95－0.6	一	0.6	1	仰身直肢	男	25—30	平底陶罐（残），铜剑BⅠ，矛Ⅲ，斧A，镞BⅠ3，圆形扣饰AⅢ，石坠Ⅱ	分别被M9、M10打破，打破M12
	12	317	2.2×1.1－1.3 2.2×1.1－0.2	一	0.2	1	仰身直肢 二次葬3	男 男 男? 男	30—35 45—50 20± 25—30	铜器（残）、铜矛Ⅳ，陶纺轮A，玉玦	打破M14，第三层为脚坑，圆形，直径0.7、深0.2米
Ⅱ	13	325	2.6×1.1－1.7 2.18×0.95－0.68	一	0.1	2	仰身直肢? 二次葬	女 男	45± 30±	陶壶C（残）、纺轮A，铜矛Ⅳ，玉玦	打破M14，第三层为脚坑，圆形，直径0.7、深0.2米
				二	0.68	4	仰身直肢? 二次葬3	男 男 男 女	成年 成年 22—24 成年		
				三	0.68	1	二次葬（?）	男	成年		
	14	322	残1.9×0.8－1.5 残1.9×0.8－0.8	一	0.8	4	二次葬	女 男 2儿童	成年 成年 ?	圜底侈口陶罐（残）	被M13打破
	15	310	2×0.4－1.7	一	0.80						被M8打破

续表

分期	墓号	方向（度）	墓口：长×宽－深 墓底：长×宽－深（米）	层次	深度（米）	人骨（具）	葬式	性别（岁）	年龄	随葬器物	备注
	16	301	3×1－1.75 2.3×0.75－0.75	一	0.5	1	仰身直肢	女	25—30	陶纺轮A，陶片铜镞AⅡ贝5	打破M25，第三层为腰坑，圆形，直径0.6、深0.15米
				二	0.75	1	侧身直肢	女	25—30		
				三	0.75	3	二次葬（?）	男 男 女	30—35，30± 22—24		
Ⅲ	17	328	1.9×1－1.6 1.4×0.8－1.2	一	0.32	1	仰身直肢	男	成年	单耳圜底罐Ⅱ，铜镬、带钩、五铢钱37，海贝14，螺壳若干	被近代墓打破
Ⅱ	18	312	1.9×1－1.6 1.4×0.8－1.2	一	1.2	2	二次葬	女? ?	50± 未成年	陶壶BⅢ4	
Ⅱ	19	315	2.15×0.8－1.7 2.0×0.85－1.3	一	1	2	仰身直肢 二次葬	女 女	40—45 22—24	陶壶（残）BⅢ2、纺轮BⅠ、C，铜镞AⅠ，海贝11，螺壳若干	
				二	1.3	3	二次葬	男 2女	25—30，成年		
Ⅳ	20	306	2.2×1.2－1.4 2.2×1－0.7	一	0.2	2	仰身直肢 二次葬（?）	女 男	45—50 成年	平底陶罐（残）、纺轮A，铜牛头扣饰、铜镯AⅢ3、五铢钱1，石纺轮A，海贝3，螺壳若干	打破M22，第四层为脚坑，长方形，长1.1、宽1、深0.2
				二	0.55	2	仰身直肢 二次葬	女 ?	成年 成年		
				三	0.7	4	仰身直肢 二次葬3	女 男 2女	50± 20± 成年		
				四	0.7	4	二次葬	男 3男	40± 成年		
Ⅳ	21	300	2.6×1.2－1.4 1.9×0.9－1.5	一	0.3	4	二次葬	男 3女	成年	单耳圜底罐Ⅳ、钵BⅠ、纺轮BⅡ，铜镞AⅡ、镯AⅢ2、五铢钱56，铁爪镰，孔雀石2，海贝12	墓底有两坑，略为长方形，西坑长1、宽0.46米，东坑长0.5、宽0.5米
				二	0.7	3	仰身直肢 二次葬2	男 女 男	45± 22—24 成年		
				三	1.5	1	二次葬（?）	男	成年		

续表

分期	墓号	方向（度）	墓口：长×宽－深 墓底：长×宽－深（米）	层次	深度（米）	人骨（具）	葬式	性别（岁）	年龄	随葬器物	备注
Ⅳ	22	310	2.2×0.8－1.5 2.2×0.8－0.8	一	0.8	3	仰身直肢 二次葬（?）	男 女 男（?）	35± 15—16 成年	单耳圜底罐Ⅲ、钵AⅡ、夹砂陶片，铜斧CⅢ、镬、釜，铁矛、铁镰、环首铁削Ⅱ，五铢钱146	被M20打破
	23	317	2.4×0.8－1 2.4×0.8－0.3	一	0.3	2	仰身直肢 二次葬	女 女	老年 中年	绿松管饰，螺壳	打破M35
	24	314	1.8×0.8－1 2.4×0.8－0.3	一	0.25	1	仰身直肢	女	40±	陶纺轮A、C，铜镞AⅡ	打破M35
Ⅲ	25	307	2.4×1.15－1.4 2.4×1.15－1.4	一	0.4（东） 0.7（西）	8	仰身直肢3 侧身直肢 二次葬4	女　男 儿童 儿童 2女　男 男?	25—30　20± 6—7 8—9 成年　成年 25±	陶纺轮BⅡ、豆圈足、罐（残），铜镞AⅡ5、爪镰，螺壳	打破M35
	26	310	2.1×0.9－1.4 2.1×0.95－1.2	一	1.1	3	仰身直肢2 二次葬	2女 男	成年 成年	陶壶B（残）、纺轮A	M2叠压其上，墓底有二坑，西坑直径0.5、深0.2米，东坑直径0.75、深0.25米
				二	1.2	8	二次葬（?）	男　女 女　女 男　男 女　女	成年　成年 25±　40± 40—45　45—50 中年　老年		
Ⅱ	27	310	2×1.05－1.4 2×1.05－（0.7（西）－0.8（东））	一	0.8（东） 0.7（西）	3	二次葬	男　女 儿童	30—35　成年 3—4	陶壶C2、钵AⅠ	
Ⅲ	28	302	2.1×（1（西）－1.2（东））－1.4 2.1×（1（西）－1.2（东））－0.9	一	0.9	8	仰身直肢5 二次葬3	女?　女? 儿童　? ? 男　男 儿童	25±　14—15 7—8　未成年 13± 25±　25—30 4—5	陶豆Ⅲ、纺轮A2	

续表

分期	墓号	方向（度）	墓口：长×宽－深 墓底：长×宽－深（米）	层次	深度（米）	人骨（具）	葬式	性别（岁）	年龄	随葬器物	备注
Ⅳ	29	305	2.2×1.4－1.4 2.2×1.4－0.5	一	0.5	3	仰身直肢 侧身直肢 二次葬（?）	男 男 ?	成年 35± 未成年	陶钵BⅡ、红陶片，铜带钩、五铢钱22，铁斧、环首铁削，海贝2	打破M37
Ⅳ	30	300	2.4×（1（西）－1.18（东））－1.7 2.5×1.05－（2.2（东）－2.6（西））	一	0.6	2	侧身直肢 二次葬?	男 女	25—30 成年	陶壶DⅠ、DⅡ、壶D2（残），铜斧CⅠ2、镞AⅡ5、AⅤ、AⅦ、BⅣ2，矛Ⅲ、Ⅴ、甲片4、凿、镦3、圆形扣饰AⅣ、B2、C6、浮雕扣饰、镯2（残），铜柄铁剑Ⅰ、Ⅲ、Ⅴ、矛Ⅲ2、铜銎铁斧Ⅰ2、铜銎铁凿、环首铁削Ⅰ2，石坠Ⅴ，绿松石饰珠30，玛瑙扣4，具11，褐铁矿石	打破M31，被H7打破，第六层为腰坑，方形，长0.7、深0.15米
				二	1.1（东） 1.5（西）	6	二次葬	男　男 男　女? 2女	40—45　25—30 30—35　22—24 成年		
				三	1.5（东） 1.9（西）	4	仰身直肢（?） 二次葬3	男 女　男 ?	30± 25±　成年 成年		
				四	1.9（东） 2.3（西）	1	二次葬	男	35±		
				五	2.2（东） 2.6（西）	7	仰身直肢（?） 二次葬（?）6	男 男　男 男　男 2女	35± 25—30　40—45 25±　成年 成年		
				六		2	殉葬	男 女	35±　35—35		
	31	312	残0.5×残0.3－1.6 残0.5×0.3－0.7	一	0.7	1		女?	未成年	海贝12	被M30、H7打破

续表

分期	墓号	方向（度）	墓口：长×宽－深 墓底：长×宽－深（米）	层次	深度（米）	人骨（具）	葬式	性别（岁）	年龄	随葬器物	备注
	32	315	残1.5×（0.6（东）－0.8（西））－1.5 残1.5×（0.6（东）－0.8（西））－0.94	一	0.94	4	二次葬	男 女 男 ？	30—35 20± 成年 成年	直领陶罐、纺轮A，铜铃Ⅰ、螺壳	被H6、M33打破
Ⅳ	33	321	残1.5×残0.8－1.5 残1.5×残0.8－0.2	一	0.2	1	仰身直肢	女?	青年	陶釜AⅣ2，铜铃Ⅱ，铁爪镰，海贝10，绿松石饰珠若干	打破M32、M34，被H6打破
	34	315	残0.3×残0.45－1.5 残0.3×残0.45－0.2	一	0.1						被H6、M8、M33打破
	35	295	1.8×0.8－1.4 1.8×0.8－0.35	一	0.35	2	侧身屈肢 二次葬	男 女	40—45 30—35	陶壶C（残），铜削Ⅲ，螺壳	打破M36，被M23、M24、M25打破
	36	280	2.3×（0.7（西）－0.9（东））－1.4 2.3×（0.7（西）－0.9（东））－0.6	一	0.6					陶釜（残），螺壳若干	被M35打破
Ⅳ	37	303	2.1×1.1－1.3 2.0×1.0－1.0	一	0.6	1	仰身直肢	女?	25±	单耳平底陶罐Ⅲ、大口罐、纺轮BⅡ、C、DⅡ，铜镞AⅡ、五铢钱17，铁镰、环首铁削	被M29打破，第三层为脚坑，长0.6、宽0.4、深0.15米
				二	1.0	1	仰身直肢	女	40±		
				三	1.0	2	殉葬（?）	男 女	35~40 成年		

续表

分期	墓号	方向（度）	墓口：长×宽－深 墓底：长×宽－深（米）	层次	深度（米）	人骨（具）	葬式	性别（岁）	年龄	随葬器物	备注
Ⅳ	38	308	2.2×（1.1（西）－1.3（东））－1.2 2.1×0.6－（0.8（西）－1.1（东））	一	0.5（东） 0.3（西）	3	二次葬	女，2男	青年　壮年	陶釜AⅢ、单耳圜底罐Ⅱ，铜斧CⅡ、镞AⅠ、AⅥ、BⅢ2、圆形扣饰AⅡ、B2、C、泡6，铜柄铁剑Ⅲ、Ⅳ、铜柄铁矛Ⅰ、Ⅱ、铜銎铁斧Ⅱ、环首铁削Ⅰ，海贝9	第二、三两层墓坑南壁收窄留出一台，似二层台
				二	0.9（东） 0.7（西）	1	二次葬	男?	成年		
				三	1.1（东） 0.8（东）	1	仰身直肢	男	50±		
Ⅲ	39	300	3.2×1.2、1.35－1.6 3.2×（1.2－1.35）－0.4	一	0.4	3	仰身直肢	男 女　男	40—45 成年　未成年	陶釜AⅢ，铜圆形扣饰Ⅱ，石坠Ⅱ，孔雀石，螺壳若干	叠压于M40之上
Ⅳ	40	300	2.2×0.7－1.6 2.2×0.65－1.1	一	0.7	2	二次葬	女　男	25±　壮年	单耳平底罐陶罐Ⅰ、纺轮A2，铜镞BⅡ、圆形扣饰AⅥ，铜柄铁剑Ⅱ，海贝4，玉玦、玉坠，螺壳若干	M39叠压其上
				二	0.8	2	俯身直肢 二次葬（?）	男 男?	45±　成年		
				三	1.1	4	二次葬	女	35±　未成年		
Ⅳ	41	315	残0.6×0.84－1.8 2.0×0.7－（0.9（东）－1.1（西））	一	0.3	2	二次葬	男　女	30—35　40±	单耳平底罐陶罐（残），铜镯AⅣ、BⅣ、五铢钱11，金叉3，石纺轮BⅠ，海贝	
				二	0.9（东） 1.1（西）	2	仰身直肢 二次葬	女 ?	14—15		
Ⅲ	42	305	2.15×0.8－1.9 2.15×0.8－0.56	一	0.56	3	仰身直肢2 二次葬（?）	男　男 男	45—50　25—30 成年	圜底陶罐Ⅱ，海贝20	
Ⅲ	43	278	1.45×0.4－1.9 1.45×0.4－（0.4（东）－0.6（西））	一	0.4（东）、 0.6（西）	1			未成年	盘口陶罐Ⅱ、豆Ⅱ，残铜器，海贝3	
Ⅳ	44	310	2.1×0.7－1.8 2.1×0.7－0.95	一	0.95	3	仰身直肢 二次葬2	男 女?　男	成年 25±　成年	铁斧Ⅲ，五铢钱22	打破M50

续表

分期	墓号	方向（度）	墓口：长×宽－深 墓底：长×宽－深 （米）	层次	深度（米）	人骨（具）	葬式	性别（岁）	年龄	随葬器物	备注
Ⅳ	45	325	2.2×0.8－1.8 2.2×0.8－（0.2（东）－0.5（西））	一	0.2（东） 0.5（西）	1	仰身直肢	男	40±	平底陶罐（残），铜镢、五铢钱18、环首铁削Ⅱ	
	46		2.3×（0.8（东）－1（西））－1.6 1.8×1－（0.45（东）－0.75（西））	一	0.2（东） 0.5（西）	2	仰身屈肢 二次葬（?）	男 女?	40± 成年	陶罐（残），铜镞AⅡ，海贝4	墓坑第二坑东头留出一台，似二层台
				二	0.45（东） 0.75（西）	2	二次葬	男 女	青年		
Ⅲ	47	300	残1.4×0.8－1.75 残1.4×0.8－0.6	一	0.6	1	二次葬	女	青年	陶豆Ⅲ（残）、罐（残）	被H8打破
Ⅳ	48	302	2.1×（0.6（西）－0.8（东））－2.2 2.1×（0.6（西）－0.8（东））－0.4	一	0.4	1	二次葬	女	22—24	圜底陶罐Ⅲ	
Ⅲ	49	305	残1.4×0.9－2.3 残1.4×0.9－0.1	一	0.1	1	二次葬	女?	未成年	圜底陶罐Ⅲ	墓坑严重被扰，东头已不存
Ⅳ	50	304	1.9×0.75－1.9 1.9×0.75－0.4	一	0.4	1	仰身直肢	男	56+	单耳圜底罐Ⅲ、釜B，铜镞（残）、带钩、五铢钱27，铜銎铁矛Ⅳ、环首铁削Ⅱ2，石器，海贝2，螺壳若干	打破M53，被M44打破
	51	300	2×0.7－2 2×0.7－0.24	一	0.24	1	仰身直肢	男	35±		

续表

分期	墓号	方向（度）	墓口：长×宽－深 墓底：长×宽－深 （米）	层次	深度（米）	人骨（具）	葬式	性别（岁）	年龄	随葬器物	备注
	52	295	2.45×0.85－2.3 2.45×0.85－（0.6（东）－0.8（西））	一	0.6（东）、0.8（西）	1	仰身直肢	男	30—35	盘口陶罐Ⅰ、豆Ⅰ，铜戈Ⅰ、盘形铜器，海贝6	
Ⅱ	53	305	1.94×0.9－1.8 1.8×（0.6（东）－0.8（西））－（0.7（东）－0.8（西））	一	0.2	3	二次葬		成年　未成年	陶纺轮A2，铜矛Ⅳ	打破M54，被M50打破
				二	0.44（东） 0.6（西）	2	仰身直肢 二次葬	女 男？	30—35 未成年		
				三	0.7（东）、 0.8（西）	3	仰身直肢 二次葬2	女？ ？　男	14—15 未成年　56+		
	54		残1×残0.1－1.8 残1×残0.1－0.2	一	0.2	1	仰身直肢（？）	女？	青年		被M53打破
	55	326	残1.6×0.7－1.8 残1.6×0.7－0.2	一	0.2	2	仰身直肢 二次葬	男 ？	成年	凸底浅陶盘，铜虎形扣饰	打破M56、M57，被H9打破
	56	312	残1.1×0.6－1.8 残1.1×0.6－0.2	一	0.2	1	仰身直肢	女	22—24	陶纺轮BⅡ	被H9、M55打破
	57	296	残1.2×（0.6（东）－0.8（西））－1.8 残1.2×（0.6（东）－0.8（西））－（0.56（东）－0.82（西））	一	0.56（东） 0.82（西）	7	二次葬	3男 2男　女	35± 40±		被H9、M55打破

说明：1. 人骨的性别、年龄除少数为田野鉴定外，大都是由中国社会科学院考古研究所潘其风先生所鉴定（可参考附录一）。

2. “葬式”栏内，阿拉伯数字为人骨具数，未注明者为1具。

3. “随葬器物”栏内，拉丁字母为型，罗马数字为式，阿拉伯数字为件数，未注明者为1件。

附录一　云南宜良纱帽山墓葬出土人骨的性别、年龄鉴定

墓号	性别	年龄	备注
M1: A	男	成年	
M1: B	男	22—24	
M1: C	女	20—25	
M1: D	男	20—22	
M1: E	女	16—18	记录及图上无此号，但三层便有 A′，而采集标本中未见
M1: B′	女	25—30	
M1: C′	女	30 ±	
M1: D′	男	30 ±	
M2: A	女	20 ±	
M2: B	男	30—35	
M2-2: 墓主	男	成年	
M2-3: F	男	30—35	编号 M2 第三层尚有股骨 2 根（左右各 1），左侧胫骨 1 根，右侧肱骨 1 根，均属男性
M2-3: G	男	45 ±	
M2-3: H	男	成年	
M2-3: I	男	成年	
M2-4: A′	男	成年	
M2-4: B′	男	35 ±	
M2-4: C′	女？	成年	
M2-4: D′	男	20 ±	
M2-4: E′	男	20—22	
M2-4: F′	女	30—35	
M3: A	男？	25—30	另有未编号的下颌骨 2 例
M3: B	女	20—25	① 12—13 之少儿 ② 25 ± 之女性 残髋骨 6 块，左右各 3 块，其中 3 块右侧髋骨为男性，左侧髋骨男女各 1 例，男一例性别不明，本层个体数至少为 4 例，即 3 男 1 女 注：另一位 25 ± 之成人，性别不详。此外尚有成人至顶骨及枕骨残块，性别不详
M3-2: A′	男	成年	M3 第二层另有未编号之上颌骨 1 例及下颌骨 3 例。其性别年龄分别如下： ① 男　35 ±（下颌骨）② 女　30 ±（下颌骨） ③ 儿童　7—8（下颌骨）④ 女　30—40（上颌骨）
M3-2: B′	男	成年	
M3-2: C′	男	40—45	
M3-2: D′	女	成年	

续表

墓号	性别	年龄	备注
M3-3		儿童 7—8	仅上颌骨，似可与第二层之未编号儿童下颌骨对合
	女	25—30	仅存下颌骨
	女	25—30	仅存下颌骨 本层另有残髋骨 4 块，左、右各 2 块，其性别年龄分别为： 女性：成年，左右髋骨一对；男性：成年，左髋骨一块;?：未成年，右髋骨一块 本层个体数为至少 4 例：2 女 1 男和 1 未成年者
M4: A	女	成年	
M4: B	女	成年	拔除上颌骨右侧门齿，左侧上颌骨破损，牙齿情况不详
M4: C	女男？	成年成年	该编号实有 2 例个体之髋骨及顶骨
M4: D		成年	
M4: E	女？	成年	左眶上缘上方有砍痕
M4: F		30—35	25—30
M4: G	男？	30—35	
M4: K	男	22—24	
M4-2: A′	男	25—30	
M4-2: B′	女	30 ±	
M4-2: C′	男？	35—40	
M4-3: A″	男	30—35	拔除右上侧门齿，左上侧门齿仅留牙根，额部有箭伤，铜镞断骨中，右顶骨有两处打击痕
M4-3: B″	男	22—24	拔除上右侧门齿，左侧上颌骨破损，牙齿状况不详
M4-3: A‴	女	22—24	本层另有左右髋骨各 1 块，分属 2 例男性个体，右侧髋骨为中年，左髋骨属 22—24，另有编号 M4 额顶骨残片，为成年男性
M5-1	女	成年	
M5-2: A	女	50—55	本层共有髋骨 7 块，右侧有 6 块，左侧有 1 块，其中属成年女性右髋骨 2 例，成年男性右髋骨 4 例，1 例左髋骨。按髋骨计算，至少有 6 例个体：2 女 4 男
M5-2: B	女	45 ±	
M5-3: F	女	成年	本层共采集残髋骨 2 块，左右各 1，均属成年女性
M5-3: G	女	35—40	
M5-3: H	女	成年	
M5-4: ?	男	40—45	
M5-5: K	女	22—24	拔除右左侧门齿
M5-5: M	女	成年	

续表

墓号	性别	年龄	备注
M5-5: O	女	22—24	仅下颌骨残断，可能与M属同一个体，本层共采集残髋骨8块，右5左3。其中属成年男女右髋骨4块，成年女性左髋骨2块，成年男性左右髋骨各1块，另有女性髋骨1块，按右侧髋骨计，本层个体数至少应为5例：4女1男
M6-1: A	女	22—24	
M6-1: B	男	45—50	
M6-1: C	女	22—24	
M6-1: D	男	35 ±	
M6-1: ?	女	青年	另有髋骨1对，残胫骨1对及肱骨1对，属青年女性个体，但未编号，与A、C无关。因A、C已经有肢骨
M6-2: F	男	45 ±	拔左右侧上门齿，右顶骨有剑孔
M6-3: H	男	45 ±	拔左右侧上门齿
M6-3: G	女	45—50	
M7-2: A	男	40 ±	拔除左右侧上门齿
M7-2: B	女?	25 ±	
M7-2: C	男	40—45	
M7-2: D	男	35 ±	拔除左右侧上门齿及犬齿
M7-2: E	男	45 ±	
M7-3: E′	男	25—30	
M7-3: F′	女	25—30	拔除左右侧上门齿
M7-3: G′	女	35 ±	
M7-3: H′	女	成年	
M8-1: A	男	40 ±	
M8—2: A	男	35 ±	腰椎严重骨质增生，本层有左右髋骨共4块及左股骨1根，其中右髋骨2块，均属成年男性，左髋骨2块，为成年男女各一
M8-2: C	女	35 ±	
M8-2: D	男	35—40	左髋骨段属成年女性，则该层至少有4例个体：2男2女
M8-2: A′	男	成年	
M8-3: B′	女	成年	
M8-3: ?	男	40 ±	未编号，拔上颌骨左右侧门齿
M8-3: ?	男	40—45	未编号，拔上颌骨左右侧门齿
M8-3: ?	女	22—24	未编号之下颌骨残段
M8-4: A″	女	成年	
M8-4: B″		婴儿	
M8-4: C″	女	35—40	拔除左右侧上门齿
M9: A	男	35 ±	

续表

墓号	性别	年龄	备注
M9: B		儿童 3—4	
M9: C	女?	25—30	
M9: D	男	45 ±	拔除左侧上门齿，右不详
M9: ?		12—13	在编号 D 标签之标本中另有一块上颌骨
M9: E	男	40 ±	
M9: F	男	25 ±	
M9-2: H		儿童 4—5	
M9-2: G		儿童 5	
M10-1	男	22—24	所采集之上下颌骨分属 3 例个体，原无编号
M10-1	女	40—45	
M10-1		儿童 6—7	
M11	男	25—30	
M12: A	男	30—35	
M12: B	男	45—50	
M12: C	男	20 ±	
M12: D	男	25—30	
M13: A	女	45 ±	
M13: B	男	30 ±	
M13-2: A′	男	成年	可能为墓主骨骼
M13-2: C	男	22—24	原编号 B′
M13-2: D	女	成年	原编号 C′
M14	女	成年	
M16-1: A	女	25—30	
M16-2: B	女	30—35	拔除右侧上门齿，左侧不详
M16-3: F	男	30—35	
M16-3: ?	女	22—24	本层未编小号之下颌骨分属 2 例个体
M16-3: ?	男	30 ±	
M18	女		
M18		未成年	该墓所采髋骨标本中属 2 例个体，有左髋骨 1 块，属未成年个体
M19: A	女	40—45	
M19: B	女	22—24	拔除右上侧门齿，左侧不详
M19-2	男	25—30	
M20-1: A	女	45—50	
M20-2: C	女	成年	
M20-3: A′	女	50 ±	

续表

墓号	性别	年龄	备注
M20-3: ?	男	20 ±	未编小号之下颌骨残段
M20-4: A″	男	成年	
M20-4: B″	男	40 ±	
M21-1	女	成年	
M21-1	女	成年	
M21-1	女	成年	所采标本有髋骨 3 块，其中右侧 1 块，左侧 3 块
M21-2: A′	男?	45 ±	
M21-2: C	女	22—24	
M22-1: A	男	35 ±	
M22-1: B	女	15—16	
M22-1: C	男	成年	
M24: A	女?	40 ±	拔除右侧上门齿及中门齿
M25: A	女	25—30	
M25: B	男	20 ±	
M25: C		儿童 8—9	
M25: D		儿童 6—7	
M25: E	女?	成年	
M25: H	男?	25 ±	
M26: A	女	成年	
M26: B	女	成年	
M26: F	女	25 ±	右顶骨前段有 4 厘米之创痕
M26: I	女	40 ±	
M26: J	男	40—45	
M26: K	男	45—50	
M27: A		儿童 3—4	
M27: B	男	30—35	
M28: A	女?	25 ±	
M28: B	女?	14—15	
M28: C		未成年	
M28: D		儿童 7—8	
M28: E		13 ±	
M28: F		儿童 4—5	
M28: G	男	25 ±	
M28: H	男	25—30	
M29: A	男	25—30	

续表

墓号	性别	年龄	备注
M29: B	男	40—45	
M30: A	男	25—30	
M30-2: A′	男	40—45	
M30-2: C′	男	25—30	
M30-2: D	男	0—35	
M30-2: ?	女?	22—24	未编小号之上颌骨
M30-3: 墓主	男	30 ±	
M30-3: E	女	25 ±	图中无此编号，有左右残髋骨一对
M30-4: ?	男	35 ±	拔除左右侧上门齿
M30-5: A″	男	35 ±	
M30—5: C″	男	25—30	拔除左右侧上门齿
M30-5: D″	男	40—45	拔除右侧上门齿
M30-5: E″	男	25 ±	拔除左右侧上门齿
	女	成年	本层共采集髋骨7块，左3右4，分别属于3例男性，1例女性。男性髋骨未超出头骨数，故还应有1例女性
M30—6: F″	男	35 ±	枕骨中部有砍痕，长22、宽7.5毫米
M30-6: G″	女	30—35	
M32-1	女	20 ±	所采上颌骨标本分属2例个体
M32-1	男	30—35	
M35: A	男	40—45	左侧上门齿拔除，右侧已损不详
M35: B	女?	30—35	
M37-1	男?	25 ±	
M37-2: B	女	40 ±	
M37-2: C	男	35—40	
M37-2: D	女?	成年	
M38-3	男	50 ±	
M39-1: A	男	40—45	上左中门齿生前缺失，是否系人为拔除不详
M39-1: B	女	成年	
M40	女	25 ±	
M40-2	男	45 ±	
M40-3	女	35 ±	
M41-1: A	男	30—35	
M41-1: B	女	40 ±	
M41-2	女?	14—15	所采集标本编小号，但分属2例个体
	?	10—11	

续表

墓号	性别	年龄	备注
M42: A	男	成年	拔除左右上侧门齿
M42: B	男	25—30	
M44: A	男?	成年	
M44-1: C	女?	25 ±	
M45: A	男	40 ±	
M46: A	男	40 ±	下颌骨左枝后缘角区受创
M46: B	女?	成年	
M48	女	22—24	
M50	男	56 ±	
M51	男	35 ±	
M52	男	30—35	
M53-2: A	女	30—35	
M53-2: C	女	14—15	
M53-2: ?	男	56 ±	
M56	女	22—24	
M57	男	35 ±	下颌骨
M57	男	40 ±	下颌骨
M57	男	35 ±	下颌骨
M57	女	40 ±	下颌骨
M57	男	35 ±	拔除上颌骨左右侧门齿
M57	男	40 ±	残上颌骨 M57 所采标本中，下颌骨标本无可匹配者，分属于 6 例个体。另外还有右侧残髋骨 4 块，均属男性，左侧残髋骨 5 块，4 例男性，1 例女性
佚号①	女?	22—24	所采上下颌骨残段分属 3 例个体
佚号②	女?	22—24	
佚号③	男	25—30	左上侧门齿拔除，右不详

鉴定人：潘其凤

1990 年 7 月于昆明升庵祠

附录二　宜良纱帽山墓葬铜器、铜铁合铸器分析报告

样品编号：M10∶3　铜柄铁剑（铁）

电子探针 X 射线能谱分析结果（Wt%）

成分	Al	Si	P	Ca	Fe	Cu	Pb	Bi	En
含量	0.823	2.53	0.603	1.023	90.18	1.463	2.79	0.523	0.06

样品编号：M38∶7　铜柄铁剑（铁）

电子探针 X 射线能谱分析结果（Wt%）

成分	Al	Si	Sn	Mn	Fe	Ni	Cu	Pb	Bi	En
含量	1.55	1.58	3.23	1.00	79.70	0.953	2.73	4.89	3.41	0.99

样品编号：M50∶3　五铢钱

电子探针 X 射线能谱分析结果（Wt%）

成分	Al	Si	Sn	Fe	Cu	Pb	Mn	Bi	En	Ni
含量	0.73	2.203	23.34	9.33	50.54	13.39	0.07	0.20	0.21	—

样品编号：M44∶2　五铢钱

电子探针 X 射线能谱分析结果（Wt%）

成分	Al	Si	Sn	Mn	Fe	Ni	Cu	Pb	Bi	En
含量	0.44	0.55	3.89	0.21	0.73	0.36	76.45	15.79	0.84	0.74

样品编号：M21∶10　铜镯

电子探针 X 射线能谱分析结果（Wt%）

成分	Al	Si	Sn	Mn	Fe	Ni	Cu	Pb	Bi	En
含量	0.45	0.82	11.10	0.74	0.83	1.02	71.55	9.66	2.59	1.27

样品编号：M1∶13　铜镯

电子探针 X 射线能谱分析结果（Wt%）

成分	Al	Si	Sn	Mn	Fe	Ni	Cu	Pb	Bi	En
含量	0.31	0.77	14.74	0.72	0.73	0.72	75.48	3.03	2.26	1.11

样品编号：宜纱 M10∶3　铜柄铁剑（铜）

电子探针 X 射线能谱分析结果（Wt%）

成分	Sn	Fe	Ni	Cu	En	Pb	Bi
含量	11.52	0.22	0.37	86.13	0.65	0.95	0.178

样品编号：宜纱 M38:7　铜柄铁剑（铜）

电子探针 X 射线能谱分析结果（Wt%）

成分	Sn	Fe	Al	Cu	En
含量	7.98	1.08	0.84	89.44	0.09

样品编号：宜纱 M3:14 铜斧

电子探针 X 射线能谱分析结果（Wt%）

成分	Al	Si	Sn	Mn	Fe	Ni	Cu	Pb	Bi	En
含量	0.35	0.31	3.71	0.58	1.38	0.89	85.91	3.61	1.98	1.27

样品编号：宜纱 M2:4　铜矛

电子探针 X 射线能谱分析结果（Wt%）

成分	Al	Si	Sn	Mn	Fe	Ni	Cu	Pb	Bi	En
含量	0.14	0.06	1.21	0.03	0.10		98.05	0.12		0.29

样品编号：宜纱 M1:19　铜削

电子探针 X 射线能谱分析结果（Wt%）

成分	Al	Si	Sn	Mn	Fe	Ni	Cu	Pb	Bi	En
含量	16.08	0.06	16.08	0.13	0.20	0.18	80.51	1.90	0.39	0.57

样品编号：宜纱 M2:6　铜剑

电子探针 X 射线能谱分析结果（Wt%）

成分	Sn	Fe	Ni	Cu	En	Pb	Bi
含量	5.14	0.92	0.28	91.27	0.60	1.42	0.21

样品编号：宜纱 M17:7　铜镬

电子探针 X 射线能谱分析结果（Wt%）

成分	Sn	Fe	Zn	Cu	Pb	Bi
含量	1.07	8.16	0.34	89.91	0.36	0.21

样品编号：宜纱 M1:19　铜削

电子探针 X 射线能谱分析结果（Wt%）

成分	Al	Si	Sn	Mn	Fe	Ni	Cu	Pb	Bi	En
含量	0.95	0.69	6.16	0.20	0.31	0.32	89.10	1.18	0.67	0.42

样品编号：宜纱 M2∶12　铜镞

电子探针 X 射线能谱分析结果（Wt%）

成分	Si	Sn	Mn	Fe	Ni	Cu	Pb	En
含量	0.20	1.48	0.10	0.38	0.18	95.16	1.55	0.95

测试单位：昆明冶金研究所物质成分研究室
仪器型号：日本岛津 ASM—SX 和 EDAX9100
测试人：徐　云　杨家明
1990 年 9 月 18 日

附录三　宜良纱帽山墓葬出土陶器化学分析报告

标本	M2∶14　陶壶					
元素	SiO_2	Al_2O_3	Fe_2O_3	CaO	MgO	TiO_2
结果	58.12	15.98	5.73	2.58	0.62	1.73

云阳李家坝遗址Ⅳ区汉六朝墓葬发掘简报

四川大学考古学系
重庆市云阳县文管所

摘要： 云阳李家坝遗址是重庆三峡库区一处重要的古文化遗址，汉六朝时期墓葬集中分布地之一是遗址Ⅳ区乌龟包山顶及山腰。共清理18座，有竖穴岩坑墓、石室墓、砖室墓三种类型，年代在新莽时期到六朝之间。本简报重点介绍了其中的5座典型墓葬，包括4座砖室墓和1座竖穴岩坑墓。根据不同墓葬埋葬单位器物组合和形制的具体分析，它们可分为三期五段：第一期为新莽时期到东汉早期，可分二段，早段为新莽时期，晚段为东汉早期；第二期为东汉中期偏晚至蜀汉时期，可分二段，早段为东汉中期偏晚至东汉晚期，晚段为东汉末至蜀汉时期；第三期为两晋或稍后。这批墓葬的发掘，为弄清楚李家坝遗址汉六朝时期聚落布局及不同时期聚落格局的变迁、认识峡江地区汉六朝墓葬地方性特征、进一步构建和完善峡江地区汉六朝墓葬年代序列等重要学术问题提供了一批新资料。

关键词： 李家坝遗址　汉六朝时期　砖室墓　岩坑墓

李家坝遗址位于重庆市云阳县高阳镇青树村，地处长江北侧支流小江（澎溪河）北岸，东南距云阳县旧县城云阳镇约50公里，南距新县城双江镇约30公里，其西约500米为小江电站。遗址中心自然地理坐标为北纬31°6′15″，东经108°41′，海拔139—168米。

李家坝为一东西狭长的河流台地，东西长约1300米，南北宽100（西端）—500米（东端）。四周群山环绕，北依和尚山，南望走马岭，小江从其南侧由西至东流过。北侧山峦南流的山涧桂家沟和施家沟将李家坝台地分割为上、中、下三坝，历年考古调查、钻探和发掘资料表明，遗址仅分布在上坝，面积约10万平方米，核心分布区域现存面积约3万平方米，中坝和下坝不见文化堆积。根据文化层堆积性质和地势地貌特征，我们将李家坝遗址分为五个区（图一）。

1997—2002年，作为三峡工程淹没及迁建区地下文物保护抢救规划的A级项目，四川大学考古学系在云阳县文管所的协作下，连续6个年度对遗址进行大规模发掘。由于小江的常年冲刷，尤其是20世纪70年代小江电站兴建以后，对沿河岸一带的文化堆积破坏日益严重，因此我们的发掘规划和具体实施，优先考虑沿河岸地带，逐渐向北拓展。遗址的Ⅲ区和Ⅳ区，地势较高，且原分布有村民房舍，所以直到2003年春季，在村民搬迁之后，我们方才组织力量进行发掘。

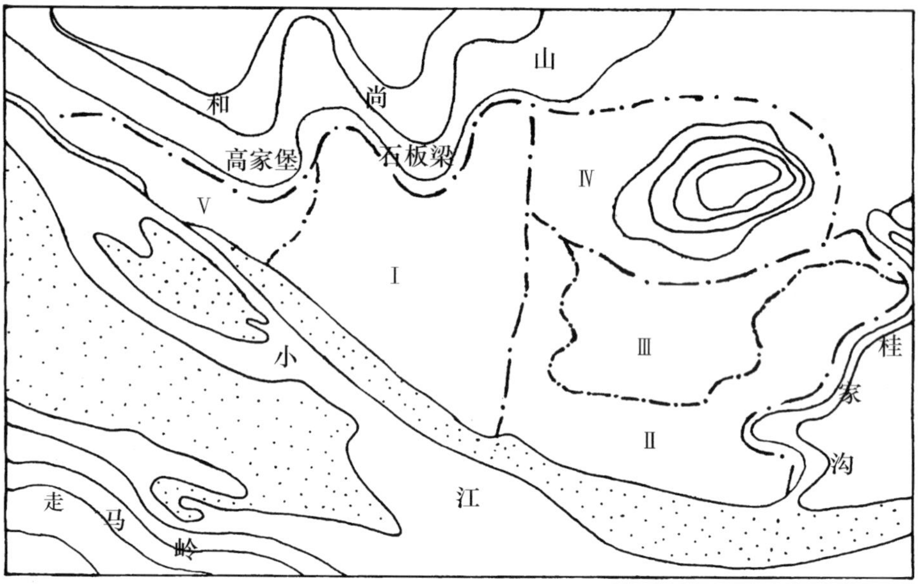

图一　李家坝遗址分区示意图

本年度在Ⅲ区和Ⅳ区的发掘，总面积4000平方米，在Ⅲ区清理战国晚期墓葬14座，汉六朝墓葬1座；Ⅳ区清理战国晚期墓葬3座，汉六朝时期墓葬18座。Ⅳ区的18座汉六朝墓葬，种类多样，有的保存完好，极大地丰富了李家坝汉六朝时期遗存的内涵，十分重要，现简报于后。

一、概　　述

Ⅳ区小地名乌龟包，为小江北岸二级台地上一座独立的小山丘，海拔145—168米。山丘整体略呈圆形，山顶较平，形成一个小平坝，南坡和西南坡较为平缓，北面和东面则为陡崖。南坡坡脚原本分布有青树村13组村民的房舍，发掘时村民已搬迁，房舍被拆毁（彩版一）。

在山丘较为平缓的地带，村民们顺坡势开垦出小片的农田，种植红苕、玉米、花生等旱地作物及柑橘树等。土层较为瘠薄，之下即为紫红色砂岩。18座汉六朝墓葬，主要分布于山顶较为平敞的地带，在南坡上也有少量分布，北面和东面没有发现。从墓葬分布和墓道的方向来看，墓葬朝向是临河（小江）的方向（图二；彩版二，1）。墓葬均开口于表土层下，直接开凿在砂岩中。

18座墓葬，可以分为竖穴岩坑墓、石室墓和砖室墓三种类型。

竖穴岩坑墓：有M7、M16两座。墓穴直接开凿于紫红色砂岩中，M7带有斜坡墓道。

石室墓：仅M4一座。其构筑方式是先在砂岩上开凿一竖穴岩坑，地面加以平整，然后用加工好的石条构筑墓壁，墓室顶部由于破坏严重，情况不明。

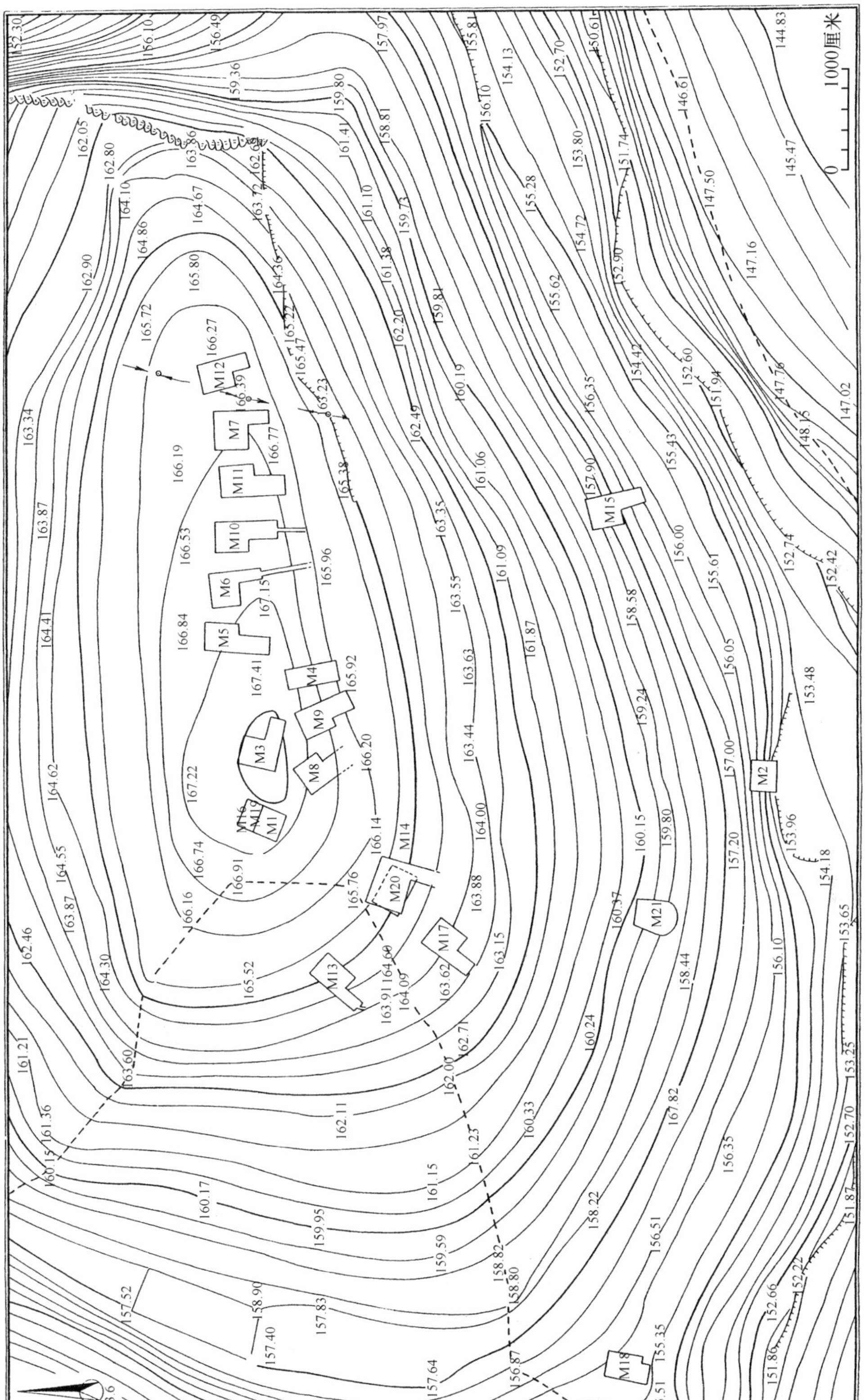

图二 李家坝遗址Ⅳ区地形及墓葬分布图

砖室墓：包括 M1、M2、M3、M5、M6、M8、M9、M10、M11、M12、M13、M14、M15、M17、M18，计 15 座。建造方式基本相同，都是在山体紫红色砂岩上开凿竖穴坑，然后用长方形墓砖沿坑壁筑造墓室及墓道。所用墓砖基本为花纹砖，规格、纹饰均有所不同（图三）。除 M1 不带墓道，平面形状近方形，M2 南部被毁情况不明之外，其余墓葬均呈曲尺形。墓室底部多数即为紫红色砂岩，略经平整，仅 M14 发现有铺地砖，M6 墓底铺垫一层均匀的卵石，M13 可能使用青膏泥涂抹墓底。墓室顶部发掘前都已被破坏，从部分保存相对完整的墓葬看，一般在距墓底 90 厘米高度处起券，券顶所用砖一般为子母砖，墓道封门多用旧砖叠砌而成，封门下或有排水沟，如 M2、M6、M10。

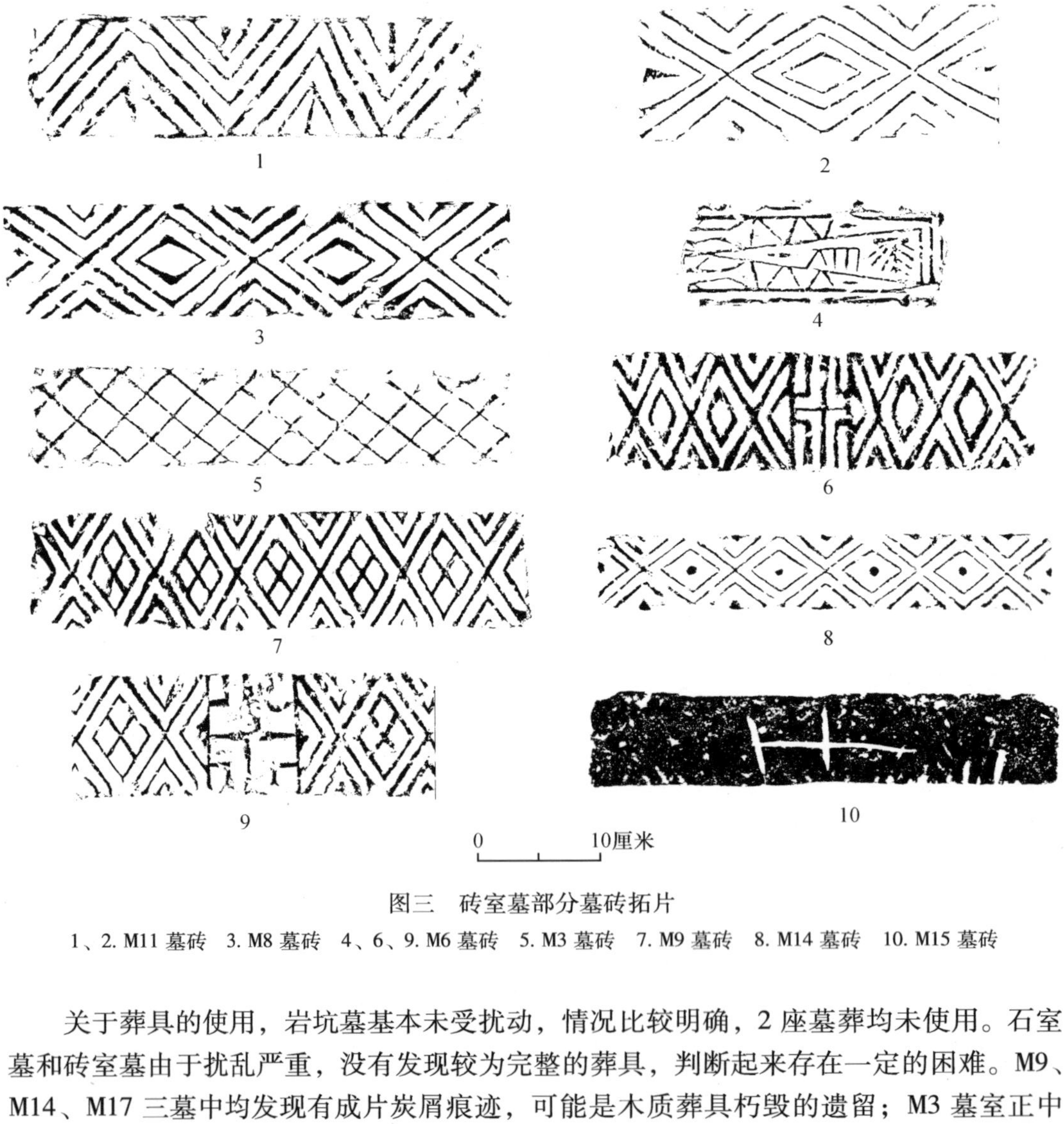

图三　砖室墓部分墓砖拓片

1、2. M11 墓砖　3. M8 墓砖　4、6、9. M6 墓砖　5. M3 墓砖　7. M9 墓砖　8. M14 墓砖　10. M15 墓砖

关于葬具的使用，岩坑墓基本未受扰动，情况比较明确，2 座墓葬均未使用。石室墓和砖室墓由于扰乱严重，没有发现较为完整的葬具，判断起来存在一定的困难。M9、M14、M17 三墓中均发现有成片炭屑痕迹，可能是木质葬具朽毁的遗留；M3 墓室正中南北向放置两排砖，间距约 120 厘米，应为放置棺木的垫砖；M14 还出有龙形饰，极有可能是棺饰。以上四墓，均有理由推测原来是使用了木质葬具的。此外，11 座墓

（M1、M2、M3、M6、M7、M9、M12、14、M15、M16、M17）出有铜泡钉，可能原来也是棺木上的饰件，但未受后期扰动且未使用棺木的M7也出土有铜泡钉，可见其也有装饰于其他物品的可能性。还应当注意到的是，由于发现有墓主骨殖的墓葬，多数都不止一具，属于合葬墓，因此，同一座墓葬中不同墓主是否都使用葬具，也不能一概而论。M5墓室西北角及M11墓室中部及墓道发现的人骨，均仅见股骨，有的重叠放置，应为“二次葬”，从出土情境分析，这些“二次葬”都未使用葬具。多座墓葬墓道中发现有人骨，从墓道的规格及随葬品数量、放置情况看，似也未使用葬具。

在葬俗上，除少数后期破坏严重的墓葬，大多数墓葬中所葬人骨都不止一具，且如上所述，有的墓葬中还有“二次葬”的现象，可能是“归葬”的反映。另一个重要的现象是，存在利用前代墓坑造墓的情况。这种状况有两组，一组为M1、M16、M19，其中M19为战国晚期竖穴岩坑墓，新莽时期的竖穴岩坑墓M16利用M19之四壁，建造于M19的填土之中，东汉早期的砖室墓M1的东、南二壁又利用M16的墓壁，西壁加砌砖壁，北壁另砌砖壁建造而成；另一组为M14与M20，M20为战国晚期竖穴岩坑墓，新莽到东汉早期的M14建造于其上（具体情况见后文）。这种现象的出现，除了可能是因为在砂岩上开凿墓室相对不易，偶然发现前人墓室之后加以利用可以减少工程量之外，或许还具有某种葬俗上的意义。

18座墓葬中，除了M18被盗扰一空，没有出土随葬品以外，其余17座墓葬虽大多也经不同程度的破坏，但仍出土釉陶、陶、瓷、铜、铁、银、琉璃等随葬品共计800余件，另有五铢、货泉、大泉五十、直百五铢、定平一百、太平百钱等各类钱币1650余枚。各墓出土随葬品一个引人注目的现象是，可以明显地分为实用器和明器两组。属于明器类的，最大宗的是各种釉陶器，包括鼎、壶、盒、鍪、釜、魁、钼、盆、甑、卮、灯、熏炉、勺等器皿、房屋模型及各类人物俑、动物俑等。器皿形制一般不见于同时期居住址遗存，体形多数较小，烧造火候不高，不见使用痕迹，有的模仿铜器意图明显，如鼎、壶、盒、鍪、钼等，这些情况反映了它们可能是专为随葬制作的明器。陶器均为泥质灰陶，陶色有深、浅之差异，器类不多，圜底罐、盆、甑、钵等最为常见，器形均见于同时期居住址遗存。用泥质灰陶制作随葬明器，最为常见的是仓，其形制亦可在同时期居住址遗存中见到，只是体形小得多。另外一个值得注意的现象是，在少数较晚时期的墓葬中出土的陶器，器形也明显较小，如M5出土的盆、甑等器物，这可能反映出，在较晚阶段，陶器中也有专为随葬制作的明器。

以下我们选取不同时期有代表性的5座墓葬进行介绍，其余墓葬的简单情况可参见附表。

二、墓葬介绍

（一）M7

该墓位于乌龟包丘顶西南侧，方向172°，为一带斜坡墓道的四人合葬墓。墓口深24—28厘米，墓底深144—150厘米。墓室呈横长方形，南北长310、东西宽376厘米，口底同大。斜坡墓道位于墓室南端东侧，坡度 25°，长 230、宽 134 厘米，墓道入口处与墓室底部尚有 20 厘米左右的高差。墓葬填土为红褐色黏土，土质较硬。

墓室北部并排陈放 4 具尸骨，未发现葬具痕迹。头向皆朝南，均仰身直肢。Ⅰ号墓主位于最西侧，身旁随葬品最为丰富，应是四人中地位最尊者；Ⅳ号墓主位于最东侧，形体较小，身上没有任何随葬品。四具人骨的牙齿经鉴定，Ⅰ、Ⅳ号墓主的年龄约在 30—35 岁，Ⅱ号墓主约在 35—40 岁，Ⅲ号墓主在 55 岁以上。由于人骨保存状况极差，性别无法准确判断。不过从人骨及随葬品的分析可以做一些推测。Ⅰ号墓主身侧放置陶印章，Ⅰ、Ⅱ号墓主身上均有铜带钩，且体形高大，骨骼较粗壮，可能均为男性；Ⅲ号墓主身形略小，骨骼略纤细，于上身发现石纺轮，可能为女性；Ⅳ号墓主无从推测（图四；彩版二，2）。

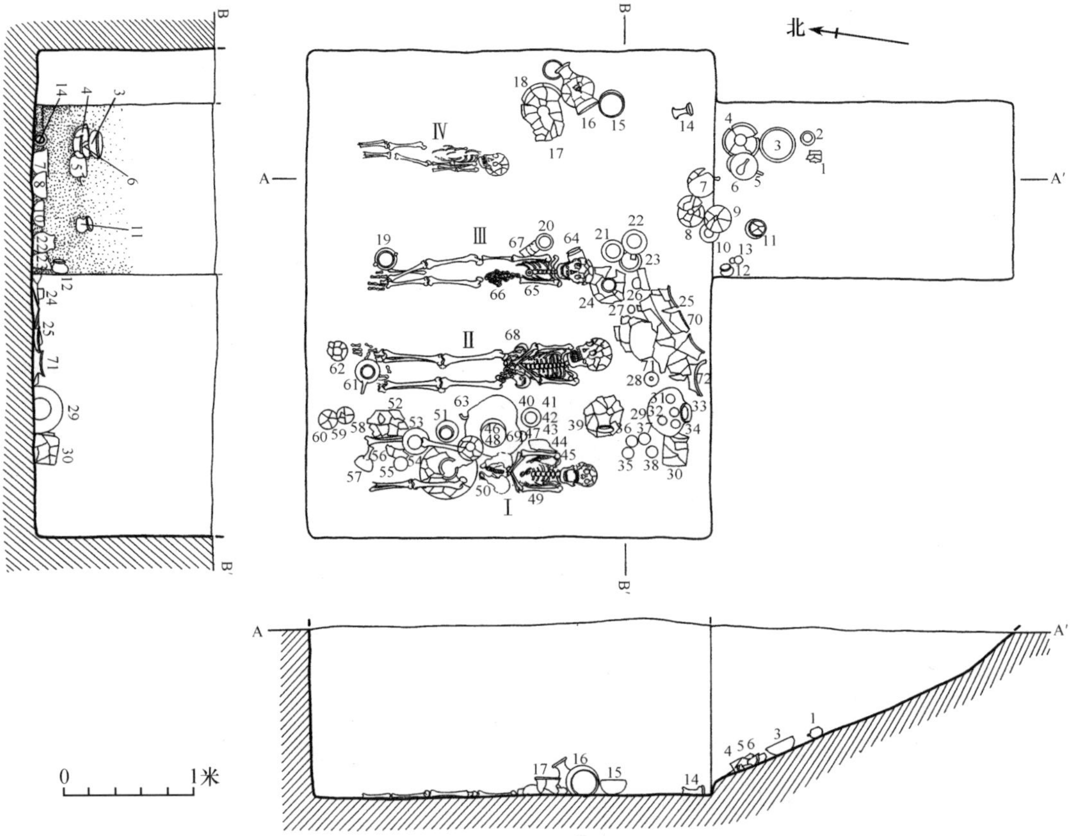

图四　M7 平、剖面图

1. 釉陶卮　2、55. 釉陶熏炉盖　3. 铜盆　4、56. 釉陶盆　5、7. 釉陶魁　6、45. 釉陶长柄勺　8、9、71. 釉陶盒盖　10、20. 釉陶熏炉　11、14. 釉陶灯　12. 陶小罐　13、26—28、31—38. 铜泡钉　15、41—43、48. 陶钵　16、17. 釉陶壶　18、23、30、64、67. 陶仓　19. 铜鍪　21、22. 釉陶鍪　24、72. 釉陶锔　25、58. 陶甑　29、54. 陶瓮　39. 陶壶　40. 釉陶盒　44、52、60. 陶圜底罐　46. 铁釜　47、59、62、70. 陶仓盖　49、68. 铜带钩　50、66. 钱币　51. 陶直领罐　53. 陶盆　57、61. 铜刁斗　63. 釉陶鼎　65. 石纺轮　69. 陶印章

随葬品放置有序，大体集中于四个区域：

墓道入口处：除1件铜盆、1件铜泡钉和1件陶小罐外，其他都是釉陶器，有盆、魁（2件）、卮、熏炉、灯（2件）、熏炉盖、长柄勺、盒盖（2件）等，长柄勺置于5号魁之内（图五）。

Ⅰ、Ⅱ、Ⅲ号墓主头前：除11件铜泡钉之外，有釉陶器和陶器，釉陶器包括鍪（2件）、锔（2件）、盒盖等；陶器则包括仓（4件）及甑、瓮、壶（图六）。

Ⅰ号墓主身上及身右侧：以身右侧最为集中，左侧没有发现。右上肢侧放置釉陶盒、釉陶长柄勺、陶圜底罐、3件叠置在一起的陶钵等，盆骨右侧置铁釜，大腿之上及右侧放置陶瓮、陶直领罐、陶盆等体形较大的容器，小腿附近放置陶圜底罐、釉陶盆、铜刁斗等，脚下放置陶甑、陶圜底罐等。另外，如上所述，上肢及侧边发现有陶印章和铜带钩，另有成串铜钱置于盆骨位置（图七）。

Ⅳ号墓主头前靠近墓室东壁：数量不多，有2件釉陶壶和陶钵、陶仓各1件（图八）。

除上述四处区域外，Ⅱ号墓主腰间发现铜带钩，脚下放置铜刁斗和陶仓盖；Ⅲ号墓主脚下放置铜鍪（图九），盆骨位置亦如Ⅰ号墓主放置成串铜钱，另还放置石纺轮。

从各种情况分析，本墓四个墓主应为一次葬入，未经晚期扰乱和破坏，除填土过程及后期沉积等造成随葬品略有位移之外，发掘时的状况基本反映了下葬时的原貌。

出土随葬品70件，有青铜器、釉陶器、陶器、铁器、石器等，另有钱币61枚。

1. 青铜器

18件。

盆　1件。M7:3，敞口，仰折沿，方圆唇，弧腹，平底，矮圈足。口径20、底径9.7、通高7.5厘米（图五，1）。

鍪　1件。M7:19，敞口，翻沿，方唇，束颈，折肩，上腹较直，下腹弧内收成圜底，颈部对称位置附环状双耳。上腹饰两道凸弦纹，器表有烟熏痕迹。口径13.6、腹径14.8、通高13.7厘米（图九，2；彩版四，1）。

刁斗　2件。M7:61，敞口，翻沿，扁圆唇，束颈，溜肩，上腹较直，下腹弧内收成圜底，肩部一侧为环状耳，一侧有长柄，柄横截面为半圆形。上腹饰两道凸弦纹。口径12.8、腹径14.7、通高12.8、柄长8.5厘米（图九，1）。M7:57，保存状况极差，朽蚀损毁严重。敞口，翻沿，扁圆唇，束颈，耸肩，扁圆腹，圜底，肩部一侧为环状耳，另一侧接柄，柄横截面为半圆形。上腹饰两道凸弦纹，肩部残留麻类编织物残迹。口径约12、最大腹径16、残高12厘米（图七，1）。

带钩　2件，形制基本一致。M7:49，钩呈回首状，背面有一扁圆钮。长9、高1厘米（图七，20）。M7:68，长10、高1.6厘米（图九，5）。

泡钉　12件，形制基本一致。伞形，背面中心有垂直小钉，均表面鎏金，规格有差异。标本M7:27，直径5.5、帽高0.8、通高2.1厘米（图六，15）。标本M7:33，直径6、帽高1、通高1.9厘米（图六，16）。

2. 釉陶器

24 件。

鼎　1 件。M7∶63，泥质橘红陶胎，褐釉，部分已剥落。弧形盖面，上有三个乳钉状钮，子母口，浅圆腹，圜底，上腹附长方形双耳，耳上有圆形孔，三蹄足外撇。鼎口径 13.6、高 8.6、盖径 17、高 5.1、通高 13.6 厘米（图七，2；彩版六，1）。

壶　2 件。M7∶16，泥质橘红陶胎，褐釉。敞口，长束颈，圆肩，鼓腹，高圈足。肩部对称位置饰铺首衔环，并饰三道凸弦纹，腹中部饰一道凹弦纹。弧形盖，上有三个乳钉状钮。口径 11.6、最大腹径 22.6、底径 18、通高 36.5 厘米（图八，3；彩版五，2）。M7∶17，泥质橘黄陶胎，褐釉。敞口，长束颈，广弧肩，扁鼓腹下接圈足。肩部对称位置饰铺首衔环，并饰三道凸弦纹，腹中部饰一道凹弦纹。弧形盖，上有三个乳钉状钮。口径 14、最大腹径 26、底径 17.4、通高 35.5 厘米（图八，4）。

盒　1 件。M7∶40，泥质橘黄陶胎，褐釉，内壁及圈足内未施釉。子母口，盖已缺失，上腹直，下腹弧收，矮圈足。上腹饰一道凹弦纹。口径 13.6、足径 10、通高 7.4 厘米（图七，4；彩版六，3）。

魁　2 件。M7∶5，泥质橘红陶胎，褐釉，除圈足内侧，器内外均施釉。敛口，方唇，深腹，上腹微鼓，下腹略弧，矮圈足，上腹接长柄，柄端略呈蛇头形。近口部饰一圈凹弦纹。口径 14.8、底径 10、通高 8.4、柄长 7 厘米（图五，4）。M7∶7，泥质橘红陶胎，褐釉，釉层色泽均匀，内壁有脱落。直口，方唇，浅腹，上腹略直，下腹斜收，小平底略凹，上腹接龙头形柄。近口处饰一圈凹弦纹。口径 16.4、底径 7、通高 6.4、柄长 5.4 厘米（图五，7；彩版六，5）。

销　2 件。M7∶24，泥质橘红陶胎，黄绿釉，通体施釉，釉色不均，局部泛褐。直口，短仰折沿，方唇，颈部收束，鼓腹，平底。上腹饰两个铺首衔环，不甚对称，并饰三道凸弦纹。口径 20、底径 14.2、最大腹径 23.2、通高 11.4 厘米（图六，5；彩版六，4）。M7∶72，泥质橘红陶胎，黄绿釉，釉色不均，局部泛褐。直口，短仰折沿，圆方唇，鼓腹，平底。上腹饰两道凹弦纹。口径 18.4、底径 13、最大腹径 21.6、通高 11.5 厘米（图六，6）。

盆　2 件。M7∶4，泥质橘红陶胎，褐釉，底部未施釉，釉层色泽均匀，口沿部位有脱落。敞口，平沿，方唇，浅弧腹，小平底。口径 18.8、底径 7、通高 5 厘米（图五，2）。M7∶56，泥质橘红陶，釉多已剥落。敞口，平沿，圆方唇，浅弧腹，矮饼足。腹部饰一道凹弦纹，内腹有一道折棱。口径 16.8、底径 8、通高 8 厘米（图七，5）。

鍪　2 件。M7∶21，泥质橘红陶胎，褐釉，器底釉层已剥落。敞口，圆唇，束颈，溜肩，垂腹，最大腹径位于下部，圜底，肩部对称位置附二乳钉状钮。上腹饰两道凹弦纹。口径 12、最大腹径 14.8、通高 11 厘米（图六，2；彩版七，1）。M7∶22，泥质橘红陶胎，褐釉，口沿下及器底釉层已剥落。直口，翻沿，圆方唇，长束颈，折肩，腹部斜直，最大腹径位于下部，圜底，肩部对称位置附二乳钉状钮。沿部饰一道凹弦纹，上腹饰两道凹弦纹。口径 9.2、最大腹径 15、通高 10.5 厘米（图六，3）。

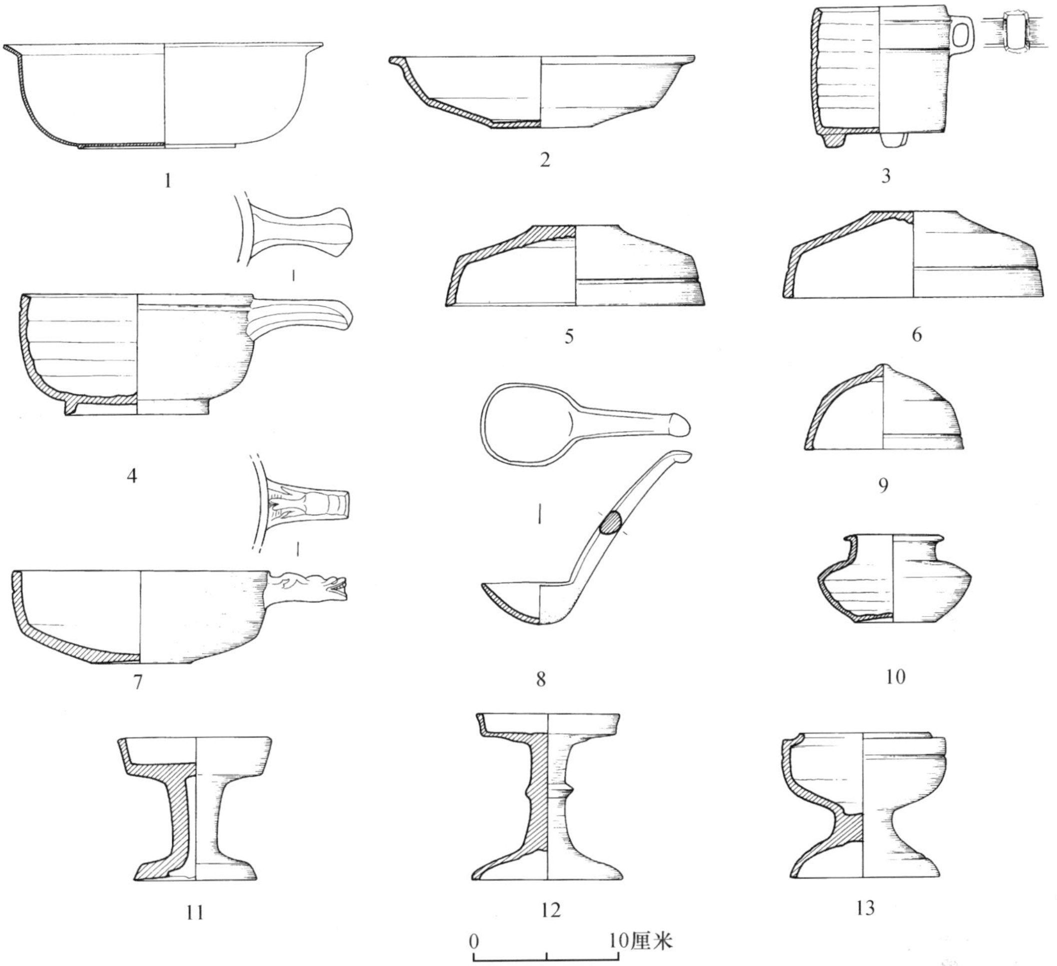

图五 M7墓道入口处出土随葬品组合

1. 铜盆（M7∶3） 2. 釉陶盆（M7∶4） 3. 釉陶卮（M7∶1） 4、7. 釉陶魁（M7∶5、M7∶7） 5、6. 釉陶盒盖（M7∶8、M7∶9） 8. 釉陶长柄勺（M7∶6） 9. 釉陶熏炉盖（M7∶2） 10. 陶小罐（M7∶12） 11、12. 釉陶灯（M7∶11、M7∶14） 13. 釉陶熏炉（M7∶10）

熏炉 2件。M7∶10，泥质橘红陶胎，褐釉。子母口，上腹较直，下腹弧收接矮柄，喇叭形底座。上腹饰一道凹弦纹。口径8.4、底径10.5、通高10厘米（图五，13；彩版七，2）。M7∶20，泥质橘红陶胎，褐釉，部分已剥落。轮制。子母口，浅盘，浅弧腹，柄略高，喇叭形底座。口径7.6、底径8.3、通高8.6厘米（图六，1）。

灯 2件。M7∶11，泥质橘红陶胎，褐釉，多已剥落。敞口，方唇，浅盘，盘壁斜直，高柱状柄，喇叭形底座。口径9.6、底径8.6、通高10厘米（图五，11）。M7∶14，泥质橘红陶胎，褐釉，通体施釉，底内壁釉已剥落。敞口，方唇，浅腹，高竹节形柄，喇叭形底座。口径9.2、通高11.7、底径10.4厘米（图五，12；彩版七，3）。

卮 1件。M7∶1，泥质橘黄陶胎，褐釉，内壁及底未施釉。敛口，方唇，筒腹微鼓，平底，三乳钉状足，上腹部一侧有环形柄。上腹饰两圈凹弦纹。口径8、最大腹径

9.7、底径 9、通高 9.8 厘米（图五，3）。

长柄勺　2 件。M7:6，泥质橘红陶胎，褐釉，部分已脱落。勺体平面椭圆形，敞口，方唇，长柄。勺体高 2.8、通长 14.6、通高 12 厘米（图五，8）。M7:45，泥质橘红陶胎，通体施褐釉。勺体平面椭圆形，敞口，方唇，长柄弧折。勺体高 3.4、通长 18、通高 9 厘米（图七，6）。

盒盖　3 件。M7:8，泥质橘红陶胎，褐釉。圆形小平顶，折腹。近口处饰一圈凹弦纹。口径 16.8、顶径 6、通高 5.9 厘米（图五，5）。M7:9，泥质橘红陶胎，褐釉，器表满釉，里无釉。形制、装饰与 M7:8 一致。口径 16.4、顶径 6、通高 5.5 厘米（图五，6）。M7:71，泥质橘红陶胎，褐釉，部分已剥落。顶部为大圈足形捉手，折腹，下腹直。上腹饰一道凹弦纹。口径 16、捉手径 10、通高 7 厘米（图六，13）。

熏炉盖　2 件。M7:2，泥质橘红陶胎，褐釉。敛口，方唇，盖体半球形，顶部有乳突状捉手。近口处饰一圈凹弦纹。口径 10、通高 6 厘米（图五，9）。M7:55，泥质橘红陶胎，褐釉。敛口，方唇，圆锥状盖面，上部有 4 个三角形外翘炉孔，下部沿盖周围有两圈由外向内戳出的炉孔，下排炉孔中交织有锯齿形刻划纹一周，中部亦有一周较粗大的锯齿纹，上排炉孔位于其上，顶点向下有四条划纹，平面形状似花瓣形。口径 10、通高 8.2 厘米（图七，10）。

3. 陶器

25 件，均泥质灰陶。

壶　1 件。M7:39，敞口，方唇，颈部略直，广肩，扁弧腹，圜底下接矮圈足。肩部饰三道凸弦纹。口径 14、足径 17.8、最大腹径 29、通高 28 厘米（图六，14）。

圜底罐　3 件，形制基本一致。M7:44，直口，平沿略外卷，尖圆唇，矮领，广斜肩，弧腹，圜底。口径 8.4、最大腹径 21.3、通高 14 厘米（图七，7）。M7:52，腹部饰斜向细绳纹。口径 9.2、最大腹径 22.4、通高 15 厘米（图七，8）。M7:60，底部饰斜向细绳纹。口径 9.2、最大腹径 21.5、通高 14.2 厘米（图七，9；彩版九，2）。

直领罐　1 件。M7:51，烧造火候原因造成陶色不均。侈口，斜方唇，斜直领，斜直肩，斜直腹，平底微内凹，肩部对称位置有乳钉状双耳。口径 13.2、底径 12.5、最大腹径 20、通高 4.4 厘米（图七，3）。

小罐　1 件。M7:12，直口微侈，平沿略外卷，尖圆唇，矮直领，斜折肩，弧腹，平底微内凹，有线切割痕迹。口径 5.2、底径 5.6、通高 6 厘米（图五，10）。

盆　1 件。M7:53，侈口，平沿略外卷，扁圆唇，深腹，上腹略直，下腹略弧，平底，腹中部有一道凸棱。口径 16.4、底径 9.4、通高 9.3 厘米（图七，11）。

甑　2 件。M7:25，“丁”字口，平沿，尖唇，深腹，腹壁较直，平底内凹，不甚规整，小箅孔由外向内戳出，以同心圆状分布。上腹饰一道凹弦纹，不甚明显，近口处有一道折棱。口径 32.8、底径 17、通高 20.3 厘米（图六，7）。M7:58，敛口，平沿，尖圆唇，浅弧腹，平底微内凹，底部箅孔由外向内戳穿，个别未穿透，箅孔以同心圆状分布。口径 16、底径 7.5、通高 6.8 厘米（图七，12）。

瓮 2件，形制、装饰基本一致，均陶色不均匀，局部泛黑。M7∶29，敛口，圆唇，无领，广斜肩，上腹斜直，下腹弧收成圜底。肩部压印方格纹，不甚明显，肩近口部饰两道凸弦纹，肩、腹相交部饰一道凸弦纹，上腹部饰两道凹弦纹，上腹局部饰纵向细绳纹。口径11.2、通高21.8厘米（图六，4；彩版七，5）。M7∶54，肩部未压印方格纹。口径11.2、通高21.1厘米（图七，19）。

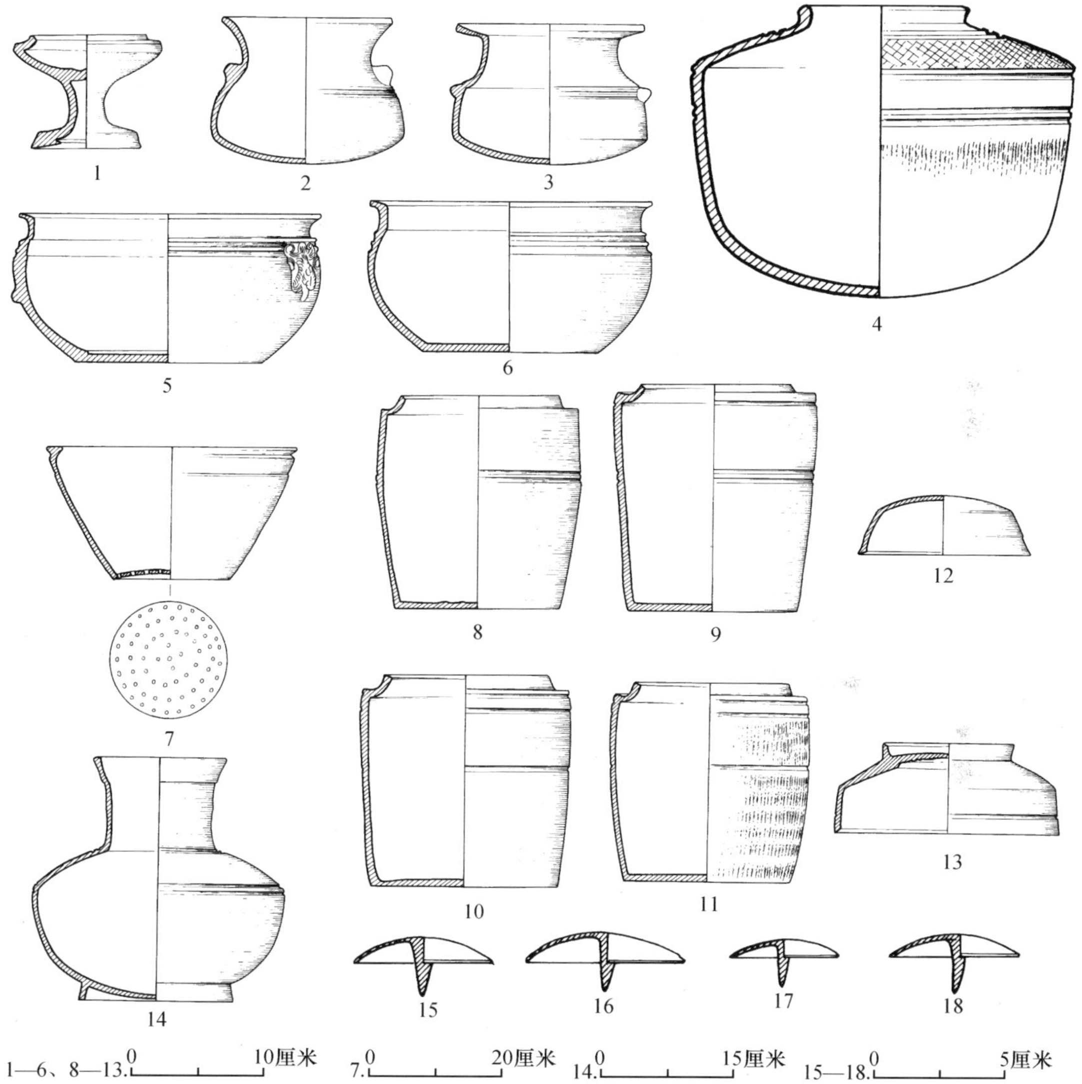

图六 M7Ⅰ、Ⅱ、Ⅲ号墓主头前出土随葬品组合

1. 釉陶熏炉（M7∶20） 2、3. 釉陶鍪（M7∶21、M7∶22） 4. 陶瓮（M7∶29） 5、6. 釉陶锅（M7∶24、M7∶72） 7. 陶甑（M7∶25） 8—11. 陶仓（M7∶23、M7∶30、M7∶64、M7∶67） 12. 陶仓盖（M7∶70） 13. 釉陶盒盖（M7∶71） 14. 陶壶（M7∶39） 15—18. 铜泡钉（M7∶27、M7∶33、M7∶35、M7∶36）（此组器物中包括11件铜泡钉，形制基本一致，此处兹举4件）

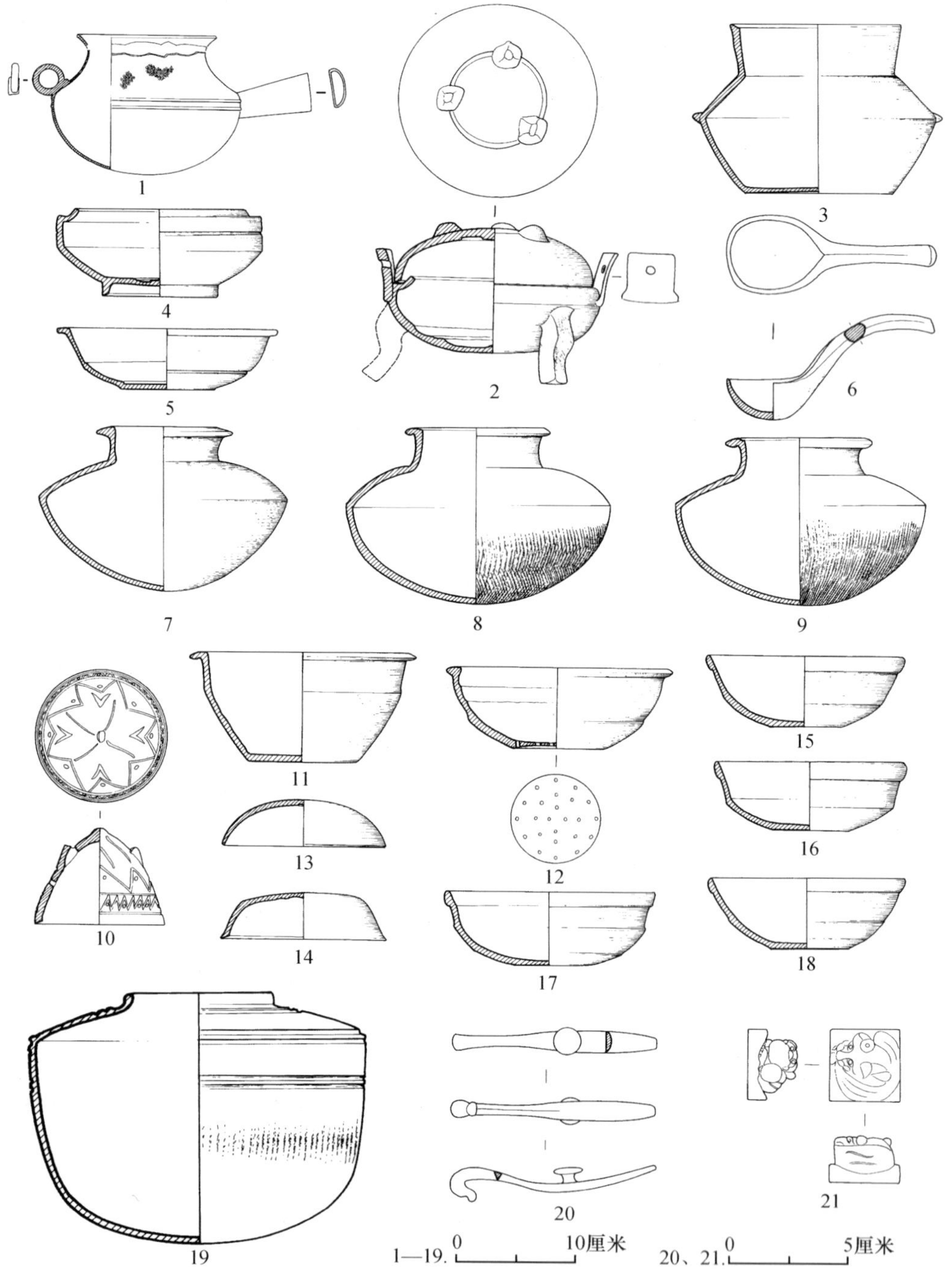

图七　M7Ⅰ号墓主身上及身右侧出土随葬品组合

1. 铜刁斗（M7:57）　2. 釉陶鼎（M7:63）　3. 陶直领罐（M7:51）　4. 釉陶盒（M7:40）　5. 釉陶盆（M7:56）　6. 釉陶长柄勺（M7:45）　7—9. 釉圜底罐（M7:44、M7:52、M7:60）　10. 釉陶熏炉盖（M7:55）　11. 陶盆（M7:53）　12. 陶甑（M7:58）　13、14. 陶仓盖（M7:47、M7:59）　15—18. 陶钵（M7:41、M7:42、M7:43、M7:48）　19. 陶瓮（M7:54）　20. 铜带钩（M7:49）　21. 陶印章（M7:69）

钵 5件，形制基本一致。M7:15，敞口，扁圆唇外卷，弧腹，平底。口径16、底径5.7、通高6.5厘米（图八，1）。M7:41，口径15.6、底径6.4、通高5.8厘米（图七，15）。M7:42，口径16、底径6、通高6.1厘米（图七，16）。M7:43，口径17.2、底径、通高6.3厘米（图七，17）。M7:48，口径16.4、底径6、通高6厘米（图七，18）。

仓 5件，形制基本一致。M7:18，子母口，筒腹，腹部压印三道凹弦纹。口径10、底径11.5、通高16.6厘米（图八，2）。M7:23，陶色不均，部分偏黑。腹中部压印两道凹弦纹。口径11.2、底径12.6、通高16.2厘米（图六，8）。M7:30，陶色不均，部分偏红褐，器形不甚规整。腹部压印两道凹弦纹。口径10.4、底径13、通高17.3厘米（图六，9）。M7:64，陶色不均，局部泛黑或褐，器形不甚规整。上腹压印三道凹弦纹。口径11.2、底径14.4、通高16.2厘米（图六，10）。M7:67，上腹压印三道凹弦纹。口径10.4、最大腹径15.3、底径12.6、通高15.2厘米（图六，11）。

仓盖 4件，形制基本一致，均弧形盖面，顶部略平。M7:47，口径14、通高4厘米（图七，13）。M7:59，口径12.8、通高3.9厘米（图七，14）。M7:62，口径13.2、通高4厘米（图九，3）。M7:70，口径11.6、通高4.5厘米（图六，12）。

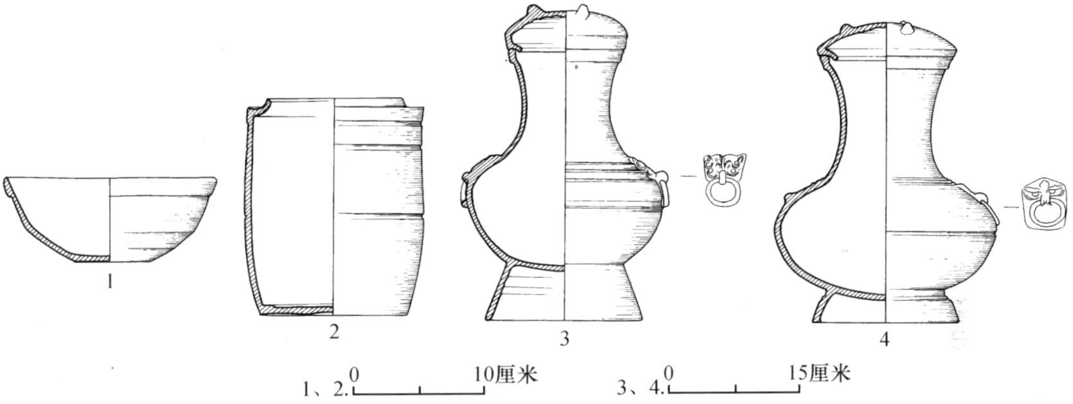

图八 Ⅳ号墓主头前靠近墓室东壁出土随葬品组合

1. 陶钵（M7:15） 2. 陶仓（M7:18） 3、4. 釉陶壶（M7:16、M7:17）

4. 钱币

共出土51枚，发掘时编为M7:50、M7:66两个编号。

M7:50，出土时位于Ⅰ号墓主盆骨之上，原可能穿缀成串，现系缀的绳索已朽蚀不见。共16枚，其中10枚锈蚀严重，钱文清晰可辨的6枚均为西汉五铢（图一〇，1、2）。

M7:66，出土时位于Ⅲ号墓主盆骨位置，原可能穿缀成串，现系缀的绳索已朽蚀不见。共35枚，其中4枚锈蚀严重，钱文清晰可辨的31枚有合面五铢（图一〇，3）、西汉五铢（图一〇，4、5）、东汉五铢三种（图一〇，6—10）。

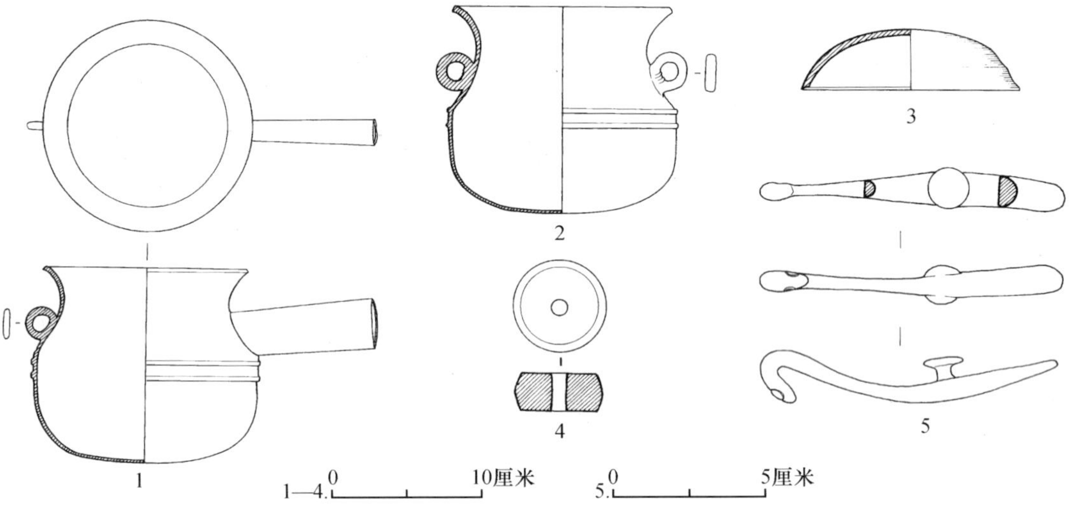

图九 Ⅱ、Ⅲ号墓主身上及脚下随葬器物

1. 铜刁斗（M7∶61） 2. 铜鍪（M7∶19） 3. 陶仓盖（M7∶62） 4. 石纺轮（M7∶65） 5. 铜带钩（M7∶68）

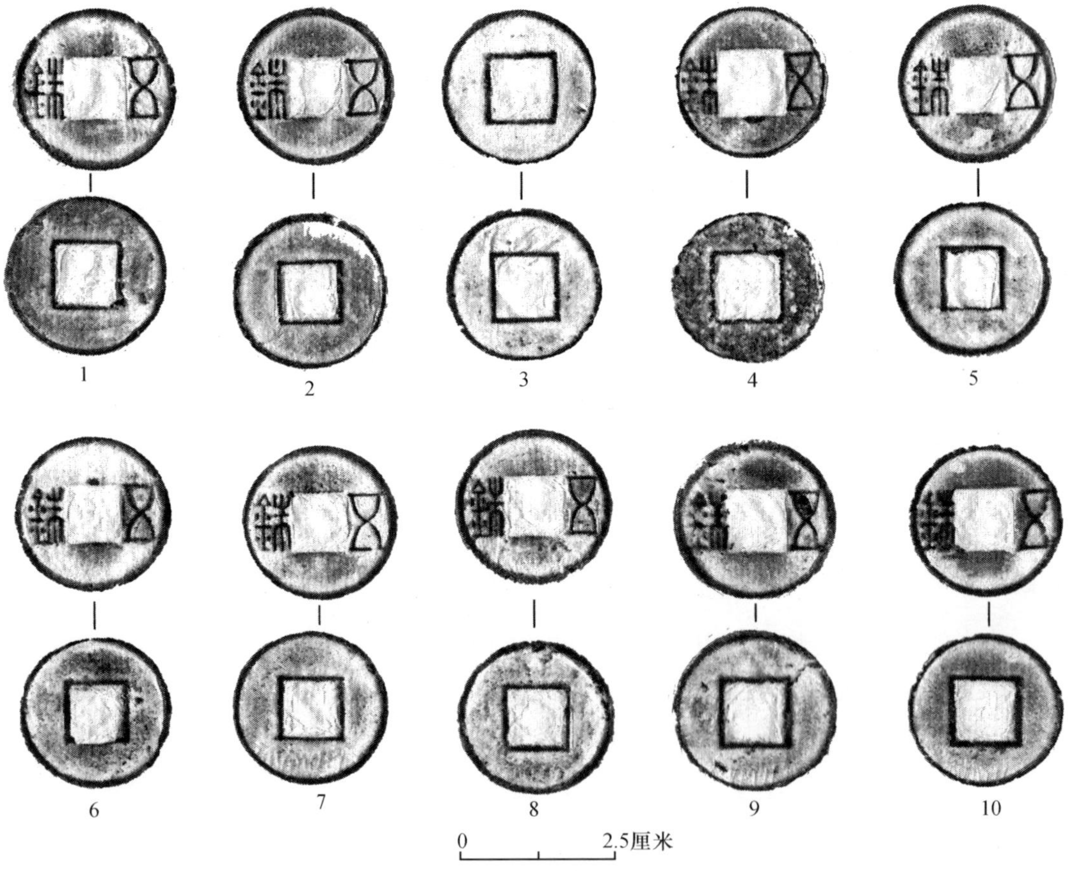

图一〇 M7出土的部分钱币

1、2、4、5. 西汉五铢（M7∶50-1、M7∶50-4、M7∶66-2、M7∶66-8） 3. 合面五铢（M7∶66-1） 6—10. 东汉五铢（M7∶66-12、M7∶66-13、M7∶66-16、M7∶66-19、M7∶66-20）

5. 其他

铁釜　1件。M7:46，残甚，仅略可辨其形。

石纺轮　1件。M7:65，算珠形，表面光滑。直径2.6、高1.3、孔径0.4厘米（图九，4）。

陶印章　1件。M7:69，平面呈正方形，上有兽钮，印面及钮面有部分朱红染料，印文已磨平。长3、高2.3厘米（图七，21）。

（二）M8

位于Ⅳ区T1210、T1310、T1309，乌龟包丘顶西南侧，为一带墓道的石坑砖室墓，方向135°。墓葬开口于表土层下，墓室墓口残深10—26、墓底残深46—120厘米，墓道上口残深10—14、下口残深46—62厘米。墓砖为长方形菱形花纹砖，长42、宽16—17、厚8—9厘米（图三，3）。墓室平面近方形，东西长约280、南北宽约266厘米；墓道位于墓室南侧，大部被毁，残长86、宽166—168厘米。墓室与墓道的顶部已遭破坏，结构不明。墓葬填土为褐色黏土。

由于破坏严重，墓内尸骨及随葬品放置散乱，葬式、葬具等情况皆无从推断。从残留骨殖判断，墓内至少葬有5具尸骨，墓道内2具（Ⅰ、Ⅱ），墓室中部由西至东大体并排3具（Ⅲ—Ⅴ）。比较特殊的情况有二：一是这些骨殖基本为肱骨、胫骨和股骨，未见颅骨和牙齿；二是每具尸骨周围均有数量较多的钱币，总数达近800枚之多，而受扰动程度较轻、随葬品集中的墓室东南角，却没有钱币发现。Ⅰ号人骨经过鉴定，由于保存较差，仅可判断系成年人骨殖，具体年龄和性别等情况不明。

残存随葬品丰富，有铜、釉陶、陶、琉璃、银器及数量较多的钱币，比较集中地分布于两个区域：①墓室东南角，②Ⅳ号人骨周围（图一一；彩版三，1）。

墓室东南角：随葬品虽残破，但十分集中，重叠摞置，总数达39件，占了除钱币之外随葬品总数的50%以上，种类有釉陶器和陶器。釉陶器包括壶（2件）、盆（3件）、甑、小罐（6件）、卮、熏炉、熏炉盖、壶盖（3件）等（图一二）；另有男侍俑（2件）、佩刀俑、彩绘女俑、马、镇墓兽、房及残陶俑、俑头残块（2件）等（图一三）。陶器包括圜底罐、平底罐、小罐（2件）、盆、甑（3件）、钵、卮、仓等（图一四）。

Ⅳ号人骨周围：残存数量不多，但大体环绕Ⅳ号人骨放置，东侧放置陶平底罐、擂钵和钵（2件）；大体在脚部位置有釉陶壶、佩刀俑，银钗和银指环也放在附近，应当是脱离了原生位置；西侧还有银手镯1件（图一五）。如果上述器物均原是Ⅳ号墓主随葬品的话，从银质装饰品来看，其很有可能是女性。

1. 铜器

4件。

铜耳杯　4件，两两成套，M8:51与M8:58、M8:59与M8:60器形、装饰、规格

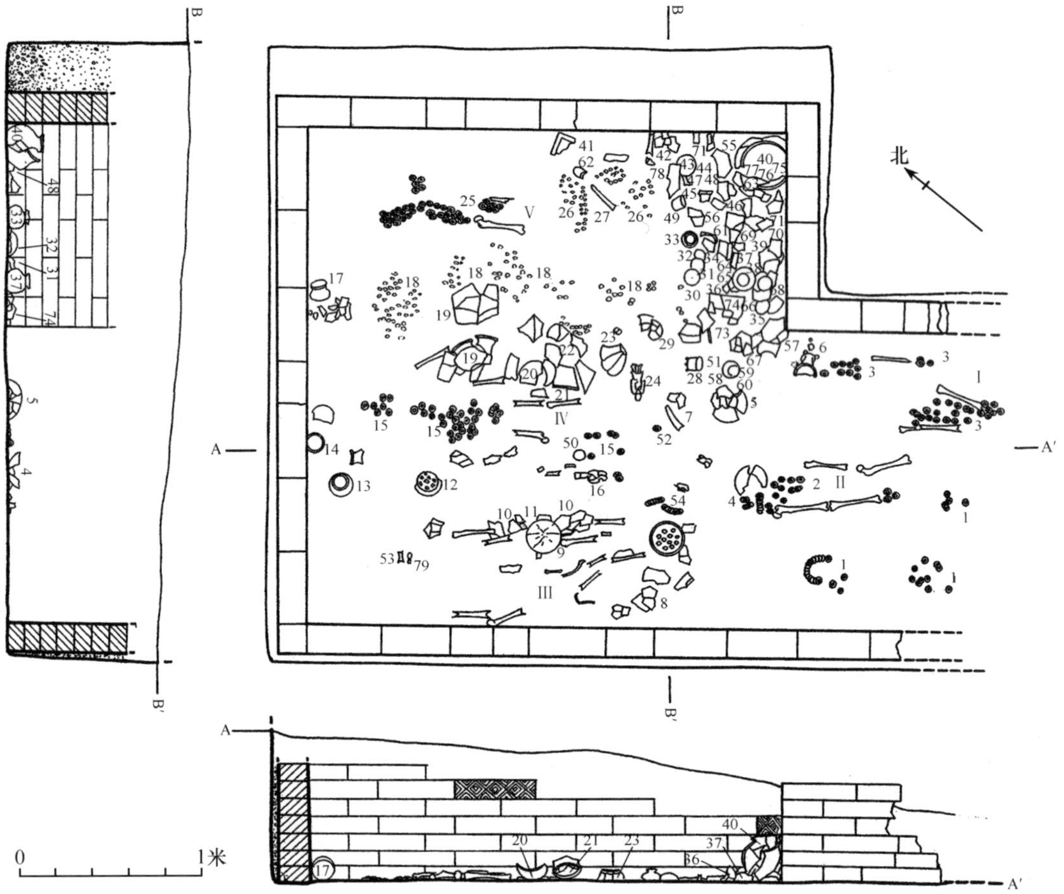

图一一　M8 平、剖面图

1—3、15、18、25、26、54. 钱币　4、16、47. 残釉陶俑　5、20、22、29、66. 陶钵　6. 釉陶灯　7、27. 银钗　8、19、68. 陶平底罐　9. 陶釜　10、23、46、69. 釉陶壶　11、43、64、65. 釉陶壶盖　12、40、70、73. 陶甑　13、17、37、39. 陶小罐　14、28、49. 陶卮　21. 陶擂钵　24、42. 釉陶佩刀俑　30、62. 釉陶卮　31. 釉陶熏炉盖　32、33、44、56、61、67. 釉陶小罐　34. 釉陶甑　35、38、57. 釉陶盆　36. 釉陶熏炉　41. 釉陶案　45. 釉陶马　48. 陶圜底罐 50. 银手镯　51、58—60. 铜耳环　52. 银指环　53、79. 琉璃耳珰　55. 陶盆　63. 釉陶彩绘女俑　71、78. 釉陶男侍俑　72. 陶仓　74. 釉陶房　75. 釉陶镇墓兽　76、77. 釉陶俑头残块

完全相同。M8∶51，整体呈椭圆形，长侧有对称长圆弧形双耳，敞口，弧壁，椭圆形平底。平底内侧模印鱼纹，有鳍和须，双耳上模印连续“田”字纹。器口长径 11、短径 6.5、器底长径 5.4、短径 2.4、通高 2.6 厘米（图一六，1；彩版四，2）。M8∶59，整体呈椭圆形，长侧有对称长圆弧形双耳，敞口，弧壁，椭圆形平底。平底内侧模印鱼纹，双耳上模印连续“田”字纹。器口长径 8.7、短径 5.2、器底长径 4、短径 2、通高 2 厘米（图一六，2）。

2. 釉陶器

37 件，其中器皿 23 件，模型器 14 件。

壶　4件。M8:10，泥质橘黄陶胎，透明釉，圈足及内壁未施釉。盘口，长束颈，圆肩，扁圆腹，圜底下接喇叭形高圈足。肩部对称位置饰铺首衔环，肩、腹部饰三圈凹弦纹。口径13.2、底径15.3、通高28.5厘米（图一七，1）。M8:23，泥质橘红陶胎，茶绿釉，圈足未施釉。盘口，颈部斜直，弧折肩，扁圆腹，圜底下接喇叭形高圈足。肩部对称位置饰铺首衔环，肩部饰三圈凹弦纹。口径12、足径14.1、通高26.7厘米（图一五，1；彩版五，3）。M8:46，泥质橘红陶胎，黄褐釉，内壁及圈足未施釉。盘口，颈部斜直，圆肩，扁圆腹，圜底下接喇叭形高圈足。肩部对称位置饰铺首衔环，肩部饰两圈凹弦纹，圈足中部靠下饰一圈凹弦纹。口径13.2、足径17.4、通高26.6厘米（图一二，1；彩版五，4）。M8:69，泥质橘黄陶胎，黄褐釉，内壁及圈足未施釉。盘口，颈部斜直，圆弧肩，扁圆腹，圜底下接喇叭形高圈足。肩部对称位置饰铺首衔环，肩、颈相接处饰两圈凸棱。口径14.4、足径18、通高31厘米（图一二，2）。

盆　3件。M8:35，泥质橘黄陶胎，褐釉，多已剥落。直口，平沿，尖圆唇，弧腹，平底微内凹。上腹饰一道凹弦纹。口径9.4、底径4.6、通高3.6厘米（图一二，6）。M8:38，泥质橘红陶胎，褐釉，多已剥落。敛口，圆唇，深弧腹，平底。口沿内外侧各饰一道凹弦纹。口径9、底径4.4、通高4.6厘米（图一二，4）。M8:57，泥质橘红陶胎，釉层剥落。直口，方唇，深弧腹，平底。上腹饰一圈凹弦纹。口径9.6、底径4.8、通高4.6厘米（图一二，5）。

甑　1件。M8:34，泥质橘红陶胎，釉层剥落。敞口，窄沿，尖唇，弧腹，平底，5个小箅孔由外向内戳出。上腹饰一道凹弦纹。口径9.8、底径5.3、通高4.3厘米（图一二，3）。

小罐　6件，均泥质橘黄陶胎，釉层剥落。M8:32，口微敛，方唇，斜直领，折肩，深弧腹，平底微内凹。口径6.2、底径4.5、通高5.3厘米（图一二，7）。M8:33与M8:32形制基本一致。口径6.2、底径4.3、通高6厘米（图一二，8）。M8:44，直口，仰折沿，斜方唇，束颈，折肩，弧腹，平底微内凹。口径4.2、底径3.9、通高4.9厘米（图一二，9）。M8:56，敛口，翻沿，方唇，溜肩，折腹，平底。口径8、底径5.1、通高4.8厘米（图一二，10）。M8:61，敞口，翻沿，圆方唇，束颈，溜肩，弧腹，平底。上腹饰两道凹弦纹。口径10、腹径12.6、底径6、通高9厘米（图一二，11）。M8:67，直口，斜方唇，斜肩，弧腹，平底。口径8.2、底径6、通高5.6厘米（图一二，12）。

卮　2件。M8:30，泥质橘红陶胎，釉层剥落。直口微敛，方唇，深腹，平底，矮饼足，一侧黏接锥状把手。腹部饰两圈凹弦纹。口径7、足径3.7、通高4.6厘米（图一二，13）。M8:62，泥质橘红陶胎，釉层剥落。形制基本同M8:30，唯无把手。口径6.4、底径3.8、通高9厘米（图一七，2）。

灯　1件。M8:6，泥质橘黄陶胎，釉层剥落。敞口，圆唇，浅腹，矮柄中空，喇叭形高圈足。口径6、底径9.5、通高8.6厘米（图一七，3）。

熏炉　1件。M8:36，泥质橘黄陶胎，褐釉，大多剥落。子母口，矮柄，喇叭形高圈足。口径5.6、底径9.8、通高8.5厘米（图一二，14）。

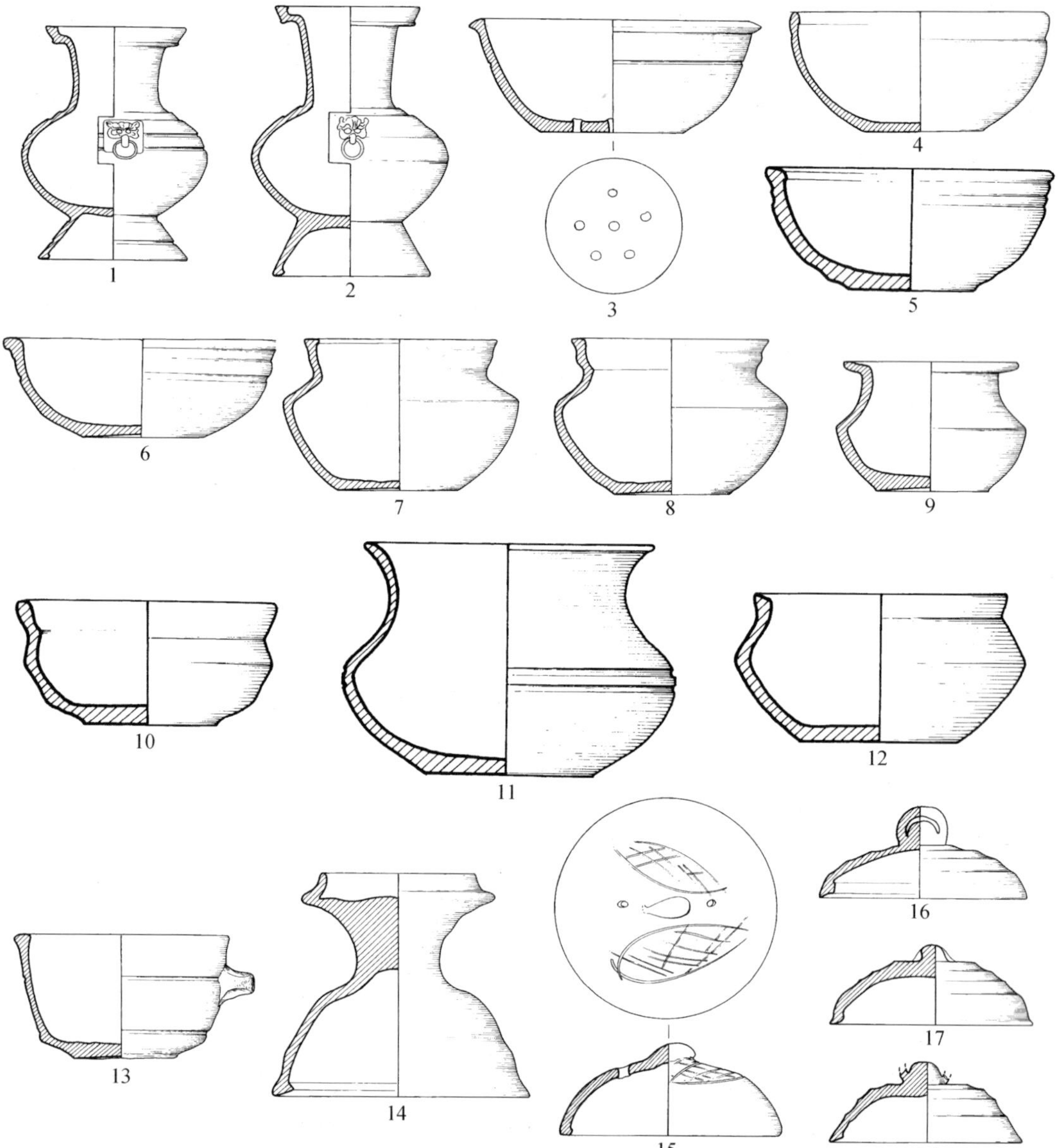

图一二　M8 墓室东南角出土釉陶器

1、2. 壶（M8:46、M8:69）　3. 甑（M8:34）　4—6. 盆（M8:38、M8:57、M8:35）　7—12. 小罐（M8:32、M8:33、M8:44、M8:56、M8:61、M8:67）　13. 卮（M8:30）　14. 熏炉（M8:36）　15. 熏炉盖（M8:31）　16—18. 壶盖（M8:43、M8:64、M8:65）

壶盖　4件，数量和壶相同，可能是配套使用，但无法确认。M8:11，泥质橘黄陶胎，釉层剥落。敛口，弧形盖面，顶有扁圆钮，中穿孔。口径8、通高8厘米（图一七，4）。M8:43，泥质橘红陶胎，褐釉，多已剥落。敛口，斜方唇，弧形盖面，顶有环形提手，两边贴泥片以加固。面有数圈细弦纹。口径15.2、通高7厘米（图一二，

16)。M8:64，泥质橘黄陶胎，褐釉，内壁未施釉。敛口，斜方唇，弧形盖面，顶有鼻形钮。盖面饰四道凸棱。口径15.6、通高6厘米（图一二，17）。M8:65，泥质橘红陶胎，褐釉，内壁未施釉。敛口，斜方唇，弧形盖面，顶有环形钮，已残，两边贴泥片加固。盖面饰四道凸棱。口径12.8、通高6厘米（图一二，18）。

熏炉盖　1件，数量和熏炉相同，可能是配套使用，但无法确认。M8:31，泥质橘黄陶胎，釉层剥落。敛口，圆唇，弧形盖面，盖顶有一捏制凸钮。盖面饰两片叶形纹饰，叶内刻划网格纹。口径8.3、通高3.6厘米（图一二，15）。

案　1件。M8:41，泥质橘黄陶，釉层剥落。案呈长方形，四边有高沿，下有牛头状四足。通长54、宽35.2、高6.8、沿宽1.5、足高4.8厘米（图一七，5）。

房　1件。M8:74，泥质橘红陶，釉层剥落。残甚，无法修复，形制不详。

佩刀俑　2件。M8:24，泥质橘黄陶胎，釉层剥落。面目神情平静，略带笑意。头戴巾帻，身着右衽长袍，腰间束带，背后有带垂至袍下，双手交置于腹间，竖挎一环首刀，刀有穗。通高22.6厘米（图一五，6；彩版八，2）。M8:42，形制、规格均与M8:24一致（图一三，2）。

男侍俑　2件。M8:71，泥质橘红陶胎，釉层剥落。面带微笑，神情愉悦。头戴平巾帻，身着长袍，右衽，露履，双手置于胸前，一手食指横伸。通高36.5厘米（图一三，1；彩版八，3）。M8:78，泥质橘红陶胎，釉层剥落。面带微笑，神情愉悦。头戴介帻，深衣垂地，右衽，双手置于胸前，左臂在上，腰间束带。残高31.4厘米（图一三，3）。

彩绘女俑　1件。M8:63，泥质橘黄陶胎，釉层剥落。面目表情愉悦，圆髻、眼眶尚存黑彩。立姿，深衣垂地，双手垂拱于胸前。通高17.2厘米（图一三，4；彩版八，4）。

俑头残块　2件。M8:77，头戴平巾帻，双目微闭。残高15厘米（图一三，6）。M8:76，仅余鼻、口等部位。

另有M8:4、M8:16、M8:47三件俑，残甚不能辨其形。

马　1件。M8:45，泥质橘黄陶胎，釉层剥落。马头及身体中部残缺。立姿，短尾，马腿粗壮，骨节突出，马蹄平展，似装有蹄铁。马体健壮剽悍，气势雄壮。全长约56、残高47厘米（图一三，5）。

镇墓兽　1件。M8:75，泥质橘红陶胎，釉层剥落。头部及胸部残，蹲坐状。残高14.6厘米。

3. 陶器

24件，均泥质灰陶。

圜底罐　1件。M8:48，直口微敛，圆方唇，矮领，广弧肩，扁弧腹，圜底。肩及上腹部饰六道凹弦纹，并在其上压印绳纹，底部压印细绳纹。口径8.8、最大腹径31.6、通高17.6厘米（图一四，5；彩版九，4）。

图一三　M8墓室东南角出土釉陶俑

1、3. 男侍俑（M8∶71、M8∶78）　2. 佩刀俑（M8∶42）　4. 彩绘女俑（M8∶63）　5. 马（M8∶45）　6. 俑头残块（M8∶77）

平底罐　3件。M8∶8，敛口，方唇，矮领，圆肩，深鼓腹，平底。口径8.6、底径11.6、通高15.2厘米（图一八，4）。M8∶19，敛口，圆唇，无颈，圆肩，上腹略鼓，下腹斜收，平底。肩及上腹先纵向压印绳纹，再饰两圈凹弦纹，腹中部饰两圈凹弦纹。口径14.4、底径16、通高20.8厘米（图一五，2）。M8∶68，直口，斜方唇，矮直领，溜肩，弧腹，平底。肩及上腹压印绳纹。口径14.2、底径13、通高15厘米（图一四，6）。

小罐　4件。M8∶13，敞口，圆唇，斜直领，溜肩，鼓腹，圜底略平。口径9.6、通高9厘米（图一八，2）。M8:17，侈口，圆唇，折肩，上腹较直，下腹弧收，平底。上腹饰一圈凹弦纹。口径8.8、底径7.4、通高6.6厘米（图一八，3）。M8:37，敛口，短沿，圆唇，矮领，弧肩，鼓腹，平底内凹。领与肩相接处饰一圈凹弦纹。口径6、底径7.2、通高9.5厘米（图一四，7）。M8:39，敛口，圆唇，弧肩，圆腹，平底。口径6.8、底径6.3、通高7.3厘米（图一四，8）。

盆 1件。M8:55，敛口，卷沿，圆唇，深弧腹，平底。口径19.2、底径16.4、通高12.8厘米（图一四，4）。

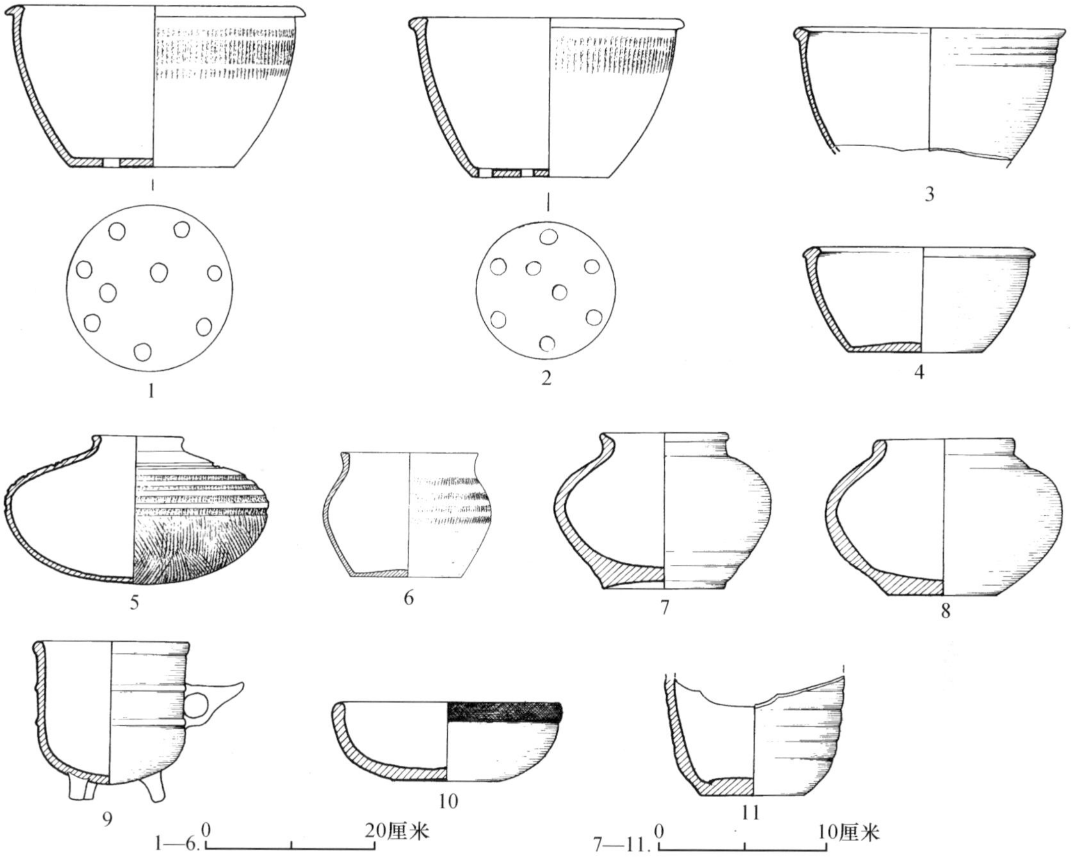

图一四 M8墓室东南角出土陶器

1—3. 甑（M8:40、M8:70、M8:73） 4. 盆（M8:55） 5. 圜底罐（M8:48） 6. 平底罐（M8:68） 7、8. 小罐（M8:37、M8:39） 9. 卮（M8:49） 10. 钵（M8:66） 11. 仓（M8:72）

甑 4件。M8:12，直口微敛，卷沿，圆唇，深弧腹，下腹及底部残，但同出有带有由外向内戳出箅孔的底部，可确认为甑。上腹近口沿处有三道折棱。口径29.6、残高15.8厘米（图一八，1）。M8:40，敛口，平折沿，尖唇，深弧腹，平底，9个箅孔由外向内戳出。上腹压印纵向细绳纹，在其上再压印三圈细弦纹。口径31.2、底径19.6、通高19.6厘米（图一四，1）。M8:70，敛口，窄平沿，尖圆唇，深弧腹，平底，8个箅孔由外向内戳出。上腹压印纵向细绳纹，在其上再压印三圈细弦纹。口径28.8、底径16.4、通高16.8厘米（图一四，2）。M8:73，敛口，窄翻沿，圆唇，深弧腹，下腹及底部残，但同出有带有由外向内戳出箅孔的底部，可确认为甑。上腹饰三道凹弦纹。口径33、残高16厘米（图一四，3）。

釜　1件。M8:9，敞口，翻沿，方唇，束颈，斜肩，上腹直，下腹扁圆，圜底。颈部有一圈凸棱，不甚明显；腹与颈相接处、腹与底相接处均有明显折棱，底部密布绳纹。口径13.6、通高11.8厘米（图一八，5；彩版一〇，1）。

卮　3件。M8:14，口残。筒腹，平底，底部残留一个乳钉状足，从残片可知，腹部至少饰四道凹弦纹（图一八，6）。M8:28，侈口，扁圆唇，筒腹，平底，下有三个乳钉状足，一侧有把手，已残。腹部饰四圈凹弦纹。口径8.8、通高7.6厘米（图一八，7）。M8:49，直口，扁圆唇，筒腹，圜底下接乳钉状三足，一侧有“6”字形扳手。腹部饰两圈凸弦纹。口径8、通高9.2厘米（图一四，9；彩版一〇，2）。

钵　5件。M8:5，敛口，扁圆唇，弧腹，平底。口径14.8、底径6.7、通高6.9厘米（图一八，8）。M8:20，直口，扁圆唇，上腹较直，下腹弧收，平底。口径13.6、底径6、通高4.4厘米（图一五，4）。M8:22，敛口，扁圆唇，弧腹，平底。口径13.6、底径6.4、通高4.9厘米（图一五，5）。M8:29，胎体较厚。侈口，扁圆唇，弧腹，平底。上腹饰一圈凹弦纹。口径11.2、底径4.3、通高4厘米（图一八，9）。M8:66，敛口，圆唇，弧腹，平底微内凹。口部外侧有一圈黑色陶衣。口径12、底径5.8、通高4.8厘米（图一四，10）。

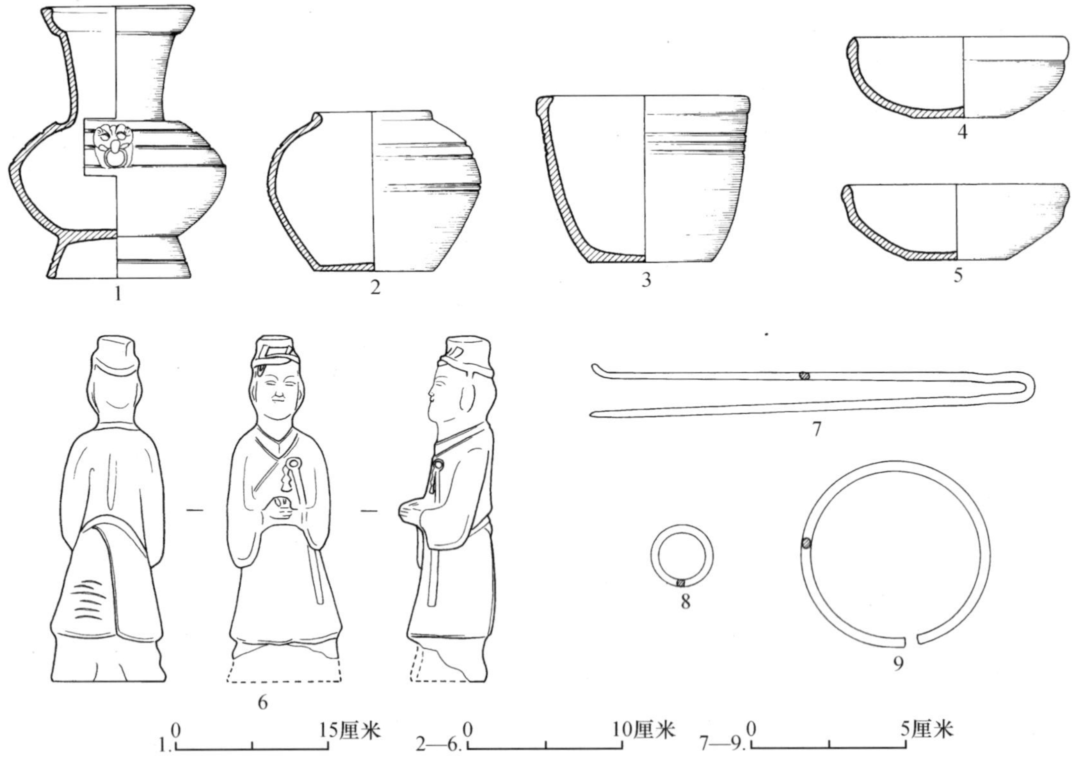

图一五　M8Ⅳ号人骨周围出土器物

1. 釉陶壶（M8:23）　2. 陶平底罐（M8:19）　3. 陶擂钵（M8:21）　4、5. 陶钵（M8:20、M8:22）
6. 釉陶佩刀俑（M8:24）　7. 银钗（M8:7）　8. 银指环（M8:52）　9. 银手镯（M8:50）

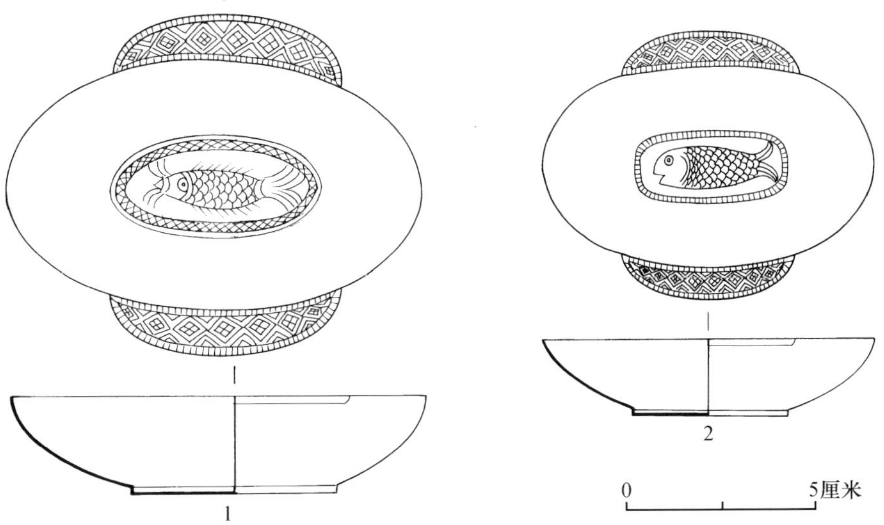

图一六　M8出土铜耳杯

1. M8:51　2. M8:59

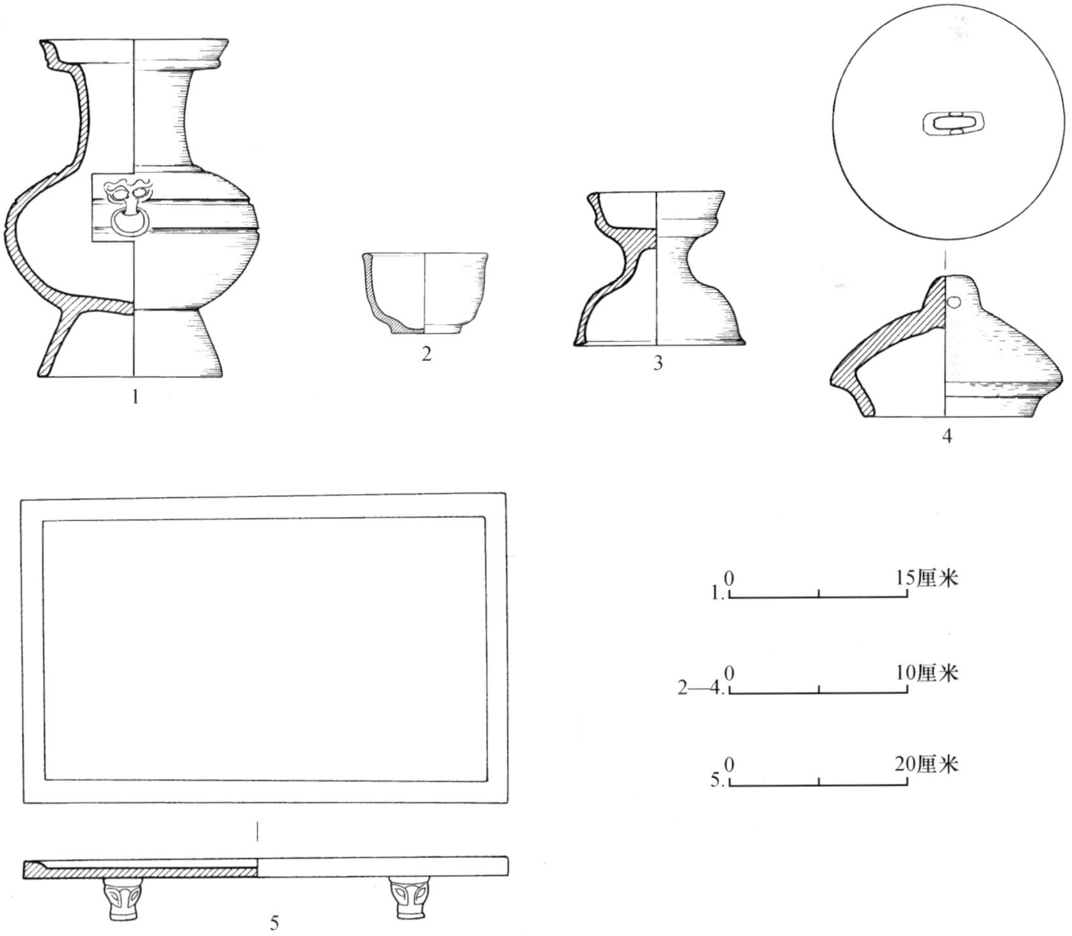

图一七　M8出土釉陶器

1. 壶（M8:10）　2. 卮（M8:62）　3. 灯（M8:6）　4. 壶盖（M8:11）　5. 案（M8:41）

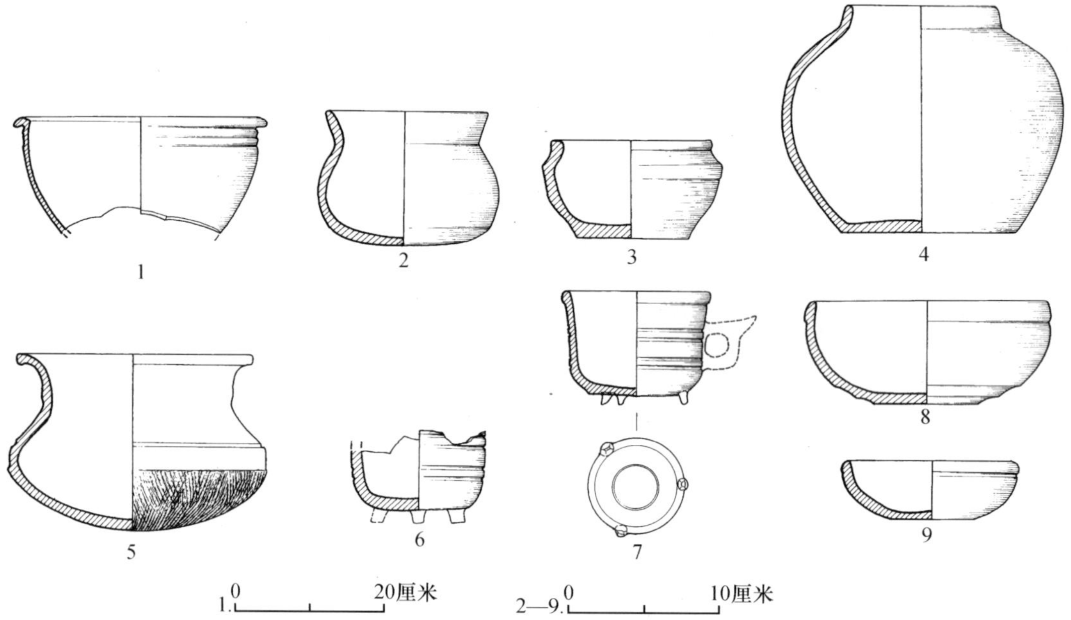

图一八　M8 出土陶器

1. 甑（M8:12）　2、3. 小罐（M8:13、M8:17）　4. 平底罐（M8:8）　5. 釜（M8:9）
6、7. 卮（M8:14、M8:28）　8、9. 钵（M8:5、M8:29）

擂钵　1 件。M8:21，弇口，圆方唇，斜直筒腹，平底。口径 11.6、底径 8、通高 11 厘米（图一五，3）。

陶仓　1 件。M8:72，上部残，应为筒腹，平底。底径 6、残高 7.2 厘米（图一四，11）。

4. 钱币

共出土近 800 枚，出土时编为 M8:1、M8:2、M8:3、M8:15、M8:18、M8:25、M8:26、M8:54。种类丰富，有四铢半两、西汉五铢、货泉、大泉五十、东汉五铢、直百五铢、小五铢、对文五铢、侵轮五铢、磨郭五铢、剪轮五铢、合背五铢、花穿五铢及少量铅质五铢。

M8:1，出土时位于墓道西部，分为相邻近的三堆，有的排列整齐，呈“U”形，原来应穿缀成串。共 40 枚，大部分朽蚀严重，有西汉五铢（图一九，2、3）、东汉五铢、对文五铢（图一九，10）、剪轮五铢等类型。

M8:2，出土时位于墓道中Ⅱ号人骨范围内，部分也有曾经穿缀的迹象。共 72 枚，多朽蚀严重，有西汉五铢、东汉五铢（图一九，6、7）、对文五铢、剪轮五铢（图一九，15）、小五铢（图一九，16）等类型。

M8:3，出土时位于墓道中Ⅰ号人骨范围内，散落成片。共 69 枚，多朽蚀严重，有西汉五铢、东汉五铢、侵轮五铢（图一九，8）、对文五铢、剪轮五铢等类型。

M8:15，出土时位于墓室中部Ⅳ号人骨范围内，散落成片。共 94 枚，多朽蚀严重，

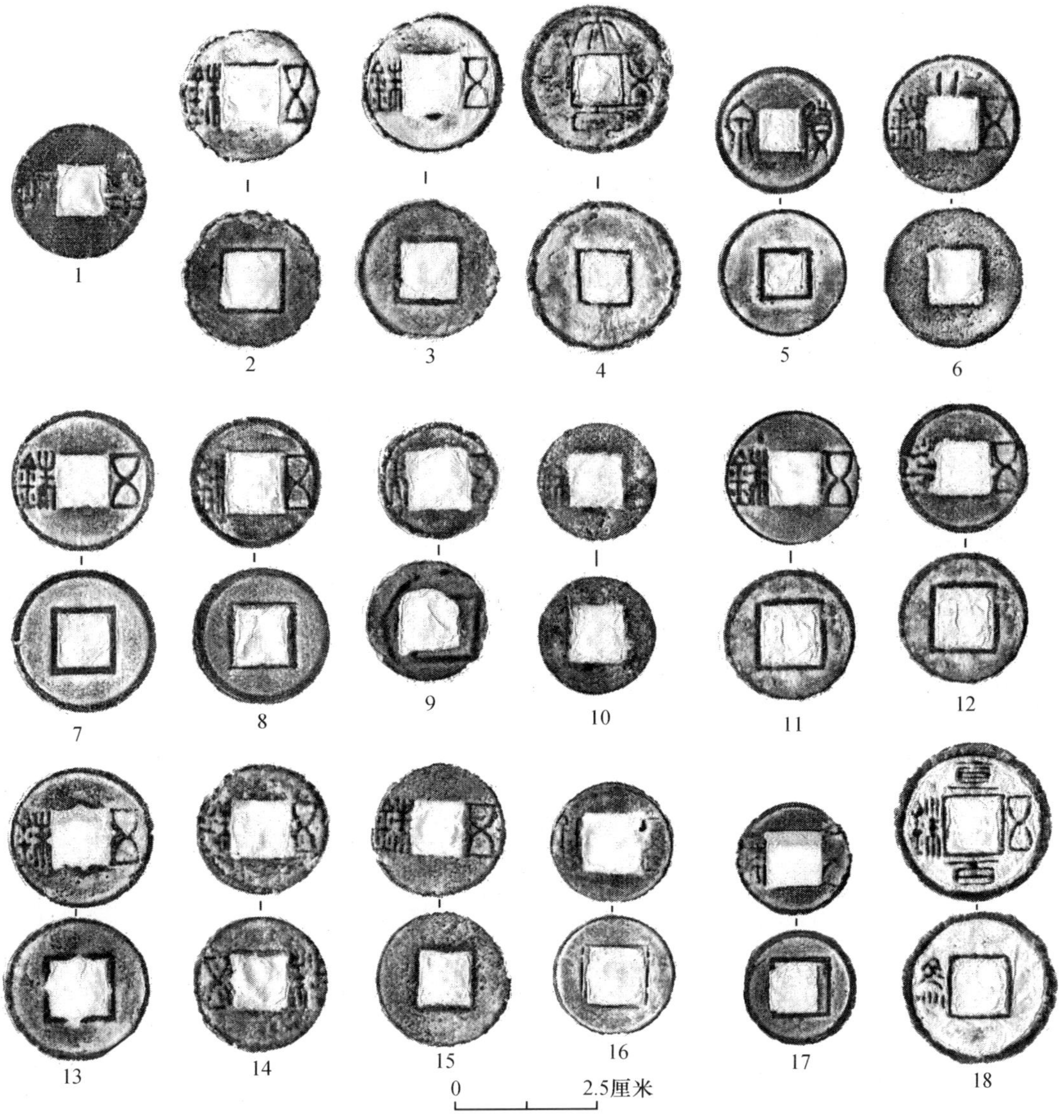

图一九 M8出土的部分钱币

1. 四铢半两（M8∶15-1） 2、3. 西汉五铢（M8∶1-5、M8∶1-6） 4. 大泉五十（M8∶18-1） 5. 货泉（M8∶18-2） 6、7. 东汉五铢（M8∶2-15、M8∶2-19） 8、9. 侵轮五铢（M8∶3-9、M8∶26-13） 10. 对文五铢（M8∶1-2） 11、12. 铅质五铢（M8∶15-6、M8∶15-7） 13. 花穿五铢（M8∶18-5） 14. 合背五铢（M8∶54-4） 15. 剪轮五铢（M8∶2-5） 16、17. 小五铢（M8∶2-1、M8∶18-4） 18. 直百五铢（M8∶18-3）

有四铢半两（图一九，1）、西汉五铢、货泉、东汉五铢、铅质五铢（图一九，11、12）、对文五铢、剪轮五铢等类型。

M8∶18，出土时位于Ⅳ、Ⅴ号人骨之间，大体呈带状分布。共153枚，多朽蚀严重，有西汉五铢、货泉（图一九，5）、大泉五十（图一九，4）、东汉五铢、对文五铢、剪轮五铢、花穿五铢（图一九，13）、小五铢（图一九，17）、直百五铢（图一九，18）等类型。

M8:25，出土时位于Ⅴ号人骨偏北位置，分布较为密集。共68枚，部分朽蚀，有货泉、东汉五铢、对文五铢、剪轮五铢、侵轮五铢等类型。

M8:26，出土时位于Ⅴ号人骨偏南位置，分布较为密集。共出土近240枚，因部分朽蚀残断，无法准确统计数量。有西汉五铢、大泉五十、东汉五铢、侵轮五铢（图一九，9）、对文五铢、剪轮五铢等类型。

M8:54，出土时位于Ⅲ号人骨脚部位置，原本应穿缀成串。共27枚，保存相对较好。有四铢半两、西汉五铢、货泉、东汉五铢、对文五铢、剪轮五铢、磨郭五铢、合背五铢（图一九，14）、侵轮五铢等类型。

5. 其他

银钗 2件，形制一致。M8:7，镊子状，钗体圆柱形，一端端头略弯曲，呈钩状。长14.7厘米（图一五，7）。M8:27，长17.2厘米。

银手镯 1件。M8:50，环形，有缺口，环体圆柱形。粗约0.3、整器直径约6厘米（图一五，9）。

银指环 1件。M8:52，圆环形。直径2厘米（图一五，8）。

琉璃耳珰 2件，形制一致。M8:53，略残，束腰圆柱形，一头略大，中有穿孔。高1.5厘米。M8:79，高1.6厘米。

（三）M9

位于Ⅳ区T1410西南部，向东南延伸至T1409北部，西北角跨入T1310东隔梁内，地处乌龟包丘顶西南侧，为一带墓道的石坑砖室墓，方向155°。墓葬开口于耕土层下，墓室墓口残深18—26、墓底残深174—178厘米，墓道上端口残深10—14、下端口残深46—62厘米。墓砖为长方形菱形田字纹砖，长40、宽20、厚8—10厘米（图三，7）。墓室东西宽约290、南北长约316厘米；墓道长238、宽184厘米。墓室与墓道的顶部已遭破坏，结构不明。墓葬填土为褐色黏土，夹杂褐色砂粒及碎砖渣。

在墓道东壁下发现少量人骨（M9:32）。墓室东侧有一片区域土色偏黑，其形成原因可能有三：①经过火烧；②地面为防潮的目的铺设炭屑层；③木质葬具腐朽留下的痕迹。因缺乏有力的证据，尚不能确指，我们倾向于第三种可能。墓主数量、葬式等情况均不清楚。

由于早期扰乱严重，随葬品散布于墓室与墓道内，有铜、釉陶、陶、铁器等，另于墓室北壁及东壁下发现数量较多的动物獠牙，可能与墓内随葬的食物有关（图二〇）。

1. 铜器

6件。

鍪 1件。M9:1，敞口，方唇，束颈，溜肩，鼓腹，圜底近平，颈部附对称环形辫索双耳。上腹饰两道凸弦纹，器表有合范痕迹。口径20.4、通高18.4厘米（图二一，3）。

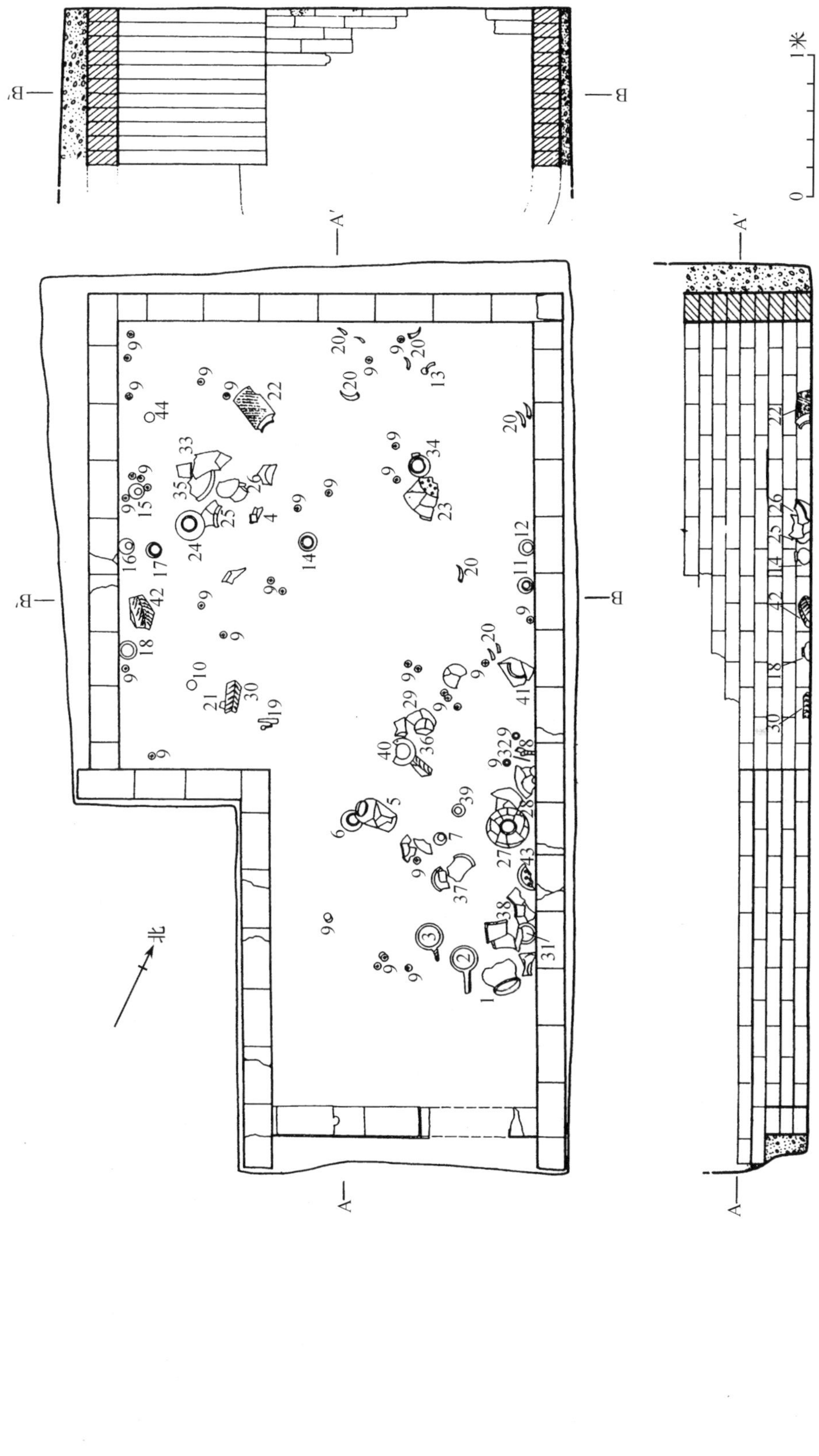

图二○ M9平、剖面图

1. 铜鍪 2、3. 铜刁斗 4. 釉陶吹笛俑 5、24、40. 陶仓 6. 陶钵 7. 11、12、14、15、18. 釉陶盆 8. 釉陶罐残片 9. 钱币 10、44. 铜泡钉 13. 铁带钩 16. 釉陶熏炉 17. 釉陶器盖残片 19. 铁削 20. 动物獠牙 21. 银箔残片 22. 筒瓦 23、25、33、43. 陶甑 26、34、35. 陶直领罐 27、41、42. 陶圜底罐 28. 釉陶直领罐 29. 陶盆 30. 陶器残片 31. 陶盘 32. 人骨 36. 陶釜 37、38. 陶釜（甑） 39. 陶盂

刁斗　2件。M9∶2，敛口，仰折沿，方唇，深弧腹，平底，腹中部有一长直柄，柄横截面为椭圆形，与柄对称位置附一环形耳。腹部有一宽棱，其上饰数道凸弦纹，器表面有合范痕迹。口径16.8、通高9.3、底径13、柄长19.4厘米（图二一，1；彩版四，3）。M9∶3，敛口，圆唇，深弧腹，上腹略直，倒“八”字形高圈足，一侧附龙首形柄。上腹饰一道凸弦纹。口径19.2、通高14.8、底径16、柄长10.9厘米（图二一，2；彩版四，4）。

泡钉　3件（M9∶10、M9∶44，前者2件），均表面鎏金，伞状，朽蚀严重。

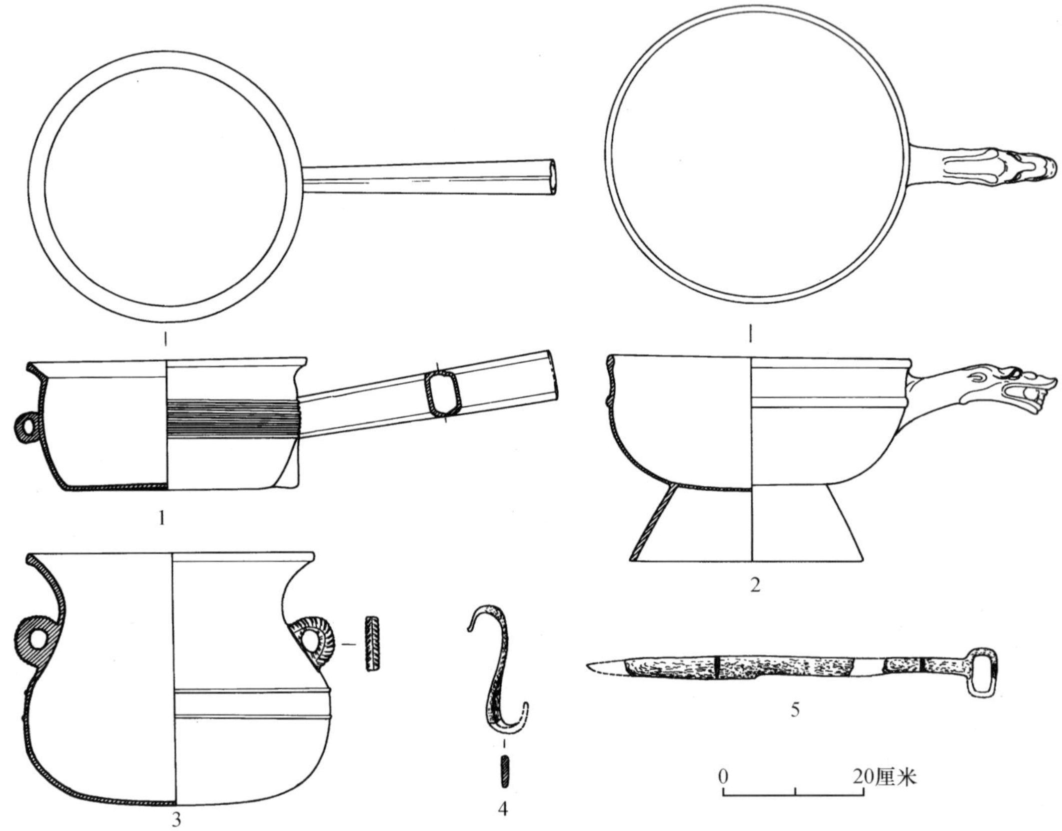

图二一　M9出土铜、铁器

1、2. 铜刁斗（M9∶2、M9∶3）　3. 铜鍪（M9∶1）　4. 铁带钩（M9∶13）　5. 铁削（M9∶19）

2. 釉陶器

11件，其中10件为器皿，1件为俑。

直领罐　1件。M9∶28，底部残。泥质橘黄陶胎，釉层剥落。敞口，斜方唇，斜折肩，深弧腹，肩部对称位置附乳钉状耳。肩部饰两道凹弦纹。口径10.8、残高12厘米（图二二，8）。

盆　6件，体形均小，显系明器，有平沿、浅腹和无沿、深腹两种。M9∶11，泥质橘黄陶胎，釉层剥落。敞口，方唇，弧腹，平底微内凹。口径8.4、通高2.5、底径

4.6厘米（图二二，4）。M9:12，泥质橘黄陶胎，釉层剥落。敞口，斜方唇，沿外侧有一道凸棱，弧腹，平底微内凹，底有线切割痕迹。口径10.4、底径4、通高2厘米（图二二，5）。M9:18，泥质橘黄陶胎，釉层剥落。敞口，方唇，弧腹，矮饼足不甚规整，底有用线切割痕迹。腹中部和内壁各饰一道凹弦纹。口径12.8、通高3.2、足径4.5厘米（图二二，6）。以上3件属前者。M9:7，泥质橘黄陶胎，釉层剥落。弧腹，平底微内凹，底部有明显线切割痕迹。上腹饰一道凹弦纹。口径8.8、底径4.8、通高4.2厘米（图二二，1）。M9:14，泥质橘红陶胎，釉层剥落。弧腹，平底微内凹。口径7.2、通高3、底径5.2厘米（图二二，2）。M9:15，泥质橘黄陶胎，釉层剥落。弧腹，平底微内凹，底部有明显线切割痕迹。腹中部饰一道凹弦纹。口径8.8、底径5、通高4厘米（图二二，3）。以上3件属后者。

熏炉　1件。M9:16，炉盘及部分柄已残。泥质橘红陶胎，釉层剥落。柱状柄，喇叭口形圈足。残高4.4、底径9厘米（图二二，7）。

吹笛俑　1件。M9:4，泥质橘黄陶胎，釉层剥落。身体前后系分别捏制，然后粘接。头戴尖顶帽，踞坐，双手捧笛吹奏。通高17厘米（图二二，9；彩版八，1）。

另有M9:8、M9:17两件，均泥质橘黄陶胎，前者为罐，后者为器盖，均残甚不能复原。

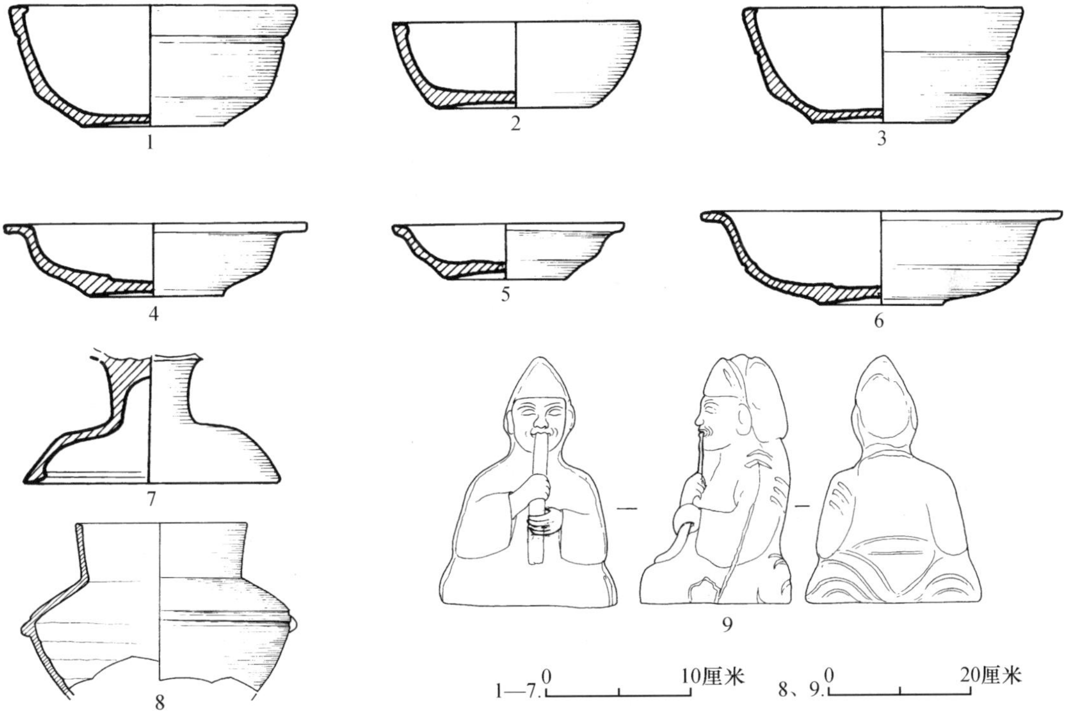

图二二　M9出土釉陶器

1—6. 盆（M9:7、M9:14、M9:15、M9:11、M9:12、M9:18）　7. 熏炉（M9:16）

8. 直领罐（M9:28）　9. 吹笛俑（M9:4）

3. 陶器

20 件，均泥质灰陶。

圜底罐　3 件。M9∶27，口微侈，圆唇，广弧肩，扁弧腹。肩部压印五圈凹弦纹，肩下部及上腹部饰四圈菱形网格纹，底部拍印细绳纹。口径 8.4、最大腹径 31、通高 16.7 厘米（图二三，1；彩版九，3）。M9∶41，口底均残。广弧肩，扁弧腹。肩上部压印两道凹弦纹，肩下部及上腹部先拍印竖向细绳纹，再横向压印四条宽带，下腹及底部拍印交错绳纹。残高 12.8 厘米（图二三，2）。M9∶42，底部残。直口，窄沿，尖唇，广弧肩，扁弧腹。肩中部压印两道凹弦纹，肩下部及上腹部先拍印竖向细绳纹，再横向压印四条宽带，下腹及底部拍印交错绳纹。口径 9.4、残高 16 厘米（图二三，3）。

直领罐　3 件。M9∶26，直口微敛，斜方唇，领微弧，圆肩，深鼓腹，平底微内凹。上腹部饰三圈粗绳纹。口径 17.2、底径 13.5、最大腹径 23.7、通高 17.1 厘米（图二三，11；彩版七，6）。M9∶34，直口微敛，斜方唇，领微弧，丰肩，深弧腹，平底，肩部附对称双耳。肩及上腹部饰两圈纹饰带，上腹部以两条凹弦纹构成，纹饰带内为以点纹组成的长方形为间隔的屋脊纹。口径 12.4、底径 10.6、通高 15.4 厘米（图二三，13）。M9∶35，侈口，斜方唇，斜直领，圆肩，深弧腹，平底，肩部对称位置附双耳。肩及上腹部有四圈由小方格组成的纹饰带。口径 13.6、底径 11.2、通高 15.4 厘米（图二三，12）。

盆　1 件。M9∶29，敛口，平沿略卷，尖圆唇，深弧腹，下腹斜收较甚，平底。上腹饰两道凹弦纹。口径 34.4、底径 17、通高 24.6 厘米（图二三，7）。

盆（甑，底残，器形不明）　2 件。M9∶37，“丁”字口，平沿略卷，圆唇，深弧腹。上腹饰四道凹弦纹。口径 31.2、残高 14 厘米（图二三，5）。M9∶38，敛口，平沿，圆唇，深弧腹，上腹有一道折棱。上腹饰数道不明显的弦纹。口径 30.4、残高 15.3 厘米（图二三，6）。

甑　4 件。M9∶23，敛口，平沿略卷，圆唇，矮领，深弧腹，平底，底残，尚有 5 个由内向外戳出的箅孔。口径 26.4、底径 16.8、通高 13 厘米（图二三，9）。M9∶25，“丁”字口，平沿略卷，尖圆唇，深弧腹，平底微内凹，有 5 个较大的箅孔。上腹部压印间断细绳纹。口径 29.6、底径 16、通高 16.5 厘米（图二三，8）。M9∶33，“丁”字口，窄卷沿，圆唇，深弧腹，平底内凹，底有分布均匀的由外向内戳出的小箅孔。上腹饰三圈凹弦纹。口径 32、底径 16.8、通高 20.5 厘米（图二三，4）。M9∶43，部分腹部及底残。敛口，窄卷沿，圆唇，深弧腹，近口处有一道折棱，底部残留箅孔较大。上腹部拍印绳纹。口径 28.8、残高 16 厘米（图二三，10）。

釜　1 件。M9∶36，直口，仰折沿，束颈，鼓腹，圜底。口径 11.2、通高 10 厘米（图二三，14）。

盘　1 件。M9∶31，敞口，圆唇，微鼓腹，喇叭形圈足。口径 15.5、底径 7、通高 7.8 厘米（图二三，15）。

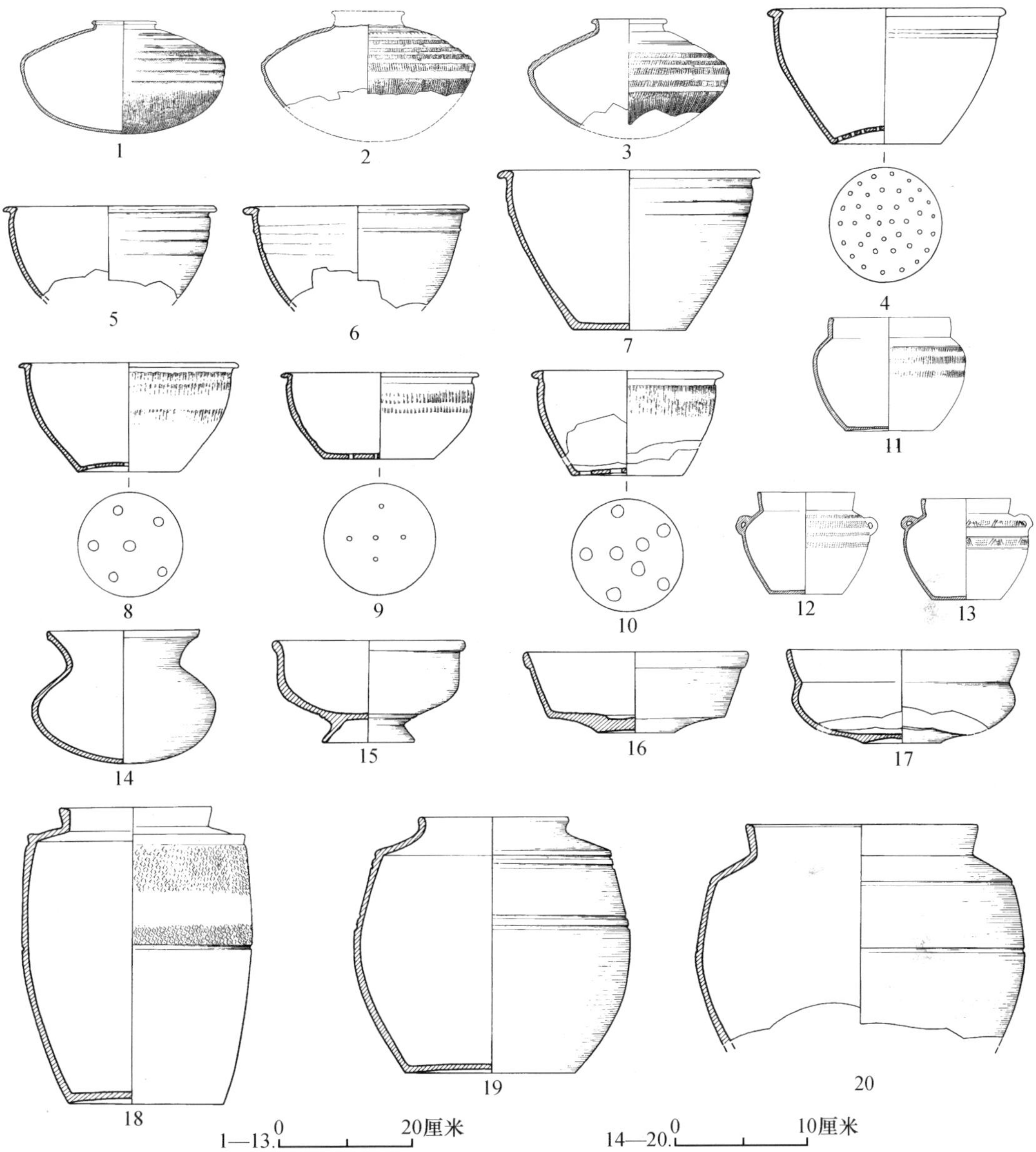

图二三　M9出土陶器

1—3. 圜底罐（M9∶27、M9∶41、M9∶42）　4、8—10. 甑（M9∶33、M9∶25、M9∶23、M9∶43）　5、6. 盆（甑）（M9∶37、M9∶38）　7. 盆（M9∶29）　11—13. 直领罐（M9∶26、M9∶35、M9∶34）　14. 釜（M9∶36）　15. 盌（M9∶31）　16. 钵（M9∶6）　17. 盂（M9∶39）　18—20. 仓（M9∶5、M9∶24、M9∶40）

钵　1件。M9∶6，敞口，扁圆唇外卷，斜折腹，小平底微凹，有明显轮修痕迹。内底压印两道凹弦纹。口径16、通高6.2、底径6厘米（图二三，16）。

盂　1件。M9∶39，敛口，仰折沿，圆唇，折腹，小平底。口径17.2、高7厘米（图二三，17）。

仓　3件。M9∶5，子母口，筒形腹，上腹微鼓，平底微凹，近口处有一道折棱。

腹中部饰一圈凹弦纹，上腹压印细小菱形纹两圈。口径 9. 6、底径 11. 5、通高 23 厘米（图二三，18）。M9∶24，子母口，鼓腹，平底微凹。腹部压印四道凹弦纹。口径 10、底径 12. 5、最大腹径 21、通高 19. 5 厘米（图二三，19）。M9∶40，底残。子母口，鼓腹，上腹及腹中部饰两道凹弦纹。口径 16. 4、残高 16. 6 厘米（图二三，20）。

4. 钱币

共出土 147 枚，编为 M9∶9。形制较完整、钱文较清晰者 111 枚，零星散布于墓室与墓道各处，有西汉五铢（图二四，1、2）、货泉（图二四，4）、大泉五十（图二四，3）、对文五铢（图二四，8）、剪轮五铢（图二四，9、10）、磨郭五铢（图二四，11、12）、东汉五铢（图二四，5—7）等种类。

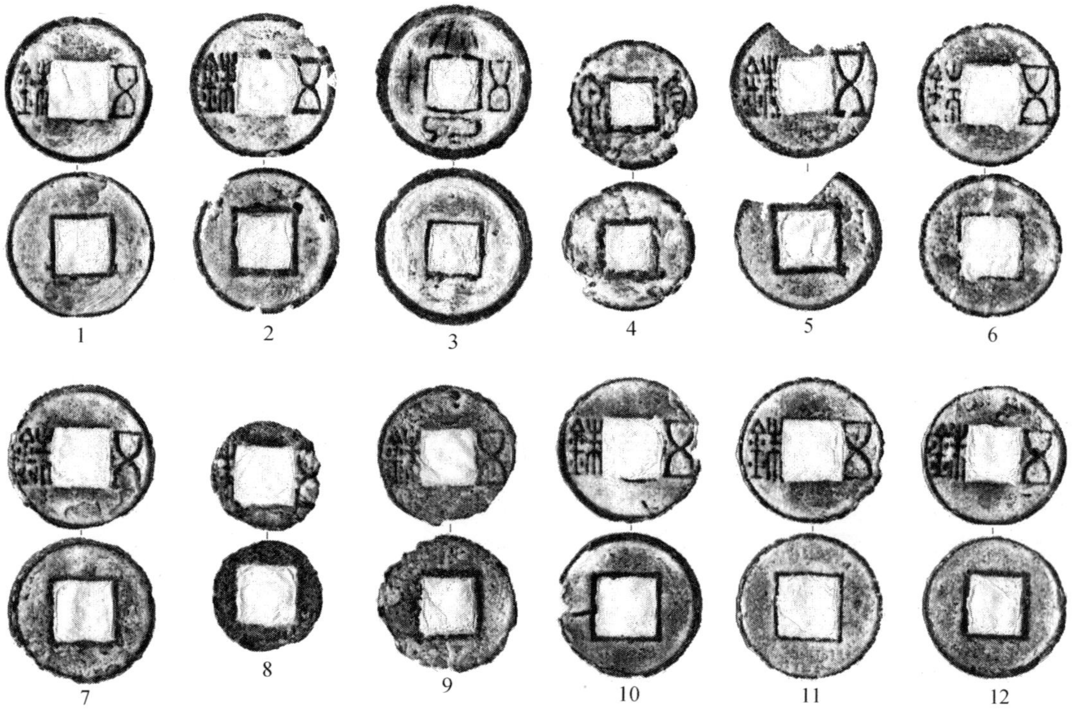

图二四　M9 出土钱币

1、2. 西汉五铢（M9∶9-17、M9∶9-25）　3. 大泉五十（M9∶9-1）　4. 货泉（M9∶9-2）　5—7. 东汉五铢（M9∶9-27、M9∶9-32、M9∶9-37）　8. 对文五铢（M9∶9-3）　9、10. 剪轮五铢（M9∶9-8、M9∶9-11）　11、12. 磨郭五铢（M9∶9-12、M9∶9-15）

5. 其他

铁带钩　1 件。M9∶13，残，“S”形。残长 8. 5、宽 2. 2、厚 0. 4 厘米（图二一，4）。

铁削　1 件。M9∶19，残断成三截，长条形，环首。残长 23. 5、宽 1—1. 6 厘米（图二一，5）。

另有银箔残片（M9∶21）等。

（四）M10

主体位于T1711东南部，向北延伸至T1712南部，东北角跨入T1812，东部进入T1811，西南、东南分别进入T1710及T1810，地处乌龟包丘顶东侧，为一带墓道、排水沟的石坑砖室墓，方向187°。墓葬开口于耕土层下，墓室墓口残深15—20、墓底残深45—74厘米，墓道残深50厘米。墓砖为长方形菱形花纹砖，长约40、宽约20、厚约10厘米。墓室平面近方形，东西宽约290、南北长约314厘米，地面即为紫红色砂岩，略经平整；墓道位于墓室东侧，残长263、宽150厘米。墓道砖墙仅靠近墓室处残存120—150厘米，封门情况无从知晓。排水沟位于墓道南端正中，为在砂岩上开凿之长方形沟槽，口宽底窄，口宽30、底宽14、残深50、长290厘米。墓室与墓道的顶部已遭破坏，结构不明，墓葬填土为褐色黏土，夹杂碎砖渣及料姜石。

由于早期破坏严重，墓主尸骨无存，是否使用葬具等情况也无从判断。

残存少量随葬品集中放置于墓室北部及中央位置，有釉陶器、陶器、瓷器、铁器等（图二五）。

釉陶小罐　1件。M10∶8，口部残，泥质橘红陶胎，釉层剥落。束颈，折肩，弧腹，矮饼足，底有用线切割的痕迹。残高5.2、底径4.2厘米（图二六，9）。

陶仓　1件。M10∶2，泥质灰陶。子母口，微鼓腹，下腹较弧，平底微内凹。上腹及腹中部各饰两道凹弦纹。口径9.2、底径8.7、通高15.4厘米（图二六，7）。

陶仓盖　1件。M10∶10，泥质灰陶，弧形盖面。口径12.6、通高3.4厘米（图二六，4）。

瓷盌　3件。M10∶1，青釉，下腹及内外底未施釉。直口，圆唇，浅弧腹，大平底微凹。上腹近口处饰两圈凹弦纹。口径14.4、底径10、通高4.8厘米（图二六，2；彩版一〇，3）。M10∶3，青釉，下腹及外底未施釉。直口微敛，尖圆唇，浅弧腹内收，矮饼足。内底边沿有均匀分布的一圈支钉痕迹，底有明显线切割痕迹。上腹近口处饰一圈凹弦纹。口径22、底径12.8、通高7厘米（图二六，1；彩版一〇，4）。M10∶7，青釉，下腹及底未施釉。敞口，尖圆唇，浅弧腹，矮饼足，内底凸出。上腹饰一圈凹弦纹。口径8.4、底径4.6、通高3厘米（图二六，3；彩版一〇，5）。

瓷四系罐　1件。M10∶6，绿釉，下腹及底未施釉。敛口，圆唇，矮直领，圆肩，扁弧腹，平底，肩部附四个桥形系。口沿处饰一圈凹弦纹，肩部有一道折棱。口径5.6、底径6.8、通高7.5厘米（图二六，5；彩版一〇，6）。

铁削　1件。M10∶5，朽蚀严重，长条形，一端略窄，断面呈三角形，应为单面起刃。残长20.2、宽1—2.2厘米（图二六，6）。

另有穿孔贝饰（M10∶9）1件（图二六，8）。

（五）M14

位于T1008东北部、T1108西部，向西北延伸至T1009东南部，东北进入T1109，地处乌龟包山腰西南近顶处，为一带墓道的石坑砖室墓，方向192°。墓葬开口于表土

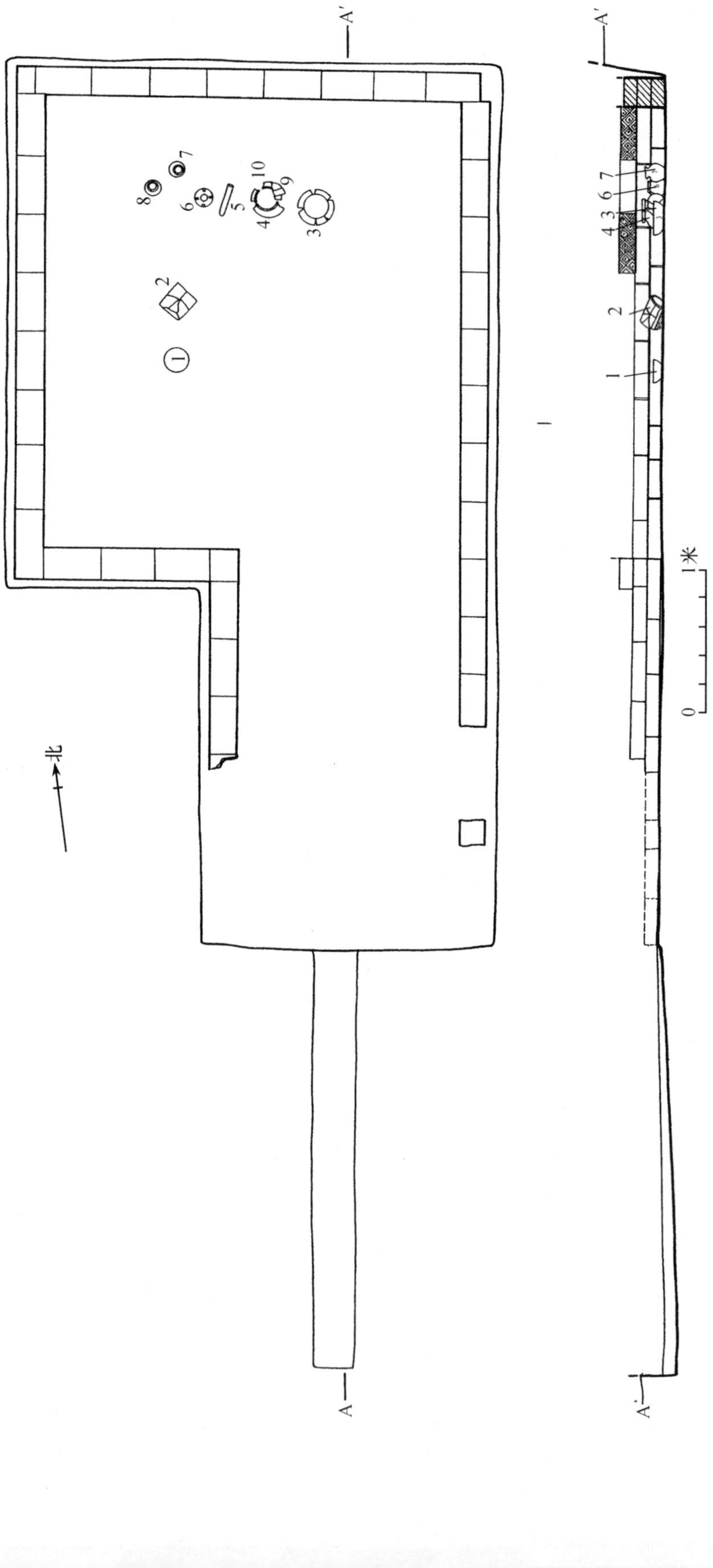

图二五　M10平、剖面图

1、3、7. 瓷盘　2. 陶仓　4. 铁釜　5. 铁削　6. 瓷四系罐　8. 釉陶小罐　9. 穿孔贝饰　10. 陶仓盖

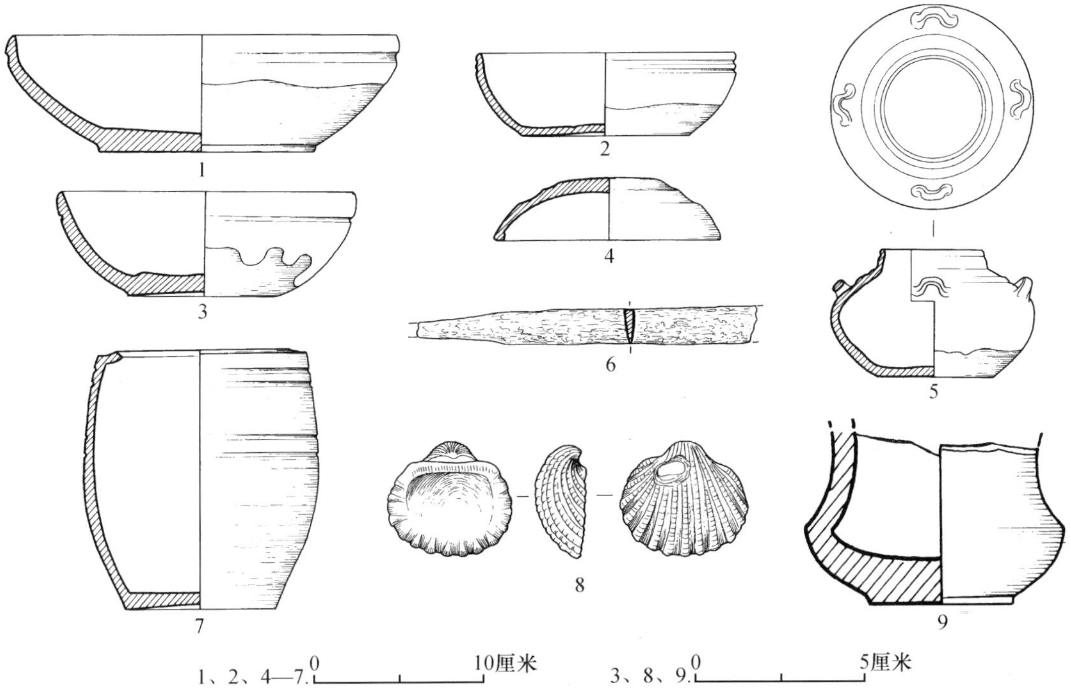

图二六 M10出土器物

1—3. 瓷盘（M10∶3、M10∶1、M10∶7） 4. 陶仓盖（M10∶10） 5. 瓷四系罐（M10∶6） 6. 铁削（M10∶5） 7. 陶仓（M10∶2） 8. 穿孔贝饰（M10∶9） 9. 釉陶小罐（M10∶8）

层下，叠压于M20之上。墓室墓口残深27—36、墓底残深48—87厘米；墓道上端口残深18—37、下端口残深22—65厘米。墓砖长方形，长约43、宽约21、厚约9厘米，侧面多饰菱形纹。墓室东西长约412、南北宽约296厘米。由于M14叠压于M20之上，M20为一竖穴岩坑墓，填土相对松软，所以在M20的范围内，即墓室的西、南部分沉陷，使墓室高低不均。墓室原使用青、红两色的砖铺底，西部为青砖，东部为红砖。现西部青砖铺底保存较好，尚可成片，青砖长约43.5、宽21.5、厚9厘米。东部红砖仅残存数块，有2种，一种为子母口楔形砖，长37、宽22、厚6—8厘米，子母口直径4厘米，一侧饰菱形花纹，平面饰绳纹；另一种为条形砖，长38.5、宽18、厚9厘米，侧饰菱形花纹（图三，8），仅存1块。墓道长193、宽105厘米。墓室与墓道的顶部已遭破坏，结构不明。墓葬填土为黄褐色黏土，土质较硬，夹杂汉砖碎块。

人骨仅见一小节股骨，位于墓室西壁下，在其南侧不远发现龙形铜饰和数枚铜泡钉，可能是棺木上的饰件；在墓室北壁附近沉陷的边缘有木头腐朽的痕迹。据上述情况推测可能使用了木质葬具（图二七；彩版三，2）。

随葬品有铜器、釉陶器、陶器及钱币等，放置有序，大体集中放置于三个区域：①墓室中部；②墓室南壁下；③墓室东壁下近墓道处。墓室北部东西向基本沿沉陷的边缘放置5件铜炊器，有釜、鍪（2件）、刁斗（2件），偏东的3件基本在一条直线上，偏西的2件有所偏移，没有发现其他随葬品，是一个很特殊的现象。从现存状况

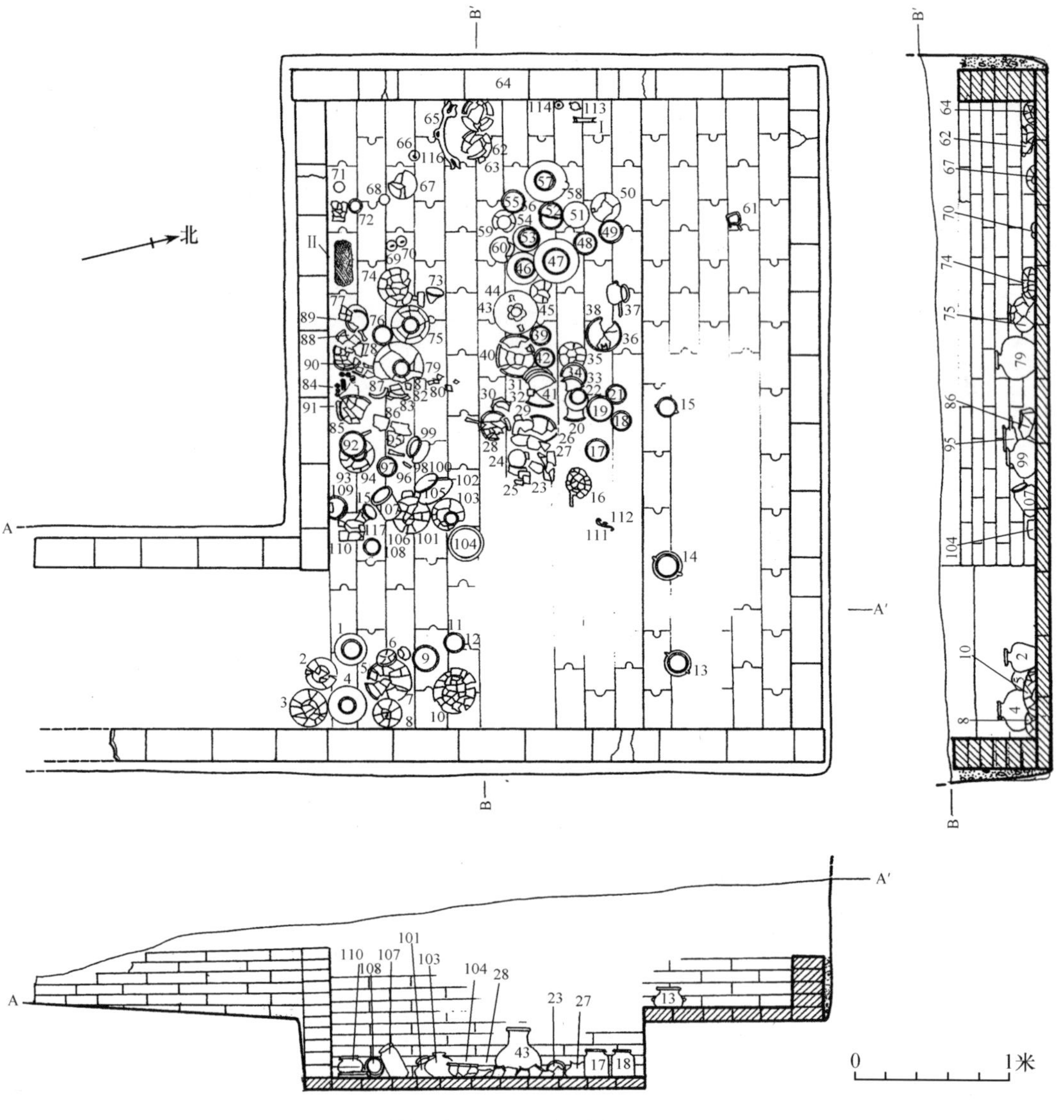

图二七　M14平、剖面图

1、32. 陶甑　2、14、15. 铜鍪　3、46、79、99、101、103. 陶圜底罐　4、5. 陶壶　6、23、27. 熏炉　7、41、81、86. 釉陶銗　8、9、22、30、34、35、45、59、74、75、85、104. 釉陶盆　10、26、43. 釉陶壶　11、105. 釉陶鍪　12、16、82. 釉陶长柄勺　13. 铜釜　17、19、25. 釉陶仓　18、48、49、50、51、52、53、54、55、63、64、95、97、107、110. 陶仓　20. 釉陶直领罐　21、24、29、96、98. 陶钵　28、31、100. 釉陶盒　33、78. 陶盆（甑）36、40. 釉陶鼎　37、61. 铜刁斗　38、88、89. 铁削　39、72、76、109. 釉陶卮　42、60、102. 釉陶壶盖　44、56、84、106、111. 钱币　47、57. 陶平底罐　58、66、69、70、71、114. 铜泡钉　62. 铜环形饰　65、116. 铜龙形饰　67、80、115、117. 陶仓盖　68、113. 铜球形饰　73. 釉陶熏炉盖　77、92. 釉陶魁　83、90、91、108. 釉陶灯　87、93. 釉陶盒盖　94. 釉陶小勺　112. 铜带钩　Ⅰ. 人骨　Ⅱ. 漆器痕迹

分析，可能此墓的北部曾受到较严重破坏，而其余部分则扰动较轻，有的甚至较为完整地保存了下葬时的原貌。如①区域偏西位置放置一组泥质灰陶器皿，有8件仓、2件平底罐和1件圜底罐（图二八），置于青色铺地砖上，整齐有序，其中4件仓两两相

对，甚至未曾倾覆。釉陶盆和釉陶壶盖各1件位于南部边缘，应当是经过位移的，原本并不在这个区域。在偏南位置上3件仓之间有4枚大泉五十铜钱（M14:56）。偏东位置上则主要是一组釉陶器，有2件鼎、2件壶、2件盒、2件熏炉、4件盆（其中M14:22、M14:35两件残甚不能复原）、1件直领罐、1件卮、1件长柄勺，另外还有3件釉陶制作的仓（其中M14:25残甚不能复原），在本墓地十分少见（图二九）。除釉陶器外，还有泥质灰陶盆、甑各1件、3件钵、1件仓。此外还出土1件铁削。在43号釉陶壶附近放置大泉五十铜钱3枚。这个区域正好位于沉陷地带，器物应当都已经脱离原生位置，但组合尚比较完整。②区域的堆积，则由于沉陷造成的整体位移，器物混杂在一起，但大致可以看出，其和①区域相反，可能西部原本主要放置釉陶器，东部是泥质灰陶器。③区域则从墓道向内依次放置铜鐎，泥质灰陶甑、圜底罐、壶（2件），釉陶盆（2件，其中M14:9不能复原）、钼、熏炉、壶（M14:10，不能复原）、鐎、长柄勺等（图三〇），基本保持着原状。

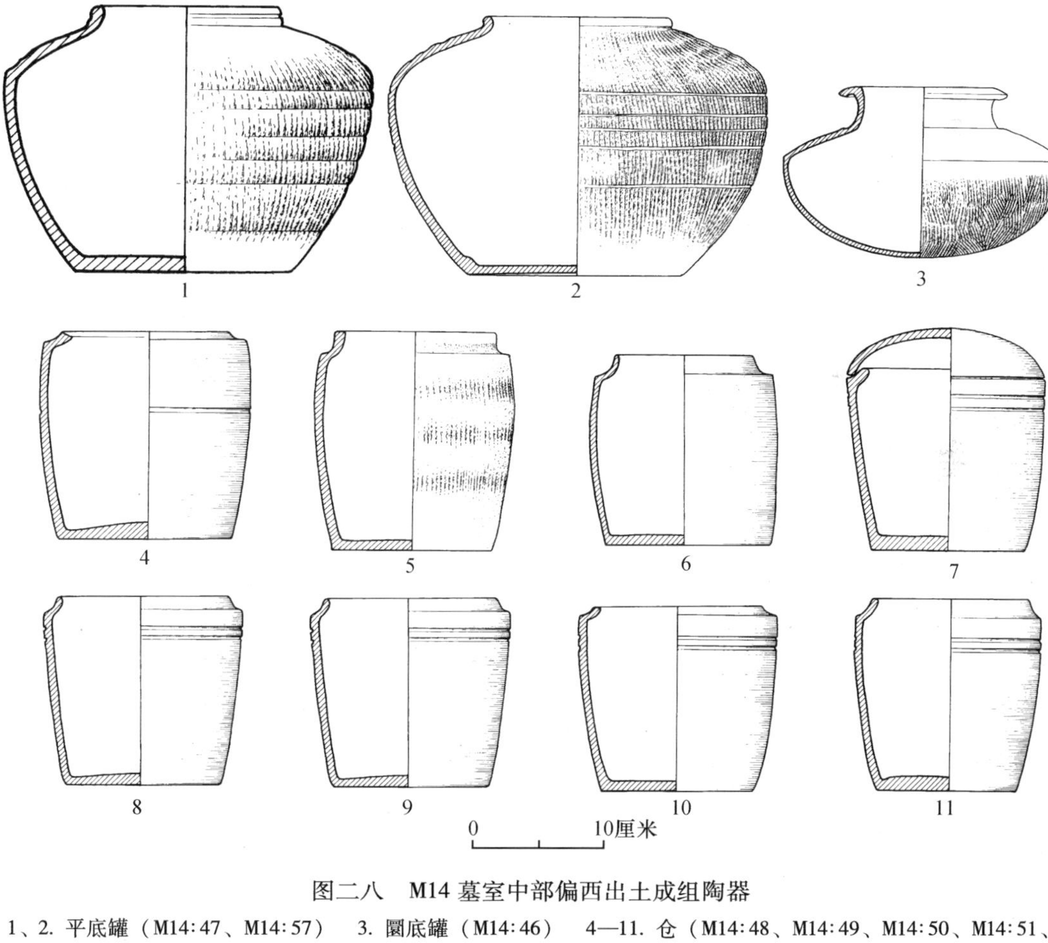

图二八　M14墓室中部偏西出土成组陶器

1、2. 平底罐（M14:47、M14:57）　3. 圜底罐（M14:46）　4—11. 仓（M14:48、M14:49、M14:50、M14:51、M14:52、M14:53、M14:54、M14:55）

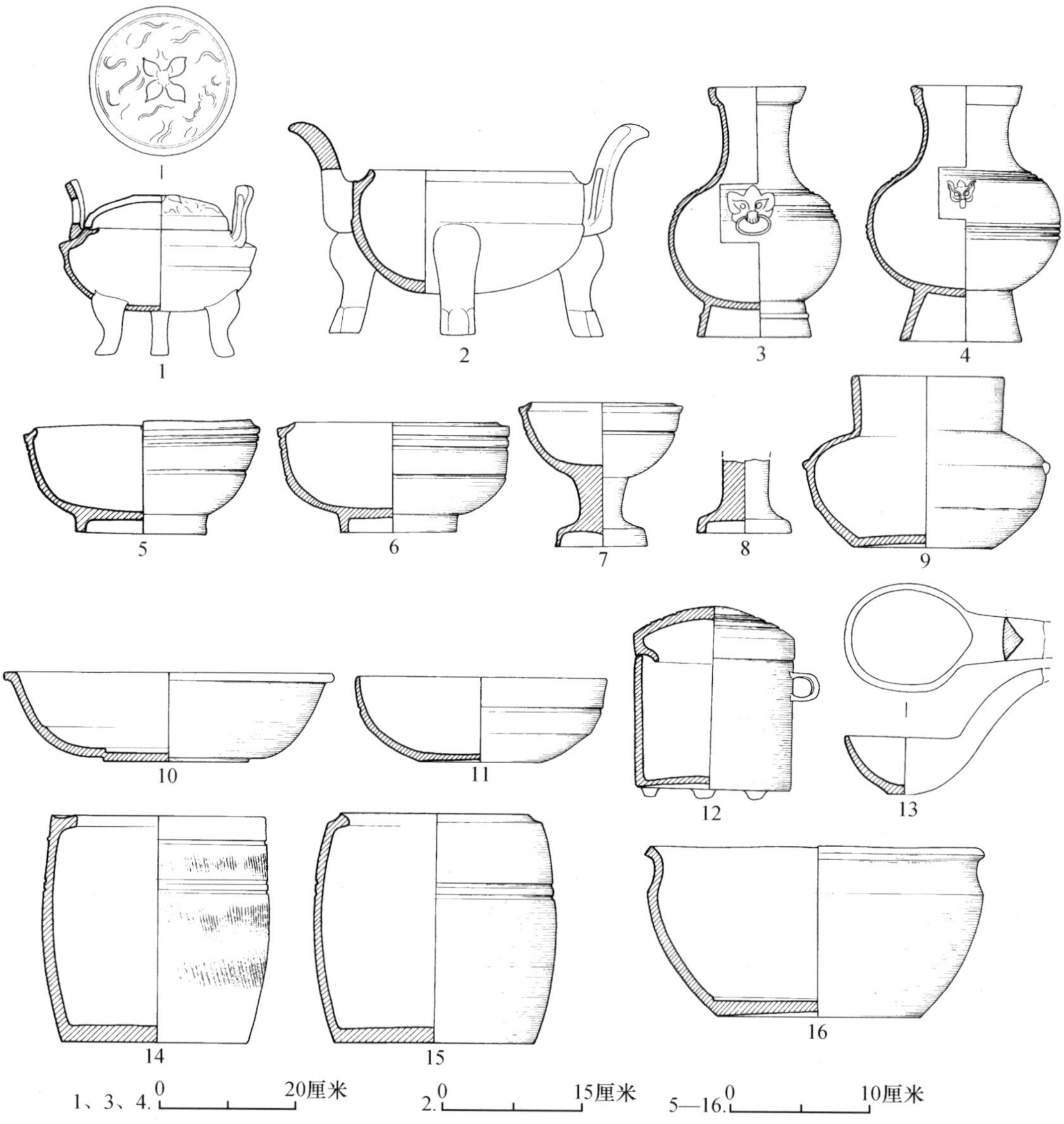

图二九　M14 墓室中部偏东出土釉陶器组合

1、2. 鼎（M14:36、M14:40）　3、4. 壶（M14:26、M14:43）　5、6. 盒（M14:28、M14:31）　7、8. 熏炉（M14:23、M14:27）　9. 直领罐（M14:20）　10、11. 盆（M14:34、M14:30）　12. 卮（M14:39）　13. 长柄勺（M14:16）　14、15. 仓（M14:17、M14:19）　16. 锅（M14:41）

在 M14 发掘完毕后，由于上述墓室西、南部位的沉陷现象，我们判断其下应有竖穴岩坑墓，即后编号为 M20 的战国晚期墓。在清理 M20 填土过程中，于距 M14 墓室底部约 130 厘米左右的平面上，发现6 件釉陶器及陶器，未发现人骨及葬具痕迹。由于这些器物风格与 M20 迥异，而与 M14 没有明显差异，我们推测此种现象的形成，当是人们在建造 M14 时，发现在 M20 的范围内土质较周围松软（由于建造在砂岩上，这是很容易发现的），于是向下挖了一段距离，意识到这是一座早期的墓葬而停止，或出于辟

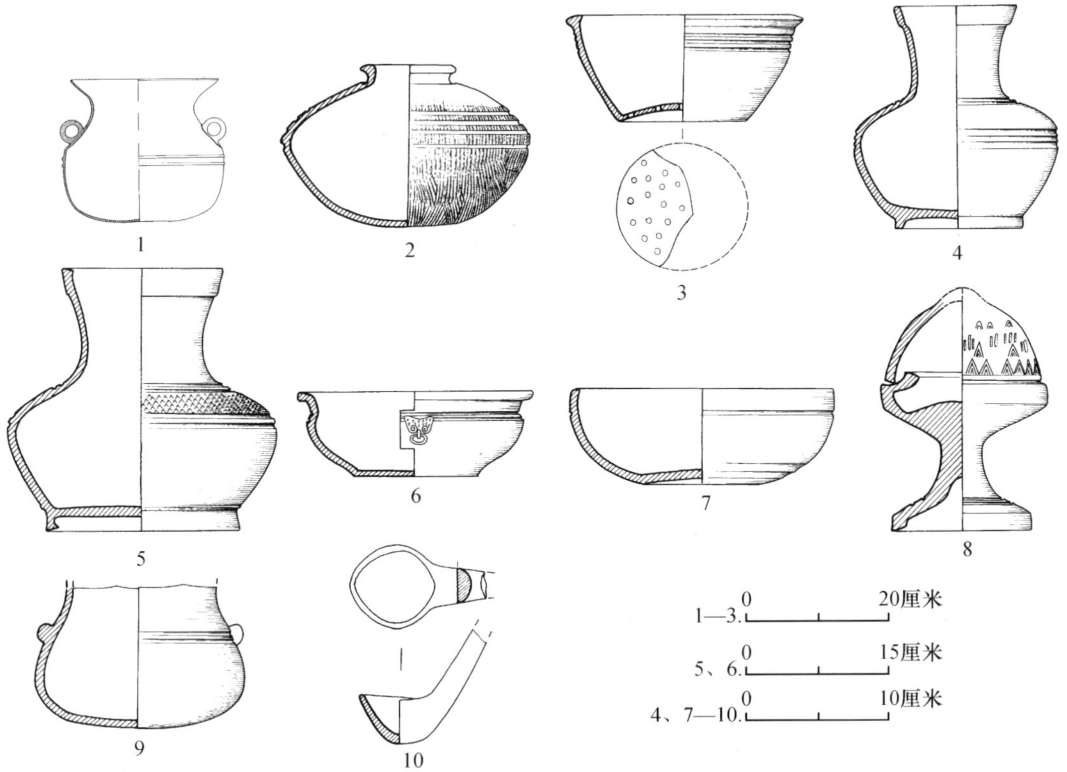

图三〇 M14墓室东壁下近墓道处出土随葬品组合

1. 铜鍪（M14:2） 2. 陶圜底罐（M14:3） 3. 陶甑（M14:1） 4、5. 陶壶（M14:4、M14:5） 6. 釉陶钼（M14:7） 7. 釉陶盆（M14:8） 8. 釉陶熏炉（M14:6） 9. 釉陶鍪（M14:11） 10. 釉陶长柄勺（M14:12）

邪之类的目的，埋入一些器物，然后回填，继续建造M14。以下我们将此单位编号为M14B，出土器物单独介绍。M14B出土器物的平面分布及其与M14和M20的关系参见图三五。值得注意的是，其器物的放置，似乎有故意将属于一件器物的不同部件分开的现象，如釉陶壶的壶体与壶盖、釉陶盒的盒体与盖，彼此相距都较远，2号仓与6号仓盖亦可能配套使用，因为不能像壶与盒那样确认，故暂且分开编号。鉴于M14B不太可能受到后世的扰动，我们认为这种现象当是某种葬俗的体现。

1. 铜器

18件，其中6件为容器，其余为饰件、泡钉等。

釜 1件。M14:13，敛口，仰折沿，扁圆唇，束颈，溜肩，鼓腹，圜底近平，肩部附对称环形双耳。肩部饰两道凸弦纹。口径13.6、最大腹径15.2、通高11厘米（图三一，1）。

鍪 3件。M14:2，敞口，仰折沿，圆唇，束颈，溜肩，直腹，圜底，颈部附对称环形双耳。上腹饰两道凸弦纹，器表有合范痕迹。口径20.4、通高18.4厘米（图三〇，1）。M14:14，下腹及底部残。敞口，翻沿，扁圆唇，束颈，溜肩，肩、腹相交处转折较明显，肩部附对称环形双耳。上腹饰两道凸弦纹。口径16.8、最大腹径17.2、残高 11 厘米（图三一，2）。M14: 15，敞口，翻沿，扁圆唇，束颈，折肩，鼓腹，圜底。肩部附对称环形双耳。上腹饰两道凸弦纹。口径 13.4、最大腹径 16.8、通高 15 厘米（图三一，3）。

刁斗　2 件。M14: 37，敞口，翻沿，扁圆唇，束颈，溜肩，圆腹，圜底近平，颈部一侧附横截面为半圆形的直柄，柄对称位置附一环形耳。上腹饰两道凸弦纹，外壁有烟炱。口径 12.8、腹径 14.8、通高 13 厘米（图三一，4）。M14: 61，残破较甚。敞口，翻沿，扁圆唇，短束颈，溜肩，鼓腹，圜底，肩部一侧附环形耳，对称位置装柄，横截面呈半圆形，上附一环形耳。上腹饰两道凸弦纹。口径 10.8、最大腹径 11.9、通高 10 厘米（图三一，5）。

带钩　1 件。M14: 112，钩作长蛇回首状，背面有一扁圆钮。通长 10.3、通高 1.7 厘米（图三一，8）。

龙形饰　2 件，形制一致，均表面鎏金。M14: 65，整体呈弧形，中部上方有一半圆形环，可能是用于系挂，两端各有一龙头，双角，呈张口吐舌状。通长 47.7、高 17 厘米（图三一，6）。M14: 116，通长 47.3、高 16.8 厘米（图三一，7）。

球形饰　2 件，形制完全一致。标本 M14: 113，表面鎏金，整体呈椭圆形，上下两端各有一穿孔。孔径 2、腹径 5.7、通高 6 厘米（图三一，9）。

环形饰　1 件。M14: 62，残甚，表面鎏金。

泡钉　6 件，形制一致，表面鎏金。标本 M14: 69，直径 7.2、通高 3 厘米（图三一，10）。

2. 釉陶器

53 件，其中 5 件盆和 1 件仓仅略具其形，无法复原。

鼎　2 件。M14: 36，泥质橘红陶胎，黄褐釉。弧形盖，盖顶上饰柿蒂纹；鼎子母口，折肩，扁弧腹，圜底下接三蹄足，肩部附对称外撇曲耳，中有穿孔，腹部有一道凸棱。盖径 15、鼎口径 13.8、腹径 21.9、通高 18.5 厘米（图二九，1）。M14: 40，泥质橘黄陶胎，釉层剥落。子母口，半球形腹，圜底，三蹄足接于腹部较上位置，上腹对称位置置外撇曲耳，中有穿孔，上腹有一道凸棱。口径 13.8、腹径 19.2、通高 15.6 厘米（图二九，2；彩版六，2）。

壶　3 件。M14: 26，泥质橘红陶胎，釉层剥落。盘口，长束颈，圆肩，鼓腹，圜底下接喇叭形圈足，肩、腹相交部对称位置附铺首衔环。肩部饰三道凸弦纹和三道凹弦纹，圈足上饰一道凸弦纹。口径 12、最大腹径 25.6、足径 16.8、通高 36.8 厘米（图二九，3）。M14: 43，泥质橘黄陶胎，黄褐釉，多已剥落。敞口，方唇，口上部稍外凸，略具盘口意味，束颈，圆肩，扁圆鼓腹，腹最大径在上腹部，圜底下接喇叭形高圈足，肩下部对称位置附铺首衔环。肩饰三道凸弦纹，腹部饰三道凹弦纹。口径 12.4、底径 18、最大腹径 28.8、通高 37.6 厘米（图二九，4；彩版五，1）。M14: 10，泥质橘红陶胎，釉层剥落。残甚，无法修复。

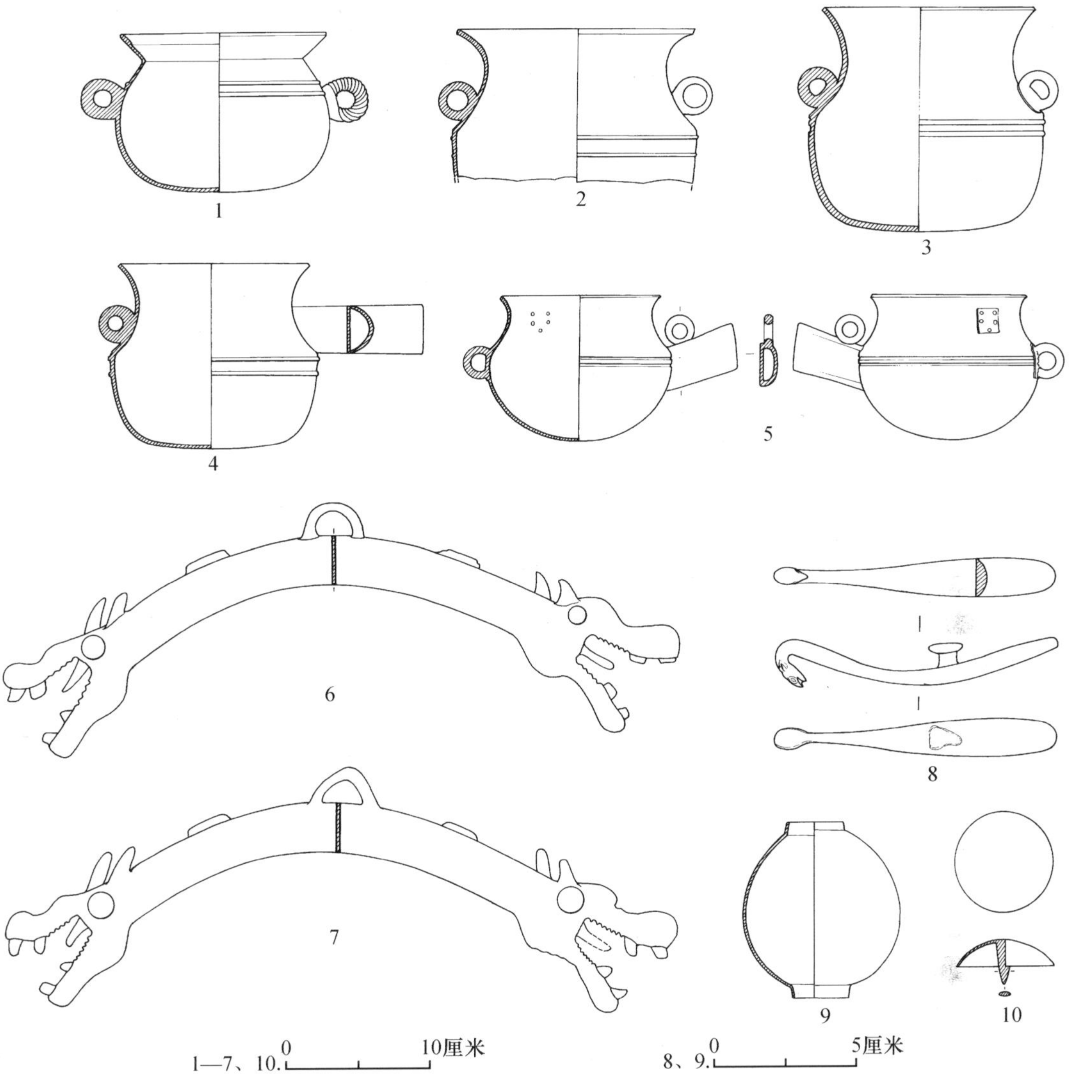

图三一 M14出土铜器

1. 釜（M14∶13） 2、3. 鍪（M14∶14、M14∶15） 4、5. 刁斗（M14∶37、M14∶61） 6、7. 龙形饰（M14∶65、M14∶116） 8. 带钩（M14∶112） 9. 球形饰（M14∶113） 10. 泡钉（M14∶69）

盒 3件。M14∶28，泥质橘黄陶胎，釉层剥落，整器变形严重。子母口，盖已缺失，浅弧腹，矮圈足。上腹饰三道凹弦纹。口径16.8、足径10.8、通高9.5厘米（图二九，5）。M14∶31，泥质橘黄陶胎，釉层剥落。子母口，盖已缺失，上腹较直，下腹弧收，圜底近平，矮圈足。腹部施三道凹弦纹。口径14.4、足径8.6、通高8厘米（图三〇，6）。M14∶100，泥质橘黄陶胎，黄褐釉，多已剥落。子母口，盖缺失，浅弧腹，矮圈足。上腹饰两道凸弦纹。口径15、最大腹径19.4、足径11.2、通高9.4厘米（图三二，1）。

直领罐 1件。M14∶20，泥质橘黄陶胎，釉层剥落。侈口，圆唇，斜直领，圆肩，弧腹，平底内凹，肩部附对称乳钉状双耳，肩下部有一道折棱。口径9.6、底径10.3、最大腹径 17.2、通高 12.5 厘米（图二九，9）。

铜 4 件。M14∶7，泥质橘红陶胎，褐釉。敞口，仰折沿，圆唇，矮领，折腹，平底，腹部对称位置饰铺首衔环。口径 21、底径 12.6、通高 9 厘米（图三〇，6）。M14∶41，泥质橘黄陶胎，釉层剥落。敞口，翻沿，方唇，深弧腹，平底微凹，上腹有一道凸棱。口径 23.6、底径 15、通高 12.4 厘米（图二九，16）。M14∶81，泥质橘黄陶胎，黄绿釉，多已剥落。直口，窄平沿，扁圆唇，深腹，上腹直，下腹弧，平底，腹上部对称位置饰铺首衔环。腹部饰三道凹弦纹。口径 19.2、底径 12.4、最大腹径 20.2、通高 10.2 厘米（图三二，2）。M14∶86，泥质橘黄陶胎，黄褐釉，多已剥落。敛口，翻沿，圆唇，深腹弧，平底，上腹附对称环形双耳。口径 22.8、底径 15.3、最大腹径 25.8、通高 12.9 厘米（图三二，3）。

盆 12 件，有窄平沿、仰折沿、无沿三种。

窄平沿 3 件。M14∶34，泥质橘黄陶胎，黄褐釉。敞口，方唇，浅弧腹，矮饼足。下腹饰一道凹弦纹。口径 22、足径 10.8、通高 6.6 厘米（图二九，10）。M14∶75，泥质橘黄陶胎，釉层剥落。敞口，方唇，浅腹弧，内壁有一道折棱，矮饼足。腹部饰一道凹弦纹。口径 21、足径 10.8、通高 6.3 厘米（图三二，7）。M14∶85，泥质橘红陶胎，釉层剥落。敞口，方唇，浅弧腹，腹部有三道折棱，平底微内凹。口径 18.4、底径 7.4、通高 5.6 厘米（图三二，6）。

仰折沿 2 件。M14∶74，泥质橘红陶胎，釉层剥落。敞口，尖唇，浅弧腹，腹中部有一折棱，矮饼足。口径 19.2、足径 10.2、通高 5 厘米（图三二，5）。M14∶104，泥质橘红陶胎，黄绿釉。敞口，圆唇，浅弧腹，腹外壁有两道折棱，凸棱小平底。口径 18、底径 7.2、通高 4.8 厘米（图三二，8）。

无沿 2 件。M14∶8，泥质橘黄陶胎，釉层剥落。敛口，圆唇，弧腹，平底内凹。上腹饰一道凹弦纹。口径 16.8、最大腹径 18.6、底径 7.5、通高 6.6 厘米（图三〇，7）。M14∶30，泥质橘红陶胎，黄褐釉。直口，方唇，弧腹，平底微凹。腹上部有一道凹弦纹。口径 17.6、底径 8.8、通高 6.2 厘米（图二九，11）。

另有 M14∶9、M14∶22、M14∶35、M14∶45、M14∶59 五件，残甚无法复原。

鍪 2 件。M14∶11，口沿已残。泥质橘红陶胎，黄绿釉。束颈，溜肩，垂腹，圜底，上腹对称位置附实心双耳。上腹饰两道凹弦纹。残高 10、最大腹径 15 厘米（图三〇，9）。M14∶105，泥质橘黄陶胎，黄褐釉。敞口，翻沿，扁圆唇，束颈，溜肩，圆腹，圜底，肩部附对称环状耳。上腹饰两道凹弦纹。口径 11.2、最大腹径 15.8、通高 14.6 厘米（图三二，4）。

魁 2 件。M14∶77，泥质橘红陶胎，黄褐釉，圈足内壁未施釉。敛口，方唇，弧腹，圜底近平，矮圈足，近口处装柄，柄梢向下弯曲。上腹饰一道凹弦纹。口径 16.2、柄长 8.1、底径 10.7、通高 7.2 厘米（图三二，9）。M14∶92，泥质橘红陶胎，黄绿釉。直口，圆唇，折腹，上腹直，下腹弧，矮饼足微凹，近口处一侧有一龙首形短柄。上腹饰一圈凹弦纹。口径 15.9、底径 7.8、柄长 5、通高 6 厘米（图三二，10；彩版六，6）。

图三二 M14出土釉陶器

1. 盒（M14:100） 2、3. 铜（M14:81、M14:86） 4. 鍪（M14:105） 5—8. 盆（M14:74、M14:85、M14:75、M14:104） 9、10. 魁（M14:77、M14:92） 11—14. 灯（M14:83、M14:90、M14:91、M14:108） 15—17. 卮（M14:72、M14:76、M14:109） 18、19. 长柄勺（M14:82、M14:94） 20—22. 壶盖（M14:102、M14:42、M14:60） 23. 熏炉盖（M14:73） 24、25. 盒盖（M14:87、M14:93）

熏炉 3件。M14:6，泥质橘红陶胎，黄绿釉。圆锥形盖，上压印三角形纹饰，似象征重峦叠嶂；炉座子母口，浅腹，上腹直，矮柄，喇叭形圈足。圈足上有两道凹弦纹。口径6、底径10、通高17厘米（图三〇，8）。M14:23，泥质橘黄陶胎，釉层剥落。子母口，深弧腹，圜底，矮柄，圈足。上腹饰一道凹弦纹。口径10.4、底径6.9、通高10.6厘米（图二九，7）。M14:27，仅余柄及圈足。泥质橘黄陶胎，釉层剥落。残高5.2、足径7厘米（图二九，8）。

灯 4件。M14:83，泥质橘红陶胎，黄绿釉。直口，方唇，浅盘，高柄，喇叭形圈足。口径10、底径9、通高11.6厘米（图三二，11）。M14:90，泥质橘黄陶，釉层剥落。敛口，圆唇，浅盘，矮柄，喇叭形圈足。口径8.4、底径12、通高11厘米（图三二，12）。M14:91，仅余灯盘。泥质橘黄陶胎，褐釉。敛口，圆唇，浅盘。口径8.4、残高3.5厘米（图三二，13）。M14:108，泥质橘红陶胎，黄褐釉。敞口，方唇，浅盘，高柄，喇叭形圈足。柄部饰两道凹弦纹和一道凸弦纹。口径11.2、底径11、通高13.4厘米（图三二，14）。

卮 4件。M14:39，泥质橘黄陶胎，黄褐釉，腹部有竖向刷釉留下的痕迹。弧形盖面，上有三圈同心圆凹弦纹；直口，圆唇，直筒腹，平底微内凹，下接三个乳钉状足，近口处有一扁环形把手。口径10.4、底径10.2、通高14厘米（图二九，12；彩版七，4）。M14:72，泥质橘红陶胎，黄褐釉。弧形盖面；直口，筒腹微鼓，平底，上腹一侧有一扁环形把手，已残。上腹及下腹各饰两道凹弦纹。盖口径8、高1.8、杯口径9.2、底径9、通高14厘米（图三二，15）。M14:76，泥质橘黄陶胎，黄褐釉，腹部有竖向刷釉留下的痕迹。直口，圆唇，直筒腹，平底，下接三个乳钉状足，近口处有一扁环形把手。口径10、底径11.2、通高10厘米（图三二，16）。M14:109，泥质橘红陶胎，黄褐釉。直口微敛，方唇，直腹微鼓，平底内凹，上腹附一乳钉状把手。上下腹各饰一道凹弦纹。口径9.6、最大腹径11、底径8.4、通高8.8厘米（图三二，17）。

长柄勺 4件。M14:12，柄残。泥质橘红陶胎，釉层剥落。柄部弯曲，勺体下部圆润，勺平面略呈圆形。残高8、残长8.8厘米（图三〇，10）。M14:16，柄残，泥质橘黄陶胎，釉层剥落。柄部弯曲，勺体下部圆润，勺平面呈椭圆形。残高9.4、残长14.5厘米（图二九，13）。M14:82，泥质橘黄陶胎，黄绿釉。柄部弯曲，勺体下部圆润，勺平面呈椭圆形。通长16.2、通高9厘米（图三二，18）。M14:94，泥质橘黄陶胎，釉层剥落。短柄，勺平面呈圆形，勺体下部钝平，底有用线切割的痕迹。通高5.6、通长12厘米（图三二，19）。

仓 3件。M14:17，泥质橘红陶胎，釉层剥落。子母口，仓盖缺失，上腹较直，下腹略弧，平底。上腹饰三道凹弦纹。口径12、最大腹径17、底径13.8、通高16.6厘米（图二九，14）。M14:19，泥质橘黄陶胎，釉层剥落。子母口，仓盖缺失，微鼓腹，平底。上腹饰两道凹弦纹。口径12.8、最大腹径18、底径14.9、通高16.8厘米（图二九，15）。M14:25，泥质红褐陶胎，釉层剥落。残甚，无法修复。

壶盖 3件。M14:42，泥质橘黄陶胎，釉层剥落。子母口，弧形盖面。面上饰三圈同心圆凹弦纹。口径8.6、通高3.5厘米（图三二，21）。M14:60，泥质橘黄陶胎，釉层剥落。子母口，弧形盖面，上有三个乳钉状钮。口径14、通高5厘米（图三二，22）。M14:102，泥质橘红陶胎，褐釉。子母口，弧形盖面近平。中央饰柿蒂纹，在柿蒂周围有放射状突起的曲线，其内交织有小乳钉，外围有三圈乳钉纹，内有三个乳钉状钮。口径9.2、通高3.2厘米（图三二，20）。

熏炉盖 1件。M14:73，泥质橘红陶胎，褐釉。盖呈圆锥形，表面层层凸起，似象征火苗或山峦。口径10、通高6.8厘米（图三二，23）。

盒盖 2件。M14:87，泥质橘红陶胎，黄褐釉。敛口，方唇，碗形盖面，顶有圈足状捉手。盖面上下各饰两道凸弦纹。口径17.2、足径8.5、通高9.6厘米（图三二，24）。M14:93，泥质橘红陶胎，黄褐釉。敞口，方唇，浅腹碗形盖面。腹部饰四道凹弦纹。口径18、足径9、通高7厘米（图三二，25）。

3. 陶器

38件，其中2件无法修复，均泥质灰陶。

壶 2件。M14:4，敞口，方唇，口上部稍外凸，略具盘口意味，束颈，圆肩，深弧腹，平底下接矮圈足。肩上部及腹部共饰五道凹弦纹。口径11.4、足径13.5、最大腹径21.6、通高23.3厘米（图三〇，4）。M14:5，敞口，斜方唇，口上部稍外凸，略具盘口意味，束颈，广斜肩，扁弧腹，平底下接矮圈足。肩上部饰两道凹弦纹，腹部饰一道凸弦纹，二者之间饰网格纹。口径9.2、足径13.5、最大腹径19、通高18.6厘米（图三〇，5）。

圜底罐 6件。M14:3，直口，窄平沿，尖唇，矮领，广斜肩，深弧腹。肩下部及腹部先拍印细绳纹，再压印四道凹弦纹。口径9.6、最大腹径34.8、通高22.4厘米（图三〇，2）。M14:46，侈口，卷沿，圆唇，矮领，广弧肩，扁弧腹。腹部以下压印细绳纹。口径10、最大腹径21.8、通高13.2厘米（图二八，3；彩版九，1）。M14:79，直口，平沿，圆唇，矮领，广斜肩，扁弧腹。肩下部、腹部及底部均纵向拍印细绳纹，再在肩部压印三道凹弦纹。口径8、最大腹径34.4、通高21.6厘米（图三三，1）。M14:99，直口，平沿，圆唇，矮领，斜肩，深弧腹。腹以下压印交错细绳纹。口径7.8、最大腹径20.7、通高14.7厘米（图三三，3）。M14:101，敛口，窄平沿，尖唇，矮领，广弧肩，深弧腹。腹以下拍印交错细绳纹。口径8、最大腹径20.5、通高13.4厘米（图三三，2）。M14:103，直口，双唇，矮领，斜肩，深弧腹。腹以下压印交错细绳纹。口径9、最大腹径21.7、通高14.6厘米（图三三，4）。

平底罐 2件。M14:47，敛口，圆唇，广弧肩，深弧腹。通体纵向拍印细绳纹，口沿处压印一道凹弦纹，腹部压印五道凹弦纹，不甚明显。口径12.8、最大腹径28、底径16、通高19.8厘米（图二八，1）。M14:57，敛口，圆唇，广弧肩，深弧腹，平底微内凹。肩腹部拍印细绳纹。口径13.2、最大腹径29、底径16、通高19.8厘米（图二八，2）。

盆（甑，底残，器形不明） 2件。M14:78，敞口，平沿，扁圆唇，深弧腹。口径17.2、残高8厘米（图三三，6）。M14:33，残甚，无法修复。

甑 2件。M14:1，敛口，窄沿，尖唇，深弧腹，平底，小箅孔由外向内戳出。上腹压印三道凹弦纹。口径28、底径17.6、通高14.8厘米（图三〇，3）。M14:32，敛口，窄平沿，尖唇，深弧腹，平底内凹，小箅孔由外向内戳出。口径15.6、底径7.4、通高8.8厘米（图三三，5）。

钵　5件，形制基本一致。M14∶21，敞口，扁圆唇外卷，弧腹，平底。口径11.2、底径4.5、通高4.8厘米（图三三，16）。M14∶24，口径11.6、底径、通高4.8厘米（图三三，17）。M14∶29，平底微内凹，底有明显线切割痕迹，腹中部有一道折棱。口径16.8、底径7.2、通高6厘米（图三三，14）。M14∶98，口径15.2、底径6.7、通高6.4厘米（图三三，15）。M14∶96，残甚，无法修复。

仓　15件。M14∶18，仓盖缺失，腹近筒状，平底。上腹压印四道凹弦纹。口径8.4、最大腹径14、底径12.4、通高17厘米（图三三，7）。M14∶48，仓盖缺失，上腹微鼓，平底。上腹饰一道凹弦纹。口径11.8、最大腹径16.6、底径13.2、通高16厘米（图二八，4）。M14∶49，仓盖缺失，上腹微鼓，下腹斜直，平底。腹部及口部均间断拍印细绳纹。口径10.8、最大腹径15.6、底径12.3、通高17厘米（图二八，5）。M14∶50，仓盖缺失，上腹微鼓，平底。口径10、腹径14.6、底径12.6、通高14.8厘米（图二八，6）。M14∶51，弧形盖，腹壁略斜直，平底。上腹饰两道凹弦纹。口径12.8、最大腹径15.7、底径11.8、通高17厘米（图二八，7）。M14∶52，仓盖缺失，腹微鼓，平底，整体略显矮胖。口部及腹部拍印细绳纹。口径14.4、腹径19.2、底径15.5、通高16.6厘米（图二八，8）。M14∶53，仓盖缺失，腹斜直，平底。上腹饰两道凹弦纹。口径12、底径11.8、通高14.6厘米（图二八，9）。M14∶54，仓盖缺失，腹斜直，平底。上腹饰两道凹弦纹。口径11.6、底径11.7、通高14.2厘米（图二八，10）。M14∶55，仓盖缺失，下腹微弧，平底。上腹饰两道凹弦纹。口径11、最大腹径15.5、底径11.7、通高14.2厘米（图二八，11）。M14∶63，仓盖缺失，腹微鼓，平底。口部及腹部拍印细绳纹。口径10.2、最大腹径15.6、底径13.2、通高16.4厘米（图三三，8）。M14∶64，仓盖缺失，腹微弧，平底，整体略显矮胖。上腹饰两道凹弦纹。口径10.8、最大腹径15.2、底径12、通高13.2厘米（图三三，9）。M14∶95，仓盖缺失，腹近筒状，平底，整体略显瘦高。上腹饰三道凹弦纹。口径11.6、最大腹径15.2、底径11.6、通高19.2厘米（图三三，10）。M14∶97，仓盖缺失，上腹直，下腹较弧，平底，整体较矮胖。腹部饰两道凹弦纹。口径12、最大腹径15.7、底径10.3、通高12.4厘米（图三三，11）。M14∶107，仓盖缺失，腹微鼓，平底微内凹。上腹饰一道凹弦纹。口径11.6、最大腹径16.2、底径12.6、通高17厘米（图三三，12）。M14∶110，弧形盖面，近口处有带状黑衣一周，直腹微鼓，平底。腹部间断拍印细绳纹。口径9.6、底径13、通高18.4厘米（图三三，13）。

仓盖　4件。M14∶67，弧形盖面，盖顶较平。口径14、通高4厘米（图三三，18）。M14∶80，弧形盖面，盖顶有轮修留下的凸棱。口径16.2、通高5.2厘米（图三三，19）。M14∶115，弧形盖面较矮。口径12、通高2.6厘米（图三三，20）。M14∶117，弧形盖面，盖顶略平。口径14.4、通高5.2厘米（图三三，21）。

4. 钱币

共出土87枚，其中3枚残破，出土时编为M14∶44、M14∶56、M14∶84、M14∶106、M14∶111五个编号。

图三三 M14 出土陶器

1—4. 圜底罐（M14:79、M14:101、M14:99、M14:103） 5. 甑（M14:32） 6. 盆（甑）（M14:78） 7—13. 仓（M14:18、M14:63、M14:64、M14:95、M14:97、M14:107、M14:110） 14—17. 钵（M14:29、M14:98、M14:21、M14:24） 18—21. 仓盖（M14:67、M14:80、M14:115、M14:117）

M14:44，出土时位于墓室中部偏西，共3枚，均为大泉五十（图三四，1）。

M14:56，出土时位于墓室西部，放置于未经扰动的成组陶器之间，共4枚，均为大泉五十（图三四，2）。

M14:84，出土时位于墓室南壁下，两件釉陶灯之间，共58枚。除残破的4枚之外，余54枚有西汉五铢（图三四，3、4）、大泉五十、东汉五铢（图三四，5、6）、剪轮五铢等几种（图三四，7）。

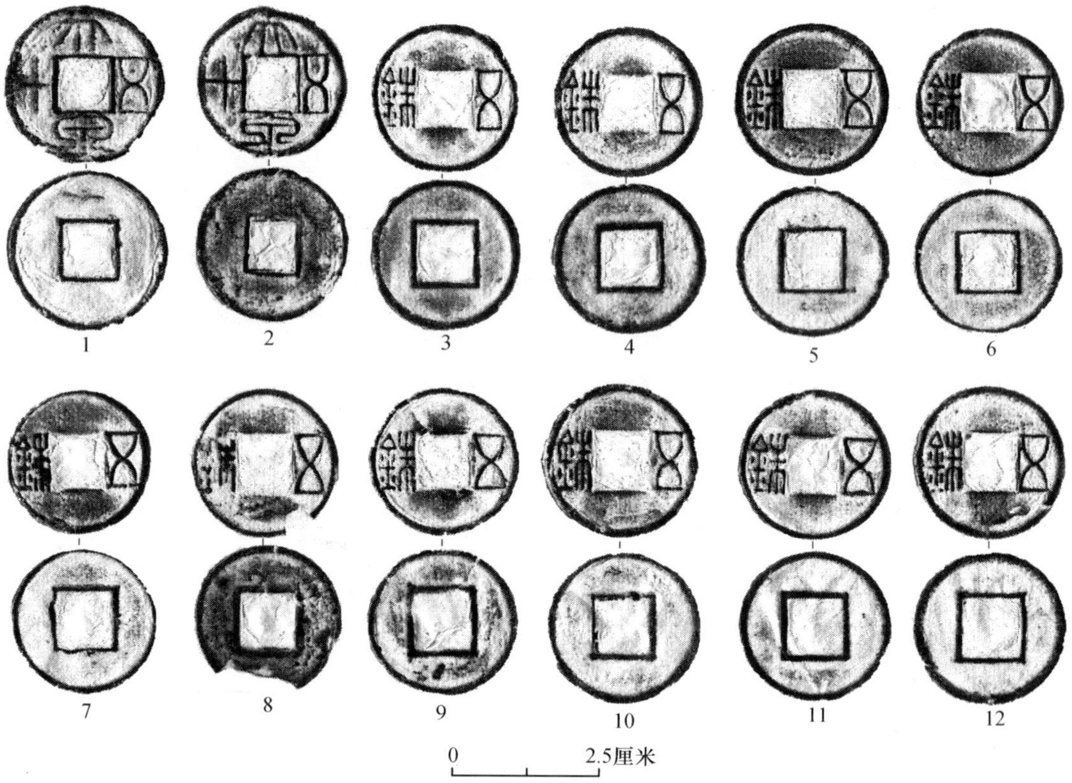

图三四　M14 出土钱币

1、2. 大泉五十（M14∶44-2、M14∶56-2）　3、4、8. 西汉五铢（M14∶84-3、M14∶84-4、M14∶106-1）
5、6、9—12. 东汉五铢（M14∶84-11、M14∶84-12、M14∶106-7、M14∶111-4、M14∶111-5、M14∶111-7）
7. 剪轮五铢（M14∶84-37）

M14∶106，出土时位于墓室南部靠近墓道处，共 9 枚，有西汉五铢（图三四，8）、东汉五铢两种（图三四，9）。

M14∶111，出土时位于墓室中部偏东，与 112 号铜带钩放置在一起，共 13 枚，有西汉五铢、东汉五铢（图三四，10—12）两种。

5. 其他

铁削　3 件，均朽蚀严重。M14∶38，长条形，横截面呈三角形，应为单刃。残长 8.9 厘米。M14∶88，刃为长条形，一端有环首。残长 15、宽 2.8 厘米。M14∶89，长条形，一端有銎，銎横截面呈扁圆形。残长 13.5、宽 4 厘米。

M14B 出土器物：

釉陶壶　1 件。M14B∶1，泥质橘黄陶胎，黄褐釉。弧形盖，上有三个乳钉状钮；敞口，方唇，口上部稍外凸，略具盘口意味，束颈，圆肩，扁鼓腹，圜底下接喇叭形高圈足，上腹对称位置附铺首衔环。肩、腹部各饰两道凸弦纹，圈足上部有一圈凸弦纹。口径 12、足径 15.9、通高 37.6 厘米（图三六，1）。

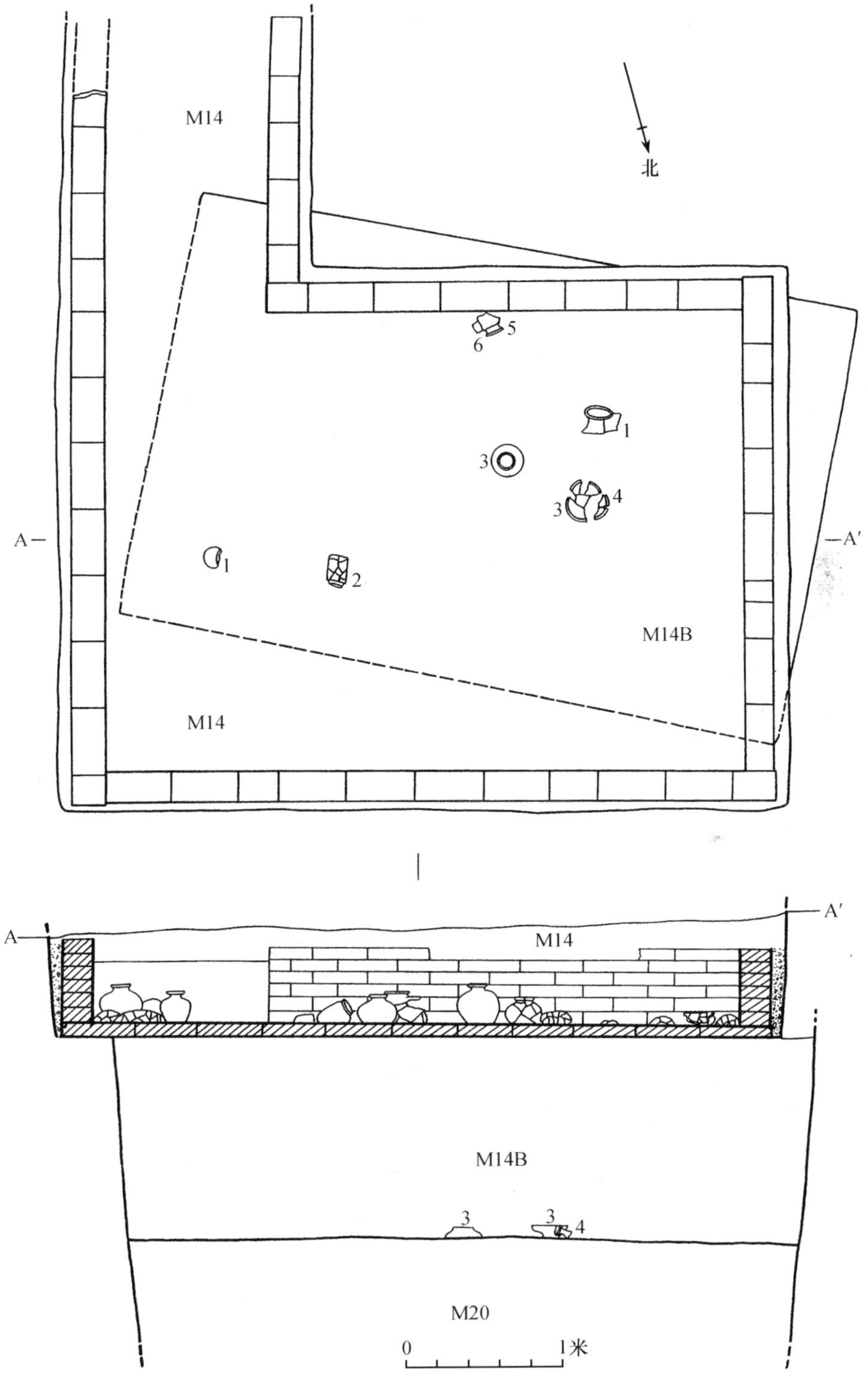

图三五　M14B 平、剖面图及其与 M14、M20 的空间关系

1. 釉陶壶（M14B∶1）　2. 陶仓（M14B∶2）　3. 釉陶盒（M14B∶3）　4. 釉陶熏炉（M14B∶4）　5. 釉陶釜（M14B∶5）　6. 陶仓盖（M14B∶6）

釉陶盒　1件。M14B∶3，泥质橘黄陶胎，褐釉。碗状盖，顶有圈足状捉手，盖面近顶饰两道凸棱，近口处饰两道凸弦纹；盒体子母口，深弧腹下接矮圈足，上腹饰两道凸弦纹。口径19、足径10.8、通高18.4厘米（图三六，4）。

釉陶鍪　1件。M14B∶5，泥质橘红陶胎，褐釉。敞口，翻沿，圆唇，束颈，溜肩，垂腹，圜底，肩部对称位置附实心双耳。上腹饰两道凹弦纹。口径8.8、通高11.4厘米（图三六，2）。

釉陶熏炉　1件。M14B∶4，泥质橘黄陶胎，青釉。子母口，炉盖缺失，浅盘，斜直腹，圆柄，喇叭形圈足。口径7.6、底径8.5、通高11.6厘米（图三六，3）。

陶仓　1件。M14B∶2，泥质灰陶。子母口，仓盖缺失，微鼓腹，平底微内凹。口沿处拍印纵向绳纹，不甚明显，腹部亦有零星绳纹。口径10.8、底径14.2、通高16.4厘米（图三六，5）。

陶仓盖　1件。M14B∶6，泥质灰陶。弧形盖面。口径13.6、通高4厘米（图三六，6）。

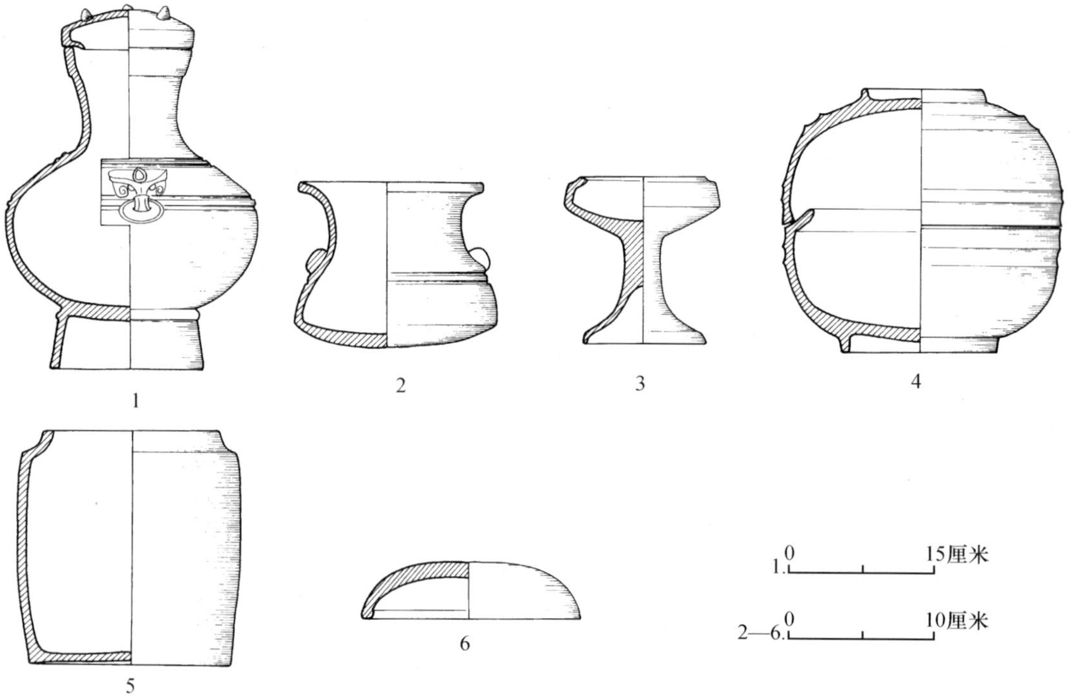

图三六　M14B出土器物

1. 釉陶壶（M14B∶1）　2. 釉陶鍪（M14B∶5）　3. 釉陶熏炉（M14B∶4）　4. 釉陶盒（M14B∶3）　5. 陶仓（M14B∶2）　6. 陶仓盖（M14B∶6）

三、分期与年代

上面介绍的5座墓葬，M7属于竖穴岩坑墓，从各种迹象判断，4个墓主应是同时下葬，判断年代相对单纯。而砖室墓的情况则由于存在多次葬入的现象，比较复杂一些。M8 和 M14 虽受到不同程度的破坏，但随葬品放置有一定规律，前者有两处区域，后者有三处区域相对集中，如果能够观察到这些不同区域随葬品组合、器形特征等情况的不同，可以为判断始建年代和使用年代提供证据。M9 器物放置比较分散，看不出明显的规律，M10 则残存很少，对它们年代的判断，就只能笼统进行。

如果将 M8 和 M14 的不同区域视为单独的埋藏单位，这批墓葬从器物组合上观察，可以分为五组（表一）：

第一组：即 M14B 和 M14①区域。器物组合为釉陶鼎、壶、盒、鍪、盆、卮、熏炉，陶圜底罐、平底罐、盆、甑、钵、仓，钱币仅见大泉五十。

第二组：包括 M7、M14②区域和③区域。器物组合为釉陶鼎、壶、盒、魁、鍪、鋗、盆、卮、熏炉、灯，陶圜底罐、直领罐、瓮、盆、甑、钵、仓等，钱币可见西汉五铢、莽钱和东汉五铢。

第三组：包括 M8②区域和 M9。器物组合为釉陶壶、盆、熏炉等，出现人物俑，陶圜底罐、直领罐、釜、盆、甑、钵、仓，钱币可见西汉五铢、莽钱、东汉五铢、剪轮五铢。

第四组：即 M8 除②区域之外，包括①区域在内的其他部分。器物组合为釉陶壶、盆、卮、熏炉等，人物俑数量和种类大增，出现房、案等模型器，陶圜底罐、平底罐、小罐、盆、甑、卮、钵、仓，钱币可见西汉五铢、莽钱、东汉五铢、剪轮五铢、小五铢、直百五铢等。

第五组：即 M10。器物组合上最引人注目的是瓷器的出现。

各组的同类典型器物，在形制上存在差异并有演变规律可循。如釉陶壶的口部由敞口或口上部稍外凸，略具盘口意味向盘口演变，腹部由圆腹向扁腹演变；釉陶盆腹部由圆腹向折腹演变，器形逐渐变小，制作也逐渐粗糙一些；陶圜底罐的沿部由宽变窄，领部由高变低，整体器形渐趋扁矮；陶盆（甑）类器物的变化主要体现在口部，整体趋势是由敞口、直口向敛口、弇口、丁字口演变；陶仓的变化主要体现在腹部，由直腹向斜直腹或腹部转折再到罐形腹演变（表二）。

从器物组合和典型器物的形制差异上分析，第一组和第二组、第三组和第四组之间的共性较强，据此我们将这批墓葬分为三期五段：

第一期：釉陶器组合上以鼎、壶、盒为最大特征，鍪、鋗等显系模仿铜器，均仅见于此期。依据典型器物的特征和钱币的情况，又可分为早、晚两段。

早段：即第一组，釉陶壶腹部圆润；釉陶盆为圆腹，形体较大，制作规整；陶圜底罐沿部宽，领部高，整体器形较高；陶盆为直口；陶仓为直腹；钱币仅见大泉五十。

晚段：即第二组，釉陶壶腹部扁圆；釉陶盆为折腹，形体略小；陶圜底罐沿部略窄，领部有的变矮；陶盆中开始出现敛口；陶仓则有出现折腹的，但不甚明显；钱币中则包括东汉早期五铢。

第二期：釉陶器组合中鼎、鍪、鋗等模仿铜器器类的消失和人物俑的出现，是本期最大的特征。在器物制作上，无论是釉陶器还是陶器，都有逐渐变小和粗糙的趋势。主要根据钱币的情况，分为早、晚两段。

表一　墓葬出土器物组合一览表

分组	单位	铜器				釉陶器														陶器										瓷器	钱币					
		釜	鍪	刁斗	盆	鼎	壶	盒	魁	鍪	钼	盆	卮	熏炉	灯	俑类	模型器	壶	圜底罐	平底罐	直领罐	小罐	瓮	釜	盆	甑	卮	钵	仓		西汉五铢	莽钱	东汉五铢	剪轮五铢	小五铢	直百五铢
二	M7		√	√	√	√	√	√	√	√	√	√	√	√	√			√	√		√	√	√		√	√		√	√		√		√			
一	M14B						√	√		√				√															√							
一	M14①区域					√	√	√				√	√	√					√	√					√	√		√	√			√				
二	M14②区域							√	√	√	√	√	√		√				√						√			√	√		√	√	√			
二	M14③区域		√				√			√	√	√		√				√	√							√										
三	M9		√	√								√		√		√			√		√			√	√	√		√	√		√	√	√	√		
四	M8①区域						√					√	√	√		√	√		√	√		√			√	√	√	√	√		√	√	√	√		
三	M8②区域						√									√				√								√			√	√	√	√		
四	M8 其他区域						√								√	√	√			√		√		√		√	√	√			√	√	√	√	√	√
五	M10																												√	√						

表二　几种典型器物的形制演变

期段 \ 器类		釉陶壶	釉陶盆	圜底罐	陶盆（甑）	仓
一期	早段	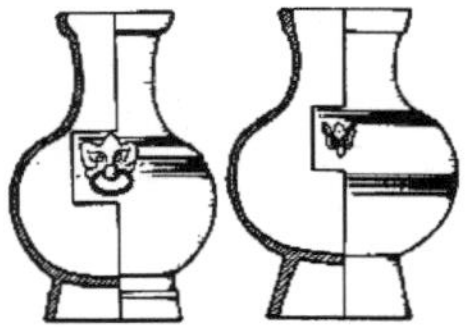 M14:26　M14:43	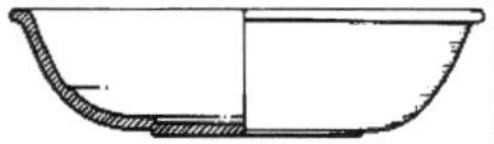 M14:34	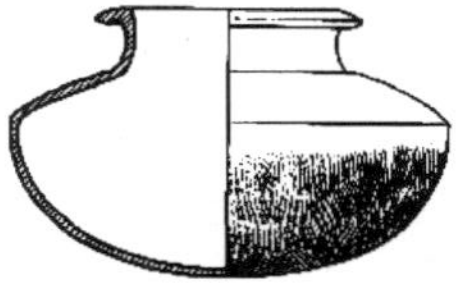 M14:46	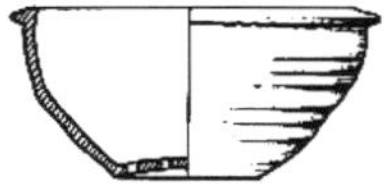 M14:32	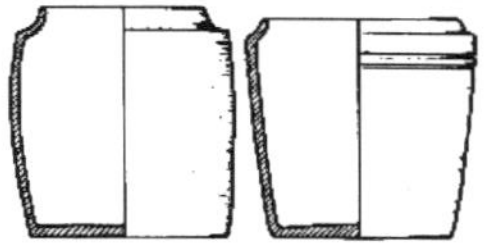 M14:50　M14:53
	晚段	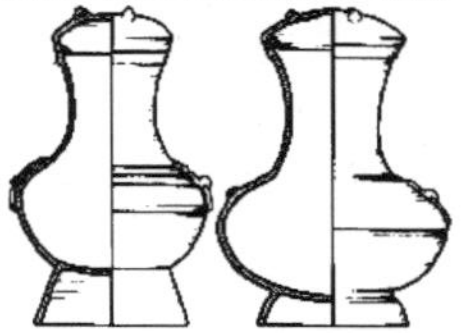 M7:16　M7:17	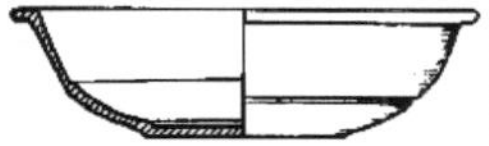 M7:56	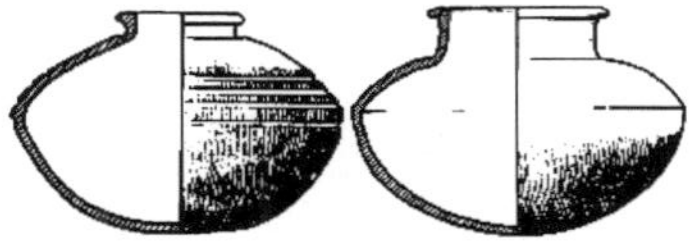 M14:3　M7:52	 M7:25　M7:53	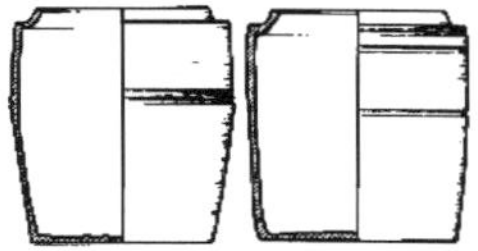 M7:23　M7:64
二期	早段	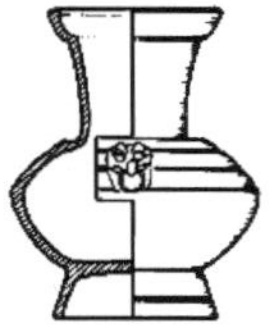 M8:23	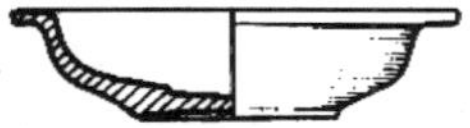 M9:11	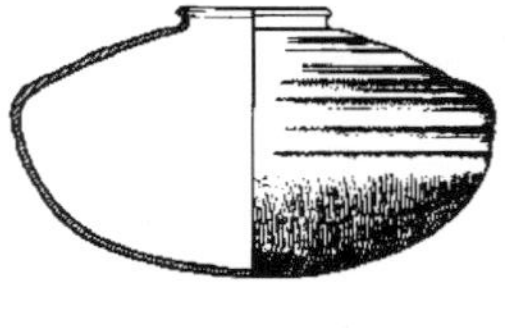 M9:27	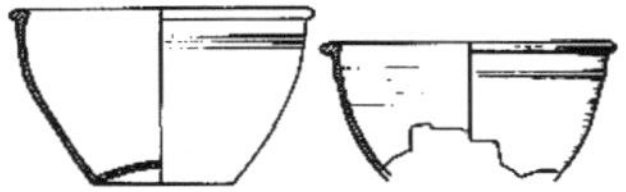 M9:33　M9:38	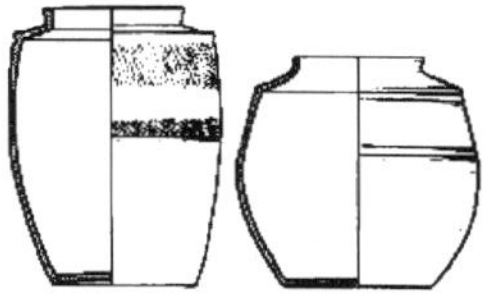 M9:5　M9:24
	晚段	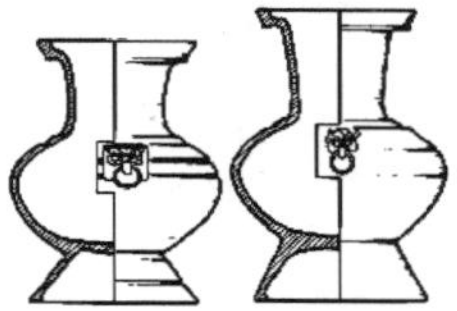 M8:46　M8:69		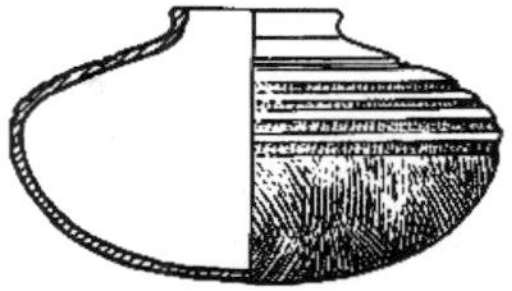 M8:48	 M8:25	

注：为排版方便，未按比例。

早段：即第三组，年代最晚的钱币为剪轮五铢和具东汉晚期特征的五铢钱。

晚段：即第四组，出现小五铢和直百五铢。

第三期：即第五组，出现青瓷器。

各期、段的年代，由于没有出土纪年材料，只能根据与峡江地区汉六朝时期墓葬的对比，结合钱币的情况进行推断。

第一期早段仅出莽钱，器物组合和器形特征与云阳李家坝37号岩坑墓[1]、云阳马沱墓地M12[2]、云阳石家包M11[3]等十分接近，年代应在新莽时期。

第一期晚段器物组合与早段基本一致，但典型器物形制特征有所变化，与万州金狮湾墓群M12、M14[4]等一致，且考虑到M14不同区域的埋葬次序应有连续性，其年代应与早段紧密衔接，从出土较多数量的五铢钱均具东汉早期特征来看，以定在东汉早期为宜。

第二期在器物组合上与上期发生显著变化，表明一、二期之间存在一定的年代缺环。早段的器物组合和典型器物形制与未被盗扰的万州大坪墓地M150[5]等接近，出土钱币包括剪轮五铢和东汉晚期特征的五铢钱，其年代可定在东汉晚期，上限或可至东汉中期偏晚。后段出土有小五铢和直百五铢，年代应在东汉末至蜀汉时期。

第三期M10出土的青瓷盌和四系罐，与巴东雷家坪02BLM2出土的青瓷钵、青瓷点彩碗和四系罐器形和工艺特征都十分接近，也都出土贝饰，年代应相近，后者的年代被断定在六朝时期[6]。从中国早期青瓷器的地域发展看，我们认为从目前的材料看，三国时期峡江地区出现瓷器的可能性不大，其年代以定在两晋或稍后为宜[7]。从M10出土陶仓、釉陶小罐等与前期同类器物尚存在联系的情况分析，以西晋时期的可能性大一些。

四、结　　语

2003年春季的发掘，是李家坝遗址最后一次田野工作。在Ⅳ区清理的18座汉六朝墓葬，极大地丰富了李家坝遗址汉六朝遗存的文化内涵，为弄清李家坝遗址聚落布局及变迁、峡江地区地方性文化特征乃至汉六朝时期墓葬年代序列等重要学术问题提供了一批新资料。主要收获具体如下：

（1）李家坝汉六朝聚落布局及不同时期聚落格局变迁更加清晰

历年的调查和发掘情况表明，李家坝遗址汉六朝时期的考古学资料十分丰富，是李家坝遗址发掘获得的最为重要的成果之一。汉六朝时期的居住址，主要分布于遗址Ⅰ区[8]，墓葬过去发现集中于澎溪河南岸的走马岭[9]，在西北方向山麓地带的高家堡、石板梁等地也有零星发现[10]。此次在Ⅳ区的发掘，在极大地丰富墓地资料的同时，李家坝汉六朝聚落整体格局也更加清晰和完整。

战国到西汉早期，墓地集中于遗址Ⅱ区[11]（参见图一），地处澎溪河北岸一级阶地，而汉六朝时期则向周边山地转移，这种变化背后的社会、经济背景值得今后加以关注。从墓地的分布看，乌龟包墓地或许是居民中某一个或某几个家族的茔地。相关的情况，今后结合居址资料，当有更深入的认识。

（2）为认识峡江地区汉六朝墓葬地方性文化特征提供了新资料

和全国同时期墓葬相比，峡江地区汉六朝墓葬出土器物无论在组合还是器形特征上，都受到中原地区的强烈影响，但也存在相当的地方性特点。以本次发掘的情况来看，随葬铜器以釜、鍪、刁斗等炊器等最为常见，且多出土于墓主人脚部附近，无论是器形还是随葬方式，都应是先秦时期巴文化丧葬习俗的孑遗，颇具地方特色；第一期器物组合中釉陶鼎在东汉早期全国其他地方已经十分少见；陶圜底罐在整个东汉时期一直流行，数量较多，器形上颇具地域特点，而少见于其他地区；俑类中吹笛俑、弹奏俑等常见，也是峡江地区的共性。

在葬俗上，M7 由于未受盗扰，保留了较为完整的信息。Ⅰ、Ⅱ号墓主身上发现个人用品（带钩、印章），应是丧殓制度的反映；钱币则放置于Ⅰ、Ⅲ号墓主腰间，也是值得注意的，从 M8 出土钱币的位置分析，原本亦可能属于同样的情况；Ⅰ、Ⅱ、Ⅲ号墓主每人脚边都放置鍪、刁斗等铜炊器的做法，如上所述应为地方传统的孑遗；Ⅰ号墓主地位应最高，身边集中较多数量的随葬品，且都在身体右侧，而Ⅱ、Ⅲ、Ⅳ号墓主头前放置随葬品，与Ⅰ号墓主不同，可能有特殊涵义；墓道内的器物以釉陶器为主，是否是葬后祭祀用品，也是值得今后加以更多关注的。另外，在保存较好的 M7、M14 及 M14B 中，都发现有同一器物的不同部件，包括壶体与壶盖、盒体与盒盖、仓体与仓盖，分开放置于不同位置的现象，如 M7Ⅰ号墓主上肢处放盒，下肢处放盒盖，极有可能是某种葬俗的体现。巴东县西瀼口墓地 M9 的发掘者亦注意到相同现象[12]。此外，两组利用前代墓坑造墓的现象，在巫山麦沱墓地也有同类发现[13]，这些都值得今后在更多材料的基础上进一步研究。

（3）为峡江地区汉六朝时期墓葬年代序列的构建提供了新资料，在方法上有一些探索

近年来，随着三峡库区大规模抢救性发掘的结束，资料陆续发表，数量已经达到相当规模，相关研究也已逐步开展[14]，但由于这个地区过去汉六朝时期的考古发现和研究基础均较为薄弱，目前对于墓葬年代序列的构建尽管已经取得若干成绩，但也还存在一些问题。我们在发掘、资料整理和报告编写过程中，有意在方法上进行一些探索，以期在现有基础上使得分期序列更为完善和准确，如：

在器物分类时，将釉陶器和陶器区分开来，在定名上充分考虑明器的模仿对象，如釉陶鍪、鋗、魁等，以使随葬品组合及器形演变分析更为清晰和准确；

强调墓葬不同区域的器物组合，将其视为单独的埋藏单位，以便于分析墓葬埋藏次序和形成过程，确定墓葬的始建年代和使用年代，分析不同区域在丧、葬、祭过程中可能具有的不同内涵；

在墓葬年代断定上，分析出土钱币中的最晚种类，是确定墓葬年代上限的重要依据，但尽量避免“以钱断墓”的状况；在缺乏纪年材料的情况下，在与其他墓地年代较为明确的墓葬进行比较时，强调器物组合的重要性，避免以少数典型器物形制特征的比较以确定年代的做法。

以上的探索，是否妥当和有效，还需要更多的实践检验，也提请学界同行批评指正。简报由于容量有限，上述想法无法全面展开，构建的年代序列也还存在若干缺环，

待正式报告出版后，当更为完整和清晰。

本次发掘领队为四川大学考古学系黄伟，参加发掘的人员有四川大学考古学系何元洪、白彬，技工黄广明、贺军虎、金鹏功、李永忠、祁自力、史来兴等。资料整理有安剑华、周克林、赵德云、黄伟等，其中周克林对出土钱币进行了系统整理。器物修复赵振江、金鹏功等，器物绘图李永忠、赵博安、赵芬明、赵振江等，墨线清绘卢引科，拓片黄广明、赵振江。现场摄影黄伟、何元洪，器物摄影霍大清。人骨鉴定工作由西南民族大学王建华先生承担。

执　笔：赵德云　周克林　黄　伟　安剑华　何元洪　代丽鹃

注　释

［1］　四川大学历史文化学院考古系、云阳县文物管理所：《云阳李家坝37号岩坑墓发掘报告》，《重庆库区考古报告集》（1997卷），北京：科学出版社，2001年，第300—310页。

［2］　郑州市文物考古研究所、云阳县文物保护管理所：《重庆云阳马沱墓地汉墓发掘简报》，《文物》2006年第4期。

［3］　重庆市文物考古研究所等：《云阳石家包10号、11号岩坑墓发掘报告》，《重庆库区考古报告集》（2002卷），北京：科学出版社，2010年，第319—334页。

［4］　南京市博物馆、南京市文物研究所：《万州金狮湾墓群（二期）发掘报告》，《重庆库区考古报告集》（2002卷），北京：科学出版社，2010年，第624—669页。

［5］　重庆市文物局、重庆市移民局：《万州大坪墓地》，北京：科学出版社，2006年，第59—139页。

［6］　吉林大学边疆考古研究中心、黄石博物馆：《巴东雷家坪》，北京：科学出版社，2009年，第121—129、185页。

［7］　重庆万州晒网坝2001CWTM10是一座保存较好的蜀汉时期墓葬，没有发现瓷器，发掘者认为，晒网坝墓地陶器和瓷器的交替时间只能是蜀汉或蜀汉以后。参见山东省博物馆：《重庆晒网坝一座蜀汉墓发掘简报》，《江汉考古》2007年第4期。

［8］　已经发表的资料主要有：四川大学历史文化学院考古系、云阳县文物管理所：《云阳李家坝遗址发掘报告》，《重庆库区考古报告集》（1997卷），北京：科学出版社，2001年，第209—243页；四川大学历史文化学院考古系、云阳县文物管理所：《云阳李家坝遗址发掘报告》，《重庆库区考古报告集》（1998卷），北京：科学出版社，2003年，第299—347页；四川大学考古学系、重庆市云阳县文物管理所：《重庆云阳李家坝遗址1999年度发掘简报》，《南方民族考古》（第七辑），北京：科学出版社，2011年，第369—426页。综述性文章可参考：黄伟、白彬：《三峡库区李家坝遗址发掘结束》，《2003中国重要考古发现》，北京：文物出版社，2004年，第69—74页；赵德云、黄伟：《重庆云阳李家坝秦汉六朝聚落居住址的初步研究》，待刊稿。

［9］　重庆市文物局、重庆市移民局：《云阳走马岭墓地》，北京：科学出版社，2011年。

［10］　四川大学历史文化学院考古系等：《云阳李家坝10号岩坑墓发掘报告》、《云阳李家坝37号岩坑墓发掘报告》，《重庆库区考古报告集》（1997卷），北京：科学出版社，2001年，第289—310页。

[11] 已经发表的资料主要有：四川大学历史文化学院考古系、云阳县文物管理所：《云阳李家坝东周墓地发掘报告》，《重庆库区考古报告集》（1997 卷），北京：科学出版社，2001 年，第 244—288 页；四川大学历史文化学院考古系、云阳县文物管理所：《云阳李家坝巴人墓地发掘报告》，《重庆库区考古报告集》（1998 卷），北京：科学出版社，2003 年，第 348—388 页；四川大学考古学系、重庆市云阳县文物管理所：《重庆云阳李家坝巴文化墓地 1999 年度发掘简报》，《南方民族考古》（第七辑），北京：科学出版社，2011 年，第 427—480 页。

[12] 广西壮族自治区文物工作队：《巴东县西瀼口古墓葬 2000 年发掘简报》，《江汉考古》2002 年第 1 期。

[13] 湖南省文物考古研究所等：《巫山麦沱墓地第四次发掘报告》，《重庆库区考古报告集》（2002 卷），北京：科学出版社，2010 年，第 12—71 页。

[14] 可参见蒋晓春：《三峡地区秦汉墓研究》，成都：巴蜀书社，2010 年；朱世学、周百灵：《三峡湖北库区墓葬初步研究》，北京：科学出版社，2010 年。

Brief Report on the Excavation of Han and Six Dynasties Period Tombs at Area IV of Lijiaba Site, Yunyang County, Chongqing

Department of Archaeology, Sichuan University
Yunyang Institute of Cultural Heritage Administration

Abstract: Lijiaba Site, located in the north of Yunyang County, is an important ancient cultural site in the Three Gorges. The Han and Six Dynasties period toms are mainly distributed in the peak or hillside of a small hill called Wuguibao at area Ⅳ of this site. 18 tombs, dated between *Wang Mang* preiod and Six Dynasties, could be divided into three different types, namely, rock pit tombs, stone chamber tombs, and brick chamber tombs. Five of them, including four brick chamber tombs and one rock pit tomb, are published in this paper. The five tombs respectively belong to three different periods and five different phases according to our analysis on funeral objects and chamber construction. The first period is from *Wang Mang* period to early Eastern Han Dynasty, which includes two phases, namely, *Wang Mang* period, and Early Eastern Han Dynasty. The second period is from Middle Eastern Han period to Shu Period, which includes two phases, namely, Middle Eastern Han period to the late Eastern Han period, and late Eastern Han period to Shu Period. The third Period is about Jin Dynasties or later. The excavations of these tombs provide new information about Lijiaba Site, which can help us further understand its settlement layout in Han and Six Dynasties period, the settlement's transition in different periods, the local characteristics of these tombs, and the improving of the chronological sequence of Han and Six Dynasties period tombs in the Three Gorges area.

Keywords: Lijiaba Site Han and Six Dynasties period brick chamber tombs rock pit tombs

附表　李家坝遗址Ⅳ区汉六朝墓葬登记表

墓号	方向	种类	形制	墓葬规格（厘米）		骨架状况	随葬品组合					年代判断	备注
				墓室（底）	墓道（底）		铜器	釉陶器	陶器	瓷器	钱币情况		
M1	18°	砖室	方形	240×240	无	未发现		鼎、壶、盒、钼、鍪、魁、熏炉、灯、盆、甑	圜底罐、甑、瓮、钵、仓		大泉五十、货泉	东汉早期	①发掘前被盗，附近发现较多残陶片；②利用M16与M19的墓壁建造
M2	84°	砖室	现平面近方形	278×260	未发现	残存部分股骨、肱骨	鍪		小罐、卮		东汉五铢、剪轮五铢	东汉晚期	①南部被毁；②有排水沟
M3	95°	砖室	曲尺形	360×280	236×142	墓室中部、南部有零星人骨，至少葬3人	镜	壶、盒、鍪、钼、魁、提梁釜、卮、熏炉、灯、盆、甑、直领罐、小罐	壶、圜底罐、平底罐、甑、盘、钵、仓		东汉五铢、磨郭五铢	东汉中期	墓室中部有两排垫砖，可谓为放置葬具使用
M4	160°	石室	长方形	505×260	无	墓室东南有头骨痕迹		子母鸡俑、鸡俑			东汉五铢、直百五铢	蜀汉时期	南壁不存
M5	182°	砖室	曲尺形	226×288	280×193	三具人架分别位于墓室西北角、墓室入口处、墓道西侧		壶、魁、熏炉、盆、甑、罐	圜底罐、盆、甑、釜、瓮、盘、钵、仓、案		东汉五铢、磨郭五铢	东汉晚期	
M6	178°	砖室	曲尺形	320×280	220×124	未发现	镜	壶、盒、罐、盆、甑、卮、熏炉、灯	壶、圜底罐、甑、釜、盘、钵、仓		东汉五铢、磨郭五铢	东汉中期	①底部铺垫卵石；②有排水沟
M7	172°	岩坑	刀把形	310×376	230×134	室北部并排陈放4具尸骨	盆、鍪、刁斗	鼎、壶、盒、钼、鍪、魁、卮、熏炉、灯、盆、甑	壶、圜底罐、直领罐、盆、甑、瓮、钵、仓		西汉五铢、东汉五铢	东汉早期	随葬品放置可分四组

续表

墓号	方向	种类	形制	墓葬规格（厘米）		骨架状况	随葬品组合					年代判断	备注
				墓室（底）	墓道（底）		铜器	釉陶器	陶器	瓷器	钱币情况		
M8	135°	砖室	曲尺形	280×266	86（残）×（166－168）	至少葬5具尸骨，墓道内2，墓室中部3	耳杯	壶、盆、甑、罐、卮、灯、熏炉、人物俑、马、镇墓兽	圜底罐、平底罐、小罐、盆、甑、釜、卮、钵、仓		剪轮五铢、小五铢、直百五铢等	汉末至蜀汉	有两组随葬品放置比较集中
M9	155°	砖室	曲尺形	316×290	238×184	墓室入口靠近墓道西壁处发现少量人骨	鐎、刁斗	直领罐、盆、熏炉、吹笛俑	圜底罐、直领罐、盆、甑、釜、盘、钵、盂、仓		东汉五铢、剪轮五铢	东汉晚期	墓室东北发现较多动物獠牙，可能与随葬食物有关
M10	187°	砖室	曲尺形	290×314	263（残）×150	未发现		小罐	仓	盘、四系罐		两晋时期	有排水沟
M11	170°	砖室	曲尺形	326×270	282×170	墓室中部及墓道内发现两具人骨，保存极差		壶、罐	圜底罐、盆、釜、卮、钵	盘	剪轮五铢、定平一百、太平百钱	两晋时期	
M12	165°	砖室	曲尺形	286×270	220×148	墓室中部及墓道中部偏西各发现头骨1		盆、甑、罐、盒	釜		磨郭五铢、东汉五铢	东汉晚期	
M13	223°	砖室	曲尺形	316×272	238×140	未发现		壶、罐、盆、甑、釜、灯、卮、熏炉	圜底罐、釜、甑、仓	盘	东汉五铢、磨郭五铢	两晋时期	墓底可能涂抹一层青膏泥

续表

墓号	方向	种类	形制	墓葬规格（厘米）		骨架状况	随葬品组合					年代判断	备注
				墓室（底）	墓道（底）		铜器	釉陶器	陶器	瓷器	钱币情况		
M14	192°	砖室	曲尺形	412×296	193×105	仅见一小节股骨，位于墓室西壁下	釜、鍪、刁斗	鼎、壶、盒、钼、鍪、魁、直领罐、盆、熏炉、灯、卮、仓	壶、圜底罐、平底罐、盆、甑、钵、仓		西汉五铢、大泉五十、东汉五铢	新莽到东汉早期	①建造在M20之上；②其下有M14B；③有三组随葬品放置集中
M15	155°	砖室	曲尺形	332×272	240×164	墓室北部残骨2，墓道内发现残骨一堆		壶、盒、熏炉、盆、罐	圜底罐、平底罐、甑、钵、小罐、仓		东汉五铢、剪轮五铢、对文五铢	东汉晚期	
M16	18°	岩坑	长方形	340×236	无	未发现	鍪、卮	鼎、卮、熏炉	圜底罐、平底罐、钵、仓		西汉五铢、货泉、大泉五十	新莽时期	①叠压于M1之下；②利用M19的墓坑；③由于填土塌陷，分为三层
M17	210°	砖室	曲尺形	314×290	226×146	墓室西南角靠近墓道处发现少量残骨		壶、魁、卮、提梁釜、熏炉、盆、甑、罐	甑、釜、卮、钵		东汉五铢、剪轮五铢	汉末至蜀	墓室中部有板灰
M18	195°	砖室	曲尺形	230×302	75×160	未发现							被盗扰一空

夜郎时代考古的重大收获：《赫章可乐二　　年发掘报告》读后

罗二虎

（四川大学考古学系）

摘要： 该文是对贵州地区夜郎时代考古发现与研究的重要新成果——《赫章可乐二〇〇〇年发掘报告》所作的述评。首先对赫章可乐考古的历程进行了简单回顾，然后从该报告的体例结构以及对贵州上古文化史、历史和社会史研究的作用等方面进行了评述。

关键词： 赫章可乐　夜郎时代　考古发现　考古研究

2000 年 9 月，贵州省文物考古研究所开始再次对贵州赫章可乐古墓地进行发掘，我曾有幸参加了前期的部分发掘工作，不但亲眼目睹了部分发掘出土的墓葬和祭祀坑，也与大家一起体验和分享了这次考古新发现给发掘者们带来的激动和喜悦。后来由于教学工作而提前离开了发掘现场。但是，此后我一直关注着这次发掘资料的整理编写进展情况。这批考古发掘资料由梁太鹤、张元两位先生经过三年多夜以继日的辛勤工作，完成了报告的编写，并于 2008 年 6 月由文物出版社出版。当我得到这部发掘报告后，便抽时间仔细研读了这批墓葬资料。读后有一些心得体会和不成熟的认识，写出这篇短文与读者交流。

一、赫章可乐考古回顾

与内地许多田野考古发掘工作起步较早的省区相比，贵州省的田野考古起步很晚，始于 20 世纪 50 年代，田野考古工作开展得也不是很多。在这些为数不多的考古发掘中，赫章可乐墓地可以算是其中十分重要的一处。

赫章可乐地处贵州西北部的乌蒙山脉中段东侧，海拔 1800 米左右。可乐是这一地区众多山间小盆地中的一个，当地人称“坝子”。在该小盆地中约 5 平方公里的范围内，目前已发现战国至西汉时期的墓群 14 处、遗址 2 处，分布十分密集。这里位于西南地区上古时期几个文化区的交汇地带，其北面紧邻巴蜀文化区，南面距滇文化区、西面距青藏高原东南缘以石棺葬和大石墓为特色的文化区都不是很远。由于其所处的重要地理位置，因此历来受到人们的关注。

该墓地的最初发现可以追溯到 20 世纪 50 年代后期，并于 1960 年底发掘了东汉墓 7 座[1]。1976—1978 年期间，贵州省博物馆等又在这里进行了数次调查发掘，共清理墓葬 207 座。当时的发掘者敏锐地认识到这数次发掘的墓葬中存在着文化性质方面的差异，因此将其分为甲类墓和乙类墓两种类型，并认为乙类墓展现出该地古代文化的独特面貌和奇特葬俗[2]。但是，由于历史的原因，过去的发掘报告编写过于简略和笼统。20世纪90年代末，在贵州省再次掀起寻找夜郎文化的热潮，贵州省文物考古研究所于2000年又来到赫章可乐进行考古发掘。这次发掘共清理墓葬111座、坑6个，其中有许多重要发现。由于这次发掘收获的学术意义重大，因此入选了“2001年度全国十大考古新发现”和首届“中国考古新发现学术报告会”。

可乐古墓群前后历经九次发掘，清理出战国秦汉墓370余座，出土各类文物2000余件，及各种遗物达万件，占迄今为止贵州同期考古发现的三分之二强，占贵州出土历史文物总数的二分之一。

于2008年由文物出版社出版的《赫章可乐二〇〇〇年发掘报告》（以下简称《赫章可乐》）[3]，是一部总篇幅约60万字的大型田野考古发掘报告，它将这次发掘收获完整地展现在世人面前。报告编写者梁太鹤、张元先生在后记中感叹道：可乐考古能取得现有这一成绩，则是数十年贵州文物考古界人士前仆后继辛勤探索工作的结果。可以说是夜郎时代考古的一个里程碑，而报告的出版也正是贵州考古事业发展的一个重要标志。

二、体例创新的有益尝试

《赫章可乐》是目前已出版的贵州省除旧石器时代以外的第一部田野考古发掘报告，对贵州考古来说无疑具有重要的意义。该报告具有较好的编写体例结构，资料的发表也较全面，描述准确而细微，图表齐备，附有画面清晰的彩色图版75幅和黑白图版12幅。

报告编写者除了力求做到资料发表全面、详尽和准确之外，还在过去田野考古发掘报告体例的基础上力求创新，进行了勇敢而有益的尝试。报告的正文共分六编。第一编介绍了地理环境和发掘整理概况等。第二编和第三编使用了全书约三分之一的篇幅分别对甲类墓和乙类墓进行了全面的综合描述。第四编内容是对各种出土物所做的检测和分析。第五编也使用了全书近三分之一的篇幅对所有出土随葬品的墓葬分别进行详尽描述。第六编是对历次可乐考古发掘的总体考察和论述。在附录中还将1986年在《考古学报》上发表的《赫章可乐发掘报告》收入其中，既体现对前人成果的尊重，也方便读者查阅。可以认为，报告的基本结构是合理的。

该报告有许多创新之处，其中最突出一点就是在每编的最后增加“发掘者说”这一栏目。其目的正如报告编写者自己在“后记”中所说的那样，这并非是一时的心血来潮，而是经过十余年长期思考的结果，目的是希望用跨学科语境来描述该编的内容，以便能更好地将所获考古资料供广大普通读者共享。笔者认为，田野考古资料不但是考古学研究的基础，同时也是人文科学、社会科学，以及许多自然科学领域获取新资料的一个重要来源，因此如何更好地将田野考古资料服务于更广阔的科学与学术领域，也是我们考古人义不容辞的义务。报告在这方面进行的尝试无疑很有意义。至于这种创新方式是否是最佳途径，还有待于时间的检验，同时也更需要众人不断共同努力和探索。

此外，《赫章可乐》在概述完部分出土物之后，总要着意指出“一些值得关注的文化现象”。它实为编写者个人的研究心得，具有启发意义。读者可在此基础上进行思考，并做进一步的专题深入研究。报告还专辟了“田野疏漏项清点”栏目，以自我批判的精神检讨田野工作中的疏漏。这种实事求是的严谨科学态度不由令人肃然起敬。

报告还注意借助民族学方法来对出土文物进行更合理的解释，如在分析甲类墓出土铁铚（爪镰）的功能时，就借助了现贵州从江、榕江一带侗族、苗族使用的“摘禾刀”加以说明。

不过应当指出的是，报告在体例和内容方面也存在着某些不足之处。例如，报告中的所有附表都没有统一编号，也没有在目录中列出，这样给查阅者带来不便。又如，尽管报告对这次发掘的墓葬资料用图文并茂的方式尽量进行了全面公布、分墓详细描述，符合我国田野考古报告发展的新趋势，但美中不足的是虽将那些无随葬品的墓葬收入了“墓葬登记表”，但是却未能用图文对这些墓葬进行分墓的具体描述，这样使读者难以全面了解这些墓葬的具体情况，而这些无随葬品的墓葬对于我们全面认识该墓地所展示的当时该地居民的墓葬制度、社会结构、经济发展水平等许多相关问题也仍具有意义。因此，这不能不说是一种遗憾。

三、《赫章可乐》与贵州上古文化史研究

贵州地区的考古学发展迄今已走过了半个多世纪的历程，但由于所做田野考古工作的总量不多，因此关于贵州上古时期文化发展谱系的总体框架至今尚未建立。如果我们将视野再投到一个更广阔的地域，就会发现目前对整个西南地区，尤其是对西南夷地区的文化谱系研究也相当滞后。因此，赫章可乐这批墓葬资料的公布，对于促进贵州和西南地区古代文化史的重建具有积极的意义。

《赫章可乐》编写者在这方面也具有强烈的意识，并进行了有益的探索。

报告对这批墓葬的年代学问题进行了深入研究。首先，纠正了前人在墓葬断代中的某些错误认识，然后对柳叶形铜剑和人形图案铜戈等典型器物进行了考古类型学分析，在此基础上再结合考古地层学资料（如墓葬的打破与叠压关系等）以及^{14}C测年数据等，对这批墓葬进行了综合的分期研究。将乙类墓共分为三期，延续时间分别是战国早期至中期、战国晚期、战国末期至西汉前期，并概括出各期的主要文化特征。甲类墓的年代稍晚于乙类墓，为西汉中期武帝时期。两类墓葬的延续时间共约为300多年。笔者认为其分期的方法和结论都是科学的，并为乌蒙山以东的黔西北地区这一时期的编年树立了一个标尺，对贵州其他地区以及云南东北部这一时期的考古编年也具有重要的参考价值。

报告对其文化性质也进行探讨。编写者赞同前人的观点，认为甲类墓总体上应归入汉文化系统，而乙类墓代表了当地这一时期的一种土著文化，并根据历年的出土资料归纳出乙类墓的主要文化特征：有十分独特的套头葬俗，有圆雕双虎耳大铜釜、带镂空卷云纹剑首的柳叶形铜剑、尖鼓腹圈足单耳陶罐等一组能代表其自身文化特征的随葬器物。

报告又将以乙类墓为代表的文化遗存与黔西南的普安铜鼓山遗址、黔西北威宁中水墓地等同时代其他文化遗存进行了比较，认为其相互间的文化性质有很大差异（第397—398页）。

不过，报告对于乙类墓所代表的文化遗存是否可独立命名为一种新的考古学文化持谨慎态度。其主要原因是：编写者认为可乐遗存的发现还不够典型丰富，尤其是作为识别考古学文化最重要标志的陶器，其出土的数量和种类都很少，此外其空间分布范围目前还缺乏了解，也未能发现有关墓主族属方面的资料。因此，报告暂将其称为“夜郎时代的地方民族文化遗存”或“夜郎时期具有地方特点的考古遗存”。这相对于贵州文化界目前存在的倾向，即凡是在贵州境内发现属于这一时期的考古遗存都简单地归于夜郎文化，笔者认为这种态度更为可取。

由于黔西北地区处于西南地区上古时期几个文化区的交汇地带，因此报告在注意文化性质的同时，也十分关注该地文化遗存中存在的不同文化因素，及与周边地区文化之间存在的文化交流。

与巴蜀文化的关系：报告认为当地土著文化受到北面巴蜀文化的较大影响，如出土的铁器、柳叶形铜剑、直内三角援铜戈等应该源自巴蜀地区，使用的漆器（如M308）可能也与巴蜀产品的输入有关。

与滇文化的关系：报告认为当地土著文化与南面的滇文化也有文化交流，其鼓形铜釜、其他铜戈，以及铜剑首上的镂空卷云纹都应与滇文化有密切关系。此外，其青铜器制作技术也与云南青铜器比较接近。

与石棺葬、大石墓等遗存的关系：报告强调指出，甲类墓有个别单耳陶器（BⅡ式罐）与四川岷江上游石棺葬出土的同类器相似，这是一个值得注意的现象。报告编写者的这一观察无疑是正确的，此外笔者还认为出土的其他单耳陶罐也与四川西部地区石棺葬和大石墓出土的单耳陶罐相类。

与其他地区文化的交流：对于赫章可乐出土的玉玦装饰品，报告指出它最接近广西平乐银山岭等地同时期墓葬所出的玉玦。对于乙类墓出土的一批各色玛瑙装饰品，报告认为贵州不出产这类玛瑙，因此这些原料应该是通过南方丝绸之路输入的。对于可乐274号战国末期至西汉前期墓出土的“敬事”文字铜印章，报告认为其字体具有战国时期内地书体风格（第153页），这也意味着当时内地文化已开始对黔西北地区的文化产生较大的影响。

四、《赫章可乐》与贵州古史、社会史研究

考古学研究应与古代的历史和社会研究相结合。过去学界对贵州上古历史的认识，主要限于《史记》、《汉书》、《后汉书》和《华阳国志》等史籍中有关“夜郎”的记载。根据这些史书古籍可知在西汉中期汉帝国的势力进入西南夷地区以前，贵州一带曾存在过夜郎国以及若干“旁小邑”，都属于西南夷范畴，而夜郎是当时西南夷众多族群或政治实体中最大的一个。然而，由于早期史书的记载简略，有关早期夜郎国和贵州上古时期历史与社会的具体实况如何，早已成为千古之谜。

赫章可乐从地望上讲应位于古夜郎或旁小邑的地域范围内，已发掘的数百座墓葬其年代基本都位于夜郎国的时代范围内。因此，《赫章可乐》为研究贵州上古时期的历

史、族群与社会,都提供了重要的实物资料。

报告在这方面也进行了许多有益的探索。首先,确定了乙类墓的年代为战国早期至西汉前期,甲类墓的年代为西汉中期,共延续了300多年。从而初步确定了乌蒙山以东黔西北地区战国秦汉墓葬的编年,这意味着可以将贵州夜郎时代前期的历史上溯到公元前4—5世纪。其上限较之《史记》记载的年代早约300年。

报告对贵州古史问题的讨论也是多方面的。例如,对贵州何时进入铁器时代这一贵州古代史的重要问题进行了讨论,认为二、三期乙类墓中出土的铜铁复合兵器、铁兵器应多为当地生产,但种类和数量均不多,说明铁器还未能取代铜器的大量使用,这应当是一种早期使用和制造铁器的特征(第103、127页)。但是,其时代在西汉中期汉武帝开发夜郎前、后期之间(元狩五年—元鼎末年或稍后)的甲类墓中随葬有较多的铁生产工具。通过对这些铁工具的金相分析,得知当时已有铸铁脱碳钢、韧性铸铁,并可根据器物的不同功能选择使用。这反映了西汉中期当地铁器使用已有一定程度的普及和铁加工技术的熟练程度。说明贵州地区开始进入铁器时代的年代当在战国晚期前后(前3世纪左右),这一过程当在西汉中期完成。

报告指出,虽然西汉史籍记载,巴蜀至南夷道路的开通是在秦开五尺道之时,但赫章可乐战国时期乙类墓葬出土的一批巴蜀式柳叶形青铜剑、青铜带钩,可以证明蜀地商贾"持窃市夜郎","贾椎髻之民"富甲一方的历史,甚至还可以再上溯到战国中期(前4世纪)(第92、122、125页)。

报告在前人的基础上,对赫章可乐遗存的地望做出进一步的推断。报告指出,1986年的赫章可乐报告虽然曾推测,可乐为西汉时期汉阳县治所,但依据不充分。该报告根据可乐遗址新出土的西汉"建始"(前33—前29年)年号、"四年"等纪年铭文瓦当和大型建筑遗迹,进一步推断此地为汉武帝时期建立的"汉阳县"之县治地(第394页)。这也是持之有据的推论。

《史记·西南夷列传》记载汉王朝最初是以和平的方式进入南夷地区,直至西汉晚期汉成帝和平年间诛杀夜郎王兴之前,这种和平局面基本未被打破。报告认为,从赫章可乐数个地点都存在甲类墓与乙类墓混杂同处的现象,以及从两类墓出土的兵器等随葬品观察,也看不出相互间有征战格杀的痕迹,说明两种分属不同族系的外来人和土著民,在可乐曾经有长期和睦相处与共荣的一段历史(第396页)。这样,史书的记载与考古发掘的实物史料可以相互印证,并丰富了这段历史的许多细节。

报告通过对赫章可乐出土的玉玦装饰品进行分析,认为它最接近广西平乐银山岭等地同时期墓葬所出的玉玦(第114页),说明当时贵州与岭南地区存在着文化交往。《史记·南越列传》说西汉前期的赵氏南越国疆域辽阔,东西万余里,西南夷的滇、夜郎等皆臣属之。这些出土物在一定程度上可以印证这些文献记载内容的可靠性。

报告也对赫章可乐墓主人的族属问题进行了讨论。关于乙类墓的族属,报告仍承袭前人的观点断定其为濮系民族(第394页),即《史记·西南夷列传》所载的"椎髻之民"。同时报告还对与赫章可乐墓地邻近的威宁中水、普安铜鼓山等贵州同时期的文化遗存进行了比较分析,认为它们虽然处于相邻近地区,也存在一定的文化交流,但在主要的文化内涵方面却分属于不同的体系（第 399 页）。《史记 · 西南夷列传》载“西南夷君长以十数，夜郎最大”。又载汉武帝初次开发西南夷时，“乃拜（唐）蒙为郎中将，将千人，食重万余人，从巴蜀筰关入，遂见夜郎侯多同。蒙厚赐，喻以威德，约为置吏，使其子为令。夜郎旁小邑皆贪汉缯帛以为汉道险，终不能有也，乃且听蒙约。还报，乃以为犍为郡”。由此可知，夜郎是当时南夷中最大的一个政治实体，其周围还存在着较多的小邑（也可能是族群），在《史记》、《汉书》中提到的有“靡莫”、“劳浸”、“且兰”、“漏卧”等名称。而报告利用考古资料进行的分析又为我们从另一侧面勾勒出当时贵州地区复杂族群关系的大体轮廓。

关于甲类墓的族属，报告认为根据墓葬形制可以看出其与汉墓的性质基本相同，尤其接近南方墓葬的特点，从最能反映其文化特征的陶器方面观察也可以认为基本上都属于汉文化风格。再结合有关文献记载，报告认为少数甲类墓的主人应为当时汉帝国应募入迁的兵士和“豪民”，即来自内地的汉移民。

报告还从社会史的角度对赫章可乐墓葬群进行了观察分析。关于以乙类墓为代表的土著居民社会的社会性质，报告在对前人的多种观点进行评述后，基本采用了童恩正先生之说，认为属于“复杂的酋邦制”。即它不同于奴隶制，又超越了原始氏族制的阶段。报告还进一步强调指出，即使在汉武帝开发西南夷、在当地推行郡县制之后，其原有的酋邦制社会结构也未被强行废除（第 402 页）。笔者赞同报告的这一认识，并认为这与文献记载的情况也相吻合。例如，《汉书 · 食货志》记载：“汉（武帝元鼎年间）连出兵三岁，诛羌，灭两粤（越），番禺（今广州）以西至蜀南者置初郡十七，且以其故俗治，无赋税。”这就是说，西汉时期开西南夷地区之后，虽然在当地设置郡县，但并没有将内地的统治管理模式完全在当地实施，而是依照当地原有的统治管理模式进行治理。

报告对以乙类墓为代表的土著居民的身份划分为四类（笔者认为划分为三类更为合适），如果除去第四类的幼童，实际上能表明其社会身份的成员只有三类：具有宗教与社会特殊地位的成员；具有武士身份的成员；仅具一般身份的成员。报告认为最后一类身份的成员虽然也属于自由民，但其社会地位和财富状况与前两类人存在明显的差异（第 135 页）。这说明在当时的土著居民社会中，已存在着阶层的分化。

报告对乙类墓所反映土著居民的一些社会习俗进行了讨论。例如，报告指出墓葬中大量铜发钗的发现，说明当地居民的发型为椎髻，这与文献中记载夜郎、滇、邛都等族群同为“椎髻之民”相符。但其多见大型的发钗，这在西南民族考古中所罕见，又显示出该地居民椎髻装饰的特殊性。

又如，报告指出当地居民盛行佩戴装饰品，有发钗、发簪、手镯等等，其中男性占据相当的比重。并且，当地居民还有喜好不对称地佩戴装饰品的习惯（第 164 页）。

套头葬是该地的一种特殊葬俗，即将铜釜或铜鼓等铜器套在墓主的头顶上。报告指出这是该地土著居民与其他地区族群相区别的最奇特葬俗，而这些使用套头葬的墓主在当地社会中显然具有较高的社会地位。套头葬的数量不少，时代可以追溯到战国晚期（第 122 页）。

报告根据套头葬大墓出土的大铜釜肩部铸有两只威猛的圆雕立虎双耳的情况推测，

当地土著居民有崇虎的习俗(第122页)。此外,根据史载可知在西南地区的古代巴人也有崇虎的习俗,在西南地区的考古发现中还可知不但巴人崇虎,蜀人也有崇虎习俗,在巴蜀地区晚期青铜文化的铜器上,多见用虎纹作为装饰主题。这表明,当地土著民与古代巴蜀人都有相似的文化习俗。将虎铸造在铜釜上,这表明该地土著民以铜釜为贵,这与相邻的蜀人贵铜罍、滇人贵铜鼓不同,与中原民族贵铜鼎也不同。

五、《可乐报告》与古代科技研究

报告编写者十分注重利用国内现有的各种自然科学技术分析检测手段,对该墓地出土物进行了陶器的中子活化分析、陶器碳元素检测分析、陶器工艺鉴定分析、青铜器检测分析、铁器检测分析、玉器检测分析、骨器鉴定、纺织品检测分析、木器木材种属鉴定、绿松石珠检测分析、陶器上黏附红色颜料检测分析、铜手镯镶嵌孔雀石片黏结剂检测分析、人骨性别与年龄鉴定分析、人骨DNA鉴定分析、植物孢粉检测分析、^{14}C年代测定、土壤酸碱度分析等。

应该指出,考古发掘出土的遗物总是丰富多样的,有的我们今日看来还是无言的天书,或无用的弃物,但明天可能就成为重要的宝物或珍贵的资料。在这方面,不断创新的自然科学方法和手段可以为考古学研究提供很大的帮助。报告编写者为此付出了艰辛努力,也得到了相应的回报。

例如,通过对出土纺织品的鉴定分析,发现该地居民在战国至西汉时期不但已经使用丝织品与麻织品,而且还使用羊毛织品(第215页)。这对于我们认识当时贵州的纺织业发展水平有较大的帮助。

再如,通过对青铜器铸造方法的研究分析,可知出土的青铜器中已使用失腊法铸造工艺了。这种工艺在近代仍然不失为一种先进的铸造技术。它在古代西南夷地区何时出现,至今仍然是悬而未决的问题。赫章可乐出土距今两千多年的用失蜡法铸造的青铜器,为解决这一问题提供了新的资料。

又如,乙类墓出土的铜柄铁剑(M274:92)是典型的贵州青铜文化风格兵器,经过金相组织观察其材质为铸铁脱碳钢。乙类墓出土的铁戈、柳叶形铁剑,都是西南地区考古发现中的珍贵资料(第156页),它反映可乐居民在战国晚期至西汉前期从邻近地区引进冶铁术之后,已能独立加工制造出先进的铁兵器。正如鉴定者指出的那样,赫章可乐出土铁器已具有较高的制作技术水平,与中原地区钢铁技术同属以生铁冶炼和生铁制钢技术为主的钢铁技术体系,表明中原地区的钢铁技术在该地区得到较多体现和应用(第206页)。

还如,为了对出土陶器的制作工艺进行研究,报告编写者不仅请教了国内的同行专家,还借助了自然科学的分析方法。

这些都是通过自然科学手段的鉴定分析与考古研究相结合得到的大量新信息,为了解贵州古代社会的科技发展水平提供了有力证据。

此外,报告编写者还委托专门机构对遗址的有关采样进行了植物孢粉分析和^{14}C年代测定,这对复原当时的生态环境及断定遗存的年代都有很大帮助。

六、结　　语

《赫章可乐》报告不但提供了大量新资料，从多方面对若干问题进行了讨论，还提出了一些尚待解决的问题。例如，将赫章可乐遗存与威宁中水的同时期遗存进行比较。这两种遗存分别位于乌蒙山东西两侧，仅一山之隔，但呈现出的文化面貌却大相径庭。可乐遗存与位于黔西南的普安铜鼓山遗存也存在类似的问题。这是由于族群的差异还是因地理环境产生的文化差异？这是否如同史书上所言夜郎地区是一个多族群地区？这些族群间的文化关系如何？

又如在科技史方面，报告也着意指出在赫章可乐和同时期滇文化的遗存中，在一些青铜器表面都见有许多用细薄孔雀石小圆片镶嵌的图案，但这些做工精致小圆片所采用的加工方式至今仍不得而知。

西南地区由于其自然地理环境复杂多变，从古至今都是一个多民族杂处、多文化并存的区域，因此该地区的考古工作和考古研究都存在一些区域特殊性。如何在这一地区开展考古工作与研究，《赫章可乐》的编写者无疑在这方面进行了许多有益的探索与尝试，可以使我们从中获益匪浅。筚路蓝缕，就整个贵州地区的考古工作与研究而言，应该说仍存在着大量空白以及需要开拓的领域，可以说是任重而道远。但是，毕竟贵州的考古工作者已经迈出了坚实的步伐，笔者坚信今后贵州考古一定会取得更为丰硕的成果。

注　　释

[1]　贵州省博物馆：《贵州赫章县汉墓发掘简报》，《考古》1966 年第 1 期。
[2]　贵州省博物馆考古组、贵州省赫章文化馆：《赫章可乐发掘报告》，《考古学报》1986 年第 2 期。
[3]　贵州省文物考古研究所：《赫章可乐二〇〇〇年发掘报告》，北京：文物出版社，2008 年。

New Advances of the Archaeology of Yelang Period: Book Review on *the Report of Archaeological Excavation in Hezhang Kele in* 2000

Luo Erhu
(Department of Archaeology, Sichuan University)

Abstract: In this commentary, the author reviewed *the Report of Archaeological Excavation in Hezhang Kele in* 2000, which reported a very important and new archaeological discovery and research achievement in Yelang times. First, the author reviewed simply the history of archaeology in Hezhang kele. Then he appraised the effect of the report in different point of view, such as its organization, the positive role it played to the research on the culture history, history and society in Guizhou in ancient times, etc.

Keywords: Hezhang kele　Yelang Period　archaeological discovery　archaeological research

《南方民族考古》投稿须知

1. 本刊暂为年刊，主要刊载中国南方以及东南亚地区民族学、考古学、人类学的研究论文、田野报告、研究动态述评、新书评价、理论方法论之探索争鸣，以及与上述内容有关之重要译文。

2. 本刊实行匿名审稿制度，凡来稿将约请两位学者匿名审查，由本刊执行编辑复审。本刊尊重作者行文，但有权做技术性处理，并会告知作者。

3. 本刊引文注释采用文后注方式，以下格式请参照：

（1）专书

汪宁生：《古俗新研》，兰州：敦煌文艺出版社，2001 年，第 266—268 页。

张泽珣：《北魏关中道教造像记研究》，香港中文大学博士学位论文，2003 年。

（2）析出文献

Lothar von Falkenhausen, "The regionalist paradigm in Chinese archaeology", in Kohl L. Philip and Fawcett Clare, eds., *Nationalism, Politics and the Practice of Archaeology*, Cambridge: Cambridge University Press, 1995, pp. 198—217.

北京大学考古文博学院、成都文物考古研究所、重庆市文物局：《忠县哨棚嘴遗址2001 年发掘报告》，《重庆库区考古报告集》（2001 卷），北京：科学出版社，2007 年，第 1530—1546 页。

（3）期刊

苏秉琦、殷玮璋：《关于考古学文化的区系类型问题》，《文物》1981 年第 5 期。

Rowan K. Flad, "Divination and Power: A multiregional view of the development of oracle bone divination in early China", *Current Anthropology*, Vol. 49: 3 (2008), pp. 403—437.

（4）古籍

魏收：《魏书》卷一百十四，北京：中华书局，1974 年，第 8 册，第 3053 页。

许慎撰、段玉裁注：《说文解字注》，上海：上海古籍出版社点校本，1998 年，第 582 页。

4. 来稿请附中英文篇名、中英文关键词及两百字左右的中英文摘要，书评请加附该书作者及书名之英文译名。

5. 来稿凡包含图片者，请提供高质量的电子档案，像素大小在 300DPI 以上，请勿插入 word 文中，并请注明来源，有关图表之版权，请作者先行取得版权持有者之同意。

6. 本刊已加入中国学术期刊全文数据库（CNKI），刊出之论文稍后亦以电子文件形式在网络上发行，若仅同意以纸本形式发表者，来稿时请特别注明。

7. 本刊刊出论文将支付作者稿酬，并送作者样刊一册以及抽印本 15 份。

8. 凡向本刊投稿，自投寄之日起三个月未接获采用通知，可自行处理，来稿一律不退。

9. 来稿请同时寄纸本和电子文档，另纸附中文及英文真实姓名、中文及英文服务单位名称、职称、通讯地址、电话、传真和 E-mail 等。

10. 来稿纸本寄至：中国四川省成都市望江路 29 号四川大学考古学系《南方民族考古》编辑部（邮编 610064），电子文档请 E-mail 至本刊邮箱（nfmzkg@ gmail. com），请勿一稿多投。

Manuscripts

Southern Ethnology and Archaeology

Since 1987 the annual journal *Southern Ethnology and Archaeology* (*Nan Fang Min Zu Kao Gu*) has been published by Sichuan University under the direction of late renowned archaeologist Prof. Tong Enzheng. From 1987 to 1995 the journal gained its reputation through the publication of five volumes containing a number of ground breaking works.

In recent years, with advances in Southern Chinese ethnological and archaeological research, academic institutions, and in response to the encouragement of many departments and professors, Sichuan University Museum, the Department of Archaeology, and the Institute of Chengdu Archaeology decided to jointly resume the publication of *Southern Ethnology and Archaeology*. We hope to maintain our characteristic academic tradition while broadening the depth and further improving the quality of our journal, making *Southern Ethnology and Archaeology* a platform for the exchange of information and the advancement of research in Asia. We cordially invite you to join us in making this rebirth of our publication a success by contributing to the journal.

SEA welcomes the submission of manuscripts dealing with archaeology, anthropology, and ethnohistory. Manuscripts must not exceed 10,000 words (roughly 30 pages of typed text). Please specify the following on the manuscript: author's English and Chinese names, affiliated institution, position, and address. It is necessary to include a computer file with the first submission. The preferred editing program is a recent version of Word. In any case, please note the brand of software used and its version number. Please avoid fancy formatting of the text. To cite online materials, it is required to include the URL, the name of the database, and an access date. The author has sole responsibility for obtaining permission from publishers to use copyrighted materials, such as illustrations, charts, or lengthy quotations. Upon publication, authors will receive 15 offprints of their articles, one copy of the entire issue concerned, free of charge. Rejected manuscripts are not be returned to the author.

Manuscripts should be addressed as follows:

Department of Archaeology, Sichuan University
No. 29, Wangjiang Road, Chengdu, Sichuan Province, 610064
P. R. China
Email: nfmzkg@gmail.com
Tel. 86-28-85412567　Fax. 86-28-85412567

图 版

1. 乌龟包远景（由南向北）

2. 乌龟包近景（由南向北）

云阳李家坝遗址Ⅳ区

1. 乌龟包上墓葬清理后场景

2. M7全景

云阳李家坝遗址Ⅳ区墓葬

1. M8全景

2. M14全景

云阳李家坝遗址Ⅳ区墓葬

1. 鋬（M7：19）

2. 耳杯（M8：51）

3. 刁斗（M9：2）

4. 刁斗（M9：3）

云阳李家坝遗址Ⅳ区出土铜器

1. M14：43

2. M7：16

3. M8：23

4. M8：46

云阳李家坝遗址Ⅳ区出土釉陶壶

1. 鼎（M7：63）

2. 鼎（M14：40）

3. 盒（M7：40）

4. 锔（M7：24）

5. 魁（M7：7）

6. 魁（M14：92）

云阳李家坝遗址Ⅳ区出土釉陶器

1. 釉陶鍪（M7：21）

2. 釉陶熏炉（M7：10）

3. 釉陶灯（M7：14）

4. 釉陶卮（M14：39）

5. 陶瓮（M7：29）

6. 陶直领罐（M9：26）

云阳李家坝遗址Ⅳ区出土器物

1. 吹笛俑（M9：4）

2. 佩刀俑（M8：24）

3. 男侍俑（M8：71）

4. 彩绘女俑（M8：63）

云阳李家坝遗址Ⅳ区出土釉陶俑

1. M14：46

2. M7：60

3. M9：27

4. M8：48

云阳李家坝遗址Ⅳ区出土陶圜底罐

1. 陶釜（M8：9）

2. 陶卮（M8：49）

3. 瓷盌（M10：1）

4. 瓷盌（M10：3）

5. 瓷盌（M10：7）

4. 瓷四系罐（M10：6）

云阳李家坝遗址Ⅳ区出土器物

“裴君碑”碑阳

图版二

“裴君碑”碑阴

“李君碑”碑阳

图版四

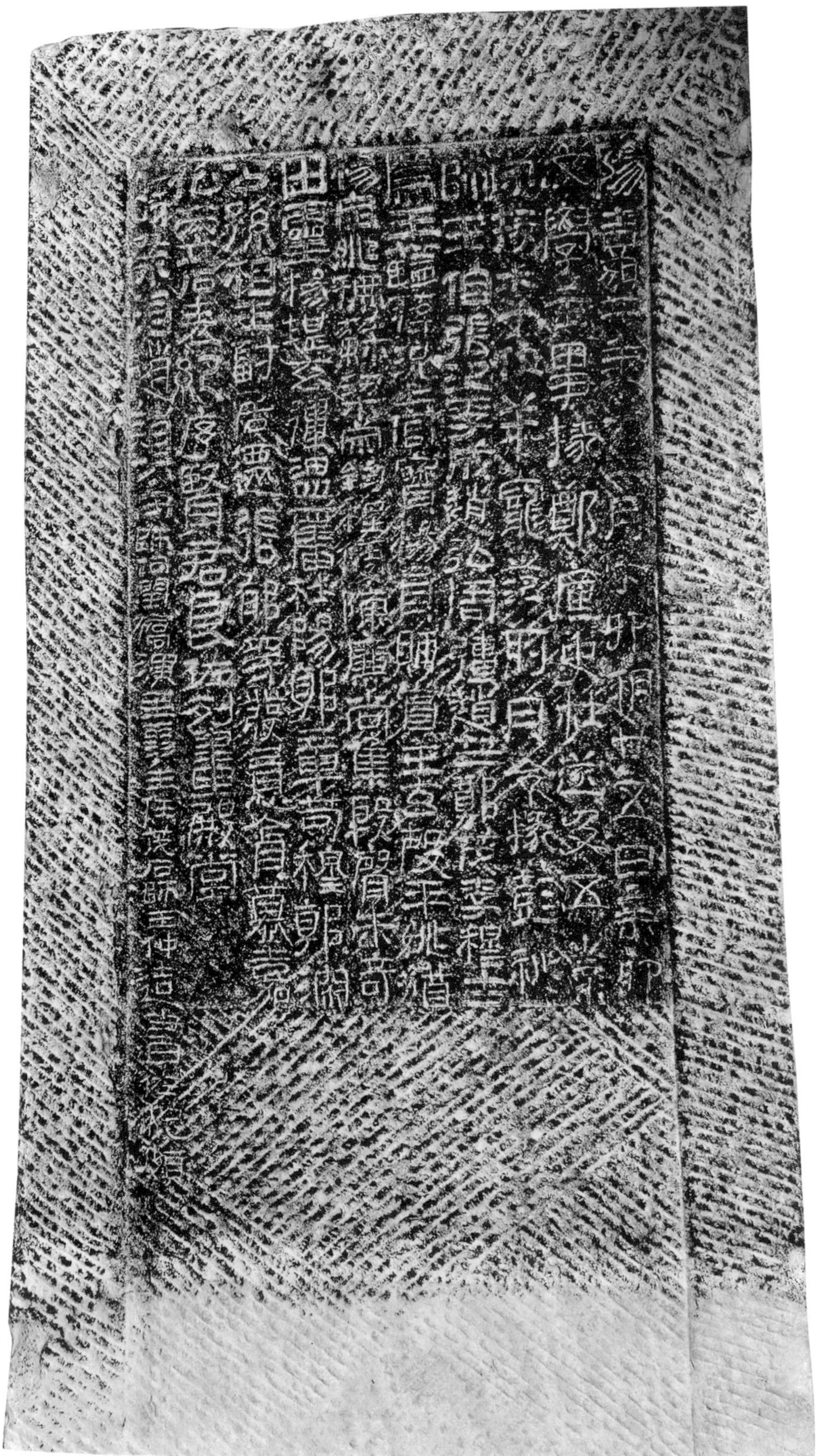

“李君碑”碑阴

1. 纱帽山墓地东南坡南部梯地发掘现场

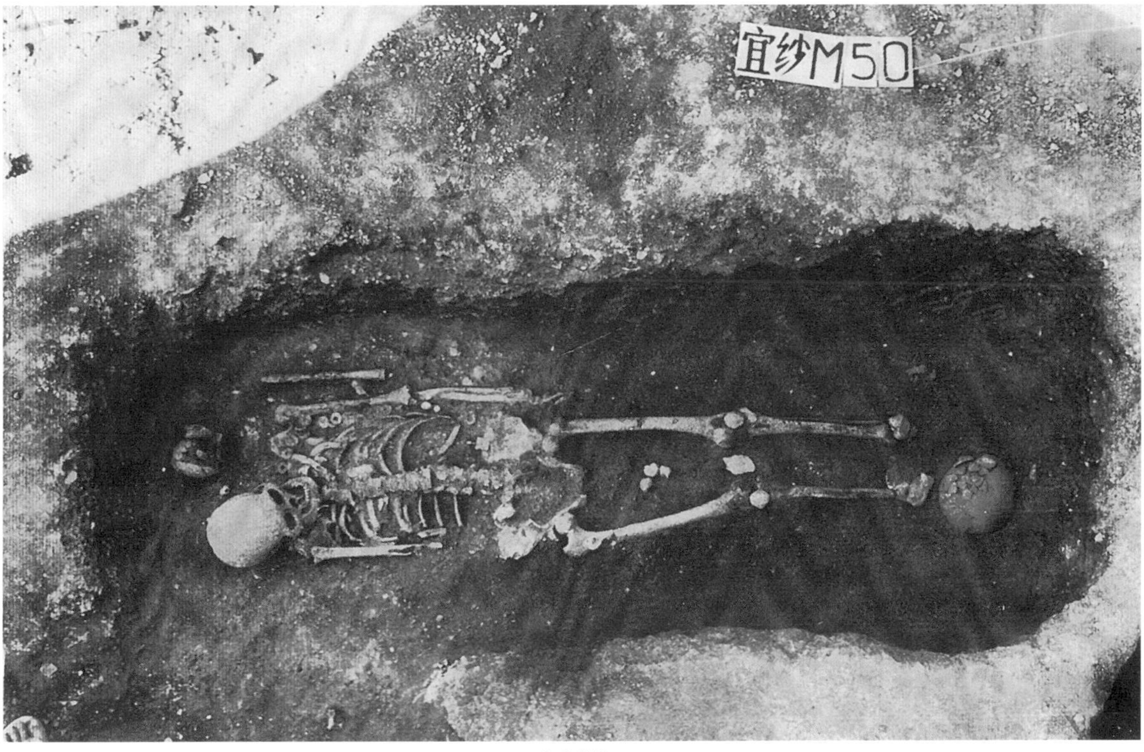

2. M50

云南宜良纱帽山墓地

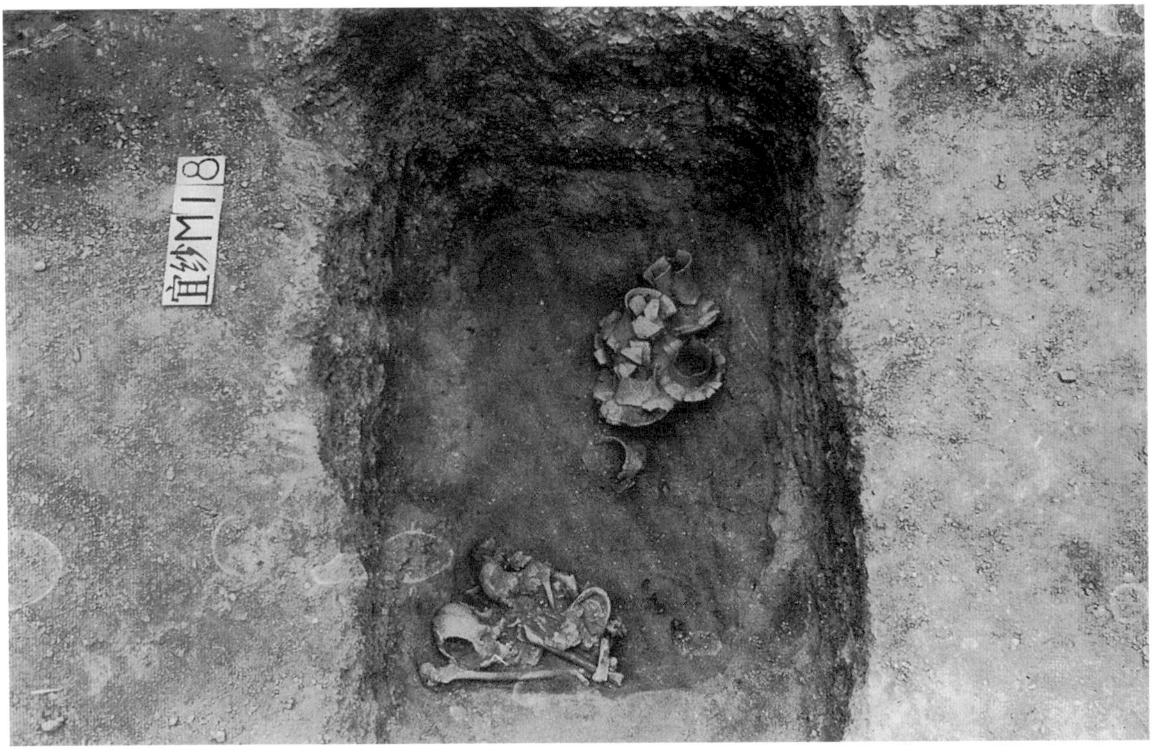

1. M18

2. M27

云南宜良纱帽山M18、M27

1. M35

2. M25

3. M1

云南宜良纱帽山M35、M25、M1

图版八

1. 第一层

2. 第二层

3. 腰坑

云南宜良纱帽山M3

图版九

1. 第二层

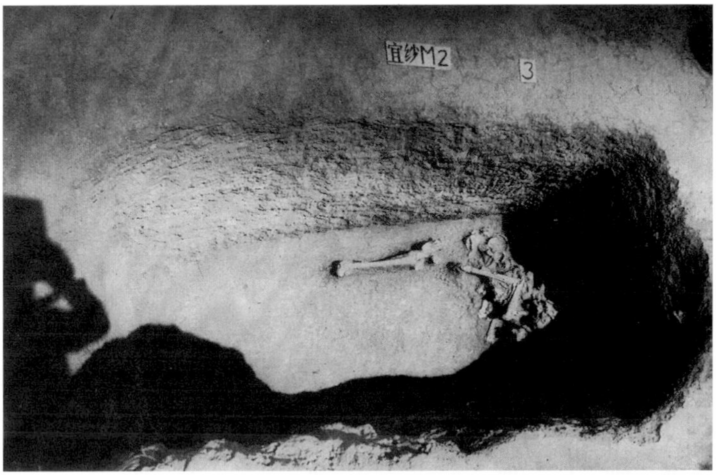

2. 第三层

3. 第四层

云南宜良纱帽山M2

图版一〇

1. A型Ⅰ式（M1：24）

2. A型Ⅱ式（M1：27）

3. A型Ⅲ式（M2：14）

4. B型Ⅰ式（M6：13）

云南宜良纱帽山墓地出土陶壶

1. B型Ⅱ式（M6：11）

2. B型Ⅲ式（M18：4）

3. C型（M27：1）

4. D型Ⅰ式（M30：38）

云南宜良纱帽山墓地出土陶壶

图版一二

1. Ⅰ式小平底罐（M3：7）

2. Ⅱ式小平底罐（M3：5）

3. Ⅱ式盘口罐（M43：1）

4. Ⅱ式豆（M43：3）

5. 凸底浅盘（M2：7）

云南宜良纱帽山墓地出土陶器